제 2 판

법률실무가를 위한

가압류·가처분 실무

– 이론·실무절차·사례 –

김 덕 원 저

진 원 사

제2판 머리말

이 책은 제2판으로, 제1판 발간 이후 민사소송법과 민사집행법이 일부 개정됨에 따라 변경된 부분을 수정, 보완하였다.

이 책은 누구나 쉽게 활용할 수 있도록 구성된 책으로, 일반적인 실무서와는 달리 단순한 보전처분절차에만 그치지 않고, 실무에 보다 효율을 기하기 위하여 신청절차 순으로 신청서 표지 작성방법부터 글자간격 및 위치, 간인방법, 사건표지 이면의 활용방법 등 세심한 부분까지 모두 설명하였으므로 실무를 처음 다루는 분들도 그 절차를 쉽게 이해할 수 있을 것이다.

본서의 구성을 보면,

본서는 제4편으로 나뉘어, 제1편에서는 가압류 및 가처분신청, 본집행으로의 이전, 담보제공(공탁), 채무자의 이의와 결정취소, 신청취하와 집행해제(집행취소), 담보취소, 임차권등기명령신청 등에 관한 각 이론과 절차를, 제2편에서는 보전처분을 포함한 민사집행사건에서 일어날 수 있는 각종 신청취지를, 제3편에서는 보전처분사건과 관련된 다양한 실무자료를, 제4편에서는 민사집행법, 민사집행규칙, 보전처분신청사건에 관한 예규 등을 각 수록하였다.

특히 이 책은 법률실무가들뿐만 아니라 일반인들에게도 실질적인 도움을 주기 위해 각 장마다 실무에 꼭 필요한 주요이론과 함께 각종 서식 및 절차를 상세히 다루었으므로 법률실무에 상당히 유익한 책이 될 것이라 믿는다.

끝으로, 이 책을 출간하기까지 적극적인 관심과 도움을 주신 진원사 양진수 사장님을 비롯한 편집부 직원 여러분께 깊은 감사를 드린다.

2022. 4.

김 덕 원 드림

머 리 말

채권자가 가압류나 가처분을 하는 것은 궁극적으로 채무자의 재산으로 만족을 얻을 때까지 채무자가 자신의 재산을 처분하지 못하도록 일시적으로 묶어두기 위함인데, 이러한 제도를 보전처분이라 한다.

저자는 이러한 보전처분에 관한 절차를 누구나 쉽게 활용할 수 있도록 오랜 기간 동안 실무를 하면서 겪었던 경험과 자료를 토대로 이번에 "법률실무가를 위한 가압류·가처분 실무"란 책을 발간하게 되었다.

이 책은 법률실무가들을 위하여 발간되긴 했으나 일반인들도 쉽게 다가갈 수 있도록 구성된 책으로, 일반적인 실무서와는 달리 단순한 보전처분절차에만 그치지 않고, 실무에 보다 효율을 기하기 위하여 보전처분에 관한 기본절차는 물론 신청서 표지 작성방법부터 글자간격 및 위치, 간인방법, 사건표지 이면의 활용방법 등 세심한 부분까지 모두 설명하였으므로 실무를 처음 다루는 분들로 그 절차를 쉽게 이해할 수 있을 것이다.

본서의 구성을 보면,

본서는 제4편으로 나뉘어, 제1편에서는 가압류 및 가처분신청, 본집행으로의 이전, 담보제공(공탁), 채무자의 이의와 결정취소, 신청취하와 집행해제(집행취소), 담보취소, 임차권등기명령신청 등에 관한 각 이론과 절차를, 제2편에서는 보전처분을 포함한 민사집행사건에서 일어날 수 있는 각종 신청취지를, 제3편에서는 보전처분사건과 관련된 다양한 실무자료를, 제4편에서는 민사집행법, 민사집행규칙, 보전처분신청사건에 관한 예규 등을 각 수록하였다.

위와 같이 특별한 책이 될 수 있도록 각 장마다 실무에 꼭 필요한 주요이론과 함께 각종 서식 및 절차를 상세히 다루었으므로 이를 잘 활용한다면 법률실무에 상당히 유익한 책이 될 것이라 믿는다.

아무쪼록 본서가 여러 독자들에게 많은 도움이 되는 실무지침서로서의 역할을 충분히 해낼 수 있기를 기대하며, 이 책을 출간하기까지 적극적인 관심과 도움을 주신 진원사 양진수 사장님을 비롯한 편집부 등의 직원들에게 깊은 감사를 드린다.

2012. 4.

김 덕 원 드림

주요 참고자료

◦ 법원실무제요 민사집행(Ⅰ~Ⅳ)	법원행정처
◦ 민사집행법	2010 사법연수원
◦ 민사집행실무(Ⅰ)	2010 법원공무원교육원
◦ 민사신청실무	2010 법원공무원교육원
◦ 민사소송법 규칙해설	법원행정처
◦ 민사소송법개정내용해설	법원행정처
◦ 보전소송	2010 사법연수원
◦ 민사집행판례	2009 사법연수원
◦ 민사소송에서 강제집행까지	김현선, 백영사
◦ 민사일반부터 강제집행까지	장종운, 진원사
◦ 청구·신청취지작성방법	김덕원, 진원사
◦ 민사집행법(개정4판)	우금도, 진원사
◦ 제2판 실무보전처분	윤광민, 법률서원
◦ 법률사무도우미	2010 로북스
◦ 민사실무대전(Ⅳ)	이기형 외 2, 백영사
◦ 손해배상처리실무(상권)	장종운, 법률정보센타
◦ 신법률서식대전(Ⅰ, Ⅱ)	이택규 외 6, 법률신문사
◦ 나홀로 하는 가압류·가처분	이병일, 진원사
◦ 민사집행소송신청서 작성과 실무	양원도 외 1, 법률정보센타
◦ 소가·인지산정 사례집	김덕원, 진원사
◦ 신민사집행서식대전(가압류·가처분편)	김덕원, 진원사
◦ 답변서·준비서면 총서	김덕원, 진원사
◦ 금융기관민사사건실무	김덕원, 법률미디어
◦ 알아두면 힘이되는 생활법률(Ⅲ)	김정선 외 141, 2007 대한법률구조공단

목 차

제1편 보전처분절차 / 1

제2편 신청취지 기재례 / 337

[ㄱ부]

제3편 재판실무자료 / 467

제4편 법률·규칙·예규 / 495

제 1 편
보전처분절차

제1장 보전처분

제1절 보전처분의 개념

1. 보전처분의 필요성

가. 권리자가 권리를 실현하기 위해서는 민사소송절차를 거쳐서 집행권원을 얻고 다시 강제집행을 밟아 권리의 종국적 실현을 얻을 수밖에 없게 되는데 민사소송절차는 많은 시일을 소요하게 되므로 그 사이에 채무자의 재산상태가 변한다든가 다툼의 대상(계쟁물)이 멸실·처분되는 등 사실적 또는 법률적 변경이 생기게 되면, 채권자는 많은 시일과 경비만을 소비하였을 뿐 권리의 실질적 만족을 얻지 못하는 경우가 많이 있다. 이를 방지하기 위해서는 판결을 받기 전에 미리 채무자의 일반재산 또는 다툼의 대상의 현상을 동결시키거나 임시로 잠정적인 법률관계를 형성시켜 둠으로써 나중에 판결의 집행을 편리하게 하고 채권자의 손해를 예방할 수 있는 조치가 필요하다. 이러한 필요성에 부응하기 위한 수단으로써 강구된 것이 바로 보전처분이다.

나. 일반적으로 보전처분은 협의의 보전처분과 광의의 보전처분으로 구분되어 진다. 협의의 보전처분은 가압류와 가처분만을 가리킨다. 통상적으로 보전처분이라 함은 협의의 보전처분을 의미하는 것으로 사용되어 진다. 이는 민사소송의 대상이 되는 권리 또는 법률관계에 대한 쟁송이 있을 것을 전제로 하여 그 확정판결의 집행을 편리하게 하거나 확정판결이 있을 때까지의 손해발생을 방지할 목적으로 행하여진다. 이는 본안소송과는 별도의 독립한 절차에 의하여 잠정적인 처분을 하고 그 집행을 통하여 현상을 동결하거나 임시의 법률관계를 형성하는 제도이다.

한편 광의로는 '법원이 권리자의 집행보전과 손해방지를 목적으로 잠정적인 조치를 명하는 재판 전부'를 가리키며, 여기에서 민사소송에서의 각종 보전처분 외에 비송사건에서의 보전처분 및 공법상의 보전처분까지 포함된다.

2. 보전절차의 특질

보전처분절차는 확정판결에 대한 집행보전을 위한 것이므로 확정판결을 얻기 위한 본안소송을 전제로 한 것이라고 하더라도 본안소송과는 "별개 독립한 절차"에 의하여 행하여진다.

가. 긴 급 성

보전처분은 민사소송절차를 거치기 위한 시일의 경과에서 오는 피해를 방지하는 것이 그 으뜸가는 목적이므로 재판절차와 집행절차에 있어 신속성이 요구된다.

원칙적으로 변론 없이 결정으로 재판하고, 증거도 증명까지 요구하지 않고 소명으로 족하다.

나. 밀 행 성

채무자의 재산상태나 다툼의 대상에 관하여 법률적·사실적 변경이 생기는 것을 막기 위함이므로 채무자에게 미리 알리게 하면 그 효과를 얻을 수 없다. 원칙적으로 보전처분절차는 상대방이 알 수 없는 상태에서 심리되고 결정되며, 그 처분을 송달하기 전에 미리 집행에 착수하는 것이 보통이다.

다. 잠 정 성

확정판결 전 다툼이 있는 권리 또는 법률관계를 잠정적으로 규율하기 위한 처분이다. 즉 보전처분은 다툼이 있는 권리 또는 법률관계의 존부를 확정적으로 판단하는 것이 아니다. 또한 보전처분의 집행은 권리의 종국적 실현을 가져오는 것이 아니다.

라. 자유재량성

변론을 거칠 것인가, 서면심리에 의할 것인가, 소명만으로 발령할 것인가, 담보를 제공하게 할 것인가 등 모두 원칙적으로 법원의 자유재량이다.

마. 부 수 성

장래에 있을 확정판결의 집행에 보전하기 위한 것이므로 그 확정판결을 얻기 위한 현재 또는 장래에 계속될 것을 전제로 한다.

제2절 보전처분의 종류

1. 가 압 류

가압류는 금전채권이나 금전으로 환산할 수 있는 채권에 관하여 장래에 그 집행을 보전할 목적으로 미리 채무자의 재산을 압류하여 그 처분권을 빼앗는 집행보전제도이다. 이는 채무자의 일반재산의 감소를 방지하고자 하는 것으로서 금전채권이나 금전으로 환산할 수 있는 채권에 대한 보전수단이라는 점에서 계쟁물 자체에 대한 청구권보전을 위해 그 현상변경을 금지하는 가처분과 구별되며, 단순히 재산의 압류에 그친다는 점에서 금전을 직접 추심할 수 있는 권능을 주는 단행적 가처분(임금의 지급을 명하는 것 등)과도 다르다. 가압류 후 금전의 지급을 명하는 확정판결이 있게 되면 가압류는 본압류로 이전되어 가압류된 재산에 대한 금전채권의 강제집행절차를 밟게 된다.

실무상 집행의 대상이 되는 재산의 종류에 따라 부동산가압류, 선박·항공기·자동차·건설기계에 대한 가압류, 채권가압류, 유체동산가압류, 그 밖의 재산권에 대한 가압류로 구분하고 있다.

2. 가 처 분

가처분(협의의 가처분)은 금전채권 이외의 권리 또는 법률관계에 관한 확정판결의 강제집행을 보전하기 위한 집행보전제도로서 다음 두 가지로 나뉜다.

가. 계쟁물에 관한 가처분

채권자가 금전 이외의 물건이나 권리를 대상으로 하는 청구권을 가지고 있을 때 그 강제집행시까지 계쟁물이 처분·멸실되는 등 법률적·사실적 변경이 생기는 것을 방지하고자 그 계쟁물의 현상을 동결시키려 하는 집행보전제도이다.
청구권을 보전하기 위한 제도임에는 가압류와 같으나 그 청구권이 금전채권이 아니라는 점과 그 대상이 채무자의 일반재산이 아닌 특정계쟁물이라는 점에서 다르다. 금전채권으로써는 다툼의 대상에 관한 가처분이 허용되지 않는다.
가처분 후 확정판결이 있게 되면 가압류와 같이 그대로 본압류로 이전되는 것이 아니고 가처분된 상태에서 따라 청구권실현을 위한 강제집행을 하게 된다.

나. 임시의 지위를 정하는 가처분

당사자간에 현재 다툼이 있는 권리관계 또는 법률관계가 존재하고 그에 대한 확정판결이 있기까지 현상의 진행을 그대로 방치한다면 권리자가 현저한 손해를 입거나 또는 소송의 목적을 달성하기 어려운 경우에, 그로 인한 위험을 방지하기 위해 잠정적으로 법률관계에 관하여 임시의 조치를 행하는 보전제도이다.
청구권의 보전을 위한 가압류 또는 법률관계의 종류는 묻지 아니한다.
단순히 현상을 변경함에 그치지 않고 법률관계에 관하여 임시의 조치를 행하는 것이므로 그 집행에 의하여 새로운 법률관계가 형성되는 것이지만, 이는 확정판결의 집행을 용이하게 하고 그때까지의 손해를 방지하고자 하는 임시적인 조치에 그친다.
이 종류의 가처분 중에는 본안판결을 통하여 얻고자 하는 내용과 실질적으로 전혀 동일한 내용의 권리관계를 형성하는 것이 된다. 예컨대 건물의 인도청구권을 본안의 권리로 가지고 있는 자에게 임시로 그 건물점유자의 지위를 준다든지, 해고의 무효를 주장하는 자에게 임금의 계속지급을 명하는 따위의 가처분에 있어서는 권리자는 가처분의 집행만으로는 실질적인 만족을 얻게 되고 구태여 본안소송을 제기할 필요를 느끼지 않게 된다. 이를 단행적 가처분 또는 만족적 가처분이라고 부른다. 그러나 이 경우에는 권리자의 지위는 임시적인 것이므로 채무자의 제소명령이 있는 경우에는 본안의 소를 제기하여야 하고, 그 본안에서 패소하면 다른 재판절차 없이 즉시 원상이 회복된다.

제3절 보전처분의 신청

1. 의 의

보전소송절차는 그 명령절차와 집행절차가 구별되는 것이므로 보전처분의 신청과 그 집행의 신청은 그 의미와 법적 규제가 다르다. 다만, 부동산 또는 채권에 관한 보전처분의 신청과 같이 법원을 집행기관으로 하는 보전처분의 신청은 동시에 집행신청이 병합되어 있다고 보는 것이 실무이다.

보전처분의 신청은 본안소송의 제기 전에 행하여지는 것이 보통이나 본안소송이 이미 제기되었다 하더라도 집행권원을 얻기까지는 신청할 수 있다. 그러나 일단 집행권원을 얻으면 특별한 사정이 없는 한 보전의 필요성이 없기 때문에 신청을 할 수 없다.

☞ 지급명령 또는 판결 등이 난 후에는 가압류를 신청할 수 없으나, 이를 숨기고 가압류를 신청할 경우, 책임은 전적으로 가압류를 신청하는 사람이 부담하여야 한다(진술서 허위작성 등).

2. 보전처분의 신청

가. 본안소송의 제기 전에 행하여지는 것이 보통이다.

나. 본안소송이 제기된 후에도 집행권원을 얻을 때까지 신청할 수 있다.

다. 집행권원을 얻으면 특별한 사정이 없는 한 신청할 수 없다.

3. 신청의 요령

가. 서면주의

보전처분의 신청은 위 취지와 이유를 적은 서면으로 하여야 한다(민집규 203조). 보전처분의 신청은 그 실질이 소의 제기 및 집행신청에 해당하는데 소의 제기 및 집행신청에 해당하는데 소의 제기와 민사집행의 신청은 모두 서면으로 하여야 한다고 규정 있는 점(민소 248조, 민집 4조)과 보전처분의 신청은 보전절차를 개시하는 소송행위로서 그 중대성이나 정확성의 요청에서 볼 때 서면으로 함이 타당하다고 판단하여 규칙으로 정하여져 있다.

보전처분의 신청을 기각 또는 각하한 결정에 대한 즉시항고, 보전처분에 대한 이의신청, 본안의 제소명령신청, 보전처분의 취소신청, 보전처분의 집행신청도 모두 신청의 취지와 이유를 적은 서면으로 하여야 한다(민집규 203조). 이러한 신청들은 그 실질이 항고나 소제기 또는 민사집행신청에 해당하는데, 우리 법은 이들 신청을 모두 서면으로 하도록 규정하고 있다(민소 248조, 445조, 민집 4조).

나. 신청서의 기재사항

신청서에 적어야 할 사항에 관하여는 민사집행법 279조, 민사집행규칙 203조 2항 외에 소장 또는 준비서면에 관한 민사소송법 259조, 274조가 준용된다(민집 23조 1항).

(1) 신청의 취지(민집규 203조 2항)

소장에서의 청구취지에 상응하는 것으로, 보전신청에 의하여 구하고자 하는 보전처분의 내용을 말한다. 자기의 권리를 보전하기 위하여 필요하다고 생각되는 보전처분의 종류와 태양을 적는다.

(2) 신청이 이유(민집규 203조 2항)

신청의 취지를 구하는 근거가 되는 이유이다. 피보전권리의 존재와 보전의 필요성을 구체적으로 적어야 한다.

① 피보전권리

가압류에서는 피보전권리인 청구채권을 표시하고 그 금액을 적는다. 만약 그 청구채권이 일정한 금액이 아닌 때에는 금전으로 환산한 금액을 적는다(민집 279조 1항 1호). 다툼의 대상(계쟁물)에 관한 가처분의 경우에는 그 청구권을 표시하여야 하나 금액은 표시할 필요가 없다.

② 보전의 필요성

민사집행법 277조의 규정에 따라 보전처분의 이유가 될 사실(보전의 필요성)을 구체적으로 명백하게 표시한다(민집 279조 1항 2호).

(3) 법원의 표시

그 신청이 관할권 있는 법원에 재대로 신청되었는지를 심사하기 위하여 법원을 표시할 필요가 있다(민소 274조).

(4) 소명방법의 표시

민사집행법 279조 2항(가처분은 301조에 의하여 준용)은 청구채권과 보전처분의 이유가 되는 사실의 소명을 요구하고 있으므로 신청서에 그 소명방법을 적어야 한다. 소명방법은 소명의 즉시성 때문에(민소 299조) 서증 또는 즉시 조사할 수 있는 검증물 등에 한정할 수밖에 없다.

(5) 목적물의 표시 여부

다툼이 대상에 관한 가처분은 그 피보전권리가 특정물에 관한 이행청구권이므로 가처분신청서에 그 목적물을 명확하게 표시하여야 한다(대결 1999.5.13. 99마230).

가압류의 경우에는 실무상으로는 실제의 편의라든지 그 집행과의 관계를 고려하여 가압류를 부동산가압류, 유체동산가압류, 채권가압류의 세 가지로 구별하여 채권자가 동일채권을 위하여 동일 채무자 소유의 부동산, 유체동산, 채권을 가압류할 때에는 각각 별개의 사건으로서 3개의 가압류신청을 하고 있는 것이 대부분이고, 따라서 가압류법원이 법원이 동시에 집행기관이 되지 않는 유체동산가압류 이외에는 거의 예외 없이 신청서에 목적물까지도 표시하고 있으며 법원도 이를 가압류명령 중에 기재하고 있음이 일반적이다.

다. 소가산정방법(보전소송)

6억원의 대여금채권을 피보전권리로 하여 가압류신청을 하는 경우 본안의 소송목적의 값은 6억원(인지규칙 12조 3호)이므로 가압류신청의 사물관할은 합의사건이 된다. 또한 건물(가액은 5억 1,000만원)에 대한 소유권이전등기청구권을 피보전권리로 하여 가처분신청을 하는 경우 본안의 소송목적의 값은 5억 1,000만원(인지규칙 13조 1항 1호)이므로 가처분신청의 사물관할은 합의사건이 된다. 위 건물에 대한 무효 또는 취소를 원인으로 소유권말소등기청구권을 피보전권리로 하여 가처분신청을 하는 경우 본안의 소송목적의 값은 2억 5,500만원(인지규칙 13조 1항 4호 나목)이므로 가처분신청의 사물관할은 단독사건이 된다.

한편, 건물매매행위가 사해행위에 해당한다고 주장하며 사해행위취소를 원인으로 한 말소등기청구권을 피보전권리로 하여 가처분신청을 할 경우(건물가액은 3억원, 피보전채권은 1,000만원) 소송목적의 값 산정방식에 관하여, ① 피보전권리의 소송목적의 값을 기준으로 한다는 견해와 ② 본안소송의 소송목적의 값을 기준으로 한다는 견해가 있다. ①에 의하면 피보전권리가 소유권이전등기의 말소등기청구권이므로 소송목적이 값은 1억 5,000만원이 되고(인지규칙 13조 1항 4호 나목), ②에 의하면 본안소송이 건물에 대한 사해행위취소 및 말소등기청구의 소이므로 소송목적의 값은 1,000만원이 된다(인지규칙 12조 9호 등). ①에 의하면 본안사건과 신청사건의 사물관할이 서로 달라질 수 있으므로 견해 ②가 타당하다.

[참조 1] 소가산정사례

소의 종류	소 가 산 정 기 준
토지·건물	토지대장, 임야대장이나 토지, 건축물과세대장, 토지등급명세서나 가옥대장겸 과세보조대장에 따른 과세시가표준액, 공시지가확인서
유가증권	상장된 유가증권의 경우 시가가 있는 경우 소제기 전날의 최종시가, 시가가 없는 경우에는 권면액
확인의 소	* 소유권 : 목적물 가액 * 점유권 : 목적물 가액의 1/3 * 지상권, 임차권 : 목적물가액의 1/2 * 지역권 : 승역지 가액의 1/3 * 담보물권 : 피담보채권액 * 전세권(채권적 전세포함) : 담보물권에 준함 * 증서진부확인 : 증명될 가액의 1/2 * 해고무효확인, 비재산권상의 소 : 5,000만원
건물철거 등 방해배제 청구	방해배제를 구하는 범위의 토지부분 가액에 권원의 종류에 따라 정함
사죄광고 청구	사죄광고에 요구되는 통상의 비용
회사관계소송	비재산권상의 청구로 보아 1억원
무체재산권에 관한 소	공업소유권의 권리범위확인의 청구는 그 객관적 거래가액 또는 평가액에 의하되, 전용실사권이 성립된 경우는 실시료 총액. 공업소유권의 침해행위금지 또는 예방을 구하는 소의 소가는 침해행위로 상대방이 얻은 이익액 또는 실시로 상당액. 상호사용금지의 소는 5,000만원.

소의 종류	소 가 산 정 기 준
병합청구의 소가산정	1개의 소로 수개의 청구를 하는 경우 그 수개의 청구의 경제적 이익에 독립한 별개의 경우 합산하여 소가를 산정한다.
상소의 소가	* 상소로서 불복하는 범위의 소송물가액 * 쌍방 상소는 각각 불복 범위 내에서 별도로 상소가액을 계산한다.
중복청구의 흡수	가장 다액의 청구의 가액을 소가로 한다(소의 선택적 또는 예비적 병합, 주위적 청구와 대상적 청구의 병합, 수인의 연대채무자 또는 주채무자의 보증인이 당사자가 된 경우, 동일 부동산에 관한 취득지 및 전득지에 대한 소유권이전등기, 말소등기 절차의 이행을 청구하는 경우, 동일한 권원에 의해 확인청구 및 이행청구 병합, 선택채권인 경우)
부대청구의 불산입	* 과실, 손해배상, 위약금 또는 비용의 청구가 소송의 부대 목적인 경우 그 가액은 소가에 불산입한다. 단, 이들 청구를 독립 청구하는 경우 그러하지 아니하다. * 건물철거와 동시에 대지인도를 구하는 경우 한 개의 청구(건물철거)가 다른 청구(대지인도)의 수단에 지나지 않는 경우 불산입한다.
비재산권상의 청구의 병합	각 청구 의제 소를 합산한다. 단, 청구의 목적이 1개의 법률관계인 때에는 1개의 소로 본다.
재산권상의 청구와 비재산권상의 청구 청구의 병합	* 1개의 소로서 비재산권을 목적으로 한 청구와 재산권을 목적으로 하는 청구를 병합한 때에는 소가를 합산한다. * 수개의 비재산권을 목적으로 하는 청구와 그 원인된 사실로부터 생기는 재산권을 목적으로 하는 청구를 1개의 소로써 제기하는 때에는 민인규 22조 규정에 의하여 소가와 재산권을 목적으로 하는 청구의 소가 중 다액을 소가로 한다.

[참조 2] 소가계산방법

소의 종류	청 구 취 지	소 가 산 정
채무부존재 확인	원고의 피고에 대한 소비대차에 의한 금 5,000만원과 이에 대한 이자 채무는 부존재한다를 확인한다.	소가 5,000만원
소유권확인	피고는 원고에 대해 별지 목록 기재 부동산 500㎡가 원고 소유임을 확인한다.	500 × 공시지가 × 50/100
건물명도	피고는 원고에게 별지 목록 기재 부동산을 인도하라.	공시지가, 지역번호, 건축연도, 구조, 용도에 따른 ㎡당 가격 × 면적 × 1/2 × 50 / 100
토지인도	피고는 원고에게 별지 목록 기재 부동산 500㎡를 인도하라.	공시지가 × 500 × 1/2 × 50/100
담장철거 및 토지인도 등	피고는 원고에게 별지 도면 300㎡ 중 도면상 건립된 담장을 철거하고 도면 표시 선내 부분 20㎡를 인도하라.	20 × 공시지가 × 1/2 × 50/100

소의 종류	청 구 취 지	소 가 산 정
토지경계 확인	원고소유 부동산과 피고 소유 부동산의 경계선은 가, 나로 연결하는 선임을 확인한다.	다툼이 있는 부분 × 공시지가 × 50/100
공유물분할	별지 목록 기재 토지 중 1, 2, 3, 4, 1의 각 점을 차례로 연결한 선내 (가) 부분은 원고의 소유로 6, 7, 8, 6의 각 점을 차례로 연결한 선내 (나) 부분은 피고의 소유로 각 분할한다.	개별공시지가 × 면적 × 50/100 × 원고지분×1/3
사해행위 취소	1. 피고와 ○○○ 사이의 별지 목록 기재 부동산에 대한 20○○. 1. 20.자 매매계약을 취소한다. 2. 피고는 ○○○에게 ○○지방법원 등기국 20○○. 1. 25. 접수 제5634호로 경료한 소유권이전등기의 말소등기절차를 이행하라.	○○○지분 × 공시지가 × 50/100 * 목적물건가액에 1/2를 곱해서는 아니된다.
소유권이전 등기	피고는 원고에게 별지 목록 기재 부동산에 대하여 매매를 원인으로 한 소유권이전등기절차를 이행하라.	토지공시지가×면적×50/100 건물m² 가격×면적
가등기에 대한 본등기이행	피고는 원고에게 별지 목록 기재 부동산에 관하여 ○○지방법원 ○○등기소 20○○. 5. 20. 접수 제123호로 경료된 소유권이전등기청구권 가등기에 기한 20○○. 1. 15. 매매예약완결을 원인으로 한 소유권이전등기를 이행하라.	건물과세시가표준액 × 면적 토지공시지가 × 면적 × 50/100(토지+건물) × 1/2
소유권보존 등기말소	피고는 원고에게 별지 목록 기재 부동산에 대하여 ○○지방법원 ○○등기소 20○○. 1. 20. 접수 제123호로 경료한 소유권보존등기의 말소절차를 이행하라.	공시지가×면적×50/100 /100×1/2
소유권이전 등기말소	피고는 원고에게 별지 기재 부동산에 관하여 ○○지방법원 ○○등기소 20○○. 1. 20. 접수 제123호로 경료된 소유권이전등기의 말소등기절차를 이행하라 (*등기원인의 무효, 취소를 원인으로 한 말소등기청구의 경우)	건물과세시가표준액 × 면적 토지공시지가 × 면적 × 50/100(토지+건물) × 1/2
전부금	피고 김갑동은 피고 홍길동에게 별지 기재 부동산을 인도하고 피고 홍길동은 피고 김갑동으로부터 인도받음과 동시에 원고에게 금 5,000만원을 지급하라.	소가 : 5,000만원
청구이의	피고는 원고에게 ○○지방법원 20○○가소○○○호 임대차보증금 사건의 집행력있는 판결정본에 의한 별지 목록 기재 부동산에 대한 강제집행은 불허한다.	소가 : 이의금액(집행권원에서 인정된 권리의 가액
근저당권 부채권가압류 설정등기말소		가압류금액
증서진부	공증인가 ○○합동법률사무소 공정증서 액면가 600	600만원 × 1/2

소의 종류	청 구 취 지	소 가 산 정
확인	만원, 발행인 원고 및 소외 김갑동, 수취인 피고로 된 별지 사본 약속어음 공정증서는 진정한 성립이 아님을 확인한다.	
승계집행문 부여	○○지방법원 ○○지원 20○○가합○○○ 대여금 사건의 확정판결에 의한 집행권원에 있어 이 법원사무관 등은 피고 김갑동에게 대한 강제집행을 위하여 원고의 승계인 홍길동에게 집행문을 부여한다. 라는 판결을 구함.	소가 × 1/100
자동차소유권이전등록 절차이행	피고는 원고에게 별지 목록 기재 자동차에 대하여 이 사건 소장부본송달 다음날로써 대물변제를 원인으로 하는 소유권이전등록절차를 이행하라. (소유권을 권원으로 자동차 인도를 구할 경우에는 인도로서 소가의 1/2)	목적물가액
근저당권 말소등기	피고는 원고에게 별지 목록 기재 부동산에 관하여 ○○지방법원 ○○등기소 접수 제○○○호로 경료된 근저당권설정등기의 말소등기절차를 이행하라.	1) 목적물건 가액(토지인 경우 개별공시지가 × 면적 × 50/100) 2) 근저당권 채권최고액 1)과 2) 중 적은금액이 소가임
건물명도 및 임료	피고는 원고에게, 가. 별지 목록 기재 부동산을 인도하고, 나. 금 300만원과 이에 대하여 이 사건 소장부본송달 다음날부터 다 갚는 날까지 연 20%의 비율로 계산한 돈을 지급하고, 다. 20○○. 1. 10.부터 위 인도완료일까지 월 금 150,000원의 비율로 계산한 돈을 지급하라.	공시지가, 지역번호, 건축연도, 구조, 용도에 따른 ㎡당 가격 × 면적 × 1/2 (나.항의 300만원 및 다.항 기재 돈이 이미 발생한 임료 또는 장래 발생할 임료인 경우 위 돈을 소가에 합산하지 않아야 한다.)

라. 인지의 첨부 등

소장의 경우와 같이 대리인 또는 대표자의 자격을 증명하는 서면(위임장, 법인등기사항증명서 등)을 첨부하여야 한다. 신청서에는 10,000원 상당의 인지를 붙여야 한다(인지법 9조 2항). 그 밖에 송달료((신청의 수 + 상대방의 수) × 3회분)를 예납하여야 하고, 등기나 등록이 필요한 보전처분(토지, 건물 등에 대한 보전처분)을 신청하는 경우에는 등록면허세(청구금액의 2/1,000)와 지방교육세(등록면허세액의 20/100)를 납부한 영수필통지서 및 영수필확인서를 신청서에 첨부한다.

실무상으로는 가압류 또는 가처분할 목적물의 목록은 따로 작성하여 신청서 말미에 첨부하는 것이 보통이다.

[서식 1] 위 임 장

위 임 장

법 무 사 홍 길 동
ㅇㅇ시 ㅇㅇ구 ㅇㅇ로 ㅇㅇ(ㅇㅇ동)
(전화 ㅇㅇㅇ-ㅇㅇㅇ, 팩스 ㅇㅇㅇ-ㅇㅇㅇㅇ)

위 사람을 대리인으로 정하고 다음 사항의 권한을 위임한다.

다 음

1. 부동산가압류신청서 서류의 작성, 제출과 이를 교부받는 행위
1. 이에 부수하는 행위

20ㅇㅇ. ㅇ. .

위임인 채권자 ㅇ ㅇ ㅇ (인)

[주] 위임장에 인감증명서를 첨부하는 경우
소송서류 중 사건을 종결시키는 서류(취하서, 상소포기서, 담보취소동의서 등), 고소취소장, 형사사건합의서, 집행해제(취소)신청서, 법원보관금계좌입금신청서, 경매배당금계좌입금신청서 등의 서류에 관해서는 위임장에 작성명의인의 인감증명서가 첨부되어야 한다. 단, 변호인, 법무사, 소송대리인, 국가소송수행자, 사건관계 직무담당공무원은 그러하지 아니하다(소송서류기타사건관계서류의접수사무에관한처리지침).

[서식 2] 영 수 증

OO지방법원 OO지원
영 수 증

귀 하

사 건 20OO카단 호 부동산 가압류

1. 위 결정정본 1통

위 서류를 20OO. O. . : 시에 틀림없이 영수하였습니다.

20OO. O. .

영수인 채권자 O O O (인)

[서식 3] 미사용증명서

미 사 용 증 명 원

사 건 20OO카단OOOO 부동산가압류
채 권 자 홍 길 동
채 무 자 이 몽 룡

위 사건과 관련하여 채권자가 제출한 아래의 '등록면허세 및 교육세'는 사용되지 않았음을 증명하여 주시기 바랍니다.

- 아 래 -

1. 반환등록면허세
   등록면허세 : 87,600원
   교 육 세 : 17,520원
   합 계 금 : 105,120원

2. 부동산의 표시
   가. OO시 OO구 OO동 OOO 대 147㎡
   나. OO시 OO구 OO로 OO(OO동)
   [도로명주소] OO시 OO구 OO로 OO
   시멘트 벽돌조 슬래브지붕 1층 주택 84㎡

20OO. O. .

위 신청인 채권자 홍 길 동 (인)
(전화 : OOO-OOO)

OO지방법원 OO지원 귀중

[접수방법 및 유의사항]

1. 미사용증명원 2부를 준비하여 제출(우편불가)하면 미사용증명원 1부와 함께 등록면허세영수필확인시와 통지를 반환하여 준다.
2. 정수수입인지 500원 첩부한다.
3. 가압류(가처분)의 취하나 각하 결정 후 미사용 또는 집행불능이 된 경우 법원으로부터 가압류(가처분) 신청서류 원본을 돌려받고, 법원에 제출한 등록면허세에 대한 "미사용증명원"의 확인 날인을 받아 등록면허세영수필확인서와 통지서를 환부받는다.
4. 그 후 채권자 보관의 '등록면허세영수증'과 이 등록면허세의 '미사용증명원'을 지참하고 등록면허세를 발부한 시·군·구청의 등록면허세과를 방문하여 반환신청하면, 납부한 등록면허세를 환불받을 수 있다. 그러면 15일정도 지나면 납부한 등록면허세액을 채권자 은행계좌로 돌려받게 된다.

4. 신청의 병합·변경

보전절차에서도 병합 또는 변경의 요건만 갖추면 처음부터 신청을 주관적·객관적으로 병합하여 신청할 수 있고, 일단 신청한 후에 이를 변경할 수도 있다. 객관적 병합에서도 예비적·선택적 병합도 가능하다(대판 1982. 3.9. 81다1221).

주관적 예비적·주관적 선택적 병합으로 보전처분을 신청한 경우에는 보정명령을 통하여 단순병합으로 변경하도록 한 후 두 채무자에게 모두 보전명령을 발하는 것이 타당하다.

신청의 변경이 신청의 일부취하를 가져오는 경우(교환적 변경)에도 상대방의 동의는 받을 필요가 없다.

5. 신청의 대위

채권자는 채무자를 대위하여 그의 제3채무자에 대한 채권을 행사할 수 있으므로 보전처분의 신청도 대위하여 할 수 있다(대판 1958.5.29. 4290민상735). 이때에 채권자가 채무자에게 그 대위사실을 통지하면 채무자는 자기채권을 행사할 수 없고, 따라서 이중의 보전처분신청을 할 수 없다(민법 405조). 채권자는 자기의 채권의 기한 전이라도 법원의 허가를 얻어 대위권을 행사하여 신청할 수 있다(비송절차법 45조).

제4절 보전처분의 집행취소

1. 집행취소의 의의

집행취소는 이미 실시한 집행처분의 전부 또는 일부의 효력을 상실시키는 집행기관의 행위를 말한다. 집행취소는 채권자 또는 채무자의 신청에 의하거나 집행법원의 직권으로 한다.

2. 채권자의 집행취소(해제)신청

가. 개 요

채권자는 보전처분의 집행상태가 계속되고 있는 한 언제든지 그 집행취소를 신청할 수 있다. 집행취소신청이라는 용어 외에 집행해제신청 또는 집행신청의 취하라는 용어가 사용되기도 하나 어느 것이나 마찬가지 뜻이다. 집행취소는 채무자에게는 불이익할 것이 전혀 없으므로 채권자가 집행취소의 신청을 함에는 채무자의 동의가 필요 없으며, 또 그 신청에 기한 집행취소결정에 대하여 채무자는 항고할 이익이 없다(대결 1980. 2.15. 79마351).

나. 신청절차

채권자의 집행취소신청은 집행기관에 대하여 한다. 즉 채권, 부동산가압류, 부동산의 처분금지가처분과 같이 법원이 집행한 보전처분에 대하여는 법원에, 동산가압류, 부동산점유이전금지가처분 등 집행관이 집행을 한 보전처분에 대하여는 집행관에게 각각 취소신청서를 제출한다. 집행취소신청을 함에는 그 취소절차에 필요한 비용(송달료, 등록면허세 등)을 예납하여야 하나 인지를 붙일 필요는 없다(송민 91-1).

3. 해방금액의 공탁을 이유로 한 채무자의 가압류집행취소신청

가. 개 요

채무자가 가압류명령에 기재된 해방금액을 공탁하였을 때에는 법원은 집행한 가압류를 취소하여야 한다(민집 299조 1항).

가압류해방금액은 금전에 의한 공탁만이 허용되고, 유가증권에 의한 공탁은 그 유가증권이 실질적 통용가치가 있는 것이라고 하더라도 허용되지 않는다{대결(전) 1996.10.1. 96마162}.

채무자 아닌 제3자는 해방금액을 공탁할 수 없으며, 해방금액의 일부만을 공탁하고 가압류집행 일부만을 취소하는 것은 허용되지 않는다.

나. 신청과 결정

(1) 해방금액을 공탁한 채무자는 그 공탁서를 첨부하여 집행법원(동산에 대한 보전명령집행의 경우는 그 보전명령을 발한 법원, 민집 3조 1항) 또는 가압류명령을 발한 법원에 가압류집행의 취소를 신청한다. 절차비용을 예납하여야 함은 채권자가 신청한 경우와 같다.

(2) 이 신청이 있으면 신청사건부에 등재하고(송민 91-1) 집행취소의 결정을 한다. 취소결정은 확정되지 아니하여도 고지와 동시에 효력이 생긴다(민집 299조 4항). 이 결정에 대하여 즉시항고할 수 있다.

제2장 가 압 류

1. 의 의

가압류는 금전채권이나 금전으로 환산할 수 있는 채권에 관하여 장래 그 집행을 보전하려는 목적으로 미리 채무자의 재산을 동결시켜 채무자로부터 그 재산에 대한 처분권을 잠정적으로 빼앗는 집행보전제도이다.

실무상 집행의 대상이 되는 재산의 종류에 따라 부동산가압류, 선박·항공기·자동차·건설기계에 대한 가압류, 채권가압류, 유체동산가압류, 그 밖의 재산권에 대한 가압류로 구분하고 있다.

2. 압류(또는 가압류) 허용 및 금지재산

가. 압류(또는 가압류) 허용재산

(1) 골프회원권, 전화사용권(가입권), 지적소유권, 광업권, 공시최고절차중인 어음금채권, 유체동산인도청구권은 가압류할 수 있다.

(2) 지적소유권(특허권, 실용신안권, 의장권, 상표권, 저작권) 및 광업권은 가압류할 수 있다.

(3) 합자회사의 유한책임사원이 퇴사하기 전의 회사에 대한 지분환급채권, 아직 퇴직하기 전의 퇴직금청구권, 장래경매가 취하될 것을 전제로 한 경매보증금반환청구권 등도 압류의 대상이 되나, 매매계약해제 전에 계약해제를 전제로 한 중도금반환청구권, 추가공사도급계약 성립전의 추가공사도급금채권 등은 가압류대상이 될 수 없다.

(4) 서울대학병원은 서울대학교병원설치법에 따라 설립된 기관으로 서울대학교 소속된 것이 아니므로 그 직원은 공무원이나 사립학교 교직원이 아님, 다만 법10조의 2에 따라 임상교수요원을 교육공무원으로 임용하는 경우에는 서울

대학교의 교원으로 보므로 이러한 사람만 공무원으로서 퇴직금 가압류의 제한을 받음, 통상의 직원에 대한 퇴직금 중 2분의 1은 가압류가 가능하다.

(5) 명예퇴직수당을 지급받을 수 있는 자는 일반직공무원, 군무원 등으로 20년 이상 근속한 자로서 정년퇴직일 전 1년 이상의 기간 중 자진퇴직한 자로 한다. 명예퇴직수당은 공무원이 명예퇴직을 신청하여 명예퇴직수당의 지급이 상당히 예상되는 때부터 2분의 1 가압류할 수 있다.

[※ 장래 발생할 채권이나 조건부 채권도 현재 그 권리의 특정이 가능하고 가까운 장래에 발생할 것이 상당 정도 기대되는 경우에는 이를 압류(가압류) 할 수 있다(대결 2001.9.18. 2000마5252)]

(6) 신탁법상의 신탁재산은 수탁자의 책임재산에 속하지 아니하므로 가압류할 수 없고(신탁법 21조 1항 본문), 신탁 전의 원인으로 발생한 권리(법에는 가능하다고 명시되어 있으나 대법원판례는 부정하고 있음) 또는 수탁자에 대하여 신탁사무의 처리상 발생한 권리에 기한 경우에는 가압류할 수 있다.

(7) 어업권 압류(가압류)는 어업허가 그 자체는 환가성이 없기 때문에 일부 법원에서만 허용하고 있다.

나. 압류(또는 가압류) 금지재산

(1) 합유자, 총유자, 조합재산 중 일부인을 상대로 한 재산은 가압류할 수 없다.

(2) 학교법인의 국가 또는 지방자치단체에 대한 보조금교부채권은 가압류할 수 없다.

(3) 연세대 세브란스병원의 직원은 학교법인 연세대학교의 직원이므로 사립학교교원연금법 제40조에 따라 퇴직금을 가압류할 수 없으나, 1984년 이전부터 재직한 자는 사립학교교원연금법의 적용을 받는 퇴직금 외에 연세대학교 연세의료원 내부규정으로 지급되는 퇴직금을 지급받으므로, 그러한 자료가 나온다면 "사립학교교원연금법의 적용을 받는 퇴직금을 제외한 연세대학교 연세의료원 내부규정으로 지급되는 퇴직금 부분" 중 2분의 1은 가압류할 수 있다.

(4) 공무원, 군인, 사립학교 교원 및 사무직원, 선원의 퇴직금의 전액을 가압류할 수 없다.

(5) 자동차운수사업면허, 건설업면허 전기공사업 및 전기통신사업면허는 가압류할 수 없다.

(6) 주택사업자의 주택건설대지는 가압류할 수 없다.

(7) 건설공제조합의 조합원의 출자는 출자증권에 표상된 조합원의 지분으로 가압류할 수 없다.

(8) 정리채권에 기한 정리회사의 부동산에 대하여 가압류할 수 없다.

(9) 학교법인의 기본재산과 학교교육에 직접 사용되는 학교법인의 재산, 공익법인의 재산, 의료법인의 재산, 사회복지법인의 기본재산, 국가유공자등예우및지원에관한법률에 의한 대부재산은 가압류할 수 없다(단, 허가권자의 허가를 얻은 경우에는 가압류 가능).

(10) 사립학교 교지 및 교사는 사립학교법 및 동 시행령에 의해 원칙적으로 매매 또는 담보제공의 대상이 되지 않아 보전의 필요성이 인정되지 않으므로, 가압류 대상 부동산 담보제공의 대상이 된다는 점을 소명해야 가능여부를 판단한다.

(11) 공장 및 광업재단저당법 제6조에 의하여 저당권의 목적이 되어 등기된 기계, 기구 기타 공용물, 의료기재는 별도로 가압류할 수 없다.

(12) 건설업자가 도급받은 건설공사의 도급금액 중 당해공사 및 하도급한 공사의 근로자에게 지급하여야 할 노임에 상당하는 금액에 대하여 이를 가압류할 수 없다.

(13) 전세권부채권가압류 기입등기는 부동산등기법이나 등기예규상으로 그러한 등기가 가능하다고 볼 근거를 찾을 수 없어 현행법상 허용되지 않으므로, 전세기간이 종료되지 아니한 경우에는 전세권가압류로, 전세기간이 종료된 경우에는 전세금반환채권의 가압류로 신청하여야 한다.

위 전세권부채권가압류를 신청하는 대신 등기된 전세권이 존재하는 한 전세권 자체를 가압류할 수 있는 전세권가압류신청으로 한다.

등기기록상 전세기간이 종료된 경우에는 사실상 전세권은 소멸되어 전세금반환청구권가압류로 신청은 허용되나 등기부상 전세권등기가 잔존하고 있더라도 이는 현재 유효한 전세권을 공시하는 효력이 없으므로 전세권반환청구권가압류 기입등기는 그 의미가 없어 허용되지 않는다.

(14) 임차권부채권가압류의 부기등기는 등기할 것이 아니므로, 이러한 등기가 경료한 때에는 등기관은 직권말소 하여야 한다.

(15) 생활보호대상자 생계비 통장에 대하여 압류(가압류) 및 지급정지를 할 수 없다.

(16) 가처분등기는 가압류의 대상이 될 수 없다.

(17) 사망인을 상대로 한 가압류는 결정을 받았다 하더라도 무효이다.

(18) 지급명령 또는 판결 등이 난 후에는 가압류를 신청할 수 없으나, 이를 숨기고 가압류를 신청할 경우 그 책임은 전적으로 가압류를 신청하는 사람이 부담하여야 한다(진술서 작성시 허위작성 등).

다. 압류 금지 물건(민집 195조)을 종합해 보면

(1) 채무자 및 그와 같이 사는 친족(사실상 관계에 따른 친족을 포함한다. 이하 이 조에서 "채무자등"이라 한다)의 생활에 필요한 의복, 침구, 가구, 부엌기구, 그 밖의 생활 필수품

(2) 채무자 등의 생활에 필요한 2월간의 식료품, 연료 및 조명재료

(3) 채무자 등의 생활에 필요한 1월간의 생계비로서 대통령령이 정하는 액수의 금전

(4) 주로 자기 노동력으로 농업을 하는 사람에게 없어서는 아니될 농기구, 비료, 가축, 사료, 종자, 그 밖의 이에 준하는 물건

(5) 주로 자기의 노동력으로 어업을 하는 사람에게 없어서는 아니될 고기잡이 도구, 어망, 미끼, 새끼고기, 그 밖에 이에 준하는 물건

(6) 전문직 종사자, 기술자, 노무자, 그 밖에 주로 자기의 정신적 또는 육체적 노동으로 직업 또는 영업에 종사하는 사람에게 없어서는 아니 될 제복, 도구, 그 밖에 이에 준하는 물건

(7) 채무자 또는 그 친족이 받은 훈장, 포장, 기장, 그 밖에 이에 준하는 명예증표

(8) 위패, 영정, 묘비, 그 밖에 상례, 제사 또는 예배에 필요한 물건

(9) 족보, 집안의 역사적인 기록, 사진첩, 그 밖에 선조숭배에 필요한 물건

(10) 채무자의 생활 또는 직무에 없어서는 아니 될 도장, 문패, 간판, 그 밖에 이에 준하는 물건

(11) 채무자의 생활 또는 직업에 없어서는 아니 될 일기장, 상업장부, 그 밖에 이에 준하는 물건

(12) 공표되지 아니한 저작 또는 발명에 관한 물건

(13) 채무자 등이 학교, 교회, 사찰, 그 밖의 교육기관 또는 종교단체에서 사용하는 교과서, 교리서, 학습도구, 그 밖에 이에 준하는 물건

(14) 채무자등이 일상생활에서 필요한 안경, 보청기, 의치, 의수족, 지팡이, 장애보조용 바퀴의자, 그 밖에 이에 준하는 물건

(15) 채무자등이 일생생활에 필요한 자동차로서 자동차관리법이 정하는 바에 따른 장애인용 경형자동차

(16) 재해의 방지 또는 보안을 위하여 법령의 규정에 따라 설비하여야 하는 소방설비, 경보기구, 피난시설, 그 밖에 이에 준하는 물건

라. 압류 금지 채권(민집 246조)을 종합해 보면

(1) 법령에 규정된 부양료 및 유족부조료

(2) 채무자가 구호사업이나 제3자의 도움으로 계속 받은 수입

(3) 병사의 급료

(4) 급료, 연금, 봉급, 상여금, 퇴직연금, 그 밖에 이와 비슷한 성질을 가진 급여채권의 2분의 1에 해당하는 금액. 다만, 그 금액이 국민기초생활보장법에 의한 최저생계비를 감안하여 대통령령이 정하는 금액에 미치지 못하는 경우 또는 표준적인 가구의 생계비를 감안하여 대통령령이 정하는 금액을 초과하는 경우에는 각각 당해 대통령령이 정하는 금액으로 한다.

(5) 퇴직금, 그 밖에 이와 비슷한 성질을 가진 급여채권의 2분의 1에 해당하는 금액

(6) 「주택임대차보호법」 제8조, 같은 법 시행령의 규정에 따라 우선변제를 받을 수 있는 금액

(7) 생명, 상해, 질병, 사고 등을 원인으로 채무자가 지급받을 보장성보험의 보험금(해약환급금 및 만기환급금을 포함한다), 중 아래의 경우

㈎ 1,000만원 이하의 사망보험금

㈏ 진료비, 치료비, 수술비, 입원비, 약제비 등 치료를 위해 드는 실비용을 보

장하는 실손 보장성보험금 금액

㈐ 보험사고 발생시 일정액을 지급하는 정액 보장성보험금 중 2분의 1

㈑ 채권자에 의한 계약해지로 발생하는 해약환급금

㈒ 150만원 이하의 보험 만기환급금의 해약환급금

(8) 채무자의 1개월간 생계유지에 필요한 예금 : 채무자의 개인별잔액 185만원 이하의 예금(적금, 부금, 예탁금과 우편대체를 포함)

마. 특별법에 의한 압류 금지 채권을 종합해 보면

(1) 공무원연금법(동법 32조), 군인연금법(동법 7조), 사립학교교직원연금법(동법 40조), 국민연금법(동법 58조), 국가유공자등예우등에관한법률(동법 19조)상의 각종 급여를 받을 권리

(2) 근로기준법상의 재해보상청구권(동법 86조)

(3) 자동차손해배상보상법의 피해자의 보험사업에 관한 손해배상청구권(동법 40조)

(4) 형사보상법상의 형사보상청구권(동법 22조)

(5) 국민건강보험법상의 보험급여를 받을 권리(동법 54조)

(6) 사립학교법상 별도 계좌로 관리하는 수업료 기타 납부금 수입에 관한 예금채권(동법 28조 3항)

(7) 보조금교부채권(동법 43조)

(8) 부도공공건설임대주택 임차인 보호를 위한 특별법 7조에 의해 보전되는 임대보증금

(9) 건설산업기본법(동법 88조)상의 건설업자가 도급받은 건설공사의 도급금액 중 당해 공사의 근로자에게 지급하여야 할 노임에 상당하는 금액

제1절 부동산가압류

1. 총 설

부동산에 대한 보전 수단인 부동산가압류는 강제경매보전을 목적으로 하는 부동산소유권에 대한 가압류와 강제관리 보전을 목적으로 하는 부동산수익권에 대한 가압류의 두 가지 방법이 있다. 그 집행은 부동산 소유권에 대한 가압류의 경우에는 가압류명령을 등기부에 기입하는 방법으로 집행하고(민집 293조 1항), 부동산 수익권에 대한 가압류의 집행은 강제관리와 마찬가지의 방법으로 집행하나 본집행과는 달리 청구채권에 해당하는 금액을 지급받아 공탁하여야 한다(민법 294조), 위 두 가지 방법은 함께 사용할 수 있다(민집 291조, 78조 3항).

2. 관 할

- 가압류사건은 가압류할 물건의 소재지 지방법원이나 본안의 관할법원의 관할에 속하도록 되어 있다. 관할권 없는 법원에 보전처분이 있으면 법원은 이를 관할법원에 이송하여야 한다.
  관할 없음을 간과하고 보전처분을 하였을 때에는 상소 또는 이의가 있으면 취소사유가 된다. 그러나 관할 없는 법원이 발한 보전처분도 상소나 이의에 의하여 취소되지 않는 한 유효하다. 재심사유는 아니므로 확정되면 관할위반의 흠은 치유된다.
- 1992. 7. 1. 이후에 체결된 할부판매계약에 따른 판매대금의 채권을 피보전권리로 하는 가압류의 관할은 채무자 주소지의 전속관할이다(할부거래에 관한 법률 15조). 위 법률의 적용을 받는 물건은 동산에 한하나, 자동차 또는 중기의 할부판매에 관한 사건에도 위 법률을 적용하고 있다.

가. 보전처분사건 관할의 전속성

(1) 보전처분사건의 일반적인 관할법원 : 본안의 관할법원

① 본안의 의의

- 본안이라 함은 보전처분에 의하여 직접 보전될 권리 또는 법률관계의 존부를 확정시키는 재판절차이다. 보전처분의 피보전권리와 본안소송물인 권리는 엄격히 일치함을 요하지 않고 청구의 기초의 동일성이 인정되는 한 본안이라고 할 수 있다(대판 1982.3.9. 81다1223). 반드시 통상의 소송절차이어야 할 필요는 없고 독촉절차, 제소전화해절차, 조정절차, 중재판정절차 등도 모두 본안에 포함된다.
- 가사소송사건 또는 마류가사비송사건을 본안사건으로 하는 가압류 또는 가처분 사건은 가정법원의 전속관할에 속한다(가소법 63조).

판례 보전처분의 피보전권리와 본안의 소송물인 권리는 엄격히 일치함을 요하지 않으며, 청구의 기초의 동일성이 인정되는 한 본안이라고 할 수 있다(대판 1982.3.9. 81다1223, 대판 2001.3.13. 99다11328).

- 할부계약에 관한 소송, 방문판매자 또는 다단계판매자와의 상품의 구매 또는 용역의 제공에 관한 계약에 관한 소송, 통신판매업자와의 거래에 관련된 소송은 제소 당시 매수인 소비자 또는 다단계판매의 상대방의 주소지를, 주소가 없는 경우에는 거소를 관할하는 법원의 전속관할이다(할부거래에관한법률 16조, 방문판매등에관한법률 46조, 전자상거래등에서의소비자보호에관한법률 36조).
- 시·군법원의 가압류사건의 관할
  시·군법원에서의 가압류사건의 관할은 소액(3,000만원 이하)·독촉·민사조정·화해사건의 본안을 시·군법원이 관할할 경우에 본안의 법원으로서 관할권을 가지나 소액사건심판법의 적용대상이 아닌 사건을 본안으로 하는 보전처분은 관할권이 없다(민집 22조 4호). 부동산이 시·군법원의 관할구역 내에 소재하고 있더라도 채권자 및 채무자의 주소 등이 다른 법원의 관할구역에 속하는 경우에는 관할권이 없다.

② 본안이 계속된 경우

- 이미 어느 법원에 본안이 계속 중이라면 그 법원이 본안의 관할법원으로서

보전처분의 관할법원이 된다(민집 311조).

- 본안이 1심법원에 계속 중이면 제1심법원에, 본안이 항소심에 계속 중이면 그 항소법원에 신청한다.
- 본안사건에 대하여 당해 법원에서 판결이 선고된 후 항소 또는 상고로 인하여 기록이 송부되기 전이면 기록이 있는 당해 법원이 본안법원이 된다.
- 상고로 인하여 기록이 상고심에 송부되고 본안이 상고심에 계속 중일 때에는 제1심법원이 관할법원이 된다.

판례 본안사건에 대하여 당해 법원(제1심법원)에서 판결이 선고된 후 항소 또는 상고로 인하여 기록이 송부되기 전이면 기록이 있는 당해 법원이 본안법원이 된다(대판 1971.9.28. 71다1532, 대결 1960.6.30. 4293민항115).

판례 가압류와 가처분신청에 관한 관할법원을 그 신청당시를 현재로 하여 본안사건이 계속되어 있는 법원에 적법하게 계속되면 그 후에는 그 본안사건에 대한 소송계속의 존속여부는 그 가압류와 가처분에 대한 관할권에 영향을 미치지 않는다. 이러한 해석은 본법 제30조가 법원의 관할은 제소한 때를 표준으로 하여 정한다고 규정한 취지를 비추어 보더라도 정당하다 할 것이다(대판 1963. 12. 12. 4293민상824).

판례 소송이 상고심에 계속 중에 가처분결정을 지방법원에 신청하였다고 하여 반드시 위 소송이 그 가처분사건에서의 본안소송이 된다고 할 수 없고, 이미 계속 중인 위 소송과 관계없이 계쟁물에 관한 현상의 변경으로 당사자의 관리를 실행하지 못하거나 이를 실행함에 현저히 곤란한 염려가 있는 때에는 제1심법원인 본안관할법원에 그 가처분결정을 신청할 수 있는 것이므로 가처분결정에 의하여 보전하려는 청구권이 이미 계속 중에 있는 소송에서의 청구권인지 아니면 앞으로 소송에 의하여 보전하려는 청구권인지는 그 가처분결정 신청이유를 따져보지 아니하고는 분명히 할 수 없는 것이다(대판 1970.2.24. 69다2254).

③ 본안이 계속되기 전의 경우(통상)

- 장차 본안소송이 제기되었을 때 이를 관할할 수 있는 법원이 본안법원이 된다. 따라서 이때에는 본안의 관할법원이 여러 개 있을 수 있고, 그 중 어느 법원에 신청하여도 된다. 나중에 본안은 다른 관할법원에 제기하여도 된다.
- 본안에 관하여 당사자간에 합의관할이 있으면 합의한 그 법원도 보전처분의 관할이 된다. 즉 당사자간에 약정서 등에 의하여 본안법원의 관할을 합의하였을 경우 비록 당사자의 주소, 부동산 소재지가 합의한 법원의 관할에 속하

지 아니할지라도 합의한 법원에 가압류신청이 가능하다.

④ 거소지 또는 의무이행지의 법원(민소 8조)

- 재산권에 관한 소는 거소지 또는 의무이행지의 법원에 제기할 수 있는데 대여금, 매매대금, 물품대금, 임차보증금, 임금, 노임, 손해배상청구, 부당이익반환청구 등 대부분의 재산권에 관련된 채무는 채무자가 채권자의 주소지를 찾아가서 의무를 이행하여야 하는 지참채무인 것이 원칙이기 때문이다. 그러므로 특정물의 인도를 목적으로 하는 채무 이외의 이행은 지참채무가 원칙이므로 채권자의 현재의 주소 또는 영업소가 의무이행지가 된다(민법 467조 2항). 따라서 당사자 사이에 합의가 없으면 실제 가장 많고 중요한 금전지급의무에 관하여 채권자는 자기의 주소지에서 채무자를 제소할 수 있게 된다.
- 의무이행지 : 채권이 양도된 경우는 양수인의 주소지, 채권자의 주소지가 신청할 때까지 변경될 경우는 변경된 그 주소지가 의무이행지가 된다.

(2) 목적물 소재지 관할 지방법원

가압류에 있어서는 가압류할 물건이 있는 곳을 관할하는 지방법원도 관할법원이 된다(민집 278조). 이는 집행의 편의를 고려한 규정이다. ① 가압류할 물건이 동산이나 부동산인 경우에는 그 동산이나 부동산이 있는 곳의 법원이 관할법원이 되고, ② 채권인 경우에는 제3채무자의 보통재판적이 있는 법원이 관할법원이 된다. ③ 물건의 인도를 목적으로 하는 채권과 물상담보권 있는 채권의 경우에는 그 물건소재지가, ④ 어음과 같이 증권으로 화체된 채권은 그 증권소재지가, ⑤ 특허권과 같이 등록된 무체재산권인 경우는 등록된 권리자 또는 대리인의 소재지가 각기 목적물의 소재지가 된다(다만, 등록된 권리자가 재외자인 경우에는 특별규정이 있다). 소재지 여부를 판단하는 기준시는 가압류신청시이다.

(3) 부동산가압류신청사건에 있어서의 목적물 소재지의 관할법원

- 부동산 소재지의 법원(민집 278조)을 말함.
- 목적물소재지 관할 지방법원에 가압류신청을 하기 위하여는 그 관할권 있음을 밝히기 위하여 목적물소재지를 신청서에 기재하여야 한다.

(즉 부동산의 표시가 별지 목록으로 인용되어 소명되고 있다)

나. 신청합의사건의 사물관할

(1) 소송물가액(가압류에서는 청구금액으로 원금을 기준으로 함) 5억원을 초과하는 민사사건

(2) 재산권상의 소로서 그 소가를 산정할 수 없는 것과 비재산권을 목적으로 하는 소송 : 소가는 5천만원이나 합의사건임 등(가압류에서는 적용하지 않음)

- 상법상의 회사관계 소송과 특허법원의 전속관할에 속하는 소송의 소가를 1억원임

다. 신청단독사건의 사물관할

(1) 소송물가액 5억원 이하의 민사사건

(2) 다음에 열거하는 사건은 5억원을 초과하더라도 단독사건이다(즉, 청구금액에 관계없이 단독사건임).

① 약속어음금, 수표금 청구사건

② 금융기관(은행·농업협동조합·수산업협동조합·축산업협동조합·산림조합·신용협동조합·신용보증기금·기술신용보증기금·지역신용보증재단·새마을금고·상호저축은행·종합금융회사·시설대여회사·신탁회사·증권회사·신용카드회사, 할부금융회사·신기술사업금융회사 등) 채권자인 대여금·구상금·보증금 청구사건

③ 자동차손해배상보상법에서 정한 자동차·원동기장치자전거·철도차량의 운행 및 근로자의 업무상재해로 인한 손해배상 청구사건과 채무부존재확인 청구사건

④ 단독판사가 심판할 것으로 합의부가 결정한 사건

라. 부동산가압류사건의 일반적인 관할

아래 관할 중 채권자의 편의에 의하여 어느 법원에도 신청 가능하다.

- 채권자 주소지의 법원
- 채무자 주소지의 법원
- 부동산 소재지의 법원

즉 가압류신청은 가압류 물건이 있는 관할법원에 할 수 있고, 본안의 관할법원(대여금 청구의 소는 원칙적으로 채무자의 주소지 관할법원에 제기하여야 하나, 예외적으로 돈을 달라고 하는 소는 채권자의 주소지 관할법원에도 제기할 수 있다)에 가압류 신청할 할 수 있다. 따라서 채권자는 본안소송 전이라면 편리한 곳을 선택하여 가압류를 신청할 수 있다.

[참조 3] 고등법원·지방법원과 그 지원·가정지원의 관할구역 : 각급 법원의 설치와 관할구역에 관한 법률 〈개정 2004. 1. 20〉

– 고등법원·지방법원과 그 지원·가정지원의 관할구역 –

고등법원	지방법원	지 원	관 할 구 역
서 울	서울중앙		강남구·관악구·동작구·서초구·종로구·중구·성북구
	서울동부		성동구·광진구·강동구·송파구
	서울남부		영등포구·강서구·양천구·구로구·금천구
	서울북부		동대문구·중랑구·도봉구·강북구·노원구
	서울서부		서대문구·마포구·은평구·용산구
	의 정 부		의정부시·동두천시·구리시·남양주시·양주시·연천군·포천시·가평군·강원도 철원군. 다만, 소년보호사건은 앞의 시·군 외에 고양시·파주시
		고 양	고양시·파주시
	인 천		인천광역시. 다만, 소년보호사건은 앞의 광역시 외에 부천시·김포시
		부 천	부천시·김포시
	수 원		수원시·오산시·용인시·화성시. 다만, 소년보호사건은 앞의 시외에 성남시·하남시·평택시·이천시·안산시·광명시·시흥시·안성시·광주시·안양시·과천시·의왕시·군포시·여주군·양평군
		성 남	성남시·하남시·광주시
		여 주	이천시·여주군·양평시
		평 택	평택시·안성시
		안 산	광명시·시흥시·안산시 단원구·안산시 상록구
		안 양	안양시·과천시·의왕시·군포시
	춘 천		춘천시·화천군·양구군·인제군·홍천군. 다만, 소년보호사건은 철원군을 제외한 강원도

		강 릉	강릉시·동해시·삼척시
		원 주	원주시·횡성군
		속 초	속초시·양양군·고성군
		영 월	태백시·영월군·정선군·평창군
대 전	대 전		대전광역시·연기군·금산군
		홍 성	보령시·홍성군·예산군·서천군
		공 주	공주시·청양군
		논 산	논산시·계룡시·부여군
		서 산	서산시·태안군·당진군
		천 안	천안시·아산시
		가 정	대전광역시·연기군·금산군. 다만, 소년보호사건은 대전광역시·충청남도
	청 주		청주시·청원군·진천군·보은군·괴산군. 증평군, 다만, 소년보호사건은 충청북도
		충 주	충주시·음성군
		제 천	제천시·단양군
		영 동	영동군·옥천군
대 구	대 구		대구광역시·영천시·경산시·칠곡군·성주군·고령군·청도군. 대구광역시 중구·동구·남구·북구·수성구·영천시·경산시·칠곡군·청도군.
		서 부	대구광역시 서구·달서구·달성군·성주군·고령군
		안 동	안동시·영주시·봉화군
		경 주	경주시
		포 항	울릉군·포항시 남구·포항시 북구
		김 천	김천시·구미시
		상 주	상주시·문경시·예천군
		의 성	의성군·군위군·청송군
		영 덕	영덕군·영양군·울진군
		가 정	대구광역시·영천시·경산시·칠곡군·성주군·고령군·청도군. 다만, 소년보호사건은 대구광역시·경상북도
부 산	부 산		부산광역시 중구·서구·동구·영도구·부산진구·북구·사상구·강서구·사하구·동래구·연제구·금정구
		동 부	부산광역시 해운대구·남구·수영구·기장군
		가 정	부산광역시. 다만, 소년보호사건은 부산광역시·울산광역시·

			양산시
	울 산		울산광역시·양산시
	창 원		창원시·진해시·김해시. 다만, 소년보호사건은 앞의 시·이 외에 마산시·진주시·사천시·통영시·거제시·밀양시·함안군·의령군·남해군·하동군·산청군·고성군·창녕군·거창군·함양군·합천군
		마 산	마산시·함안군·의령군
		진 주	진주시·사천시·남해군·하동군·산청군.
		통 영	통영시·거제시·고성군
		밀 양	밀양시·창녕군
		거 창	거창군·함양군·합천군
광 주	광 주		광주광역시·나주시·화순군·장성군·담양군·곡성군·영광군
		목 포	목포시·무안군·신안군·함평군·영암군
		장 흥	장흥군·강진군
		순 천	순천시·여수시·광양시·구례군·고흥군·보성군
		해 남	해남군·완도군·진도군
		가 정	광주광역시·나주시·화순군·장성군·담양군·곡성군·영광군. 다만, 소년보호사건은 광주광역시·전라남도
	전 주		전주시·김제시·완주군·임실군·진안군· 무주군. 다만, 소년보호사건은 전라북도
		군 산	군산시·익산시
		정 읍	정읍시·부안군·고창군
		남 원	남원시·장수군·순창군
	제 주		제주시·서귀포시

– 특허법원의 관할구역 –

명 칭	관 할 구 역
특허법원	전 국

– 가정법원의 관할구역 –

고등법원	가정법원	관 할 구 역	
		가사·소년	가 족 관 계 등 록
서울	서울	서울특별시	서울특별시 종로구·중구·성북구·강남구·서초구·관악구·동작구

– 행정법원의 관할구역 –

고등법원	행정법원	관 할 구 역
서울	서울	서울특별시

– 항소·항고사건을 심판하는 지방법원 본원합의부 및 지방법원지원합의부의 관할 –

합 의 부 명	관 할 구 역
춘천지방법본원합의부	춘천지방법원의 관할구역 중 강릉시·동해시·삼척시·속초시·양양군·고성군을 제외한 지역
그 밖의 지방법원본원합의부	당해 지방법원의 관할구역
춘천지방법원 강릉지원합의부	강릉시·동해시·삼척시·속초시·양양군·고성군

3. 사건표지

신청의 종류를 특정하였다면 신청서의 표지에 신청사건명을 표시한다.

표지의 작성이 반드시 필요한 것은 아니나 실무상 표지의 작성은 일반화 되어 있다.

신청서의 기재는 뒷장의 기재가 앞장에 비치지 않는 지질의 용지(A4)를 사용함을 원칙으로 하고 있다(법원재판사무처리규칙 10조).

- 신청서는 법원에서 철끈 등으로 편철되어야 하므로 위로부터 45㎜, 아래로부터 30㎜ 정도의 여백을 두어야 한다(법원재판사무처리규칙 6조 2항).

가. 신청사건 제목의 표지 : 어떤 종류의 재산에 가압류할 것인가를 선택하여 아래와 같이 사건명을 기재한다.

부동산가압류신청서

나. 인지액 등의 표시 : 통상 왼쪽 아래 여백에 아래와 같이 사항을 기재한다.

첩용인지액 금 OOOOO원

대법원증지대 금 OOOOO원
등록면허세 금 OOOOO원 (교육세 포함)

(1) 송달료 : 송달료 수납은행(법원 내 신한은행, 농협 등)에 납부한다.
 ① 당사자 1인당 3회분의 송달료를 납부한다(송일 87-4).
 ② 신한은행에 납부한 송달료(예납)납부서를 사건표지 이면 상단에 풀로 붙인다.
(2) 인지액 : 신청서 표지 다음장에 신청서 1건당 10,000원의 인지를 붙인다.
(3) 증지액 : 첨부한 대법원등기수입증지액을 기재한다.
 ① 대법원수입증지 : 부동산 1필지당 3,000원임.
 ② 아파트, 빌라, 연립주택의 경우는 부동산 1개당 3,000원임, 대지권 등기가 되어 있더라도 대지는 별개의 부동산으로 취급하지 않음.
(4) 등록면허세 및 교육세 : 납부한 등록면허세 및 교육세액을 기재한다.
 ① 등록면허세를 납부한 후 등록영수필확인서와 통지서를 첨부하여야 한다.
 ② 등록면허세율은 지방세법 28조 이하에서 규정하고 있음.
 ③ 등록면허세는 과세표준액(가압류할 금액)의 2/1000(지방세법 28조 1항)이며, 등록면허세의 20/100이 교육세임(지방세법 151조), 등록면허세액이 6,000원 미만인 경우에는 금 6,000원으로 한다(지방세법 28조 1항).
 ④ 등록면허세는 지방세이므로 부동산 소재지를 관할하는 시·구·군청의 민원실을 방문하여 담당공무원에게 등록면허세신고서와 부동산가압류신청서 사본을 건네주고 등록면허세영수필확인서(통지서, 영수증 포함)를 발급받아 금융기관에 납부한 후 등록면허세영수필확인서와 통지서를 대법원증지와 함께 별지 A4용지에 첨부한다(등록면허세 용지는 등록면허세 영수필확인서 부분의 용지상단만 풀로 첨부).

다. 당사자의 명칭(채권자, 채무자)과 성명의 표시

가압류사건에서는 당사자의 명칭을 아래와 같이 신청서 제목 아래 우측에 기재한다(법인인 경우는 법인명과 대표자 성명을 기재한다. 단, 대표자 성명은 생략하여도 무방함).

채권자 홍 길 동 채무자 이 몽 룡

라. 사건표지 이면의 활용

(1) 실무상 송달료납부서를 위 사건표지 이면 상단에 떨어지지 않게끔 4면의 모서리를 풀로 붙인다.

(2) 등록면허세영수필확인서 및 등록면허세영수필통지서의 원본과 사본의 첨부통상 등기촉탁관서가 1개소일 경우는 납부한 등록면허세영수필확인서 및 등록면허세영수필통지서 원본을 첨부하고, 등기촉탁관서가 여러 곳일 경우에는 그 중의 부동산 목록 1번 부동산 소재지 관할 시·구·군에 등록면허세 전액 납부한 후 원본(1장)과 사본(원본을 복사한 후 원본 크기와 같게 오려 첨부함)을 등기촉탁관서의 수에 따라 별지 A4용지에 대법원수입증지에 함께 첨부하면 된다(법원에서는 각 등기소별로 촉탁하므로 각기 첨부하여야 함).

4. 신청사건 제목의 표시

5. 당사자, 대리인 등의 표시

가. 당사자와 대리인의 이름(명칭 또는 상호)·주민등록번호·주소와 연락처(전화번호·팩시밀리번호 또는 전자우편주소 등)를 적어야 한다(민소 274조 1항, 민소규 2조). 당사자가 무능력자인 경우에는 그 법정대리인을, 법인인 경우에는 그 대표자를 적어야 한다.

나. 가압류신청서상의 당사자는 원고·피고라는 용어를 사용하지 않고 채권자, 채무자라는 용어를 사용한다.

다. 채권자와 채무자의 이름과 주민등록번호 및 주소를 정확히 기재하여야 한다. 채권자와 채무자 중 미성년자인 경우에는 법정대리인의 성명과 주소도 기재하여야 한다. 또한 채권자와 채무자가 법인인 경우에는 법인의 대표자 이름도 기재해야 한다.

라. 부동산가압류의 경우 채무자의 주소와 등기기록상의 주소가 다른 경우 현주소 아래와 등기기록상 주소를 반드시 함께 기재하여야 한다.

마. 법인의 상호가 변경되었는데, 부동산등기기록상에는 변경전(종전)의 상호가 표시된 채 존속하는 때에는 변경전의 상호도 기재한다.

[예 ; 채무자 OO산업 주식회사(등기기록상 상호 : OO주식회사)
또는 ; 채무자 OO산업 주식회사(변경전 상호 : OO주식회사)
또는 ; 채무자 OO산업 주식회사(합병전 상호 : OO주식회사)] 등

바. 채권자가 금융기관 등인 경우에는 취급지점, 송달장소 등을 등기기록상에 표시되어야 하므로 명확하게 기재하여야 한다.

사. 법인이 아닌 사단이나 재단(비법인)이 당사자로 될 때에는 당사자능력이 있는지의 여부를 신중히 검토하여야 한다(예 ; 동창회, 교회, 종중, 입주자대표회의 등).

◉ 자연인인 경우

- **채무자의 현주소가 등기기록상 주소와 같은 경우**

채권자 홍　길　동 (OOOOOO-OOOOOOO)
　　　　OO시 OO구 OO로 OO(OO동)
채무자 이　몽　룡 (OOOOOO-OOOOOOO)
　　　　OO시 OO구 OO로 OO(OO동)

- **채무자의 현주소가 등기기록상 주소와 다른 경우**

채무자 이　몽　룡 (OOOOOO-OOOOOOO)
　　　　OO시 OO구 OO로 OO(OO동)
　　　　등기기록상주소 : OO시 OO구 OO로 OO-O(OO동)

- **채무자의 현주소가 등기부기록상 주소와 일부 다른 경우**

(수필지의 부동산 중 등기기록상 주소가 여럿인 경우)
채권자 홍　길　동 (OOOOOO-OOOOOOO)
　　　　OO시 OO구 OO로 OO(OO동)
채무자 이　몽　룡 (OOOOOO-OOOOOOO)
　　　　OO시 OO구 OO로 OO(OO동)
　　　　일부등기기록상주소 : OO시 OO구 OO로 OO-O(OO동)

일부등기기록상주소 : OO시 OO구 OO로 OO-OO(OO동)

- **무능력자인 경우**

채권자 홍 길 동 (OOOOOO-OOOOOOO)
OO시 OO구 OO로 OO(OO동)
채무자 이 몽 룡 (OOOOOO-OOOOOOO)
OO시 OO구 OO로 OO(OO동)
채무자 이몽룡은 미성년자이므로 법정대리인
친권자 모 이 미 녀
OO시 OO구 OO로 OO-O(OO동)

- **상 속**

채권자 홍 길 동 (OOOOOO-OOOOOOO)
OO시 OO구 OO로 OO(OO동)
채무자 망 김 갑 동의 상속인
김 일 남 (OOOOOO-OOOOOOO)
OO시 OO구 OO로 OO(OO동)
김 이 남 (OOOOOO-OOOOOOO)
OO시 OO구 OO로 OO-O(OO동)
채무자 김이남은 미성년자이므로 법정대리인
친권자 모 이 미 녀
OO시 OO구 OO로 OO(OO동)

◉ 법인, 기타 단체의 경우

- **채권자의 표시**

채권자 대한 주식회사 (OOOOOO-OOOOOOO)
OO시 OO구 OO로 OO(OO동)
대표이사 홍 길 동

- **지점이 있는 경우**

채권자 주식회사 OO은행 (OOOOOO-OOOOOOO)

OO시 OO구 OO로 OO(OO동)
대표이사 홍 길 동
송달장소 : OO시 OO구 OO로 OO(OO동) 주식회사 OO은행 OO지점

- **지 배 인**

채권자 주식회사 OO은행 (OOOOOO-OOOOOOO)
OO시 OO구 OO로 OO(OO동)
대표이사 홍 길 동
대 리 인 이 몽 룡
송달장소 : OO시 OO구 OO로 OO(OO동) 주식회사 OO은행 OO지점

◉ 특수한 경우

- **정리회사의 관리인**

채권자 정리회사 주식회사 OO건설의 관리인 OOO
OO시 OO구 OO로 OO(OO동)
송달장소 : OO시 OO구 OO로 OO-O(OO동)
☞ 송달장소는 관리인의 개인주소지 기재하는 것이 원칙이며 법인의 소재지도 가능함

- **파산자의 파산관재인**

채권자 파산자 주식회사 OO은행의 파산관재인 OOO
OO시 OO구 OO로 OO(OO동)
송달장소 : OO시 OO구 OO로 OO-O(OO동)

- **청 산 인**

채권자 주식회사 OOOO (OOOOOO-OOOOOOO)
OO시 OO구 OO로 OO(OO동)
대표청산인 OOO 또는 청산인 OOO
송달장소 : 위 대표청산인의 주민등록초본상 주소를 기재함
☞ 말소사항포함된 법인등기사항증명서 및 대표청산인 또는 청산인의 주민등록초본을 제출하여야 함

• **유언집행자**

채권자 망 정 ○ ○의 유언집행자
홍 길 동 (○○○○○○-○○○○○○○)
○○시 ○○구 ○○로 ○○(○○동)

• **상속재산관리인**

채권자 금치산자 정 ○ ○의 후견인
홍 길 동 (○○○○○○-○○○○○○○)
○○시 ○○구 ○○로 ○○(○○동)

• **종 중**

채권자 김해김씨감무공파종중 (○○○○○○-○○○○○○○)
○○시 ○○구 ○○로 ○○(○○동)
대표자 김 길 동
○○시 ○○구 ○○로 ○○(○○동)

6. 피보전권리 및 요지의 표시

가. 가압류에 있어서는 청구채권을 표시하고 그 금액을 적는다.
만약 그 청구권이 금전채권이 아니라면 금전으로 환산한 금액을 적는다(민집 279조 1항).
피보전권리는 경우에 따라 복수일 수 있으며 예비적 선택적으로 기재하여도 된다. 또한 현재 존재하는 보전의 필요성을 구체적으로 명백하게 표시한다(민집 279조 1항 2호).

나. 청구금액은 가압류해방금액 등의 산정기준이 되므로 확정적으로 기재하여야 한다.

다. 피보전권리의 요지 및 청구채권의 표시를 간결, 명료하게 표시하기 어렵거나 그 내용이 길어 별지를 인용할 경우에는 '별지 기재와 같음' 등으로 기재한다.

7. 가압류할 부동산의 표시

가. 신청서상의 별지 목록으로 표시한다(부동산이 1필지라 할지라도 별지 목록으로 표시한다).

가압류할 부동산의 표시 : 별지 부동산 목록 기재(또는 별지 부동산 표시기재와 같음)

나. 별지 목록의 표시방법

(1) 가압류신청서상의 부동산표시란에 2개 이상의 부동산을 기재할 때에는 그 부동산의 표시의 맨 앞에 1. 2. 3. 4.와 같이 일련번호를 기재한다.

(2) 부동산의 표시는 등기부에 기재되어 있는 대로 표시하되, 토지와 같은 번지상의 건물의 표시는 다음과 같이 기재한다.

부 동 산 의 표 시

1. OO시 OO구 OO동 OOO　　전 346㎡

2. 위　　같 은 동 OOO　　대 214㎡

3. OO시 OO구 OO로 OOO
[도로명주소] OO시 OO구 OO로 OO
시멘트 블록조 스레트지붕 1층 주택　130㎡. 끝.

(3) 아파트 등과 같이 구분건물의 경우에는 기재한다.

부 동 산 의 표 시

1동의 건물의 표시
OO시 OO구 OO로 OO 현대아파트 제103동
[도로명주소] OO시 OO구 OO로 OO 88길 10

전유부분의 건물의 표시
구　　　조 : 철근콘크리트조
건물의 번호 : 103 - 10 - 1002
면　　　적 : 10층 1002호　59.65㎡
대지권의 표시
토지의 표시 : OO시 OO구 OO동 OOO　대 14,013㎡
대지권의 종류 : 소유권
대지권의 비율 : 1401300분의 1884.　끝.

(4) 부동산 소유자가 공유자인 경우 그 지분도 표시하여야 한다.
공유자일 경우, 별지 부동산 표시란의 그 지분의 표시는 등기기록상 지분의 숫자 그대로 표시하지 않고 다음과 같이 표시한다.

부 동 산 의　표 시

OO시 OO구 OO동 OOO
대 200㎡

- 공유자 O O O 의 지분 전부 -

(5) 수필지의 부동산에 대하여 채무자 여러 명이거나 촉탁등기관서가 여러 곳인 경우에는 부동산의 표시 아래에 소유자 및 관할등기소의 표시를 하여야 한다.

부 동 산 의　표 시

1. OO도 OO군 OO면 OOO　대 320㎡

- 이상 홍 길 동 소유 -

- 이상 수원지방법원 용인등기소 관할 -

2. 전라남도 OO군 OO면 OO리 OOO　　대 426㎡

3. 전라남도 OO군 OO면 OO리 OOO
[도로명주소] 전라남도 OO군 OO면 OO로 OO
철근 콘트리트조 슬래브지붕 2층 건물
1층 230㎡
2층 230㎡

- 이상 이 몽 룡 소유 -

- 이상 광주지방법원 나주등기소 관할 -

8. 신청취지(민집규 203조 2항)

가. 소장의 청구취지에 상응한 것으로 보전처분에 의하여 구하고자 하는 보전처분의 내용을 말한다. 자기의 권리를 보전하기 위하여 필요하다고 생각되는 보전처분의 종류와 태양을 적는다. 법원은 당사자의 신청취지에 구애받지 않고 적당한 보전처분을 선택할 수 있는 것이기 때문에 소장에서의 청구취지와 같이 법원을 구속하는 것은 아니지만 일응 당사자의 신청의 목적과 한도를 나타내는 표준이므로 명확하게 표시하여야 한다.

나. 신청취지 기재례

채권자가 채무자에 대하여 가지는 위 청구채권의 표시 기재 채권집행을 보전하기 위하여 채무자 소유명의의 별지 기재 부동산을 가압류한다.
라는 재판을 구합니다.

9. 신청이유(민집규 203조 2항)

신청의 취지를 구하는 근거가 되는 이유이다. 피보전권리의 존재와 보전의 필요성을 구체적으로 적어야 한다.

가. 피보전권리

보전처분의 피보전권리와 본안소송의 소송물과의 관계에 관하여 판례는 “보전처분의 피보전권리와 본안의 소송물인 권리는 엄격히 일치함을 요하지 않으며, 청구의 기초의 동일성이 인정되는 한 그 보전처분에 의한 보전의 효력은 본안소송의 권리에 미치고 동일한 생활사실 또는 동일한 경제적 이익에 관한 분쟁에 있어서 그 해결방법에 차이가 있음에 불과한 청구취지 및 청구원인의 변경을 원래의 원인무효로 인한 말소등기청구에서 명의신탁해지로 인한 이전등기청구로 변경한 것은 동일한 생활사실 또는 동일한 경제적 이익에 관한 분쟁에 관하여 그 해결방법을 다르게 한 것일 뿐이어서 청구의 기초에 변경이 있다고 볼 수 없다(대판 2006.11.24. 2006다35223).

나. 보전의 필요성

보전처분이란 권리 또는 법률관계에 관한 쟁송이 있을 것을 전제로 하여, 이에 대한 판결의 집행을 용이하게 하거나 확정판결이 있을 때까지 손해가 발생하는 것을 방지할 목적으로 일시적으로 현상을 동결하거나 임시적 법률관계를 형성하게 하는 재판이다. 그래서 가압류와 같은 보전처분을 하기 위해서는 채권자의 채무자에 대한 채권의 존재, 즉 피보전채권의 존재와 그 보전의 필요성이 인정되어야 한다. 특히 가압류의 경우 금전채권이나 금전으로 환산할 수 있는 채권을 피보전채권으로 하며 집행권원을 집행할 수 없거나 집행하는 것이 곤란할 염려가 있을 경우 보전의 필요성이 인정된다. 만약 채권자가 확정판결을 받아 집행력을 통해 판결정본을 확보한 상황이라면 별도의 보전처분을 할 필요없이 바로 위 집행권원을 통해 집행절차로 들어가면 된다.

10. 보증보험증권 담보제공의 허가신청의사 및 증권번호의 표시

가. 법원에서 가압류결정을 할 경우에는, 부당한 가압류로 인하여 채무자가 입은 손해를 담보하기 위하여 통상 담보의 제공을 그 조건으로 하고 있는데, 채권자

가 국가기관 등 무공탁처리기관이 아닌 경우에는 부동산가압류신청사건은 담보제공방식의 특례 즉 담보제공 명령없이 미리 보증보험증권으로 신청(이른바 선담보제공으로 부동산, 자동차, 건설기계 또는 금전채권에 대한 가압류신청을 하는 때에는 법원의 담보제공명령이 없이 선담보제공방식으로 신청함)할 수 있으므로 신청서 상에 맨 마지막 부분에 다음과 같이 담보제공의 허가신청 의사표시를 기재하면 된다(민집규 204조).

나. 단, 보증보험증권을 발부 받으려면 가압류채권자가 신용불량자로 등재되어 있지 않아야 하며, 이런 경우에는 후 담보제공방식으로 하여 현금으로 공탁할 수 밖에 없다(증권발급시 채권자 주민등록번호(개인) 또는 사업자등록번호(법인) 필요함).

> 또한, 이건 명령에 대한 담보의 제공은 채권자의 형편을 고려하여 담보금 공탁에 관하여 서울보증보험주식회사와의 지급보증위탁계약을 체결한 문서(증권번호 제OOO-OOO-OOOOOOOOOO호)를 제출하는 조건으로 신청취지와 같은 가압류 결정을 하여 주시기 바랍니다.

다. 증권번호의 개별적인 기재

채권자·채무자 중 일방 또는 쌍방이 여럿인 경우에는 각 채권자가 각 채무자를 위하여 개별적으로 보증금액에 해당하는 보험증권을 발부받아 각 해당 증권번호를 가압류신청서에 기재하여야 한다.

11. 가압류신청진술서

가압류신청진술제도는 가압류결정을 보다 엄격하게 하기 위하여 2004. 11. 1. 부터 시행한 제도이다. 가압류채권자가 가압류신청서에 진술서를 첨부하지 아니하거나, 고의로 진술사항을 누락하거나 허위로 진술한 내용이 발견된 경우에는 가압류신청이 기각될 수 있다. 가압류 채무자가 여럿인 경우에는 채무자 수별로 각 진술서를 작성하여야 한다(채무자가 여럿인 경우 가압류신청진술서 제목 란 우측에(OOO 대상)이라고 적는다).

[서식 4] 가압류신청 진술서

가압류신청 진술서

채권자는 가압류신청과 관련하여 다음 사실을 진술합니다. 다음의 진술과 관련하여 고의로 누락하거나 허위로 진술한 내용이 발견된 경우에는, 그로 인하여 보정명령 없이 신청이 기각되거나, 가압류이의절차에서 불이익을 받을 것임을 잘 알고 있습니다.

20○○. ○. .

채권자(대리인) (날인 또는 서명)

※ 채무자가 여럿인 경우에는 각 채무자별로 따로 작성하여야 합니다.

◇ 다 음 ◇

1. **피보전권리(청구채권)와 관련하여**

가. 채무자가 신청서에 기재한 청구채권을 인정하고 있습니까?

□ 예

□ 아니오 → 채무자의 주장의 요지 :

□ 기타

나. 채무자의 의사를 언제, 어떠한 방법으로 확인하였습니까? (소명자료첨부)

다. 채권자가 신청서에 기재한 청구금액은 본안소송에서 승소할 수 있는 금액으로 적정하게 산출된 것입니까? (과도한 가압류로 인해 채무자가 손해를 입으면 배상하여야 함)

□ 예 □ 아니오

2. **보전의 필요성과 관련하여**

가. 채권자가 채무자의 재산에 대하여 가압류하지 않으면 향후 강제집행이 불가능하거나 매우 곤란해질 사유의 내용은 무엇입니까?

나. 채권자는 신청서에 기재한 청구채권과 관련하여 공정증서 또는 제소전화해조서가 있습니까?

다. 채권자는 신청서에 기재한 청구채권과 관련하여 취득한 담보가 있습니까? 있다면 이 사건 가압류를 신청한 이유는 무엇입니까?

라. [채무자가(연대)보증인인 경우] 채권자는 주채무자에 대하여 어떠한 보전조치를 취하였습니까?

마. [다수의 부동산에 대한 가압류신청인 경우] 각 부동산의 가액은 얼마입니까? (소명자료 첨부)

바. [유체동산가압류 또는 채권가압류사건의 경우] 채무자에게는 가압류할 부동산이 있습니까?

□ 예　　　　□ 아니오 → 채무자의 주소지 소재 부동산등기부등본을 첨부

사. ["예"로 대답한 경우] 가압류할 부동산이 있다면, 부동산가압류이 아닌 유체동산 또는 채권가압류신청을 하는 이유는 무엇입니까?

□ 이미 부동산상의 선순위 담보 등이 부동산가액을 초과함 → 부동산등기부등본 및 가액소명자료 첨부

□ 기타 사유 → 내용 :

아. [유체동산가압류 신청인 경우]

① 가압류할 유체동산의 품목, 가액은?

② 채무자의 다른 재산에 대하여 어떠한 보전조치를 취하였습니까? 그 결과는?

3. 본안소송과 관련하여

가. 채권자는 신청서에 기재한 청구채권과 관련하여 채무자를 상대로 본안소송을 제기한 사실이 있습니까?

□ 예　　　　□ 아니오

나. ["예"로 대답한 경우]

① 본안소송을 제기한 법원·사건번호·사건명은?

② 현재 진행상황 또는 소송결과는?

다. ["아니오"로 대답한 경우] 채권자는 본안소송을 제기할 예정입니까?

□ 예 → 본안소송 제기 예정일 :

□ 아니오 → 사유 :

4. 중복가압류와 관련하여

가. 채권자는 신청서에 기재한 청구채권(금액 불문)을 원인으로, 이 신청 외에 채무자를

상대로 하여 가압류를 신청한 사실이 있습니까? (과거 및 현재 포함)

□ 예 □ 아니오

나. ["예"로 대답한 경우]

① 가압류를 신청한 법원·사건번호·사건명은?

② 현재 진행상황 또는 결과(취하/각하/인용/기각 등)는? (소명자료 첨부)

다. [다른 가압류가 인용된 경우] 추가로 이 사건 가압류를 신청하는 이유는 무엇입니까? (소명자료 첨부)

12. 소명방법(및 부속서류)의 표시(첨부서류의 표시)

가. 소명할 사항

채권자와 보전처분이 신청을 이유 있게 하는 사실 즉 청구(피보전권리 포함)와 가압류의 필요성에 관한 사실의 전부에 관하여 소명이 필요하다(민집 279조 2항, 301조).

나. 소명방법(민소 299조)과 서증

통상 서증(계약서, 차용증서 등)의 사본을 첨부한다.

첨부서류의 사본에는 다음과 같은 고무인을 날인한 후 채권자의 성명을 기재하고 날인한다.

위 사본합니다. 20○○. ○. ○. 채권자 ○ ○ ○ (인)

다. 부속서류의 표시

(1) 대리신청의 경우 : 위임장

(2) 법인신청의 경우 : 법인등기사항전부증명서 또는 법인등기사항일부증명서(통상 법인등기사항일부증명서를 첨부함).

라. 덧붙인 서류의 표시방법

(1) 가압류신청에서는 통상 '소명방법'보다는 '첨부서류'라는 명칭으로 기재한다.

(2) 보전처분에서는 원칙적으로 '소갑 제1호증' 등의 번호를 붙이지 않는다(민소 299조).

첨 부 서 류	
1. 차용증서 사본	1통
1. 영수증 사본	1통
1. 부동산등기사항전부증명서	2통
1. 보증보험증권	1통
1. 법인등기사항일부증명서	1통
1. 주민등록초본	1통
1. 가압류신청진술서	1통
1. 위임장	1통

13. 제출일자와 채권자의 성명(명칭)과 기명·날인

14. 법원의 표시

가압류의 신청서를 접수하는 법원을 표시한다.

15. 간 인

신청서가 여러장일 경우, 장과 장 사이의 우측 상단 1/3 여백의 각 장마다 채권자(대리인인 변호사인 경우 변호사 직인, 법무사인 경우 채권자 도장)의 도장으로 간인한다.

16. 별지 목록(부동산의 표시)의 첨부

별지 목록 1부를 첨부하여 제출한다.

17. 송달료의 납부

가. 송달료(예납)납부서의 작성방법

(1) 신한은행에 비치된 송달료납부서에 '예납'에 O표 한다.

(2) 채권자의 성명, 주소, 우편번호 및 관할법원을 각 기재한다.

(3) 추납을 제외하고 사건번호란은 공란으로 둔다.

(4) 환급받을 은행계좌번호를 기재하면 송달료잔액이 있으면 통상 1~2개월 후에 온라인으로 입금된다.

나. 송달료 납부액

당사자 1인당 납부기준은 3회분을 납부하여야 한다. 즉, 채권자, 채무자가 각 1인인 경우에는 현재 1인당 5,200원이므로, 당사자 2명 × 5,200원 × 3회분 = 31,200원이다.

18. 접수증명원 신청

신청문서가 법원에 접수됨으로써 어떤 효력을 발휘할 수 있는 것으로 '접수증명원'의 발급을 신청할 수 있다.
신청서 1부 및 부본 1부와 500원의 인지를 붙인다. 가압류신청사건 접수와 동시에 신청할 때에는 사건번호는 기재하지 않으나 진행 중인 사건일 때에는 사건번호를 기재한다.

[법원보관용]

접 수 증 명 원

채권자　홍　길　동

채무자　이　몽　룡

위 당사자간 귀원 20OO카단 호 부동산가압류신청서가 20OO. . .
귀원에 접수되었음을 증명하여 주시기 바랍니다.

20OO. O. .

채권자 홍 길 동 (인)

위 영수합니다.

20OO. O. .

채권자 홍 길 동 (인)

OO 지방법원 귀중

[발 급 용]

접 수 증 명 원

채권자 홍 길 동
채무자 이 몽 룡

위 당사자간 귀원 20OO카단 호 부동산가압류신청서가 20OO. . .
귀원에 접수되었음을 증명하여 주시기 바랍니다.

20OO. O. .

채권자 홍 길 동 (인)

OO 지방법원 귀중

19. 선정당사자에 의한 신청

가. 신청서 제목

선정당사자신청서

나. 채권자의 표시(선정당사자만 기재)

채권자(선정당사자) 김 갑 동

다. 채무자의 표시

채무자 박 채 무

라. 피보전권리의 요지란 중 청구금액란은 청구금액의 합계를 기재하고 우측에 "(선정자별 청구금액은 별지와 같음)"이라고 기재한다.

금 9,800,000원 (선정자별 청구금액은 별지와 같음) 채권자들이 각 채무자에 대하여 가지는 별지 목록 기재의 임금청구채권

마. 신청취지는 다음과 같이 기재한다.

채권자(선정당사자) 및 선정자(채권자)가 채무자에 대하여 가지는 위 청구채권의 표시 기재 채권집행을 보전하기 위하여 채무자 소유명의의 별지 목록 기재 부동산을 가압류한다. 라는 재판을 구합니다.

바. 선정자목록 및 선정자별 청구금액표의 제출(기본 5부) : 보전처분사건에서는 '선정자목록 및 선정자별 청구금액표'를 별지로 기재하여 제출한다.

선정자 목록 및 선정자별 청구금액

성 명	주민등록번호	주 소	청구금액
1. 김 갑 동	000000-0000000	서울특별시 은평구 불광로 OO(OO동)	2,000,000원
2. 이 몽 룡	000000-0000000	서울특별시 동작구 사당로 OO(OO동)	4,300,000원
3. 홍 길 동	000000-0000000	서울특별시 동작구 흑석로 OO(OO로)	3,500,000원

사. 당사자선정서의 작성

(가) 선정당사자도 선정자 중의 한 사람이므로 반드시 기명 날인한다.

(나) 당사자선정서(1부), 선정자목록(기본 5부), 선정자 목록 및 선정자별 청구금액 표(기본 5부)를 제출한다.

① 표 제

당사자선정서

② 채권자(선정자)의 성명과 주소를 기재한다(선정당사자도 기재함).

1. 김 갑 동 (000000-0000000) 서울특별시 은평구 불광로 OO(OO동)
2. 이 몽 룡 (000000-0000000) 서울특별시 동작구 사당로 OO(OO동)
3. 홍 길 동 (000000-0000000) 서울특별시 동작구 흑석로 OO(OO동)

③ 선정당사자의 성명과 주소, 선정의사 등의 표시

위 채권자들은 채권자 가운데 김갑동을 선정당사자로 선출하고, 채권자들이 채무자 OO주식회사를 상대로 한 임금청구채권의 부동산가압류신청사건에 관한 일체의 소송행위에 관하여 채권자들 총원을 위한 소송수행자로 민사소송법 제53조에 의하여 선정합니다.

선정당사자의 표시

김 갑 동 (000000-0000000) 서울특별시 은평구 불광로 OO(OO동)

④ 선정연월일

⑤ 선정자의 표시(선정당사자도 기명·날인한다)

선정자 1. 김 갑 동 (인)

2. 홍 길 동 (인)

3. 이 몽 룡 (인)

20. 채권자의 대위에 의한 상속등기와 가압류신청

◉ 채권자대위에 의한 등기절차에 관한 사무처리지침(등기예규제 1432호 2001. 10. 12. 개정)

- 채권자대위에 의한 등기절차에 관한 사무처리지침 -

1. 채권자(특정의 등기청구권을 가진 채권자 및 금전채권자 포함)가 민법 제404조 및 부동산등기법 제28조의 규정에 의하여 채무자에 대위하여 등기를 신청하는 경우에는 아래의 예에 의한다.

2. 대위원인의 기재
신청서에는 대위권의 발생원인, 즉 보전하여야 하는 채권이 발생된 법률관계를 간략히 기재한다.
예시 : 매매인 경우에는 "20OO년 O월 O일 매매에 의한 소유권이전등기청구권", 대여금채권인 경우에는 "20OO년 O월 O일 소비대차의 대여금반환청구권" 등

3. 대위원인을 증명하는 서면의 첨부
대위의 기초인 권리가 특정채권인 때에는 당해 권리의 발생원인인 법률관계의 존재를 증명하는 서면(예 : 매매계약서 등)을, 금전채권인 때에는 당해 금전채권증서(예

: 금전소비대차계약서 등)를 첨부하여야 한다. 이때의 매매계약서 등은 공정증서가 아닌 사서증서라도 무방하다.

4. 등기완료통지 등

가. 채권자가 채무자를 대위하여 등기를 신청하는 경우 채무자로부터 채권자 자신으로의 등기를 동시에 신청하지 않더라도 이를 수리한다.

나. 채권자대위에 의한 등기신청이 있는 경우에 등기를 함에는 사항란에 채권자의 성명 또는 명칭, 주소 또는 사무소와 대위원인을 기재하여야 한다(부동산등기법 제28조 제2항).

다. 등기관이 등기를 완료한 때에는 대위신청인 및 피대위자에게 등기완료통지를 하여야 한다(부등규 제53조 제1항).

5. 기 타

가. 가압류등기촉탁과 채권자의 대위에 의한 상속등기

(1) 상속등기를 하지 아니한 부동산에 대하여 가압류결정이 있을 때 가압류채권자는 그 기입등기촉탁 이전에 먼저 대위에 의하여 상속등기를 함으로써 등기의무자의 표시가 등기기록과 부합하도록 하여야 한다.

(2) 대위원인 : "20OO년 O월 O일 OO지방법원의 가압류 결정"이라고 기재한다.

(3) 대위원인증서 : 가압류결정의 정본 또는 그 등본을 첨부한다.

나. 근저당권자의 대위에 의한 상속등기

(1) 근저당권설정자가 사망한 경우에 근저당권자가 임의경매신청을 하기 위하여 근저당권의 목적인 부동산에 대하여 대위에 의한 상속등기를 신청하는 때에는 다음의 예에 의한다.

(2) 대위원인 : "20OO년 O월 O일 설정된 근저당권의 실행을 위한 경매에 필요함"이라고 기재한다.

(3) 대위원인증서 : 당해 부동산의 등기사항증명서를 첨부한다. 다만, 등기신청서 첨부서류란에 "대위원인을 증명하는 서면은 20OO년 O월 O일 접수번호 제OOO호로 본 부동산에 근저당권설정등기가 경료되었기에 생략"이라고 기재하고 첨부하지 않아도 된다.

부 칙

(다른 예규의 폐지) 가압류등기촉탁과 채권자의 대위에 의한 상속등기(등기예규 제178호)는 이를 폐지한다.

부 칙

이 예규는 2011년 10월 13일부터 시행한다.

가. 가압류신청서의 작성

(1) 채무자의 표시로 피상속인의 성명 앞에 '망 OOO'라고 표시하고 다음 줄에 상속인의 성명, 주민등록번호와 주소를 기재한다.

채무자 망 김 갑 동의 재산상속인

1. 성 춘 향 (OOOOOO-OOOOOOO)
   OO시 OO구 OO로 OO(OO동)

2. 김 일 남 (OOOOOO-OOOOOOO)
   OO시 OO구 OO로 OO-O(OO동)

(2) 상속인이 수인일 경우에는 공동상속인 전원을 채무자로 표시하며, 청구금액도 상속인별로 한 청구금액을 기재한다.

금 50,000,000원, 20OO. O. O.자 대여금
(채무자 성춘향 30,000,000원, 같은 김갑동 20,000,000원)

(3) 부동산등기사항증명서, 제적등본, 가족관계증명서, 기본증명서, 주민등록등(초)본은 필히 첨부하여야 한다.

(4) 영수증의 첨부 : 변호사 또는 법무사 등이 신청하는 경우, 통상 가압류결정정본을 법원에서 직접 수령하므로 미리 첨부하여 제출한다.

나. 등기신청서의 작성

(1) 표 제

상속에 의한 소유권이전 대위등기신청

(2) **부동산의 표시** : 가압류신청서에 표시되어 있는 부동산을 표시한다.

(3) **등기원인과 그 연월일**

"20○○년 ○월 ○일 ○○지방법원의 가압류 결정"

(4) **등기의 목적** : 소유권이전으로 기재한다.

소 유 권 이 전

(5) **대위원인** : 가압류결정일자, 법원의 표시와 가압류결정이라고 기재함

20○○. ○. ○. ○○지방법원의 가압류 결정

(6) **상속인 및 피상속인의 표시** : 피상속인의 성명(망 김갑동)과 주소, 상속인의 성명, 주민등록번호, 주소, 상속지분을 기재한다.

(7) 채권자란에는 대위채권자로 채권자의 성명과 주소를 기재하고 도장을 날인한다.

대위채권자 홍 길 동 (인)

(8) 첨부서류로 제적등본, 가족관계증명서, 기본증명서, 주민등록등(초)본, 가압류결정정본을 첨부한다.

(9) **등록면허세** : 대위등기할 목적의 부동산 과세표준액의 28/1000을 납부하여야 하고, 과세표준의 20/1000에 10/100을 곱하여 산출한 농어촌특별세를 납부하여야 하며, 과세표준의 8/1000에 20/100을 곱하여 산출한 교육세를 납부하여야 한다.

(10) **국민주택채권** : 주택채권을 발행하고 등기신청서에 채권번호를 기재한다.

다. 등기촉탁신청서의 작성(통상 신청하지 않아도 촉탁하고 있음)

(1) 표 제

등기촉탁 신청서

(2) 사건번호 및 당사자의 명칭(채권자, 채무자)과 성명의 기재

(3) 촉탁의사의 기재

위 당사자간 신청사건에 관하여 채권자는 별지 목록 기재 부동산에 대하여 귀원에서 20OO. O. O. 가압류결정을 받아 대위상속등기하여 채무자 명의로 소유권이전등기가 경료되었으므로 위 가압류등기를 촉탁하여 주시기 바랍니다. 첨부서류 : 토지, 건물 부동산등기사항전부증명서 각 1통

(4) 신청연월일

(5) 채권자의 기명과 날인

21. 미등기 부동산에 대한 가압류(가처분)신청

가. 미등기 부동산에 대하여는 민사집행법 81조 1항 2호에 의하여, 즉시 채무자 명의로 등기할 수 있다는 것을 증명할 서류, 즉 채무자의 소유임을 증명하는 서류와 미등기부동산이 건물인 경우에는 그 건물의 지번·구조·면적을 증명할 서류(같은 법 132조 2항) 및 그 건물에 관한 건축허가 또는 건축신고를 증명할 서류를 첨부하여야 하며, 등기관은 직권으로 채무자 명의의 소유권보존등기를 한 후 가압류등기의 기입을 한다.

나. 채권자는 공적 장부를 주관하는 공공기관에 위에 열거하는 사항들을 증명하여 줄 것을 청구할 수 있다(민집 81조 2항).

다만, 미등기건물의 경우에 그 건물의 지번·구조·면적을 증명하지 못한 때에는

채권자는 가압류신청과 동시에 그 조사를 가압류법원에 신청할 수 있다(민집 81조 3항).

다. 첨부서류로는 ① 건축물대장(채무자 또는 그 피상속인이 소유자로 등재되어 있는 경우) 또는 재산소유증명서, ② 토지(또는 임야)대장(채무자 또는 그 피상속인이 소유자로 등재되어 있는 경우), ③ 미등기토지·건물에 대하여 보존등기신청인의 소유권을 증명하는 판결{토지대장· 임야대장·건축물대장에 소유자로 등재되어 있는 자나 그것이 공란일 경우에는 국가를 상대로 한 소유권이전등기소송에서 승소판결을 받은 것이거나, 당해토지가 매도인의 소유임에 틀림없다는 내용의 제소전화해 등을 한 경우에는 이에 대항하지 않음(등기예규 1206호)}을 받은 경우나 수용으로 인하여 소유권을 취득하였음을 증명하는 서면 등이 있는 경우에 보존등기가 가능하다.

[등기선례] 미등기 부동산에 대한 가압류등기절차(등기선례 5-658)

1. 집행법원이 미등기 부동산에 대한 가압류등기를 촉탁(촉탁서에는 채무자 명의의 소유권보존등기에 필요한 서면이 첨부되어야 함)하는 경우에는 등기관이 직권으로 당해 부동산에 대한 소유권보존등기를 경료하게 되므로, 채권자가 가압류의 집행을 위한 전제로서 채무자 명의의 소유권보존등기를 대위 신청할 필요가 없다.
2. 위 1.항의 가압류등기 촉탁서에는 소유권보존등기와 관련한 등록면허세영수필통지서와 영수필확인서를 첨부할 필요가 없으며, 등기를 경료한 등기관이 지방세법 제151조의2의 규정에 의한 미납통지를 하게 된다.

(1998. 12. 11. 등기 3402-1230 질의회답)

참조예규 : 제419조

폐지 : 2011. 10. 12. 등기예규 제1410호에 의하여 등기예규 제419조 폐지, 따라서 위 2항은 적용안됨.

라. 신청서 작성방법 및 첨부서류

(1) 신청서 중 부동산의 표시의 항에 미등기라는 취지를 부기한다.

{예 ; 가압류할 부동산의 표시 : 별지 부동산 목록 기재와 같음(미등기)}

(2) 첨부서류 : 토지대장, 건축물관리대장, 채무자의 주민등록등(초)본, 공시지가 확인원 등을 각 2통씩 첨부함(각 1부는 보존등기시에 첨부할 서류임).

(3) 가압류등기의 등록세는 첨부하되, 보존등기에 관한 등록세 및 취득세는 첨부

되지 않아도 신청이 가능함(등기관이 보존등기 후 징수관서에 추징을 위한 미납통지를 함. 등기예규 제419호).(2011. 10. 12. 등기예규 제1410호에 의하여 등기예규 제419조호 폐지)

(4) 위와 같은 촉탁의 경우에는 국민주택채권의 매입의무가 없음(등기예규 제419호).(2011. 10. 12. 등기예규 제1410호에 의하여 등기예규 제419조호 폐지)

(5) 대법원등기수입증지 부동산 1필지당 18,000원을 첨부함(보존등기 15,000원, 가압류신청 3,000원).

[서식 5] 미등기 건물에 대한 집행관 조사신청서

미등기 건물에 대한 집행관조사신청서

사　　건　20OO카단OOO　부동산가압류

채 권 자　홍　　길　　동 (OOOOOO-OOOOOOO)
　　　　　OO시 OO구 OO로 OO(OO동)

채 무 자　이　　몽　　룡 (OOOOOO-OOOOOOO)
　　　　　OO시 OO구 OO로 OO(OO동)

위 사건에 관하여 채권자는 아래 부동산의 표시 기재 부동산에 대하여 가압류신청을 한 바, 민사집행법 제81조 제3항에 따라 귀원 소속 집행관으로 하여금 아래 조사사항을 조사할 수 있도록 명령하여 주시기 바랍니다.

조 사 사 항

1. 신축건물이 채무자의 소유임을 증명하는 서류
1. 신축건물의 지번, 구조, 면적을 증명할 서류
1. 신축건물의 건축허가를 증명할 서류

부 동 산 의 표 시

OO시 OO구 OO동 OOO

[도로명주소] OO시 OO구 OO로 OO
시멘트 벽돌조 슬래브지붕 1층 주택 76㎡

2000. O. .

채권자 홍 길 동 (인)

OO 지방법원 귀중

[접수방법]

1. 채권자는 가압류신청과 동시에 그 소가를 법원에 신청할 수 있다(민집 81조 3항. 따라서 가압류신청서와 함께 제출할 수 있고, 사후에 제출하여도 무방하다.
2. 신청서 : 1부를 제출한다,
3. 정수수입인지 : 500원의 인지를 첨부한다.
4. 집행관조사에 대하여는 일정수수료(50만원 내외)를 부담한다(미리 담당재판부로부터 확인한 후 '민사예납금' 방식으로 납부).

22. 결정경정신청 및 결정경정등기

- 경정은 직권 또는 당사자의 신청에 의하여 어느 때라도 보전처분결정을 내린 법원에 대하여 신청할 수 있다.
- 신청서 : 1부, 수입인지 1,000원, 송달료 : 당사자당 2회분을 납부한다.
- 별지 A4 용지에 결정경정등기용 등기수입증지 1필지당 3,000원 붙이고, 등록면허세 6,000원, 교육세 1,200원을 납부하여 등록세영수필확인서 및 통지서를 제출한다.

23. 집행불능시 통지

가압류·가처분의 집행불능시 법원은 채권자에게 집행불능사실을 통지하지만 채무자에게는 송달하지 않는다(이때 채권자는 등록면허세영수필확인서 등을 환부받도록 한다).

24. 집행의 효력

가. 처분금지의 효력

가압류명령의 집행은 가압류의 목적물에 대하여 채무자가 매매, 증여, 질권 등의 담보권설정, 그 밖에 일체의 처분을 금지하는 효력을 생기게 한다. 만일 채무자가 처분금지를 어기고 일정한 처분행위를 하였을 경우 그 처분행위는 절대적으로 무효가 되는 것은 아니다. 가압류의 목적이 장차 목적물을 현금화하여 그로부터 금전적 만족을 얻자는 데 있는 것이므로, 그러한 목적 달성에 필요한 범위를 넘어서까지 채무자의 처분 행위를 막을 수 없다. 그것은 채무자의 이익 내지 일반 거래상의 안전을 지나치게 해치는 결과가 되기 때문이다.

나. 사용, 관리, 수익에 관한 효력

가압류의 집행은 채무자에 대하여 처분금지의 제한에만 그치지 않고 그 목적달성을 위한 범위 내에서 가압류 물건의 사용·관리·수익까지 제한하는 효력이 있는 것이 원칙이나 부동산이 가압류된 경우에는 채무자가 목적물의 이용 및 관리의 권리의 갖는다(민집 291조, 83조 2항).

다. 다른 절차와의 경합

(1) 가압류와의 경합

동일한 가압류 대상물에 대한 가압류 집행의 경합이 허용되며, 중복압류절차에 의하여 집행한다. 가압류채권자 상호간의 우열도 없다(대판 1999.2.9. 98다42615 참조). 가압류집행이 경합된 경우 그 중 하나가 본압류로 이행된 때에는 다른 가압류채권자는 배당받을 채권자로서의 지위를 갖는다(민집 148조 3호).

(2) 가처분과의 경합

가압류와 가처분은 그 내용이 서로 모순, 저촉되지 않는 한 경합이 가능하다. 그 내용이 모순, 저촉되는 경우 효력의 우열은 부동산의 경우 집행의 선후에 의하여 결정한다.

판례 등기관이 동일한 부동산에 관한 가압류등기 촉탁서와 처분금지가처분등기촉탁서를 동시에 받아 양 등기에 대하여 동일 접수번호와 순위번호를 기재하여 처리한 경우, 그 등기의 순위는 동일하고, 순위가 같은 가압류와 가처분채권자 상호간에 처분금지적 효력을 서로 주장할 수 없다. 따라서 가압류권자가 집행권원을 얻어 강제경매를 신청하기 전에 가처분권자 명의로 소유권이전등기가 경료되면 가압류권자가 그 소유권이전등기의 효력을 부정할 수 없으므로 가압류권자의 강제경매신청은 타인 소유의 부동산에 대한 것으로서 부적법하게 된다(대결 1998.10.30. 98마475).

(3) 강제집행과의 경합

가압류의 목적물에 대하여 금전채권의 강제집행을 하는 것은 가능하다. 그 경우 가압류채권자는 배당요구의 필요 없이 당연히 배당받을 권리를 가진다(민집 148조 3호). 경매개시결정 기입등기 후에 부동산을 가압류한 채권자는 배당요구를 할 수 있다(민집 88조 1항).

(4) 체납처분과의 경합

① 체납처분은 재판상의 가압류 또는 가처분으로 인하여 그 집행에 영향을 받지 아니하며(국세징수법 35조), 국세·가산금 또는 체납처분비는 다른 공과금 기타 채권에 우선하여 징수한다(국세징수법 35조 1항 본문). 따라서 가압류집행이 선행되었다 하더라도 국세체납처분은 아무런 장애없이 집행할 수 있다.

판례 현행법상 국세체납 절차와 민사집행 절차는 별개의 절차로서 양 절차 상호간의 관계를 조정하는 법률의 규정이 없으므로 한 쪽의 절차가 다른 쪽의 절차에 간섭할 수 없는 반면, 쌍방 절차에서 각 채권자는 서로 다른 절차에 정한 방법으로 그 다른 절차에 참여할 수밖에 없으므로, 동일한 채권에 대하여 체납처분절차에 의한 압류와 민사집행절차에 의한 압류가 서로 경합하는 경우에도 세무공무원은 체납처분에 의하여 압류된 채권을 추심할 수 있고, 청산절차가 종료되면 그 채권에 대한 민사집행절차에 의한 가압류나 압류의 효력은 상실된다(대판 2002.12.24. 2000다26036, 대판 1995.5.14. 99다3686 등).

판례 체납처분 담당공무원은 국세체납처분에 의하여 환가한 돈을 관계국세 등에 우선 변제충당하고, 잔여액이 있으면 체납자에게 반환할 것이요, 우선주의원칙에 의하여 규율되는 체납처분에 민사소송법 제589조 3항을 적용할 수는 없으므로 잔여액을 가압류 채권자를 위하여 공탁할 것이 아니다(대판 1974.2.12. 73다1905).

② 보전처분에 기하여 가압류가 된 채권에 대하여 체납처분에 의한 압류가 있고

그에 기하여 피압류채권의 추심이 이루어진 후에 그 체납처분의 기초가 된 조세부과처분이 취소되었다 하더라도, 특별한 사정이 없는 한 그 환급금채권은 조세를 납부한 자에게 귀속되므로 민사집행절차에 의한 가압류 및 압류채권자로서는 조세부과처분의 취소에 따른 환급금에 대하여 부당이득반환을 구할 수 없다(대판 2002.12.24 2000다26036).

③ 판례는 "국세징수법 81조 1항 3호의 규정은 체납처분절차에서 압류재산에 관계되는 담보권의 우선변제권을 보호하기 위하여 그 절차를 행하는 세무서장에 대하여 압류재산의 매각대금을 압류 전후를 불문하고 위 법 소정의 담보권자에게 우선순위에 따라 배분할 공법상의 의무를 부과한 것이고, 압류재산의 매각대금을 배분할 수 있는 채권을 예시한 것에 불과할 뿐 이를 한정적으로 열거한 것이 아니라고 할 것이므로, 국세체납처분에 의한 매각대금의 배분대상에는 같은 법 81조 1항 3호에 규정된 담보권뿐만 아니라 법령의 규정이나 법리해석상 그 담보권보다 선순위 또는 동순위에 있는 채권도 포함된다고 봄이 상당하다고 할 것인 바, 이러한 채권이 가압류 채권인 관계로 그 채권액이 아직 확정되지 아니한 경우에는 같은 법 84조 1항에 의하여 그에게 배분할 금액을 한국은행(국고대리점 포함)에 예탁할 수도 있을 것이다."라고 판시하여(대판 2002.3.26. 2000두7971), 공매대상 부동산에 저당권에 앞서 기입등기가 경료된 가압류채권은 매각대금에서 배분받을 채권임을 분명히 하였다.

[서식 6] 부동산가압류신청서

부동산가압류신청서

채권자 김 ○ ○
채무자 장 ○ ○

첩용인지액 금 ○○○○○원
대법원증지대 금 ○○○○○원

등록면허세 금 OOOOO원(교육세 포함)

OO지방법원 귀중

부동산가압류신청

채 권 자 김 O O (111111-2222222) (전화 :)
경기도 OO군 OO읍 OO로 OO (우 :)

채 무 자 장 O O (222222-111111)
경기도 OO군 OO읍 OO로 OO (우 :)
등기기록상주소 : 전라남도 OO군 OO면 OO로 OO

청구채권의 표시 및 피보전 권리의 요지

금 6,347,945원, 단, 20OO. 8. 11.자 대여금
(내 역)
원금 6,200,000원,
이자 147,945원, 위 원금에 대하여 20OO. 8. 12.부터 20OO. 2. 7.까지(180일간) 연 5%의 비율로 계산한 이자 [6,000,000 × 5/100 × 180/365, 원 미만은 버림]
합계금 6,347,945원,

가압류할 부동산의 표시

별지 부동산 목록 기재와 같음.

신 청 취 지

채권자가 채무자에 대하여 가지는 위 청구채권의 표시 기재 채권집행을 보전하기

위하여 채무자 소유명의의 별지 부동산 목록 기재 부동산을 가압류한다.
라는 재판을 구합니다.

신 청 이 유

1. 채무자는 채권자로부터 20OO. 8. 11. 금 6,200,000원을, 이자는 약정하지 않고 변제기일은 20OO. 1. 31.로 정하여 차용하면서, 채무자는 채권자에게 차용증을 작성하여 교부하였습니다.

2. 그런데 채무자는 변제기일이 지난 현재까지 위 돈을 한푼도 지급하지 않고 있으므로, 채무자는 채권자에게 6,200,000원과 이에 대하여 20OO. 8. 12.부터 다 갚는 날까지 연 5%의 비율로 계산한 돈을 지급할 의무가 있다 할 것입니다.

3. 그러므로 채권자는 위와 같은 사실을 채무자에게 알리고 원,리금을 변제할 것을 수차에 걸쳐 촉구하였으나 채무자는 아무런 이유 없이 변제하지 않을 뿐만 아니라 최근에 이르러서는 여러 곳에서 수많은 채무를 지고 있습니다.

4. 따라서 채권자는 채무자를 상대로 청구채권의 표시 금액의 지급을 구하는 소를 제기하려고 준비 중에 있으나 채무자는 별다른 재산이 없고 단지 이건 가압류할 별지 부동산 목록 기재 부동산만이 채무자의 유일한 재산인데 본건 외에 다른 많은 부채를 부담하고 있어 위 부동산을 타에 매도하여 버리면 후일 위 소송에서 승소한다고 할지라도 현저히 집행이 곤란하거나 집행이 불가능하게 될 염려가 농후하므로 부득이 본 신청에 이른 것입니다.

5. 또한, 이건 명령에 대한 담보의 제공은 채권자의 형편을 고려하여 담보금공탁에 관하여 서울보증보험주식회사와의 지급보증위탁계약을 체결한 문서(증권번호 제OOO-OOO-OOOOOOOO호)를 제출하는 조건으로 신청취지와 같은 가압류 결정을 하여 주시기 바랍니다.

첨 부 서 류

1. 차용증서 사본	1통
1. 주민등록초본	2통
1. 진술서	1통
1. 부동산등기사항전부증명서	1통
1. 위임장	1통

2000. O. .

위 채권자 김 O O (인)

OO지방법원 귀중

부 동 산 목 록

1. OO시 OO구 OO동 567-2
대 661㎡. 끝

위 임 장

김 갑 동
(OOOOOO-OOOOOOO)
OO시 OO구 OO로 OO(OO동)
연락처 : OO-OOO-OOOO

위 사람을 대리인으로 정하고 다음 사항의 권한을 위임한다.

다 음

1. 부동산가압류신청서 서류의 작성, 제출과 이를 교부받는 행위
1. 이에 부수하는 행위

2000. O. .

위임인 채권자 이 몽 룡 (인)

제2절 유체동산가압류(민집법 296조)

- 유체동산에 대한 가압류 집행은 집행관에게 위임하여 집행관이 유체동산 압류의 방식에 의하여 집행한다.
- 피보전권리와 채무자에게 다른 재산이 없다는 점이 모두 소명된 경우에는 보증보험증권에 의한 공탁을 허용하나, 채무자에게 다른 재산이 없다는 사실을 채권자가 소명하기란 어려운 점을 감안하여 현금공탁을 원칙으로 삼는 것이 대부분의 실무례이다.
- 일반적으로 청구금액의 1/3을 공탁하도록 명하는 것이 보통이나, 가압류할 유체동산이 특정된 경우에는 적절하게 줄일 수 있다.
- 유체동산 가압류집행이 본압류와 다른 것은 현금화할 수 없다는 것이다(단, 현금화의 경우는 예외) 따라서 배당절차도 없다.
- 금전의 가압류

  집행관이 금전을 가압류하였을 때에는 이를 바로 채권자에게 인도할 것이 아니고 공탁하여야 한다(민집 296조 4항). 또한 집행관은 가압류집행이 된 어음 등에 관하여 채무자에 갈음하여 지급을 위한 제시 등 그 권리의 행사를 위하여 필요한 행위를 하여야 하는데(민집 212조 1항), 이때 금전을 지급받게 된 경우에는 민사집행법 296조 4항을 유추하여 그것도 공탁하여야 한다.
- 가압류물의 현금화

  가압류한 유체동산은 원칙적으로 현금화할 수 없다. 다만 가압류물을 즉시 매각하지 아니하면 값이 크게 떨어질 염려가 있거나(생선, 채소와 같이 부패할 염려가 있는 경우 등) 그 보관에 지나치게 많은 비용이 드는 경우(동물의 사육료, 창고료가 많이 드는 경우 등)에는 집행관이 현금화 할 수 있다(민집 296조 5항).

  집행관은 가압류물을 매각한 때에는 그 매각대금을 공탁하여야 한다(민집 296조 5항 단서). 매각대금은 가압류물의 변형으로 본다.

- 다른 절차와의 경합

  가압류된 동산에 대하여 인도청구의 강제집행을 하는 것과 같이 비금전집행이 가능한가에 관하여는 소극설과 적극설이 대립되어 있는데, 가압류된 동산은 집행관의 점유하에 있는 것이 보통이므로 소극설이 타당하다.

1. 관 할

- 채권자, 채무자 주소지, 가압류할 유체동산 소재지 관할 법원 중에서 선택하여 제출한다.
- 청구금액이 3,000만원 이하의 금전채권인 경우에는 시·군법원에서 관할한다.

2. 사건표지

가. 신청사건명의 표시

유체동산 가압류신청서

나. 인지의 표시 : 통상 왼쪽 아래 여백에 다음과 같이 해당사항을 기재한다.

첩용인지액 금 OOOOO원

(1) 송달료 : 당사자 1인당 3회분의 송달료를 납부한다.

(2) 인지액 : 신청서 표지 다음장에 신청서 1건당 10,000원의 인지를 붙인다.

다. 사건표지 이면의 활용

실무상 송달료납부서를 위 사건표지 이면 상단에 떨어지지 않게끔 4면의 모서리에 풀로 붙인다.

3. 신청사건 재목의 표시

4. 당사자, 대리인 등의 표시

가. 채무자의 주소 밑에 집행장소를 기재하지 않도록 한다.

나. 당사자와 대리인의 이름(명칭 또는 상호)·주민등록번호·주소와 연락처(전화번호·팩시밀리번호 또는 전자우편주소 등)를 적어야 한다(민소 274조 1항, 민소규 2조). 당사자가 무능력자인 경우에는 그 법정대리인을, 법인인 경우에는 그 대표자를 적어야 한다.

다. 가압류신청서상의 당사자는 원고·피고라는 용어를 사용하지 않고 채권자, 채무자라는 용어를 사용한다.

라. 채권자와 채무자의 이름과 주민등록번호 및 주소를 정확히 기재하여야 한다. 채권자와 채무자 중 미성년자인 경우에는 법정대리인의 성명과 주소도 기재하여야 한다. 또한 채권자와 채무자가 법인인 경우에는 법인의 대표자 이름도 기재해야 한다.

마. 법인이 아닌 사단이나 재단(비법인)이 당사자로 될 때에는 당사자능력이 있는지의 여부를 신중히 검토하여야 한다(예 ; 동창회, 교회, 종중, 입주자대표회의 등).

5. 피보전권리의 요지 및 청구채권의 표시

가. 가압류에 있어서는 청구채권을 표시하고 그 금액을 적는다.
만약 그 청구권이 금전채권이 아니라면 금전으로 환산한 금액을 적는다(민집 279조 1항).
피보전권리는 경우에 따라 복수일 수 있으며 예비적 선택적으로 기재하여도 된다. 또한 현재 존재하는 보전의 필요성을 구체적으로 명백하게 표시한다(민집 279조 1항 2호).

나. 청구금액은 가압류해방금액 등의 산정기준이 되므로 확정적으로 기재하여야 한다.

다. 피보전권리의 요지 및 청구채권의 표시를 간결, 명료하게 표시하기 어렵거나 그 내용이 길어 별지를 인용할 경우에는 '별지 기재와 같음' 등으로 기재한다.

6. 신청취지

가. 소장의 청구취지에 상응한 것으로 보전처분에 의하여 구하고자 하는 보전처분의 내용을 말한다. 자기의 권리를 보전하기 위하여 필요하다고 생각되는 보전처분의 종류와 태양을 적는다. 법원은 당사자의 신청취지에 구애받지 않고 적당한 보전처분을 선택할 수 있는 것이기 때문에 소장에서의 청구취지와 같이 법원을 구속하는 것은 아니지만 일응 당사자의 신청의 목적과 한도를 나타내는 표준이므로 명확하게 표시하여야 한다.

나. 유체동산의 신청취지는 다음과 같다.

> 채권자가 채무자에 대하여 가지는 위 청구채권의 표시 기재 채권집행을 보전하기 위하여 채무자 소유의 유체동산을 가압류한다.
> 라는 재판을 합니다.

다. 통상 가압류할 동산을 특정하지 아니하고 채무자의 유체동산 전체를 그 대상으로 신청하고 있다. 그러나 가압류할 유체동산의 종류와 장소 등으로 특정하는 경우도 있다.

라. 유체동산 가압류는 집행관이 채무자 소유의 유체동산에 직접 압류표지를 부착하는 방법으로 집행되고 있으므로 다른 가압류에 비하여 심리적 압박감이 크다.

마. 유체동산가압류신청의 경우 일반적인 보전의 필요성 이외에 집행할 만한 다른 재산이 없거나, 채무자에게 부도가 발생하여 다른 재산을 조사할 만한 시간이 없고 즉시 집행의 필요가 있다는 소명 등이 필요할 수 있다.

7. 신청이유

신청의 취지를 구하는 근거가 되는 이유이다. 피보전권리의 존재와 보전의 필요성을 구체적으로 적어야 한다.

가. 피보전권리

보전처분의 피보전권리와 본안소송의 소송물과의 관계에 관하여 판례는 "보전처분의 피보전권리와 본안의 소송물인 권리는 엄격히 일치함을 요하지 않으며, 청구의 기초의 동일성이 인정되는 한 그 보전처분에 의한 보전의 효력은 본안소송의 권리에 미치고 동일한 생활사실 또는 동일한 경제적 이익에 관한 분쟁에 있어서 그 해결방법에 차이가 있음에 불과한 청구취지 및 청구원인의 변경을 원래의 원인무효로 인한 말소등기청구에서 명의신탁해지로 인한 이전등기청구로 변경한 것은 동일한 생활사실 또는 동일한 경제적 이익에 관한 분쟁에 관하여 그 해결방법을 다르게 한 것일 뿐이어서 청구의 기초에 변경이 있다고 볼 수 없다(대판 2006.11.24. 2006다35223).

나. 보전의 필요성

보전처분이란 권리 또는 법률관계에 관한 쟁송이 있을 것을 전제로 하여, 이에 대한 판결의 집행을 용이하게 하거나 확정판결이 있을 때까지 손해가 발생하는 것을 방지할 목적으로 일시적으로 현상을 동결하거나 임시적 법률관계를 형성하게 하는 재판이다. 그래서 가압류와 같은 보전처분을 하기 위해서는 채권자의 채무자에 대한 채권의 존재, 즉 피보전채권의 존재와 그 보전의 필요성이 인정되어야 한다. 특히 가압류의 경우 금전채권이나 금전으로 환산 수 있는 채권을 피보전채권으로 하며 집행권원을 집행할 수 없거나 집행하는 것이 곤란할 염려가 있을 경우 보전의 필요성이 인정된다. 만약 채권자가 확정판결을 받아 집행력을 통해 판결정본을 확보한 상황이라면 별도의 보전처분을 할 필요 없이 바로 위 집행권원을 통해 집행절차로 들어가면 된다.

8. 보증보험증권 담보제공 허가신청의사의 표시

가. 유체동산가압류는 후담보제공방식이 원칙이다. 따라서 신청서상의 맨 마지막 부분에 다음과 같이 담보제공의 허가신청의사표시를 기재하면 된다.

또한, 이건 명령에 대한 담보제공은 공탁보증보험증권을 제출하는 방법에 의할 수 있도록 허가하여 주시기 바랍니다.

나. 조건부 공탁의 경우 통상 5일 이내에 공탁할 것으로 명하고 있으나 집행기간(14일)이 종료되기 전까지는 공탁하고 집행이 가능하다.

다. 유체동산가압류신청사건은 다른 재산의 집행에 비하여 채무자의 정신적인 충격, 명예훼손이 크고, 채권자가 감정적인 면이 다분하므로 보증보험증권에 의한 담보제공으로 허가하지 않고 현금공탁을 명하는 경우가 많다.

라. 증권번호의 개별적인 기재

채권자·채무자 중 일방 또는 쌍방이 여럿인 경우에는 각 채권자가 각 채무자를 위하여 개별적으로 보증금액에 해당하는 보험증권을 발부받아 각 해당 증권번호를 가압류신청서에 기재하여야 한다.

9. 첨부서류의 표시

가. 통상 서증(계약서, 차용증서 등)의 사본을 첨부한다.

나. 첨부서류의 사본에는 다음과 같은 고무인을 날인한 후 채권자의 성명을 기재하고 날인한다.

위 사본합니다. 20○○. ○. ○. 채권자 ○ ○ ○ (인)

다. 부속서류의 표시

(1) 대리신청의 경우 : 위임장

(2) 법인신청의 경우 : 법인등기사항전부증명서 또는 법인등기사항일부증명서(통상 법인등기사항일부증명서를 첨부함).

라. 덧붙인 서류의 표시방법

(1) 가압류신청에서는 통상 '소명방법'보다는 '첨부서류'라는 명칭으로 기재한다.

(2) 보전처분에서는 원칙적으로 '소갑 제1호증' 등의 번호를 붙이지 않는다(민소 299조).

첨 부 서 류	
1. 차용증서 사본	1통
1. 영수증 사본	1통
1. 법인등기사항일부증명서	1통
1. 주민등록초본	1통
1. 가압류신청진술서	1통
1. 위임장	1통

10. 제출일자와 채권자의 성명(명칭)과 기명·날인

11. 법원의 표시

가압류신청서를 접수하는 법원을 표시한다.

12. 간 인

신청서가 여러 장일 경우, 장과 장 사이의 우측 상단 1/3 여백의 각 장마다 채권자(대리인인 변호사인 경우 변호사 직인, 법무사인 경우 채권자 도장)의 도장으로 간인한다.

13. 영수증의 첨부

실무상 채권자(또는 대리인)의 성명과 도장을 찍고 사건번호를 공란으로 한 가압류결정정본 수령에 관한 영수증 2통(채권자 및 채무자용)을 가압류신청서와 함께 법원에 제출하고 있다(수령 후 14일 이내에 집행관사무실을 통해 집행하여야 함).

14. 집행절차

가. 요 약

가압류채권자가 법원으로부터 유체동산 가압류명령정본 2통(채권자용, 채무자용)을 수령하여 유체동산 소재지 법원 소속 집행관에게 집행위임함(강제집행위임장 작성, 약도작성, 비용납부) → 담당부 배정받음 → 담당부와 집행시간 약속 집행(집행조서 작성)

나. 개 요

유체동산의 가압류집행은 압류와 같은 원칙에 따른다(민집 296조 1항). 유체동산 가압류는 집행관에게 위임하여 집행관이 유체동산 압류의 방식에 의하여 집행한다. 그 집행위임은 채권자·채무자와 그 대리인의 표시, 가압류명령의 표시, 가압류목적물인 유체동산이 있는 장소, 가압류채권자의 일부에 관하여 집행을 구하는 때에는 그 범위를 적은 서면에 가압류명령정본을 붙여서 한다(민집규 212조 1항). 그러나 가압류할 유체동산을 특정하여 기재할 필요는 없다. 가압류명령에서는 채무자의 유체동산을 포괄적인 대상으로 하고 그 집행단계에서 집행관의 점유에 의하여 구체적인 집행의 대상으로 되는 유체동산이 정하여지는 것이다. 유체동산이 가압류집행이 본압류와 다른 것은 원칙적으로 현금화할 수 없다는 것이다. 따라서 배당절차도 없다.

다. 금전의 가압류

집행관이 금전을 가압류하였을 때에는 이를 바로 채권자에게 인도할 것이 아니고 공탁하여야 한다(민집 296조 4항). 또한 집행관은 가압류집행이 된 어음 등에 관하여 채무자에 갈음하여 지급을 위한 제시 등 그 권리의 행사를 위하여 필요한 행위를 하여야 하는데(민집 212조 1항), 이때 금전을 지급받게 된 경우 민사집행법 296조 4항을 유추하여 그것도 공탁하여야 한다고 할 것이다.

공탁서는 집행관이 보관하며 그 공탁물회수청구권에 관하여 가압류의 효력이 미친다. 뒤에 가압류취소 등이 있으면 집행관은 공탁금을 회수하여 채무자에게 반환하고, 가압류가 본압류로 이전되면 집행관은 공탁금을 회수하여 채권자에게 인도하여(민집 201조 1항) 채권을 만족시키게 된다.

15. 가압류물의 현금화

가. 가압류한 유체동산은 원칙적으로 이를 현금화할 수 없다. 다만 가압류물을 즉시 매각하지 아니하면 값이 현저히 떨어질 염려가 있거나(생선, 채소와 같이 부패할 염려가 있는 경우 등) 그 보관에 과다한 비용을 요할 경우(동물의 사육료, 창고료가 많이 드는 경우 등)에 집행법원의 명령은 필요 없다. 이는 집행관의 의무이기도 하지만 당사자로서도 긴급히 현금화를 할 사정이 안 때에는 그 뜻을 집행관에게 알려야 한다.

나. 집행관은 가압류물을 매각한 때에는 그 매득금을 공탁하여야 한다(민집 296조 5항 단서). 매득금은 가압류물의 변형으로 볼 것이다. 공탁하게 한 취지, 공탁의 성질, 공탁금에 대한 본집행의 방법은 가압류한 금전을 공탁한 경우와 같다.

가압류의 매득금이 공탁된 후 가압류채권자가 본안소송에 승소의 확정판결을 받아 집행관에게 집행의 신청을 하여도 곧바로 위 공탁금에 관하여 변제를 받은 것과 동일한 효력이 생기는 것이 아니고 공탁금의 회수를 받아 그 배당 등의 절차를 행한다. 가압류의 현금화 후 집행위 취하, 취소 등이 있을 때에는 집행관은 매각대금을 회수한 다음 가압류채무자에게 직접 반환하여야 한다.

16. 집행의 효력

가압류명령의 집행은 가압류의 목적물에 대하여 채무자가 매매, 증여, 질권 등의 담보권설정, 기타 일체의 처분을 금지하는 효력이 생긴다. 만일 채무자가 처분금지를 어기고 일정한 처분행위를 하였을 경우 절대적으로 무효가 되는 것이 아니고, 가압류채권자에 대한 관계에서만 상대적으로 무효가 된 뿐이다(개별상대효성).

유체동산이 가압류된 후 채무자가 처분행위를 하였을 경우에도 제3자의 선의취득은 가능하다(대판 1966.11.22. 66다1545, 1546). 그러나 가압류를 집행한 동산은 집행관이 점유한다는 취지의 표시를 하므로 취득자의 선의, 무과실을 인정하기 어려운 경우가 많다.

[서식 7] 유체동산가압류신청서

유체동산가압류신청서

채권자 김 ○ ○

채무자 장 ○ ○

첩용인지액 금 ○○○○○원

○○지방법원 귀중

유체동산가압류신청

채 권 자 김 ○ ○ (111111-2222222) (전화)
경기도 ○○군 ○○읍 ○○로 ○○ (우 :)

채 무 자 장 ○ ○ (222222-1111111)

경기도 OO군 OO읍 OO로 OO (우 :)

청구채권의 표시 및 피보전 권리의 요지

금 6,347,945원, 단, 20OO. 8. 11.자 대여금

(내 역)

원금 6,200,000원,

이자 147,945원, 위 원금에 대하여 20OO. 8. 12.부터 20OO. 2. 7.까지(180일간) 연 5%의 비율로 계산한 이자 [6,000,000 × 5/100 × 180/365, 원 미만은 버림]

합계금 6,347,945원,

신 청 취 지

채권자가 채무자에 대하여 가지는 위 청구채권의 표시 기재 채권집행을 보전하기 위하여 위 채권액에 이르기까지 채무자 소유의 유체동산을 가압류한다.
라는 재판을 구합니다.

신 청 이 유

1. 채무자는 채권자로부터 20OO. 8. 11. 금 6,200,000원을, 이자는 약정하지 않고 변제기일은 20OO. 1. 31.로 정하여 차용하면서, 채무자는 채권자에게 차용증을 작성하여 교부하였습니다.

2. 그런데 채무자는 변제기일이 지난 현재까지 위 돈을 한푼도 지급하지 않고 있으므로, 채무자는 채권자에게 6,200,000원과 이에 대하여 20OO. 8. 12.부터 다 갚는 날까지 연 5%의 비율로 계산한 돈을 지급할 의무가 있다 할 것 입니다.

3. 그러므로 채권자는 위와 같은 사실을 채무자에게 알리고 원,리금을 변제할 것을 수차에 걸쳐 촉구하였으나 채무자는 아무런 이유 없이 변제하지 않을 뿐만 아니라 최근에 이르러서는 여러 곳에서 수많은 채무를 지고 있습니다.

4. 따라서 채권자는 채무자를 상대로 청구채권의 표시 금액의 지급을 구하는 소를 준비 중에 있으나 채무자는 별다른 재산이 없고 채무자 소유의 유체동산만이 채무자의 유일한 재산인데 채무자가 이건 유체동산을 타에 처분해 버리면 후일 위 소송에서 승소한다고 할지라도 현저히 집행이 곤란하거나 집행이 불가능하게 될 염려가 농후하므로 본 신청에 이른 것입니다.

5. 담보제공은 공탁보증보험증권을 제출하는 방법에 의할 수 있도록 허가하여 주시기 바랍니다.

첨 부 서 류

1. 차용증서 사본 1통
1. 주민등록초본 2통
1. 진술서 1통
1. 위임장 1통

2OOO. O. .

위 채권자 김 O O (인)

OO지방법원 귀중

목 록

번호	품 명	수 량	규 격	제작회사
1.	에어콘	3대	085CS	LG
2.	에어콘	1대	00351-00188	대우
3.	노래방기계	3대	소형(코러스1000)	금영
4.	노래방기계	1대	대형(코러스1000)	금영

위 동산 소재지 : 경기도 OO군 OO로 OO(OO동), 소나무카페

제3절 금전채권가압류

1. 가압류채권(피압류채권)의 특정

가압류할 채권은 제3채무자가 어떠한 채권에 대하여 가압류의 효력이 미치는지 여부를 인식할 수 있을 정도로 특정되어야 하므로, 통상 피압류채권의 채권자(가압류채무자), 채무자(제3채무자), 채권의 종류, 발생원인, 금액, 변제기 등을 명백히 표시하여 다른 채권과 구별되도록 한다.

장래 발생할 채권이나 조건부 채권도 현재 그 권리의 특정이 가능하고 가까운 장래에 발생할 것이 상당 정도 기대되는 경우에는 이를 가압류할 수 있다(대결 2001.9.18. 2000마5252).

한편 채권자의 입장에서 보면 피압류채권은 타인간의 거래관계에서 발생한 것이고, 공시방법도 없는 점을 감안하면 채권의 발생일자나 액수 등을 정확히 표시한다는 것은 결코 쉬운 일이 아니므로 채권자와 채무자의 이익을 조화롭게 고려하여 특정하되 적어도 다른 채권과의 구별될 수 있는 정도로 특정하여야 할 것이다.

2. 관 할

가압류할 물건의 소재지로서 '제3채무자 소재' 또는 채무자 보통재판적 소재지로서 '채무자 주소지'나 금전변제에 관한 지참채무원칙상 '채권자 주소지' 관할법원 중에서 한 곳을 선택하여 제출한다(원칙적으로 채권자, 채무자 주소지의 법원에 소 관할).

단, 청구금액이 3,000만원 이하의 금전채권인 경우에는 시·군법원에서 관할한다.

[주] **가압류할 목적물의 소재지 법원으로서 제3채무자 주소지의 법원이 추가된 경우**
은행예금가압류 등과 제3채무자의 보통재판적은 법인의 주된 사무소 또는 영업소(지점 등)이므로 이와 같이 예금되어 있는 지점소재지를 관할하는 법원은 관할을 보유하지 아니하여, 그 본점소재지를 관할하는 법원이 관할권이 있다. 다만 지점이 채무자의 소재지에 있을 경우에는 채무자의 소재지를 관할하는 법원에서 지점의 예금에 대하여 가압류명령을 발할 수 있다.

3. 요 건

계속적 거래관계로 인한 채권이나 금융기관계좌의 예금채권이 가압류되면 채무자의 신용에 악영향을 미쳐 거래관계가 중단되고, 자금의 흐름을 차단하여 기업도산의 원인이 되기도 하고, 보증채무자의 봉급채권은 보증채무자의 생계수단이 되는 점을 감안하여 이러한 채권에 대한 가압류에서는 유체동산가압류에서와 마찬가지로 피보전권리와 보전의 필요성에 대한 심사를 보다 엄격하게 할 필요가 있다.

4. 공 탁

통상 청구금액의 1/5로 정하나, 계속적 거래관계로 인한 채권의 경우에는 공탁금액의 일정액을 현금공탁시키기도 한다.

5. 지명채권가압류

채권가압류의 효력은 제3채무자에게 정본이 송달됨으로써 발생한다.

가. 가압류명령

(1) 지명채권을 가압류할 때에는 주문에 가압류의 목적인 특정의 채권을 기재하고 이를 가압류한다는 뜻을 선언함과 동시에 제3채무자에 대하여 채무자에게 지급하여서는 아니된다는 명령만을 한다(민집 296조 3항). 채무자에 대하여 채권의 처분과 영수를 금지하는 명령(민집 227조 1항)을 발하지 않는 점이 강제집행에 의한 본압류와 다른 것이나, 채권을 확보하는 목적에서 보면 그 효력에 차이가 없다. 그러므로 제3채무자에 준하는 자가 없는 권리에 대하여는 채무자에게 권리의 처분을 금지하는 명령만을 하여야 할 것이다(민집 251조 2항 참조). 제3채무자는 보전처분의 당사자는 아니지만 그 가압류에 의하여 직접 영향을 받게 되므로 명백히 표시한다.

(2) 공무원 또는 대기업직원의 임금 또는 퇴직금채권에 대한 가압류명령을 신청

하는 때에는 채무자의 이름과 주소 외에 소속 부서, 직위, 주민등록번호 등 채무자를 특정할 수 있는 사항을 기재하도록 한다(송민 94-3).

제3채무자가 국가나 법인인 때에는 그 소관부서, 그 소관지점을 명시하여 업무처리의 신속을 기한다. 사립학교 교직원이 아닌 초, 중등학교 교육공무원의 급여를 받을 권리 등을 가압류하고자 하는 경우 제3채무자는 광역시, 도가 되며 그 대표자는 도지사가 아닌 교육감이 된다.

(3) 신청취지례

1. 채권자가 채무자에 대하여 가지는 위 채권의 집행을 보전하기 위하여 채무자의 제3채무자들에 대한 별지 목록 기재 채권을 가압류한다. 2. 제3채무자는 채무자에게 위 채권에 관한 지급을 하여서는 아니된다. 라는 재판을 구합니다.

나. 집행과 그 효력

(1) 채권의 가압류는 제3채무자에게 채무자에 대한 지급을 금지하는 명령이 기재된 가압류재판정본을 송달함으로써 집행한다. 집행법원은 가압류명령을 한 법원이 되며(민집 296조 2항), 법원은 따로 집행신청을 기다리지 않고 가압류 발령과 동시에 제3채무자에게 정본을 송달한다.

(2) 가압류의 효력은 제3채무자에게 정본이 송달됨으로써 발생하므로(민집 227조 3항), 채권가압류결정의 경정결정이 확정된 경우에는, 당초의 채권가압류결정 정본이 제3채무자에게 송달된 때 원칙적으로 효력이 발생하나, 채권가압류결정의 경정결정이 제3채무자의 입장에서 볼 때 객관적으로 당초 결정의 동일성에 실질적 변경을 가하는 것이라고 인정된다면, 경정결정이 제3채무자에게 송달된 때 가압류의 효력이 발생한다(대판 1999.12.10. 99다42346).

(3) 추심금과 양수금

채권이 양도되고 가압류도 된 경우에는 확정일자 있는 채권양도통지가 채무자에게 도달한 시점과 가압류결정정본이 제3채무자(채권양도의 경우의 채무자에 해당)에게 도달한 시점의 선후에 의하여 상호간의 우열을 정한다. 만일 양자가 동시에 도달하여 양수인과 가압류채권자 상호간에 우열이 없는 경우에는 모두 제3채무자에 대하여 채무전액의 이행청구를 하고 변제를 받을 수 있고, 제3채무자는 이들 중 누구에게도 그 채무전액을 변제하면 다른 채권자에 대한 관계에서도 유효하게 면책되나, 만약 그들의 채권액 합계가 제3채무자에 대한 채권액을 초과할 경우에는 공평의 원칙상 각 채권액에 안분하여 이를 내부적으로 다시 정산할 의무가 있다(대판(전) 1994.4.26. 93다24224).

(4) 가압류의 결과 제3채무자가 그 송달을 받고서도 채무자에게 채권을 변제하였다면 채권자에게 대항할 수 없게 된다. 따라서 집행채권자의 채권자가 집행권원에 표시된 집행채권을 가압류한 경우(처분금지가처분을 한 경우도 마찬가지) 집행기관은 가압류 등이 해제되지 않는 한 집행할 수 없는 것이니 이는 집행장애사유에 해당한다. 그러나 가압류된 채권도 이를 양도하는데 아무런 제한이 없다. 다만 가압류된 채권을 양수받은 양수인은 그러한 가압류에 의하여 권리가 제한된 상태의 채권을 양수받는다고 할 것이다.

(5) 채권가압류 집행 후에 채무자와 제3채무자와의 사이에 변제 이외의 방법으로 피압류채권을 소멸케 하는 행위를 한 경우의 효력이 문제로 된다. 판례는 제3채무자가 채권을 소멸 또는 감소시키는 등의 행위 등은 할 수 없고 이와 같은 사실을 가지고 채권자에게 대항할 수 없으나 채권의 발생원인인 법률관계에 대한 채무자의 처분(예컨대 계약의 합의해제 등)까지를 구속하는 효력은 없다고 한다(대판 1982.10.26. 82다카508, 대판 2001.6.1. 98다17930 등).

제3채무자는 채무자에 대하여 가지고 있던 법률상의 지위를 그대로 채권자에 대하여 가지게 되므로 가압류의 효력발생 당시에 제3채무자의 자동채권과 수동채권이 상계적상에 있거나 자동채권이 압류당시 변제기에 달하지 아니한 경우에는 피압류채권인 수동채권의 변제기와 동시에 또는 그보다 먼저 변제기에 도달하는 경우라면 전부명령 송달 이후에도 상계할 수 있다(대판 1987.7.7. 86다카2762).

(6) 채권가압류에 있어서 제3채무자의 채무에 대한 지급금지는 집행보전을 위하여 인정된 것이므로 그 목적의 범위를 넘어서 채무자의 법률적 활동을 제한할 필요는 없다. 그러므로 비록 가압류채무자가 자기 채권에 대하여 가압류를 당했다 하여도 그 채권에 대한 현실적인 만족을 얻지 않는 이상 제3채무자를 상대로 이행의 소를 제기하여 집행권원을 얻거나 그 밖의 소송 외에서

어떠한 방법을 취하더라도 무방하고 단지 강제집행을 할 수 없을 뿐이다(대판 1989. 11.24. 88다카25038, 대판 2000.4.11. 99다23888). 특히 가압류된 채권이 시효로 소멸할 염려가 있는 때에는 채무자가 시효중단을 위하여 소를 제기할 필요가 있게 된다.

(7) 금전채권이 압류되어도 그 채권의 이행기가 도래한 때에는 제3채무자는 그 지체책임을 면할 수 없는데, 이러한 사정은 가압류의 경우에도 마찬가지이다(대판 1994.12.13. 93다951). 이에 따라 민사집행법은 가압류된 채권의 제3채무자로 하여금 권리공탁을 할 수 있도록 하였는 바(민집 291조, 248조 1항), 공탁에 의하여 제3채무자는 채무를 면하고 가압류의 효력은 청구채권액에 해당하는 채무자의 공탁금출금청구권에 대하여 존속한다(민집 297조).

가압류의 이유로 한 공탁은 압류를 이유로 한 공탁과 달리 그 공탁금으로부터 배당 등을 받을 수 있는 채권자의 범위를 확정하는 배당가입차단효가 없고, 배당절차를 개시하는 사유도 되지 아니한다.

(8) 가압류의 집행절차에서는 현금화절차를 행할 수 없으므로 채권자는 가압류 상태에서 전부명령이나 추심명령을 받을 수는 없다. 다만 제3채무자에게 채권을 인정하는지의 여부 등에 관하여 진술을 명하는 것에 관한 규정(민집 237조)은 가압류에도 그대로 준용되므로 채권자는 그 명령을 신청할 수 있는 바 집행기관과 관련하여 채권가압류의 경우에는 가압류신청과 동시에 또는 집행법원의 집행(송달)시까지 그 신청을 할 수 있다 할 것이다.

(9) 채권에 대한 가압류집행의 신청이 취하되거나 가압류집행의 절차를 취소하는 결정이 확정된 때에는 법원사무관 등은 가압류명령을 송달받은 제3채무자에게 그 사실을 통지하여야 한다(민집규 218조, 160조 1항). 가압류집행의 신청이 취하된 때에는 법원사무관 등은 가압류명령을 송달받은 채무자에게도 그 사실을 통지하여야 한다(민집규 16조).

6. 가압류할 수 없는 채권

가. 급료, 연금, 봉급, 상여금, 퇴직금, 퇴직연금 그 밖에 이와 비슷한 성질을 가지는 급여채권의 1/2에 해당하는 금액(민집 246조 1항 4호)

(1) 채무자가 제3채무자에게 고용되어 근로를 제공한 대가로 계속적으로 지급받은 급여채권을 모두 포함하며. 급여소득에는 주식회사 이사의 보수, 조합의 조합장의 보수와 같이 계속적 위임관계도 포함된다. 본봉 외에 소득세의 부과대상인 상여금 및 각종수당도 포함되며, 여기의 수당에는 가족수당, 초과근무수당, 연월차휴가수당, 야간근무수당, 관리직수당, 직능수당, 특수근무수당 등이 포함된다. 그러나 통근비, 출장비, 숙박비, 식비, 급여를 성질을 갖지 않는 실비지급금은 제외됨.

(2) 급여채권의 1/2에 해당하는 금액이란 급여총액에서 소득세, 주민세, 보험료 등 원천소득액을 공제한 잔액의 1/2을 말함.

(3) 공무원이나 군인, 사립학교 교직원(사무직원포함)의 퇴직금 및 선원의 퇴직금은 그 전액이 가압류금지됨(공무원연금법 32조, 사립학교교원법 40조, 선원법 124조).

(4) 사립학교 교직원의 경우, 제3채무자로서 학교법인을 특정 표시함(학교가 국립, 시립, 사립인지 여부를 먼저 파악하여 국립은 대한민국, 시립은 지방자치단체, 사립은 그 학교법인을 제3채무자로 표시함)

나. 국가와 지방자치단체와 간의 공권력의 주체만이 행사할 수 있는 공법상의 채권(즉, 조세·부담금·경비 등의 징수권이나 부양료청구권, 유류분반환청구권 등)은 인신적속적인 권리로서 가압류할 수 없음.

다. 상호계산에 편입된 채권(상법 72조), 수임인의 비용선급청구권(민법 687조), 국가나 지방자치단체로부터 특정의 사업·연구 등을 위하여 교부되고 그 목적 외에 사용이 금지되는 교부금의 교부청구권 등은 가압류가 제한됨.

라. 종신정기금채권(민법 725조), 위임계약상의 위임자의 채권, 고용계약상의 사용자의 채권, 사용대차상의 사용차권은 채무자의 승낙 없이는 가압류할 수 없음.

마. 법령에 규정된 부양료(민법 974조), 양도성 없는 당사자의 계약이나 유언에 의한 부양료청구권, 유족연금·유족보상금 청구권은 가압류할 수 없음.

바. 채무자가 구호사업 또는 제3자의 도움으로 계속받은 수입은 가압류할 수 없음.

사. 병사의 급료는 가압류할 수 없음.

아. 건설공제조합의 조합원의 출자지분은 유가증권인 출자증권에 표상하는 것으로

이에 대한 가압류는 건설산업기본법 59조 4항에 의하여 지시채권의 방법으로 가압류를 할 수 있음. 즉 집행관이 그 증권의 점유를 하여야 효력이 있음.

자. 공무원의 명예퇴직수당은 그 2분의 1에 한하여 가압류할 수 있음.

(1) 명예퇴직수당은 공무원이 명예퇴직을 신청하여 명예퇴직수당의 지급이 상당히 예상되는 때로부터 가압류할 수 있음.

(2) 공무원인 채무자가 국가에 대한 급여채권에 대한 가압류결정의 효력이 명예퇴직수당에 미치기 위하여는 가압류대상채권이 명예퇴직수당임을 명시하여야 하고, 단순히 급료, 상여금, 수당 등을 가압류대상채권으로 한 경우에는 가압류의 효력이 없다.

판례 "장래 발생할 채권이나 조건부 채권도 현재 그 권리의 특정이 가능하고 가까운 장래에 발생할 것이 상당 정도 기대되는 경우에는 이를 압류할 수 있다"며 "지방공무원은 명예퇴직수당의 기초가 되는 법률관계가 존재하고 그 발생근거와 제3채무자를 특정할 수 있어 권리의 특정이 가능하다.

또한 지방공무원의 경우 명예퇴직수당의 기초가 되는 법률관계가 존재하고 그 발생근거와 제3채무자를 특정할 수 있어 그 권리의 특정이 가능하며, '20년 이상 근속' 요건은 지방공무원법과 지방공무원 명예퇴직수당 등 지급규정에서 명예퇴직수당 지급대상자로 규정한 요건일 뿐이어서 당해 지방공무원이 14~15년 정도 근속한 상태라면 명예퇴직수당 채권이 가까운 장래에 발생할 것이 상당 정도 기대되는 경우라고 볼 수 있으므로, 그 명예퇴직수당 채권은 압류할 수 있다(대판 2010.2.25. 2009다76799).

차. 특별법에 의한 압류 금지 채권

(1) 공무원연금법(동법 32조), 군인연금법(동법 7조), 사립학교교직원연금법(동법 40조), 국민연금법(동법 58조), 국가유공자등예우등에관한법률(동법 19조)상의 각종 급여를 받을 권리

(2) 근로기준법상의 재해보상청구권(동법 86조)

(3) 자동차손해배상보상법의 피해자의 보험사업에 관한 손해배상청구권(동법 40조)

(4) 형사보상법상의 형사보상청구권(동법 22조)

(5) 국민건강보험법상의 보험급여를 받을 권리(동법 54조)

(6) 사립학교법상 별도 계좌로 관리하는 수업료 기타 납부금 수입에 관한 예금채권(동법 28조 3항)

(7) 보조금교부채권(동법 43조)

(8) 부도공공건설임대주택 임차인 보호를 위한 특별법 7조에 의해 보전되는 임대보증금

(9) 건설산업기본법(동법 88조)상의 건설업자가 도급받은 건설공사의 도급금액 중 당해 공사의 근로자에게 지급하여야 할 노임에 상당하는 금액

7. 사건표지

가. 신청사건명의 표시

채권가압류 신청서

나. 인지의 표시 : 통상 왼쪽 아래 여백에 아래와 같이 해당사항을 기재한다.

첩용인지액 금 OOOOO원

(1) 송달료 : 송달료 수납은행(법원 내 신한은행, 농협 등)에 납부한다.

① 당사자(제3채무자포함) 1인당 3회분의 송달료를 납부한다(송일 87-4).

② 신한은행에 납부한 송달료(예납)납부서를 사건표지 이면 상단에 풀로 붙인다.

(2) 인지액 : 신청서 표지 다음장에 신청서 1건당 10,000원의 인지를 붙인다.

다. 당사자의 명칭(채권자, 채무자, 제3채무자)과 성명의 표시

라. 당사자의 명칭(채권자, 채무자)과 성명의 표시

가압류사건에서는 당사자의 명칭을 아래와 같이 신청서 제목 아래 우측에 기재한다(법인인 경우는 법인명과 대표자 성명을 기재한다. 단, 대표자 성명은 생략하여도 무방함).

채 권 자 홍 길 동

채 무 자	이 몽 룡
제3채무자	김 갑 동

마. 사건표지 이면의 활용

실무상 송달료납부서를 사건표지 이면 상단에 떨어지지 않게끔 4면의 모서리에 풀로 붙인다.

8. 신청사건 제목의 표시

9. 당사자, 대리인 등의 표시

가. 당사자와 대리인의 이름(명칭 또는 상호)·주민등록번호·주소와 연락처(전화번호·팩시밀리번호 또는 전자우편주소 등)를 적어야 한다(민소 274조 1항, 민소규 2조). 당사자가 무능력자인 경우에는 그 법정대리인을, 법인인 경우에는 그 대표자를 적어야 한다.

나. 가압류신청서상의 당사자는 원고·피고라는 용어를 사용하지 않고 채권자, 채무자, 제3채무자라는 용어를 사용한다.

다. 채권자와 채무자, 제3채무자의 이름과 주민등록번호 및 주소를 정확히 기재하여야 한다. 채권자와 채무자, 제3채무자 중 미성년자인 경우에는 법정대리인의 성명과 주소도 기재하여야 한다. 또한 채권자, 채무자, 제3채무자가 법인인 경우에는 법인의 대표자 이름도 기재해야 한다.

라. 법인이 아닌 사단이나 재단(비법인)이 당사자로 될 때에는 당사자능력이 있는지의 여부를 신중히 검토하여야 한다(예 ; 동창회, 교회, 종중, 입주자대표회의 등).

마. 채무자의 표시 방법

① 채무자 박 영 철(000000-0000000)
OO시 OO구 OO로 OO(OO동)

☞ 반드시 주민등록번호 기재

② 채무자 김　갑　동(000000-0000000)
OO시 OO구 OO로 OO(OO동)
송달장소 : OO시 OO구 OO로 OO(OO동) 대한주식회사 총무과

③ 채무자 이　영　철(000000-0000000)
현재 소재불명
최후주소 : OO시 OO구 OO로 OO(OO동) 대한주식회사 총무과

④ 채무자 김　갑　철(000000-0000000)
OO시 OO구 OO로 OO(OO동)
미성년자이므로 법정대리인 친권자 부 김영기, 모 이애자
송달장소 : OO시 OO구 OO로 OO-O(OO동)

⑤ 채무자 홍　길　동(000000-0000000)
OO시 OO구 OO로 OO(OO동)
송달장소 : OO시 OO구 OO로 OO-O(OO동)

☞ 성명우측에 주민등록번호 기재
☞ 군인인 경우 : 소속부서, 육군부대 OO부대 중사, 군번 OOOOO
☞ 군무원인 경우 : 소속부서, 육군부대 OO부대 군무원 O급 순번 OOO 또는 소속부서 육군부대 OO부대, 직위 : OO, 주민등록번호 00000-0000000

⑥ 채무자 서울특별시(또는 서울특별시 서초구)
서울 서초구 OO로 OO(OO동)
대표자 시장 OOO

☞ 서울특별시장, 서울특별시 서초구청, 서울특별시 서초구청장은 틀림

바. 제3채무자의 표시 방법

① 제3채무자 나　주　시
위 대표자 시장 OOO
소관 : 나주시청
소관 : 나주시의회

② 제3채무자 전 라 남 도
위 대표자 전라남도지사 OOO

소관 : 전라남도 농업기술원 난지과시험장

또는 전라남도 산림자원연구소 OO수목원

또는 OO소방서 OO소방파출소

또는 소관 : OO소방서 진도 119안전센터 00지역대

☞ 국가소방공무원도 있으므로 이 경우에는 "대한민국"이라고 표시

③ 제3채무자 전 라 남 도

위 교육·학예에 관한 법률상 대표자 교육감 OOO

소관 : OO고등학교 또는 OO초등학교

☞ 공립학교 교직원의 급여를 가압류할 경우이며 퇴직금은 가압류할 수 없음.

④ 제3채무자 학교법인 OO학원(00000-00000)

OO시 OO구 OO동 OO(OO동)

위 대표자 이사장 OOO

소관 : OO대학교 또는 OO대학교 의과대학 부속병원

☞ 사립학교 교직원의 급여를 가압류할 경우이며 사립, 공립학교 교직원의 퇴직금을 가압류할 수 없음.

⑤ 제3채무자 대 한 민 국

위 법률상 대표자 법무부장관 000

소관 : 호남지방통계청 해남사무소

또는 소관 : OO세관

또는 소관 : OO시 OO구 선거관리위원회

또는 소관 : OO지방해양수산청 OO수산기술관리소

또는 소관 : OO경찰서 서부파출소

또는 소관 : 과학기술정보통신부 우정사업본부 OO우체국

또는 소관 : OO지방법원 OO지원 공탁관

(☞ 공탁물출급청구권 및 회수청구권을 가압류할 경우, 경매절차에서 공탁된 배당금을 가압류할 경우 등)

또는 소관 : OO지방법원 OO지원 세입세출외현금출납공무원

(☞ 경매매득금의 잔여금에 대한 교부청구권, 경매배당금의 청구채권 등의 경우 즉, 법원의 보관금을 가압류하는 경우임)

또는 소관 : 국방부육군경리단장

(☞ 공군은 공군본부, 해군은 해군본부로 표시)

소속 및 계급 : 육군 제OOOO부대 제2대대 중사

군번 : OO-OO-OOOOOO

☞ 우체국의 경우 예금계좌 및 사설우체국 직원 급여 가압류시에도 대한민국이 제3채무자 이므로 주의

⑥ 제3채무자 국민건강보험공단(00000-00000)

OO시 OO구 OO로 OO(OO동)

위 대표자 이사장 OOO

소관 : 국민건강보험공단 OO지사

☞ 공사 및 공단직원의 퇴직금 가압류 가능함.

⑦ 제3채무자 국립공원공단(00000-00000)

OO시 OO구 OO로 OO(OO동)

위 대표자 이사장 OOO

소관 : 국립공원관리공단 다도해해상관리사무소

⑧ 제3채무자 한국해운조합(00000-00000)

OO시 OO구 OO로 OO(OO동)

위 대표자 회장 OOO

소관 : 한국해운조합 OO지부

⑨ 제3채무자 한국전력공사(00000-00000)

OO시 OO구 OO로 OO(OO동)

위 대표자 사장 OOO

소관 한국전력공사 OO지점

⑩ 제3채무자 한국담배인삼공사(00000-00000)

OO시 OO구 OO로 OO(OO동)

위 대표자 사장 OOO

소관 : 한국담배인삼공사 OO지점

⑪ 제3채무자 재단법인 한국국토정보공사(00000-00000)

OO시 OO구 OO로 OO(OO동)

위 대표자 이사 OOO

소관 : 한국국토정보공사 목포지사

⑫ 제3채무자 대한민국상이군경회(000000-0000000)

OO시 OO구 OO로 OO(OO동)

위 대표자 회장 OOO

소관 : 대한민국상이군경회 여수시지회

☞ 위 법인은 사단법인인데 "사단법인 대한민국상이군경회"라고 표시하지 않는다.

⑬ 제3채무자 대한민국재향군인회(00000-00000)

OO시 OO구 OO로 OO(OO동)

☞ 위 법인은 사단법인인데 법인등기부상에 "사단법인"이란 표시가 기재되어 있지 않으면 "사단법인 대한민국재향군경회"라고 표시하여서는 아니된다.

⑭ 제3채무자 한국농어촌공사(00000-00000)

의왕시 포일로 OO(OO동)

위 대표자 사장 OOO

소관 : 충주·제천지사 또는 충북본부

⑮ 제3채무자 OO지방해양수산청

OO시 OO구 OO대로 OO(OO동)

위 대표자 청장 OOO

⑯ 제3채무자 정리회사 주식회사 OO건설의 관리인 OOO

OO시 OO구 OO대로 OO(OO동)

송달장소 : OO시 OO구 OO로 OO-O(OO동)

☞ 송달장소는 관리인의 개인주소지 기재하는 것이 원칙이며 법인의 소재지도 가능함

⑰ 제3채무자 파산자 주식회사 OO은행의 파산관재인 OOO

OO시 OO구 OO대로 OO(OO동)

송달장소 : OO시 OO구 OO로 OO(OO동)

⑱ 제3채무자 주식회사 OOOO(000000-0000000)

OO시 OO구 OO대로 OO(OO동)

대표청산인 OOO 또는 청산인 OOO

송달장소 : 위 대표청산인의 주민등록초본상 주소를 기재함

☞ 말소사항포함된 법인등본 및 대표청산인 또는 청산인의 주민등록초본을 제출하여야 함

⑲ 제3채무자 주식회사 OO은행(00000-00000)

OO시 OO구 OO대로 OO(OO동)

대표이사 OOO

소관 : OO동지점

송달장소 : OO시 OO구 OO대로 OO(OO동) OO동지점

☞ 송달장소를 표시할 경우 송달지로 송달하며, 소관과 주소를 기재하면 하면 본점으로 송달함

⑳ 제3채무자 홍 길 동(000000-0000000)

전라남도 OO군 OO읍 OO대로 OO

송달장소 : 전라남도 OO군 OO읍 OO로 OO, 재감인 OOO/또는 OO교도소장, OO교도소, OO시 OO구 OO로 OO(OO동) 재감인 OOO, 수감번호 : OOO OO경찰서장 / 또는 OO경찰서 유치장, 전라남도 OO군 OO읍 OO로 OO / 또는 OO경찰서장, OO경찰서 유치장

10. 피보전권리의 요지 및 청구채권의 표시

가. 가압류에 있어서는 청구채권을 표시하고 그 금액을 적는다.

만약 그 청구권이 금전채권이 아니라면 금전으로 환산한 금액을 적는다(민집 279조 1항).

피보전권리는 경우에 따라 복수일 수 있으며 예비적 선택적으로 기재하여도 된다. 또한 현재 존재하는 보전의 필요성을 구체적으로 명백하게 표시한다(민집 279조 1항 2호).

나. 청구금액은 가압류해방금액 등의 산정기준이 되므로 확정적으로 기재하여야 한다.

다. 피보전권리의 요지 및 청구청구채권의 표시를 간결, 명료하게 표시하기 어렵거나 그 내용이 길어 별지를 인용할 경우에는 '별지 기재와 같음' 등으로 기재한다.

11. 가압류할 채권의 표시

가. 가압류할 채권은 제3채무자가 어떠한 채권에 대하여 가압류의 효력이 미치는지 여부를 인식할 수 있을 정도로 특정되어야 하므로 통상 가압류채권의 채권자(가압류채무자), 채무자(제3채무자), 채권의 종류, 발생원인 금액, 변제기 등을 명백히 표시하여 다른 채권과 구별될 수 있을 정도로 특정되도록 한다.

나. 장래 발생할 채권이나 조건부 채권도 현재 그 권리의 특정이 가능하고 가까운 장래에 발생할 것이 상당 정도 기대되는 경우에는 이를 가압류할 수 있다(대결 2001.9.18. 2000마5352).

다. 실무상 피압류채권의 표시가 위의 모든 요건을 충족하지 못하거나 심지어 '채무자가 제3채무자에 대하여 가지는 채권'이라는 식으로 표시하여서는 아니된다.

라. 채무자가 수인이거나 제3채무자가 수인인 경우 또는 채무자가 제3채무자에 대하여 여러 채권을 가지고 있는 경우에는 가압류할 채권을 한도로 하여 각 채무자나 각 제3채무자별로 얼마씩을 가압류할 것인지 또는 채무자의 어느 채권에 대하여 얼마씩을 가압류할 것인지 특정하여야 하고, 이를 특정하지 아니한 경우에는 범위가 명확하지 아니하므로 그 가압류결정은 무효라고 보아야 할 것이다.

마. 가압류할 채권의 표시례

① 급 료

금 30,000,000원

채부자가 제3채무자로부터 매월 수령하는 급료(본봉, 상여금 및 제수당) 중 제세공과금을 뺀 잔액의 1/2씩을 위 청구금액에 이를 때까지의 금액(다만, 국민기초생활보장법에 의한 최저생계비를 감안하여 민사집행법 시행령이 정한 금액에 해당하는 경우에는 이를 제외한 나머지 금액, 표준적인 가구의 생계비를 감안하여 민사집행법 시행령이 정한 금액에 해당하는 경우에는 이를 제외한 나머지 금액) 및 위 청구금액에 달하지 아니한 사이에 퇴직한 때에는 퇴직금 중 제세공과금을 뺀 잔액의 1/2씩을 위 청구금액에 이를 때까지의 금액

☞ 공무원, 군인, 사립학교 교직원(사무직원포함)의 퇴직금은 그 전액이 가압류가 금지됨(공

무원연금법 39조, 사립학교교직원연금법 40조).

☞ 학교가 국립, 시립, 사립인지 여부를 먼저 파악하여 국립은 대한민국, 시립은 지방자치단체, 사립은 그 학교법인을 표시

☞ 사립학교인 경우 제3채무자를 표시할 때 예를 들어 "학교법인 OOO학원, 대표자 이사장 OOO, 소관 OO대학교"로 표시 요망

☞ 퇴직위로금이나 명예퇴직수당도 퇴직금 기타 유사한 급여채권에 해당한다(대결 2000. 6.8. 2000마1439).

② 시·군의회의원 급여

금 30,000,000원

채무자(000000-0000000)가 제3채무자(소관 : 청주시의회)로부터 매월 또는 수시 수령하는 의정활동비, 여비, 의회수당 전부 및 매월 수령하는 급료(본봉, 상여금 및 제수당) 중 제세공과금을 뺀 잔액의 1/2씩을 위 청구금액에 이를 때까지의 금액[다만, 국민기초생활보장법에 의한 ~ 생략 ~ 이를 제외한 나머지 금액]

☞ 지방의회의원에게 지급되는 구 지방자치법 32조 1항(현행 지방자치법 33조 1항)의 의정활동비 등은 압류금지채권에 해당하지 않는다(대결 2004.6.18. 2004마336).

③ 보험설계사 급여

금 20,000,000원

채무자(000000-0000000)가 제3채무자로부터 매월 수령하는 급료(본봉, 각종 수당 및 상여금) 및 매월 또는 수시 수령하는 실적수당 및 성과금 중 제세공과금을 뺀 잔액의 1/2씩을 위 청구금액에 이를 때까지의 금액[다만, 국민기초생활보장법에 의한 ~ 생략 ~ 이를 제외한 나머지 금액]

④ 도급대금

예시 1)

금 50,000,000원

채무자와 제3채무자간 20OO. 1. 20.자 분당지구 가로 및 택지조성공사 도급계약에 의한 채무자가 제3채무자로부터 지급받을 공사대금청구채권 중 위 청구금액에 달할 때까지의 금액

예시 2)

금 30,000,000원

제3채무자가 채무자에게 지급할 20OO. 1. 12. 준공예정인 전라남도 OO군 OO읍

OO리 소재 20OO년도 OO명사십리 집단시설지구 도로개설공사대금 중 위 청구금액에 달할 때까지의 금액

예시 3)

금 20,000,000원

채무자가 제3채무자에 대하여 가지는 공사대금(OO시 OO구 OO로 OO(OO동) 소재 근린생활시설 신축공사 중 인테리어 등 부분에 대하여 제3채무자로부터 하도급을 받아 공사를 하였으므로 채무자가 제3채무자에 대하여 가지는 공사대금) 중 위 청구금액에 달할 때까지의 금액

⑤ 보 상 금

예시 1)

금 20,000,000원

제3채무자가 채무자에게 지급할 20OO년도 전라남도에서 시행한 목포 - 압해간 연륙교 가설공사(국도2호선)에서 채무자 소유의 목포시 OO동 120-5 잡종지 OOO㎡에 대한 도로 편입에 따른 보상금 중 위 청구금액에 달할 때까지의 금액

예시 2)

금 30,000,000원

채무자가 사용하던 OO시 OO읍 OO로 OO 소재 건축물이 제3채무자의 공사명 '여수 - 순천간 도로확장 포장공사'로 인하여 철거됨에 따라 이에 대한 이주보상비 명목으로 지급받을 보상금청구채권 중 위 청구금액에 달할 때까지의 금액

예시 3)

금 20,000,000원

채무자가 제3채무자로부터 지급받을 채무자 소유의 OO시 OO읍 OO리 234-6 대 176㎡에 대한 토지보상금 청구채권 중 위 청구금액에 달할 때까지의 금액

예시 4)

금 30,000,000원

제3채무자가 20OO년도 OO우회도로(지방도 820호선) 개설공사를 시행하기 위하여 제3채무자가 채무자 OOO로부터 전라남도 OO군 OO읍 OO리 745-17 외 2필지 토지 중 일부를 협의취득하여 전라남도 OO군 OO읍 OO리 745-41, 도로 24㎡ 및 위 같은 리 745-42, 도로 89㎡로 편입된 토지에 대하여 제3채무자가 채무자에게 지급할 손실보상금 중 위 청구금액에 달할 때까지의 금액

예시 5)

금 30,000,000원

채무자가 제3채무자로부터 지급받을 20○○년 연근해 어업구조조정사업에 따른 보상금 중 위 청구금액에 달할 때까지의 금액

☞ 선박감축에 따른 보상금임

예시 6)

금 20,000,000원

채무자가 제3채무자 LH 한국토지주택공사에 대하여 가지는 ○○군 ○○읍 ○○리 123 답 864㎡에 대한 택지보상금 중 위 청구금액에 달할 때까지의 금액

예시 7)

금 30,000,000원

채무자가 제3채무자 ○○화재해상보험 주식회사로부터 지급받을 보상금 중 위 청구금액에 달할 때까지의 금액

⑥ 분양대금

금 30,000,000원

채무자와 제3채무자간에 20○○. 1. 10. 전라남도 ○○군 ○○읍 ○○리 153(○○농공단지 29블럭 소재) 공장용지 ○○○○㎡(○○○평)의 부동산에 대하여 분양계약을 체결하고 채무자가 제3채무자에게 지급한 분양대금의 분양계약해지시 채무자가 제3채무자로부터 반환받은 해약환급금 중 위 청구금액에 달할 때까지의 금액

⑦ 세금반환

예시 1)

금 10,000,000원

채무자가 전라남도 ○○군 ○○읍 ○○로 ○○ 소재 ○○○조선소를 운영하면서 제3채무자에게 납부한 부가가치세 중 제3채무자가 채무자에게 환급할 부가가치세액에 대하여 위 청구금액에 달할 때까지의 금액

예시 2)

금 15,000,000원

채무자가 제3채무자간 ○○지방법원 20○○고단○○○호 양도소득세부과처분취소청

구 사건에 의하여 채무자가 제3채무자로부터 반환받을 양도소득세 및 주민세반환청구채권 중 위 청구금액에 달할 때까지의 금액

⑧ 건강보험금

금 10,000,000원

채무자가 제3채무자에게 가입한 피보험자를 진료한 후, 매달 제3채무자로부터 지급받을 건강보험료 반환청구채권 중 위 청구금액에 달할 때까지의 금액

⑨ 물품대금

금 20,000,000원

채무자가 제3채무자에게 판매한 각종 컴퓨터 및 그 주변기기에 대한 물품대금 채권 중 위 청구금액에 달할 때까지의 금액

☞ 판매목적물을 특정 요함

⑩ 매매대금

예시 1)

금 8,000,000원

채무자가 제3채무자에게 20OO. 1. 20. 매도한 다음 물건에 대한 금 10,000,000원의 매매대금채권 중 위 청구금액에 달할 때까지의 금액

예시 2)

금 20,000,000원

채무자(상호 : OO주유소, 사업자등록번호 : 123-45-6789123)가 제3채무자 비씨카드 주식회사로부터 지급받을 신용판매대금채권 중 위 청구금액에 달할 때까지의 금액

예시 3)

금 20,000,000원

채무자(가맹점번호 : 54321-23456)가 제3채무자(비씨카드 주식회사)로부터 지급받을 신용판매대금채권 중 위 청구금액에 달할 때까지의 금액

예시 4)

금 10,000,000원

채무자와 제3채무자 간의 전라남도 OO군 OO읍 OO로 OO, 103동 308호(OO아파트)에 대하여 분양계약을 체결하고 채무자가 제3채무자에게 계약금과 중도금 등을 지급하였던 바, 위 계약이 해지될 경우 채무자가 제3채무자로 부터 반환받을 매매대

금 중 위 청구금액에 달할 때까지의 금액

예시 5)

금 80,000,000원

신청외 OOO이가 제3채무자에게 20OO. 8. 27. OO시 OO구 OO동 25-1 양어장 1451㎡ 및 OO시 OO구 OO로 OO(OO동) 축양장 건물 3097.26㎡를 매도하고 매매대금 중 일부금을 수령하지 않고 있다가 사망함으로서, 신청외 OOO의 상속인 채무자가 제3채무자에 대하여 가지는 상속지분 7분지 2에 해당하는 매매대금 반환채권 중 위 청구금액에 달할 때까지의 금액

⑪ 대 여 금

예시 1)

금 0,000,000원

채무자가 제3채무자에 대하여 20OO. 1. 20. 대여한 금 15,000,000원의 반환채권 중 위 청구금액에 달할 때까지의 금액

☞ 대여일시, 금액 등에 의하여 특정하며, 변제기, 이율의 기재도 가압류의 범위를 명확히 기재함이 바람직함.

예시 2)

금 20,000,000원

채무자가 제3채무자간 OO지방법원 20OO가단 OOO호 대여금 청구사건에 관하여 당사자간 20OO. 1. 12. 조정성립되어 확정된 채무자가 제3채무에 대하여 가지는 위 사건 조정조서에 기한 대여금 청구채권 중 위 청구금액에 달할 때까지의 금액

예시 3)

금 30,000,000원

채무자가 제3채무자들에 대하여 가지는 OO지방법원 20OO가합OOO호, OO고등법원 20OO나OOO호 대여금 청구사건의 판결정본에 기하여 제3채무자로부터 지급받을 위 대여금채권 중 위 청구금액에 달할 때까지의 금액

⑫ 임대차보증금

예시 1)

금 30,000,000원

채무자가 제3채무자로부터 20OO. 1. 10. OO시 OO구 OO로 OO(OO동) 소재 목조

기와기붕 1층 주택 1동을 임차함에 있어 제3채무자에 대하여 가지는 임대차보증금 반환채권 중 위 청구금액에 달할 때까지의 금액

다만, 채무자가 제3채무자로부터 주택임대차보호법 제8조, 같은 법 시행령의 규정에 따라 우선변제를 받을 수 있는 금액은 제외한다.

☞ 임대차의 목적물, 임대차일시 등 특정 요함

예시 2)

금 20,000,000원

채무자와 제3채무자간 임대차계약을 체결하여 채무자가 제3채무자에 대하여 가지는 임대차보증금(OO지방법원 OO지원 20OO년OOO호 소 계류 중 ~ ~ 소변경 후 부당이익금반환청구의 소) 청구채권 중 위 청구금액에 달할 때까지의 금액

다만, 채무자가 제3채무자로부터 주택임대차보호법 제8조, 같은 법 시행령의 규정에 따라 우선변제를 받을 수 있는 금액은 제외한다.

☞ 임대차의 목적물, 임대차일시 등 특정 요함

⑬ 전세보증금

금 30,000,000원

채무자가 제3채무자 소유로부터 OO시 OO구 OO로 OO(OO동) 소재 주택 1동(혹은 1층 방 1칸)에 대한 전세계약에 의한 전세보증금 반환청구채권 중 위 청구금액에 달할 때까지의 금액

다만, 채무자가 제3채무자로부터 주택임대차보호법 제8조, 같은 법 시행령의 규정에 따라 우선변제를 받을 수 있는 금액은 제외한다.

⑭ 전 세 권

금 30,000,000원

채무자가 OO시 OO구 OO로 OO(OO동) 소재 시멘트 블록조 스레트 지붕 1층 점포에 대하여 OO지방법원 OO등기소 20OO. 1. 20. 접수 제123호로 등기한 전세권 채권 중 위 청구금액에 달할 때까지의 금액

다만, 채무자가 제3채무자로부터 주택임대차보호법 제8조, 같은 법 시행령의 규정에 따라 우선변제를 받을 수 있는 금액은 제외한다.

⑮ 공탁금출급청구권 등

예시 1)

금 20,000,000원

채무자가 제3채무자에 대하여 가지는 20○○. 2. 10. 공탁자가 아래 물건의 매매대금으로서 ○○지방법원 20○○년 금 제○○○호로 공탁한 금 30,000,000원의 출급청구권 중 위 청구금액에 달할 때까지의 금액

☞ 공탁자, 공탁원인 공탁일자 등에 의하여 특정할 수 있으며, 공탁번호는 반드시 기재할 필요가 없으나 이를 기재함이 바람직하다.

예시 2)

금 20,000,000원

채무자가 제3채무자에 대하여 가지는 20○○. 2. 7. 공탁자가 피공탁자 ○○○에 대한 급료(각종 수당 및 상여금 등), 퇴직금 또는 명예퇴직금으로서 ○○지방법원 20○○년 금 제○○○호로 공탁한 금 30,000,000원의 출급청구권 중 위 청구금액에 달할 때까지의 금액

⑯ 공탁물회수청구권

예시 1)

금 20,000,000원

채무자가 20○○. 8. 20. 전북지방토지수용위원회의 재결에 따른 토지 보상금을 토지소유자에게 지급코자 하였으나 토지 소유자인 홍길동(주민등록번호 : 000000-0000000, 주소 : 전라남도 ○○군 ○○읍 ○○로 ○○)가 그 수령을 거부하여 20○○. 1. 25. 공탁한 ○○지방법원 20○○년 금 제○○호 공탁금회수청구권 중 위 청구금액에 달할 때까지의 금액

예시 2)

금 20,000,000원

채무자가 제3채무자에 대하여 가지는 LH 한국토지주택공사에서 수용한 토지손실보상금 30,000,000원에 대한 공탁금(○○지방법원 ○○시법원 20○○년 금 제120호) 반환 청구채권 중 위 청구금액에 달할 때까지의 금액

예시 3)

금 30,000,000원

채무자가 ○○지방법원 20○○카단 125호 가처분신청사건의 담보로 ○○지방법원

2OO년 금 제OOO호로 공탁한 금원 중 위 청구금액에 달할 때까지의 금액

☞ 신청사건의 담보로 제공한 경우임

예시 4)

금 20,000,000원

채무자가 제3채무자에게 2OOO. 1. 20. 피공탁자를 OOO으로 하여 아래 물건의 매매대금으로서 OO지방법원 2OOO년 금 제OOO호로 공탁한 금 30,000,000원의 회수청구권 중 위 청구금액에 달할 때까지의 금액

☞ 변제공탁의 경우

⑰ 전화설비비

금 20,000,000원

채무자가 제3채무자에 대하여 가지는 다음 표시의 전화에 대하여 해약시 수령할 전화설비 금 30,000,000원의 반환청구권 중 위 청구금액에 달할 때까지의 금액

⑱ 예금채권

금 50,000,000원

채무자(000000-0000000)가 제3채무자(소관 : OO지점)에 대하여 가지는 보통예금채권(계좌번호 : 제000-00-0000) 금 30,000,000원 및 2OOO. 2. 10. 만기의 정기예금채권(제000-00-00000호) 중 위 청구금액에 달할 때까지의 금액(다만, 개인별 잔액 185만원 이하의 예금 등은 제외한다)

☞ 채무자의 주민등록번호 또는 사업자등록번호와 제3채무자의 취급지점명을 기재토록 함

☞ 가압류채권자가 특정지점을 송달장소로 기재하더라도 그 지점이 피압류채권 목록에 취급지점으로 기재되어 있지 아니한 경우에는 가압류결정정본을 송달장소 기재된 특정지점이 아닌 본점으로 송달한다.

⑲ 출 자 금

예시 1)

금 10,000,000원

채무자(000000-0000000)가 제3채무자(소관 : OO지점)에 대한 이익배당금 및 조합원 탈퇴의 경우 지분반환청구권 중 위 청구금액에 달할 때까지의 금액

예시 2)

금 15,000,000원

채무자가 제3채무자에 대하여 가지는 출자금반환 청구채권 중 위 청구금액에 달할 때까지의 금액

⑳ 다단계사업의 출자금

예시 1)

금 20,000,000원

채무자가 제3채무자의 조합원자격을 상실할 때 제3채무자로부터 지급받을 조합원출자금 중 위 청구금액에 달할 때까지의 금액

예시 2)

금 20,000,000원

채무자가 제3채무자에 대하여 가지고 있는 채무자가 제3채무자에 가입시 출자금명목으로 예치한 금원으로 탈퇴시 출자금반환 청구채권 중 위 청구금액에 달할 때까지의 금액

㉑ 사고담보금인 예금

예시 1)

금 30,000,000원

채무자(000000-0000000)가 제3채무자(소관 : OO지점)에 대하여 가지는 채무자 발행의 아래 약속어음 1매에 대한 사취신고의 담보로 채무자가 별단예금한 금 50,000,000원의 반환청구채권 중 위 청구금액에 달할 때까지의 금액

예시 2)

금 20,000,000원

채무자가 발행한 어음번호 : 자가 00000000, 발행일 : 20Ov. 8. 20. 지급기일 : 20OO. 2. 15. 지급장소 : OO시로 된 약속어음의 피사취신고를 하면서 그 담보금으로 제3채무자의 별단예금구좌에 예치한 금 30,000,000원의 사고신고담보금반환청구채권 중 위 청구금액에 달할 때까지의 금액

㉒ 사고담보예치금

예시 1)

금 20,000,000원

채무자가 제3채무자 직접판매공제조합에 대하여 가지는 사업자피해보상에 대한 사고담보공제예치금 반환청구채권 중 위 청구금액에 달할 때까지의 금액

예시 2)

금 25,000,000원

채무자가 제3채무자 비씨카드주식회사에 대하여 가지는 사고담보금으로 납부한 예치금 반환청구채권 중 위 청구금액에 달할 때까지의 금액

㉓ 소유권이전등기청구권

예시 1)

금 100,000,000원

채무자가 제3채무자에게 채무자 소유의 OO시 OO구 OO로 OO(OO동) 일대 재개발사업 OO아파트 303동 1003호 해당의 대지 및 건물을 재개발사업에 제공하고 그 재개발사업이 완료된 후 제3채무자로부터 분배받을 동, 호수 미정의 아파트에 대한 소유권이전등기등청구권

예시 2)

금 100,000,000원

채무자와 제3채무자간 OO시 OO구 OO로 OO(OO동) OO아파트 103동 208호에 대한 분양계약으로 인하여 채무자가 제3채무자에 대하여 가지는 소유권이전등기등청구권

예시 3)

금 200,000,000원

채무자가 제3채무자에 대하여 가지는 아래 부동산의 표시상에 채무자 소유 부동산의 신탁해지 또는 기타 신탁사무종료로 인한 소유권이전등기청구권

부 동 산 의 표 시
OO시 OO구 OO로 OO(OO동) OO아파트 103동 308호 및 위 아파트 대지면적 4321㎡ 중 위 전용면적(86㎡) 비율에 의하여 정하여지는 대지지분 또는 1. OO시 OO구 OO동 123-6 대 236㎡ 2. 위 같 은 동 123-8 대 113㎡

㉔ 경매매득금의 잔여금

예시 1)

금 50,000,000원

OO지방법원 20OO타경 OOO호(신청채권자 OOO, 채무자 OOO) 부동산강제경매신청사건에서 아래 기재 부동산에 관한 경매매득금에서 경매절차비용, 신청채권자, 우선변제권자, 조세, 그 밖의 공과금, 배당요구채권자, 그 밖의 배당받을 수 있는 정당한 채권자의 채권 중 배당하고 난 뒤에 남은 경매배당금이 잔여금에 대하여 채무자가 제3채무자에 대하여 가지는 교부청구권 중 위 청구금액에 달할 때까지의 금액

☞ 부동산경매절차에서 경매매득금에서 경매비용, 각 채권자의 채권을 배당 변제하고 나머지는 채무자에게 교부하도록 되어 있으므로 경매대금의 잔여금에 대하여 가압류 할 것임.

예시 2)

금 5,000,000원

채무자가 제3채무자(소관 : OO지방법원 소속 집행관)에 대하여 가지는 OO지방법원 집행관 20OO본 OO호 동산경매사건(채권자 : 주식회사 OO, 채무자 : 홍길동)의 경매(배당)기일에 잉여금으로 배당받을 배당금청구채권 중 위 청구금액에 달할 때까지의 금액

☞ 경매통지서상 채무자가 배당받을 때

㉕ 경매배당금의 청구채권

금 30,000,000원

채무자가 제3채무자에 대하여 가지는 OO지방법원 20OO타경 OOO호 부동산강제경매사건(또는 부동산임의경매사건 : 채권자 OOO, 채무자 OOO)사건의 배당금교부청구채권 중 위 청구금액에 달할 때까지의 금액

☞ 경매절차에 참가한 채권자의 배당금청구채권에 대한 가압류할 경우

㉖ 근저당권부 경매배당금의 청구채권

금 30,000,000원

채무자가 제3채무자에 대하여 가지는 OO지방법원 20OO타경 OOO호 부동산강제경매사건이 20OO. 2. 15. 매각되어 아래와 같이 근저당권설정등기의 근저당권자 홍길동이가 제3채무자로부터 지급받을 배당금교부청구채권 중 위 청구금액에 달할 때까지의 금액

아 래

1. 접수일자 및 접수번호 : 20〇〇. 2. 17. 제120호
2. 등기원인 : 20〇〇. 2. 10. 설정계약
3. 채권최고액 금 50,000,000원
4. 채무자겸 소유자 : 홍 길 동(000000-0000000), 전라남도 〇〇군 〇〇읍 〇〇로 〇〇
5. 근저당권자 : 김 갑 동(000000-0000000), 전라남도 〇〇군 〇〇읍 〇〇로 〇〇

㉗ 단종건설공제채권

금 15,000,000원

채무자가 제3채무자(건설공제조합)에 대하여 가지는 단종건설공제채권 〇〇〇좌 금 20,000,000원의 반환청구채권 중 위 청구금액에 달할 때까지의 금액

㉘ 담보출자증권

금 10,000,000원

채무자가 제3채무자 건설공제조합(〇〇지점)으로부터 가지고 있는 담보출자 증권에 대하여 지급받게 될 금원 채권 중 위 청구금액에 달할 때까지의 금액

㉙ 예탁유가증권

금 30,000,000원

채무자가 제3채무자 예탁자 〇〇증권(취급지점 : 〇〇지점)의 고객으로서 가지는 다음 주식을 대상으로 하는 예탁주권에 대한 공유지분 청구채권 중 위 청구금액에 달할 때까지의 금액

다 음

1. 〇〇기업주식회사 보통주식 1,500주
2. 제1항의 주식에 관하여 가압류 후에 주식의 병합 또는 분할, 회사의 합병, 무상증자(주식배당)등이 이루어져 새로이 주식이 발행된 때에는 그 새로이 발행된 주식
3. 제2항의 주식에 관하여 다시 제2항에 든 사유에 의하여 새로이 주식이 발행된 때에는 그 새로이 발행된 주식

㉚ 해방공탁금

예시 1)

금 15,000,000원

채무자가 제3채무자에 대하여 가지는 OO지방법원 20OO카단OOO호 부동산가압류신청사건에 관하여 채무자가 채권자를 상대로 20OO. 2. 5. OO지방법원 공탁관에게 같은 법원 20OO년 금 제OOO호로 공탁한 금 20,000,000원의 해방공탁금반환채권 중 위 청구금액에 달할 때까지의 금액

예시 2)

금 15,000,000원

채권자와 채무자간 OO지방법원 20OO카단OOO호 유체동산 가압류결정에 대한 해방금으로 채무자가 제3채무자인 OO지방법원 공탁관에게 20OO년 금 제OOO호로서 해방공탁한 금 20,000,000원의 해방공탁금 회수청구권 중 위 청구금액에 달할 때까지의 금액

예시 3)

금 20,000,000원

채무자가 제3채무자에 대하여 가지는 OO지방법원 20OO카단OOO호 채권가압류사건의 해방으로 20OO. 2. 10. OO지방법원 공탁관에게 20OO년 금 제OOO호로서 공탁한 해방공탁금 회수청구권 중 위 청구금액에 달할 때까지의 금액

㉛ 콘도회원권 및 시설이용권

금 30,000,000원

채무자가 제3채무자에 대하여 가지는 제3채무자가 경영하고 있는 콘도미니엄 및 시설이용에 아래와 같이 회원입회계약을 체결하여 채무자가 제3채무자에게 회원권 취득을 위한 입회비를 예치한 후, 아래와 같이 가지고 있는 콘도회원 및 시설이용권, 단 위 계약기간 만료 또는 해지시 채무자가 제3채무자로부터 받을 위 예치금에 대한 반환청구채권 중 위 청구금액에 달할 때까지의 금액

아 래

1. 원소속 : OO리조트/OOO(30박)

2. 이용구분 : OOO형
3. 가입자명 : 주식회사 OOO(000-00-000)

㉜ 골프회원권

금 10,000,000원

채무자가 제3채무자에 대하여 가지는 OO컨트리클럽(또는 OO스포츠센타) 등록자명 OOO, 회원번호 OOO의 회원권(OO컨트리클럽 골프장과 그 부속시설에 대한 이용권) 및 채무자가 제3채무자에게 예탁한 금 30,000,000원의 반환청구권 중 위 청구금액에 달할 때까지의 금액

㉝ 보 험 금

예시 1)

20,000,000원

채무자(000000-0000000)와 제3채무자간의 보험약정에 따라 중도해지시 또는 만기시 채무자가 지급받을 금액 또는 사유발생으로 지급받을 보험금채권 중 다음과 같은 가압류방법에 따라 위 청구금액에 이를 때까지 금액

가 압 류 방 법

1. 상해, 질병, 사고 등을 원인으로 채무자가 지급받는 보장성보험의 보험금(이하 "보장성보험"이라 한다)으로서 채무자가 상해, 질병, 사고 등 보험금 지급요건의 발생으로 인하여 그 진료비, 치료비, 수술비, 입원비, 약제비 등 치료 및 장애 회복을 위하여 실제 지출되는 비용을 보장하기 위한 보험금을 제외한 나머지 보험금의 2분의 1에 해당하는 금액
2. 보장성보험 중 사망보험금의 경우는 1천만원을 제외한 금액
3. 보장성보험의 해약환급금 중 150만원 이하의 금액은 가압류에서 제외한다.
4. 보장성보험의 만기환급금 중 150만원 이하의 금액은 가압류에서 제외한다.
5. 이 사건 및 다른 채권자들에 의한 계약해지로 발생하는 해약환급금은 가압류에서 제외한다.
6. 단, 채무자가 보장성보험의 보험금, 해약환급금 또는 만기환급금을 취득하는 보험계약이 둘 이상인 경우에는 위 제2항의 사망보험금, 제3항의 해약환급금, 제4항의 만

기환급금의 계산은 각각 합산한 금액에서 압류제외(금지) 금액의 상한을 계산하고, 제1항의 경우에는 각 보험계약별로 계산한다.

예시 2)

금 20,000,000원

채무자(000000-0000000)가 제3채무자에 대하여 가지는 보험금반환채권(OOOO 종신보험, 증권번호 OOOOO, 가입자 및 피보험자 홍길동, 계약일 20OO. 1. 12) 중 다음과 같은 가압류방법에 따라 위 청구금액에 이를 때까지 금액

가 압 류 방 법

1. 상해, 질병, 사고 등을 원인으로 채무자가 지급받는 보장성보험의 보험금(이하 "보장성보험"이라 한다)으로서 채무자가 상해, 질병, 사고 등 보험금 지급요건의 발생으로 인하여 그 진료비, 치료비, 수술비, 입원비, 약제비 등 치료 및 장애 회복을 위하여 실제 지출되는 비용을 보장하기 위한 보험금을 제외한 나머지 보험금의 2분의 1에 해당하는 금액
2. 보장성보험 중 사망보험금의 경우는 1천만원을 제외한 금액
3. 보장성보험의 해약환급금 중 150만원 이하의 금액은 가압류에서 제외한다.
4. 보장성보험의 만기환급금 중 150만원 이하의 금액은 가압류에서 제외한다.
5. 이 사건 및 다른 채권자들에 의한 계약해지로 발생하는 해약환급금은 가압류에서 제외한다.
6. 단, 채무자가 보장성보험의 보험금, 해약환급금 또는 만기환급금을 취득하는 보험계약이 둘 이상인 경우에는 위 제2항의 사망보험금, 제3항의 해약환급금, 제4항의 만기환급금의 계산은 각각 합산한 금액에서 압류제외(금지) 금액의 상한을 계산하고, 제1항의 경우에는 각 보험계약별로 계산한다.

예시 3)

금 30,000,000원

채무자(000000-0000000)가 제3채무자(소관 : 과학기술정보통신부 우정사업본부 OO우체국)간에 알뜰적립보험계약(계좌번호 : 0000000)을 체결하고 채무자가 해지 또는 만기시 지급받을 보험료와 만기급여금 및 재해 또는 사망시 지급받을 보험금급여금 또는

사망보험금 및 계약소멸시 지급받을 소멸환급금 등의 보험채권 중 위 청구금액에 이를 때까지의 금액

가 압 류 방 법
1. 상해, 질병, 사고 등을 원인으로 채무자가 지급받는 보장성보험의 보험금(이하 "보장성보험"이라 한다)으로서 채무자가 상해, 질병, 사고 등 보험금 지급요건의 발생으로 인하여 그 진료비, 치료비, 수술비, 입원비, 약제비 등 치료 및 장애 회복을 위하여 실제 지출되는 비용을 보장하기 위한 보험금을 제외한 나머지 보험금의 2분의 1에 해당하는 금액 2. 보장성보험 중 사망보험금의 경우는 1천만원을 제외한 금액 3. 보장성보험의 해약환급금 중 150만원 이하의 금액은 가압류에서 제외한다. 4. 보장성보험의 만기환급금 중 150만원 이하의 금액은 가압류에서 제외한다. 5. 이 사건 및 다른 채권자들에 의한 계약해지로 발생하는 해약환급금은 가압류에서 제외한다. 6. 단, 채무자가 보장성보험의 보험금, 해약환급금 또는 만기환급금을 취득하는 보험계약이 둘 이상인 경우에는 위 제2항의 사망보험금, 제3항의 해약환급금, 제4항의 만기환급금의 계산은 각각 합산한 금액에서 압류제외(금지) 금액의 상한을 계산하고, 제1항의 경우에는 각 보험계약별로 계산한다.

예시 4)

금 20,000,000원

채무자(000000-0000000)가 제3채무자에 대하여 가지는 보험금채권(기납입보험료 및 앞으로, 이미 발생한 이자 및 미지급 배당금, 앞으로 발행할 이자 및 배당금, 만기보험금 및 중도 해지시 해약환급금, 보험사고 발생시 보험금청구권 등) 중 다음(1) 순서와 다음(2) 가압류방법에 따라 위 청구금액에 이를 때까지의 금액

다 음 (1)
1. 압류되지 않은 보험과 압류된 보험금이 있는 때에는 다음 순서에 의하여 가압류한다. 가. 선행 압류·가압류가 되지 않은 보험

나. 선행 압류·가압류가 된 보험
2. 여러 종류의 보험이 있을 때에는 다음 순서에 의하여 가압류한다.
가. 저축성보험
나. 보장성보험
3. 같은 종류의 보험이 여러 계좌가 있는 때에는 계좌번호가 빠른 보험부터 가압류한다.

다　　　음 (2)

1. 상해, 질병, 사고 등을 원인으로 채무자가 지급받는 보장성보험의 보험금(이하 "보장성보험"이라 한다)으로서 채무자가 상해, 질병, 사고 등 보험금 지급요건의 발생으로 인하여 그 진료비, 치료비, 수술비, 입원비, 약제비 등 치료 및 장애 회복을 위하여 실제 지출되는 비용을 보장하기 위한 보험금을 제외한 나머지 보험금의 2분의 1에 해당하는 금액
2. 보장성보험 중 사망보험금의 경우는 1천만원을 제외한 금액
3. 보장성보험의 해약환급금 중 150만원 이하의 금액은 가압류에서 제외한다.
4. 보장성보험의 만기환급금 중 150만원 이하의 금액은 가압류에서 제외한다.
5. 이 사건 및 다른 채권자들에 의한 계약해지로 발생하는 해약환급금은 가압류에서 제외한다.
6. 단, 채무자가 보장성보험의 보험금, 해약환급금 또는 만기환급금을 취득하는 보험계약이 둘 이상인 경우에는 위 제2항의 사망보험금, 제3항의 해약환급금, 제4항의 만기환급금의 계산은 각각 합산한 금액에서 압류제외(금지) 금액의 상한을 계산하고, 제1항의 경우에는 각 보험계약별로 계산한다.

㉞ 채무자 또는 제3채무자가 복수인 경우 채권의 표시

예시 1)

금 1,500,000원

번호	제3채무자	금　액	가압류 할 채권의 종류
1	주식회사 국민은행	200,000원	채무자(000000-0000000)가 제3채무자들에 대하여 가지는 다음 예금채권 중 다음에서 기재한 순서에 따라 위 청구금액에 이를 때까지의 금액(단, 개인별잔액 185만원 이하의 예금 등은 제외한다)
2	주식회사 신한은행	200,000원	

3	주식회사 우리은행	300,000원
4	주식회사 광주은행 (소관 : OO지점)	100,000원
5	주식회사 경남은행	200,000원
6	한일신용협동조합	200,000원
7	사당동 새마을금고	300,000원
계		1,500,000원

다 음

1. 압류되지 않은 예금과 압류된 예금이 있는 때에는 다음 순서에 의하여 가압류 한다.
   가. 선행 압류·가압류가 되지 않은 예금
   나. 선행 압류·가압류가 된 예금
2. 여러 종류의 예금이 있는 때에는 다음 순서에 의하여 가압류한다.
   가. 보통예금
   나. 당좌예금
   다. 정기예금
   라. 정기적금
   마. 별단예금
   바. 자립예탁금
   사. 기명식 양도성예금
3. 같은 종류의 예금이 여러 계좌 있는 때에는 계좌번호가 빠른 예금부터 가압류한다.

－ 이 상 －

예시 2)

금 50,000,000원

채무자 홍길동(000000-0000000)이 아래 각 제3채무자에 대하여 가지는 다음 예금채권 중 다음에서 기재한 순서에 따라 위 청구금액에 이를 때까지의 금액(단, 개인별 잔액 185만원 이하의 예금 등은 제외한다)

단, 제3채무자 1. 주식회사 국민은행 : 청구금액 10,000,000원
제3채무자 2. 주식회사 신한은행 : 청구금액 25,000,000원
제3채무자 3. 농업협동조합중앙회 : 청구금액 15,000,000원

다 음

1. 압류되지 않은 예금과 압류된 예금이 있는 때에는 다음 순서에 의하여 가압류 한다.
   가. 선행 압류·가압류가 되지 않은 예금
   나. 선행 압류·가압류가 된 예금
2. 여러 종류의 예금이 있는 때에는 다음 순서에 의하여 가압류한다.
   가. 보통예금　　나. 당좌예금　　다. 정기예금　　라. 정기적금

마. 별단예금　　바. 자립예탁금　　사. 기명식 양도성예금
3. 같은 종류의 예금이 여러 계좌 있는 때에는 계좌번호가 빠른 예금부터 가압류한다.

예시 3)

금 32,000,000원

1. 제3채무자 김갑동에 대하여,
   채무자가 제3채무자에게 판매한 각종 컴퓨터 및 그 주변기기에 대한 물품대금채권 3,000,000원 중 금 2,000,000원
2. 제3채무자 홍길동에 대하여,
   채무자와 제3채무자 20OO. 2. 10.자 지구 가로 및 택지조성공사 도급계약에 의한 채무자의 금 50,000,000원의 공사대금청구채권 중 금 30,000,000원

[관련판례 : 압류 또는 전부(추심)명령상의 채무자가 수인이거나 제3채무자가 수인인 경우 또는 채무자가 제3채무자에 대하여 여러 채권을 가지고 있는 경우에 각 채무자나 제3채무자별로 얼마씩을 가압류 또는 전부(추심) 할 것인지 특정하지 하지 아니한 결정은 과잉압류가 되기 때문에 무효이다(대판 2004.6.25. 2002다8346)].

12. 신청취지

가. 소장의 청구취지에 상응한 것으로 보전처분에 의하여 구하고자 하는 보전처분의 내용을 말한다. 자기의 권리를 보전하기 위하여 필요하다고 생각되는 보전처분의 종류와 태양을 적는다. 법원은 당사자의 신청취지에 구애받지 않고 적당한 보전처분을 선택할 수 있는 것이기 때문에 소장에서의 청구취지와 같이 법원을 구속하는 것은 아니지만 일응 당사자의 신청의 목적과 한도를 나타내는 표준이므로 명확하게 표시하여야 한다.

나. 채권가압류의 신청취지는 다음과 같다.

1. 채권자가 채무자에 대하여 가지는 위 청구채권의 표시기재 채권집행을 보전하기 위하여 채무자의 제3채무자에 대한 별지 기재 채권을 가압류한다.
2. 제3채무자는 채무자에게 위 채권에 관한 지급을 하여서는 아니된다.

라는 재판을 구합니다.

13. 신청이유

신청의 취지를 구하는 근거가 되는 이유이다. 피보전권리의 존재와 보전의 필요성을 구체적으로 적어야 한다.

가. 피보전권리

보전처분의 피보전권리와 본안소송의 소송물과의 관계에 관하여 판례는 "보전처분의 피보전권리와 본안의 소송물인 권리는 엄격히 일치함을 요하지 않으며, 청구의 기초의 동일성이 인정되는 한 그 보전처분에 의한 보전의 효력은 본안소송의 권리에 미치고 동일한 생활사실 또는 동일한 경제적 이익에 관한 분쟁에 있어서 그 해결방법에 차이가 있음에 불과한 청구취지 및 청구원인의 변경을 원래의 원인무효로 인한 말소등기청구에서 명의신탁해지로 인한 이전등기청구로 변경한 것은 동일한 생활사실 또는 동일한 경제적 이익에 관한 분쟁에 관하여 그 해결방법을 다르게 한 것일 뿐이어서 청구의 기초에 변경이 있다고 볼 수 없다(대판 2006.11.24. 2006다35223).

나. 보전의 필요성

보전처분이란 권리 또는 법률관계에 관한 쟁송이 있을 것을 전제로 하여, 이에 대한 판결의 집행을 용이하게 하거나 확정판결이 있을 때까지 손해가 발생하는 것을 방지할 목적으로 일시적으로 현상을 동결하거나 임시적 법률관계를 형성하게 하는 재판이다. 그래서 가압류와 같은 보전처분을 하기 위해서는 채권자의 채무자에 대한 채권의 존재, 즉 피보전채권의 존재와 그 보전의 필요성이 인정되어야 한다. 특히 가압류의 경우 금전채권이나 금전으로 환산 수 있는 채권을 피보전채권으로 하며 집행권원을 집행할 수 없거나 집행하는 것이 곤란할 염려가 있을 경우 보전의 필요성이 인정된다. 만약 채권자가 확정판결을 받아 집행력을 통해 판결정본을 확보한 상황이라면 별도의 보전처분을 할 필요 없이 바로 위 집행권원을 통해 집행절차로 들어가면 된다.

14. 보증보험증권 담보제공의 허가신청의사 및 증권번호의 표시

가. 법원에서 가압류결정을 할 경우에는, 부당한 가압류로 인하여 채무자가 입은 손해를 담보하기 위하여 통상 담보의 제공을 그 조건으로 하고 있는데, 채권자가 국가기관 등 무공탁처리기관이 아닌 경우에는 채권가압류신청사건은 담보제공방식의 특례 즉 담보제공 명령없이 미리 보증보험증권으로 신청(이른바 선담보제공으로 부동산, 자동차, 건설기계 또는 금전채권에 대한 가압류신청을 하는 때에는 법원의 담보제공명령이 없이 선담보제공방식으로 신청함)할 수 있으므로 신청서 상에 맨 마지막 부분에 다음과 같이 담보제공의 허가신청 의사표시를 기재하면 된다(민집규 204조).

나. 단, 보증보험증권을 발부 받으려면 가압류채권자가 신용불량자로 등재되어 있지 않아야 하며, 이런 경우에는 법원으로 부터 담보제공명령이 나오면 현금으로 공탁할 수밖에 없다(증권발급시 채권자 주민등록번호(개인) 또는 사업자등록번호(법인) 필요함).

> 또한, 이건 명령에 대한 담보의 제공은 채권자의 형편을 고려하여 담보금 공탁에 관하여 서울보증보험주식회사와의 지급보증위탁계약을 체결한 문서(증권번호 제OOO-OOO-OOOOOOOOOO호)를 제출하는 조건으로 신청취지와 같은 가압류 결정을 하여 주시기 바랍니다.

다. 증권번호의 개별적인 기재

채권자·채무자 중 일방 또는 쌍방이 여럿인 경우에는 각 채권자가 각 채무자를 위하여 개별적으로 보증금액에 해당하는 보험증권을 발부받아 각 해당 증권번호를 가압류신청서에 기재하여야 한다.

15. 첨부서류의 표시

가. 소명방법과 서증

- 통상 서증(계약서, 차용증서 등)의 사본을 첨부한다.

- 첨부서류의 사본에는 다음과 같은 고무인을 날인한 후 채권자의 성명을 기재하고 날인한다.

위 사본합니다. 20○○. ○. ○. 채권자 ○ ○ ○ (인)

나. 부속서류의 표시

(1) 대리신청의 경우 : 위임장

(2) 법인신청의 경우 : 법인등기사항전부증명서 또는 법인등기사항일부증명서(통상 법인등기사항일부증명서를 첨부함).

다. 덧붙인 서류의 표시방법

(1) 가압류신청에서는 통상 '소명방법'보다는 '첨부서류'라는 명칭으로 기재한다.

(2) 보전처분에서는 원칙적으로 '소갑 제1호증' 등의 번호를 붙이지 않는다(민소 299조).

첨 부 서 류	
1. 차용증서 사본	1통
1. 영수증 사본	1통
1. 법인등기사항일부증명서	2통
1. 주민등록초본	1통
1. 가압류신청진술서	1통
1. 위임장	1통

16. 제출일자와 채권자의 성명(명칭)과 기명·날인

17. 법원의 표시

가압류의 신청서를 접수하는 법원을 표시한다.

18. 간 인

신청서가 여러 장일 경우, 장과 장 사이의 우측 상단 1/3 여백의 각 장마다 채권자(대리인인 변호사인 경우 변호사 직인, 법무사인 경우 채권자 도장)의 도장으로 간인한다.

19. 별지 목록의 첨부

신청서와 간인하여 첨부된 별지 목록 외에 따로 작성된 별지 목록 1통을 신청서 말미에 첨부하여 제출한다.

20. 제3채무자에 대한 진술최고의 신청

- 제3채무자에 대한 진술최고의 신청이란 가압류채권자는 제3채무자로 하여금 가압류명령의 송달을 받은 날로부터 7일 내에 서면으로 소정의 사항을 진술하도록 법원에 신청할 수 있다(민집 237조). 이는 가압류채권자가 제3채무자에게 가압류집행을 할 때, 가압류한 채권에 대해 채권만족을 얻을 수 있는지 여부를 제3채무자에게 진술하도록 한 것이다.
- 진술최고신청서는 가압류신청서와 별도로 서식(1부)을 작성하여 가압류신청서와 함께 가압류결정문이 제3채무자에게 발송되기 전까지 제출하여야 한다.
- 진술최고서를 받은 제3채무자는 7일 이내에 서면으로 된 진술서를 법원에 제출하며, 채권자는 나중 법원에 가서 이를 열람할 수 있다.
- 제3채무자의 진술은 단순한 사실의 진술에 불과하고 채무의 승인으로는 볼 수 없어 그 자체만으로는 아무런 구속력이 없다. 그러나 제3채무자가 고의 또는 과실로 허위의 진술을 함으로써 가압류채권자에게 손해가 발생한 때에는 그

손해를 배상할 의무가 있다. 제3채무자가 진술을 게을리 할 때에는 법원은 제3채무자를 심문할 수 있다(민집 237조 3항).

가. 신청의 시기

가압류신청과 함께 하거나 적어도 가압류결정문이 제3채무자에게 발송되기 전이라야 한다. 가압류명령이 송달된 뒤의 최고신청은 부적법하므로 각하된다.

나. 비 용

(1) 정부수입인지 : 인지 500원을 첩부한다.

(2) 최고서의 송달료(우표) : 제3채무자의 진술서 제출용 우편료를 예납한다. 즉 제3채무자당 1.5회분을 납부하여야 하나 통상 가압류신청과 동시에 신청하는 경우 실무상 제3채무자에게 진술최고서와 함께 결정문을 송달하고 있으므로 별도로 송달료를 납부치 않고 있음.

원래는 우표(0.5회분)가 첩부된 반신용 우편봉투(제3채무자의 진술서 제출용 우편봉투)와 함께 법원에서의 제3채무자에게 최고서의 발송료(0.5회분), 우편송달통지서의 반송료(0.5회분)를 제출하도록 되어 있다.

다. 신청서의 표시(아래 서식 기재와 같음)

[서식 8] 제3채무자에 대한 진술최고신청서

제3채무자에 대한 진술최고신청서

채 권 자 김 ○ ○

채 무 자 장 ○ ○

제3채무자 최 ○ ○

위 당사자간의 귀원 20○○카단 1234호 채권가압류신청사건에 관하여 제3채무자에게 민사집행법 제237조에 의하여 아래 사항을 진술하라는 명령을 하여 주시기 바랍니다.

- 아 래 -

1. 채권을 인정하는지의 여부 및 그 한도
2. 채권에 대하여 지급할 의사가 있는지의 여부 및 의사가 있다면 그 한도
3. 채권에 대하여 다른 사람으로부터 청구가 있는지의 여부 및 청구가 있다면 그 종류
4. 다른 채권자에게 채권을 가압류(압류) 당한 사실이 있는지의 여부 및 그 사실이 있다면 그 청구의 종류

2000. O. .

위 채권자 김 O O (인)

OO지방법원 귀중

[주] 사건번호는 기재하지 않고 공란으로 둔다.

21. 제3채무자의 송달과 주소보정

가. 제3채무자에게 채무자에 대한 지급을 금지하는 명령이 기재된 가압류결정정본을 송달함으로써 집행한다. 집행법원은 가압류명령을 한 법원이 되며(민집 296조 2항)법원은 따라 집행신청을 기다리지 않고 가압류 발령과 동시에 제3채무자에게 정본을 송달한다.

나. 가압류결정이 제3채무자에게 송달불능된 경우에는 채권자로부터 주소보정을 받아 재송달한다. 이 때 채권자가 가압류의 집행기간인 2주를 지나서 주소를 보정하더라도 주소보정명령에서 정한 기간 내의 주소보정이면 집행기간의 경과 여부를 불문하고 종전 집행의 속행으로 보아 재송달하고, 보정기간 내에 주소를 보정하지 않거나 재송달도 불능으로 된 경우에는 종결처리하고 있다.

22. 결정경정신청

- 가압류결정에 잘못된 계산이나 기재, 그 밖에 이와 비슷한 잘못이 있음이 분명할 때에 법원은 직권 또는 당사자의 신청에 의하여 경정결정을 할 수 있으나 그 경정결정으로 인하여 채권가압류결정의 동일성의 인식이 저해되는 경우에는 당초의 채권가압류결정이 실질적으로 변경되는 것으로서 허용되지 아니한다.
- 판례상 인정되고 있는 경정사유로는 당사자의 표시에 주소누락, 결정문 말미의 별지 목록의 누락, 목적물의 표시에 있어서의 번지의 호수누락, 건물·토지면적의 잘못표시, 지적법상 허용되지 않는 ㎡ 미만의 단수를 그대로 둔 경우, 계산착오, 결정주문의 오기 등을 들 수 있고, 피가압류채권의 기재, 즉 금액의 경정은 쉽게 인정하지 않는다.
- 표현상의 명백한 잘못이 아닌 판단내용의 잘못이나 판단누락의 경정은 인정되지 않는다.
- 경정결정신청에 대한 기각결정에 대하여는 불복할 수 없다.

판례 가압류결정경정신청을 기각한 결정에 대하여는 항고할 수 없고, 민사소송법 제420조(현행 민사소송법 제449조) 소정의 특별항고가 허용될 뿐이므로 이에 대한 항고는 특별항고사건으로 보고 처리해야 함(대결 1991.3.29. 89그9).

판례 채권가압류결정의 경정결정이 확정되는 경우 당초의 채권가압류결정은 그 경정결정과 일체가 되어 처음부터 경정된 내용의 채권가압류결정이 있었던 것과 같은 효력이 있으므로, 원칙적으로 당초의 채권가압류결정정본이 제3채무자에게 송달된 때에 소급하여 경정된 내용의 채권가압류결정의 효력이 발생함.

판례 채권가압류결정은 제3채무자를 심문하지 아니한 채 이루어지고, 제3채무자에게 송달함으로써 그 효력이 발생하는바, 직접의 당사자가 아닌 제3채무자는 피보전권리 존재와 내용을 모르고 있다가 채권가압류결정정본의 송달을 받고 비로소 이를 알게 되는 것이 일반적이기 때문에 당초의 채권가압류결정에 위산, 오기 기타 이에 유사한 오류가 있는 것이 객관적으로는 명백하다 하더라도 제3채무자의 입장에서는 당초의 가압류결정 그 자체만으로 거기에 위산, 오기 기타 이에 유사한 오류가 있다는 것을 알 수 없는 경우가 있을 수 있는데, 그와 같은 경우에까지 일률적으로 채권가압류결정의 경정결정이 확정되면 당초의 채권가압류결정이 송달되었을 때에 소급하여 경정된 내용의 채권가압류결정이 있었던 것과 같은 효력이 있다고 하게 되면 순전히 타의에 의하여 다른 사람들 사이의 분쟁에 편입된 제3채무자보호의 견지에서 타당하다고 할 수 없으므로, 제3채무자의 입장에서 볼 때에 객관적으로 경정결정이 당초의 채권가압류결정의 동일성에 실질적으로 변경을 가하는 것이라고 인정되는 경우에는 경정결정이 제3채무자에게 송달된 때에 비로소 경정된 내용의 채권가압류결정의 효력이 발생한다고 보아야 함(대판 1999.12.10. 99다42346).

판례 당초의 채권가압류결정 중 채무자의 상호 '만성기계산업 주식회사'를 경정결정에 의하여 '민성산업기계 주식회사'로 경정한 경우, 당초의 채권가압류결정에 기재된 채무자의 상호 아래 채무자의 주소와 대표이사의 성명이 정확하게 기재되었다 하더라도 제3채무자의 거래상황 등에 비추어 제3채무자의 입장에서 볼 때에 객관적으로 위와 같은 채무자 상호의 경정은 당초의 채권가압류결정의 동일성에 실질적으로 변경을 가하는 것이라고 인정된다는 이유로, '민성산업기계 주식회사'를 채무자로 하는 채권가압류결정의 효력은 경정결정이 제3채무자에게 송달된 때 발생한다고 한 사례(대판 1999.12.10. 99다42346).

가. 신청의 시기

제한이 없음

나. 관 할

당해 보전처분결정을 내린 법원에 신청한다.

다. 비 용

(1) 정부수입인지 : 1,000원의 인지를 첨부한다.

(2) 송달료 : 당사자당 1인당 2회분을 신한은행에 예납한다.

(3) 근저당권부채권가압류에 대한 경정신청의 경우에는 등기촉탁을 하여야 하므로 부동산 1필지당 등록면허세 7,200원과 대법원수입증지 1필지당 3,000원을 첨부한다.

라. 결정경정신청서

(1) 신청서 표지(아래와 같이 기재한다)

20OO카단 1234호 채권가압류

결 정 경 정 신 청 서

신 청 인 ○ ○ ○

피신청인 ○ ○ ○

제3채무자 ○ ○ ○

OO지방법원 OO지원 귀중

(2) 신 청 서

결 정 경 정 신 청 서

신 청 인 홍 길 동 (전화 :)
서울특별시 동작구 사당로 OO(OO동)

피신청인 김 갑 동
서울특별시 강남구 강남대로 OO(OO동)

제3채무자 이 몽 룡
서울특별시 송파구 가락로 OO(OO동)

신 청 취 지

위 당사자간의 귀원 2000카단 1234 채권가압류신청사건에 관하여 2000. 2. 23. 결정한 당사자 표시 중 "채권자 홍길동 서울특별시 OO구 OO로 OO(OO동)"를 "채권자 홍길동 서울특별시 OO구 OO로 OO-O(OO동)"로 경정한다.
라는 결정을 구합니다.

신 청 이 유

- 생 략 -

첨 부 서 류

- 생 략 -

2000. O. .

위 신청인 O O O (인)

OO지방법원 OO지원 귀중

[서식 9] 채권가압류신청서

채권가압류신청서

채 권 자 김 O O

채 무 자 장 O O

제3채무자 최 O O

첩용인지액 금 OOOOO원

OO지방법원 귀중

채권가압류신청

채 권 자 김 O O (111111-2222222) (전화 :)
경기도 OO군 OO읍 OO로 OO (우 :)

채 무 자 장 O O (222222-1111111)
경기도 OO군 OO읍 OO로 OO (우 :)
등기기록상주소 : 전라남도 OO군 OO면 OO로 OO-O

제3채무자 최 O O (333333-1111111)
경기도 OO군 OO읍 OO로 OO (우 :)

청구채권의 표시 및 피보전 권리의 요지

금 6,347,945원, 단, 20OO. 8. 11.자 대여금
(내 역)
원금 6,200,000원,
이자 147,945원, 위 원금에 대하여 20OO. 8. 12.부터 20OO. 2. 7.까지(180일간) 연 5%의 비율로 계산한 이자 [6,000,000 × 5/100 × 180/365, 원 미만은 버림]
합계금 6,347,945원,

가압류할 채권의 표시

별지 목록 기재와 같음.

신 청 취 지

1. 채권자가 채무자에 대하여 가지는 위 채권의 집행을 보전하기 위하여 채무자의 제3채무자에 대한 별지 목록 기재 채권을 가압류한다.
2. 제3채무자는 채무자에게 위 채권에 관한 지급을 하여서는 아니된다.

라는 재판을 구합니다.

신 청 이 유

1. 채무자는 채권자로부터 20○○. 8. 11. 금 6,200,000원을, 이자는 약정하지 않고 변제기일은 20○○. 1. 31.로 정하여 차용하면서, 채무자는 채권자에게 차용증을 작성하여 교부하였습니다.

2. 그런데 채무자는 변제기일이 지난 현재까지 위 돈을 한푼도 지급하지 않고 있으므로, 채무자는 채권자에게 6,200,000원과 이에 대하여 20○○. 8. 12.부터 다 갚는 날까지 연 5%의 비율로 계산한 돈을 지급할 의무가 있다 할 것 입니다.

3. 그러므로 채권자는 위와 같은 사실을 채무자에게 알리고 원,리금을 변제할 것을 수차에 걸쳐 촉구하였으나 채무자는 아무런 이유 없이 변제하지 않을 뿐만 아니라 최근에 이르러서는 여러 곳에서 수많은 채무를 지고 있습니다.

4. 따라서 채권자는 채무자를 상대로 청구채권의 표시 금액의 지급을 구하는 소를 제기하려고 준비 중에 있던 중, 채권자는 채무자의 재산을 알아본 결과 채무자가 제3채무자에게 가지고 있는 임대차보증금 이외에는 별다른 재산이 없으므로, 후일 채권자가 위 소송에서 승소한다고 할지라도 현저히 집행이 곤란하거나 집행이 불가능하게 될 염려가 농후하므로 부득이 본 신청에 이른 것입니다.

5. 또한, 이건 명령에 대한 담보의 제공은 채권자의 형편을 고려하여 담보금공탁에 관하여 서울보증보험주식회사와의 지급보증위탁계약을 체결한 문서(증권번호 제○○○-○○○-○○○○○○○○호)를 제출하는 조건으로 신청취지와 같은 가압류 결정을 하여 주시기 바랍니다.

첨 부 서 류

1. 차용증서 사본 1통
1. 주민등록초본 3통

1. 진술서 1통
1. 부동산등기사항전부증명서 2통
1. 목록 1통
1. 위임장 1통

2000. 0. .

위 채권자 김 O O (인)

OO지방법원 귀중

가압류할 채권의 표시

금 6,817,260원

채무자가 제3채무자로부터 "경기도 OO군 OO읍 OO리 OO [도로명주소] 경기도 OO군 OO읍 OO로 OO" 소재 시멘트 벽돌조 슬래브지붕 1층 주택 약 76㎡을 임차함에 있어 제3채무자에 대하여 가지는 임대차보증금 반환청구채권 중 위 청구금액에 달할 때까지 금액. 다만, 채무자가 제3채무자로부터 주택임대차보호법 제8조, 같은 법 시행령의 규정에 따라 우선변제를 받을 수 있는 금액은 제외한다.

제4절 근저당권부 채권가압류

- 저당권 있는 채권에 대한 가압류는 기본적으로 금전채권에 대한 가압류절차와 동일하나, 저당권의 피담보채권이 가압류되면 종된 권리인 저당권에도 가압류의 효력이 미치기 때문에 공시방법이 필요하는 점이 다르다. 그 공시는 채권자의 신청이 있는 때에 한하여 법원은 그 의무를 부담하는 부동산소유자(제3채무

자, 물상보증인, 제3취득자)에게 가압류명령을 송달한 후 피담보채권이 가압류된 뜻을 촉탁한다.

- 가압류명령은 채무자, 제3채무자(저당권의 채무자)에게 송달하는 외에 부동산의 소유자에게도 송달한다. 부동산 소유자에 대한 송달은 가압류의 효력발생요건은 아니지만 가압류기입등기를 위한 전제조건이기 때문이다(민집 228조 2항).
- 저당권이 있는 채권이 가압류된 경우 채권자의 신청에 의하여 법원사무관 등은 소유자에게 압류명령을 송달한 후 채무자의 승낙없이 채권가압류사실을 등기부에 기록하도록 촉탁하여야 한다(민집 228조).
- 채권가압류사실의 기입등기신청은 가압류신청과 동시에 할 수 있으나(민집 1항), 가압류명령 신청이 있은 후에 별도로 하여도 무방하다. 다만 가압류등기는 가압류의 효력발생요건이 아니고 공시의 효력만이 있으므로, 제3채무자에게 송달이 되지 않으면 가압류등기를 마쳐도 가압류의 효력이 발생하지 아니한다.
- 가압류등기의 촉탁은 제3채무자와 소유자에 대한 송달을 마친 후에 하여야 한다. 촉탁서에는 등기권리자로 가압류채권자를, 등기의무자로 저당권자(채무자)를 기재하고 등기원인은 법원의 가압류명령이 된다. 위 가압류의 기입등기는 부기등기에 의한다(부동산등기법시행규칙 80조, 81조).

1. 관 할

채권자, 채무자 주소지의 법원 또는 등기를 하는 곳을 관할하는 법원(물상담보권이 있는 채권의 경우에는 그 물건의 소재지)이나 본안의 관할법원에 제출한다. 통상 근저당권이 설정된 부동산을 관할하는 법원이 된다.

2. 사건표지

가. 신청사건 제목의 표시

근저당권부 채권가압류신청서

나. 인지액 등의 표시 : 통상 왼쪽 아래 여백에 다음과 같이 해당사항을 기재한다.

첩용인지액 금 ○○○○○원 대법원증지대 금 ○○○○원 등록면허세 금 ○○○○원 (교육세 포함)

(1) 송달료 : 송달료 수납은행(법원 내 신한은행, 농협 등)에 납부한다.

① 당사자 1인당 3회분의 송달료를 납부한다(송일 87-4).

② 신한은행에 납부한 송달료(예납)납부서를 사건표지 이면 상단에 풀로 붙인다.

(2) 인지액 : 신청서 표지 다음장에 1건당 10,500원의 인지를 붙인다.

(가압류신청서 10,000원 + 근저당권부 채권가압류명령의 등기부기입신청서 500원)

(3) 증지액 : 첨부한 대법원수입증지액을 기재한다(부동산 1필지당 3,000원임).

(4) 등록면허세 및 교육세 : 납부한 등록면허세 및 교육세액을 기재한다.

① 등록면허세는 1건당 7,200원임.

② 등록면허세를 납부한 후 등록면허세영수필확인서와 통지서를 첨부하여야 한다.

다. 당사자의 명칭(채권자, 채무자, 제3채무자 등)과 성명의 표시

라. 사건표지 이면의 활용

(1) 실무상 송달료납부서를 사건표지 이면 상단에 떨어지지 않게끔 4면의 모서리를 풀로 붙인다.

(2) 등록면허세영수필확인서 및 등록면허세영수필통지서 등 첨부

별지 A4용지에 대법원수입증지와 함께 첨부하되, 등록면허세는 A4용지에 등록면허세영수필확인서 맨 위부분의 일부분만 풀로 붙인다.

3. 신청사건 제목의 표시

4. 당사자 등의 표시

가. 채무자 : (근)저당권자를 기재한다.

나. 제3채무자 : 근저당권의 피담보채권의 채무자를 기재한다.

다. 소유자의 표시

제3채무자와 저당부동산의 소유자가 다른 경우(물상보증인, 제3취득자) 실무상 물상보증인, 제3취득자는 제3채무자의 표시 다음 줄에 소유자로 성명, 주민등록번호와 주소를 기재한다.

제3채무자	홍 길 동 (OOOOOO-OOOOOOO) OO시 OO구 OO대로 OO(OO동)
소 유 자	김 갑 동 (OOOOOO-OOOOOOO) OO시 OO구 OO대로 OO(OO동)

5. 피보전권리의 요지 및 청구채권의 표시

가. 가압류에 있어서는 청구채권을 표시하고 그 금액을 적는다.
만약 그 청구권이 금전채권이 아니라면 금전으로 환산한 금액을 적는다(민집 279조 1항).
피보전권리는 경우에 따라 복수일 수 있으며 예비적 선택적으로 기재하여도 된다. 또한 현재 존재하는 보전의 필요성을 구체적으로 명백하게 표시한다(민집 279조 1항 2호).

나. 청구금액은 가압류해방금액 등의 산정기준이 되므로 확정적으로 기재하여야 한다.

다. 피보전권리의 요지 및 청구채권의 표시를 간결, 명료하게 표시하기 어렵거나 그 내용이 길어 별지를 인용할 경우에는 '별지 기재와 같음' 등으로 기재한다.

6. 가압류할 채권의 표시

가. 신청서상에는 "별지 목록 기재와 같음"이라고 표시한다.

가압류할 채권의 표시 : 별지 목록 기재와 같음

나. 별지 목록에는 가압류할 채권 및 근저당권을 표시한다.

> **가압류할 채권 및 근저당권의 표시**
>
> 금 10,000,000원
>
> 채무자와 제3채무자간 아래 표시 부동산에 관하여 20OO. 1. 10. 채권최고액 금 50,000,000원으로 한 근저당권설정계약을 체결하고 20OO. 1. 18. OO지방법원 OO등기과 접수 제1234호로 마친 근저당권부 채권(피담보채권) 중 위 청구금액
>
> **부 동 산 의 표 시**
>
> OO시 OO구 OO동 136
> 대 187㎡. 끝.

7. 신청취지

근저당권부채권가압류의 신청취지는 다음과 같다.

> 1. 채권자가 채무자에 대하여 가지는 위 청구채권의 표시기재 채권집행을 보전하기 위하여 채무자의 제3채무자에 대한 별지 기재 근저당권부 채권을 가압류한다.
> 2. 제3채무자는 채무자에게 위 채권에 관한 지급을 하여서는 아니된다.
>
> 라는 재판을 구합니다.

☞ 근저당권자에 대하여 일정 금전채권을 가지고 있는 채권자는 근저당권에 대하여도 가압류 할 수 있다. (근)저당권의 피담보채권이 가압류되면 저당권의 부종성(附從性) 때문에 채권가압류

의 효력이 당연히 저당권에도 미친다.

8. 신청이유

신청의 취지를 구하는 근거가 되는 이유이다. 피보전권리의 존재와 보전의 필요성을 구체적으로 적어야 한다.

가. 피보전권리

보전처분의 피보전권리와 본안소송의 소송물과의 관계에 관하여 판례는 "보전처분의 피보전권리와 본안의 소송물인 권리는 엄격히 일치함을 요하지 않으며, 청구의 기초의 동일성이 인정되는 한 그 보전처분에 의한 보전의 효력은 본안소송의 권리에 미치고 동일한 생활사실 또는 동일한 경제적 이익에 관한 분쟁에 있어서 그 해결방법에 차이가 있음에 불과한 청구취지 및 청구원인의 변경을 원래의 원인무효로 인한 말소등기청구에서 명의신탁해지로 인한 이전등기청구로 변경한 것은 동일한 생활사실 또는 동일한 경제적 이익에 관한 분쟁에 관하여 그 해결방법을 다르게 한 것일 뿐이어서 청구의 기초에 변경이 있다고 볼 수 없다(대판 2006.11.24. 2006다35223).

나. 보전의 필요성

보전처분이란 권리 또는 법률관계에 관한 쟁송이 있을 것을 전제로 하여, 이에 대한 판결의 집행을 용이하게 하거나 확정판결이 있을 때까지 손해가 발생하는 것을 방지할 목적으로 일시적으로 현상을 동결하거나 임시적 법률관계를 형성하게 하는 재판이다. 그래서 가압류와 같은 보전처분을 하기 위해서는 채권자의 채무자에 대한 채권의 존재, 즉 피보전채권의 존재와 그 보전의 필요성이 인정되어야 한다. 특히 가압류의 경우 금전채권이나 금전으로 환산할 수 있는 채권을 피보전채권으로 하며 집행권원을 집행할 수 없거나 집행하는 것이 곤란할 염려가 있을 경우 보전의 필요성이 인정된다. 만약 채권자가 확정판결을 받아 집행력을 통해 판결정본을 확보한 상황이라면 별도의 보전처분을 할 필요 없이 바로 위 집행권원을 통해 집행절차로 들어가면 된다.

9. 보증보험증권 담보제공의 허가신청의사 및 증권번호의 표시

근저당권부채권가압류신청도 선담보제공을 원칙으로 하고 있음.

> 또한, 이건 명령에 대한 담보의 제공은 채권자의 형편을 고려하여 담보금 공탁에 관하여 서울보증보험주식회사와의 지급보증위탁계약을 체결한 문서(증권번호 제OOO-OOO-OOOOOOOOOO호)를 제출하는 조건으로 신청취지와 같은 가압류 결정을 하여 주시기 바랍니다.

10. 근저당권부채권가압류명령의 등기기록 기입신청

통상 가압류명령신청과 동시에 신청하고 있음.

> 이 결정에 관하여 채무자가 제3채무자 소유명의의 부동산에 대하여 설정한 근저당권은 가압류한다.는 취지의 '부기등기'를 관할등기소에 촉탁하여 주시기를 신청합니다.

11. 첨부서류의 표시

가. 가압류신청에서는 통상 '소명방법'보다는 '첨부서류'라는 명칭으로 기재한다.

나. 보전처분에서는 원칙적으로 '소갑 제1호증' 등의 번호를 붙이지 않는다(민소 299조).

> **첨 부 서 류**
>
> 1. 차용증서 사본 1통
> 1. 영수증 사본 1통
> 1. 주민등록초본 3통
> 1. 가압류신청진술서 1통
> 1. 부동산등기사항전부증명서 2통
> 1. 목록 1통

1. 위임장	1통

12. 제출일자와 채권자의 성명(명칭)과 기명·날인

13. 법원의 표시

가압류의 신청서를 접수하는 법원을 표시한다.

14. 간 인

신청서가 여러 장일 경우, 장과 장 사이의 상단 우측 1/3 여백의 각 장마다 채권자(대리인인 변호사인 경우 변호사 직인, 법무사인 경우 채권자 도장)의 도장으로 간인한다.

15. 별지 목록의 첨부

신청서와 간인하여 첨부된 별지 목록 외에 따로 작성된 별지 목록 1통을 신청서 말미에 첨부하여 제출한다.

16. 가압류기입등기의 말소

가. 저당권 있는 채권에 대하여 가압류등기가 된 경우, 가압류된 채권이 공탁에 따라 소멸되었음을 증명하는 문서가 제출된 때, 가압류명령의 신청취하, 집행해제 또는 가압류명령의 취소결정이 확정되면 법원사무관 등은 신청에 따라 그 등기의 말소를 촉탁한다. 가압류명령신청이 취하되거나 가압류명령의 취소결정이 확정된 때에도 같다(민집규 213조 2항, 167조 4항).

나. 집행해제신청서에는 1필지당 7,200원을 납부한 등록세영수필확인서 및 통지서

와 1필지당 3,000원의 대법원수입증지를 첨부하여 제출한다.

다. 집행해제신청서 별지 목록에 근저당권부채권가압류의 사실을 특정한다.

목 록

아래 부동산에 관하여 20OO. 2. 10. OO지방법원 OO등기소 접수 제OOOO호로 마친 근저당권부 채권가압류

부 동 산 의 표 시

OO시 OO구 OO동 234
대 198㎡. 끝

[참고] 저당권부 채권에 대한 가압류의 효력은 경매절차에서 저당부동산이 환가되어 피담보채권에 대하여 이루어지는 경우 그 배당금지급청구권에도 미침. 그런데 당사자가 기입등기를 하지 않아 기입등기가 되지 않으면 집행법원으로서는 당사자가 가압류사실을 경매법원에 신고하지 않는 한 배당금을 근저당권자에게 지급한다.
만일 저당권부채권(피담보채권)에 대한 가압류기입등기가 경료되어 있으면, 집행법원은 위 배당금을 공탁하여야 하며, 가압류채권자는 압류 및 추심(전부)명령을 받아 신청하여 이를 수령할 수 있다.

[서식 10] 근저당권부채권가압류신청서

근저당권부채권가압류신청서

채 권 자 김 O O

채 무 자 장 O O

제3채무자 최 O O

첩용인지액 금 OOOOO원

대법원증지대 금 OOOO원
등록면허세 금 OOOO원 (교육세 포함)

OO지방법원 귀중

근저당권부채권가압류신청

채 권 자 김 O O (111111-2222222) (전화 :)
경기도 OO군 OO읍 OO로 OO (우 :)

채 무 자 장 O O (222222-1111111)
경기도 OO군 OO읍 OO로 OO (우 :)
등기기록상주소 : 전라남도 OO군 OO면 OO로 OO-O

제3채무자 최 O O (333333-1111111)
경기도 OO군 OO읍 OO로 OO (우 :)

청구채권의 표시 및 피보전 권리의 요지

금 6,347,945원, 단, 20OO. 8. 11.자 대여금
(내 역)
원금 6,200,000원,
이자 147,945원, 위 원금에 대하여 20OO. 8. 12.부터 20OO. 2. 7.까지(180일간) 연 5%의 비율로 계산한 이자 [6,000,000 × 5/100 × 180/365, 원 미만은 버림]
합계금 6,347,945원,

가압류할 부동산의 표시

별지 목록 기재와 같음.

신 청 취 지

1. 채권자가 채무자에 대하여 가지는 위 채권의 집행을 보전하기 위하여 채무자의 제3채무자에 대한 별지 기재의 근당권부 채권을 가압류한다.
2. 제3채무자는 채무자에게 위 채권에 관한 지급을 하여서는 아니된다.

라는 재판을 구합니다.

신 청 이 유

1. 채무자는 채권자로부터 20○○. 8. 11. 금 6,200,000원을, 이자는 약정하지 않고 변제기일은 20○○. 1. 31.로 정하여 차용하면서, 채무자는 채권자에게 차용증을 작성하여 교부하였습니다.

2. 그런데 채무자는 변제기일이 지난 현재까지 위 돈을 한푼도 지급하지 않고 있으므로, 채무자는 채권자에게 6,200,000원과 이에 대하여 20○○. 8. 12.부터 다 갚는 날까지 연 5%의 비율로 계산한 돈을 지급할 의무가 있다 할 것입니다.

3. 그러므로 채권자는 위와 같은 사실을 채무자에게 알리고 원리금을 변제할 것을 수차에 걸쳐 촉구하였으나 채무자는 아무런 이유 없이 변제하지 않을 뿐만 아니라 최근에 이르러서는 여러 곳에서 수많은 채무를 지고 있습니다.

4. 따라서 채권자는 채무자를 상대로 청구채권의 표시 금액의 지급을 구하는 소를 제기하려고 준비 중에 있던 중, 채권자는 채무자의 재산을 알아본 결과 별지 기재 채권 이외에는 별다른 재산이 없으므로, 후일 채권자가 위 소송에서 승소한다고 할지라도 현저히 집행이 곤란하거나 집행이 불가능하게 될 염려가 농후하므로 부득이 본 신청에 이른 것입니다.

5. 담보제공은 채권자의 청편을 고려하여 서울보증보험주식회사와의 지급보증위탁계약을 체결한 문서(증권번호 제○○○-○○○-○○○○○○○○호)를 제출하는 방법에 의할 수 있도록 허가하여 주시기 바랍니다.

6. 이 결정에 의하여 채무자가 제3채무자 소유명의의 부동산에 대하여 설정한 근저당권은 가압류한다는 취지의 부기등기를 관할등기소에 촉탁하여 주시기 바랍니다.

첨 부 서 류

1. 차용증서 사본 1통

1. 주민등록초본 3통
1. 부동산등기사항전부증명서 1통
1. 진술서 1통
1. 위임장 1통

2000. O. .

위 채권자 김 O O (인)

OO지방법원 귀중

목 록

금 6,817,260원

채무자와 제3채무자간 아래 부동산의 표시 기재 부동산에 관하여 2000. 7. 20. 채권최고액 금 50,000,000원으로 한 근저당권설정계약을 체결하고 2000. 7. 25. OO지방법원 OO등기소 접수 제OOOO호로 마친 근저당권부 채권 중 위 청구금액에 달할 때까지의 금액

부 동 산 의 표 시

OO시 OO구 OO동 678-2
대 214㎡. 끝.

제5절 전세권가압류

1. 효력 및 절차

가. 전세권가압류

(1) 전세권은 그 자체를 압류·가압류하여 매각명령이나 양도명령 등 특별현금화명령에 의하여 집행한다. 가압류명령이 있으면 법원사무관 등이 기입등기촉탁을 한다.

(2) 전세권가압류의 효력은 전세권이 존속기간만료 등으로 소멸한 후 발생한 반환채권에도 미친다. 전세권의 존속기간이 만료되거나 합의해지된 경우에는 일반 금전채권인 전세금반환채권에 대한 가압류의 방법으로 집행하여야 한다.

나. 전세금반환청구권가압류

전세기간이 종료된 경우에는 사실상 전세권은 소멸되고 전세금반환청구권만 남는 것이므로, 등기부상 전세기간이 종료된 것이 분명하면 전세권반환청구권 가압류가 허용될 것이나, 등기기록상에 전세권등기가 잔존하고 있더라도 이는 현재 유효한 전세권을 공시하는 효력이 없는 것이므로 전세금반환청구권기입등기는 그 의미가 없어 허용되지 않는다.

다. 전세권부채권가압류

(1) 전세권부채권 가압류가 허용되는 경우로는 첫째, 전세권이 종료된 후 발생한 전세금반환채권에 대한 것이 있고, 둘째, 전세권이 존속하고 있는 경우 전세권에 기하여 담보되는 전세금반환채권에 대하여 전세권의 종료를 조건부 또는 기한부로 한 것이 있다.

(2) 채권에 대한 가압류이므로 그 집행은 전세권가압류와 달리 제3채무자에게 결정정본을 송달함으로써 한다.

(3) 이 경우 전세권부채권 가압류의 기입등기촉탁이 가능한지가 문제가 된다. 견해가 나뉘어지나, 전세권의 존속기간이 만료되면 전세권의 용익물권적 권능

은 소멸하지만 담보물권적 권능은 잔존하게 되는 것이고, 그 경우 전세권부 채권을 가압류하게 되면 그 부종성 때문에(담보물권적 권능만 잔존하는) 전세권에도 그 가압류의 효력이 미친다고 봄이 상당하고, 전세권의 존속기간 중에 신청된 전세권부채권 가압류의 경우에도 그 취지를 전세권의 종료를 조건부 혹은 기한부로 하는 전세금반환채권의 가압류로 보아 허용하고 장차 전세권의 존속기간이 만료될 경우를 대비하여 미리 그 보전의 방법으로서 부기등기를 허용함이 상당하다는 이유로, 실무상 저당권부채권 가압류의 경우를 유추적용하여 당사자의 신청이 있는 때에 한하여 가압류결정의 송달 이후 그 기입등기를 촉탁하고 있다.

(4) 신청취지 기재례

1. 채무자가 제3채무자에 대하여 가지는 위 청구채권의 표시 기재 채권집행을 보전하기 위하여 별지 목록 기재 전세권부채권을 가압류한다. 2. 제3채무자는 채무자에게 위 채권에 관한 지급을 하여서는 아니된다. 라는 재판을 구합니다.

2. 관　할

전세권가압류를 신청할 때에는 채권자, 채무자 주소지의 법원 또는 가압류할 물건의 소재지를 관할하는 법원(물상담보권이 있는 채권의 경우에는 그 물건의 소재지)이나 본안의 관할법원에 제출한다. 통상 전세권이 설정된 부동산을 관할하는 법원이 된다.

3. 사건표지

가. 신청사건명의 표시

전세권가압류신청서

나. 인지액 등의 표시 : 왼쪽 아래 여백에 다음과 같이 해당사항을 기재한다.

첩용인지액 금 ○○○○○원 대법원증지대 금 ○○○○원 등록면허세 금 ○○○○원 (교육세 포함)

(1) 송달료 : 송달료 수납은행(법원 내 신한은행, 농협 등)에 납부한다.

① 당사자 1인당 3회분의 송달료를 납부한다(송일 87-4).

② 신한은행에 납부한 송달료(예납)납부서를 사건표지 이면 상단에 풀로 붙인다.

(2) 인지액 : 신청서 표지 다음장에 신청서 1건당 10,000원의 인지를 붙인다.

(3) 증지액 : 첨부한 대법원등기수입증지액을 기재한다.

① 대법원수입증지 : 부동산 1필지당 3,000원임.

② 아파트, 빌라, 연립주택의 경우는 부동산 1개당 3,000원임, 대지권등기가 되어 있더라도 대지는 별개의 부동산으로 취급하지 않음.

(4) 등록면허세 및 교육세 : 납부한 등록면허세 및 교육세액을 기재한다.

등록면허세는 1건당 6,000원, 교육세는 등록면허세의 20/100이므로 1,200원임

다. 당사자의 명칭(채권자, 채무자, 제3채무자)과 성명의 표시

라. 사건표지 이면의 활용

(1) 실무상 송달료납부서를 사건표지 이면 상단에 떨어지지 않게끔 4면의 모서리를 풀로 붙인다.

(2) 등록세영수필확인서 및 등록세영수필통지서 등을 첨부한다.
별지 A4용지에 대법원수입증지와 함께 첨부하되, 등록세는 A4용지에 등록세영수필확인서 맨 위부분의 일부분만 풀로 붙인다.

4. 신청사건 제목의 표시

어떤 종류의 재산에 가압류 할 것인가를 선택하여 아래와 같이 신청서명을 기재

한다.

전세권가압류신청서

5. 당사자 등의 표시

가. 채권자 : 가압류채권자를 기재함.

나. 채무자 : 전세권자를 기재함.

다. 제3채무자 : 전세금반환채무자(소유자)를 기재함

☞ 제3채무자에 송달이 되지 않더라도 전세권가압류의 효력에는 영향을 미치지 않음.

6. 피보전권리의 요지 및 청구채권의 표시

가. 가압류에 있어서는 청구채권을 표시하고 그 금액을 적는다.
만약 그 청구권이 금전채권이 아니라면 금전으로 환산한 금액을 적는다(민집 279조 1항).
피보전권리는 경우에 따라 복수일 수 있으며 예비적 선택적으로 기재하여도 된다. 또한 현재 존재하는 보전의 필요성을 구체적으로 명백하게 표시한다(민집 279조 1항 2호).

나. 청구금액은 가압류해방금액 등의 산정기준이 되므로 확정적으로 기재하여야 한다.

다. 피보전권리의 요지 및 청구채권의 표시를 간결, 명료하게 표시하기 어렵거나 그 내용이 길어 별지를 인용할 경우에는 '별지 기재와 같음' 등으로 기재한다.

7. 가압류할 전세권의 표시

가. 신청서상에 별지 목록으로 표시한다.

가압류할 전세권의 표시 : 별지 목록 기재와 같음

나. 별지 목록 표시방법

<table><tr><td>

가압류할 전세권의 표시

아래 기재 부동산에 관하여 OO지방법원 OO등기소 20OO. 2. 13. 접수 제OOO호로 설정된 전세금 50,000,000원, 존속기간 및 반환기 20OO. 2. 12.인 전세권

부동산의 표시

OO시 OO구 OO동 136
대 187㎡. 끝.

</td></tr></table>

8. 신청취지

<table><tr><td>

채권자가 채무자에 대하여 가지는 위 청구채권의 표시기재 채권집행을 보전하기 위하여 채무자의 별지 기재 전세권을 가압류한다.
라는 재판을 구합니다.

</td></tr></table>

9. 신청이유

신청의 취지를 구하는 근거가 되는 이유이다. 피보전권리의 존재와 보전의 필요성을 구체적으로 적어야 한다.

10. 보증보험증권 담보제공의 허가신청의사 및 증권번호의 표시

선담보제공방식으로 하여 채권가압류에 준한 보증금액의 보증보험증권을 제출

하고 있다(통상).

담보제공은 공탁보증보험증권(서울보증보험증권주식회사 증권번호 000-000-000000호를 제출하는 방법에 의할 수 있도록 허가하여 주시기 바랍니다.

11. 첨부서류의 표시

첨 부 서 류

1. 차용증서 사본	1통
1. 영수증 사본	1통
1. 주민등록초본	2통
1. 부동산등기사항증명서	3통
1. 보증보험증권	1통
1. 가압류신청진술서	1통
1. 목록	1통
1. 위임장	1통

12. 제출일자와 채권자의 성명(명칭)과 기명·날인

13. 법원의 표시

가압류의 신청서를 접수하는 법원을 표시한다.

14. 간 인

신청서가 여러 장일 경우, 장과 장 사이의 우측 상단 1/3 여백의 각 장마다 채권자(대리인인 변호사인 경우 변호사 직인, 법무사인 경우 채권자 도장)의 도장으로 간인한다.

15. 별지 목록의 첨부

신청서와 간인하여 첨부된 별지 목록 외에 따로 작성된 별지 목록 1통을 신청서 말미에 첨부하여 제출한다.

16. 등기기록 기입촉탁의 시기와 촉탁 시기

법원에서는 각 당사자와 관할 촉탁등기소에 결정정본(당사자)과 촉탁서(등기소)를 동시에 발송하고 있음.

[서식 11] 전세권가압류신청서

전세권가압류신청서

채 권 자　김　○　○

채 무 자　장　○　○

제3채무자　최　○　○

첩용인지액　금 OOOOO원

대법원증지대　금 OOOO원

등 록 면 허　　금 OOOO원 (교육세 포함)

OO지방법원　귀중

전세권가압류신청

채 권 자 김 ○ ○ (111111-2222222) (전화 :)
경기도 ○○군 ○○읍 ○○로 ○○ (우 :)

채 무 자 장 ○ ○ (222222-1111111)
경기도 ○○군 ○○읍 ○○로 ○○ (우 :)
등기기록상주소 : 전라남도 ○○군 ○○면 ○○로 ○○

제3채무자 최 ○ ○ (333333-1111111)
경기도 ○○군 ○○읍 ○○로 ○○ (우 :)

청구채권의 표시 및 피보전 권리의 요지

금 6,347,945원, 단, 20○○. 8. 11.자 대여금
(내 역)
원금 6,200,000원,
이자 147,945원, 위 원금에 대하여 20○○. 8. 12.부터 20○○. 2. 7.까지(180일간) 연 5%의 비율로 계산한 이자 [6,000,000 × 5/100 × 180/365, 원 미만은 버림]
합계금 6,347,945원,

가압류할 전세권의 표시

별지 목록 기재와 같음.

신 청 취 지

채권자가 채무자에 대하여 가지는 위 청구채권의 표시 기재 채권집행을 보전하기 위하여 채무자의 별지 기재 전세권을 가압류한다.
라는 재판을 구합니다.

신 청 이 유

1. 채무자는 채권자로부터 20OO. 8. 11. 금 6,200,000원을, 이자는 약정하지 않고 변제기일은 20OO. 1. 31.로 정하여 차용하면서, 채무자는 채권자에게 차용증을 작성하여 교부하였습니다.

2. 그런데 채무자는 변제기일이 지난 현재까지 위 돈을 한푼도 지급하지 않고 있으므로, 채무자는 채권자에게 6,200,000원과 이에 대하여 20OO. 8. 12.부터 다 갚는 날까지 연 5%의 비율로 계산한 돈을 지급할 의무가 있다 할 것입니다.

3. 그러므로 채권자는 위와 같은 사실을 채무자에게 알리고 원,리금을 변제할 것을 수차에 걸쳐 촉구하였으나 채무자는 아무런 이유 없이 변제하지 않을 뿐만 아니라 최근에 이르러서는 여러 곳에서 수많은 채무를 지고 있습니다.

4. 따라서 채권자는 채무자를 상대로 청구채권의 표시 금액의 지급을 구하는 소를 제기하려고 준비 중에 있던 중, 채권자는 채무자의 재산을 알아본 결과 제3채무자의 부동산에 대하여 채무자가 제3채무자에게 가지고 있는 전세권설정등기에 대한 전세권자임을 알고 긴급히 위 전세권에 가압류를 하지 않으면 언제 위 전세권설정등기를 해지할지 모르는 상태이므로, 채권자가 후일 위 소송에서 승소한다고 할지라도 현저히 집행이 곤란하거나 집행이 불가능하게 될 염려가 농후하므로 부득이 본 신청에 이른 것입니다.

5. 또한, 이건 명령에 대한 담보의 제공은 채권자의 형편을 고려하여 담보금 공탁에 관하여 서울보증보험주식회사와의 지급보증위탁계약을 체결한 문서(증권번호 제OOO-OOO-OOOOOOOO호)를 제출하는 조건으로 신청취지와 같은 가압류 결정을 하여 주시기 바랍니다.

첨 부 서 류

1. 차용증서 사본	1통
1. 영수증 사본	1통
1. 주민등록초본	3통
1. 부동산등기사항전부증명서	1통
1. 진술서	1통
1. 위임장	1통

2000. 0. .

위 채권자 김 0 0 (인)

OO지방법원 귀중

목 록

금 6,817,260원,

아래 기재 부동산에 관하여 OO지방법원 등기과 20OO. 6. 18. 접수 제OOOO호로 설정된 전세금 30,000,000원, 존속기간 및 반환기 20O△. 6. 18.인 전세권

부동산의 표시

1. OO시 OO구 OO로 OO(OO동)
   일반철골구조 조립식 판넬지붕 1층 사무소
   247.68㎡. 끝.

제6절 자동차·건설기계·소형선박(20톤 미만) 가압류

- 자동차·건설기계·소형선박(자동차등특정동산저당법 제3조 제2호에 따른 선박을 말한다)에 대한 강제집행절차는 부동산, 선박, 동산에 대한 강제집행규정에 준하여 대법원규칙으로 정한다(민집 187조).
- 자동차관리법에 의하여 등록된 자동차에 대한 가압류의 집행은 기본적으로 부동산에 대한 가압류집행의 예(다만 강제관리의 방법은 제외)에 의하도록 하였다(민집

규 210조 1항).

가압류의 대상이 되는 선박의 개념과 그 가압류 제한 등의 사항에 관하여는 강제집행의 경우와 같다.

- 등록된 건설기계·소형선박에 대한 가압류집행은 자동차가압류집행에 관한 규정들을 준용한다(민집규 211조).
- 건설기계의 등록원부상의 대여회사, 대여회사내 실소유자는 소유자가 아니므로 가압류할 수 없다.
- 공유지분에 대한 가압류

자동차, 건설기계·소형선박의 공유지분에 대한 가압류는 그 밖의 재산권에 대한 가압류의 방법에 의한다(민집규 210조 4항, 129조, 민집 251조, 민집규 211조).

따라서 그 집행은 발령법원의 법원사무관 등이 가압류명령을 채무자에게 송달하는 외에 가압류기입의 등록을 촉탁함으로써 한다(민집규 175조 5항).

1. 관 할

가. 채권자, 채무자 주소지의 법원 또는 자동차·건설기계·소형선박 등이 있는 곳을 관할하는 지방법원이나 본안법원이 관할한다(민집 278조).

나. 가압류신청당시 장소가 자동차 또는 건설기계·소형선박이 있는 곳이 불확실할 때에는 등록원부에 기재된 사용본거지를 가압류할 자동차 등이 있는 곳으로 해석할 수 있다(민집규 109조 1항, 130조 참조).

2. 사건표지

가. 신청사건 제목의 표지

자동차(건설기계·소형선박)가압류신청서

나. 인지액 등의 표시 : 통상 왼쪽 아래 여백에 다음과 같이 해당사항을 기재한다.

첩용인지액 금 OOOOO원 등록면허세 금 OOOO원 (교육세 포함)

(1) 송달료 : 송달료 수납은행(법원 내 신한은행, 농협 등)에 납부한다.
① 당사자 1인당 3회분의 송달료를 납부한다(송일 87-4).
② 신한은행에 납부한 송달료(예납)납부서를 사건표지 이면 상단에 풀로 붙인다.

(2) 인지액 : 신청서 표지 다음장에 신청서 1건당 10,000원의 인지를 붙인다.

(3) 등록면허세 및 교육세 : 납부한 등록면허세 및 교육세를 기재한다.
① 자동차의 등록면허세는 자동차 1개당 15,000원임
② 건설기계의 등록면허세는 1대당 10,000원임.
③ 소형선박의 등록면허세는 1대당 15,000원임.

다. 당사자의 명칭(채권자, 채무자)과 성명의 표시

가압류사건에서는 당사자의 명칭을 아래와 같이 신청서 제목 아래 우측에 기재한다(법인인 경우는 법인명과 대표자 성명을 기재한다. 단, 대표자 성명은 생략하여도 무방함).

채권자 홍 길 동 채무자 이 몽 룡

라. 사건표지 이면의 활용

실무상 송달료납부서를 사건표지 이면 상단에 떨어지지 않게끔 4면의 모서리를 풀로 붙인다.

마. 등록면허세영수필확인서 및 등록세영수필통지서 첨부

별지 A4용지에 등록면허세영수필확인서 맨 위부분의 일부분만 풀로 붙인다.

3. 신청사건 제목의 표시

사건표지 다음의 신청서에는 신청사건 제목을 신청서 중앙에 표시한다.

자동차(건설기계·소형선박)가압류신청서

4. 당사자, 대리인 등의 표시

가. 당사자와 대리인의 이름(명칭 또는 상호)·주민등록번호·주소와 연락처(전화번호·팩시밀리번호 또는 전자우편주소 등)를 적어야 한다(민소 274조 1항, 민소규 2조). 당사자가 무능력자인 경우에는 그 법정대리인을, 법인인 경우에는 그 대표자를 적어야 한다.

나. 가압류신청서상의 당사자는 원고 피고라는 용어를 사용하지 않고 채권자, 채무자라는 용어를 사용한다.

다. 채권자와 채무자의 이름과 주민등록번호 및 주소를 정확히 기재하여야 한다. 채권자와 채무자 중 미성년자인 경우에는 법정대리인의 성명과 주소도 기재하여야 한다. 또한 채권자와 채무자가 법인인 경우에는 법인의 대표자 이름도 기재해야 한다.

라. 자동차(건설기계)·소형선박가압류의 경우 채무자의 주소와 등록원부상의 주소가 다른 경우 현주소 아래와 어선(선박)원부상 주소를 반드시 병기하여야 한다.

마. 법인의 상호가 변경되었는데, 등록원부상에는 변경전(종전)의 상호가 표시된 채 존속하는 때에는 변경전의 상호도 기재한다.

[예 ; 채무자 OO산업 주식회사{등록원부(어선 또는 선박원부)}상 상호 : OO주식회사)
또는 ; 채무자 OO산업 주식회사(변경전 상호 : OO주식회사)
또는 ; 채무자 OO산업 주식회사(합병전 상호 : OO주식회사)] 등

바. 채권자가 금융기관 등인 경우에는 취급지점, 송달장소 등을 등기기록상에 표시되어야 하므로 명확하게 기재하여야 한다.

사. 법인이 아닌 사단이나 재단(비법인)이 당사자로 될 때에는 당사자능력이 있는지의 여부를 신중히 검토하여야 한다(예 ; 동창회, 교회, 종중, 입주자대표회의 등).

5. 피보전권리의 요지 및 청구채권의 표시

가. 가압류에 있어서는 청구채권을 표시하고 그 금액을 적는다.
만약 그 청구권이 금전채권이 아니라면 금전으로 환산한 금액을 적는다(민집 279조 1항).
피보전권리는 경우에 따라 복수일 수 있으며 예비적 선택적으로 기재하여도 된다. 또한 현재 존재하는 보전의 필요성을 구체적으로 명백하게 표시한다(민집 279조 1항 2호).

나. 청구금액은 가압류해방금액 등의 산정기준이 되므로 확정적으로 기재하여야 한다.

다. 피보전권리의 요지 및 청구채권의 표시를 간결, 명료하게 표시하기 어렵거나 그 내용이 길어 별지를 인용할 경우에는 '별지 기재와 같음' 등으로 기재한다.

6. 가압류할 자동차(건설기계·소형선박)의 표시

가. 신청서상에는 "가압류할 자동차(건설기계·소형선박)의 표시 : 별지 자동차(건설기계) 등록원부(소형선박의 경우 : 별지 목록)의 기재와 같음"으로 기재한다.

나. 자동차나 건설기계의 경우에는 원부등본의 갑부란을, 소형선박의 경우에는 선박원부등본, 어선원부등본, 동력수상레저기구등록원부등본의 각 앞쪽의 사본을 첨부한다(재민 2003-4).
그러므로 자동차(건설기계·소형선박)가압류의 경우에는 별지 목록으로 따로 기재할 것이 아니라 등록원부등본의 갑부란을 복사하여 별지로 첨부한다(갑부란이 여러 장일 경우에는 첫면만 복사한다).

7. 신청취지

자동차(건설기계)·소형선박의 신청취지는 다음과 같다.

채권자가 채무자에 대하여 가지는 위 청구채권의 표시기재 채권집행을 보전하기 위하여 채무자 소유의 별지 자동차 등록원부(선박의 경우 : 별지 목록)의 기재 자동차(선박)를 가압류한다. 라는 재판을 구합니다.

8. 신청이유

신청의 취지를 구하는 근거가 되는 이유이다. 피보전권리의 존재와 보전의 필요성을 구체적으로 적어야 한다.

가. 피보전권리

보전처분의 피보전권리와 본안소송의 소송물과의 관계에 관하여 판례는 "보전처분의 피보전권리와 본안의 소송물인 권리는 엄격히 일치함을 요하지 않으며, 청구의 기초의 동일성이 인정되는 한 그 보전처분에 의한 보전의 효력은 본안소송의 권리에 미치고 동일한 생활사실 또는 동일한 경제적 이익에 관한 분쟁에 있어서 그 해결방법에 차이가 있음에 불과한 청구취지 및 청구원인의 변경을 원래의 원인무효로 인한 말소등기청구에서 명의신탁해지로 인한 이전등기청구로 변경한 것은 동일한 생활사실 또는 동일한 경제적 이익에 관한 분쟁에 관하여 그 해결방법을 다르게 한 것일 뿐이어서 청구의 기초에 변경이 있다고 볼 수 없다(대판 2006.11.24. 2006다35223).

나. 보전의 필요성

보전처분이란 권리 또는 법률관계에 관한 쟁송이 있을 것을 전제로 하여, 이에 대한 판결의 집행을 용이하게 하거나 확정판결이 있을 때까지 손해가 발생하는 것을 방지할 목적으로 일시적으로 현상을 동결하거나 임시적 법률관계를 형성하게 하는 재판이다. 그래서 가압류와 같은 보전처분을 하기 위해서는 채권자의 채무자에 대한 채권의 존재, 즉 피보전채권의 존재와 그 보전의 필요성이 인정되어야 한다. 특히 가압류의 경우 금전채권이나 금전으로 환산 수 있는 채권을 피보전채권으로 하며 집행권원을 집행할 수 없거나 집행하는 것이 곤란할 염려가 있을 경우 보전의 필요성이 인정된다. 만약 채권자가 확정판결을 받아 집행력을 통해 판결정본을 확보한 상황이라면 별도의 보전처분을 할 필요 없이 바로 위 집행권원을 통해 집행절차로 들어가면 된다.

9. 보증보험증권 담보제공의 허가신청의사 및 증권번호의 표시

가. 법원에서 가압류결정을 할 경우에는, 부당한 가압류로 인하여 채무자가 입은 손해를 담보하기 위하여 통상 담보의 제공을 그 조건으로 하고 있는데, 채권자가 국가기관 등 무공탁처리기관이 아닌 경우에는 부동산, 자동차, 건설기계, 소형선박 또는 금전채권에 대한 가압류신청을 하는 때에는 법원의 담보제공명령이 없이 선담보제공방식으로 신청할 수 있으므로 신청서 상에 맨 마지막 부분에 다음과 같이 담보제공의 허가신청 의사표시를 기재하면 된다(민집규 204조).

나. 단, 보증보험증권을 발부 받으려면 가압류채권자가 신용불량자로 등재되어 있지 않아야 하며, 이런 경우에는 후 담보제공방식으로 하여 현금으로 공탁할 수 밖에 없다(증권발급시 채권자 주민등록번호(개인) 또는 사업자등록번호(법인) 필요함).

또한, 이건 명령에 대한 담보의 제공은 채권자의 형편을 고려하여 담보금 공탁에 관하여 서울보증보험주식회사와의 지급보증위탁계약을 체결한 문서(증권번호 제OOO-OOO-OOOOOOOOOO호)를 제출하는 조건으로 신청취지와 같은 가압류 결정을 하여 주시기 바랍니다.

다. 증권번호의 개별적인 기재

채권자·채무자 중 일방 또는 쌍방이 여럿인 경우에는 각 채권자가 각 채무자를 위하여 개별적으로 보증금액에 해당하는 보험증권을 발부받아 각 해당 증권번호를 가압류신청서에 기재하여야 한다.

10. 소명방법(및 부속서류)의 표시(첨부서류의 표시)

가. 소명할 사항

채권자와 보전처분이 신청을 이유 있게 하는 사실 즉 청구(피보전권리 포함)와 가압류의 필요성에 관한 사실의 전부에 관하여 소명이 필요함(민집 279조 2항, 301조).

나. 소명방법(민소 299조)과 서증

통상 서증(계약서, 차용증서 등)의 사본을 첨부한다.
첨부서류의 사본에는 다음과 같은 고무인을 날인한 후 채권자의 성명을 기재하고 날인한다.

위 사본합니다.
20○○. ○. ○.
채권자 ○ ○ ○ (인)

다. 부속서류의 표시

(1) 대리신청의 경우 : 위임장

(2) 법인신청의 경우 : 법인등기사항전부증명서 또는 법인등기사항일부증명서(통상 법인등기사항일부증명서를 첨부함)

라. 덧붙인 서류의 표시방법

(1) 가압류신청에서는 통상 '소명방법'보다는 '첨부서류'라는 명칭으로 기재한다.

(2) 보전처분에서는 원칙적으로 '소갑 제1호증' 등의 번호를 붙이지 않는다(민소 299조).

첨 부 서 류	
1. 차용증서 사본	1통

1. 영수증 사본	1통
1. 주민등록초본	2통
1. 자동차등록원부 (어선원부등본)	1통
1. 보증보험증권	1통
1. 가압류신청진술서	1통
1. 목록	1통
1. 위임장	1통

11. 제출일자와 채권자의 성명(명칭)과 기명·날인

12. 법원의 표시

가압류의 신청서를 접수하는 법원을 표시한다.

13. 간 인

신청서가 여러 장일 경우, 장과 장 사이의 우측 상단 1/3 여백의 각 장마다 채권자(대리인인 변호사인 경우 변호사 직인, 법무사인 경우 채권자 도장)의 도장으로 간인한다.

14. 별지 목록의 첨부

가. 신청서와 첨부된 자동차(건설기계·어선)등록원부 외에 따로 갑부란을 복사하여 신청서상 말미에 첨부하여 제출한다.

나. 채권자, 채무자, 촉탁등기소가 각 1인인 경우 : 1부
(소형선박의 경우에는 목록 1부 + 어선원부 5부)

[서식 12] 자동차가압류신청서

자동차가압류신청서

채권자 김 ○ ○

채무자 장 ○ ○

첩용인지액 금 ○○○○○원
등 록 세 금 ○○○○원(교육세 포함)

○○지방법원 귀중

자동차가압류신청

채 권 자 김 ○ ○ (111111-2222222) (전화 :)
경기도 ○○군 ○○읍 ○○로 ○○ (우 :)

채 무 자 장 ○ ○ (222222-1111111)
경기도 ○○군 ○○읍 ○○로 ○○ (우 :)
등록원부상주소 : 전라남도 ○○군 ○○면 ○○로 ○○-○

청구채권의 표시 및 피보전 권리의 요지

금 6,347,945원, 단, 20○○. 8. 11.자 대여금
(내 역)
원금 6,200,000원,

이자 147,945원, 위 원금에 대하여 20OO. 8. 12.부터 20OO. 2. 7.까지(180일간) 연 5%의 비율로 계산한 이자 [6,000,000 × 5/100 × 180/365, 원 미만은 버림]

합계금 6,347,945원,

가압류할 자동차의 표시

별지 자동차등록 원부의 기재와 같음.

신 청 취 지

채권자가 채무자에 대하여 가지는 위 청구채권의 표시 기재 채권집행을 보전하기 위하여 채무자 소유명의의 별지 자동차 등록원부의 기재 자동차를 가압류한다.
라는 재판을 구합니다.

신 청 이 유

1. 채무자는 채권자로부터 20OO. 8. 11. 금 6,200,000원을, 이자는 약정하지 않고 변제기일은 20OO. 1. 31.로 정하여 차용하면서, 채무자는 채권자에게 차용증을 작성하여 교부하였습니다.

2. 그런데 채무자는 변제기일이 지난 현재까지 위 돈을 한푼도 지급하지 않고 있으므로, 채무자는 채권자에게 6,200,000원과 이에 대하여 20OO. 8. 12.부터 다 갚는 날까지 연 5%의 비율로 계산한 돈을 지급할 의무가 있다 할 것입니다.

3. 그러므로 채권자는 위와 같은 사실을 채무자에게 알리고 원,리금을 변제할 것을 수차에 걸쳐 촉구하였으나 채무자는 아무런 이유 없이 변제하지 않을 뿐만 아니라 최근에 이르러서는 여러 곳에서 수많은 채무를 지고 있습니다.

4. 따라서 채권자는 채무자를 상대로 청구채권의 표시 금액의 지급을 구하는 소를 제기하려고 있으나 준비 중에 있으나 채무자는 별지 자동차등록원부기재의 자동차 이외에는 별다른 재산이 없고 단지 이건 가압류할 자동차마저도 언제 처분할지도 모르며 만일 그렇게 되면 후일 채권자가 위 소송에서 승소한다고 할지라도 현저히 집행이 곤란하거나 집행이 불가능하게 될 염려가 농후하므로 본 신청에 이른 것입니다.

5. 또한, 이건 명령에 대한 담보의 제공은 채권자의 형편을 고려하여 담보금공탁에 관하여 서울보증보험주식회사와의 지급보증위탁계약을 체결한 문서(증권번호 제OOO-OOO-OOOOOOOOO호)를 제출하는 조건으로 신청취지와 같은 가압류 결정을 하여 주시기 바랍니다.

첨 부 서 류

1. 차용증서 사본	1통
1. 주민등록초본	2통
1. 진술서	1통
1. 자동차등록원부	1통
1. 위임장	1통

2OOO. O. .

위 채권자 김 O O (인)

OO지방법원 귀중

[서식 13] 소형선박가압류신청서

소형선박가압류신청서

채권자 김 O O

채무자 장 O O

첩용인지액 금 OOOOO원

등록면허세 금 OOOO원(교육세포함)

OO지방법원 귀중

소형선박가압류신청

채 권 자 김 O O (111111-2222222) (전화 :)
경기도 OO군 OO읍 OO로 OO (우 :)

채 무 자 장 O O (222222-1111111)
경기도 OO군 OO읍 OO로 OO (우 :)
등록원부상주소 : 전라남도 OO군 OO면 OO로 OO-O

청구채권의 표시 및 피보전 권리의 요지

금 6,347,945원, 단, 20OO. 8. 11.자 대여금
(내 역)
원금 6,200,000원,
이자 147,945원, 위 원금에 대하여 20OO. 8. 12.부터 20OO. 2. 7.까지(180일간) 연 5%의 비율로 계산한 이자 [6,000,000 × 5/100 × 180/365, 원 미만은 버림]
합계금 6,347,945원,

가압류할 소형선박의 표시

별지 목록 기재와 같음.

신 청 취 지

채권자가 채무자에 대하여 가지는 위 청구채권의 표시 기재 채권집행을 보전하기 위하여 채무자 소유명의의 별지 목록 기재 선박을 가압류한다.
라는 재판을 구합니다.

신 청 이 유

1. 채무자는 채권자로부터 20○○. 8. 11. 금 6,200,000원을, 이자는 약정하지 않고 변제기일은 20○○. 1. 31.로 정하여 차용하면서, 채무자는 채권자에게 차용증을 작성하여 교부하였습니다.

2. 그런데 채무자는 변제기일이 지난 현재까지 위 돈을 한푼도 지급하지 않고 있으므로, 채무자는 채권자에게 6,200,000원과 이에 대하여 20○○. 8. 12.부터 다 갚는 날까지 연 5%의 비율로 계산한 돈을 지급할 의무가 있다 할 것입니다.

3. 그러므로 채권자는 위와 같은 사실을 채무자에게 알리고 원,리금을 변제할 것을 수차에 걸쳐 촉구하였으나 채무자는 아무런 이유 없이 변제하지 않을 뿐만 아니라 최근에 이르러서는 여러 곳에서 수많은 채무를 지고 있습니다.

4. 따라서 채권자는 채무자를 상대로 청구채권의 표시 금액의 지급을 구하는 소를 제기하려고 있으나 준비 중에 있으나 채무자는 별지 목록 기재 선박 이외에는 별다른 재산이 없고 단지 이건 가압류할 선박마저도 언제 처분할지도 모르며 만일 그렇게 되면 후일 채권자가 위 소송에서 승소한다고 할지라도 현저히 집행이 곤란하거나 집행이 불가능하게 될 염려가 농후하므로 본 신청에 이른 것입니다.

5. 또한, 이건 명령에 대한 담보의 제공은 채권자의 형편을 고려하여 담보금 공탁에 관하여 서울보증보험주식회사와의 지급보증위탁계약을 체결한 문서(증권번호 제○○○-○○○-○○○○○○○○호)를 제출하는 조건으로 신청취지와 같은 가압류 결정을 하여 주시기 바랍니다.

첨 부 서 류

1. 차용증서 사본 1통
1. 주민등록초본 2통
1. 진술서 1통
1. 어선원부 1통
1. 목록 1통
1. 위임장 1통

20○○. ○. .

위 채권자 김 O O (인)

OO지방법원 귀중

선 박 목 록

1. 선박의 종류 및 명칭 : 동력선 OO호
1. 선적항 : OO읍
1. 선 질 : F·R·P
1. 총톤수 : 10.5톤
1. 기관의 종류와 수 : 가솔린 90마력 1대
1. 추진기의 종류 및 수 : 나선추진기 1기
1. 진수년월일 : 20OO년 O월 O일

- 이 상 -

제7절 선박가압류(20톤 이상)

1. 개 요

선박은 민법상으로는 동산이지만, 일정규모 이상의 선박은 부동산과 마찬가지로 등기의 대상이 된다(선박법 8조, 선박등기법 2조). 그에 대한 가압류 집행은 기본적으로 부동산집행, 그 중에서도 강제경매에 관한 규정을 준용한다(민집 291조, 172조, 민집규 213조). 가압류대상이 되는 선박의 개념과 가압류의 제한 등에 관하여는 강제집행의 경우와 같다.

2. 선박의 집행

가. 선박가압류의 집행은, 가압류등기를 하거나 선박국적증서 등의 수취명령을 통하여 선박국적증서 등을 수취하는 방법으로 한다. 민사집행법에서는 종래의 정박명령을 삭제하는 대신 필요한 경우 강제집행에 관한 규정을 준용하여 감수·보전처분을 발할 수 있도록 하였다(민집 295조, 291조, 178조). 가압류등기에 의한 집행은 가압류명령법원이, 선박국적증서 등의 수취에 관한 집행은 정박지 관할 지방법원이 관할한다(민집 295조 2항).

나. 선박국적증서 등의 수취에 의한 집행은 집행법원이 집행관에게 선박국적증서, 그 밖에 선박운행에 필요한 문서를 선장으로부터 받아 법원에 제출할 것을 명하며(민집 295조 1항), 이는 집행관에 대한 직무명령이다. 외국선박에 대하여는 등기의 방법으로 집행할 수 없으므로 선박국적증서 수취방법으로 집행해야 할 것이다.

다. 가압류의 효력은 원칙적으로 채무자에게 결정이 송달된 때 또는 가압류등기가 된 때에 생기나(민집 291조, 172조, 83조 4항, 94조), 집행관이 선박국적증서 등을 받은 때(민집 291조, 174조) 또는 감수·보존처분을 하였을 때에도(민집 291조, 178조 2항) 효력이 생기므로 위 중 가장 빠른 때에 가압류의 효력이 발생한다. 그 밖에 사항에 관하여는 선박에 관한 강제집행의 규정이 준용되나(민집 291조), 선박집행신청 전의 선박국적증서 등 인도명령(민집 175조), 압류선박의 정박(민집 176조), 관할위반으로 인한 절차취소(민집 180조), 보증제공에 의한 강제경매절차취소(민집 181조), 사건이송(민집 182조), 선박국적증서 등을 넘겨받지 못한 경우의 경매절차취소(민집 183조) 등의 규정은 보전처분의 성격상 준용하기 곤란하거나 배제된다고 본다.

라. 집행법원은 채권자의 신청에 의하여 선박을 감수·보존하기 위하여 필요한 처분을 할 수 있으며(민집 291조, 178조 1항), 이 처분은 가압류명령 전에도 할 수 있다(민집규 218조, 102조).

3. 선박의 지분에 대한 가압류

가. 선박지분가압류는 선박가압류의 방법에 의하지 아니하고, 그 밖의 재산권에 대한 가압류의 방법에 의한다(민법 291조, 185조 1항).

나. 선박지분에 대하여 가압류신청을 하기 위해서는 선박등기부사항증명서나 그 밖의 증명서를 내야 하며(민집 185조 2항) 본안의 관할법원 외에 선박등기를 하는 곳을 관할하는 지방법원도 관할권을 갖는다(민집규 213조 1항).

다. 선박지분가압류의 집행은 발령법원의 법원사무관 등이 그 가압류기입등기의 촉탁을 함으로써 한다. 가압류명령정본은 채무자 외에 선박관리자(상법 760조)가 있으면 그에게도 송달하여야 하며, 선박관리자에게 송달하면 채무자에게 송달한 것과 같은 효력을 가진다(민집 185조 3항, 4항).

4. 관 할

정박지 관할 지방법원 또는 본안의 관할법원이 관할한다(민집 278조).

5. 사건표지

가. 신청사건명의 표시

선박가압류신청서

나. 인지액 등의 표시 : 왼쪽 아래 여백에 아래와 같이 사항을 기재한다.

첩용인지액	금 OOOOO원
대법원증지대	금 OOOO원
등록면허세	금 OOOO원 (교육세 포함)

(1) 송달료 : 송달료 수납은행(법원 내 신한은행, 농협 등)에 납부한다.

① 당사자 1인당 3회분의 송달료를 납부한다(송일 87-4).

② 신한은행에 납부한 송달료(예납)납부서를 사건표지 이면 상단에 풀로 붙인다.

(2) 인지액 : 신청서 표지 다음장에 신청서 1건당 10,000원의 인지를 붙인다.

(3) 증지액 : 첨부한 대법원등기수입증지액을 기재한다.
대법원수입증지 : 선박 1개당 3,000원임

(4) 등록면허세 및 교육세 : 등록면허세는 선박 1개당 1건당 15,000원임.

다. 당사자의 명칭(채권자, 채무자)과 성명의 표시

가압류사건에서는 당사자의 명칭을 아래와 같이 신청서 제목 아래 우측에 기재한다(법인인 경우는 법인명과 대표자 성명을 기재한다. 단, 대표자 성명은 생략하여도 무방함).

채권자 홍 길 동
채무자 이 몽 룡

라. 사건표지 이면의 활용

(1) 실무상 송달료납부서를 사건표지 이면 상단에 떨어지지 않게끔 4면의 모서리를 풀로 붙인다.

(2) 등록면허세영수필확인서 및 등록면허세영수필통지서 등 첨부
별지 A4용지에 대법원수입증지와 함께 첨부하되, 등록면허세는 A4용지에 등록면허세영수필확인서 맨 위부분의 일부분만 풀로 붙인다.

6. 신청사건 제목의 표시

7. 당사자 등의 표시

가. 선장명의 표시(선박국적증서 등을 수취하는 방법으로 가압류를 신청하는 경우)

나. 신청서의 채무자 표시란에는 선장의 이름과 주소를 기재한다. 선장은 선적항

외에서 항해에 필요한 모든 재판상 및 재판외의 행위를 선주(채무자)를 대하여 할 수 있기 때문이다(상법 773조). 만일 선장의 성명과 주소가 분명치 아니할 때에는 '선장의 이름과 주소 불명'이라고 기재하여도 무방하다.

8. 피보전권리 및 요지의 표시

가. 가압류에 있어서는 청구채권을 표시하고 그 금액을 적는다.
만약 그 청구권이 금전채권이 아니라면 금전으로 환산한 금액을 적는다(민집 279조 1항).
피보전권리는 경우에 따라 복수일 수 있으며 예비적 선택적으로 기재하여도 된다. 또한 현재 존재하는 보전의 필요성을 구체적으로 명백하게 표시한다(민집 279조 1항 2호).

나. 청구금액은 가압류해방금액 등의 산정기준이 되므로 확정적으로 기재하여야 한다.

다. 피보전권리의 요지 및 청구채권의 표시를 간결, 명료하게 표시하기 어렵거나 그 내용이 길어 별지를 인용할 경우에는 '별지 기재와 같음' 등으로 기재한다.

9. 가압류할 선박의 표시

신청서상에 별지 목록으로 표시한다.

가압류할 선박의 표시 : 별지 목록 기재와 같음

가. 선박등기부에 기입하는 방법에 의할 경우

가압류할 선박의 표시

1. 선박의 종류와 명칭 : 기선 마산 레저호

1. 선적항 : 목포시 용해동
1. 선　질 : 에프 알 피
1. 총톤수 : 40톤
1. 기관의 종류 및 수 : 디젤발동기 2기
1. 추진기의 종류 및 수 : 나선추진기 2개
1. 진수년월일 : 20○○년 ○월

- 이　　상 -

나. 선박국적증서 등을 수취하는 방법에 의할 경우

가압류할 선박의 표시

1. 선박의 종류와 명칭 : 기선 마산 레저호
1. 선적항 : 목포시 용해동
1. 선　질 : 에프 알 피
1. 총톤수 : 40톤
1. 기관의 종류 및 수 : 디젤발동기 2기
1. 추진기의 종류 및 수 : 나선추진기 2개
1. 진수년월일 : 20○○년 ○월
1. 선장의 정박항 : ○○항
1. 선장의 성명 및 현재지 : ○ ○ ○ (위 선박내에 현재함)

- 이　　상 -

10. 신청취지

가. 등기기록상에 기입하는 방법에 의할 경우

채권자가 채무자에 대하여 가지는 위 청구채권의 표시기재 채권집행을 보전하기 위하여 채무자 소유의 별지 기재 선박을 가압류한다.
라는 재판을 구합니다.

나. 선박국적증서 등을 수취하는 방법에 의할 경우

> 1. 채권자가 채무자에 대하여 가지는 위 청구채권의 표시기재 채권집행을 보전하기 위하여 채무자 소유의 별지 기재 선박을 가압류한다.
> 2. 채권자가 위임하는 집행관은 위 선박의 국적을 증명하는 증서 기타 선박의 항해에 필요한 문서를 수취하여 이 법원에 제출하여야 한다.
>
> 라는 재판을 구합니다.

11. 신청이유

신청의 취지를 구하는 근거가 되는 이유이다. 피보전권리의 존재와 보전의 필요성을 구체적으로 적어야 한다.

가. 피보전권리

보전처분의 피보전권리와 본안소송의 소송물과의 관계에 관하여 판례는 "보전처분의 피보전권리와 본안의 소송물인 권리는 엄격히 일치함을 요하지 않으며, 청구의 기초의 동일성이 인정되는 한 그 보전처분에 의한 보전의 효력은 본안소송의 권리에 미치고 동일한 생활사실 또는 동일한 경제적 이익에 관한 분쟁에 있어서 그 해결방법에 차이가 있음에 불과한 청구취지 및 청구원인의 변경을 원래의 원인무효로 인한 말소등기청구에서 명의신탁해지로 인한 이전등기청구로 변경한 것은 동일한 생활사실 또는 동일한 경제적 이익에 관한 분쟁에 관하여 그 해결방법을 다르게 한 것일 뿐이어서 청구의 기초에 변경이 있다고 볼 수 없다(대판 2006.11.24. 2006다35223).

나. 보전의 필요성

보전처분이란 권리 또는 법률관계에 관한 쟁송이 있을 것을 전제로 하여, 이에 대한 판결의 집행을 용이하게 하거나 확정판결이 있을 때까지 손해가 발생하는 것을 방지할 목적으로 일시적으로 현상을 동결하거나 임시적 법률관계를 형성하게 하는 재판이다. 그래서 가압류와 같은 보전처분을 하기 위해서는 채권자의 채무자에 대한 채권의 존재, 즉 피보전채권의 존재와 그 보전의 필요성이 인정되어야 한다. 특히 가압류의 경우 금전채권이나 금전으로 환산 수 있는 채권을 피보전채권으로 하며 집행권원을 집행할 수 없거나 집행하는 것이 곤란할 염려가 있을 경우 보전의 필요성이 인정된다. 만약 채권자가 확정판결을 받아 집행력을 통해 판결정본을 확보한 상황이라면 별도의 보전처분을 할 필요 없이 바로 위 집행권원을 통해 집행절차로 들어가면 된다.

12. 보증보험증권 담보제공의 허가신청의사 및 증권번호의 표시

가. 통상 부동산가압류에 준하여 담보제공 명령없이 미리 보증보험증권으로 신청(이른바 선담보제공으로 부동산, 자동차, 건설기계 또는 금전채권에 대한 가압류신청을 하는 때에는 법원의 담보제공명령이 없이 선담보제공방식으로 신청함)할 수 있으므로 신청서 상에 맨 마지막 부분에 다음과 같이 담보제공의 허가신청 의사표시를 기재하면 된다(민집규 204조).

나. 단, 보증보험증권을 발부 받으려면 가압류채권자가 신용불량자로 등재되어 있지 않아야 하며, 이런 경우에는 후 담보제공방식으로 하여 현금으로 공탁할 수밖에 없다(증권발급시 채권자 주민등록번호(개인) 또는 사업자등록번호(법인) 필요함).

> 또한, 이건 명령에 대한 담보의 제공은 채권자의 형편을 고려하여 담보금 공탁에 관하여 서울보증보험주식회사와의 지급보증위탁계약을 체결한 문서(증권번호 제OOO-OOO-OOOOOOOOOO호)를 제출하는 조건으로 신청취지와 같은 가압류 결정을 하여 주시기 바랍니다.

다. 증권번호의 개별적인 기재

채권자·채무자 중 일방 또는 쌍방이 여럿인 경우에는 각 채권자가 각 채무자를 위하여 개별적으로 보증금액에 해당하는 보험증권을 발부받아 각 해당 증권번호를 가압류신청서에 기재하여야 한다.

13. 소명방법(및 부속서류)의 표시(첨부서류의 표시)

가. 통상 서증(계약서, 차용증서 등)의 사본을 첨부한다.

나. 첨부서류의 사본에는 다음과 같은 고무인을 날인한 후 채권자의 성명을 기재하고 날인한다.

> 위 사본합니다.
>
> 20○○. ○. ○.
>
> 채권자 ○ ○ ○ (인)

다. 부속서류의 표시

(1) 대리신청의 경우 : 위임장

(2) 법인신청의 경우 : 법인등기사항전부증명서 또는 법인등기사항일부증명서(통상 법인등기사항일부증명서를 첨부함)

라. 덧붙인 서류의 표시방법

(1) 가압류신청에서는 통상 '소명방법'보다는 '첨부서류'라는 명칭으로 기재한다.

(2) 보전처분에서는 원칙적으로 '소갑 제1호증' 등의 번호를 붙이지 않는다(민소 299조).

> **첨 부 서 류**
>
> 1. 차용증서 사본 1통
> 1. 영수증 사본 1통
> 1. 주민등록초본 2통
> 1. 선박등기사항전부증명서 1통
> 1. 보증보험증권 1통
> 1. 가압류신청진술서 1통
> 1. 목록 1통

1. 위임장 1통

마. 선박국적증서 등을 수취하는 방법에 의한 경우 추가적으로 필요한 서류

(1) 항해준비를 마치지 않았다는 보고서
상법 744조에 의하여 항해준비를 완료한 선박은 가압류하지 못하므로 그에 해당되지 않는다는 소명을 위한 서류이다.

(2) 정박증명서 : 가압류할 선박이 있는 곳을 관할하는 지방법원을 관할법원으로 삼아 선박가압류를 신청하는 경우 관할을 정하기 위하여 필요하다.

(3) 선장명의 표시 : 신청서의 채무자 표시란에는 선장의 이름과 주소를 기재하여야 한다. 선장이 선주(채무자)를 대리할 수 있기 때문이다(상법 773조).

14. 제출일자와 채권자의 성명(명칭)과 기명·날인

15. 법원의 표시

가압류의 신청서를 접수하는 법원을 표시한다.

16. 간 인

신청서가 여러 장일 경우, 장과 장 사이의 우측 상단 1/3 여백의 각 장마다 채권자(대리인인 변호사인 경우 변호사 직인, 법무사인 경우 채권자 도장)의 도장으로 간인한다.

17. 별지 목록의 첨부

별지 목록을 신청서 말미에 1부를 첨부한다.

18. 영수증의 첨부

선박국적 수취명령 등이 포함된 신청인 경우에는 가압류결정정본수령에 관한 영수증 2통(채권자 및 채무자용)을 법원에 제출하고 결정문을 수령한 다음 신속히 집행관사무실을 통해 집행하여야 한다.

19. 신청 후의 처리(집행위임)

가. 선박가압류기입등기의 방법에 의하여 선박가압류를 집행하는 때에는 법원사무관 등은 그 기입등기의 촉탁을 한다(민집 295조 3항, 293조 3항).

나. 선박국적증서 등을 제출하는 방법으로 가압류를 집행하는 경우에는 집행법원은 집행관에게 선박국적증서, 그 밖에 선박운행에 필요한 문서를 선장으로부터 받아 법원에 제출할 것을 명하여야 한다(민집 295조 1항). 외국선박에 대하여는 등기의 방법으로는 집행할 수 없으므로 선박국적증서를 받아 제출하는 방법으로 집행하여야 한다. 선박국적수취명령이 포함된 경우에는 법원에서의 등기촉탁과는 별도로 채권자가 법원으로부터 결정정본 2통(채권자 및 채무자용)을 수령하여 유체동산가압류의 신청과 같은 방법으로 집행관에게 집행위임절차를 취하여야 한다.

20. 감수보존신청

- 채권자는 특별한 사정이 있어 선박에 대하여 감수보전의 필요가 있을 경우, 집행법원에 감수·보전신청을 할 수 있다(민집규 103). 선박에 대하여 감수보존을 하고자 할 때에는 별도의 신청을 하여야 하고 필요한 비용을 예납하여야 한다.
- 이와 같은 감수보전신청은 가압류명령 전에도 할 수 있다(민집규 208조, 102조). 감수보존을 신청함에 있어서는 집행관 기타 적당하다고 인정되는 자를 감수인 또는 보존인으로 정하고 감수 또는 보존을 명하여야 한다(민집규 208조, 102조 1항). 감수인은 선박을 점유하고 선박이나 그 속구의 이동을 방지하기 위하여 필요한 조치를 취할 수 있고, 보존인은 선박이나 그 속구의 효용 또는 가치의

변동을 방지하기 위하여 필요한 조치를 취할 수 있다. 감수보존의 보존처분은 중복하여 할 수 있다(민집규 103조 4항).

☞ 감수란 감수인이 선박을 점유하고 선박이나 그 속구의 이동을 방지하기 위하여, 보존은 보존인이 선박이나 그 속구의 효용 또는 가치의 변경을 방지하기 위하여 각 필요한 조치를 취하도록 하는 처분을 말한다(민사집행규칙 103조 2항, 3항).

- 신청취지는 다음과 같다.

> 1. 채무자의 별지 기재 선박에 대한 점유를 풀고 채권자가 위임한 집행관으로 하여금 이를 감수 보존하게 한다.
> 2. OO지방법원 소속집행관(또는 OO선박집행관 또는 OO선박 주식회사) OOO를 감수 보존인으로 선임하여 별지 목록 기재 선박의 감수보존을 명한다.
>
> 라는 재판을 구합니다.

☞ 신청서에는 인지 1,000원을 첨부하고, 당사자 1인당 2회분의 송달료를 신한은행에 납부한다.

21. 집행절차와 효력

가. 가압류등기를 하는 방법에 의한 가압류집행은 가압류명령을 한 법원이, 선박국적증서 등을 받아 제출하도록 명하는 방법에 의한 가압류집행은 선박이 정박하여 있는 곳을 관할하는 지방법원이 집행법원으로서 관할한다(민집 295조 2항).

나. 가압류등기를 하는 방법에 의하여 선박가압류를 집행하는 때에는 법원사무관 등은 그 기입등기의 촉탁을 하여야 한다(민집 295조 3항, 293조 3항).

나. 선박국적증서 등을 제출하는 방법으로 가압류를 집행하는 경우 집행법원은 집행관에게 선박국적증서, 그 밖에 선박운행에 필요한 문서를 선장으로부터 받아 법원에 제출할 것을 명하여야 한다(민집 295조 1항).

라. 외국선박에 대하여는 등기의 방법으로는 집행할 수 없으므로 선박국적증명서를 받아 제출하는 방법으로 한다.

마. 가압류의 효력

원칙적으로 채무자에게 그 결정이 송달된 때 또는 가압류등기가 된 때 또는 가압류등기가 된 때에 생기나(민집 291조), 그 외에 집행관이 선박국적증서 등을 받은 때(민집 291조, 174조) 또는 감수, 보존처분을 하였을 때에도(민집 291조, 178조 2항) 가압류의 효력이 생긴다. 위 각 시기 중 가장 빠른 때에 가압류의 효력이 발생하는 것이다.

바. 집행에 관한 그 밖의 사항에 관하여는 선박에 관한 강제집행의 규정이 준용되나(민집 291조), 선박집행신청 전의 선박국적증서 등의 인도명령(민집 175조), 압류선박의 정박(민집 176조), 관할위반으로 말미암은 절차의 취소(민집 180조), 보증의 제공에 의한 강제경매절차의 취소(민집 181조), 사건의 이송(민집 182조), 선박국적증서 등을 넘겨 받지 못한 경우의 경매절차취소(민집 183조) 등의 규정은 준용하기 곤란하거나 당사자 일방에 지나치게 유리하므로 그 준용이 배제된다고 보아야 한다.

제8절 부동산소유권이전등기청구권가압류

- 소유권이전등기청구권에 대한 가압류는 채권에 대한 것이지 등기청구권의 목적물인 부동산에 대한 것이 아니고, 채무자와 제3채무자에 대한 그 결정을 송달하는 외에는 현행법상 등기부에 이를 공시하는 방법이 없는 것으로서, 당해 채권자와 채무자 및 제3채무자 사이에만 효력이 있을 뿐 압류나 가압류와 관계가 없는 제3자에 대하여는 압류나 가압류의 처분금지적 효력을 주장할 수 없게 되므로, 소유권이전등기청구권의 압류나 가압류는 청구권의 목적물인 부동산 자체의 처분을 금지하는 대물적 효력은 없고, 또한 채권에 대한 가압류가 있더라도 이는 채무자가 제3채무자로부터 현실로 급부를 추심하는 것만을 금지하는 것이다.
- 그러므로 채무자는 제3채무자를 상대로 그 이행을 구하는 소송을 제기할 수 있고, 법원은 가압류가 되어 있음을 이유로 이를 배척할 수는 없다. 그러나 소유권이전등기를 명하는 판결은 의사의 진술을 명하는 판결로서 이것이 확정되면 채무자는 일방적으로 이전등기를 신청할 수 있고, 제3채무자는 이를 저지할

방법이 없게 되므로 위와 같이 볼 수는 없고, 이와 같은 경우에는 가압류의 해제를 조건으로 하지 않는 한 법원은 이를 인용하여서는 안되는 것이며, 가처분이 있는 경우도 이와 마찬가지로 그 가처분의 해제를 조건으로 하여야만 소유권이전등기절차의 이행을 명할 수 있다.

- 소유권이전등기청구권에 대한 가압류가 있기 전에 가처분이 있었다고 하여도 가처분이 뒤에 이루어진 가압류에 우선하는 효력이 없으므로 가압류는 가처분 채권자의 관계에서도 유효하다.

판결 가압류 상호간에 그 결정이 이루어진 선후에 따라 뒤에 이루어진 가압류에 대하여 처분금지적 효력을 주장할 수는 없다(대판 1999.2.9. 98다42615).

1. 관 할

채권자 또는 채무자의 주소지 법원에 제출한다.

2. 사건표지

가. 신청사건명의 표시

나. 신청사건 제목의 표지 : 어떤 종류의 재산에 가압류할 것인가를 선택하여 아래와 같이 신청서명을 기재한다.

소유권이전등기청구권가압류신청서

다. 인지액 등의 표시 : 통상 왼쪽 아래 여백에 아래와 같이 사항을 기재한다.

첩용인지액	금 OOOOO원
대법원증지대	금 OOOO원
등록면허세	금 OOOO원 (교육세 포함)

(1) 송달료 : 송달료 수납은행(법원 내 신한은행, 농협 등)에 납부한다.

① 당사자 1인당 3회분의 송달료를 납부한다(송일 87-4).

② 신한은행에 납부한 송달료(예납)납부서를 사건표지 이면 상단에 풀로 붙인다.

(2) 인지액 : 신청서 표지 다음장에 신청서 1건당 10,000원의 인지를 붙인다.

(3) 증지액 : 첨부한 대법원등기수입증지액을 기재(부기등기경우에 기재)한다.
대법원수입증지 : 부동산 1필지당 3,000원임(부기등기를 할 경우)

(4) 등록면허세 및 교육세 : 납부한 등록면허세 및 교육세액을 기재한다(부기등기를 할 경우에만 기재). 등록면허세는 1건당 7,200원임

라. 당사자의 명칭(채권자, 채무자)과 성명의 표시

가압류사건에서는 당사자의 명칭을 아래와 같이 신청서 제목 아래 우측에 기재한다(법인인 경우는 법인명과 대표자 성명을 기재한다. 단, 대표자 성명은 생략하여도 무방함).

채권자	홍 길 동
채무자	이 몽 룡

마. 사건표지 이면의 활용

(1) 실무상 송달료납부서를 사건표지 이면 상단에 떨어지지 않게끔 4면의 모서리를 풀로 붙인다.

(2) 등록면허세영수필확인서 및 등록세영수필통지서 등 첨부(부기등기 경우)
별지 A4용지에 대법원수입증지와 함께 첨부하되, 등록세는 A4용지에 등록면허세영수필확인서 맨 위부분의 일부분만 풀로 붙인다.

3. 신청사건 제목의 표시

사건표지 다음의 신청서에는 먼저 신청사건 제목을 신청서 중앙에 표시함.

소유권이전등기청구권가압류신청서

4. 당사자 등의 표시

채권자, 채무자, 제3채무자를 표시한다.

5. 피보전권리 및 요지의 표시

가. 가압류에 있어서는 청구채권을 표시하고 그 금액을 적는다.
만약 그 청구권이 금전채권이 아니라면 금전으로 환산한 금액을 적는다(민집 279조 1항).
피보전권리는 경우에 따라 복수일 수 있으며 예비적 선택적으로 기재하여도 된다. 또한 현재 존재하는 보전의 필요성을 구체적으로 명백하게 표시한다(민집 279조 1항 2호).

나. 청구금액은 가압류해방금액 등의 산정기준이 되므로 확정적으로 기재하여야 한다.

다. 피보전권리의 요지 및 청구채권의 표시를 간결, 명료하게 표시하기 어렵거나 그 내용이 길어 별지를 인용할 경우에는 '별지 기재와 같음' 등으로 기재한다.

6. 가압류할 채권의 표시

가. 신청서상에 별지 목록으로 표시한다.

가압류할 채권의 표시 : 별지 목록 기재와 같음

나. 별지 목록의 예시

(1) 부동산소유권이전등기청구권(가등기가 없는 경우)

- 채무자의 제3채무자에 대한 아래 부동산에 관한 소유권이전등기청구권 또는 부동산에 관한 매매계약을 해제할 경우 채무자가 제3채무자에 대하여 가지는 매매대금반환채권

- 채무자가 제3채무자에게 가지는 채무자와 제3채무자와의 경기도 OO시 OO구 OO동 126-3 대 187㎡에 대한 OO지방법원 OO등기소 2000. 1. 20. 접수 제1234호로 신탁을 원인으로 한 소유권이전등기를 경료하였는 바, 위 부동산의 재건축 분양되는 토지, 건물에 대한 부동산소유권이전등기청구권
- OO시 OO구 OO로 OO지구 OO아파트 308동 502호
  위 부동산에 대하여 OOO이 주식회사 OO산업주식회사에 대하여 가지는 소유권이전등기청구권 또는 채무자(OOOOOO-OOOOOOO)가 제3채무자에 대하여 가지는 OO시 OO구 OO로 OO지구 OO아파트 308동 502호의 부동산에 대한 소유권이전등기청구권

(2) 부동산분양권·입주권 가압류

- 채무자가 제3채무자에게 채무자 소유의 아래 기재 부동산을 재개발 사업시행을 위하여 제공하고 그 재개발사업이 완료된 후 제3채무자로부터 분배받을 동, 호수 미정인 아파트에 대한 부동산소유권이전등기청구권
- 채무자가 제3채무자에게 가지는 채무자와 제3채무자간의 2000. 1. 12.자 OO시 OO구 OO로 103동 807호(OO동, OO아파트)에 관하여 분양대금 200,000,000원으로 한 분양계약을 체결하고 분양대금을 완납 후 제3채무자로부터 받을 부동산소유권이전등기청구권

(3) 아파트 수분양권 가압류

채무자가 제3채무자로부터 종전부동산 OO시 OO구 OO동 1234 대 287㎡ 소유자였던 조합원으로써 재건축 후 분양받을 아파트에 대한 수분양권

7. 신청취지

- 신청취지 기재례(통상)

1. 채권자가 채무자에 대하여 가지는 위 청구채권의 표시기재 채권집행을 보전하기 위하여 채무자의 제3채무자에 대한 별지 기재 부동산의 소유권이전등기청구권을 가압류한다.

> 2. 제3채무자는 채무자에게 위 부동산에 관한 소유권이전등기절차를 이행하여서는 아니된다.
>
> 라는 재판을 구합니다.

8. 신청이유

신청의 취지를 구하는 근거가 되는 이유이다. 피보전권리의 존재와 보전의 필요성을 구체적으로 적어야 한다.

9. 보증보험증권 담보제공의 허가신청의사 및 증권번호의 표시

선담보제공방식으로 하여 채권가압류에 준한 보증금액의 보증보험증권을 제출하고 있다(통상적).

> 담보제공은 공탁보증보험증권(서울보증보험증권주식회사 증권번호 000-000-000000호를 제출하는 방법에 의할 수 있도록 허가하여 주시기 바랍니다.

10. 소명방법(및 부속서류)의 표시(첨부서류의 표시)

가. 소명할 사항

채권자와 보전처분이 신청을 이유 있세 하는 사실 즉 청구(피보전권리 포함)와 가압류의 필요성에 관한 사실의 전부에 관하여 소명이 필요함(민집 279조 2항, 301조).

나. 소명방법(민소 299조)과 서증

통상 서증(계약서, 차용증서 등)의 사본을 첨부한다.

첨부서류의 사본에는 다음과 같은 고무인을 날인한 후 채권자의 성명을 기재하고 날인한다.

위 사본합니다.

2000. 0. 0.

채권자 ○ ○ ○ (인)

다. 부속서류의 표시

(1) 대리신청의 경우 : 위임장

(2) 법인신청의 경우 : 법인등기사항전부증명서 또는 법인등기사항일부증명서(통상 법인등기사항일부증명서를 첨부함)

라. 덧붙인 서류의 표시방법

(1) 가압류신청에서는 통상 '소명방법'보다는 '첨부서류'라는 명칭으로 기재한다.

(2) 보전처분에서는 원칙적으로 '소갑 제1호증' 등의 번호를 붙이지 않는다(민소 299조).

첨 부 서 류

1. 차용증서 사본	1통
1. 영수증 사본	1통
1. 주민등록초본	3통
1. 부동산등기사항전부증명서	1통
1. 보증보험증권	1통
1. 가압류신청진술서	1통
1. 목록	1통
1. 위임장	1통

11. 제출일자와 채권자의 성명(명칭)과 기명·날인

12. 법원의 표시

가압류의 신청서를 접수하는 법원을 표시한다.

13. 간 인

신청서가 여러 장일 경우, 장과 장 사이의 우측 상단 1/3 여백의 각 장마다 채권자(대리인인 변호사인 경우 변호사 직인, 법무사인 경우 채권자 도장)의 도장으로 간인한다.

14. 별지 목록의 첨부

가. 부기등기할 경우 : 1부

나. 통상의 가압류인 경우 : 1부

제9절 유체동산인도청구권에 대한 가압류

1. 개 요

가. 채무자의 책임재산이 될 유체동산의 인도청구권이 채무자에게 있다거나 제3자가 그에 관한 권리를 채무자에게 이전할 채무를 지고 있을 때 그 현실의 인도 또는 이전을 기다리지 않고(현실로 인도 등을 받으면 채무자가 이를 은닉, 처분할 우려가 있으므로) 그 인도청구권 자체를 가압류할 수 있다.

나. 실무상 사용되는 경우는 주로 매입한 상품의 인도청구권, 무기명주식의 신주발행시 그 인도청구권 등을 대상으로 하는 경우이다.

다. 인도청구권이 가압류의 대상이 되는 것은 그 물건이 당초부터 채무자의 소유이거나 인도를 받음으로써 채무자의 소유로 되는 경우에 국한하며 그 외 임차권 등에 기한 인도청구권 등의 경우에는 채무자가 목적물을 인도받더라도 책임재산이 될 수 없으므로 가압류의 대상이 되지 않는다.

라. 또한 목적물을 제조, 가공하여 인도할 청구권은 단순한 물건의 인도가 아니고 작위를 목적으로 하는 청구권이므로, 위 방법에 의할 것이 아니라 민사집행법 251조에 의하여 집행하여야 한다.

마. 신청취지 기재례

1. 채권자가 채무자에 대하여 가지는 위 청구채권의 집행을 보전하기 위하여 채무자의 제3채무자에 대한 별지 기재의 유체동산인도청구권을 가압류한다.
2. 제3채무자는 채무자에게 위 물건을 인도하거나 채무자의 지시에 따라 이를 채무자 이외의 자에게 인도하여서는 아니된다.

라는 재판을 구합니다.

2. 집 행

일반 지명채권의 가압류와 같이 발령법원이 집행법원이 되어 제3채무자에게 결정정본을 송달함으로써 집행한다.

제10절 기타 사건의 신청취지

1. 골프회원권, 스포츠회원권, 콘도회원권에 대한 가압류

- 골프회원 등은 그 내용에 따라 예탁금회원제, 주주회원제, 사단법인회원제 등의 형태가 있는 바, 회원권의 종류에 따라 가압류의 방법이 다르다.
- 예탁금회원제는 예탁금반환청구권이라는 채권과 결부되어 있고, 주주회원제

또는 사단법인회원제는 주주 또는 사단법인의 사원의 지위가 결합된 것이라는 것에 착안한다. 이중 주주회원제와 사단법인회원제는 채무자의 권리내용과 제3채무자의 법인형태(주식회사인지 아니면 사단법인인지)를 통하여 구분할 수 있다.

가. 예탁금회원제

(1) 회원권 중 대종을 이루는 예탁금회원제의 경우에는 시설이용권과 예탁금반환청구권이 포함되어 있는 바, 이 경우 회원권 자체를 가압류하는 방법과, 회원이 탈퇴할 때 행사할 수 있는 정지조건부채권인 예치금반환청구권을 가압류하는 방법이 있으나 통상 전자의 방법에 의한다.

(2) 예탁금회원제의 경우에는 가압류명령에 기하여 채권자는 집행관을 통하여 예탁금증서를 강제집행의 방법으로 인도받을 수 있다.

(3) 신청취지례

> 1. 채권자가 채무자에 대하여 가지는 위 청구채권의 집행을 보전하기 위하여 채무자의 제3채무자에 대한 별지 기재의 골프회원권을 가압류한다.
> 2. 제3채무자는 위 골프회원권에 대하여 예탁금을 반환하거나 채무자의 청구에 의하여 명의변경 그 밖에 일체의 변경절차를 하여서는 아니된다.
> 3. 채무자는 위 골프회원권에 대하여 예탁금의 반환을 청구하거나 매매, 양도, 질권의 설정 그 밖에 일체의 처분행위를 하여서는 아니된다.
>
> 라는 재판을 구합니다.

나. 주주회원제

주주회원제의 경우에는 회원이 주주가 되므로 주식에 대한 집행방법에 의한다.

다. 사단법인회원제

사단법인 회원제인 경우에는 회원이 당해 사단법인에 대하여 일정한 지분을 가지고 있는 것으로 보아 사원의 지분에 대한 압류방식에 의하여야 하나, 그 전제로서 정관으로 사단법인의 지분의 양도가 허용되는 경우이어야 한다.

● 신청취지례

> 1. 채권자가 채무자에 대하여 가지는 위 청구채권의 집행을 보전하기 위하여 채무자의 제3채무자에 대한 별지 기재의 지분을 가압류한다.
> 2. 채무자는 위 지분을 추심하거나 그 밖의 방법으로 처분하여서는 아니된다.
> 3. 제3채무자는 채무자에 대하여 이익금의 배당, 지분의 환급, 잔여재산의 분배를 하여서는 아니된다.
>
> 라는 재판을 구합니다.

2. 주식에 대한 가압류

주식에 대한 가압류집행은 주권이 발행되었는지 여부, 증권예탁원에 예탁 또는 보호예수되었는지 여부, 회사에 주권불소지신고 여부, 채무자가 주권을 점유하고 있는지 여부 등에 따라 집행방법이 달라진다.

가. 권 리 주

주식회사의 설립시 또는 신주발행시 주주로 될 때까지의 주식인수의 지위를 권리주라고 하며, 권리주의 양도는 회사에 대하여 효력이 없다(상법 319조, 425조의 1항). 따라서 권리주 자체를 가압류하는 것은 불가능하다. 그러나 주식인수인은 회사에 대하여 설립등기나 납일기일 후 회사가 발행하는 주권의 교부청구권(장래채권)을 갖게 되는 바 민사집행법 291조, 251조, 243조에 의하여 채무자를 신주인수인, 제3채무자를 회사로 하여 위 주권교부청구권을 가압류한 후 주권의 교부를 받게 하여 주권을 현금화하는 방법으로 강제집행할 수 있다.

나. 주권발행 전의 주식

(1) 주권발행 전의 주식의 경우 회사성립 후 또는 신주납입기일 6개월 경과 전과 그 후에 따라 양도의 효력이 달라지므로 그 가압류방법에도 차이가 있다. 그러므로 채권자는 6월 경과 여부를 소명하여야 한다.

(2) 6월이 경과하기 전의 주식양도는 회사에 대하여 효력이 없으므로(상법 335조

2항), 주식 자체를 가압류하는 것은 불가능하다.

(3) 채무자(주주)가 회사에 대하여 가지는 주권교부청구권을 집행의 대상으로 삼아야 한다. 6월이 경과하도록 회사가 주권을 발행하지 않을 경우에는 주권 없이 주식을 양도할 수 있고, 양수인은 회사에 대하여 양수인 명의로 명의개서 후 양수인에 대하여 주권발생을 청구할 수 있으므로 민사집행법 291조, 251조에 의하여 그 주식 자체를 가압류한다.

다. 주권발행 후의 주식

(1) 주권발행 후 주식의 양도는 무기명주식, 기명주식에 상관없이 주권의 교부를 한다(상법 336조 1항). 양수인은 주권을 회사에 제시하여 단독으로 명의개서를 청구할 수 있으므로 원칙적으로 유체동산인 주권 자체가 가압류집행의 대상이다.

(2) 예탁유가증권에 대한 가압류
증권대체결제제도하에서는 투자자인 고액이 유가증권을 은행, 증권회사 등의 예탁자에게 예탁하고, 예탁자는 이를 모아 다시 증권예탁결제원에 재예탁하게 되는 바, 예탁유가증권에 대한 강제집행은 증권 자체가 아닌 위 공유지분을 대상으로 하며(민집규 176조), 이는 그 밖의 재산권에 해당한다.

(3) 가압류는 예탁원 또는 예탁자에 대하여 그 지분에 대한 계좌 대체와 증권의 반환을 금지하는 명령으로 한다(민집규 214조 1항). 고객이 채무자인 경우에는 예탁자인 증권회사 등이 제3채무자가 되고, 예탁자의 예탁유가증권을 압류하는 경우에는 증권예탁결제원이 제3채무자가 된다(민집규 177조).

(4) 가압류명령에는 예탁자의 명칭 소재지, 그 지점명 및 소재지, 유가증권발행회사의 명칭, 유가증권의 종류, 종목 등이 기재되어야 한다.

(5) 가압류채권자는 증권예탁결제원 또는 예탁자로 하여금 서면으로 민사집행규칙 178조 소정의 사항을 진술하게 할 것을 법원에 신청할 수 있다.

1. 채권자가 채무자에 대하여 가지는 위 청구채권의 가지는 위 청구채권의 집행을 보전하기 위하여 채무자의 제3채무자에 대한 별지 기재의 예탁유탁증권에 관한 공유지분을 가압류한다.
2. 채무자는 위 예탁유가증권에 관한 공유지분에 대하여 계좌대체의 청구나 증권반환

의 청구 그 밖에 일체의 처분행위를 하여서는 아니된다.
3. 제3채무자는 위 예탁유가증권에 관한 공유지분에 대하여 계좌대체를 하거나 채무자에게 이를 반환하여서는 아니된다.

라는 재판을 구합니다.

3. 출자증권가압류

- 건설공제조합, 전기공사공제조합의 출자증권은 출자지분을 표창하는 유가증권이므로 그 가압류방법은 증권의 발행과 교부 여부에 따라 다르다.
- 증권이 발행되어 조합원에게 교부된 경우에는 출자증권을 가압류하여야 하고, 이에서 파생되는 채권인 출자금반환청구권만을 가압류할 수는 없다.
- 증권이 발행되었으나 채무자에게 교부하지 않은 경우(통상의 경우)에는 출자증권 교부청구권을 가압류하고, 증권을 발행하지 아니한 경우에는 출자지분환급청구권을 가압류하여야 한다.
- 건설산업기본법 59조 4항, 전기공사공제조합원 11조 4항은 출자증권의 압류는 민사집행법 233조에 의한 배서금지 지시채권의 압류방법에 의하여 압류한다고 규정하고 있으므로, 가압류는 집행관이 출자증권을 점유함으로써 효력이 생긴다(대판 1987.1.20. 86다카1456).
- 출자증권은 조합원인 채무자가 직접 점유하고 있는 경우는 거의 없고, 대부분 조합에 질권이 설정되어 조합이 점유하고 있기 때문에 조합을 제3채무자로 하여 가압류명령을 발령한다.

1. 채권자가 채무자에 대하여 가지는 위 청구채권의 집행을 보전하기 위하여 채무자가 제3채무자에 대하여 가지는 별지 기재 출자증권에 기한 조합원지분을 가압류한다.
2. 제3채무자는 채무자에게 위 지분에 관하여 이익금의 배당, 출자금의 반환, 잔여재산의 분배를 하여서는 아니된다.
3. 채권자의 위임을 받은 집행관은 채무자로부터 위 출자증권을 수취하여 보관하여야 한다.

라는 재판을 구합니다.

4. 사원지분가압류

- 합명, 합자, 유한회사 사원지분에 대한 집행보전은 사원을 채무자로, 회사를 제3채무자로 하여 그 지분을 가압류함으로써 한다.
- 합명, 합자회사 사원지분에 대한 가압류의 효력은 사원의 장래이익의 배당 및 지분환급청구권에도 미치고(상법 223조, 269조), 잔여재산분배청구권에도 미친다.

5. 지식재산권가압류

가. 개 요

(1) 특허권, 실용실안권, 디자인권, 상표권 및 저작재산권 등 지식재산권은 민사집행법 251조에서 정한 그 밖의 재산권에 대한 강제집행의 대상이 된다. 특허권 등이 공유인 때에는 다른 공유자의 동의가 없으면 가압류는 가능하나 현금화를 하지 못하고, 특허권 등에 대한 전용실시권 및 통상실시권에 대하여는 그 특허권자의 동의가 있는 경우에만 가압류할 수 있다.

(2) 특허권 등 집행의 경우는 채권에 대한 집행과 달리 제3채무자가 없는 것이 특징이다. 그러나 공유지분에 대한 집행에서는 다른 공유자가, 전용실시권 등에 대한 집행에서는 특허권자가 제3채무자가 된다.

나. 가압류절차

(1) 특허권 등과 같이 권리이전에 등록이 필요한 경우에는 신청서에 등록원부등·초본을 붙여야 한다(민집규 213조 2항, 175조 1항).

(2) 본안의 관할법원 외에 그 등록지를 관할하는 지방법원이 관할법원이 된다(민집규 213조 1항).

(3) 가압류명령은 채무자에게 송달하여야 하나 등록관청에는 송달할 필요가 없다.

(4) 특허권, 실용신안권, 디자인권, 상표권 등에 대한 권리처분제한은 등록하지 않으면 효력이 생기기 않으므로(특허법 101조 1항, 실용신안법 42조, 디자인보호법 61조, 상표법 56조 1항) 법원사무관 등은 직권으로 등록관청에 가압류기입등록촉

탁을 한다(민집규 213조 2항, 민집 94조).

(5) 등록료납부영수증 해당 금액 상당의 통상환을 첨부하여야 한다(금액은 법원에 문의).

(6) 가압류 효력은 채무자에 대한 송달과는 관계없이 가압류등록이 된 때에 압류의 효력이 생긴다(민집규 213조 2항, 175조 3항).

(7) 저작재산권의 처분제한은 등록할 수 있고, 등록하지 않으면 제3자에게 대항할 수 없다(저작권법 52조). 즉, 등록은 효력발생요건이 아니므로 채무자에 대한 송달과 가압류기입등록 중 먼저 된 시점에 가압류의 효력이 생긴다(민집규 213조 2항, 175조 3항 본문).

6. 건설업면허 가압류

허용 안함(대결 1994.12.15. 94마1802,1803 참조)

7. 자동차운수사업면허권 가압류

허용 안함(대결 1996.9.12. 96마1088,1089 참조)

8. 어업허가권 가압류

일부 법원에서만 허용(환가성이 없는 관계로)

9. 신탁재산에 대한 가압류

가. 원칙적 금지(대판 2006.6.9. 2004다24557 참조)

나. 허용하는 경우

(1) 신탁전의 원인으로 발생한 권리(대판 1987.5.12. 86다45,86다카2876, 대판 1996.10.15. 96다17424 참조)

(2) 신탁사무의 처리상 발생한 권리에 기한 경우(민법 580조, 758조 참조)

(3) 사해신탁의 경우(대판 2003.12.12. 2001다57884, 대판 2001.12.27. 2001다32236 참조)

제3장 가 처 분

제1절 부동산처분금지가처분

1. 처분금지가처분

가. 피보전권리

목적물에 대한 채무자의 소유권이전, 저당권·전세권·임차권의 설정 그 밖에 일체의 처분행위를 금지하고자 하는 것이며, 금전채권은 피보전권리가 될 수 없다. 대부분은 이전등기청구권 등 특정물에 대한 이행청구권이나, 건물철거를 본안으로 할 때와 같이 방해배제청구권의 보전을 위하여도 할 수 있다. 저당권 설정계약 또는 임차권에 기한 등기청구권, 인도청구권 등을 피보전권리로 하는 처분금지가처분도 가능하다.

나. 가처분 목적물

(1) 등기된 부동산

① 부동산 처분금지가처분은 등기된 부동산에 한하여 허용되며, 미등기부동산이나 채무자의 권리가 등기되지 아니한 경우라면 그 등기를 병행하거나 선행할 수 있는 경우에 한하여 허용한다.

② 부동산 처분금지가처분의 공시방법은 가처분등기의 기입이고, 공시방법이 수반되지 아니하는 가처분은 무의미하므로, 이를 할 수 없는 경우는 가처분을 허용하지 않는 것이 실무이다.

③ 등기된 부동산이 순차 미등기 전매되었을 경우 부동산등기특별조치법 2조 2항, 3항에서는 이를 금지하고 있으나, 위 규정이 사법상의 효력까지 무효로 하는 것이 아니므로(대판 1998.9.25. 98다22543 참조) 양수인이 양도인을 대위하여 직접 원매도인을 상대로 처분금지가처분을 구하는 것도 가능하다.

(2) 부동산의 일부

① 1필지의 부동산 중 특정 일부 만에 대한 처분금지가처분을 하는 경우에는 신청인이 가처분결정을 대위원인으로 하여 대위분할등기신청을 하여 분할등기를 한 다음 곧이어 가처분의 기입등기를 할 수 있다(대판 1987.10.13. 87다카1093 참조).

② 1필지의 부동산 중 특정 부분에 대한 소유권이전등기청구권을 보전하기 위하여 그 전부에 대한 처분금지가처분을 할 수 있는지?
토지의 분할등기가 이루어지지 않는 한 등기기록상 1필지 토지의 특정된 일부분에 대한 처분금지가처분등기는 할 수 없으므로, 바로 분할등기가 될 수 있다는 특별한 사정이 없으면 그 1필지 토지 전부에 대한 처분금지가처분결정에 기한 등기촉탁에 의하여 그 1필지 토지 전부에 대한 처분금지가처분등기를 할 수밖에 없다(대판 1975.5.27. 75다190, 등기예규 881호).

(3) 미등기부동산

① 미등기부동산이라고 보존등기가 가능한 경우에는 가처분이 가능하다.

② 신축건물로서 완공은 되었으나 사용검사를 받지 못하여 보존등기에 필요한 서류를 구비할 수 없는 경우, 부동산등기법 66조에 따라 건축법에 의한 건축허가 또는 건축신고를 적법하게 마쳤으나 사용승인을 얻지 않아 보존등기를 마치지 못한 건물에 대해서도 가처분이 가능하다.
다만, 신축중인 건물로서 아직 건물로서 인정할 수 있는 단계에 이르지 않는 경우에는 현재도 미등기부동산으로 취급할 수 없는 것을 물론이고, 토지의 부합물로 볼 수도 없으며, 독립하여 거래의 객체가 될 수 없어 유체동산집행의 대상으로도 되지 않으므로 보전처분의 대상으로 삼을 수 없다.

(4) 상속등기를 하지 않은 부동산

상속등기를 하지 않은 채무자 소유의 부동산에 대한 가처분은 가처분채권자가 가처분결정을 부동산등기법 28조 소정의 대위원인을 증명하는 서면으로 하여 대위상속등기신청을 하고, 이어서 가처분기입등기를 하는 방법에 의하여 집행한다.

다만, 가처분권리자가 피상속인과 매매 등의 원인행위에 의한 권리의 이전·설정의 등기청구권을 보전하기 위하여 상속인들을 상대로 처분금지가처분신청을 하여 집행법원이 이를 인용하고, 피상속인 소유 명의의 부동산에 관하여 상속관계를 표시하여(등기의무자를 '망 OOO의 상속인 OOO' 등으로 표시함) 가처분기입등기를 촉탁한 경우에는 상속등기를 거침이 없이 가처분기입등기를 할 수 있다(등기예규 881호).

다. 집행의 효력

(1) 등기와의 관계

① 처분금지가처분은 그 집행인 등기에 의하여 가처분채무자 및 제3자에 대하여 그 내용에 따른 구속력을 갖게 된다. 따라서 처분금지가처분의 효력이라고 하는 것은 그 가처분결정 자체의 효력이 아니고 그 집행의 효력이다.

② 위와 같이 그 집행인 등기에 의하여 채무자 및 제3자에 대하여 구속력을 갖게 되므로 그 가처분이 발하여졌다고 하더라도 아직 등기되기 전에 가처분채무자가 그 가처분의 내용에 위반하여 처분행위를 하고 그에 기하여 제3자 명의의 소유권이전등기 등이 마쳐졌다면, 그 등기는 완전히 유효하고 단지 위 명령이 집행불능이 될 따름이다(대판 1997.7.11. 97다15012).

(2) 처분금지가처분 등기 후의 처분행위의 효력 및 그 범위

처분금지가처분이 등기되면 채무자 및 제3자에 대하여 구속력을 갖는다는 것은 그 등기 후에 채무자가 가처분의 내용에 위배하여 제3자에게 목적부동산에 관하여 양도, 담보권설정 등의 처분행위를 한 경우에 채권자가 그 처분행위를 무효로 할 수 있다. 그러나, 처분금지가처분이 등기되었으나 그 가처분 당시의 가처분채무자 명의의 등기가 원인무효인 관계로 확정판결에 의해 말소되어 전 소유자의 소유명의로 복귀되는 경우는 금지되는 처분행위에 해당하지 않는다(대판 1996.8.20. 94다58988).

① 주관적 범위

처분금지가처분에 위반한 처분행위는 가처분채권자에 대한 관계에서는 물론이고 그 밖의 모든 사람에 대한 관계에서도 항상 절대적으로 무효라고 하는 견해(절대적 효력설)도 있으나, 판례와 통설은 가처분채무자와 그 상대방 및 제3

자 사이에서는 완전히 유효하고 단지 가처분채권자에게만 대항할 수 없음에 그친다는 견해(상대적 효력설)를 취하고 있다(대판 1968.9.30. 68다1117 등).

② 객관적 범위

가처분에 의한 처분금지의 효력은 가처분채권자의 권리를 침해하는 한도에서만 생기는 것이므로 가처분채권자는 피보전권리의 한도에서 가처분위반의 효력을 부정할 수 있다고 할 것이다(실체적 효력설).

(3) 피보전권리와의 관계

① 피보전권리가 없어 내려진 처분금지가처분

다툼의 대상인 부동산에 관하여 실체상 아무런 권리가 없는 사람의 신청에 의하여 처분금지가처분 결정이 내려졌다면, 그에 기한 가처분등기가 마쳐졌다 하더라도 그 가처분 권리자는 가처분의 효력을 채무자나 제3자에게 주장할 수 없는 것이므로, 그 가처분 등기 후에 부동산 소유권이전등기를 마친 자는 가처분권리자에 대하여도 유효하게 소유권을 취득하였음을 주장할 수 있다(대판 1972.10.31. 72다1271, 대판 1999.10.8. 98다38760 등).

② 대위에 의한 처분금지가처분

가처분등기 후에 그 피보전권리를 실현하는 내용의 등기가 경료된 경우, 그 등기는 완전히 유효하다.

라. 다른 절차와의 경합

(1) 다른 가처분과의 경합

가처분은 그 내용이 다양하므로 상호 모순·저촉되지 않는 범위 내에서만 경합이 허용된다. 수 개의 가처분이 서로 모순·저촉되는지의 여부는 당사자, 피보전권리, 보전의 필요성, 주문 또는 신청취지 등을 비교하여 판단한다.

(2) 가압류와의 경합

부동산소유권에 대한 가압류 부분 참조

(3) 강제집행과의 경합

처분금지가처분이 되어 있는 부동산에 대하여도 본안에 관한 승소판결 확정시까지는 다른 채권자가 강제집행을 할 수 있다.

(4) 체납처분과의 경합

가처분과 체납처분과의 관계에 관하여는 체납처분우위설과 가처분우위설이 대립되어 있는데 후자가 통설·판례이다.

2. 관　할

본안의 법원 또는 다툼이 대상이 있는 곳(계쟁물소재지)을 관할하는 법원이 관할한다(민집 303조).

☞ 등기이행청구권이므로 피신청인의 주소지, 부동산소재지의 관할법원 중에서 한 곳을 선택하여 제출한다. 단, 시·군법원은 관할이 아니다.

3. 사건표지

가. 신청사건명의 표시

부동산처분금지가처분신청서

나. 인지액 등의 표시 : 통상 왼쪽 아래 여백에 다음과 같이 해당사항을 기재한다.

첩용인지액	금 OOOOO원
대법원증지대	금 OOOO원
등록면허세	금 OOOOO원 (교육세 포함)

(1) 송달료 : 송달료 수납은행(법원 내 신한은행, 농협 등)에 납부한다.

① 당사자 1인당 3회분의 송달료를 납부한다(송일 87-4).

② 신한은행에 납부한 송달료(예납)납부서를 사건표지 이면 상단에 풀로 붙인다.

(2) 인지액 : 신청서 표지 다음장에 신청서 1건당 10,000원의 인지를 붙인다.

(3) 담보제공

가처분의 경우 선담보제공을 허용하지 아니한다. 따라서 먼저 담보를 제공하지 말고 법원의 명령에 따라 담보를 제공하여야 한다(가처분은 가압류와 달리 현금공탁이 나오는 경우가 많음).

(4) 증지액 : 첨부한 대법원등기수입증지액을 기재한다.

① 대법원수입증지 : 부동산 1필지당 3,000원임.

② 아파트, 빌라, 연립주택의 경우는 부동산 1개당 3,000원임, 대지권 등기가 되어 있더라도 대지는 별개의 부동산으로 취급하지 않음.

(5) 등록면허세 및 교육세 : 납부한 등록면허세 및 교육세액을 기재한다.

① 등록면허세는 채권금액의 2/1000이며, 등록면허세의 20/100이 교육세임. 등록면허세액이 6,000원 미만인 경우에는 6,000원으로 한다.

② 등록면허세는 채권금액을, 소가는 목적물가액을 기준으로 함.

③ 등록면허세는 지방세이므로 부동산 소재지를 관할하는 시·구·군청의 민원실을 방문하여 담당공무원에게 등록면허세신고서와 부동산가처분신청서 사본을 건네주고 등록면허세영수필확인서(통지서, 영수증 포함)를 발급받아 금융기관에 납부한 후 등록면허세영수필확인서와 통지서를 대법원증지와 함께 별지 A4용지에 첨부한다(등록면허세 용지는 등록면허세확인서 부분 용지상단만 풀로 붙임).

다. 당사자의 명칭(신청인, 피신청인)과 성명의 표시

가처분사건에서는 당사자의 명칭을 아래와 같이 신청서 제목 아래 우측에 기재한다.

신 청 인　홍 길 동 피신청인　이 몽 룡

라. 사건표지 이면의 활용

(1) 실무상 송달료납부서를 위 사건표지 이면 상단에 떨어지지 않게끔 4면의 모

서리를 풀로 붙인다.

(2) 등록면허세영수필확인서 및 등록면허세영수필통지서의 원본과 사본의 첨부 통상 등기촉탁관서가 1개소일 경우는 납부한 등록면허세영수필확인서 및 등록면허세영수필통지서 원본을 첨부하고, 등기촉탁관서가 여러 곳일 경우에는 그 중의 부동산 목록 1번 부동산 소재지 관할 시·구·군에 등록세 전액 납부한 후 원본(1장)와 사본(원본을 복사한 후 원본 크기와 같게 오려 첨부함)을 등기촉탁관서의 수에 따라 별지 A4용지에 대법원 수입증지에 함께 첨부하면 된다(법원에서는 각 등기소별로 촉탁하므로 각기 첨부하여야 함).

4. 소송물가액 산정내역서(부동산목록 다음장에 첨부)

가. 가처분신청사건에서의 담보액은 목적물의 가액을 기준으로 하여 결정하므로 목적물의 가액을 산출할 수 있는 자료와 산정내역서를 첨부하여야 한다.

나. 목적물가액 산출

신청서에는 다음과 같이 산출한 '목적물가액'을 기재하여야 한다. 그리고 이 목적물 가액은 담보제공의 기준이 된다.

(1) 토지의 경우

'부동산가격공시 및 감정평가에 관한 법률'에 따른 '개별공시지가'에 100분의 50을 곱하여 산정한 금액임

- 토지의 목적물가액 = 개별공시지가 × 면적(m^2) × 50/100

(2) 건물의 경우

'지방세법시행령' 제42조 제2항에 따른 '시가표준액'에 100분의 50을 곱하여 산정한 금액임

- 건물의 목적물가액 = 시가표준액 × 면적(m^2) × 50/100

1. 시가표준액 = 건물신축가격기준액 × 건물의 구조별·용도별 위치별지수 × 건물의 경과연수별 잔존가치율 × 가감산율

2. 20○○년도 건물신축가격기준액 : 610,000원/m²(소득세법에 의한 건물시가고시)
3. 법원에 따라 목적물가액의 근거로서 주택인 경우 “주택가격확인서”의 제출을 요구하기도 한다(예컨대, 일반건물인 경우에는 시가표준액산정자료인 건축물대장, 토지대장을 첨부서류로서 첨부한다). 이 경우 목적물가액은 주택공시가의 50/100이다.
4. 주택공시가를 출력하는 방법
   국토교통부사이트(www.molit.gr.kr)에서 공시가를 확인하는 화면을 띄운 상태에서 컴퓨터 자판(printScreen)을 1회 엔터 친 후 바로 ‘아래 한글’을 열어 띄운 후 마우스우측의 “붙이기”를 누르면 위 화면이 그림으로 붙이기 된다. 이를 출력하면 된다.

다. 예 시

소송물가액 산정내역서

1. 건물시가표준액 산출내역
   구조번호 : 2 (철근콘크리트조), 용도번호 : 5 (사무실, 점포)
   건축년도 : 20○○년도 m²당가액 : 524,000원 × 62.5m²

   건물시가표준액 : 32,750,000원
   목적물가액 : 32,750,000원 × 50/100 = 16,375,000원

2. 소송물가액 산출내역
   건물에 대한 소유권이전등기청구권은 목적물가액이 소송물가액(소가)이므로 금 16,375,000원임

5. 신청사건 제목의 표시

6. 당사자, 대리인 등의 표시

가. 당사자의 성명(명칭 또는 상호), 주민등록번호 연락처(전화번호·팩시밀리번호 또는 전자우편주소 등)와 주소(피신청인의 주소 부분에서 약정상 또는 증서상 주소는 기재하지 않고 송달장소와 등기기록상 주소를 구분하여 기재한다. 송달장소와 등기기록상 주소가 일치하면 주소만 기재한다)를 기재하고 당사자가 무능력자인 경우에는 그 법정대리인을, 법인인 경우에는 그 대표자를 기재한다.

나. 가처분신청서상의 당사자는 원고·피고라는 용어를 사용하지 않고, 사건에 따라 신청인·피신청인 또는 채권자·채무자라는 용어를 사용한다.

다. 신청인(채권자)와 피신청인(채무자)의 이름과 주민등록번호 및 주소를 정확히 기재하여야 한다. 신청인(채권자)와 피신청인(채무자) 중 미성년자인 경우에는 법정대리인의 성명과 주소도 기재하여야 한다. 또한 신청인(채권자)와 피신청인(채무자)가 법인인 경우에는 법인의 대표자 이름도 기재해야 한다.

라. 법인의 상호가 변경되었는데, 부동산등기기록상에는 변경전(종전)의 상호가 표시된 채 존속하는 때에는 변경전의 상호도 기재한다.

[예 ; 피신청인 OO산업 주식회사(등기기록상 상호 : OO주식회사)
또는 ; 피신청인 OO산업 주식회사(변경전 상호 : OO주식회사)
또는 ; 피신청인 OO산업 주식회사(합병전 상호 : OO주식회사)] 등

마. 신청인이 금융기관 등인 경우에는 취급지점, 송달장소 등을 등기기록상에 표시되어야 하므로 명확하게 기재하여야 한다.

바. 법인이 아닌 사단이나 재단(비법인)이 당사자로 될 때에는 당사자능력이 있는지의 여부를 신중히 검토하여야 한다(예 ; 동창회, 교회, 종중, 입주자대표회의 등).

7. 목적물 가액의 표시

가처분의 경우 담보금산출은 목적물가액이 있는 경우에는 그 가액으로, 목적물가액이 없는 경우에는 채권금액으로 정한 후 그 금액에 소명정도에 따라 결정함으로 이를 표시하는 바. 앞에서 산출된 목적물 가액만 표시한다.

목적물가액 금 8,780,618원

8. 가처분할 목적물의 표시

가. 신청서상에 별지 목록으로 표시한다.

가처분할 부동산의 표시 : 별지 목록 기재와 같음

나. 별지 목록의 표시방법

(1) 가처분신청서상의 부동산표시란에 2개 이상의 부동산을 기재할 때에는 그 부동산의 표시의 맨 앞에 1. 2. 3. 4.와 같이 일련번호를 기재한다.

(2) 부동산의 표시는 등기기록에 기재되어 있는 대로 표시하되, 토지와 같은 번지상의 건물의 표시는 다음과 같이 기재한다.

부 동 산 의 표 시

1. OO시 OO구 OO동 OO 전 346㎡

2. 위 같 은 동 OO-O 대 214㎡

3. OO시 OO구 OO동 OO
[도로명주소] OO시 OO구 OO로 OO
시멘트 블록조 스레트지붕 1층 주택 130㎡. 끝.

(3) 아파트 등과 같이 구분건물의 경우에는 다음과 같이 기재한다.

> **부 동 산 의 표 시**
>
> 1동의 건물의 표시
> OO시 OO구 OO동 OOO 현대아파트 제103동
> [도로명주소] OO시 OO구 OO로 87길 23
>
> 전유부분의 건물의 표시
> 구 조 : 철근콘크리트조
> 건물의 번호 : 103 - 10 - 1002
> 면 적 : 10층 1002호 59.65㎡
>
> 대지권의 표시
> 토지의 표시 : OO시 OO구 OO동 OO 대 14,013㎡
> 대지권의 종류 : 소유권
> 대지권의 비율 : 1401300분의 1884. 끝.

(4) 부동산 소유자가 공유자인 경우 그 지분도 표시하여야 함.
(공유자일 경우, 별지 부동산 표시란의 그 지분의 표시는 등기기록상 지분의 숫자 그대로 표시하지 않고 통상 다음과 같이 표시한다).

> **부 동 산 의 표 시**
>
> OO시 OO구 OO동 OOO
> 대 200㎡
>
> \- 공유자 O O O 의 지분 전부 -

(5) 수필지의 부동산에 대하여 피신청인이 여러 명이거나 촉탁등기관서가 여러 곳일 경우에는 부동산의 표시 아래에 소유자 및 관할등기소의 표시를 하여야 한다.

부 동 산 의 표 시

1. OO도 OO군 OO면 OOO 대 320㎡

- 이상 홍 길 동 소유 -

- 이상 수원지방법원 용인등기소 관할 -

2. OO도 OO군 OO면 OO리 OOO-O 대 426㎡

3. OO도 OO군 OO면 OO리 OOO-O
[도로명주소] OO도 OO군 OO면 OO로 OO
철근 콘트리트조 슬래브지붕 2층 건물
1층 230㎡
2층 230㎡

- 이상 이 몽 룡 소유 -

- 이상 광주지방법원 장흥등기소 관할 -

9. 피보전권리 요지의 표시

가. 담보액이나 해방공탁금 가압류집행의 한도, 본안과의 연결을 위하여 피보전권리의 요지를 기재한다.

나. 피보전권리의 요지를 간결, 명료하게 표시하기 어렵거나 그 내용이 길 경우 "별지 목록 제1기재 내용과 같음"라고 기재하여도 된다.

2000. 1. 10. 금 20,000,000원의 매매를 원인으로 한 소유권이전등기청구권

10. 신청취지

가. 소장의 청구취지에 상응한 것으로 보전처분에 의하여 구하고자 하는 보전처분의 내용을 말한다. 자기의 권리를 보전하기 위하여 필요하다고 생각되는 보전처분의 종류와 태양을 적는다. 법원은 당사자의 신청취지에 구애받지 않고 적당한 보전처분을 선택할 수 있는 것이기 때문에 소장에서의 청구취지와 같이 법원을 구속하는 것은 아니지만 일응 당사자의 신청의 목적과 한도를 나타내는 표준이므로 명확하게 표시하여야 한다.

나. 신청취지 기재례

피신청인은 별지 목록 기재 부동산에 대하여 매매, 증여, 저당권, 임차권의 설정 그 밖에 일체의 처분을 하여서는 아니된다. 라는 재판을 구합니다.

11. 신청이유

가. 신청의 취지를 구하는 근거가 되는 이유이다. 피보전권리의 존재와 보전의 필요성을 구체적으로 적어야 한다.

나. 피보전권리와 필요성의 소명

장래의 강제집행에 의한 청구의 실현이 불능하게 되거나 곤란하게 될 것을 예방하기 위하여 현상보전을 목적으로 이루어지는 집행보전절차에 있어서는 그 피보전권리나 보전 필요성의 유무에 대한 사실인정은 소명으로 충분하다(대판 1966.9.6. 선고 66다1074).

12. 보증보험증권 담보제공 허가신청의사의 표시

가처분의 경우는 선담보제공은 허용하지 아니한다. 따라서 가처분 신청 후 법원의 담보제공명령이 있는 후에만 할 수 있으므로 다음과 같이 기재한다.

담보제공은 공탁보증보험증권을 제출하는 방법에 의할 수 있도록 허가하여 주시기 바랍니다.

13. 첨부서류의 표시

가. 통상 서증(계약서, 차용증서 등)의 사본을 첨부한다.

나. 첨부서류의 사본에는 다음과 같은 고무인을 날인한 후 신청인의 성명을 기재하고 날인한다.

위 사본합니다. 20○○. ○. ○. 신청인 ○ ○ ○ (인)

다. 부속서류의 표시

(1) 대리신청의 경우 : 위임장

(2) 법인신청의 경우 : 법인등기사항전부증명서 또는 법인등기사항일부증명서(통상 법인등기사항일부증명서를 첨부함).

라. 덧붙인 서류의 표시방법

(1) 가처분신청에서는 통상 '소명방법'보다는 '첨부서류'라는 명칭으로 기재한다.

(2) 보전처분에서는 원칙적으로 '소갑 제1호증' 등의 번호를 붙이지 않는다(민소 299조).

첨 부 서 류	
1. 차용증서	1통

1. 영수증	1통
1. 공시지가확인원	1통
1. 토지대장	1통
1. 건축물관리대장	1통
1. 주민등록초본	2통
1. 부동산등기사항전부증명서	2통
1. 보증보험증권	1통
1. 목록	1통

14. 제출일자와 신청인의 성명(명칭)과 기명·날인

15. 법원의 표시

가처분의 신청서를 접수하는 법원을 표시한다.

16. 간 인

신청서가 여러 장일 경우, 장과 장 사이의 우측 상단 1/3 여백의 각 장마다 채권자(대리인인 변호사인 경우 변호사 직인, 법무사인 경우 채권자 도장)의 도장으로 간인한다.

17. 별지 부동산 목록의 첨부

신청서와 간인하여 첨부된 별지 목록 외에 따로 작성된 별지 목록 1통을 신청서 말미에 첨부하여 제출한다.

18. 소송물가액 산정내역서

신청서에 간인되어 첨부된 부동산 목록 다음장에 첨부하여 간인한다.

19. 신청후의 처리(담보제공)

일부 현금공탁의 경우 공탁서 사본과 보증보험증권 원본을 법원에 제출한다.

[서식 14] 부동산처분금지가처분신청서

부동산처분금지가처분신청서

신 청 인 김 ○ ○

피신청인 장 ○ ○

첩용인지액 금 ○○○○○원
대법원증지대 금 ○○○○원
등록면허세 금 ○○○○○원(교육세포함)

○○지방법원 귀중

부동산처분금지가처분신청

신 청 인 김 ○ ○ (111111-2222222) (전화 :)
경기도 ○○군 ○○읍 ○○로 ○○ (우 :)

피신청인 장 ○ ○ (222222-1111111)
경기도 ○○군 ○○읍 ○○로 ○○ (우 :)
등기기록상주소 : 경기도 ○○군 ○○읍 ○○로 ○○-○

목적물의 가액

금 50,268,000원

피보전권리의 요지

2000. 4. 10. 매매를 원인으로 한 소유권이전등기청구권

가처분할 목적물의 표시

별지 목록 기재와 같음.

신 청 취 지

피신청인은 별지 목록 기재 부동산에 대하여 매매, 증여, 전세권, 저당권이나 임차권의 설정 그 밖에 일체의 처분을 하여서는 아니된다.
라는 재판을 구합니다.

신 청 이 유

1. 별지 목록 기재 부동산은 원래 피신청인 소유의 부동산이었는데 2000. 4. 10. 신청인이 금 60,000,000원에 매수하기로 하고 계약당일 계약금으로 금 60,000,000원을 지급하고, 2000. 6. 10.과 2000. 8. 10. 각 1,2차 중도금조로 각 금 20,000,000원을, 잔금은 같은 해 10. 10. 소유권이전등기에 관한 모든 서류와 함께 동시 이행하기로 약정하였습니다,

2. 그 후 신청인은 2000. 8. 10.까지 1,2차 중도금 합계 금 40,000,000원을 지급하고 다시 같은 해 10. 10. 잔금 14,000,000원을 공인중개사 홍길동 사무소에서 피신청인에게 제공하면서 소유권이전등기에 관한 모든 서류를 교부해 달라고 하였으나 피신청인은 세금납부자를 신청인으로 지정하지 않으면 계약을 해제하겠다고 하면서 잔금수령을 거절하므로 신청인은 같은 날 위 잔금 14.000,000원을 OO공탁관에게 변제공탁하였습니다.

3. 신청인은 피신청인을 상대로 소유권이전등기청구의 소를 준비 중에 있으나 최근 들리는 바에 의하면 피신청인은 위 부동산을 타에 매도하여 잠적하고자 매수자를 물

색 중에 있으므로 만약 피신청인이 이중매매를 하여 타에 소유권이전등기를 마치게 되면 뒷날 신청인이 본안소송에서 승소한다 하더라도 집행불능상태에 이를 우려가 있으므로 시 신청에 이르렀습니다.

4. 담보제공은 공탁보증보험증권을 제출하는 방법에 의할 수 있도록 허가하여 주시기 바랍니다.

첨 부 서 류

1. 부동산등기사항전부증명서 1통
1. 부동산매매계약서 1통
1. 영수증 2통
1. 공인중개사 확인서 사본 1통
1. 주민등록초본 2통
1. 부동산등기사항전부증명서 1통
1. 위임장 1통

2000. O. .

위 신청인 김 O O (인)

OO지방법원 귀중

부동산의 표시

1. OO시 OO구 OO동 237-2
대 118㎡. 끝

소송물가액산정내역서

1. 목적물가액

OO시 OO구 OO동 237-2 대 118㎡

공시지가 : ㎡당 1,420,000원 {(118 × 1,420,000) × 50/100}

= 금 83,780,000원

2. 소송물가액

소유권이전등기청구권이므로 위 목적물가액이 소송물가액임

금 83,780,000원

〈참 고〉

– 가처분 등록세 관련 –

◉ 채권금액이 없는 가처분 등록세 과세표준

지방세법 제28조 제1항 제1호에서 가처분에 대한 등록세의 과세표준액과 세율은 채권금액의 2/1,000를 적용한다고 규정하고 있으며, 동법 제27조 제4항에서 채권금액에 의하여 과세권을 정하는 경우에 일정한 채권금액이 없을 때에는 채권의 목적이 된 것 또는 처분의 제한의 목적이 된 금액을 그 채권금액으로 본다고 규정하고 있으므로 가처분등기시 채권금액이 없다면 등기 당시의 부동산의 가액 즉, 시가표준액이 되는 것이며, 채권금액에 소송의 목적물가액이 포함되는 것이 아님(행정자치부 세정-3506, 2005.10.31).

◉ 사해행위취소권 부동산처분금지 가처분등기 등록세

지방세법 제28조 제1항 제1호에서 가처분등기에 대하여 채권금액의 2/1,000의 등록세율을 적용하도록 규정하고 있고, 같은 법 제27조 제4항에서 채권금액에 의하여 과세액을 정하는 경우에 일정한 채권금액이 없을 때에는 채권의 목적이 된 것 또는 처분의 제한의 목적이 된 금액을 그 채권금액으로 본다고 규정하고 있는 바, 사해행위취소권을 행사하기 위하여 그 보전조치로서 제3자명의의 부동산에 대하여 처분금지가처분등기를 하는 경우에는 처분의 제한이 된 당해 부동산가액을 과세표준으로 하여 2/1,000의 등록세를 적용하는 것이며, 그 이외에 처분금지 가처분의 대상이 소유권 이외의 근저당권이나 소유권이전등기청구권인 경우에는 건 당 3,000원의 등록세율을 적용하는 것임(행정자치부 세정-1995, 2003.11.24).

◉ 자동차·건설기계·소형선박 처분금지가처분 등록면허세

- 자동차 등록면허세 : 1건당 15,000원임
- 건설기계 등록면허세 : 1건당 10,000원임
- 소형선박(20톤미만) 등록면허세 : 1대당 15,000원임

제2절 부동산점유이전금지가처분

1. 집행과 효력

가. 채권자가 가처분재판의 정본을 가지고 집행관에게 집행을 위임함으로써 집행한다. 집행관은 채권자, 채무자 또는 그 대리인의 참여하에 목적물이 집행관의 보관하에 있음을 밝히는 공시를 목적물의 적당한 곳에 붙이고 채무자에게 가처분의 취지를 고지함으로써 집행을 실시한다.

이 공시는 집행관보관의 효력의 발생, 존속요건이 아니고 또한 대항요건도 아니며, 단지 제3자의 개입에 의하여 집행상태의 침해라든가 효과의 감소를 방지하고, 나아가 본안판결의 집행에 의하여 불이익을 입을지도 모른다는 취지를 제3자에게 경고하는 효과를 가지는데 지나지 아니한다. 다만 이 공시를 손괴하면 형법 140조 등이 적용된다.

나. 점유이전금지가처분의 대상이 된 목적물의 소유자가 그 의사에 기하여 가처분채무자에게 직접점유를 하게 한 경우에는 그 점유에 관한 현상을 고정시키는 것만으로 소유권이 침해되거나 침해될 우려가 있다고 할 수 없고, 소유자의 간접점유권이 침해되는 것도 아니므로 간접점유자에 불과한 소유자는 직접점유

자를 가처분채무자로 하는 점유이전금지가처분의 집행에 대하여 제3자이의의 소를 제기할 수 없다(대판 2002.3.29. 2000다33010).

2. 가처분의 경합

가처분은 그 내용이 다양하므로 상호 모순·저촉되지 않는 범위 내에서만 경합이 허용된다. 수 개의 가처분이 서로 모순·저촉되는지의 여부는 당사자, 피보전권리, 보전의 필요성, 주문 또는 신청취지 등을 비교하여 판단한다.
예컨대, 갑의 을에 대한 건물의 집행관 보관, 채무자 사용의 점유이전금지가처분과 병의 갑에 대한 건물철거 및 을에 대한 건물퇴거의 가처분은 경합될 수 있다. 반면, 건물에 대하여 갑의 채무자 을을 상대로 한 집행관 보관, 채무자 을 사용의 점유이전금지가처분(제1차 가처분)이 집행된 후에, 병의 채무자 정을 상대로 한 집행관 보관, 채무자 정 사용의 점유이전금지가처분(제2차 가처분)이 다시 발령되어 집행된 경우, 양자는 비록 당사자는 서로 다르다 할지라도 각기 서로 다른 채무자에게 같은 건물의 사용을 허락한 한도 내에서 모순·저촉된다. 이러한 경우 제2차 가처분의 집행은 불허되어야 할 것인 바, 만일 집행되었다면 제1차 가처분채권자는 실체법상의 권리에 기하여 제3자이의의 소를 제기할 수도 있음은 물론이나 이에 의하지 아니하고 집행방법에 관한 이의로서 제2차 가처분집행의 배제를 구할 수도 있다(대결 1981.8.29. 81마 86).

3. 관 할

본안의 법원 또는 다툼이 대상이 있는 곳(계쟁물소재지)을 관할하는 법원이 관할한다(민집 303조).

☞ 부동산에 대한 인도청구권이므로 피신청인의 주소지, 부동산소재지의 관할법원 중에서 한 곳을 선택하여 제출한다. 단, 시·군법원은 관할이 아니다.

4. 사건표지

가. 신청사건명의 표시

부동산점유이전금지가처분신청서

나. 인지액의 표시 : 왼쪽 아래 여백에 다음과 같이 해당사항을 기재한다.

첩용인지액 금 OOOOO원

(1) 송달료 : 송달료 수납은행(법원 내 신한은행, 농협 등)에 납부한다.
 ① 당사자 1인당 3회분의 송달료를 납부한다(송일 87-4).
 ② 신한은행에 납부한 송달료(예납)납부서를 사건표지 이면 상단에 풀로 붙인다.
(2) 인지액 : 신청서 표지 다음장에 신청서 1건당 10,000원의 인지를 붙인다.
(3) 가처분의 경우 선담보제공을 허용하지 아니한다. 따라서 먼저 담보를 제공하지 말고 법원의 명령에 따라 담보를 제공하여야 한다(가처분은 현금공탁이 나오는 경우가 많음).

다. 당사자의 명칭(신청인, 피신청인)과 성명의 표시

가처분사건에서는 당사자의 명칭을 아래와 같이 신청서 제목 아래 우측에 기재한다.

신 청 인	홍 길 동
피신청인	이 몽 룡

5. 소송물가액 산정내역서(부동산목록 다음장에 첨부)

가. 가처분신청사건에서의 담보액은 목적물의 가액을 기준으로 하여 결정하므로 목

적물의 가액을 산출할 수 있는 자료와 산정내역서를 첨부하여야 한다.

나. 목적물가액 산출

신청서에는 다음과 같이 산출한 '목적물가액'을 기재하여야 한다. 그리고 이 목적물 가액은 담보제공의 기준이 된다.

(1) 토지의 경우

'부동산가격공시 및 감정평가에 관한 법률'에 따른 '개별공시지가'에 100분의 50을 곱하여 산정한 금액임

- 토지의 목적물가액 = 개별공시지가 × 면적(㎡) × 50/100

(2) 건물의 경우

'지방세법시행령' 제42조 제2항에 따른 '시가표준액'에 100분의 50을 곱하여 산정한 금액임

- 건물의 목적물가액 = 시가표준액 × 면적(㎡) × 50/100

1. 시가표준액 = 건물신축가격기준액 × 건물의 구조별·용도별 위치별지수 × 건물의 경과연수별 잔존가치율 × 가감산율
2. 20OO년도 건물신축가격기준액 : 610,000원/㎡(소득세법에 의한 건물시가 고시)
3. 법원에 따라 목적물가액의 근거로서 주택인 경우 "주택공시가"의 제출을 요구하기도 한다(예컨대, 일반건물인 경우에는 시가표준액산정자료인 건축물대장, 토지대장을 첨부서류로서 첨부한다). 이 경우 목적물가액은 주택공시가의 50/100이다.
4. 주택공시가를 출력하는 방법

   국토교통부사이트(www.molit.go.kr)에서 공시가를 확인하는 화면을 띄운 상태에서 컴퓨터 자판(printScreen)을 1회 엔터 친 후 바로 '아래 한글'을 열어 띄운 후 마우스우측의 "붙이기"를 누르면 위 화면이 그림으로 붙이기 된다. 이를 출력하면 된다.

다. 예 시

> ## 소송물가액 산정내역서
>
> 1. 건물시가표준액 산출내역
>
> 구조번호 : 2 (철근콘크리트조), 용도번호 : 5 (사무실, 점포)
>
> 건축년도 : 20OO년도　　　m^2당가액 : 524,000원 × 62.5m^2
>
> ---
>
> 건물시가표준액 : 32,750,000원
>
> 목적물가액 : 32,750,000원 × 50/100 = 16,375,000원
>
> 2. 소송물가액 산출내역
>
> 건물인도소송의 소송물가액은 목적물가액의 1/2이므로 금 8,187,500원임.

6. 신청사건 제목의 표시

7. 당사자 등의 표시

가. 당사자의 성명(명칭 또는 상호), 주민등록번호 연락처(전화번호·팩시밀리번호 또는 전자우편주소 등)와 주소(피신청인의 주소 부분에서 약정상 또는 증서상 주소는 기재하지 않고 송달장소와 등기기록상 주소를 구분하여 기재한다. 송달장소와 등기기록상 주소가 일치하면 주소만 기재한다)를 기재하고 당사자가 무능력자인 경우에는 그 법정대리인을, 법인인 경우에는 그 대표자를 기재한다.

나. 가처분신청서상의 당사자는 원고·피고라는 용어를 사용하지 않고, 사건에 따라 신청인·피신청인 또는 채권자·채무자라는 용어를 사용한다.

다. 신청인(채권자)와 피신청인(채무자)의 이름과 주민등록번호 및 주소를 정확히 기재하여야 한다. 신청인(채권자)와 피신청인(채무자) 중 미성년자인 경우에는 법정대리인의 성명과 주소도 기재하여야 한다. 또한 신청인(채권자)와 피신청인(채무자)가 법인인 경우에는 법인의 대표자 이름도 기재해야 한다.

라. 법인의 상호가 변경되었는데, 부동산등기기록상에는 변경전(종전)의 상호가 표시된 채 존속하는 때에는 변경전의 상호도 기재한다.

[예 ; 피신청인 OO산업 주식회사(등기기록상 상호 : OO주식회사)
또는 ; 피신청인 OO산업 주식회사(변경전 상호 : OO주식회사)
또는 ; 피신청인 OO산업 주식회사(합병전 상호 : OO주식회사)] 등

마. 신청인이 금융기관 등인 경우에는 취급지점, 송달장소 등을 등기기록상에 표시되어야 하므로 명확하게 기재하여야 한다.

바. 법인이 아닌 사단이나 재단(비법인)이 당사자로 될 때에는 당사자능력이 있는지의 여부를 신중히 검토하여야 한다(예 ; 동창회, 교회, 종중, 입주자대표회의 등).

8. 목적물 가액의 표시

가처분의 경우 담보금산출은 목적물가액이 있는 경우에는 그 가액으로, 목적물가액이 없는 경우에는 채권금액으로 정한 후 그 금액에 소명정도에 따라 결정함으로 이를 표시하는 바, 앞에서 산출된 목적물 가액만 표시한다.

목적물가액 금 5,260,287원

9. 가처분할 목적물의 표시

가. 부동산의 일부가 목적물일 경우에는 도면, 사진 등으로 그 계쟁물 부분을 특정하여야 한다. 부동산목록의 표시에는 부동산의 실제현황과 등기기록상의 표시가 다를 경우 실제 부동산의 현황을 표시하여야 한다. 부동산의 표시가 일치하지 않을 때에는 집행이 불가능하다.

나. 신청서상에 별지 목록으로 표시한다.

가처분할 부동산의 표시 : 별지 목록 기재와 같음

10. 피보전권리 요지의 표시

가. 담보액이나 해방공탁금 가압류집행의 한도, 본안과의 연결을 위하여 피보전권리의 요지를 기재한다.

나. 피보전권리의 요지를 간결, 명료하게 표시하기 어렵거나 그 내용이 길 경우 "별지 목록 제1 기재 내용과 같음"라고 기재하여도 된다.

2000. 1. 10. 임대차계약의 만료로 인한 건물인도청구권

판례 타인의 토지위에 무단으로 건축된 건물의 철거의무를 지는 자는 그 건물의 소유권자 또는 그 건물이 미등기건물일 때에는 이를 매수하여 법률상·사실상 처분할 수 있는 지위에 있는 사람이므로 건물철거·토지인도청구권의 경우에는 건물과 토지에 대한 점유이전금지가처분만으로는 그 목적을 달성할 수 없고, 건물에 대하여 처분금지가처분을 하면 충분하다(대판 1987.11.24. 87다카257,258 참조).

11. 신청취지

가. 소장의 청구취지에 상응한 것으로 보전처분에 의하여 구하고자 하는 보전처분의 내용을 말한다. 자기의 권리를 보전하기 위하여 필요하다고 생각되는 보전처분의 종류와 태양을 적는다. 법원은 당사자의 신청취지에 구애받지 않고 적당한 보전처분을 선택할 수 있는 것이기 때문에 소장에서의 청구취지와 같이 법원을 구속하는 것은 아니지만 일응 당사자의 신청의 목적과 한도를 나타내는 표준이므로 명확하게 표시하여야 한다.

나. 신청취지 기재례

1. 피신청인의 별지 기재 부동산에 대한 점유를 풀고 신청인이 위임하는 집행관에게 그 보관을 명한다.
2. 집행관은 현상을 변경하지 아니할 것을 조건으로 하여 피신청인으로 하여금 이를 사용하게 허용할 수 있다.

3. 피신청인은 그 점유를 타인에게 이전하거나 또는 점유명의를 변경하여서는 아니 된다.
4. 집행관은 위 취지를 공시하기 위하여 적당한 방법을 취하여야 한다.

라는 재판을 구합니다.

다. 피신청인의 점유부분이 목적물 중 일부분일 때

1. 피신청인의 별지 기재 부동산 중 별지 도면 표시 (가) 부분 점포 137㎡에 대한 점유를 풀고 신청인이 위임하는 집행관에게 그 보관을 명한다.
2. 집행관은 현상을 변경하지 아니할 것을 조건으로 하여 피신청인으로 하여금 이를 사용하게 허용할 수 있다.
3. 피신청인은 그 점유를 타인에게 이전하거나 또는 점유명의를 변경하여서는 아니 된다.
4. 집행관은 위 취지를 공시하기 위하여 적당한 방법을 취하여야 한다.

라는 재판을 구합니다.

12. 신청이유

가. 신청의 취지를 구하는 근거가 되는 이유이다. 피보전권리의 존재와 보전의 필요성을 구체적으로 적어야 한다.

나. 피보전권리와 필요성의 소명

장래의 강제집행에 의한 청구의 실현이 불능하게 되거나 곤란하게 될 것을 예방하기 위하여 현상보전을 목적으로 이루어지는 집행보전절차에 있어서는 그 피보전권리나 보전 필요성의 유무에 대한 사실인정은 소명으로 충분하다(대판 1966.9.6. 66다1074).

13. 보증보험증권 담보제공 허가신청의사의 표시

가처분의 경우는 선담보제공은 허용하지 아니한다. 따라서 가처분 신청 후 법원의 담보제공명령이 있는 후에만 할 수 있으므로 다음과 같이 기재한다.

담보제공은 공탁보증보험증권을 제출하는 방법에 의할 수 있도록 허가하여 주시기 바랍니다.

14. 첨부서류의 표시

가. 통상 서증(계약서, 차용증서 등)의 사본을 첨부한다.

나. 첨부서류의 사본에는 다음과 같은 고무인을 날인한 후 신청인의 성명을 기재하고 날인한다.

위 사본합니다. 20○○. ○. ○. 신청인 ○ ○ ○ (인)

다. 부속서류의 표시

(1) 대리신청의 경우 : 위임장

(2) 법인신청의 경우 : 법인등기사항전부증명서 또는 법인등기사항일부증명서(통상 법인등기사항일부증명서를 첨부함).

라. 덧붙인 서류의 표시방법

(1) 가처분신청에서는 통상 '소명방법'보다는 '첨부서류'라는 명칭으로 기재한다.

(2) 보전처분에서는 원칙적으로 '소갑 제1호증' 등의 번호를 붙이지 않는다(민소 299조).

첨 부 서 류

1. 차용증서	1통
1. 영수증	1통
1. 공시지가확인원	1통
1. 토지대장	1통
1. 일반건축물대장	1통
1. 도면	1통
1. 사진	3매
1. 주민등록초본	2통
1. 부동산등기사항전부증명서	2통
1. 보증보험증권	1통
1. 목록	1통

15. 제출일자와 신청인의 성명(명칭)과 기명·날인

16. 법원의 표시

가처분의 신청서를 접수하는 법원을 표시한다.

17. 간 인

신청서가 여러 장일 경우, 장과 장 사이의 우측 상단 1/3 여백의 각 장마다 채권자(대리인인 변호사인 경우 변호사 직인, 법무사인 경우 채권자 도장)의 도장으로 간인한다.

18. 별지 부동산 목록의 첨부

신청서와 간인하여 첨부된 별지 목록 외에 따로 작성된 별지 목록 1통을 신청서 말미에 첨부하여 제출한다(부동산의 일부가 목적물일 경우에는 도면, 사진 등을 별도로 첨부한다).

19. 소송물가액 산정내역서

신청서에 간인되어 첨부된 부동산 목록 다음장에 첨부하여 간인한다.

20. 신청후의 처리(담보제공)

집행관사무실에 제출한다(일부현금공탁일 경우 공탁서 사본과 보증보험증권 원본을 제출한다).

21. 영수증의 첨부

실무상 신청인(또는 대리인)의 성명과 도장을 찍고 사건번호를 공란으로 한 가처분결정정본 수령에 관한 영수증 2통(신청인 및 피신청인용)을 가처분신청서와 함께 법원에 제출하고 있다(수령 후 14일 이내에 집행관사무실을 통해 집행하여야 함).

22. 집행절차

가처분신청인이 법원으로부터 가처분명령정본 2통(신청인용, 피신청인용)을 수령하여 관할 집행관에게 집행위임함(강제집행위임장 작성, 약도작성, 비용납부) → 담당부 배정받음 → 담당부와 집행시간 약속 집행(집행조서 작성)

[서식 15] 부동산점유이전금지가처분신청서

부동산점유이전금지가처분신청서

신 청 인 김 ○ ○

피신청인 장 O O

첩용인지액 금 OOOOO원

OO지방법원 귀중

부동산점유이전금지가처분신청

신 청 인 김 O O (111111-2222222) (전화 :)
경기도 OO군 OO읍 OO로 OO (우 :)

피신청인 장 O O (222222-1111111)
경기도 OO군 OO읍 OO로 OO (우 :)

목적물의 가액

금 94,535,120원

피보전권리의 요지

임대차계약의 해지에 따른 건물인도청구권

가처분할 목적물의 표시

별지 목록 기재와 같음.

신 청 취 지

1. 피신청인은 별지 목록 기재 부동산에 대한 점유를 풀고 신청인이 위임하는 집행관에 그 보관을 명한다.

2. 집행관은 현상을 변경하지 아니할 것을 조건으로 하여 피신청인에게 이를 사용하게 하여서는 아니된다.
3. 피신청인은 그 점유를 풀고 타인에게 이전하거나 또는 점유명의를 변경하여서는 아니된다.
4. 집행관은 위 취지를 공시하기 위하여 적당한 방법을 취하여야 한다.

라는 재판을 구합니다.

신 청 이 유

1. 신청인은 신청인 소유의 별지 목록 기재 건물을 채무자에게 20OO. 10. 12. 임대보증금 50,000,000원, 월임료 금 1,200,000원, 임대기간 3년으로 하여 임대하였습니다.
2. 그런데 신청인은 20OO. 3. 13.부터 현재까지 위 월임료는 물론 수도료 등 관리비를 지급하지 않고 있으므로 위 임대차계약 제3조(월임료를 2회 이상 지체할 때에는 자동해약) 및 제10조(수도료 등 관리비를 2회 이상 지체할 때에는 자동해약)에 의하여 피신청인과의 위 임대차계약은 자동해약되었음에도 그동안 피신청인은 신청인의 건물명도요구에 불응하고 있는 바, 이는 피신청인이 2회 이상 월임료를 지급한바 없으므로 피신청인은 민법 제640조에 의하여 별지 목록 기재 건물을 인도해야 할 것입니다.
3. 따라서 신청인은 피신청인을 상대로 건물인도소송을 준비중에 있으나, 피신청인은 타인에게 점유를 이전하거나 점유명의를 변경할 우려가 있으므로 신청인이 후일 본안소송에서 승소판결을 얻는다 하더라도 직접 강제집행의 목적을 달성할 수 없게 될 우려가 있어서 그 집행보전을 위하여 이 신청에 이른 것입니다.
4. 담보제공은 공탁보증보험증권을 제출하는 방법에 의할 수 있도록 허가하여 주시기 바랍니다.

첨 부 서 류

1. 건물등기사항전부증명서	1통
1. 임대차계약서	1통
1. 최고서	2통
1. 주민등록초본	2통
1. 위임장	1통

20○○. ○. .

위 신청인 김 ○ ○ (인)

○○지방법원 귀중

부동산의 표시

1. ○○시 ○○구 ○○로 ○○
[도로명주소] ○○시 ○○구 ○○로 ○○
철근콘크리트조 슬래브지붕 단층사무실
762.38㎡. 끝.

소송물가액산정내역서

1. 목적물가액
○○시 ○○구 ○○로 ○○
[도로명주소] ○○시 ○○구 ○○로 ○○
철근콘크리트조 슬래브지붕 단층사무실 762.38㎡.

구 조 : 철근콘크리트조 슬래브지붕 용 도 : 사무실
지역번호 : 11, 경과년수 : 30년, 분류번호 : 24, ㎡당 : 124,000원
124,000원 × 762.38 = 94,535,120원
94,535,120 × 50/100 = 47,267,560원

2. 소송물가액 : 47,267,560 × 1/2 = 23,633,780원

(건물인도소송의 소송물가액은 목적물가액의 1/2임)

제 3 절 유체동산점유이전(처분금지)가처분

- 동산에 대한 가처분은 점유이전금지가처분이 대부분을 차지한다. 동산의 경우에는 점유이전금지없이 처분만을 금지하는 가처분을 하더라도 양수인이 선의취득의 규정에 의하여 유효하게 소유권을 취득하는 경우가 많아 실효성이 없기 때문에 부동산의 처분금지가처분과 같은 목적을 달성하기 위해서도 동산의 경우에는 점유이전금지가처분과 함께 또는 점유이전금지가처분만을 구하게 된다.
- 유체동산에 대한 처분금지는 통상 '양도, 질권설정 기타 일체의 처분을 하여서는 아니된다'라고 하는 문례가 많으나, 유체동산에 관하여는 공시방법이 없으므로 그와 같은 처분금지가처분만으로는 실효성이 없어 처분금지만을 신청하는 경우는 적으며 오히려 동산의 점유를 집행관보관으로 하고 피신청인에게 사용케 하는 점유이전금지가처분을 하면서 이에 피신청인의 처분을 금지하는 신청취지를 병기하는 경우가 많다.
- 집행관이 동산을 점유하는 경우에도 채무자는 이를 제3자에게 점유개정(민법 189조) 또는 목적물 반환청구권양도(민법 190조)의 방법으로 인도하는 것이 가능하며 다만 가처분채권자에게 그 인도로써 대항할 수 없을 뿐이다.
- 동산점유이전금지가처분을 신청함에는 그 대상이 되는 동산을 반드시 특정하여야 하며 현재 그 물건의 소재지를 명시하여야 한다. 또 담보공탁금의 산정 편의를 위하여 그 가액의 산출자료를 첨부하여야 한다.

1. 관 할

본안의 법원(피신청인의 주소지 법원) 또는 다툼이 대상이 있는 곳(계쟁물소재지)을 관할하는 법원이 관할한다(민집 303조)(단, 시·군법원은 관할이 아니다).

2. 사건표지

가. 신청사건명의 표시

유체동산점유이전금지가처분신청서

나. 인지액의 표시 : 통상 왼쪽 아래 여백에 다음과 같이 해당사항을 기재한다.

첩용인지액 금 OOOOO원

(1) 송달료 : 송달료 수납은행(법원 내 신한은행, 농협 등)에 납부한다.

① 당사자 1인당 3회분의 송달료를 납부한다(송일 87-4).

② 신한은행에 납부한 송달료(예납)납부서를 사건표지 이면 상단에 풀로 붙인다.

(2) 인지액 : 신청서 표지 다음장에 신청서 1건당 10,000원의 인지를 붙인다.

(3) 담보제공

가처분의 경우 선담보제공을 허용하지 아니한다. 따라서 먼저 담보를 제공하지 말고 법원의 명령에 따라 담보를 제공하여야 한다(가처분은 현금공탁이 나오는 경우가 많음).

다. 당사자의 명칭(신청인, 피신청인)과 성명의 표시

가처분사건에서는 당사자의 명칭을 아래와 같이 신청서 제목 아래 우측에 기재한다.

신 청 인	홍 길 동
피신청인	이 몽 룡

3. 신청사건 제목의 표시

4. 당사자 등의 표시

가. 당사자의 성명(명칭 또는 상호), 주민등록번호 연락처(전화번호·팩시밀리번호 또는 전자우편주소 등)와 주소(피신청인의 주소 부분에서 약정상 또는 증서상 주소는 기재하지 않고 송달장소를 기재한다). 당사자가 무능력자인 경우에는 그 법정대리인을, 법인인 경우에는 그 대표자를 기재한다.

나. 가처분신청서상의 당사자는 원고·피고라는 용어를 사용하지 않고, 사건에 따라 신청인·피신청인 또는 채권자·채무자라는 용어를 사용한다.

다. 신청인(채권자)와 피신청인(채무자)의 이름과 주민등록번호 및 주소를 정확히 기재하여야 한다. 신청인(채권자)와 피신청인(채무자) 중 미성년자인 경우에는 법정대리인의 성명과 주소도 기재하여야 한다. 또한 신청인(채권자)와 피신청인(채무자)가 법인인 경우에는 법인의 대표자 이름도 기재해야 한다.

5. 목적물 가액의 표시

가. 점유권의 가액을 소송목적물 값으로 하고, 그 점유가액을 알 수 없을 때에는 물건의 취득가격을 소송목적물 가액으로 한다.

목적물가액 금 OOOOO원

나. 소송물가액을 산정함에 있어 소유권은 그 목적물가액을, 점유권은 그 목적물가액의 1/3을 소송목적의 값으로 한다.

6. 피보전권리 요지의 표시

2000. 2. 10. 대물변제계약에 의한 동산인도청구권 등

7. 가처분할 유체동산의 표시

가. 신청서상에 별지 목록으로 표시한다.

나. 그 대상이 되는 동산을 반드시 특정(유체동산의 품명, 규격, 수량 등을 구체적으로 상세히 기재)하여야 하며 현재 그 물건의 소재지를 명시하여야 한다.

목 록

번호	품 명	수 량	규 격	제작회사
1.	세탁기	1	5.0KG	대우
2.	냉장고	1	BI02TECH SR-281	대우

유체동산 소재지 : OO시 OO구 OO로 OO(OO동)

8. 신청취지

- 신청취지 기재례

가. 유체동산처분금지가처분(거의 사용하지 않은 예시임)

피신청인은 별지 목록 기재 물건에 대하여 양도, 질권의 설정 그 밖의 처분을 하여서는 아니된다.
라는 재판을 구합니다.

나. 유체동산점유이전금지가처분

(1) 집행관 보관형

피신청인의 별지 기재의 물건에 대한 점유를 풀고 신청인이 위임하는 집행관에게 그 보관을 명한다.
집행관은 위 취지를 공시하기 위하여 적당한 방법을 취하여야 한다.
라는 재판을 구합니다.

(2) 신청인에게 보관형

1. 피신청인의 별지 기재의 물건에 대한 점유를 풀고 신청인이 위임하는 집행관에게 그 보관을 명한다.
2. 집행관은 위 물건을 사용하지 아니할 것을 조건으로 하여 신청인에게 이를 보관하게 할 수 있다.
3. 집행관은 위 취지를 공시하기 위하여 적당한 방법을 취하여야 한다.

라는 재판을 구합니다.

(3) 피신청인 사용형

1. 피신청인의 별지 기재의 물건에 대한 점유를 풀고 신청인이 위임하는 집행관에게 그 보관을 명한다.
2. 집행관은 현상을 변경하지 아니할 것을 조건으로 하여 피신청인에게 사용을 허가할 수 있다.
3. 피신청인은 그 점유를 타인에게 이전하거나 또는 점유명의를 변경하여서는 아니 된다.
4. 집행관은 위 취지를 공시하기 위하여 적당한 방법을 취하여야 한다.

라는 재판을 구합니다.

(4) 피신청인 사용형, 결합형

1. 피신청인의 별지 기재의 물건에 대한 점유를 풀고 신청인이 위임하는 집행관에게 그 보관을 명한다.
2. 집행관은 현상을 변경하지 아니할 것을 조건으로 하여 피신청인에게 사용을 허가할

수 있다.
3. 피신청인은 위 물건에 관하여 양도, 질권의 설정 그 밖의 처분행위를 하거나, 그 점유를 타인에게 이전하거나 점유를 변경하여서는 아니된다.
4. 집행관은 위 취지를 공시하기 위하여 적당한 방법을 취하여야 한다.
라는 재판을 구합니다.

9. 신청이유

가. 신청의 취지를 구하는 근거가 되는 이유이다. 피보전권리의 존재와 보전의 필요성을 구체적으로 적어야 한다.

나. 피보전권리와 필요성의 소명

장래의 강제집행에 의한 청구의 실현이 불능하게 되거나 곤란하게 될 것을 예방하기 위하여 현상보전을 목적으로 이루어지는 집행보전절차에 있어서는 그 피보전권리나 보전 필요성의 유무에 대한 사실인정은 소명으로 충분하다(대판 1966.9.6. 선고 66다1074).

10. 보증보험증권 담보제공 허가신청의사의 표시

가처분의 경우는 선담보제공은 허용하지 아니한다. 따라서 가처분신청 후 법원의 담보제공명령이 있는 후에만 할 수 있으므로 다음과 같이 기재한다.

담보제공은 공탁보증보험증권을 제출하는 방법에 의할 수 있도록 허가하여 주시기 바랍니다.

11. 첨부서류의 표시

가. 통상 서증(계약서, 차용증서 등)의 사본을 첨부함.

나. 첨부서류의 사본에는 다음과 같은 고무인을 날인한 후 신청인의 성명을 기재하고 날인한다.

위 사본합니다.
20○○. ○. ○.
신청인 ○ ○ ○ (인)

다. 부속서류의 표시

(1) 대리신청의 경우 : 위임장

(2) 법인신청의 경우 : 법인등기사항전부증명서 또는 법인등기사항일부증명서(통상 법인등기사항일부증명서를 첨부함).

라. 덧붙인 서류의 표시방법

(1) 가처분신청에서는 통상 '소명방법'보다는 '첨부서류'라는 명칭으로 기재한다.

(2) 보전처분에서는 원칙적으로 '소갑 제1호증' 등의 번호를 붙이지 않는다(민소 299조).

첨 부 서 류	
1. 차용증서	1통
1. 영수증	1통
1. 주민등록초본	2통
1. 보증보험증권	1통
1. 목록	1통

12. 제출일자와 신청인의 성명(명칭)과 기명·날인

13. 법원의 표시

가처분의 신청서를 접수하는 법원을 표시한다.

14. 간 인

신청서가 여러 장일 경우, 장과 장 사이의 우측 상단 1/3 여백의 각 장마다 채권자(대리인인 변호사인 경우 변호사 직인, 법무사인 경우 채권자 도장)의 도장으로 간인한다.

15. 별지 목록의 첨부

신청서에 간인되어 있는 유체동산 목록과 별도로 목록 1통을 신청서 말미에 첨부하여 제출한다.

16. 신청후의 처리(담보제공)

집행관사무실에 제출한다(일부현금공탁일 경우 공탁서 사본과 보증보험증권 원본을 제출한다).

17. 영수증의 첨부

실무상 신청인(또는 대리인)의 성명과 도장을 찍고 사건번호를 공란으로 한 가처분결정정본 수령에 관한 영수증 2통(신청인 및 피신청인용)을 가처분신청서와 함께 법원에 제출하고 있다(수령 후 14일 이내에 집행관사무실을 통해 집행하여야 함).
담보제공명령등본의 수령을 위하여 미리 첨부하여 둠.

18. 집행절차

가처분신청인이 법원으로부터 가처분명령정본 2통(신청인용, 피신청인용)을 수령하여 관할 집행관에게 집행위임함(강제집행위임장 작성, 약도작성, 비용납부) → 담당부 배정받음 → 담당부와 집행시간 약속 집행(집행조서 작성)

[서식 16] 유체동산점유이전금지가처분신청서

유체동산점유이전금지가처분신청서

신 청 인 김 O O
피신청인 장 O O

첩용인지액 금 OOOOO원

OO지방법원 귀중

유체동산점유이전금지가처분신청

신 청 인 김 O O (111111-2222222) (전화 :)
경기도 OO군 OO읍 OO로 OO (우 :)

피신청인 장 O O (222222-1111111)
경기도 OO군 OO읍 OO로 OO (우 :)

목 적 물 의 가 액

금 20,000,000원

피보전권리의 요지

20OO. 2. 12. 채권자와 채무자간에 체결한 대물변제계약에 의한 동산인도청구권

가처분할 목적물의 표시

별지 목록 기재와 같음.

신 청 취 지

1. 피신청인은 별지 목록 기재 물건에 대한 점유를 풀고 신청인이 위임하는 집행관에 그 보관을 명한다.
2. 집행관은 현상을 변경하지 아니할 것을 조건으로 하여 피신청인에게 이를 사용하게 하여서는 아니된다.
3. 피신청인은 위 물건에 대하여 양도, 질권의 설정 그 밖의 처분행위를 하거나, 그 점유를 풀고 타인에게 이전하거나 또는 점유명의를 변경하여서는 아니된다.
4. 집행관은 위 취지를 공시하기 위하여 적당한 방법을 취하여야 한다.

라는 재판을 구합니다.

신 청 이 유

1. 별지 목록 기재 물건은 피신청인의 소유인 바, 피신청인은 신청인에 대한 금 20,000,000원의 약속어음금 채무를 변제할 수 없게 되자 20○○. 2. 12. 피신청인 소유의 농장 내에 있는 위 물건으로 대물변제하기로 하는 계약을 체결하였습니다.
2. 그러나 피신청인은 20○○. 2. 18.까지 위 물건을 인도해 주기로 약정하였으나, 신청인의 수차에 거친 이행독촉에도 불구하고 아무런 이유 없이 인도해주지 않을 뿐만 아니라 최근에 이르러서는 위 물건뿐만 아니라 위 농장 일체를 타에 처분코자 획책하고 있어 지금 가처분하여 두지 않으면 후일 본안소송에서 승소한다고 할지라도 집행불능에 빠질 우려가 있으므로 이 건 신청에 이른 것입니다.
3. 담보제공은 공탁보증보험증권을 제출하는 방법에 의할 수 있도록 허가하여 주시기 바랍니다.

첨 부 서 류

1. 대물변제계약서 1통
1. 약속어음 사본 2통
1. 통고서 사본 2통

1. 주민등록초본 2통
1. 목록 1통
1. 위임장 1통

2000. 0. .

위 신청인 김 ○ ○ (인)

OO지방법원 귀중

목 록

품 명	규격	색 상	품 종	마리수
돼지	150근	황색	PDF1, LWD, WLD	20
돼지	150근	흰색	LWF2, WLF2	120

위 동산 소재지 : 경기도 OO군 OO면 OO로 OO

제 4 절 자동차(건설기계)처분금지가처분

자동차·건설기계 등의 가처분금지가처분의 신청에는 그 등록부등본을 첨부하여야 하며 그 외는 가압류에 준한다. 자동차·건설기계의 경우에는 원부등본의 갑부란 사본을 첨부함으로써 목적물을 표시할 수 있으며, 그 경우에는 등록촉탁서상의 목적물표시도 그 갑부란 사본 또는 등본 앞쪽의 사본을 첨부한다(재민 2003-4). 처분금지가처분은 소관청에 가처분기입등록을 촉탁함으로써 한다.

1. 관 할

본안의 법원(피신청인의 주소지 법원) 또는 다툼이 대상이 있는 곳(계쟁물소재지)을 관할하는 법원이 관할한다(민집 303조).

2. 사건표지

가. 신청사건명의 표시

자동차처분금지가처분신청서

나. 인지액의 표시 : 통상 왼쪽 아래 여백에 다음과 같이 해당사항을 기재한다.

첩용인지액 금 OOOOO원

(1) 송달료 : 송달료 수납은행(법원 내 신한은행, 농협 등)에 납부한다.

① 당사자 1인당 3회분의 송달료를 납부한다(송일 87-4).

② 신한은행에 납부한 송달료(예납)납부서를 사건표지 이면 상단에 풀로 붙인다.

(2) 인지액 : 신청서 표지 다음장에 신청서 1건당 10,000원의 인지를 붙인다.

(3) 담보제공

가처분의 경우 선담보제공을 허용하지 아니한다. 따라서 먼저 담보를 제공하지 말고 법원의 명령에 따라 담보를 제공하여야 한다(가처분은 가압류와 달리 현금공탁이 나오는 경우가 많음).

다. 당사자의 명칭(신청인, 피신청인)과 성명의 표시

가처분사건에서는 당사자의 명칭을 아래와 같이 신청서 제목 아래 우측에 기재한다.

신 청 인	홍 길 동
피신청인	이 몽 룡

라. 등록면허세 및 교육세 : 납부한 등록면허세 및 교육세를 기재한다.

① 자동차의 등록면허세는 자동차 1개당 15,000원.

② 건설기계의 등록면허세는 1대당 10,000원임.

마. 사건표지 이면의 활용

실무상 송달료납부서를 사건표지 이면 상단에 떨어지지 않게끔 4면의 모서리를 풀로 붙인다.

바. 등록면허세영수필확인서 및 등록면허세영수필통지서 첨부

별지 A4용지에 등록면허세영수필확인서 맨 윗부분의 일부분만 풀로 붙인다.

3. 신청사건 제목의 표시

4. 당사자, 대리인등의 표시

가. 당사자의 성명(명칭 또는 상호), 주민등록번호 연락처(전화번호·팩시밀리번호 또는 전자우편주소 등)와 주소(피신청인의 주소 부분에서 약정상 또는 증서상 주소는 기재하지 않고 송달장소와 등록부상 주소를 구분하여 기재한다. 송달장소와 등록부상 주소가 일치하면 주소만 기재한다)를 기재하고 당사자가 무능력자인 경우에는 그 법정대리인을, 법인인 경우에는 그 대표자를 기재한다.

나. 건설기계의 등록원부상의 대여회사, 대여회사내 실소유자는 소유자가 아니므로 가처분할 수 없다.

다. 가처분신청서상의 당사자는 원고·피고라는 용어를 사용하지 않고 신청인(채권자), 피신청인(채무자)라는 용어를 사용한다.

라. 신청인(채권자)와 피신청인(채무자)의 이름과 주민등록번호 및 주소를 정확히 기재하여야 한다. 신청인(채권자)와 피신청인(채무자) 중 미성년자인 경우에는 법정대리인의 성명과 주소도 기재하여야 한다. 또한 채권자와 채무자가 법인인 경우에는 법인의 대표자 이름도 기재해야 한다.

마. 자동차(건설기계)가처분의의 경우 피신청인(채무자)의 주소와 등록원부상의 주소가 다른 경우 현주소 아래와 등록원부상 주소를 반드시 병기하여야 한다.

바. 법인의 상호가 변경되었는데, 등록원부상에는 변경전(종전)의 상호가 표시된 채 존속하는 때에는 변경전의 상호도 기재한다.
[예 ; 피신청인 OO산업 주식회사(등록원부상 상호 : OO주식회사)
또는 ; 피신청인 OO산업 주식회사(변경전 상호 : OO주식회사)
또는 ; 피신청인 OO산업 주식회사(합병전 상호 : OO주식회사)] 등

사. 신청인이 금융기관 등인 경우에는 취급지점, 송달장소 등을 등기기록상에 표시되어야 하므로 명확하게 기재하여야 한다.

아. 법인이 아닌 사단이나 재단(비법인)이 당사자로 될 때에는 당사자능력이 있는지의 여부를 신중히 검토하여야 한다(예 ; 동창회, 교회, 종중, 입주자대표회의 등).

5. 목적물 가액의 표시

자동차·건설기계는 시·군·구에서 발행한 시가표준액표의 목적물의 가격에 의하여 산정한다.

6. 피보전권리 요지의 표시

20OO. 2. 10. 매매를 원인으로 한 소유권이전등록청구권 등으로 기재함.

7. 가처분할 자동차의 표시

가. 신청서에는 "별지 자동차등록원부 기재와 같음"라고 표시한다.

가처분할 자동차의 표시 : 별지 자동차등록원부 기재와 같음

나. 자동차(건설기계)등록원부의 갑부란을 복사하여 사본을 첨부한다.

8. 신청취지

가. 소장의 청구취지에 상응한 것으로 보전처분에 의하여 구하고자 하는 보전처분의 내용을 말한다. 자기의 권리를 보전하기 위하여 필요하다고 생각되는 보전처분의 종류와 태양을 적는다. 법원은 당사자의 신청취지에 구애받지 않고 적당한 보전처분을 선택할 수 있는 것이기 때문에 소장에서의 청구취지와 같이 법원을 구속하는 것은 아니지만 일응 당사자의 신청의 목적과 한도를 나타내는 표준이므로 명확하게 표시하여야 한다.

나. 신청취지 기재례

피신청인은 별지 자동차동록원부 기재의 자동차에 대하여 매매, 양도, 저당권의 설정 그 밖에 일체의 처분을 하여서는 아니된다. 라는 재판을 구합니다.

9. 신청이유

가. 신청의 취지를 구하는 근거가 되는 이유이다. 피보전권리의 존재와 보전의 필요성을 구체적으로 적어야 한다.

나. 피보전권리와 필요성의 소명

장래의 강제집행에 의한 청구의 실현이 불능하게 되거나 곤란하게 될 것을 예방하기 위하여 현상보전을 목적으로 이루어지는 집행보전절차에 있어서는 그 피보전권리나 보전 필요성의 유무에 대한 사실인정은 소명으로 충분하다(대판

1966.9.6. 66다1074).

10. 보증보험증권 담보제공 허가신청의사의 표시

가처분의 경우는 선담보제공은 허용하지 아니한다. 따라서 가처분 신청 후 법원의 담보제공명령이 있는 후에만 할 수 있으므로 다음과 같이 기재한다.

담보제공은 공탁보증보험증권을 제출하는 방법에 의할 수 있도록 허가하여 주시기 바랍니다.

11. 첨부서류의 표시

가. 통상 서증(계약서, 차용증서 등)의 사본을 첨부한다.

나. 첨부서류의 사본에는 다음과 같은 고무인을 날인한 후 신청인의 성명을 기재하고 날인한다.

위 사본합니다. 20OO. O. O. 신청인 O O O (인)

다. 부속서류의 표시

(1) 대리신청의 경우 : 위임장

(2) 법인신청의 경우 : 법인등기사항전부증명서 또는 법인등기사항일부증명서(통상 법인등기사항일부증명서를 첨부함).

라. 덧붙인 서류의 표시방법

(1) 가처분신청에서는 통상 '소명방법'보다는 '첨부서류'라는 명칭으로 기재한다.

(2) 보전처분에서는 원칙적으로 '소갑 제1호증' 등의 번호를 붙이지 않는다(민소 299조).

첨 부 서 류

1. 차용증서	1통
1. 영수증	1통
1. 주민등록초본	2통
1. 자동차등록원부	1통
1. 보증보험증권	1통
1. 목록	1통

12. 제출일자와 신청인의 성명(명칭)과 기명·날인

13. 법원의 표시

가처분의 신청서를 접수하는 법원을 표시한다.

14. 간 인

신청서가 여러장일 경우, 장과 장 사이의 우측 상단 1/3 여백의 각 장마다 채권자(대리인인 변호사인 경우 변호사 직인, 법무사인 경우 채권자 도장)의 도장으로 간인한다.

15. 별지 목록의 첨부

가. 신청서와 첨부된 자동차(건설기계)등록원부 외에 따로 갑부란을 복사하여 신청서 말미에 첨부하여 제출한다.

나. 신청인, 피신청인, 촉탁등기소가 각 1인인 경우 : 등록원부 사본 6부, 목록 1부

16. 신청 후의 처리(담보제공)

일부 현금공탁의 경우 공탁서 사본과 보증보험증권 원본을 법원에 제출한다.

[서식 17] 자동차처분금지가처분신청서

자동차처분금지가처분신청서

신 청 인 김 ○ ○

피신청인 장 ○ ○

첩용인지액 금 OOOOO원

등록면허세 금 OOOO원 (교육세 포함)

OO지방법원 귀중

자동차처분금지가처분신청

신 청 인 김 ○ ○ (111111-2222222) (전화 :)
경기도 OO군 OO읍 OO로 OO (우 :)

피신청인 장 ○ ○ (222222-1111111)
경기도 OO군 OO읍 OO로 OO (우 :)

목적물의 가액

금 5,376,247원

피보전권리의 요지

2000. 1. 10. 매매계약에 의한 소유권이전등록청구권

가처분할 자동차의 표시

별지 자동차등록원부 기재와 기재와 같음.

신 청 취 지

피신청인은 별지 자동차등록원부 기재의 자동차에 대하여 매매, 양도, 저당권의 설정 그 밖에 일체의 처분을 하여서는 아니된다.
라는 재판을 구합니다.

신 청 이 유

1. 신청인은 피신청인 소유의 별지 자동차등록원부 기재 자동차를 2000. 1. 10. 금 8,000,000원으로 하는 중고자동차 매매계약을 체결하고 계약당일 동 대금을 일시불로 지급하였습니다.

2. 피신청인은 동 대금 지급과 동시에 별지 자동차등록원부 기재 자동차에 대한 소유권이전등록을 하여 주기로 하고서는 지금까지 아무런 이유없이 차일피일 하면서 미루고 있어 신청인이 탐지하여 본즉 피신청인은 타에 많은 채무를 지고 있고, 동 자동차마저 타에 처분하려는 움직임이 있습니다.

3. 따라서 신청인은 피신청인을 상대로 소유권이전등록청구의 소를 준비 중에 있으나 만약 타에 처분할 경우 제3자에게 대항할 수 없게 되므로 신청취지와 같은 가처분 신청을 하기에 이르렀습니다.

4. 담보제공은 공탁보증보험증권을 제출하는 방법에 의할 수 있도록 허가하여 주시기 바랍니다.

첨 부 서 류

1. 자동차매매계약서 1통
1. 영수증 1통

1. 차량인도증 1통
1. 자동차등록원부 2통
1. 주민등록초본 2통
1. 목록 1통
1. 위임장 1통

2000. 0. .

위 신청인 김 0 0 (인)

00지방법원 귀중

목 록

자동차등록원부 갑부란 복사 첨부

| 제4장 본집행으로의 이전 |

제1절 각종의 보전처분과 본집행으로의 이전

1. 가압류를 본압류로 이전

가. 유체동산가압류의 본집행

집행관은 본집행의 신청을 받으면 그 물건의 보관장소에 의하여 임하여 목적물을 점검한 후 채무자에게 본압류를 집행한다는 뜻을 고지하고 가압류의 표시는 그대로 둔 때 덧붙여 본압류의 표시를 부착시킨다.

가압류의 표시(파란색 봉인표)를 그대로 둔 채 덧붙여 본압류의 표시(적색의 봉인표)를 부착시킨다. 가압류의 표시를 그대로 두는 것은 나중에 본압류만이 효력을 상실하게 될 때를 대비하는 것이다(단 그 표시의 문구가 본압류인지 가압류인지 명백하지 않을 때에는 다시 표시를 붙일 필요가 없다).

금전이 가압류되어 공탁되거나(민집 296조) 가압류물이 현금화되어 그 대금이 공탁되어 있을 때(민집 296조) 집행관은 보관 중인 공탁서로 공탁금을 회수하여 금전에 대한 강제집행방법에 의하여 집행한다.

- 필요한 서류 등

  본집행의 신청서(집행관 사무실에 비치됨) 1통, 집행문이 부여된 집행권원(판결정본, 공정증서정본, 지급명령정본, 화해조서정본, 조정조서정본, 이행권고결정정본 등)과 송달 및 확정증명원 각 1통(단, 확정된 지급명령정본과 이행권고결정정본은 집행문부여 및 송달증명을 첨부할 필요가 없다), 신분증과 도장, 위임장(대리인이 신청할 경우에 한하여 서식은 집행관사무실에 비치됨) 1통, 대리인의 신분증, 채권자의 도장이 필요하다.

나. 채권가압류의 본집행

지명채권에 대한 가압류를 본압류로의 이전에서는 실무상 압류부터 다시 한다. 신청서에도 가압류의 본압류 이전(가압류에서 본압류로 이전하는 채권압류 및 추심명령

(또는 전부)명령}이라는 것을 밝히고 가압류결정서 사본과 가압류 송달증명을 첨부한다(민집규 159조 2항). 집행법원은 이 신청을 받아 집행사건으로 첨부한다(송민 91-1). 채권이 가압류된 다음 본압류로 이전되는 경우 그 집행법원은 가압류를 명한 법원이 있는 곳을 관할하는 지방법원의 전속관할이다(민집 224조 3항).

구체적인 첨부서면 등은 다음과 같다.

(1) 신청서류

신청서 1통, 목록 5통, 가압류결정정본 및 송달증명원, 집행문을 부여받은 집행권원(판결정본, 공정증서정본, 화해조서정본, 조정조서정본, 확정된 지급명령정본, 이행권고결정정본 등)과 송달·확정증명원 각 1통(단, 확정된 지급명령정본과 이행권고결정정본은 집행문부여 및 송달증명을 첨부할 필요가 없다)

(2) 인 지 액

신청서 표지 다음장에 4,000원 상당의 인지를 붙인다{압류(집행권원) 1건 2,000원+추심 2,000원}.

(3) 송 달 료

송달료 수납은행(법원 내 신한은행, 농협 등)에 납부한다.

① 당사자 1인당 2회분의 송달료를 납부한다.

② 신한은행 등에 납부한 송달료(예납)납부서를 사건표지 이면 상단에 풀로 붙인다.

(4) 관 할

가압류를 명한 법원이 있는 곳을 관할하는 지방법원의 전속관할이다(민집법 224조 3항).

☞ 전부명령은 채무자나 제3채무자가 즉시항고할 수 있으므로 전부명령을 송달받고 7일 내에 항고하지 않은 경우 전부채권이 존재하는 한 그 권면액 상당의 집행채권은 전부명령이 제3채무자에게 송달된 때로 소급하여 확정된다. 만약 채무자나 제3채무자가 항고한 경우에는 항고가 기각되고 재항고하지 않거나, 재항고한 경우에는 재항고가 기각된 때에 전부명령은 확정된다. 단순히 제3무자에게 송달됨으로써 압류효력이 나타나는 추심명령과 차이가 있다.

다. 부동산, 선박, 항공기, 자동차, 건설기계 등 가압류의 본집행

부동산과 이에 준하는 선박, 항공기, 자동차, 건설기계 등의 경우는 강제경매개시결정을 함으로써 본압류로 이전한다.

본집행으로 이전과 동시에 가압류는 그 본래의 목적을 달성하고 소멸한다. 다만 가압류등기는 본집행의 절차에서 말소되게 된다.

부동산집행에서는 본집행으로 이행이 있은 후 가압류채권자는 가압류집행 이후에 이루어진, 가압류결정에 저촉되는 채무자의 처분행위를 부인할 수 있게 되는데 이 점에 본집행으로의 이전의 의미가 있게 된다.

다른 채권자의 강제경매신청이 있는 경우에 만약 가압류채권자가 이미 본안판결을 받아 민사집행법 제88조 제1항에 기하여 법원에 권리신고 및 배당요구를 한 경우라면 가압류는 본집행절차로 이행되었다고 보아야 할 것이다. 다만, 본안판결을 받지 못한 상태라면 본집행으로 이행되었다고 볼 수 없을 것이다.

라. 전세권가압류의 본집행

존속기간이 만료되지 않은 전세권에 대하여는 양도명령(채권자에게 전세권을 양도하는 것), 매각명령(유체동산집행절차에 따라 전세권을 매각하는 것)의 특별환가방법을 통하여 채권자는 만족을 얻게 된다.

존속기간이 만료된 전세권의 경우(해제된 경우도 마찬가지임)에는 전세권가압류의 효력이 전세금반환청구권에 미치므로, 채권자가 전세금반환청구권에 관하여 바로 채권압류 및 추심(또는 전부)명령을 얻어 강제집행을 하게 된다.

마. 저당권부채권, 전세금반환청구권가압류의 본집행

일반 채권가압류의 경우와 마찬가지로 압류 및 추심명령, 압류 및 전부명령에 의한다.

바. 소유권이전등기청구권가압류의 본집행

(1) 보관인선임 및 권리이전등기명령

소유권이전등기청구권의 가압류채권자는 본안승소판결에 기하여 압류채권자로부터 법원에 '보관인선임 및 권리이전등기명령'을 신청한다.

제3채무자가 등기에 필요한 서류를 보관인에게 인도하면, 보관인은 채권자에게 채무자로의 등기가 될 시점을 알려주고 채무자 명의로 이전등기를 마친다. 채권자는 즉시 채무자 명의로 이전된 부동산에 대하여 강제경매신청을 하여 자신의 채권을 만족시키게 된다.

(2) 추심명령 및 추심의 소

제3채무자가 등기에 필요한 서류를 보관인에게 인도하지 않으면 채권자는 법원으로부터 추심명령을 받아 추심의 소를 제기한다.

추심의 소에게 승소판결을 받은 채권자는 채무자를 대위하여 채무자 앞으로 등기를 함과 동시에 채무자 소유의 부동산에 관하여 강제경매신청을 하여 자신의 채권을 만족시키게 된다.

사. 출자증권에 대한 조합원지분 가압류의 본집행

집행관이 공고 후 조합원지분을 매각한다. 건설공제조합 등의 조합원지분은 건설회사 등 일정한 자격을 갖춘 자만이 매수할 수 있다. 매수인은 조합원지분을 매수한 후 건설공제조합 등에게 명의개서를 신청한다.

아. 유체동산인도청구권 가압류의 본집행

채무자의 유체동산인도청구권 자체를 강제경매절차에서 처분하는 것이 아니라, 집행권원에 기하여 압류를 하면서 제3채무자에 대하여 그 동산을 채권자의 위임을 받은 집행관에게 인도하도록 명한다(민집법 243조).

인도명령은 집행관에게 유체동산의 수령권한을 줌에 불과한 것이므로 제3채무자가 인도를 이행하지 않을 경우, 집행관이 제3채무자에게 강제로 인도집행을 할 수는 없다. 이때 채권자는 법원으로부터 추심명령을 얻어 추심의 소를 제기하여야 하고(민집법 249조, 이때 전부명령은 불가능하다). 추심의 소에서 승소한 채권자는 제3채무자로부터 인도받은 유체동산을 처분하여 채권의 만족을 얻게 된다.

자. 골프회원권 가압류의 본집행

회원권 자체를 민사집행법 제251조의 기타 재산권에 대한 집행의 방법을 통하여 강제집행을 할 수도 있고, 예치금반환청구권에 대하여 압류 및 전부명령을 받는 방법으로 집행할 수도 있다.

차. 주식 관련 가압류의 본집행

(1) 주권교부청구권가압류의 본집행

주권교부청구권 자체를 강제경매절차에서 처분하는 것이 아니라, 제3채무자로부터 주권을 교부받아 이를 채무자의 책임재산으로 하여 강제집행신청을 하여 그 매각대금으로 채권의 만족을 얻게 된다.

(2) 주식가압류의 본집행

주식자체를 압류목적물로 하여 압류를 한 후 특별환가방법(양도명령, 매각명령 등)에 의해 본집행을 하게 된다.

(3) 주권가압류의 본집행

배서가 금지되지 않은 주권이라면 유체동산에 대한 강제집행의 방법으로, 배서가 금지된 주식이면 채권집행의 방법으로 본집행을 하게 된다.

(4) 예탁유가증권에 관한 공유지분 가압류의 본집행

예탁유가증권에 관한 공유지분에 대한 본집행절차는 법원의 압류명령에 따라 개시한다(민집규 176조).

법원은 압류채권자의 신청에 따라 압류된 예탁유가증권지분에 관하여 법원이 정한 값으로 지급함에 갈음하여 압류채권자에게 양도하는 명령 또는 추심에 갈음하여 법원이 정한 방법으로 매각하도록 집행관에게 명하는 명령을 하거나 그 밖에 적당한 방법으로 현금화하도록 명할 수 있다(민집규 179조).

(5) 보호예수유가증권 인도청구권의 가압류의 본집행

증권예탁원에 보호예수된 주권은 반환을 청구하면 보호예수된 것과 동일한 유가증권으로 반환하는 것이므로, 보호예수는 개별임치계약에 해당된다.

따라서 보호예수된 주권은 유체동산인도청구권에 대한 집행방법이 민사집행법 제247조 및 제243조에 의하게 된다.

의무보호예수와 같이 발행회사가 제3채무자가 되는 경우가 있고, 일반 보호예수와 같이 증권예탁원이 제3채무자가 되는 경우가 있으나, 양자를 구별하여 제3채무자를 정확히 표시한 후 채무자의 제3채무자에 대한 보호예수유가증권반환청구권을 압류한다.

그 후 집행관은 민사집행법 제243조 의하여 의하여 주권을 인도받아 유체동산에 대한 강제집행절차를 개시하거나, 반환청구권 자체를 특별현금화하게 된다.

카. 지식재산권 등 그 밖의 재산권에 대한 가압류의 본집행

지식재산권으로서 등록을 요하는 경우에는 압류 외에 새로운 등록촉탁을 한다. 그 밖의 재산권의 경우에도 실무상은 가압류 상태에서 바로 현금화절차로 들어가지 않고 압류를 다시 한 후 현금화하게 된다.

2. 가처분를 본집행으로 이전

가. 부동산처분금지가처분의 본집행

소유이전등기청구권의 보전을 위해 처분금지가처분등기를 마친 채권자가 채무자를 상대로 하여 소유권이전등기청구소송을 제기한 후 승소판결을 받으면 채권자는 자신 명으로의 소유권이전등기신청을 할 수 있다. 즉 채권자는 소유권이전등기신청과 동시에 가처분기입등기 후 이에 저촉되는 등기를 한 제3자의 등기의 말소를 신청하여 제3자 명의의 소유권이전등기말소와 기타 이에 반하는 등기(가등기, 소유권 이외의 권리에 관한 등기, 가압류등기, 가처분등기, 압류등기 등)를 말소시킬 수 있다. 그러나 가처분등기에 우선하거나 대항할 수 있는 등기는 말소할 수는 없다.

나. 점유이전금지가처분의 본집행

집행관보관의 점유이전금지가처분은 이미 채무자의 점유를 해제하여 인도집행을 종료하였기 때문에 새로 점유를 취득하는 절차는 필요없고 그대로 채권자에게 점유를 이전하면 족하다.

집행관 보관·채무자사용형의 경우에는 새로이 채무자의 사용을 배제하는 현실적인 집행이 필요하다.

집행관보관·채권자사용형은 채권자에게 집행관보관이 해제되었음을 고지함으로써 족하다.

다. 단행가처분의 본집행

단행가처분은 임시의 집행을 종국적인 것으로 전환하기 위해서는 본집행이 필요하다. 구체적으로 집행력 있는 판결정본 등 집행권원에 기하여 본집행의 신청을 하는 것으로 바로 본집행으로 이행됨과 동시에 본집행이 집행목적달성으로 종료한 것으로 처리한다.

3. 신청취지 기재례

가. 가압류 금액이 본압류 금액보다 많을 경우

채권자와 채무자간 OO지방법원 20OO카단 OOOO호 채권가압류결정에 의한 별지 목록 기재 채권에 대한 가압류 금 5,000,000원 중 금 3,000,000원은 이를 본압류로 이전한다.

제3채무자는 채무자에게 위 채권에 관한 지급을 하여서는 아니된다.

채무자는 위 채권의 처분과 영수를 하여서는 아니된다.

위 압류된 채권은 지급에 갈음하여 채권자에게 전부한다.

나. 가압류 금액과 본압류 금액이 같을 경우

채권자와 채무자간 OO지방법원 20OO카단 OOOO호 채권가압류결정에의 별지 목록 기재 채권에 가압류는 이를 본압류로 이전한다.

제3채무자는 채무자에게 위 채권에 관한 지급을 하여서는 아니된다.

채무자는 위 채권의 처분과 영수를 하여서는 아니된다.

위 압류된 채권은 지급에 갈음하여 채권자에게 추심할 수 있다

다. 가압류 금액이 본압류 금액보다 적을 경우

채권자와 채무자간 OO지방법원 20OO카단 OOOO호 채권가압류결정에 의한 별

지 목록 기재 채권 중 금 5,000,000원에 대한 가압류는 이를 본압류로 이전한다. 채권자와 채무자 사이의 위 판결정본(또는 지급명령정본)에 기한 나머지 금 1,000,000원은 이를 압류한다.
제3채무자는 채무자에게 위 채권에 관한 지급을 하여서는 아니된다.
채무자는 위 채권의 처분과 영수를 하여서는 아니된다.
위 압류된 채권은 지급에 갈음하여 채권자에게 추심할 수 있다.

[서식 18] 가압류를 본압류로 이전하는 채권압류 및 추심명령신청서

가압류를 본압류로 이전하는
채권압류 및 추심명령신청서

채 권 자 ○ ○ ○
채 무 자 ○ ○ ○
제3채무자 ○ ○ ○

첩용인지액 금 4,000원

OO지방법원 귀중

가압류를 본압류로 이전하는
채권압류 및 추심명령신청서

채 권 자 이 ○ 채 (000000-0000000) (전화 :)

전라남도 OO군 OO읍 OO로 OO (우 :)

채 무 자 정 O 영 (000000-0000000O)
OO시 OO구 OO로 OO(OO동) (우 :)
집행권원상주소 : 전라남도 OO군 OO읍 OO로 OO
송달장소 : 전라남도 OO군 OO읍 OO로 OO-O

제3채무자 대 한 민 국
위 법률상대표자 법무부장관 OOO
소관 : OO지방법원 공탁관

가압류에서 본압류로 이전하는 압류 및 추심할 채권의 표시

별지 기재와 같음

압류 및 추심할 채권의 표시

별지 기재와 같음

청구채권의 표시

금 10,000,000원, 단, 채권자와 채무자간에 OO지방법원 20OO가소 OOO호 대여금 청구사건의 집행력있는 판결정본에 기한 채권
금 69,041원, 위 금 10,000,000원에 대하여 20OO. 7. 3.부터 20OO. 7. 23.까지 연 12%의 비율로 계산한 이자(10,000,000원 × 12/100 × 21/365, 원미만은 버림)
합계 10,069,041원,

청 구 취 지

1. 채권자와 채무자간 OO지방법원 20OO카단 OOO호 채권가압류결정에 의한 별지 목록 기재 채권 중 금 10,000,000원에 대한 가압류는 본압류로 이전한다.
2. 별지 목록 기재 채권 중 위 판결정본에 기한 나머지 금 143,835원은 이를 압류한다.
3. 제3채무자는 채무자에게 위 채권에 관한 지급을 하여서는 아니된다.
4. 채무자는 위 채권의 처분과 영수를 하여서는 아니된다.

5. 위 압류된 채권은 지급에 갈음하여 채권자가 추심할 수 있다.

라는 재판을 구합니다.

청 구 원 인

1. 채권자는 채무자에 대하여 위 청구채권의 표시 기재 채권의 집행을 보전하기 위하여 OO지방법원 20OO카단 OOO호 채권가압류 집행을 하고, 같은 법원 20OO가소 OOO호 대여금 청구사건의 소를 제기하여 승소하였습니다.
2. 그런데 채무자는 위 채권가압류에 대하여 금 13,000,000원을 OO지방법원 20OO금제OOO호로 해방공탁하였으므로 그 해방공탁금을 추심하여 변제에 충당하고자 이 건 신청에 이른 것입니다.

첨 부 서 류

1. 집행력있는 판결정본 1통
1. 송달증명원 1통
1. 채권가압류결정정본 2통
1. 송달증명원 1통
1. 주민등록초본 2통

20OO. O. .

위 채권자 이 O 채 (인)

OO지방법원 귀중

가압류를 본압류로 이전하는
압류 및 추심할 채권의 표시

금 10,000,0000원,

채무자가 제3채무자에 대하여 가지는 OO지방법원 20OO카단 OOO호 채권가압류신청사건에 관하여 채무자가 채권자를 상대로 20OO. O. O. OO지방법원 공탁관에게 같은 법원 20OO금 제OOO호로 공탁한 해방공탁금채권(금 10,000,000원 및 이에 대한 이자) 중 위 청구채권액에 달할 때까지의 금액

압류 및 추심할 채권의 표시

금 69,041원,

채무자가 제3채무자에 대하여 가지는 OO지방법원 20OO카단 OOO호 채권가압류신청사건에 관하여 채무자가 채권자를 상대로 20OO. O. O. OO지방법원 공탁관에게 같은 법원 20OO금 제OOO호로 공탁한 해방공탁금채권(금 10,000,000원 및 이에 대한 이자) 중 위 청구채권액에 달할 때까지의 금액

합계 금 10,069,041원

- 이 상 -

[주] 가압류채권자가 본안의 소송에서 승소할 경우 가압류공탁금 확보방법

1. 공탁절차
   금전채권의 일부 및 전부에 대하여 가압류가 있는 경우 제3채무자는 가압류된 채권액 또는 가압류와 관련된 채권전액을 공탁할 수 있다(민집법 제291조, 제248조 1항).
   공탁 이후에는 가압류의 효력이 그 청구금액에 해당하는 공탁금액에 대한 가압류 채무자의 출급청구권에 미친다(민집 297조).
2. 제3채무자가 가압류된 채권액에 대하여만 공탁한 경우
   피공탁자(가압류채무자)는 가압류가 실효되지 않는 한 공탁금의 출급을 청구할 수 없고, 가압류채권자의 가압류를 본압류로 이전하는 압류(채권압류 및 추심/전부명령)명령이 송달되면 집행법원의 지급위탁에 의하여 출급하게 된다[2003. 12. 17. 행정예규 제528호 4. 다. (1)].
3. 제3채무자가 가압류에 관련된 금전채권 전액을 공탁한 경우
   공탁금 중 가압류의 효력이 미치는 부분에 대하여는 가압류 채권자의 가압류를 본압류로 이전하는 압류명령이 송달되면 집행관은 즉시 압류명령의 발령법원에 그 사유를 신고하여야 하고, 집행법원의지급위탁에 의하여 출급이 이루어진다.
4. 공탁금출급절차
   채권자가 채무자의 재산에 가압류(채권가압류, 부동산가압류) 결정을 얻어 집행을 완료한 후 채무자가 법원이 제시한 해방공탁금을 법원에 공탁하고 가압류집행이 취소되었을 시 채권자는 본안에서 승소판결을 받아 그 해방공탁금에 곧바로 채권압류 및 전부명령을 신청하는 것이 아니고 가압류에서 본압류로 이전하는 채권압류 및 전부명령(또는 추심명

령)을 신청한다. 위 채권압류 및 전부명령(또는 추심명령)이 확정되면 채권자는 그 확정증명원과 결정정본을 첨부하여 해방공탁금을 출급할 수 있다.
만약 채권압류 및 전부명령을 신청하게 되면 가압류채권과 동일채권임을 소명하여 배당절차에서 배당받을 번거로움이 있다.

5. 채권자가 금전채권의 가압류를 본압류로 이전하는 압류 및 추심명령을 받아 본집행절차로 이행한 후 본압류의 신청만을 취하함으로써 본집행절차가 종료한 경우, 특단의 사정이 없는 한 그 가압류집행에 의한 보전 목적이 달성한 것이라거나 그 목적이 불가능하게 된 것이라고는 볼 수 없으므로 그 가압류집행의 효력이 본집행과 함께 소멸되는 것은 아니하고 할 것이니, 채권자는 제3채무자에 대하여 그 가압류집행의 효력을 주장할 수 있다(대판 2000.6.9. 97다34594).

제2절 이전의 효과

보전처분의 집행이 본집행으로 이전된 경우, 판례는 가압류집행이 있은 후 그 가압류가 강제경매개시결정으로 인하여 본압류로 이행된 경우에 가압류집행이 포섭됨으로써 당초부터 본집행이 있었던 것과 같은 효력이 있고, 본집행의 효력이 유효하게 존속하는 한 상대방은 가압류집행의 효력을 다툴 수는 없고, 오로지 본집행의 효력에 대하여만 다투어야 하는 것이므로, 본집행이 취소 실효되지 않는 한 가압류집행이 취소되었다 하여도 이미 그 효력을 발생한 본집행에는 아무런 영향을 미치지 않는다고 한다(대결 2002.3.15. 2001마6620).

따라서, 가압류등기 후 제3자 앞으로 소유권이전등기가 마쳐진 부동산에 대하여 가압류권자의 신청에 의한 강제경매절차가 진행 중에 가압류해방금액을 공탁하였다고 하더라도 이를 이유로 가압류집행을 취소할 수 없고, 나아가 가압류집행 취소의 결과 이를 이유로 가압류등기가 말소되었더라도 이를 이유로 강제경매개시결정을 취소할 수는 없는 것이다(대결 2002.3.15. 2001마6620).

또한 판례는, 본집행의 효력이 없는 것이라면 보전집행의 효력은 그대로 살아나서 보전집행상태가 유지되나(대판 2000.6.9. 선고 97다34594 판결). 보전집행과 본집행은 하나의 목적을 위한 일련의 절차로서 일체를 이루는 것이므로 본집행이 목적달성불능으로 종료된 경우(강제경매개시결정이 잉여의 가망이 없어 취소된 경우 등)에는 선행한 보전집행의 효력도 상실한다(대결 1980.6.26. 80마146)고 한다.

보전집행에 대하여 제3자이의의 소가 제기되어 그 소송 계속 중에 당해 보전집행이 본집행으로 이전된 경우 본집행의 불허를 구하는 것으로 소를 변경하여야 하는가 혹은 신청취지를 정정하면 족한 것인가의 문제가 있다. 가압류 제3자이의의 소와 본집행 제3자이의의 소는 그 소송물이 다르므로 소변경이 타당하다. 가압류집행의 본압류로의 이전으로 인하여 가압류에 의한 시효중단의 효력이 소멸하는 가의 문제가 있으나 가압류와 본압류의 사이에 압류의 연속이 있으므로 결국 가압류의 시효중단의 효력은 소멸하지 아니하고 계속 존속하는 것으로 봄이 타당하다.

[서식 19] 가압류를 본압류로 이전하는 채권압류 및 추심명령에 대한 취하서

20○○타채 ○○○

가압류를 본압류로 이전하는 채권압류 및 추심명령에 대한 취하서

채 권 자 ○ ○ ○

채 무 자 ○ ○ ○

제3채무자 ○ ○ ○

세 출 자	○ ○ ○
관 계	변호사 ○○○ 법률사무소의 사무원
주민등록번호	○○○○○○-○○○○○○○
제출자 신분확인	(인)

○○지방법원 귀중

가압류를 본압류로 이전하는 채권압류 및 추심명령에 대한 취하서

채 권 자　○　○　○ (000000-0000000)
　　　　　○○시 ○○구 ○○로 ○○(○○동)

채 무 자　○　○　○ (000000-0000000)
　　　　　○○시 ○○구 ○○로 ○○(○○동)

제3채무자　○　○　○ (000000-0000000)
　　　　　○○시 ○○구 ○○로 ○○(○○동)

위 당사자간 귀원 20○○타채 ○○○호 가압류를 본압류로 이전하는 채권압류 및 추심명령 신청사건에 대하여 채권자와 채무자 간에 원만히 합의하였으므로(또는 채권자의 사정에 의하여) 이 건 신청사건의 전부를 취하합니다.

20○○. ○. .

위 채권자 ○ ○ ○ (인)
(전화 :)

○○지방법원 ○○지원 귀중

목 록

금 60,214,260원

채무자가 제3채무자에게 20○○. ○. ○. 매도한 ○○○○물건에 대한 매매대금

청구채권 중 위 청구금액에 달할 때까지의 금액

- 이 상 -

[주] 1. 신청서 1부 및 부본 2부를 제출한다.
2. 인지를 붙이지 않는다.
3. 송달료 : 1인당 2회분의 송달료를 예납한다.
4. 가압류를 취하하지 않고 본압류만 취하한 경우 가압류의 효력은 잃지 않음에 주의한다.
5. 채권자가 금전채권의 가압류를 본압류로 이전하는 압류 및 추심명령을 받아 본집행절차로 이행한 후 본압류의 신청만을 취하함으로써 본집행절차가 종료한 경우 특단의 사정이 없는 한 가압류집행에 의한 보전목적이 달성된 것이라거나 그 목적 달성이 불가능하게 된 것이라고는 볼 수 없으므로 그 가압류집행의 효력이 본집행의 함께 당연히 소멸되는 것은 아니라고 할 것이나, 채권자는 제3채무자에 대하여 그 가압류집행의 효력을 주장할 수 있다(대판2000.6.9. 97다34594).

제5장 담보제공(공탁)

- 법원은 채권자가 부동산·자동차·건설기계·선박 또는 금전채권에 대한 가압류 신청을 하는 때에는 법원의 담보제공명령이 없더라도 지급보증위탁계약을 체결한 문서를 제출하는 방법으로 담보재공의 허가신청을 할 수 있다. 다만 급여채권, 영업자 예금채권에 대한 가압류신청을 하는 때에는 예외이다(재민 2003-5). 위의 허가신청을 하는 경우에, 채권자·채무자 중 일방 또는 쌍방이 여럿인 경우에는 각 채권자가 각 채무자를 위하여 위 보증금액에 해당하는 보증서 원본을 개별적으로 제출하여야 한다.
- 이 담보는 민사집행법상의 담보의 일종으로 소송비용의 담보에 관한 민사소송법 120조 1항, 121조 내지 126조의 규정이 준용된다(민집 19조 3항, 민소 127조).
- 가압류에 있어서는 통상 청구금액을 기준으로 하여 산정하고 있으며, 처분금지가처분 및 점유이전금지가처분에 있어서는 대체로 본안의 소송목적의 값을 기준으로 하여 산정하는 법원과 목적물의 값을 기준으로 산정하는 법원이 있다.

※ 공탁금산정기준

구 분	부동산, 자동차	채권 및 기타 재산권	유체동산
가 압 류 (청구금액 기준)	1/10	청구금액의 2/5 급여·영업자예금채권은 1/2 현금	4/5 1/2 현금
처분금지가처분 (청구금액 기준)	1/10	청구금액의 2/5	법원마다 기준이 다름
점유이전금지가처분 (청구금액 기준)	2/5	–	법원마다 기준이 다름

※ 가압류신청에 관한 담보제공기준(서울중앙지방법원)

구 분	담보제공기준	담보제공방법	기 타
대한 민국	무공탁		그 밖의 공공기관, 금융기관은 개인과 구분없음
부동산 자동차 선 박	청구금액의 1/10	현금공탁 또는 보증보험증권	소명 정도에 따라 담보제공 중 일정부분에 대하여는 현금 공탁만 허용
채권	청구금액의 2/5	현금공탁 또는 보증보험증권. 다만 급여채권, 영업자예금의 경우 청구금액의 1/5 범위 내의 현금공탁 포함	급여채권, 영업자예금 이외의 채권에 대하여도 소명 정도에 따라 담보제공액 중 일정부분에 대하여는 현금공탁만 허용. 선담보 가능(다만 급료, 영업자예금제외)
유체 동산	청구금액의 4/5	현금공탁 또는 보증보험증권. 다만, 청구금액의 2/5 범위 내의 현금공탁 포함	후담보

☞ 1. 청구채권 : 원금을 기준(이자, 지연손해금 등은 포함되지 않음)

2. 가압류신청시에 부동산, 자동차가압류 사건은 청구채권 원금기준으로 1/10을, 채권가압류 사건은 청구채권 원금기준으로 1/5을, 보증금액으로 하는 공탁보증보험증권 원본을 제출하는 방법으로 담보제공허가신청을 할 수 있다. 다만, 채권자 중 일방 또는 쌍방이 수인인 경우에는 각 채권자가 각 채무자를 위하여 위 보증금액의 해당하는 공탁보증보험증권을 개별적으로 제출하여 신청하여야 한다.

※ 보증서 제출에 의한 담보제공이 허용되지 아니한 경우

1. 가집행신고 있는 판결에 대하여 상소제기가 있는 때의 강제집행의 일시정지를 위한 담보
2. 청구이의의 소의 제기가 있는 때의 강제집행의 일시정지를 위한 담보
3. 민사소송법 제299조 제2항의 규정에 따른 소명에 갈음한 보증
4. 매각허가결정에 대한 항고에 있어서의 보증
5. 가압류해방금액
6. 그 밖에 담보제공의 성질상 위 1항 내지 5항에 준하는 경우

[서식 20] 공탁서(재판상의 보증)

[제1-2호 양식]

금전 공탁서(재판상의 보증)

<table>
<tr><td colspan="2">공 탁 번 호</td><td>2000년 금 제 호</td><td colspan="2">년 월 일 신청</td><td>법령조항</td><td>민사집행법 제280조
동법 제19조 제3항,
민사소송법 제122조</td></tr>
<tr><td rowspan="4">공
탁
자</td><td>성 명
(상호, 명칭)</td><td>장 길 산</td><td rowspan="4">피
공
탁
자</td><td>성 명
(상호, 명칭)</td><td colspan="2">김 갑 동</td></tr>
<tr><td>주민등록번호
(법인등록번호)</td><td>000000-0000000</td><td>주민등록번호
(법인등록번호)</td><td colspan="2">000000-0000000</td></tr>
<tr><td>주 소
(본점,주사무소)</td><td>경기도 00군 00읍
00대로 00</td><td>주 소
(본점, 주사무소)</td><td colspan="2">경기도 00군 00읍
00대로 000</td></tr>
<tr><td>전화번호</td><td>000-0000-0000</td><td>전화번호</td><td colspan="2">000-0000-0000</td></tr>
<tr><td colspan="2" rowspan="2">공 탁 금 액</td><td>한글 일천만원</td><td colspan="2" rowspan="2">보 관 은 행</td><td colspan="2" rowspan="2">00은행 00지점</td></tr>
<tr><td>숫자 10,000,000원</td></tr>
<tr><td colspan="2" rowspan="2">법원의 명칭과
사 건</td><td colspan="5">00지방법원 00지원 2000카단000 부동산가압류 사건</td></tr>
<tr><td>당사자 | 채권자</td><td>장 산</td><td>채 무 자</td><td colspan="2">김 갑 동</td></tr>
<tr><td>공탁
원인
사실</td><td colspan="6">가압류보증</td></tr>
<tr><td colspan="2">비고(첨부서류 등)</td><td colspan="5">1. 담보제공명령등본 1통 2. 주민등록초본 1통
1. 위임장 1통 ☐ 계좌납입신청</td></tr>
<tr><td colspan="7">위와 같이 신청합니다. 대리인 주소 : 00시 00구 00대로 00(00동)
전화번호 : 000-000-0000
공탁자 성명 0 0 0 (인) 성명 : 변호사 홍길동 법률사무소
변호사 홍 길 동 (인)</td></tr>
<tr><td colspan="7">위 공탁을 수리합니다.
공탁금을 년 월 일까지 위 보관은행의 공탁관 계좌에 납입하시기 바랍니다.
위 납입기일까지 공탁금을 납입하지 않을 때는 이 공탁 수리결정의 효력이 상실됩니다.
년 월 일
00지방법원 00지원 공탁관 (인)</td></tr>
<tr><td colspan="7">(영수증) 위 공탁금이 납입되었음을 증명합니다.
년 월 일
공탁금 보관은행(공탁관) (인)</td></tr>
</table>

※ 1. 서명 또는 날인을 하되, 대리인이 공탁할 때에는 대리인의 성명, 주소(자격자대리인은 사무소)를 기재하고 대리인이 서명 또는 날인하여야 합니다. 전자공탁시스템을 이용하여 공탁하는 경우에는 날인 또는 서명은 인증서에 의한 전자서명 방식으로 합니다.
2. 공탁당사자가 국가 또는 지방자치단체인 경우에는 법인등록번호란에 '고유번호'를 기재하시기 바랍니다.
3. 공탁금 회수청구권은 소멸시효 완성으로 국고에 귀속될 수 있습니다.
4. 공탁서는 재발급 되지 않으므로 잘 보관하시기 바랍니다.

제1절 채무자의 이의신청

이의신청은 서면이나 구술에 의하여 하나 통상 서면에 의한다. 이의신청서에는 보전처분의 취소나 변경을 신청하는 이유를 명시한다. 취소나 변경의 사유되는 것은 이의사건의 사실심변론종결시까지의 사정이 모두 이의사유가 된다.
이의신청인은 변론에서 이의사유를 추후보완하거나 이의신청서에 명시하지 아니한 사유도 주장할 수 있다. 증거의 증명은 가압류·가처분신청서와 마찬가지로 증명이 아닌 소명에 의한다.

1. 관 할

보전처분을 발령한 법원의 전속관할이다(항소법원에서 보전처분을 하였을 때에는 이의사건도 그 항소심법원의 관할에 전속한다).

2. 이의권자

가. 보전처분의 채무자와 그 일반승계인, 파산관재인 등이다.

나. 채무자의 특정승계인은 직접 자기 이름으로 이의신청을 할 수 없고, 다만 참가승계의 절차를 거쳐 승계인으로서의 이의신청을 할 수 있다.

다. 채무자의 채권자도 대위신청을 할 수 없으며, 다만, 이해관계인으로서 보조참가신청과 동시에 이의신청을 할 수 있다.

라. 가압류·가처분신청당시 채무자가 생존하고 있었던 이상 가압류결정 당시에 사망하였다 하더라도 그 가압류결정은 무효가 아니므로 사망자의 상속인이 이의신청을 할 수 있다.

3. 신청의 시기

법률상 제한이 없으므로 보전처분이 유효하게 존재하고 있는 한 언제든지 이의신청할 수 있다(채무자가 가압류해방금액을 공탁할 때, 채권자가 집행기간을 경과한 때, 채권자가 집행을 해방시킨 때, 집행이 완료된 때)

4. 이의사유

가. 채무자가 가압류명령의 존속을 다툴 수 있는 사유는 원칙적으로 모두 이의사유가 된다. 피보전권리 및 보전의 필요성의 부존재, 관할위반, 보증금의 과소, 가압류 취소사유의 존재 등 모든 사유가 이의사유가 된다.

나. 집행의 하자에 대하여는 제3자이의의 소나 집행(집행방법)에 관한 이의로써 다투어야 한다.

5. 이의신청서

이 신청서는 답변서 또는 준비서면의 역할에 해당된다.

가. 신청서 표지

20○○카단 ○○○○ 부동산가압류

가압류이의신청서

채 권 자 　홍 　길 　동 채 무 자 　김 　갑 　동 외 1 **OO지방법원 OO지원 귀중**

(1) 수입인지 : 10,000원의 인지를 신청서 표지 다음장에 붙인다.

(2) 송달료 : 송달료 수납은행(법원 내 신한은행, 농협 등)에 납부한다.

① 당사자 1인당 8회분의 송달료를 납부한다(송일 87-4).

② 신한은행에 납부한 송달료(예납)납부서를 사건표지 이면 상단에 풀로 붙인다.

나. 신 청 서

(1) 신청사건 제목의 표시

(2) 당사자의 표시

① 채권자 및 채무자의 성명과 주소 및 전화번호 기재

② 채무자가 다수인 경우에도 이의신청하는 자만 채무자로 표시한다.

(3) 신청사건의 특정과 불복의사의 기재

① 가압류 사건의 경우

위 당사자간 귀원 20OO가단 OOOO 부동산가압류신청사건에 관하여, 채무자는 다음과 같이 위 결정에 불복하여 민사집행법 제283조에 의하여 이의신청합니다.

② 가처분사건의 경우

위 당사자간 귀원 20OO카단 OOOO 부동산가처분신청사건에 관하여, 채무자는 다음과 같이 위 결정에 불복하여 민사집행법 제283조, 제301조에 의하여 이의신청합니다.

(4) 신청취지(통상적)

> 1. 이 사건에 관하여 OO지방법원 20OO. 1. 20.에 결정한 20OO카단 OOOO호 부동산 가압류(가처분)결정은 이를 취소한다.
> 2. 채권자의 가압류(가처분)신청을 기각한다.
> 3. 소송비용은 채권자가 부담한다.
> 4. 제1항은 가집행할 수 있다.
>
> 라는 재판을 구합니다.

(5) 신청이유

이의사유는 제한이 없다. 피보전권리 및 보전의 필요성의 존부에 관한 사유는 물론, 그 외에 보전명령을 부당하게 하는 모든 사유를 주장할 수 있다.

(6) 첨부서류의 표시

① 채권자의 수만큼 이의신청서 부본을 첨부한다.

② 통상 서증의 사본을 첨부함

③ 첨부서류의 사본에는 다음과 같이 채무자의 성명을 기재하고 날인한다.

> 위 사본합니다.
>
> 20OO. O. O.
>
> 채무자 O O O (인)

④ 소명방법에는 채무자가 제출하는 각 문서에는 소명의 '소'를 붙여 우측 중앙 여백에 "소을 제1호증" 또는 "소을 제2호증"… 식으로 순차적으로 호증번호를 표시한다.

> **첨 부 서 류**
>
> 1. 이의신청서 부본 1부

1. 소을 제1호증(변제증서) 1부
1. 소을 제2호증(영수증) 1부

(7) 제출일자와 채무자의 성명(명칭)과 기명 ·날인

(8) 법원의 표시

[서식 21] 가압류이의신청서(1)

가압류이의신청서

채 권 자 김 ○ ○ (111111-2222222) (전화 :)
경기도 ○○군 ○○읍 ○○로 ○○ (우 :)

채 무 자 장 ○ ○ (222222-1111111)
경기도 ○○군 ○○읍 ○○로 ○○ (우 :)

위 당사자간 귀원 20○○카단 ○○○○호 유체동산가압류신청사건에 관하여, 채무자는 다음과 같이 위 결정에 불복하여 민사집행법 제283조에 의하여 이의 신청합니다.

신 청 취 지

1. 이 사건에 관하여 ○○지방법원이 20○○. 2. 10.에 결정한 20○○카단 ○○○○호 유체동산가압류결정은 이를 취소한다.
2. 채권자의 가압류신청을 기각한다.
3. 신청비용은 채권자가 부담한다.
4. 제1항은 가집행할 수 있다.

라는 재판을 구합니다.

신 청 이 유

1. 채권자(이의피신청인, 이하 '채권자'라고 약칭한다.)의 채무자(이의신청인, 이하 '채무자'라고 약칭한다.)에 대한 20○○카단 ○○○○호 유체동산 가압류신청사건에 관하여 채권자는 채무자 소유의 유체동산 가압류집행을 한 바 있습니다.

2. 채권자의 이 사건 가압류신청 이유에 의하면, 채권자는 채무자에게 2000. 11. 15. 금 1,500,000원을, 이자는 월 2푼, 변제기일은 2000. 4. 15.로 정하여 대여하면서 채권자는 채무자로부터 위 변제기일이 경과되었으나 위 원금 1,500,000원 및 이에 대한 이자를 한푼도 지급받지 않았으므로, 위 원리금을 지급받기 위하여 채권자는 채무자에게 위 원리금을 지급할 것을 수차에 걸쳐 촉구하였다는 내용으로 2000. 2. 18. 허위로 작성한 내용증명에 의한 최고서를 채무자에게 발송하여 위 채무를 이행하라고 하면서, 채무자를 상대로 본안소송을 준비 중에 있는 바, 후일 위 본안소송 승소시의 집행보전을 위하여 이 사건 가압류신청에 이른 것이라고 주장하고 있습니다.

3. 그런데 채무자는 채권자로부터 2000. 11. 15. 금 1,500,000원을, 월 2푼, 변제기일은 2000. 4. 15.로 정하여 차용한 사실은 인정하나, 변제기일이 지난 현재까지 위 채무를 이행하지 않고 있다는 사실은 부인합니다.

4. 왜냐하면, 채무자는 위 채무에 관하여 채권자에게 위 금 1,5000,000원과 이에 대하여 2000. 11. 16.부터 2000. 5. 15.까지(1,500,000원 × 0.24 × 182/365, 1,000원 미만은 반올림)의 이자금 180,000원을 합하여 금 1,680,000원을 2000. 5. 15. 변제함으로써 동 채무는 완전히 변제되었고, 그 후 채권자는 채무자에게 2000. 5. 15. 이후부터 2000. 2. 17.까지 한번도 위 원리금을 지급하라는 촉구를 받은 사실도 없어, 동 채무는 이미 소멸되었으므로, 채권자 주장의 피보전채권은 존재치 않음이 당연하다 할 것입니다.

5. 따라서 이 사건 가압류결정은 부당하므로 가압류 결정취소를 구하기 위하여 본 신청에 이르렀습니다.

첨 부 서 류

1. 이의신청서 부본 1통
2. 소을 제1호증(답변서 사본) 1통
3. 소을 제2호증(변제증서 사본) 1통

2000. 0. .

위 채무자 장 0 0 (인)

00지방법원 귀중

[서식 22] 가압류이의신청서(2)

가압류이의신청서

채 권 자 김 ○ ○ (111111-2222222) (전화 :)
경기도 ○○군 ○○읍 ○○로 ○○ (우 :)

채 무 자 장 ○ ○ (222222-1111111)
경기도 ○○군 ○○읍 ○○로 ○○ (우 :)

위 당사자간 귀원 20○○카단 ○○○○호 유체동산가압류신청사건에 관하여, 채무자는 다음과 같이 위 결정에 불복하여 민사집행법 제283조에 의하여 이의 신청합니다.

신 청 취 지

1. 이 사건에 관하여 ○○지방법원이 20○○. 2. 10.에 결정한 20○○카단 ○○○○호 유체동산가압류결정은 이를 취소한다.
2. 채권자의 가압류신청을 기각한다.
3. 신청비용은 채권자가 부담한다.
4. 제1항은 가집행할 수 있다.

라는 재판을 구합니다.

신 청 이 유

1. 채권자(이의피신청인, 이하 '채권자'라고 약칭한다.)의 채무자(이의신청인, 이하 '채무자'라고 약칭한다.)에 대한 20○○카단 ○○○○호 유체동산 가압류신청사건에 관하여 채권자는 채무자 소유의 유체동산 가압류집행을 한 바 있습니다.

2. 채권자의 이 사건 가압류신청 이유에 의하면, 채권자는 채무자에게 20○○. 11. 15. 금 1,500,000원을, 이자는 월 2푼, 변제기일은 20○○. 4. 15.로 정하여 대여하면서 채권자는 채무자로부터 위 변제기일이 경과되었으나 위 원금 1,500,000원 및 이에 대한 이자를 한 푼도 지급받지 않았으므로, 위 원리금을 지급받기 위하여 채권자는 채무자에게 위 원,리금을 지급할 것을 수차에 걸쳐 촉구하였다는 내용으로 20○○. 2. 18. 허위로 작성한 내용증명에 의한 최고서를 채무자에게 발송하여 위 채무를

이행하라고 하면서, 채무자를 상대로 본안소송을 준비 중에 있는 바, 후일 위 본안 소송 승소시의 집행보전을 위하여 이 사건 가압류신청에 이른 것이라고 주장하고 있습니다.

3. 그런데 채무자는 채권자로부터 2000. 11. 15. 금 1,500,000원을, 월 2푼, 변제기일은 2015. 4. 15.로 정하여 차용한 사실은 인정하나, 변제기일이 지난 현재까지 위 채무를 이행하지 않고 있다는 사실은 부인합니다.

4. 왜냐하면, 채무자는 위 채무에 관하여 채권자에게 위 금 1,5000,000원과 이에 대하여 2000. 11. 16.부터 2000. 5. 15.까지(1,500,000원 × 0.24 × 182/365, 1,000원 미만은 반올림)의 이자금 180,000원을 합하여 금 1,680,000원을 2000. 5. 15. 변제함으로써 동 채무는 완전히 변제되었고, 그 후 채권자는 채무자에게 2000. 5. 15. 이후부터 2000. 2. 17.까지 한 번도 위 원리금을 지급하라는 촉구를 받은 사실도 없어, 동 채무는 이미 소멸되었으므로, 채권자 주장의 피보전채권은 존재치 않음이 당연하다 할 것입니다.

5. 따라서 이 사건 가압류결정은 부당하므로 가압류 결정취소를 구하기 위하여 본 신청에 이르렀습니다.

첨 부 서 류

1. 이의신청서 부본 1통
1. 소을 제1호증(답변서 사본) 1통

2000. O. .

위 채무자 장 O O (인)

OO지방법원 귀중

6. 이의신청의 취하

이의사건의 진행중에도 보전처분신청을 취하할 수 있다. 이의신청은 상대방인 채권자의 동의를 필요로 하지 아니하며, 그 효과는 보전명령 당시의 상태로 돌아간다. 이의신청 취하의 효력을 다투는 절차는 소 취하의 효력을 다투는 절차와 같다.

따라서 신청취하의 효력을 다투는 경우에는 민사소송규칙 소 취하의 효력을 다투는 규정(제68조 1항 내지 3항)을 준용한다(민집규칙 205조). 변론기일에 쌍방 당사자가 2회 이상 출석하지 아니한 경우에는 이의신청이 취하간주되는 것이 아니고 보전처분 신청자체가 취하간주된다.

판례 본안사건의 취하간주와 가압류집행취소
: 가압류신청사건의 본안사건이 심판기일에 당사자 쌍방 불출석으로 취하 간주되었다면 그 가압류집행은 취소됨이 상당하다(79.9.5. 79스9 공629호 12234호).

7. 이의사건의 심리

가. 이의사건은 변론을 열어 일반 판결절차에 따라 심리한다.

보전처분신청의 당부를 심리하는 것이므로 채권자가 적극적 당사자로서 보전처분의 인가를 구하는 공격을 하게 되고, 채무자는 소극적 당사자로서 신청의 기각과 이미 발령한 보전처분의 취소변경을 구함으로써 족하다.

나. 변론기일에 2회 이상 양쪽 당사자가 출석하지 않거나 변론하지 아니하고 1개월 안에 기일지정신청을 하지 아니한 경우, 취하간주되는 것은 이의신청이 취하간주된 것이 아니고 보전처분의 신청 자체이다. 또한 이의신청을 한 채무자에게 채권자의 주소를 확인하여 보정할 의무가 있는 것이 아니고, 설사 채무자가 채권자의 구속상태를 알고서 이를 법원에 달리지 않았더라도 신청인에 대한 공시송달을 위법이라고 할 수 없다(대판 1992.4.14. 92다3441).

다. 이의신청사건진행 중, 본안이 제소된 경우에는 소송제기증명원 또는 소장사본, 변론기일소환장 등을 첨부한 이송신청서를 제출하면 본안법원으로 이송된다.

라. 이의신청사건의 진행 중 채권자가 보전처분을 취하할 수 있는 바, 이 경우 채권자가 말소용 등록면허세, 대법원증지, 송달료를 납부하지 않고 신청취하서만을 제출하면 집행해제가 되지 않으므로(이때에는 채무자가 취하증명원을 발급받아 집행취소를 신청할 수 있음), 신청취하 및 집행해제신청서를 위 등록면허세 등과 함께 제

출해야만 한다(이의신청사건은 실무상 취하간주됨).

8. 채무자의 집행취소신청

가집행선고부 보전처분취소판결이 있으면 채무자가 그 판결정본을 집행법원에 제출하면서 집행취소신청을 하여 집행법원이 그 절차를 밟아야만 이미 행한 보전처분 집행의 효력이 상실되는 것이므로, 채무자는 그 판결정본과 송달증명원을 첨부한 집행취소신청서를 집행기관에 제출하여 집행의 취소를 구하여야 할 것이다.

제2절 채무자의 결정취소신청

- 보전처분의 발령요건의 존부(피보전권리의 존부, 보전의 필요성의 유무)를 다투는 것이 아니라, 현재 보전처분을 유지하는 것이 부적당하다는 사유를 들어 채무자가 보전처분의 취소를 구할 수 있는 제도이다.
- 변론을 열어 그 당부를 심사하나 보전처분 집행 후 3년의 도과에 의한 경우는 결정으로 취소할 수 있다.
- 보전처분소멸시효(가압류, 가처분) : 본안의 소를 제기하지 않을 때
  - 10년 이내(2002. 6. 30.이전 보전처분)
  - 5년 이내(2002. 7. 1. ~ 2005. 7. 27. 보전처분)
  - 3년 이내(2005. 7. 28 ~ 현재, 보전처분)

  ☞ 채무자는 제소기간도과를 원인으로 한 가압류결정취소신청시 가압류결정문 사본을 첨부하여 관할법원에 제출하면 된다.

1. 관 할

원칙적으로 보전처분을 명한 법원의 전속관할에 속한다. 다만 보전처분취소사건

의 본안이 이미 계속되어 있는 경우에는 그 본안의 관할법원이 취소사건을 관할한다.

2. 결정취소신청인

가. 채무자와 그 일반승계인 채무자의 파산관재인 등이다. 채무자는 그 보전처분의 목적물을 타에 양도한 후에도 취소할 수 있다.

나. 판례·실무상 특정승계인도 일반적으로 취소할 수 있다고 보인다.

다. 제3자로서 채권자대위권을 행사할 수 있는 자는 보전처분의 채무자를 대위하여 취소신청할 수 있다. 그런데 채권가압류나 채권처분금지가처분에 있어서 제3채무자는 제3자에 불과하므로 취소신청권자가 될 수 없다.

라. 사정변경으로 인한 취소의 경우에는 목적물의 전득자도 취소신청이 가능하나. 특별사정에 의한 가처분취소신청의 경우에는 채무자와 그 일반승계인만이 신청권자이다.

마. 집행 후 3년 도과를 원인으로 한 취소신청은 채무자뿐만 아니라, 제3취득자도 신청할 수 있다(민집 288조 1항).

3. 신청의 시기

보전처분이 유효하게 존재하는 한 취소신청이 가능하다. 따라서 이의신청 사건에서 보전처분을 인가하는 판결이 확정된 후에도 취소신청은 가능하다. 또한 본안제소기간 도과로 인한 보전처분의 취소신청을 한 후 그 신청을 기각하는 결정이 확정되어도 사정변경에 따른 취소신청은 할 수 있다.

4. 취소사유

가. 채권자가 본안의 제소명령을 기간 내에 이행하지 않은 경우

: 채권자가 법원이 정한 기간 내에 소제기증명서 등을 제출하지 않으면 채무자

는 보전처분취소신청을 할 수 있다.

나. 보전처분 후 사정의 변경이 있는 때

: 보전처분이 집행된 뒤 채권자가 3년간 본안의 소를 제기하지 아니한 때에는 그를 이유로 채무자나 이해관계인이 보전처분취소신청을 할 수 있다. 만약 본안의 소가 취하, 취하 간주되었다면 이 경우는 사정변경에 해당하지 않는다.

다. 채무자가 법원이 명한 담보를 제공한 경우

: 가압류의 경우 채무자는 해방금을 공탁하고 가압류집행의 취소·정지를 구할 수도 있으나(민집 282조) 법원이 명한 담보를 제공하고 가압류명령 자체의 취소를 구할 수도 있다(민집 288조 1항 2호).

라. 가처분에 있어 특별한 사정이 있을 때

: 가처분으로 인하여 채무자가 큰 손해를 입게 된다든지, 채권자의 피보전권리가 금전적 보상으로도 종국적 만족을 얻을 수 있는 등의 경우

5. 제소명령신청서

- 제소명령신청은 보전처분이 발령되었으나 채권자가 본안을 제소하지 않고 있을 때에는 채무자는 보전처분의 발령법원에 본안의 제소명령을 신청할 수 있다.
- 제소명령은 이의사건에서 보전처분을 인가하는 판결이 확정된 후에도 신청할 수 있으나 채무자가 이미 피보전권리에 관하여 채권자를 상대로 소극적 확인의 소를 제기한 때에는 신청할 수 없다.
- 채권자가 법원이 정한 제소기간(통상 2주일) 내에 제소증명서 등을 제출하지 않으면 채무자는 사정변경에 의한 결정취소신청이 가능하다(민집 287조 2항, 3항). 다만, 이 기간은 재정기간이고 불변기간은 아니므로 법원은 이를 늘이거나 줄일 수 있다(민소 172조).
- 제소명령에 대하여는 채권자는 불복할 수 없고, 제소명령신청 기각결정에 대하여 채무자는 항고할 수 있다.

가. 신청서 표지

(1) 신청사건 제목의 표시

(2) 신청인(채무자), 피신청인(채권자)의 명칭과 성명의 표시

신 청 인(채무자)	홍 길 동
피신청인(채권자)	김 갑 동

(3) 인지액의 기재 : 1,000원의 인지를 신청서 표지 다음장에 첨부한다.

(4) 송달료 : 송달료 수납은행(법원 내 신한은행, 농협 등)에 납부한다.

① 당사자 1인당 2회분의 송달료를 납부한다(송일 87-4).

② 신한은행에 납부한 송달료(예납)납부서를 사건표지 이면 상단에 풀로 붙인다.

나. 신 청 서

(1) 신청사건 제목의 표시

(2) 당사자의 표시

① 신청인(채무자), 피신청인(채권자)의 명칭과 성명 및 주소를 기재한다.

② 채무자가 다수인 경우에도 취소신청하는 자만 채무자로 표시한다.

[서식 23] 채무자의 제소명령신청서

채무자의 제소명령신청서

신 청 인(채무자) 김 O O (111111-2222222) (전화 :)
경기도 OO군 OO읍 OO로 OO (우 :)

피신청인(채권자) 장 O O (222222-1111111)

경기도 OO군 OO읍 OO로 OO (우 :)

신 청 취 지

위 당사자간 OO지방법원 20OO카단OOOO 부동산가압류(가처분)신청사건에 관하여, 귀원에서 20OO. 1. 16. 채무자에 대하여 가압류(가처분)결정을 하고, 그 집행을 완료하였으나, 채권자는 본안의 소송을 현재까지 제기하지 않고 있으므로 채권자에게 상당한 기간 내에 본안의 소를 제기할 것을 명하여 주시기를 민사집행법 제287조에 의하여 신청합니다.

20OO. O. .

위 신청인(채무자) 김 O O (인)

OO지방법원 귀중

6. 가압류(가처분)결정취소신청서

가. 신청서 표지 : 신청서 표지 다음 장에 10,000원의 수입인지를 첨부한다.

(1) 신청사건 제목의 표시

제소기간 도과에 의한 가압류(가처분)결정취소신청서

사정변경(3년 도과)에 의한 가압류(가처분)결정취소신청서

(2) 송달료 : 송달료 수납은행(법원 내 신한은행, 농협 등)에 납부한다.

① 당사자 1인당 8회분의 송달료를 납부한다(송일 87-4).

② 신한은행에 납부한 송달료(예납)납부서를 사건표지 이면 상단에 풀로 붙인다.

(3) 신청인(채무자), 피신청인(채권자)의 명칭과 성명의 표시 기재

신 청 인(채무자)	홍 길 동
피신청인(채권자)	김 갑 동

나. 신 청 서

(1) 신청사건 제목의 표시

(2) 당사자의 표시

① 신청인(채무자), 피신청인(채권자)의 명칭과 성명 및 주소 기재

② 채무자가 다수명인 경우에도 이의신청한 자만 채무자로 표시한다.

(3) 신청이유

(4) 첨부서류

취소신청서 부본을 피신청인(채권자)의 수만큼 취소신청서 부본을 첨부한다.

(5) 첨부서류의 표시

① 채권자의 수만큼 이의신청서 부본을 첨부한다.

② 통상 서증의 사본을 첨부한다.

③ 첨부서류의 사본에는 다음과 같이 채무자의 성명을 기재하고 날인한다.

위 사본합니다.
20○○. ○. ○.
채무자 ○ ○ ○ (인)

④ 소명방법에는 채무자가 제출하는 각 문서에는 소명의 '소'를 붙여 우측 중앙

여백에 "소갑 제1호증" 또는 "소을갑 제2호증"… 식으로 순차적으로 호증번호를 표시한다.

첨 부 서 류	
1. 취소신청서 부본	1부
1. 소갑 제1호증(판결정본 사본)	1부
1. 소갑 제2호증(위 확정증명원)	1부

⑤ 제소기간 및 3년의 기간 도과를 원인으로 한 취소신청의 경우
 : 가압류결정 사본, 취소신청서부본 첨부

⑥ 등록면허세 및 등기수입증지 : 집행해제를 신청할 때 제출하여야 함

(6) 제출일자와 채무자의 성명(명칭)과 기명·날인

(7) 법원의 표시

[서식 24] 제소기간도과에 의한 가압류결정취소신청서(1)

2000카단 OOOO　부동산가압류

제소기간도과에 의한 가압류
결정취소신청서

신 청 인(채권자) 김 ○ ○

피신청인(채무자) 장 ○ ○

OO지방법원 귀중

제소기간도과에 의한 가압류 결정취소신청서

신 청 인(채권자) 김 ○ ○ (111111-2222222) (전화 :)
경기도 ○○군 ○○읍 ○○로 ○○ (우 :)

피신청인(채무자) 장 ○ ○ (222222-1111111)
경기도 ○○군 ○○읍 ○○로 ○○ (우 :)

신 청 취 지

1. 위 당사자간 ○○지방법원 20○○카단 ○○○○호 부동산 가압류사건에서 같은 법원이 20○○. 1. 10.에 한 별지 목록 기재 부동산에 대한 가압류 결정은 이를 취소한다.
2. 신청비용은 피신청인이 부담한다.

라는 재판을 구합니다.

신 청 이 유

1. 피신청인은 신청인 명의의 별지 목록 기재 부동산에 대하여 귀원 20○○카단 ○○○○호로써 20○○. 1. 13. 가압류집행을 하였습니다.

2. 그러나 피신청인은 그 본안 소송을 제기하지 아니하므로 신청인은 귀원에 본안소송 제기명령을 신청하였는바, 귀원으로부터 피신청인에 대하여 20○○. 2. 7.까지 소를 제기할 것을 명령하였음에도 불구하고 그 소정기간 내에 소를 제기하지 아니하므로 동 가압류결정의 취소를 구하기 위하여 본 신청에 이른 것입니다.

첨 부 서 류

1. 주민등록초본 1통
1. 부동산등기사항전부증명서 2통
1. 가압류결정정본 사본 1통
1. 취소신청서 부본 1통

2000. O. .

위 신청인(채무자) 장 O O (인)

OO지방법원 귀중

[서식 25] 제소기간도과에 의한 가압류결정취소신청서(2)

제소기간도과에 의한 가압류 결정취소신청서

신 청 인(채권자) 김 O O (111111-2222222) (전화 :)
경기도 OO군 OO읍 OO로 OO (우 :)
결정문상주소 : 전남 OO군 OO읍 OO로 OO

피신청인(채무자) 장 O O (222222-1111111)
경기도 OO군 OO읍 OO로 OO (우 :)

신 청 취 지

1. 위 당사자간 OO지방법원 2000카단 OOOO호 부동산가압류신청사건에 관하여 같은 법원이 2000. 4. 17.에 한 별지 목록 기재 부동산에 대한 가압류 결정은 이를 취소한다.
2. 신청비용은 피신청인이 부담한다.

라는 재판을 구합니다.

신 청 이 유

1. 피신청인(채권자)은 신청인(채무자)에 대한 2000카단 OOOO 부동산가압류신청사건에 관하여, 피신청인은 신청인 명의의 별지 목록 기재 부동산에 대하여 2000. 4. 17. 가압류집행을 하였습니다.

2. 그러나 피신청인은 그 본안 소송을 제기하지 아니하여, 신청인은 피신청인을 상대로 2000. 7. 28. 귀원에 2000카소 OO 제소명령신청을 하여, 귀원은 피신청인에 대하여 2000. 8. 17.까지 본안의 소를 제기하고 이를 증명하는 서류를 제출하거나 이미 소를 제기하였으면 소송계속사실을 증명하는 서류를 제출할 것을 명령하였음에도 불구하고 피신청인은 위 기간까지 위와 같은 서류를 제출하지 아니하므로 위 가압류결정의 취소를 구하기 위하여 본 신청에 이른 것입니다.

첨 부 서 류

1. 주민등록초본 1통
1. 부동산등기사항전부증명서 2통
1. 가압류결정정본 사본 1통
1. 취소신청서 부본 1통

2000. O. .

위 신청인(채무자) 장 O O (인)

OO지방법원 귀중

[서식 26] 사정변경에 의한 가압류결정취소신청서(1)

사정변경에 의한 가압류 결정취소신청서

신 청 인(채권자) 김 O O (111111-2222222) (전화 :)
경기도 OO군 OO읍 OO로 OOO (우 :)
결정문상주소 : 전남 OO군 OO읍 OO로 OO

피신청인(채무자) 장 O O (222222-1111111)
경기도 OO군 OO읍 OO로 OO (우 :)

신 청 취 지

1. 위 당사자간 OO지방법원 20OO카단OOO호 부동산가압류신청사건에 관하여 같은 법원이 20OO. 8. 30.에 한 별지 목록 기재 부동산에 대한 가압류 결정은 이를 취소한다.
2. 신청비용은 피신청인이 부담한다.

라는 재판을 구합니다.

신 청 이 유

1. 피신청인은 신청인을 상대로 부동산가압류신청을 하여 20OO카단OOO호로 별지 목록 기재 부동산에 대하여 20OO. 8. 30. 가압류결정을 하였고, 위 부동산에 대하여 OO지방법원 OO등기소 20OO. 9. 2. 접수 제3457호로 가압류등기가 경료되었습니다.

2. 그러나 피신청인은 위 가압류집행 후 3년이 지나도록 본안 소송을 제기하지 아니하므로 위 가압류는 취소되어야 할 것인 바. 신청인은 민사집행법 제288조 제1항 제3호에 의하여 이 신청에 이른 것입니다.

첨 부 서 류

1. 주민등록초본 1통
1. 부동산등기사항전부증명서 2통
1. 가압류결정정본 사본 1통
1. 취소신청서 부본 1통

20OO. O. .

위 신청인(채무자) 장 O O (인)

OO지방법원 귀중

[서식 27] 사정변경에 의한 가압류결정취소신청서(2)

사정변경에 의한 가압류 결정취소신청서

신 청 인(채권자) 김 ○ ○ (111111-2222222) (전화 :)
경기도 ○○군 ○○읍 ○○로 ○○○ (우 :)
일부등기기록상주소 : 전북 ○○군 ○○읍 ○○로 ○○
일부등기기록상주소 : 경남 ○○군 ○○읍 ○○로 ○○

피신청인(채무자) 장 ○ ○ (222222-1111111)
경기도 ○○군 ○○읍 ○○로 ○○ (우 :)

신 청 취 지

1. 위 당사자간 ○○지방법원 20○○카단○○○○호 부동산가압류신청사건에 관하여 같은 법원이 20○○. 11. 27.에 한 별지 목록 기재 부동산에 대한 가압류 결정은 이를 취소한다.
2. 신청비용은 피신청인이 부담한다.

라는 재판을 구합니다.

신 청 이 유

1. 피신청인은 신청인 소유의 별지 부동산의 표시 기재 부동산에 대하여 귀원 20○○카단○○○○호로 부동산가압류신청을 하여 귀원이 20○○. 11. 27. 가압류결정을 하였고, 위 부동산에 대하여 ○○지방법원 ○○등기소 같은 달 29. 접수 제3457호로 가압류등기가 경료되었습니다.

2. 그 후 피신청인이 신청인을 상대로 위 가압류결정의 본안 소송으로 귀원 20○○가단○○○○ 보관금반환 청구의 소송을 제기하였으나 20○○. 10. 14. 청구기각 판결이 선고되었고, 이에 피신청인은 항소하여 항소심인 ○○고등법원 20○○나○○○○ 보관금반환 청구 소송에서 20○○. 9. 29. 항소기각되어, 제1심 판결이 20○○. 10. 25. 확정되었습니다.

3. 따라서 위 부동산에 대한 가압류는 피신청인의 신청인에 대한 피보전권리가 없음이 본안소송에서 확정되었으므로, 위 신청취지 기재와 같이 사정변경에 의한 가압류취소를 구하고자 본 신청에 이르렀습니다.

첨 부 서 류

1. 주민등록초본 1통
1. 판결정본 및 확정증명원 각 2통
1. 부동산등기사항전부증명서 3통
1. 가압류결정정본 사본 1통
1. 취소신청서 부본 1통

20OO. O. .

위 신청인(채무자) 장 O O (인)

OO지방법원 귀중

[서식 28] 사정변경에 의한 가압류결정취소신청서(3)

사정변경에 의한 가압류 결정취소신청서

신 청 인(채권자) 김 O O (111111-2222222) (전화 :)
경기도 OO군 OO읍 OO로 OOO (우 :)
등기기록상주소 : 전북 OO군 OO읍 OO로 OO

피신청인(채무자) 장 O O (222222-1111111)
경기도 OO군 OO읍 OO로 OO (우 :)

신 청 취 지

1. 위 당사자간 OO지방법원 20OO카단OOOO호 부동산가압류신청사건에 관하여 같은 법원이 20OO. 1. 17.에 한 별지 목록 기재 부동산에 대한 가압류 결정은 이를 취소한다.
2. 신청비용은 피신청인이 부담한다.

라는 재판을 구합니다.

신 청 이 유

1. 피신청인은 신청인 소유의 별지 부동산의 표시 기재 부동산에 대하여 귀원 20OO카단OOOO호로 부동산가압류신청을 하여 귀원이 20OO. 1. 17. 가압류결정을 하였고, 위 부동산에 대하여 OO지방법원 OO지원 등기계 같은 달 17. 접수 제13637호로 가압류등기가 경료되었습니다.

2. 그 후 피신청인이 신청인을 상대로 귀원 20OO가단OOOO호 [전자]대여금 청구의 본안소송을 제가하였으나 20OO. 4. 6. 피신청인의 패소(신청인의 승소)의 판결이 선고되었고, 동 판결은 20OO. 4. 22. 확정되었습니다.

3. 따라서 위 부동산에 대한 가압류는 피신청인의 신청인에 대한 피보전권리가 없음이 본안소송에서 확정되었으므로, 위 신청취지 기재와 같이 사정변경에 의한 가압류취소를 구하고자 본 신청에 이르렀습니다.

첨 부 서 류

1. 주민등록초본 1통
1. 판결정본 및 확정증명원 각 2통
1. 부동산등기사항전부증명서 3통
1. 가압류결정정본 사본 1통
1. 취소신청서 부본 1통

20OO. O. .

위 신청인(채무자) 장 O O (인)

OO지방법원 귀중

제6장 신청취하와 집행해제(집행취소)

1. 채권자의 신청취하 및 집행해제신청

- 채권자는 보전처분집행 후 그 집행을 언제든지 해제(취소)할 수 있다. 채권자가 집행취소의 신청을 함에는 채무자의 동의가 필요없다.
- 보전처분집행 전에는 보전처분신청서만을 취하하면 되나, 집행 후에는 보전처분신청취하와 집행해제를 동시에 하여야 한다.
- 법원이 집행한 보전처분(채권, 기타 재산권의 가압류, 부동산가압류, 자동차·선박가압류 항공기의 처분금지가처분 등)에 대하여는 법원에, 집행관이 집행을 한 보전처분(유체동산가압류, 부동산점유이전금지가처분 등)에 대하여는 집행관에게 각각 집행해제신청서를 제출한다. 집행해제신청을 함에는 그 해제절차에 필요한 비용(송달료, 등록면허세 등)을 예납하여야 한다.

판례 가처분집행 취소결정에 대한 피신청인의 항고의 이익유무
가처분 신청인은 가처분 피신청인의 동의없이 그 가처분 집행취소의 신청을 할 수 있으며, 그 집행취소결정은 그 가처분 피신청인에게 아무런 불이익도 주지 아니하므로 그 가처분 피신청인은 그 집행취소 결정에 대하여 불복항고할 이익이 없다(대결 1980.2.15. 79마351 공631호 126895).

가. 관 할

(1) 법원이 집행한 보전처분사건에 대하여는 가압류를 명한 법원에 제출한다.
즉, 부동산(자동차, 중기, 채권)가압류, 부동산(자동차, 중기, 채권)처분금지가처분, 선박가압류(가압류등기의 집행방법인 경우) 각 사건의 경우

(2) 집행관이 집행을 한 보전처분사건에 대하여는 집행관에게 제출한다.
즉, 유체동산가압류, 유체동산처분금지가처분, 유체동산점유이전금지가처분, 부동산점유이전금지가처분, 감수보전의 각 사건의 경우

나. 서류의 제출과 신분확인

사건을 종결시키는 서류(소취하서, 신청취하서, 상소취하서, 상소포기서), 집행해제 또는 집행취소신청서 등을 대리인에 의해 접수할 경우에는 작성명의인의 인감증명서가 첨부되어야 하나, 변호사, 법무사가 대리인인 경우에는 필요하지 않다. 그러나 부동산가압류신청서상의 도장과 집행해제신청서상의 도장이 일치하지 않은 경우에는 인감증명이 필요하다.

다. 신청취하 및 집행해제신청서

(1) 신청서 표지

- 전부취하(해제)의 경우

부동산가압류 신청취하 및 집행해제신청서

- 일부취하(해제)의 경우

부동산가압류 일부 취하 및 집행해제신청서

(2) 집행해제 및 집행취소신청의 비용

비 용 내 역		부동산	자동차·선박	채 권	유체동산
인지	집행해제				
	해방공탁집행취소	1,000원	1,000원	1,000원	1,000원
	취소결정후 집행취소				
대 법 원 증 지		3,000원 (1필지당)	3,000원(선박)		
등 록 세		7,200원 (1필지당)	15,000원 (자동차, 선박)		
송달료예납(2회분) 송달료 2회분(해방공탁취소)		10,400원 20,800원	10,400원	10,400원	10,400원

[주] 1. 근저당권부채권가압류, 전세권가압류, 부기등기가 경료된 소유권이전등기청구권가압류 등 등기소에 말소 촉탁할 경우에는 2.5회분을 송달료(우료)를 납부한다.

2. 등록세관련서류의 원본 첨부
집행해제신청시에는 가압류신청시와는 달리 촉탁관서가 여럿일 경우에도 일일이 납세관서마다 따로 등록면허세액을 납부한 후 등록면허세영수필확인서(통지서)을 첨부하여야 한다.

☞ 등록면허세는 지방세이므로 부동산 혹은 차량등록지 구(군)청 등록면허세과를 방문하여 담당 공무원에게 신청서 사본을 건네주고 '등록세납부고지서'를 발급받아 해당세액을 우체국, 농협, 은행에 납부한다.
다만, 집행해제에 따른 등록면허세액은 정액세이므로 구(군)청에 고지서를 발부받지 않고 **인터넷등기소(www.iros.go.kr)**에서 **정액등록세납부서 작성**을 이용하여 출력한 고지서로 은행에 납부할 수도 있다.

(3) 제출자 신분확인란의 표시

제출자(사무원의 성명), 관계(변호사 OOO 사무원 또는 법무사 OOO 사무원), 주민등록번호(123456-　　　　)를 미리 기재하여 둠.

20OO카단 OOOO

부동산가압류 신청취하 및
집행해제신청서

채 권 자　OO농업협동조합
　　　　　조합장 O O O

채 무 자　O　O　O

제 출 자	O O O
관 계	변호사 O O O 법률사무소의 사무원
주민등록번호	OOOOOO-OOOOOOO
제출자 신분확인	(인)

O O지방법원 O O지원 귀중

---

(4) 신청취하 및 집행해제신청서

① 부동산가압류인 경우

위 당사자간 귀원 20OO카단 OOOO호 부동산가압류신청사건에 관하여 귀원의 가압류결정에 의하여 그 집행이 완료되었는바, 당사자간에 원만한 합의가 성립되었으므로 채권자는 위 가압류신청을 전부취하하오니 별지 목록 기재 부동산에 대하여 가압류집행을 해제하여 주시기를 신청합니다.

② 채권가압류인 경우

위 당사자간 귀원 20OO카단 OOOO호 채권가압류신청사건에 관하여 귀원의 가압류결정에 의하여 그 집행이 완료되었는바, 당사자간에 원만한 합의가 성립되었으므로 채권자는 위 가압류신청을 전부취하하오니 별지 목록 기재 채권에 대하여 가압류집행을 해제하여 주시기를 신청합니다.

③ 유체동산가압류인 경우에는 신청취하의사만 기재함 : 법원제출시 (집행해제신청의 경우에는 집행관사무실에 제출함)

위 당사자간 OO지방법원 20OO카단 OOOO호 유체동산가가압류신청사건에 관하여 당사자간에 원만한 합의가 성립되었으므로 채권자는 위 가압류신청을 취하합니다.

④ 일부취하 및 집행해제의 경우

위 당사자간 귀원 20OO카단 OOOO호 채권가압류신청사건에 관하여 귀원의 가압류결정에 의하여 그 집행이 완료되었는바, 당사자간에 원만한 합의가 성립되었으므로 채권자는 채무자 홍길동에 대한 가압류신청을 취하하오니 별지 목록 기재 채권에 대하여 가압류집행을 해제하여 주시기를 신청합니다.

(5) 신청서부본의 첨부

- 부본 3통(기본) : 가압류, 가처분 신청취하 및 집행해제신청시
- 목록 2통(기본) : 가압류, 가처분 신청취하 및 집행해제신청시

* 신청취하만 하는 경우에는 부본 및 목록을 첨부하지 않음

(6) 첨부서류

- 법인인 경우에는 법인등기사항전부(또는 일부)증명서, 인감증명서 등
- 개인인 경우에는 인감증명서 등
- 당사자가 법인이고 보전처분 후에 합병, 명칭(상호)변경, 대표자 변경이 있었을 때에는 그 내용이 기재된 등기사항증명서를 제출함.
- 보전처분 집행 후, 토지, 건물의 분할, 합병, 등기명의인의 변경이 있었을 경우에는 부동산등기사항증명서를 첨부함.

라. 집행해제신청과 취하증명원의 발급시기

(1) 취하증명원 : 제3채무자에게 통지서가 송달된 사실을 확인한 후 발급하고 있음

(2) 취하접수증명원은 신청과 동시 또는 이후 발급가능

2. 해방금액의 공탁을 이유로 한 채무자의 가압류집행취소신청

- 채무자는 가압류명령에 기재된 해방금액을 공탁하였을 때에는 이를 이유로 가압류집행취소를 신청할 수 있다(민집 282조).
- 가압류해방금액은 금전에 의한 공탁만이 허용되고, 유가증권에 의한 공탁은 그 유가증권이 실질적 통용가치가 있는 것이라고 하여도 허용되지 않는다{대결(전) 1996.10.1. 96마162}.
- 채무자가 아닌 제3자 즉, 가압류된 부동산을 취득한 자는 해방금액을 공탁할 수 없다.
- 해방금액의 일부만을 공탁하고 가압류집행의 일부만을 취소신청할 수 없다.
- 법원은 채무자가 해당금액을 공탁한 경우에는 가압류집행취소결정을 한다.
- 집행법원이 취소절차를 밟게 될 때에는 채무자는 별도의 신청을 할 필요가 없으나 집행관이 집행취소를 하게 될 때(유체동산가압류)에는 집행취소결정의 정본을 집행관에게 제출하여 집행취소의 위임을 한다.

- 가압류권자가 가압류신청을 취하하거나 집행을 해제하면 채무자는 그 증명서를 첨부하여 해방공탁금의 반환을 청구할 수 있다. 또한 채무자가 본안소송에서 승소하면 이를 이유로 사정변경에 의한 가압류취소신청을 하여 가압류취소판결을 받아 그 확정 또는 가집행선고에 의하여 해방공탁금을 반환받을 수 있다.

가. 관할법원 : 집행법원(동산에 대한 보전명령집행의 경우는 발한 법원)(민집 3조 1항)

나. 집행취소신청서

(1) 신청서 표지

(2) 인지액 : 정부수입인지 1,000원을 신청서 표지 다음장에 붙인다.

(3) 증지액 : 부동산 1필지당 3,000원의 대법원수입증지액을 첨부한다.

(4) 등록면허세 및 교육세

등록면허세는 부동산 1필지당 7,200원, 선박·자동차 1건당 15,000원임.

(5) 신 청 서

① 신청서 제목의 표시

해방공탁에 의한 가압류 집행취소신청서

② 당사자의 표시

채권자	홍 길 동 (○○○○○○-○○○○○○○) ○○시 ○○구 ○○로 ○○(○○동)
채무자	김 갑 동 (○○○○○○-○○○○○○○) ○○시 ○○구 ○○로 ○○(○○동)

③ 해방공탁으로 해제신청의사의 표시

(사건번호, 사건명 등을 표시하고 해방공탁으로 인한 집행해제신청의사를 기재한다)

- 부동산가압류인 경우

위 당사자간 귀원 20○○카단○○○○호 부동산가압류신청사건에 관하여 귀원에서 20○○. 1. 20.자 결정한 가압류결정에 의하여 채무자 소유의 별지 목록 부동산에 대하여 가압류의 집행이 완료되었는바, 채무자는 위 결정 주문에 표시된 해방금을 공탁하였기에 집행 취소하여 주시기 바랍니다.

- 채권가압류인 경우

위 당사자간 귀원 20○○카단 1234호 채권가압류신청사건에 관하여 귀원에서 20○○. 1. 20.자 결정한 가압류결정에 의하여 그 집행이 완료되었는 바, 채무자는 위 결정 주문에 표시된 해방금을 공탁하였기에 집행 취소하여 주시기 바랍니다.

④ 유체동산가압류인 경우 : 이 신청에 의한 집행취소결정이 인용된 경우 집행취소결정정본을 첨부하여 집행관에게 집행취소신청을 함.

위 당사자간 귀원 20○○카단○○○○호 유체동산가압류신청사건에 관하여 귀원에서 20○○. 1. 20.자 결정한 가압류결정에 의하여 채무자 소유의 별지 기재 유체동산에 대한 가압류집행이 있었는바, 채무자는 위 결정 주문에 표시된 해방금을 공탁하였기에 집행 취소하여 주시기 바랍니다.

(6) 별지 목록의 첨부

- 부동산(선박, 중기, 자동차)가압류의 경우 : 5부
- 채권가압류인 경우 : 4부

[참고] 1. 가압류해방공탁금을 가압류채무자인 공탁자가 회수하는 절차
가압류해방공탁금을 채무자인 공탁자가 회수하기 위하여는 가압류이의나 가압류결정 취소신청(사정변경 등)을 하여 가압류의 효력을 깨뜨리거나(이 경우 필요한 서면은 가압류결정 취소판결정본 및 확정증명원, 가집행선고부판결인 경우 송달증명원이 필요

함), 가압류채권자와 합의를 보아 해방공탁금에 대한 가압류를 풀어야 한다(이 경우에는 가압류신청취하 및 집행해제증명서가 필요함).
회수청구를 하는 경우 첨부서면은 일반적인 첨부서면 이외에 공탁원인 소멸을 증명하는 서면으로써 가압류취소결정정본 및 동 확정증명서, 또는 가압류신청취하(해제)증명서 등을 첨부하여야 한다(1999.9.18. 법정 1419호).

2. 가압류해방공탁금을 가압류채권자가 회수할 때의 절차
채권자가 채무자 재산에 대하여 가압류(채권가압류, 부동산가압류) 결정을 얻어 집행을 완료한 후 채무자가 법원이 제시한 해당공탁금을 해당법원에 공탁하고 가압류집행하고자 되었을 시 가압류채권자가 본안소송에서 원고승소의 판결(확정판결뿐만 아니라 가집행선고부종국판결도 포함됨)을 받아 채무자의 해방공탁금회수청구권에 대하여 채권압류 및 전부(추심)명령신청을 한다. 이때 유의할 점은 가압류에서 본압류로 이전하는 채권압류 및 전부명령(또는 추심명령)이 아닌 경우에는 가압류의 피보전권리와 압류한 집행채권의 동일성을 소명해야 한다(가압류에서 본압류로 이전하는 경우에는 불필요). 이 경우 실무상 가압류취하증명을 요한다.
위 채권압류 및 전부명령(결정)이 확정되면 채권자는 그 확정증명서와 결정정본을 첨부하여 해당공탁금을 출급한다.

3. 전부명령이 제3채무자에게 송달일 때까지 압류된 금전채권에 관하여 다른 채권자가 압류·가압류 또는 배당요구를 한 경우에는 전부명령은 효력을 가지지 아니하므로(민집 9조 5항), 채무자의 다른 채권자가 가압류해방공탁금 '회수청구권'에 대하여 압류 및 전부명령을 받은 경우에는 전부명령은 효력이 없다(2007.5.17. 공탁상업등기과-5009 질의회답).

3. 보전처분을 취하를 이유로 한 채무자의 가압류(가처분)집행취소신청

- 실무상 보전명령신청의 취하 또는 취하간주되었을 때 채무자가 이를 이유로 집행을 취소한다.
- 채무자는 집행기관(집행법원 또는 집행관)에 보전처분의 취하증명서(취하간주증명서 포함)를 첨부하여 비용과 함께 집행취소의 신청을 하고 집행기관은 별도의 결정없이 집행취소절차에 착수한다.

가. 관 할 : 가압류 집행기관(집행법원 또는 집행관)

나. 집행취소신청서

(1) 신청서 표지

(2) 송달료 : 송달료를 예납한다.

- 부동산, 선박, 자동차, 중기의 가압류(가처분)의 경우 : 1.5회분
- 채권가압류(가처분)의 경우 : 1회분
- 근저당권부채권가압류, 전세권가압류, 소유권이전등기청구권가압류(부기등기가 경료됨) 등 등기소에 말소 촉탁할 경우에는 2.5회분

(3) 대법원증지액 : 부동산(선박) 1필지당 3,000원

(4) 등록면허세 및 교육세

등록면허세는 부동산 1필지당 7,200원, 선박·자동차 1건당 15,000원임.

(5) 취소신청서

① 신청서 제목의 표시

② 당사자의 표시 : 당사자의 성명, 주민등록번호 및 주소를 기재함.

채권자	홍 길 동 (OOOOOO-OOOOOOO) OO시 OO구 OO로 OO(OO동)
채무자	김 갑 동 (OOOOOO-OOOOOOO) OO시 OO구 OO로 OO(OO동)

③ 집행취소신청의사의 표시

위 당사자간 귀원 20OO카단 OOOO호 부동산가압류신청사건에 관하여 귀원의 가압류결정에 의하여 그 집행이 완료되었는바, 채권자는 위 가압류신청을 전부취하였으나 그 집행은 취소되지 않고 있으므로 채무자는 별지 목록 기재 부동산에 대하여 가압류 집행을 취소하여 주시를 신청합니다.

④ 별지 목록의 첨부

- 부동산(선박, 중기, 자동차)가압류의 경우 : 5부
- 채권가압류의 경우 : 미첨

4. 기타의 채무자의 가압류집행취소신청

보전처분에 대한 이의사건, 취소사건 등에서 보전처분을 취소하는 판결(가집행선고가 있는 경우 또는 확정판결인 경우) 또는 결정이 있거나 가처분에 대한 이의신청 또는 상소가 있는 경우 민사집행법 309조 1항에 의하여 집행한 가처분을 취소하는 재판이 내려진 때에는 실무는 채무자가 민사집행법 49조, 50조에 의해 그 재판서의 정본을 집행기관에 제출하여 집행취소를 구할 수 있도록 하였다.

가. 집행취소의사 기재례

위 당사자간 귀원 2000카단 0000호 부동산가압류신청사건에 관하여 귀원의 가압류결정에 의하여 그 집행이 완료되었으나 2000. 0. 0. 귀원 2000카단 0000호 사정변경에 의한 가압류결정취소사건의 판결이 2000. 0. 0.자로 확정(또는 동 판결에 가집행선고가 부하여져)되었으므로 위 가압류명령의 집행을 취소하고 별지 목록 부동산에 대하여 한 등기의 말소를 촉탁하고자 이에 신청합니다.

나. 첨부서류

- 가집행선고부판결이 아닌 경우 : 판결정본, 송달증명원, 확정증명원
- 가집행선고부판결인 경우 : 판결정본(집행문불요함), 송달증명원.

다. 별지 목록의 첨부

- 부동산(선박, 중기, 자동차)가압류의 경우 : 5부(기본)
- 채권가압류의 경우 : 미첨

라. 신청서부본 : 미첨

[서식 29] 부동산가압류신청취하 및 집행해제신청서

20OO카단 OOOO

부동산가압류 신청취하 및 집행해제신청서

채 권 자 OO농업협동조합
조합장 O O O

채 무 자 O O O

제 출 자	O O O
관 계	변호사 OOO 법률사무소의 사무원
주민등록번호	OOOOOO-OOOOOOO
제출자 신분확인	(인)

O O지방법원 귀중

부동산가압류신청취하 및 집행해제신청서

채 권 자 OO농업협동조합 (222222-1111111)
조합장 O O O

채 무 자 김 갑 동 (111111-2222222)
OO시 OO구 OO로 OO(OO동)

위 당사자간 귀원 20OO카단OOOO호 부동산가압류 신청사건에 관하여 귀원의 가압류결정에 의하여 그 집행이 완료되었는바, 당사자간에 원만한 합의가 성립되었으므로 채권자는 위 가압류신청을 전부취하하오니 별지 목록 기재 부동산에 대하여 가압류 집행을 해제하여 주시기를 신청합니다.

20OO. O. .

위 채권자 OO농업협동조합
조합장 O O O (인)

OO지방법원 귀중

부 동 산 목 록

1. 경기도 OO군 OO읍 OO리 356-2 전 254㎡
2. 위 같 은 리 437-3 답 832㎡. 끝.

부동산가압류 집행해제신청서

사건번호 20OO카단OOOO 부동산가압류

채 권 자 OO농업협동조합 (222222-1111111)
조합장 O O O

채 무 자 홍 길 동 (111111-2222222)

1. 위 사건에 관하여 채무자는 OO지방법원 20OO개회 OOOO호 개인회생 신청사건의 신청인으로써 20OO. 1. 30.자로 채무자 회생 및 파산에 관한 법률 제614호에 의하여 변제계획인가결정을 받았습니다.

2. 그리고 채권자는 개인회생 채권자목록상의 채권번호 7번 7-1 및 8번 8-1에 대한 채권자이며, 별지 목록 부동산에 관한 OO지방법원 OO지원 20OO카단 OOOO 부동산 가압류 결정을 받았습니다.

3. 그러나 채무자 회생 및 파산에 관한 법률 제615조 3항의 규정에 의하여 변제계획인가결정이 있는 때에는 채무자의 개인회생채권에 기한 가압류 결정이 효력을 잃게 되므로(실효되므로), 이 사건 결정의 집행을 전부 해제하여 주시기 바랍니다.

첨 부 서 류

1. 부동산 목록	1부
1. 변제계획인가결정정본	1통
1. 가압류결정정본 사본	1통
1. 위임장	1통

20OO. O. O.

신청인 홍 길 동 (인)

OO지방법원 귀중

부 동 산 목 록

1동의 건물의 표시

경기도 OO군 OO읍 OO리 OO, OO아파트 제104동

[도로명주소] 경기도 OO군 OO읍 OO로 OO

철근콘크리트 라멘조 슬래브지붕 15층 아파트

전유부분의 건물의 표시

구　　조 : 철근콘크리트조

건물번호 : 104 - 2 - 201

면　　적 : 2층 201호　84.99㎡

대지권의 표시

토지의 표시 : 경기도 OO군 OO읍 OO동 1154　대 14,898㎡

대지권의 표시 : 1, 2 소유권

대지권의 비율 : 16437분의 50.4949. 끝.

제7장 담보취소신청

담보취소란 ① 담보제공자가 담보의 사유가 소멸된 것을 증명한 경우, ② 담보권자(상대방)의 동의가 있는 경우, ③ 권리행사 최고기간의 만료(소송이 완결된 위 법원이 담보권리자에 대하여 일정한 기간 내에 그 권리를 행사하도록 최고하고 그 기간 내에 권리행사를 하지 아니할 때에는 담보취소에 동의 한 것으로 보는 경우) 등으로 제공한 담보를 반환받은 절차를 말한다.

1. 담보취소권자

가. 채권자가 제공한 담보는 채권자가 법원으로부터 담보취소결정을 받아 다시 찾을 수 있다(민소 502조, 125조).

나. 담보를 제공한 자 또는 그 승계인임.

다. 승계인은 포괄승계인은 물론 담보물회수청구권(즉 공탁물회수청구권)에 대한 양수인이나 추심 또는 전부채권자와 같은 특정승계인도 포함한다(특정승계인은 대위에 의하여 신청).

2. 관 할

가. 담보제공을 명한 법원의 전속관할에 속한다(즉, 가압류, 가처분을 한 법원).

나. 이의·취소결정사건의 제1심에 대하여 항소가 되어 기록이 항소심에 있더라도 1심법원에 제출한다.

3. 담보취소사유

가. 담보사유의 소멸

- 담보사유의 소멸이라 함은 그 담보를 제공한 원인이 부존재인 경우는 물론이고 그 후 담보의 존속을 계속시킬 원인이 부존재하게 된 경우 또는 장래에 있어서 상대방에게 혹시라도 손해발생의 가능성이 전혀 없는 경우 등을 말한다.
- 채권자가 소멸에 의한 담보취소를 하여야 할 것을 최고에 의한 담보취소를 한 경우 권리행사최고를 할 경우에는 시일이 많이 소요되므로 이 경우에는 권리행사최고신청을 취하함이 상당할 것이다.

(1) 보전처분의 부존재 또는 그 집행의 부존재·집행불능인 경우

① 보전처분결정 전에 신청이 취하되거나, 각하된 경우에는 권리행사의 최고나 담보취소신청을 할 필요없이 결정 전 취하증명원이나 각하결정에 대한 확정증명원을 받아 공탁금을 회수할 수 있다.

☞ 1. 보전처분을 신청했는데 기각결정 혹은 각하결정을 받은 경우라면 그 송달기간 및 확정기간(7일) 등이 필요하므로 당장 비용환급을 받기 위하여는 즉시 가압류(가처분)취하서 제출로 원본환부신청과 함께 비용납부증서를 반환받은 방법이 좋을 것이다. 현금으로 보증공탁을 한 경우라면 가압류결취하서를 제출할 때에 '결정전취하증명원'을 발부받도록 한다.

2. 보전처분신청 후 요건흠결로 인하여 각하되었다면 '각하결정정본'과 그 '확정증명원'을 '공탁금회수청구서'에 첨부하여 공탁금을 회수할 수 있다.

② 결정 후 미집행이나 집행불능이 된 경우에는 학설과 판례는 일치하지 않지만 실무상 권리행사최고를 하지 않고 바로 담보취소결정을 한다(채무자가 손해를 입은 경우에는 결정에 대한 항고를 제기하여 다투면 될 것임).

판례 보전처분의 집행을 하지 아니하거나 또는 그 집행이 불능하게 된 경우에는 채무자에게 아무런 손해가 없다고 하는 것이 원칙이므로 채무자의 손해에 대한 담보는 그 담보사유가 소멸된 것에 해당한다(62.2.22.4294 민재항687).

판례 가처분명령이 집행되지 아니하고 집행기간이 도과된 경우에도 가처분명령의 존재만으로도 피신청인에게 정신상 손해를 주었을 수 있고 또한 그 보증공탁이 담보하는 피신청인의 손해배상 범위에는 그 가처분명령 자체를 다투는데 필요한 소송비용도 든다 할 것이므로 특별한 사정이 없는 한 그 담보사유는 소멸되었다고 할 수 없다(대결 1967.12.29. 67마1009).

판례 가처분집행에 착수하였으나 집행불능이 되고 그 후 채권자가 가처분신청을

취하하였다 하더라도 집행의 착수가 있었던 이상 채무자가 명예, 신용 기타 무형적 손해를 입었을 수도 있어 위 사유만 가지고 담보사유가 소멸 되었다고 할 수 없다(대결 1981.12.22. 81마290).

(2) 본안승소판결확정의 경우

채권자의 본안승소의 판결은 본안의 청구의 존재가 확정되는 것이기는 하나 반증이 없는 한 보전의 필요성도 있는 것으로 일응 추인되므로 담보소멸사유가 된다.

판례 가압류목적물에 관하여 제3자 이의의 소를 제기함에 있어 그 가압류의 취소를 위하여 제3자가 제공한 담보는 위 소송에서 제3자의 승소판결이 확정된 이상 그 사유가 소멸되었으므로 담보취소를 하여야 할 경우에 해당한다(대결 64.3. 25. 63마187).

(3) 본안소송에서의 청구인낙·지급명령확정의 경우 : 담보소멸사유가 된다.

(4) 본안소송에서의 화해·조정성립의 경우

① 화해조항, 조정조항의 일부로서 담보취소의 동의 및 즉시항고권의 포기가 명시되어 있으면 담보소멸사유가 된다.

② 위의 약정이 명시되어 있지 않은 경우 및 명시되어 있어도 동의가 효력이 없는 경우는 채무자가 보전처분에 의한 손해배상채권을 유보하는 등의 특별한 사정이 없는 한 그 담보사유가 소멸하였다고 본다.

③ 채권자가 보전처분 후 채무자와의 사이에 소송 외에서 화해가 성립한 경우에는 확정판결과 동일한 효력이 없으므로 담보사유가 소멸되지 않는다.

(5) 본안승소판결에 대한 상소추완·재심 또는 청구인낙조서·화해조서·조정조서에 대한 준재심이 제기된 경우·담보소멸사유가 된다.

(6) 보전처분이 본집행으로 이행된 경우

(7) 담보권리자의 손해배상에 대하여 패소판결이 확정된 때 : 담보소멸사유가 된다.

(8) 담보권리자가 손해배상청구 소송 후 항소심에서 소취하한 때 : 담보소멸사유가 된다.

(9) 변제 등에 의하여 손해배상청구권이 소멸한 때 : 담보소멸사유가 된다.

(10) 가압류·가처분의 취소를 위하여 제공된 담보에 대하여는 가압류·가처분결정에 대한 채무자의 이의신청이 제기되어 종국적으로 가압류·가처분 결정을 취소하는 판결이 확정된 때에는 비록 본안의 소송이 없었더라도 담보사유가 소멸된다.

(11) 담보를 제공하게 하고 가처분을 명한 결정이 이의신청절차에서 가집행선고부 판결에 의하여 가처분결정이 취소된 후 가처분채권자가 항소를 제기함과 동시에 담보를 제공하고 위 판결의 집행을 정지하는 정지결정을 얻은 경우, 앞서 제공한 담보에 관하여는 담보사유가 소멸되지 않는다.

나. 담보취소동의

(1) 담보권리자의 동의는 채무자가 채권자의 담보제공에 의하여 얻은 담보권을 포기(피담보채권의 포기는 아니다)하는 것으로, 채무자의 동의만 있으면 본안 또는 보전소송의 완결여부와 관계없이 바로 담보취소결정을 한다.

☞ 본안소송완결이란 가압류를 한 후에 진행된 본안소송이 확정되어 종료된 것을 말하고 상소심 절차 중이어서 가집행할 수 있는 사정은 소송이 종료한 것이 아니므로 공탁금을 회수할 수 없다.

(2) 동의는 채무자의 담보제공자에 대한 일방적인 의사표시이고 또한 무조건적이어야 한다(일부 동의도 가능).

(3) 통상 채무자의 이해관계가 크므로 서면으로 작성한다(인감날인 및 인감증명서 첨부).

(4) 본안소송에서 화해나 조정이 성립한 때에는 담보취소에 동의하고 담보취소결정에 대한 즉시항고권을 포기한다는 조항이 기재되어 있으면 동의의 증명이 있는 것으로 취급한다.

(5) 담보권리자인 채무자가 담보의무자인 채권자에 대한 별개의 집행권원에 기하여 공탁물회수청구권에 대하여 압류전부명령을 얻어 채권자를 대위하여 담보취소결정을 한 경우 자기가 가지는 담보권을 포기한 것으로 보아 담보취소결정을 하는 것이 타당하다(예컨대 채무자가 채권자의 공탁금회수청구권을 압류 및 추심 또는 전부받아 담보취소를 대위신청하는 경우에는 담보권리자와 담보취소신청인이 동일인이므로 별도의 동의서나 항고권포기서를 제출할 필요가 없다).

다. 권리행사 최고기간의 만료(동의의제)

- 권리행사최고신청시 채무자가 본안을 제기하지 않은 경우 실무상 채권자의 본안부제기진술서를 요구하는 법원과 이를 요구하지 않은 법원이 있는 듯하다.
- 권리행사최고신청과 담보취소신청은 별개로 신청하는 것도 가능하지만 통상 동시에 신청한다.

(1) 소송완결 후일 것

① 보전처분이 종료되었다 하더라도 본안소송이 완결되지 않는 한 소송의 완결이라고 할 수 없다. 여기서 본안소송의 완결은 그 원인과 태양을 불문하므로 채권자의 패소확정판결, 청구의 포기, 소장각하명령 또는 소각하판결, 소취하의 경우가 전형적이며, 채권자의 일부승소판결이 확정된 경우도 포함한다.

② 본안소송의 제기 전에 보전소송의 완결된 경우에는 소송완결에 해당한다. 여기서 보전소송의 완결이라 함은 보전처분의 이의·취소소송에서 보전처분 취소판결의 확정, 보전처분명령의 취하, 집행취하 등을 의미한다.

판례 1. 가압류·가처분에서 그 집행종료만으로는 소송완결이라고 할 수 없고 본안소송이 완결된 후가 되어야 할 것이다(대결 1969.12.12. 69마967, 968). 다만, 판례는 채권가압류결정에 대한 이의의 소가 완결된 이상 그에 관한 본안소송이 완결되지 않았다고 하더라도 소송완결이 있는 경우에 해당한다(대결 1970.2.21. 69마970, 971).

2. 가압류의 본안사건이 계속 중이라면 가압류사건이 완결되었다 하여도 담보권리자에게 그 권리행사를 최고할 수 있는 소송의 완결이 있다고 할 수 없다(대결 1969.12.12. 69마967, 968).

(2) 권리행사의 최고

① 담보권리자에 대하여 일정한 기간 내(통상 7~14일)에 그 권리를 행사할 뜻을 최고한다.

② 권리행사란 담보에 대한 권리의 실행에 착수하는 것을 말하고, 피담보채권에 대한 소(이행 또는 확인의 소)의 제기, 지급명령 등 적어도 재판상의 피담보채권의 확정을 가져올 절차를 현실적으로 취할 것을 요한다.

제소전 화해, 조정신청도 권리행사에 해당된다.

보전처분의 이의·취소소송에서 보전처분취소판결이 확정된 경우 채무자의 소송비용확정 신청도 이에 해당된다. 그러나 재판 외에서의 의무이행의 최고는 권리행사로 볼 수 없다.

판례 가압류의 본안사건이 계속 중이라면 가압류사건이 완결되었다 하여도 담보권리자에게 그 권리행사를 최고할 수 있는 소송완결이 있다고 할 수 없다(대결 1969.12.12. 69마967).

판례 채권가압류결정에 대한 이의의 소가 완결된 이상 그에 관한 본안소송이 완결되지 않았다 하더라도 본조 제3항에서 말하는 소송완결의 경우에 해당한다(대결 2000.7.18. 2000마2407).

(3) 최고 불이행의 효과

① 담보권리자가 그 권리행사기간 내에 권리행사에 착수하지 않으면 담보취소에 동의한 것으로 간주된다.

② 담보권리자가 권리기간 내에 권리행사를 하지 아니하였지만 담보취소결정의 확정이전에 권리행사를 할 것을 증명하여 항고를 제기하면 담보취소를 저지할 수 있는 가에 대하여 담보취소결정이 확정될 때까지는 재판상의 권리행사에 의하여 담보취소결정을 저지할 수 있다는 것이 통설이다.

라. 보전처분명령이 미집행된 채 집행기간이 경과된 경우

가압류·가처분신청에 따른 결정을 위한 재판(보전처분재판)은 긴급성, 신속성, 밀행성이 요구되므로 재판의 집행기간이 '14일'로 제한되어 있다(민집 292조).

위 집행기간을 도과한 경우 현금공탁한 금전을 회수할 수 있는 절차

판례 가처분명령이 집행되지 않고(미집행)집행기간이 도과한 경우 가처분 명령만으로도 피신청인에게 정신적 손해를 줄 수 있다고 보아 담보사유는 소멸되지 않는 것으로 보고 있다(대결 1967.12.29. 67마1009, 대결 1981.12.22. 81마290).

실무는 권리행사최고없이 바로 담보취소를 해주고 있으므로, '담보취소신청'을 하면 된다.

마. 보전처분의 집행이 불능된 경우

가압류(가처분)신청을 하였는데 피압류 대상에 대한 집행이 곤란한 사유가 있어 가압류(가처분)결정이 집행불능된 경우에 동 결정을 위하여 제공된 담보는 그 담보사유가 소멸된 것으로 보느냐에 관해 미집행된 경우와 마찬가지로 판례상 논

란이 있다.

이 경우 법원실무는 미집행된 경우와 마찬가지로 집행불능이 되었더라도 권리행사최고없이 집행불능조서 등으로 그 사유를 소명하여 바로 '담보취소'를 하고 있다. 즉 담보취소신청을 하면 되고, 집행불능 또는 미집행, 결정 후 취하증명서만을 가지고 바로 공탁회수를 할 수는 없다.

[서식 30] 집행불능조서등본 교부신청

집행불능조서등본교부신청

사　　건　　20○○본○○○호

채 권 자　　주식회사 청해물산

채 무 자　　한국유통 주식회사

위 당사자간 귀원 20○○카단○○○○호 유체동산가압류신청사건에 기하여, 20○○본○○○호로 한 유체동산 가압류집행의 집행이 불능된 바, 그 조서등본을 교부하여 주시기 바랍니다.

20○○. ○. .

위 채권자　주식회사 청해물산
대표이사 홍 길 동 (인)

OO지방법원 집행관사무실　귀중

[접수방법] 집행관사무실에서의 집행조서등본교부비용은 현금으로 300원을 지급한다.

바. 대위에 의한 담보취소신청

담보제공자가 담보하여야 할 사유가 소멸되었음을 증명하면서 취소신청을 하면, 법원은 담보취소결정을 하여야 한다(민소 125조 1항). 그리고 채권자는 자기의 채권을 보전하기 위하여 채무자의 권리를 행사할 수 있다(민법 404조 1항).

하급심판례를 보면, "가처분보증 공탁금에 대한 담보권자(채무자)가 담보제공자(채권자)에 대한 별도의 집행권원에 기하여 담보제공자가 담보권자를 위하여 제공한 공탁금에 대한 회수청구권을 압류 및 전부명령을 받은 경우, 그 담보권자는 담보제공자의 공탁금회수청구권의 특정승계인으로서 이를 추심하기 위하여 담보제공자인 채권자를 대위하여 담보권자인 자신을 상대로 담보취소신청을 할 수 있다 할 것이며, 이와 같은 경우 법원은 그 담보권자가 가지는 담보권을 스스로 포기한 것으로 보아 그 취소신청을 허용함이 마땅하다"라고 하였다(대전고법 93라9 결정).

4. 담보취소신청서

가. 신청서 표지

(1) 신청서 제목의 표시

동의에 의한 담보취소신청서

소멸에 의한 담보취소신청서

권리행사최고 및 담보취소신청서

(2) 인지 : 동의, 소멸에 의한 담보신청서 : 1,000원

최고에 의한 담보신청서 : 2,000원

권리행사최고에 의한 담보신청서 : 2,000원

(3) 송달료 : 당사자 1인당 3회분을 납부한다.

(4) 당사자의 명칭(신청인, 피신청인)과 성명의 표시

① 강제집행정지사건의 경우

신청인(대위채권자, 또는 양수인, 또는 전부채권자)	홍 길 동
담보제공자	김 갑 동
피신청인(담보권리자)	이 몽 룡

② 당사자수가 여러 명이면 “OOO 외 2” 의 표시로 한다.

나. 신 청 서

(1) 당사자의 명칭과 성명과 주민등록번호 및 주소의 기재

① 신청인, 피신청인의 성명과 주소를 기재한다(제3채무자는 기재하지 않는다).

신 청 인	홍 길 동 (OOOOOO-OOOOOOO) OO시 OO구 OO로 OO(OO동)
피신청인	김 갑 동 (OOOOOO-OOOOOOO) OO시 OO구 OO로 OO(OO동)

② 당사자의 주소가 공탁서상의 주소와 다른 경우는 공탁서상의 주소와 현주소를 기재하여야 한다.

채권자	홍 길 동 (OOOOOO-OOOOOOO) OO시 OO구 OO로 OO(OO동) 현주소 : OO시 OO구 OO로 OO-O(OO동)

(2) 신청취지

① 동의에 의한 담보취소신청의 경우

(담보권리자가 별도의 집행권원에 기하여 담보제공자의 담보물회수권을 전부 받아 담보취소신청을 하는 경우 포함한다)

위 당사자간 귀원 20OO카단OOOO호 유체동산가압류신청사건에 관하여 신청인이 20OO. 1. 12. 귀원 공탁관에게 20OO년 금 제234호로 공탁한 금 3,000,000원의 담보는 피신청인의 동의로 이를 취소한다. 라는 재판을 구합니다.

② 소멸에 의한 담보취소신청의 경우

위 당사자간 귀원 20OO카단OOOO호 유체동산가압류신청사건에 관하여 신청인이 20OO. 1. 12. 귀원 공탁관에게 20OO년 금 제234호로 공탁한 금 3,000,000원의 담보는 그 사유가 소멸되었으므로 이를 취소한다. 라는 재판을 구합니다.

③ 권리행사최고에 의한 담보취소신청의 경우

위 당사자간 귀원 20OO카단OOOO호 유체동산가압류신청사건에 관하여 신청인이 20OO. 1. 12. 귀원 공탁관에게 20OO년 금 제234호로 공탁한 금 3,000,000원의 담보에 대하여 권리행사를 최고한 후 그 권리를 행사하지 않을 때에는 이를 취소한다. 라는 재판을 구합니다.

(3) 신청이유

(4) 첨부서류의 표시

① 동의에 의한 담보취소의 경우

- 담보취소동의서 : 피신청인의 인감도장을 날인
- 즉시항고권포기서(피공탁자가 작성)

실무상 동의에 의한 경우는 담보취소신청사건과 동시에 즉시 항고권포기신청서를 미리 제출하고 담보취소결정이 되면 결정되는 날에 담보취소결정이 확정되는 것으로 처리하고 있음. 따라서 즉시 항고권포기서의 경우 날짜와 사건번호는 공란으로 하여 제출하고 취소결정이 있은 후에 이를 보충할 수 있게 한다.

- 인감증명서(3개월 이내 발급) : 2통(실무상 담보취소동의서 및 항고권포기서에 1통으로 인용하고 있음)
- 확정증명원

  통상 미리 제출하고 있음.

  ☞ 채권자가 제출한 담보취소신청서에 따라 법원의 담보취소결정이 내리면 채무자가 그 송달받은 후 1주일 이내에 즉시항고를 하지 않으면 확정된다.
- 영수증 3통(피공탁자 1통, 공탁자 2통)
- 채권압류 및 전부명령등본 1통, 위 확정증명원 1통(담보권리자가 별도의 집행권원에 기하여 담보제공자의 담보물회수권을 전부 받아 담보취소신청을 하는 경우)

② 소멸에 의한 담보취소의 경우

- 판결정본(집행문은 필요치 않음), 화해·인낙조서정본, 지급명령정본 등
- 판결, 지급명령에 대한 확정증명원(송달증명원은 필요치 않음)
- 영수증 1통

③ 권리행사최고에 의한 담보취소의 경우

- 보전처분신청취하서 및 집행해제증명원

  최고에 의한 경우 본안소송제기 전이면 보전소송의 완결을 요하므로 보전처분의 취하서 및 집행취하서가 필요함. 따라서 부동산가압류의 경우 가압류기입등기가 되었으면 가압류집행해제신청서를, 유체동산가압류의 경우에는 집행관이 발급한 해제증명원이 필요함.

  부동산가압류가 선담보권에 의한 경매신청에서 말소된 경우에는 가압류가 말소된 등기사항증명서를 첨부함.
- 본안소송에서 담보제공자가 패소하거나, 일부 승소한 경우 : 판결정본 및 확정증명원

5. 공탁금 회수청구

가. 담보취소결정이 확정되면 담보취소결정정본, 확정증명, 공탁자가 보관하는 공탁서와 함께 공탁금회수청구서(2통)를 작성하여 그 청구서에 소명자료를 첨부하여, 공탁관에게 제출하여 공탁물회수청구를 한다.

나. 지급보증위탁계약 체결문서제출에 의한 담보에 대하여는 담보취소결정이 확정되면 담보제공자가 그 계약서 원본의 반환을 법원에 요구할 수 있도록 규정되었으나(송민 90-3, 90.8.30.제정), 위 사건이 신청의 취하, 집행해제신청 등으로 종결된 때에는 그 이후의 담보취소의 경제적 실익이 적어 별도로 담보취소신청하는 예가 희소하므로 완결되어 보존시 보증보험증권원본을 기록에서 분리하여 별도로 보존하고 있지 않다(송민 93-5).

다. 공탁서 작성요령

(1) 공탁번호, 공탁자, 피공탁자의 인적사항 등 기본적인 사항은 공탁서에 기재되어 있는 대로 기재하도록 한다. 다만 공탁자의 주소가 전거 등으로 변경되어 첨부된 인감증명서상의 주소와 공탁서상의 주소가 다른 경우 최종 현재지의 주소를 기재하고 이를 소명하는 주소이력포함의 주민등록등(초)본을 첨부한다.

(2) 공탁금액의 기재는 한글과 아라라비아숫자로 병기하도록 하되, 자획을 명확히 기재하고 정정·삽입·삭제를 해서는 안된다.

라. 공탁물회수청구시 구비서류

공탁금회수청구서 2통과 다음의 첨부서류를 공탁관에게 제출한다. 대리인인 경우 신분증와 대리인의 인장을 지참해야 한다.

(1) 공탁서원본

피공탁자 승낙서를 첨부한 경우, 5,000만원 이하인 공탁금인 경우, 다만, 청구인이 관공서이거나 법인 아닌 사단이나 재단인 때에는 그 금액이 1,000만원 이하인 경우에는 공탁서를 첨부하지 않아도 무방하다(공탁규칙 34조).

(2) 담보취소결정정본 1통

(3) 담보취소결정확정증명원 1통

채권자가 제출한 담보취소신청서에 따라 법원의 담보취소결정이 내리면 채무자가 그 송달받은 후 1주일 이내에 즉시항고를 하지 않으면 확정이 된다.

따라서 확정이 되기까지 공탁회수가 불가한 것이다. 따라서 담보취소결정이 확정되었다는 확정증명원이 필요하다.

(4) 위 임 장

대리인에 의하여 공탁물을 회수하는 경우에는 그 대리권을 증명하는 서면을 첨부하여야 한다. 임의대리인인 경우에는 위임장 또는 지배인 등기사항증명서, 법정대리인인 경우에는 가족관계증명서 또는 후견인 선임결정서가 이에 해당한다.

(5) 인감증명서

공탁물을 회수하려는 사람은 회수청구서 또는 대리인에 의한 경우 위임장에 인감을 날인하고 인감증명서를 첨부해야 한다.

다만, 인감증명서를 제출하지 않아도 되는 경우가 있는데 다음과 같은 경우이다(공탁사무처리규칙 35조 3항).

① 공탁물의 출금 또는 회수를 청구하는 자가 관공서인 경우

② 공탁물의 회수를 청구하는 경우로서 공탁자 또는 대리인이, 공탁서 또는 그 위임장에 날인한 인영과 공탁물회수청구서 또는 그 위임장에 날인한 인영이 동일한 경우.

③ 공탁서와 공탁통지서를 첨부한 경우

(6) 주소연결서면

공탁자가 공탁 후에 주소를 이전하였거나 개명을 하였다든가, 상호를 변경하는 경우 등에는 공탁물청구서에 첨부한 공탁서의 기재와 인감증명서의 기재가 일치하는 않는 경우가 있게 된다. 이런 경우에는 양자가 동일인이라는 것을 증명하기 위하여 주민등록초본, 법인등기사항증명서를 청구서에 첨부하여야 한다.

마. 심사 및 지급절차

(1) 심 사

공탁관은 공탁물회수청구서를 심사하여 적법하면 인가기재란에 인가취지를 기재하여 기명, 날인하게 되는데 이를 '인가부청구서'라고 한다. 인가부청구서

2통 중 1통을 청구인에게 교부하고 나머지 1통은 공탁관이 보관하게 된다.

(2) 지급절차

청구인이 공탁관으로부터 받은 '지급인가부청구서'를 취급은행에 제출하여 청구를 하면 ① 은행은 공탁관으로부터 송부된 청구서와 대조하여 적법함이 인정되면, ② 청구한 공탁물과 은행이 계산한 이자를 청구서 해당란에 기재하고 이를 청구인에게 지급하되, ③ 그 청구서 말미의 '영수증'에 영수인을 받음과 동시에 은행이 비치한 공탁물지급결과통지서 말미의 영수증란에도 영수인을 받아 내부적으로 처리를 한다.

[서식 31] 공탁금출급(회수)청구서

[제8-1호 양식]

공탁금 출금·회수 청구서

<table>
<tr><td colspan="2" rowspan="2">공 탁 번 호</td><td colspan="2" rowspan="2">20OO년 금 제234호</td><td colspan="2" rowspan="2">공 탁 금 액</td><td colspan="2">한글 팔백오십만원</td></tr>
<tr><td colspan="2">숫자 8,500,000원</td></tr>
<tr><td rowspan="2">공
탁
자</td><td>성 명
(상호, 명칭)</td><td colspan="2">장 길 산</td><td rowspan="2">피
공
탁
자</td><td>성 명
(상호, 명칭)</td><td colspan="2">홍 길 동</td></tr>
<tr><td>주민등록번호
(법인등록번호)</td><td colspan="2">OOOOOO-OOOOOOO</td><td>주민등록번호
(법인등록번호)</td><td colspan="2">OOOOOO-OOOOOOO</td></tr>
<tr><td rowspan="3">청구
내역</td><td colspan="2">청구금액</td><td colspan="2">이자의 청구기간</td><td>이자 금액</td><td>합계금액</td><td>비 고</td></tr>
<tr><td colspan="2">한글 팔백오십만원</td><td colspan="2" rowspan="2"></td><td>(은행)</td><td>(은행)</td><td></td></tr>
<tr><td colspan="2">숫자 8,500,000</td><td colspan="3">※ '이자금액' 및 '합계금액'란은 보관은행에서 기재함.</td></tr>
<tr><td colspan="2">보 관 은 행</td><td colspan="6">OO은행 OO지점</td></tr>
<tr><td colspan="2" rowspan="3">청구 및
이의유보사유

※ 해당란에 □ 하시거나 기타란에 간단히 기재하시기 바랍니다.</td><td colspan="4">출급청구시</td><td colspan="2">회수청구시</td></tr>
<tr><td colspan="4">※ 이의를 유보하고 공탁금을 출급하시겠습니까?
□ 예(이의를 유보하고 출급함, 아래 ※ 5. 참조)
□ 아니오(공탁을 수락하고 출급함, 아래 ※ 6. 참조)</td><td colspan="2" rowspan="2">□ 민법 제489조에 의하여 회수
□ 착오공탁(착오증명서면 첨부 필요)
□ 공탁원인소멸(담보취소, 본압류 이전, 가압류취하·취소·해제 등)</td></tr>
<tr><td colspan="4">□ 담보권 실행 □ 배당에 의함
□ 채권양수에 의함
□ 기타( )</td></tr>
<tr><td colspan="2">비고
(첨부서류 등)</td><td colspan="6">□ 공탁서 □ 신분증 사본 □ 담보취소결정정본 및 확정증명원
□ 등기사항증명서 □ 위임장</td></tr>
<tr><td colspan="2">계좌입금</td><td colspan="6">□ 포괄계좌입금(금융기관 : 계좌번호 :)</td></tr>
</table>

<table>
<tr><td></td><td colspan="2">□ 계좌입금신청(금융기관 : 계좌번호 :) : 공탁금 계좌입금신청서 첨부</td></tr>
<tr><td colspan="3">위와 같이 청구합니다.
년 월 일</td></tr>
<tr><td colspan="2">청구인</td><td>대리인</td></tr>
<tr><td colspan="2">주소 : 전남 OO군 OO읍 OO로 OO
주민등록(사업자등록)번호: 000000-0000000
성명 장 길 산 인(서명)
(전화번호 : 000-0000-0000)</td><td>주소 : 전남 OO군 OO읍 OO로 OO, 법무사 성춘향 사무소
성명 법무사 성 춘 향 인 (서명)
(전화번호 : 000-0000-0000)</td></tr>
<tr><td colspan="3">위 청구를 인가합니다.
년 월 일
법원 지원 공탁관 (인)</td></tr>
<tr><td colspan="3">위 공탁금과 공탁금 이자(공탁금 출금 · 회수청구서 1통)를 수령하였습니다.
년 월 일
수령인(청구인 또는 대리인) 성명 법무사 성춘향 사무소
법무사 성 춘 향 (인)</td></tr>
</table>

※ 1. 청구인의 인감증명서를 첨부하여야 합니다(인감을 날인하고 인감증명서를 첨부하여야 하는 경우, 이를 갈음하여 서명을 하고 본인서명사실확인서 또는 전자본인서명사실확인서 발급증을 제출할 수 있습니다). 다만, 1,000만원 이하의 공탁금을 본인이 직접 청구하는 때에는 인감증명서를 제출하지 않아도 되며(신분증을 확인) 날인 대신 서명할 수 있습니다.

2. 대리인이 청구하는 경우(1,000만원 이하인 경우 포함) 대리인의 성명, 주소(자격자대리인은 사무소)를 적고 날인(서명)하여야 하며, 이 때에는 본인의 인감을 날인한 위임장과 그 인감증명서를 첨부하여야 합니다.

3. 공탁금이 5,000만원 이하인 사건에 대하여 전자공탁시스템을 이용하여 출급·회수 청구하는 경우에는 인감증명서를 첨부하지 아니하며, 서명은 인증서에 의한 전자서명 방식으로 합니다.

4. '계좌입금'란은 계좌입금을 신청하는 경우에만 기재합니다.

5. 공탁에 대하여 이의가 있는 경우에는 '예(이의를 유보하고 출급함)'에 ☑하고, 공탁금 출급청구를 하여야 합니다. 이 경우에는 이후에 민사소송 등의 방법으로 권리를 주장할 수 있습니다.

6. '아니오(공탁을 수락하고 출급함)'에 ☑하고 출급하면, 공탁원인사실·공탁금액 등 공탁(통지)서에 기재된 내용을 인정하고 공탁금을 수령한 것으로 봅니다.

[서식 32] 동의에 의한 담보취소신청서

2000카단 000 채권가압류

동의에 의한 담보취소신청서

신 청 인 김 ○ ○

피신청인 장 ○ ○

OO지방법원 귀중

동의에 의한 담보취소신청

신 청 인 김 ○ ○ (111111-2222222) (전화 :)
OO시 OO구 OO로 OO(OO동) (우 :)

피신청인 장 ○ ○ (222222-1111111)
OO시 OO구 OO로 OO(OO동) (우 :)

신 청 취 지

위 당사자간 귀원 2000카단 000 채권가압류 신청사건에 관하여 신청인이 2000. 1. 10. 공탁관에게 2000년 금 제12호로 공탁한 금 2,000,000원의 담보는 피신청인의 동의로 인하여 이를 취소한다.
라는 재판을 구합니다.

신 청 이 유

1. 신청인과 피신청인 사이의 귀원 2000카단 000 채권가압류신청사건에 관하여 신

청인은 피신청인의 손해보증을 위하여 금 2,000,000원을 20OO. 1. 10. 귀원 공탁관에게 공탁하였습니다(공탁번호 20OO년 금 제12호).

2. 신청인의 담보취소신청에 담보권리자인 피신청인이 동의함으로써 담보사유가 소멸하였으므로 담보취소결정을 신청합니다.

첨 부 서 류

1. 담보취소동의서	1통
1. 즉시항고권포기서	1통
1. 인감증명서	1통
1. 등기사항일부증명서	1통
1. 위임장	1통
1. 영수증	3통

20OO. O. .

위 신청인 김 O O (인)

OO지방법원 귀중

[서식 33] 담보취소 동의서

담보취소동의서

신 청 인 김 O O (111111-2222222) (전화 :)
OO시 OO구 OO로 OO(OO동)

피신청인 장 O O (222222-1111111)
OO시 OO구 OO로 OO(OO동)

위 당사자간 귀원 20○○카단○○○ 채권가압류 신청사건에 관하여 신청인은 피신청인의 손해보증으로 20○○년 금 제12호로 금 2,000,000원을 공탁한 바, 담보권자인 피신청인은 신청인이 공탁금을 회수하는데 동의하고, 그 회수를 위한 담보취소신청에 동의합니다.

첨 부 서 류

1. 인감증명 1통

20○○. ○. .

피신청인 장 ○ ○ (인감도장날인)

○○지방법원 귀중

[서식 34] 즉시항고권 포기서

즉시항고권포기서

신 청 인 김 ○ ○ (111111-2222222) (전화 :)
○○시 ○○구 ○○로 ○○(○○동)

피신청인 장 ○ ○ (222222-1111111)
○○시 ○○구 ○○로 ○○(○○동)

위 당사자간 귀원 20○○카단○○○ 담보취소신청사건에 관하여 귀원의 담보취소결정에 대하여 피신청인은 즉시항고를 포기합니다.

20○○. ○. .

피신청인 장 ○ ○ (인감도장날인)

OO지방법원 귀중

[서식 35] 소멸에 의한 담보취소신청서

2000카단 OOO 채권가압류

소멸에 의한 담보취소신청서

신 청 인 김 O O

피신청인 장 O O

OO지방법원 귀중

소멸에 의한 담보취소신청

신 청 인 김 O O (111111-2222222) (전화 :)
OO시 OO구 OO로 OO(OO동) (우 :)

피신청인 장 O O (222222-1111111)
OO시 OO구 OO로 OO(OO동) (우 :)

신 청 취 지

위 당사자간 귀원 2000카단 OOO 채권가압류 신청사건에 관하여 신청인이 2000. 1. 10. 공탁관에게 2000년 금 제12호로 공탁한 금 2,000,000원의 담보는 그 사유가 소멸되었으므로 이를 취소한다.

라는 재판을 구합니다.

신 청 이 유

1. 신청인과 피신청인 사이의 귀원 20OO가단 OOO 채권가압류신청사건에 관하여 신청인은 피신청인의 손해보증을 위하여 금 2,000,000원을 20OO. 1. 10. 귀원 공탁관에게 공탁하였습니다(공탁번호 20OO년 금 제12호).

2. 신청인이 본안소송(귀원 20OO가단 OO 대여금)에서 전부승소하여 위 판결이 확정됨으로써 담보사유가 소멸하였으므로 담보취소결정을 신청합니다.

첨 부 서 류

1. 판결정본 1통
1. 위 확정증명원 1통
1. 위임장 1통
1. 영수증 1통

20OO. O. .

위 신청인 김 O O (인)

OO지방법원 귀중

소멸에 의한 담보취소신청

신 청 인 김 O O (111111-2222222) (전화 :)
OO시 OO구 OO로 OO(OO동) (우 :)

피신청인 장 O O (222222-1111111)
OO시 OO구 OO로 OO(OO동) (우 :)

신 청 취 지

위 당사자간 귀원 20○○카단○○○ 부동산가압류 신청사건에 관하여 신청인이 20○○. 1. 10. 공탁관에게 20○○년 금 제123호로 공탁한 금 3,000,000원의 담보는 그 사유가 소멸되었으므로 이를 취소한다.
라는 재판을 구합니다.

신 청 이 유

1. 신청인과 피신청인 사이의 귀원 20○○카단○○○ 부동산가압류신청사건에 관하여 신청인은 피신청인의 손해보증을 위하여 금 3,000,000원을 20○○. 1. 10. 귀원 공탁관에게 공탁하였습니다(공탁번호 20○○년 금 제123호).

2. 신청인이 본안소송(귀원 20○○차○○○ 대여금 청구사건의 지급명령)이 20○○. 8. 20. 확정됨으로써 담보사유가 소멸하였으므로 담보취소결정을 신청합니다.

첨 부 서 류

1. 주민등록초본 1통
1. 지급명령정본 1통
1. 부동산가압류결정정본 1통
1. 공탁서 사본 1통

20○○. ○. .

위 신청인 김 ○ ○ (인)

○○지방법원 귀중

[서식 36] 권리행사최고 및 담보취소신청서

2000카단 000 채권가압류

권리행사최고 및 담보취소신청서

신 청 인 김 O O

피신청인 장 O O

OO지방법원 귀중

권리행사최고 및 담보취소신청

신 청 인 김 O O (111111-2222222) (전화 :)
OO시 OO구 OO로 OO(OO동) (우 :)

피신청인 장 O O (222222-1111111)
OO시 OO구 OO로 OO(OO동) (우 :)

신 청 취 지

위 당사자간 귀원 2000카단 000 채권가압류 신청사건에 관하여 신청인이 2000. 1. 10. 공탁관에게 2000년 금 제12호로 공탁한 금 2,000,000원의 담보에 대하여 권리행사를 최고한 후 그 권리를 행사하지 않을 때에는 이를 취소한다.
라는 재판을 구합니다.

신 청 이 유

1. 신청인과 피신청인 사이의 귀원 2000카단 000 채권가압류신청사건에 관하여 신청인

은 피신청인의 손해보증을 위하여 금 2,000,000원을 20○○. 1. 10. 귀원 공탁관에게 공탁하였습니다(공탁번호 20○○년 금 제12호).

2. 신청인의 담보취소신청에 담보권자인 피신청인이 동의함으로써 담보사유가 소멸하였으므로 담보취소결정을 신청합니다.

첨 부 서 류

1. 채권압류 및 전부명령결정등본 1통
1. 담보취소동의서 1통
1. 항고권포기서 1통
1. 영수증 1통

20○○. ○. .

위 신청인 김 ○ ○ (인)

○○지방법원 귀중

[서식 37] 대위에 의한 담보취소신청서

20○○카기 ○○○ 강제집행정지

대위에 의한 담보취소신청서

신 청 인(전부채권자) 김 ○ ○

담보제공자 이 ○ ○

피신청인(담보권리자) 장 ○ ○

○○지방법원 귀중

대위에 의한 담보취소신청

신 청 인(전부채권자) 김 O O (111111-2222222) (전화 :)
OO시 OO구 OO로 OO(OO동) (우 :)

담보제공자 이 O O (222222-3333333)
OO시 OO구 OO로 OO(OO동) (우 :)

피신청인(담보권리자) 김 O O (333333-1111111)
OO시 OO구 OO로 OO(OO동) (우 :)

신 청 취 지

위 당사자간 귀원 20OO카기 OOO호 강제집행정지사건에 관하여 신청인이 20OO. 2. 10. 공탁관에게 20OO 금 제12호로 공탁한 금 3,000,000원의 담보는 피신청인의 동의로 인하여 이를 취소한다.
라는 재판을 구합니다.

신 청 이 유

1. 신청인은 담보제공자를 상대로 OO지방법원 20OO가단 OOO 대여금 청구의 소를 제기하여 금 2,000,000원의 집행권원을 득한 바 있습니다.

2. 신청인은 담보제공자의 채무관계로 담보권을 실행하여 귀원 20OO타경 OOO호 부동산임의경매사건을 진행할 때 담보제공자는 강제집행정지신청을 하여(귀원 20OO카기 OOO), 보증공탁으로 금 2,000,000원을 공탁하고 20OO가단 OOO호 근저당권설정등기말소청구 판결시까지 강제집행정지 결정을 받았습니다.

3. 한편, 신청인은 위 공탁금에 대하여 위 집행력있는 판결정본에 기하여 귀원 20OO카기 OOO호로 채권압류 및 전부명령을 신청하여 위 명령은 20OO. 3. 4. 확정되어 위 권리를 신청인에게 승계하였고, 위 소송에서 담보제공자가 20OO. 3. 16. 패소하였습니다.

4. 따라서 신청인은 담보제공자를 대위하여, 이 건 담보취소를 신청하고, 한편 신청인

은 담보권리자인 피신청인이 스스로 담보취소에 의하고 즉시항고를 포기하므로 이 건 신청을 합니다.

첨 부 서 류

1. 채권압류 및 전부명령결정문 사본 1통

2000. 0. .

위 신청인(전부채권자) 김 ○ ○ (인)

OO지방법원 귀중

[접수방법]

1. 본안판결이 확정된 후, 채무자는 대위담보취소신청서에 ① 본안의 판결문 사본 ② 확정증명원 ③ 채권압류 및 전부(추심)명령결정문, ④ 전부명령 확정증명원(추심명령은 송달증명원)을 첨부하여, 담보제공명령을 내린 법원 신청계에 담보취소신청서 1부를 신청한다.
2. 수입인지 : 1,000원을 첩부한다.
3. 송달료 : 20,800원(당사자수 × 5,200원 × 2회분)을 납부한다.
4. 이후의 절차
   담보취소결정이 내려지면 그 결정정본이 각 당사자에게 그 결정정본이 각 당사자에게 송달되며 대위신청인인 채무자는 법원 신청계로부터 담보취소의 '확정증명원'을 교부받고, 이에 ② '담보취소결정정본'을 '공탁회수청구권'에 첨부하여 공탁소에서 공탁금을 출급할 수 있다.

대위에 의한 담보취소신청

신 청 인(전부채권자) 김 ○ ○ (111111-2222222) (전화 :)
OO시 OO구 OO로 OO(OO동) (우 :)

담보제공자(채권자) 이 ○ ○ (222222-3333333)
OO시 OO구 OO로 OO(OO동) (우 :)

피신청인(채무자) 김 O O (333333-1111111)
OO시 OO구 OO로 OO(OO동) (우 :)

신 청 취 지

1. 위 당사자간 귀원 20OO카기 OOOO호 채권가압류신청 사건에 담보제공자가 20OO. 9. 12. 귀원 공탁관에게 20OO차 OOOO호 대여금 청구의 독촉사건을 신청하여 금 50,000,000원의 확정된 집행권원을 얻은 바 있습니다.

2. 그런데 담보제공자는 20OO. 6.경 신청인에 대하여 갖는 물품대금채권에 대하여 신청인의 사업자 은행예금계좌에 대하여 귀원 20OO카단 OOOO호 채권가압류를 신청하면서 그 보증으로 8,000,000원을 공탁하고 채권가압류 결정을 받은 것입니다.

3. 한편, 신청인은 위 공탁금에 대하여 위 집행력있는 지급명령정본에 기하여 귀원 20OO타채 OOO호로 채권압류 및 전부명령을 신청하여 위 명령은 20OO. 9. 24. 확정되어 위 권리를 신청인이 승계하였고, 담보제공자가 제기한 물품대금(또는 근저당권등기말소) 청구소송은 귀원 20OO가단 OOOO호로 진행하였으므로 담보제공자가 20OO. 2. 12. 패소하였습니다.

4. 따라서 신청인은 담보제공자를 대위하여, 이 건 담보취소를 신청하고, 한편 신청인은 담보권리자인 피신청인이 스스로 담보취소에 의하고 즉시항고를 포기하므로 이 건 신청을 합니다.

첨 부 서 류

1. 판결문(1 3심) 사본 3통
1. 채권압류 및 전부명령결정문 사본 1통
1. (전부명령의) 확정증명원 1통

20OO. O. O.

위 대위신청인(채무자) 김 O O (인)

OO지방법원 귀중

[접수방법]

1. 본안판결이 확정된 후, 채무자는 대위담보취소신청서에 ① 본안의 판결문 사본 ② 확정증명원 ③ 채권압류 및 전부(추심)명령결정문, ④ 전부명령 확정증명원(추심명령은 송달증명원)을 첨부하여, 담보제공명령을 내린 법원 신청계에 담보취소신청서 1부를 신청한다.
2. 수입인지 : 1,000원을 첩부한다,
3. 송달료 : 20,800원(당사자수 × 5,200원 × 2회분)을 납부한다.
4. 이후의 절차

   담보취소결정이 내려지면 그 결정정본이 각 당사자에게 그 결정정본이 각 당사자에게 송달되며 대위신청인인 채무자는 법원 신청계로부터 담보취소의 '확정증명원'을 교부받고, 이에 ② '담보취소결정정본'을 '공탁회수청구권'에 첨부하여 공탁소에서 공탁금을 출급할 수 있다.

제8장 임차권등기명령

- 주택임대차보호법은 종래의 임차인이 임대차가 종료 후 보증금을 반환받지 못한 상태에서 다른 곳으로 이사를 가거나 주민등록을 전출하면 임차인이 종전에 가지고 있던 대항력과 우선변제권을 상실하게 되어 보증금을 반환받은 것이 사실상 어렵게 되는 문제점이 있었다. 따라서 1999. 3. 1.부터 시행되는 개정 주택임대차보호법이 위와 같은 주택임대차제도의 문제점을 해소하기 위하여 임차권등기명령절차를 도입한 것이다. 즉 임차인이 근무지 변경 등으로 다른 곳으로 이사할 필요가 있는 경우에 법원에 임차권등기명령신청을 하고 그에 따라 임차주택에 임차권등기가 경료하면, 그 이후부터는 주택의 점유와 주민등록의 요건을 갖추지 아니하더라도 이미 취득하고 있던 대항력과 우선변제권을 상실하지 않기 때문에 임차인은 안심하고 자유롭게 주거를 이전할 수 있어 약자인 임차인의 권익보호에 중점을 두었다.
- 위와 같은 효과가 임차권등기가 마쳐진 시점부터 발생하므로 임차인은 임차권등기명령을 신청한 후 바로 다른 곳으로 이사 가거나 전출하여서는 안되고 그 이전에 반드시 등기가 경료된 사실을 확인하여야 함에 주의하여야 할 것이다. 또 만일 임차인이 아직 대항력·우선변제권을 취득하지 못한 상태에서 임차권등기가 되면 그 등기시점을 기준으로 대항력·우선변제권의 취득 여부를 판단하기 때문에, 예컨대 임차권등기시에 이미 임차주택에 저당권 등의 담보권이 설정되어 있는 경우에는 임차인은 임차권등기를 하더라도 담보권실행을 위한 경매절차에서 낙찰을 받은 낙찰인에게 대항하거나 이미 설정된 저당권자 등의 담보권자에 우선하여 배당을 받을 수 없다.
- 등기된 임차권자

  주택의 경우 임차권등기명령의 집행에 의한 임차권등기가 된 경우에는 임차인은 주택임대차보호법 3조 1항의 규정에 의한 대항력 및 3조의2 2항의 규정에 의한 우선변제권을 취득한다(주택임대차보호법 3조의3 5항 본문). 따라서 임차권등기명령의 집행에 의한 임차권등기를 할 때까지 주택의 인도와 주민등록이라는 요건을 갖추지 못한 경우라도 임차권등기가 됨으로써 등기한 때로부터 같은법 3조 1항의 대항력과 같은법 3조의2 2항의 우선변제권을 취득하며, 나아가 같은 법 3조 1항의 대항력을 취득하게 됨으로써 같은 법 8조의 소액보증금우선변제권도 인정된다. 다만 임차인이 임차권등기 이전에 이미 대항력 또는 우선변제권을 취득한 경우에는 그 대항력 또는 우선변제권은 그대로 유지되며, 임차권등기 이후에는 같은법 3조 1항의 대항요건을 상실하더라도 이미 취득한 대항력 또는 우선변제권을 상실하지 아니한다(같은법 3조의3 5항). 민법 621조의 규정에 의한 주택임대차등기가 된 경우에도 같다(같은법 3조의4 1항).

상가건물의 경우에도 주택의 경우와 거의 대동소이한 취지로 규정하고 있으므로 위의 내용이 그대로 적용된다.

1. 관　할

임차주택의 소재지를 관할하는 지방법원·지방법원지원 또는 시·군법원에 신청할 수 있다.

2. 사건표지

가. 신청사건명의 표시

나. 인지액 등의 표시 : 사건표지 왼쪽아래 적당한 여백에 다음과 같이 해당사항을 기재한다.

첩용인지액　금 OOO원 대법원증지대 금 OOO원 등록면허세　금 OOO원(교육세포함)

다. 수입인지액 : 2,000원을 첩부한다.

라. 송달료 : 당사자 1인당 3회분을 납부한다.

마. 대법원증지액 : 건물 1필지당 대법원수입증지액 5,000원을 납부한다.

바. 등록면허세 및 교육세

(1) 차임있는 임대차의 경우에는 월 차임액의 2/1000의 등록면허세와 등록면허세의 20/100의 교육세를 납부한다.

(2) 임차기간이 만료되어 임차권등기명령을 신청하거나, 주택임대차보호법 제12조의 등기하지 아니한 전세계약의 경우에는 등록면허세 7,200원을 납부한다.

☞ 채권적 전세(보증금 OOO원)에 관하여는 보증금 액수에 관계없이 7,200원(등록면허세 6,000원 + 교육세 1,200원), 법률상 의미의 임대차계약(보증금 OOO원, 월세 OOO원 또는 보증금 없이 월세 OOO원, 또는 사글세)의 경우에는 보증금에 관계없이 월차임을 기준함(그러므로 차임이 1,500,000원 이하인 경우에는 7,200원임).

사. 당사자의 명칭(신청인, 피신청인)**과 성명의 표시**

당사자의 명칭을 아래와 같이 신청서 제목 아래 우측에 기재한다.

신 청 인 O O O 피신청인 O O O

3. 신청사건 제목의 표시

4. 당사자 등의 표시

가. 신청인 : 이 사건을 신청한 임차인을 기재한다.

(1) 신청인(임차인) 성명과 주민등록번호 및 전화번호를 정확하게 기재한다.

신 청 인 홍 길 동 (567890-1234567), 전화 123-2345 OO시 OO구 OO로 OO(OO동)

(2) 임대인의 임대차계약서에 기재된 임대인과 건물등기사항증명서상에 기재된

소유자와 성명이 일치해야 한다. 다만 임대차목적 주택이 매도되어 소유자가 변경된 경우, 임차인이 주민등록전입신고를 마치고, 그 주택에 거주하고 있으면, 임대차계약서상의 임대인 또는 등기사항증명서상의 현 소유자를 피신청인으로 기재할 수 있다.

☞ 임대인 또는 현 소유자가 이사하는 등의 사유로 등기사항증명서상의 주소가 변경된 경우에는 임대인의 주민등록초본 등을 제출하거나 그 밖에 가능한 방법으로 임대인 또는 현 소유자의 주소지를 알아야 할 것이다(송달이 되어야만 결정이 되나 공시송달 가능함).

나. 피신청인 : 건물소유자로서 임대차보증금을 반환할 의무가 있는 자를 말한다.

(1) 피신청인은 임대인으로서 성명, 주민등록번호와 주소를 정확히 기재하여야 한다(송달불능시에는 주소보정을 내림).

(2) 피신청인의 현주소와 등기기록상의 주소 등이 다른 경우, 즉 주소에는 주민등록등본상의 주소를, 그 다음 줄에 등기기록상의 주소를, 그 다음줄에 송달장소를 각 기재한다.

5. 임차권 등기할 부동산의 표시

가. 신청서상에는 별지 목록으로 표시한다.

임차권 등기할 부동산의 표시 : 별지 목록 기재와 같음

나. 주택의 일부인 경우에는 그 목적인 부분을 표시한 도면을 첨부함(신청취지도 "별지 목록 도면과 같음" 등으로 표시한다).

6. 신청취지

- 신청취지 기재례

별지 목록 기재 건물에 관하여 아래와 같은 주택임차권등기를 명한다. 라는 결정을 구합니다.

아 래

1. 임대차계약일자 : 20 . . .
2. 임차보증금액 : 금 원, 차임 : 금 원
3. 주민등록일자 : 20 . . .
4. 점유개시일자 : 20 . . .
5. 확 정 일 자 : 20 . . . (또는 무)

- 주택의 일부에 대한 임차권등기명령을 신청하는 경우에는 예컨대 "별지 목록 기재 건물 중 별지 도면 표시 ㄱ, ㄴ, ㄹ, … ㄱ의 각 점을 차례로 연결한 선내 (가)부분 방 OO㎡에 관하여 …"라고 특정하여 기재한다.
  ① 2층 주택 중 1층 전체를 임차한 경우
  별지 목록 기재 건물 중 1층 126㎡에 관하여 아래와 같은 주택임차권등기를 명한다. 라는 결정을 구합니다.
  ② 1개 층의 일부만 임차한 경우
  별지 목록 기재 건물 중 1층 203호(별지 ㄱ, ㄴ, ㄷ, ㄹ, ㅁ, ㄱ의 각 점을 차례로 연결한 선내 87㎡)에 관하여 아래와 같은 주택임차권등기를 명한다. 라는 결정을 구합니다.

가. 임대차계약일자

(1) 임대차계약서에 명기된 임대차계약을 체결한 날을 기재한다.
(2) 임차보증금액은 신청 당시를 기준으로 하여 임대인으로부터 반환받지 못한 임대차보증금잔액을 기재한다.

나. 임차보증금액

(1) 임대차보증금액을 기재하되, 그 금액이 증액된 경우 아래와 같이 증액된 금액도 명기한다.
  ① 임차보증금액이 변동없는 경우 : 금 이천오백만원
  ② 임차보증금액이 증액된 경우 : 최초 금 이천만원, 20OO. 10. 2. 금 이천삼백만원으로 증액함.

(2) 월차임이 있는 임대차인 경우에는 차임을 기재하고, 주택임대차보호법 12조의 등기하지 아니한 전세계약의 경우에는 차임란은 삭제한다.

다. 주민등록일자

(1) 임차인의 주민등록등(초)본에 명기되어 있는 전입일·변동일·변동사유 등을 기재한다.

(2) 임차인의 주민등록등(초)본에 다음과 같이 기재되어 있는 경우에는 현재 주소지에 주민등록 전입신고를 한 날이 2000. 10. 16.이 되므로 이 날을 주민등록일자를 기재한다.

번호	주 소(통/반)	전입일 /	변동일	변동사유
1.	경기도 양주군 회천읍 덕정로 OO	2000. 3. 20.	2000. 3. 18.	전입
2.	경기도 평택시 동자로 OO(OO동)	2000. 10. 16.	2000. 10. 15.	전입

라. 점유개시일자

임차주택을 인도받아 점유하기 시작한 날을 기재한다.

마. 확정일자

(1) 임대차계약서에 확정일자인을 받아둔 경우, 그 계약에서 날인 또는 기재된 확정일자를 기재한다.

(2) 임대차보증금이 증액되어 각각 확정일자를 받아 둔 경우 그 취지를 병기한다 (예컨대, 임차보증금이 최초 금 삼천만원인 상태에서 2000. 5. 1. 확정일자를 받아 두었다가 2000. 5. 1. 금 이백만원을 증액하고 확정일자를 다시 받은 경우 등).

7. 신청이유

가. 임대차계약의 체결사실 및 계약내용과 그 계약이 종료한 원인사실을 기재하고, 임차인이 신청 당시에 이미 주택임대차보호법 제3조 제1항의 규정에 의한 대항력을 취득한 경우에는 임차주택을 점유하기 시작한 날과 ·주민등록을 마친 날

을, 주택임대차보호법 3조의2 2항의 규정에 의한 우선변제권을 취득한 경우에는 임차주택을 점유하기 시작한 날, 주민등록을 마친 날과 임대차계약증서의 확정일자를 받은 날을, 상가건물임대차보호법 제3조 제1항의 규정에 의한 대항력을 취득한 경우에는 임차건물을 점유하기 시작한 날과 사업자등록을 신청한 날을, 같은 법 제5조 제2항의 규정에 의한 우선변제권을 취득한 경우에는 임차건물을 점유하기 시작한 날, 사업자등록을 신청한 날과 임대차계약서상의 확정일자를 받은 날을 각 기재하여야 한다.

나. 임대차기간이 만료되었으므로 보증금을 반환받지 못하고 있다는 취지를 반드시 기재하여야 할 것이다.

8. 첨부서류의 표시

가. 임대인의 소유로 등기된 주택에 대하여는 건물등기사항증명서 1통

나. 임대인의 소유지만 미등기된 주택에 대하여는 건축물관리대장 등 임대인의 명의로 소유권보존등기를 할 수 있음을 증명할 서류

☞ 미등기 주택에 대한 등기명령촉탁이 있을 때에는 등기관은 직권으로 보존등기를 한 후 임차권등기를 하도록 되어 있다.

- 건축물관리대장, 개별공시지가확인원, 임대인의 주민등록등(초)본 각 2통
- 대법원수입증지 : 소유권보존등기용 15,000원
- 소유보존용의 등록면허세, 취득세를 납부하지 않아도 되며, 국민주택채권매입의무는 없음(위 경우 등록면허세, 교육세, 취득세는 등기관이 징수 통지함).

다. 임대차계약증서 사본 1통

라. 임차인이 신청 당시에 이미 주택임대차보호법 3조 1항의 규정에 의한 대항력을 취득한 경우에는 주민등록등(초)본(임차주택을 점유하기 시작한 날과 주민등록을 마친 날을 소명하는 서류임), 같은 법 3조의2 2항의 규정에 의한 우선변제권을 취득한 경우에는 임차주택을 점유하기 시작한 날과 주민등록을 마친 날을 소명하는 서류 및 공정증서로 작성되거나 확정일자 있는 임대차계약증서 사본 1통

마. 임차인의 주민등록을 제출할 때 전입일/변동일자가 기재된 임차인의 주민등록

등(초)본을 제출하여야 한다.

바. 임대차목적물에 관한 등기기록상의 용도가 주거시설이 아닌 경우(공장, 점포 등) 에는 임대차계약체결시부터 현재까지 주거용으로 사용하고 있음을 증명하는 서류(건물사진 및 보증인확인서 등 이용현황을 증명할 수 있는 자료)

사. 건물도면 5부

(1) 주택의 일부에 대하여 임차권등기명령을 신청하는 경우에는 예컨대 "별지 목록 기재 건물 3층 826.37㎡ 중 별지 도면 표시 ㄱ, ㄴ, ㄷ, ㄹ, ㄱ의 각 점을 차례로 연결한 선내부분 84.2㎡에 관하여"라고 기재하고 별지로 도면을 첨부한다.

(2) 아파트, 빌라, 연립, 다가구주택, 다세대주택 등 주택의 일부를 점유하고 있는 임차인인 경우에는 주택평면도를 그려 제출하거나 지적도 또는 건축물관리대장에 첨부되어 있는 도면을 복사하여 제출하되, 거주부분에 가, 나, 다, 라,…, 가 등의 일련번호를 표시하여 점유부분 주택을 특정하고 지번과 건물의 구조를 기재한다(단, 2층의 전부를 임차하고 있는 경우에는 "별지 부동산 목록 … 중 2층 전부"라고 기재하고 도면을 첨부하지 않는다).

☞ 다세대주택 건물 중 3층 301호에 거주하는 임차인인 경우

<table>
<tr><td>욕실</td><td>현관</td><td>욕실</td></tr>
<tr><td>301호</td><td rowspan="2">거실</td><td>303호</td></tr>
<tr><td>302호</td><td>304호</td></tr>
</table>

아. 계약종료사실을 증명할 서면(계약서, 계약해지통고서, 임대인의 확인서 등)

임차권을 양수한 경우에는 임차권양수사실이 기재된 계약서 등 입증자료를 첨부한다.

자. 주택목록 5부

(1) 주택목록은 등기사항증명서의 표제부를 보고 기재하고, 그 중 일부인 때에는 일부(예 ; 2층 130㎡ 중 동쪽 65㎡)임을 기재한다.

(2) 주택의 일부를 임차하고 있는 임차인이라면, 다세대주택(건물의 각 층수별, 호수별로 구분등기가 따로 따로 되어 있는 경우)의 등기사항증명서 표제부에 기재된 주택 전부를 임차하고 있으면, 건물도면은 제출하지 않아도 된다.

(3) 그러나 다세대주택의 각 호수별 건물 중 일부만을 임차하고 있거나, 다가구주택(건물전체에 관해 하나의 등기부만 만들어져 있고, 각 층수별, 호수별로 따로 등기가 되어 있지 않은 경우) 중 일부만을 임차하고 있으면, 등기사항증명서 표제부 외에 거주하는 부분의 층수와 호수 및 별지 도면의 거주부분을 특정해서 기재한 주택목록을 작성하여 제출한다.

☞ 다음과 같이 등기되어 있는 다가구주택의 3층 302호에 거주하는 임차인인 경우의 '주택목록 작성례'

주 택 목 록
○○시 ○○구 ○○동 ○○ [도로명주소] ○○시 ○○구 ○○로 ○○ 철근콘크리트조 스레트 지붕 3층 주택 1층 130.28㎡(5가구) 2층 130.28㎡(4가구) 3층 98.24㎡(3가구) 지층 130.28㎡(4가구) 중 3층 302호 약 23평 별지 도면 표시 가, 나, 다, 라, 마, 가의 각 점을 차례로 연결한 선내 부분 약 23평. 끝.

9. 별지 부동산 목록 및 도면 첨부

가. 별지 부동산 목록 5부(기본)

나. 건물의 일부분일 때 : 별지 도면 5부(기본)

10. 말소절차

가. 임차인은 임차권등기에 대한 집행해제를 신청할 수 있고, 임대인은 임차권등기에 대한 이의, 사정변경에 의한 임차권등기의 결정취소를 구할 수 있다. 즉 재판에서 임대인이 승소하면 그 재판의 정본에 의하여 취소신청을 할 수 있다.

나. 필요한 서면 등

(1) 임대인이 신청하는 경우

- 등기촉탁신청서 : 2부
- 등록면허세 : 7,200원
- 대법원수입증지 : 3,000원
- 송달료(우표) : 10,400원
- 부동산목록 : 4부
- 도면(건물 일부분일 경우) : 4부
- 위 임 장

(2) 임대인이 취소신청하는 경우

- 신청서 : 1부
- 정부수입인지 : 2,000원
- 송달료 : 83,200원
- 위임장 : 1부

[서식 38] 주택임차권등기명령 명령신청서

주택임차권등기명령신청서

신 청 인 김 ○ ○

피신청인 장 ○ ○

첩용인지액 금 OOOO원
대법원증지액 금 OOOO원
등록면허세 금 OOOO원 (교육세 포함)

OO지방법원 귀중

주택임차권등기명령신청서

신 청 인 김 O O (111111-2222222) (전화 :)
경기도 OO군 OO읍 OO로 OO (우 :)

피신청인 장 O O (222222-1111111)
경기도 OO군 OO읍 OO로 OO (우 :)

임차권 등기할 부동산의 표시

별지 목록 기재와 같음

신 청 취 지

별지 목록 기재 건물 중 2층 46.22㎡에 관하여 아래와 같은 주택임차권등기를 명한다.
라는 결정을 구합니다.

아 래

1. 임대차계약일자 : 20OO. 2. 5.
2. 임차보증금액 : 금 일천오백만원
3. 주민등록일자 : 20OO. 2. 26.
4. 점유개시일자 : 20OO. 2. 5.

5. 확 정 일 자 : 무

신 청 이 유

1. 신청인은 피신청인과 사이에 20OO. 2. 5. 다음과 같은 주택에 관하여 임대차계약을 체결하였습니다.

다 음

가. 목 적 물

경기도 OO군 OO읍 OO리 OO

[도로명주소] 경기도 OO군 OO읍 OO로 OO

조적조 슬래브지붕 2층 주택 및 점포

1층 주택 46.22㎡

2층 점포 46.22㎡ 중 2층 전부

나. 임대차보증금 : 금 15,000,000원

다. 임대차기간 : 20OO. 2. 5.부터 20OO. 2. 4.까지(2년간)

2. 위 계약에 따라 신청인은 피신청인에게 20OO. 2. 5. 보증금 15,000,000원을 지급하고, 같은 날 위 2층 점포(실제상 주택)에 입주하여 점유 사용하여 왔습니다(주민등록전입일자는 20OO. 2. 26.입니다)

3. 그런데 위 임대차기간이 도과하였음에도 불구하고 피신청인은 위 보증금을 반환하지 않고 있으므로, 신청인은 제3자에 대한 대항력을 갖춘 임차인으로서 주택임차권등기명령신청을 인용하여 대항력 및 우선변제권을 취득하고자 이건 신청에 이르렀습니다.

첨 부 서 류

1.	건물등기사항증명서	1통
1.	주민등록초본	2통
1.	임대차계약서 사본	1통
1.	주택목록	5통
1.	위임장	1통

2000. O. .

신청인 김 O O (인)

OO지방법원 귀중

주 택 목 록

1. 경기도 OO군 OO읍 OO리 OO
   [도로명주소] 경기도 OO군 OO읍 OO로 OO
   조적조 슬래브지붕 2층 주택 및 점포
   1층 주택 46.22㎡
   2층 점포 46.22㎡
   중 2층 전부. 끝.

제 2 편
신청취지 기재례

ㄱ 부

1. 가등기와 관련한 가처분

◉ **가등기상의 권리행사금지가처분신청**

채무자는 별지 목록 기재 부동산에 관하여 별지 목록 기재 가등기에 대한 가등기상의 권리를 행사하여서는 아니된다.

◉ **가등기상의 권리처분금지가처분신청**

채무자는 별지 목록 기재 부동산에 대하여 OO지방법원 OO등기소 20OO. 2. 12. 접수 제1234호로 마친 소유권이전등기청구권보전의 가등기에 관한 20OO. 1. 30.자 정지조건부 매매예약상의 권리를 타에 양도, 그 밖에 일체의 처분을 하여서는 아니된다.

채무자는 별지 목록 기재 부동산에 대하여 같은 목록 기재의 소유권이전등기청구권보전의 가등기에 관한 정지조건부 매매예약상의 권리를 타에 양도, 기타 일체의 처분을 하여서는 아니된다.

[별 지]

목 록

부동산의 표시

OO시 OO구 OO동 1254 대 267㎡

가등기의 표시

OO지방법원 OO등기소 20OO. 1. 25. 접수 제1234호

◉ **가등기가처분신청**

채무자는 채권자를 위하여 별지 목록 기재 부동산에 대하여 20○○. 1. 20.자 매매예약에 기한 소유권이전등기청구권보전의 가등기가처분을 명한다.

채무자 소유의 별지 목록 기재 부동산에 대하여 채권자를 위한 20○○. 1. 21.자 정지조건부 대물변제예약에 기한 소유권이전등기청구권보전의 가등기가처분을 명한다.

채무자는 채권자를 위하여 별지 목록 기재 부동산에 대하여 같은 목록 기재 가등기에 관한 매매예약에 기한 소유권이전등기청구권보전의 가등기가처분을 명한다.

[별 지]

목 록

부동산의 표시

○○시 ○○구 ○○동 1127-5 임야 10,267㎡

청구권의 표시

20○○. 1. 20. 대물변제에 기한 소유권이전등기청구권보전의 가등기

2. 가압류(가처분)결정취소신청

◉ **제소기간도과에 의한 가압류(가처분)결정취소신청(부동산)**

1. 위 당사자간 ○○지방법원 20○○카단○○○○호 가압류(가처분)사건에서 동 법원이 20○○. 2. 12.에 한 별지 목록 기재 부동산에 대한 가압류(가처분)결정은 이를 취소한다.
2. 소송비용은 피신청인이 부담한다.
3. 제1항은 가집행할 수 있다.

◉ **담보제공을 원인으로 한 가압류결정취소신청(부동산)**

신청인에게 적당한 담보를 제공하게 하고 위 당사자간의 귀원 20OO카단OOOO호 부동가압류 신청사건에 관하여 20OO. 1. 23.자로 한 가압류결정을 취소하여 줄 것을 신청합니다.

◉ **사정변경으로 인한 가압류결정취소신청(채권, 유체동산)**

1. 위 당사자간 OO지방법원 20OO카단OOOO호 채권가압류(또는 유체동산가압류)신청사건에서 같은 법원에서 20OO. 1. 20.에 한 가압류결정은 이를 취소한다.
2. 소송비용은 피신청인이 부담한다.
3. 제1항은 가집행할 수 있다.

◉ **사정변경으로 인한 가압류결정취소신청(본안소송에서 피신청인이 패소하였으나 미확정된 경우)**

1. 위 당사자간 OO지방법원 20OO카단OOOO호 부동산가압류신청사건에서 같은 법원에서 20OO. 2. 12.에 한 가압류결정은 이를 취소한다.
2. 소송비용은 피신청인이 부담한다.
3. 제1항은 가집행할 수 있다.

◉ **가압류집행 후 3년간 불제소로 인한 가압류결정취소신청**

1. 위 당사자간 OO지방법원 20OO카단OOOO호 부동산가압류신청사건에서 같은 법원에서 20OO. 2. 16.에 한 가압류결정은 이를 취소한다.
2. 소송비용은 피신청인이 부담한다.
3. 제1항은 가집행할 수 있다.

◉ **장기불제소를 이유로 하는 가압류결정취소신청**

1. 위 당사자간 OO지방법원 20OO카단OOOO호 부동산가압류신청사건에서 같은 법원에서 20OO. 1. 12.에 한 가압류결정은 이를 취소한다.
2. 소송비용은 피신청인이 부담한다.

3. 제1항은 가집행할 수 있다.

◉ **제소명령불응을 이유로 한 가압류결정취소신청**

1. 위 당사자간 ○○지방법원 20○○카단○○○○호 부동산가압류신청사건에서 같은 법원에서 20○○. 1. 23.에 한 가압류결정은 이를 취소한다.
2. 소송비용은 피신청인이 부담한다.
3. 제1항은 가집행할 수 있다.

3. 가압류결정에 대한 이의신청

◉ **가압류결정에 대한 이의신청(부동산)**

1. 채권자의 채무자에 대한 ○○지방법원이 20○○. 2. 12.에 결정한 20○○카단○○○○호 부동산가압류결정은 이를 취소한다.
2. 채권자의 위 가압류신청은 기각한다.
3. 소송비용은 채권자가 부담한다.
4. 제1항은 가집행할 수 있다.

---

1. 위 당사자간 ○○지방법원 20○○카단○○○○호 부동산가압류신청사건에 관하여 같은 법원이 20○○. 2. 9. 별지 목록 기재 부동산에 대하여 한 가압류결정은 이를 취소한다.
2. 채권자의 위 가압류신청은 기각한다.
3. 소송비용은 채권자가 부담한다.
4. 제1항은 가집행할 수 있다.

◉ **가압류결정에 대한 이의신청(채권)**

1. 위 당사자간 ○○지방법원 20○○카합○○○○호 채권가압류신청사건에 관하여 같은 법원이 20○○. 1. 27.에 한 가압류결정은 이를 취소한다.
2. 채권자의 위 가압류신청은 기각한다.
3. 소송비용은 채권자가 부담한다.

4. 제1항은 가집행할 수 있다.

◉ **가압류결정에 대한 이의신청(양수채권자에게 변제이유로)**

1. 위 당사자간 OO지방법원 20OO카단OOOO호 유체동산가압류신청사건에 관하여 20OO. 1. 20. 같은 법원에게 결정한 유체동산가압류결정은 이를 취소한다.
2. 채권자의 위 가압류신청은 기각한다.
3. 소송비용은 채권자가 부담한다.
4. 제1항은 가집행할 수 있다.

◉ **가압류결정에 대한 이의신청(채무일부변제 및 잔액유예를 이유로)**

1. 위 당사자간 OO지방법원 20OO카단OOOO호 유체동산가압류신청사건에 관하여 20OO. 1. 12. 같은 법원에게 결정한 유체동산가압류결정은 이를 취소한다.
2. 채권자의 위 가압류신청은 기각한다.
3. 소송비용은 채권자가 부담한다.
4. 제1항은 가집행할 수 있다.

◉ **가압류결정에 대한 이의신청(변제기미도래 및 변제여력 있음을 이유로)**

1. 위 당사자간 OO지방법원 20OO카단OOOO호 유체동산가압류신청사건에 관하여 20OO. 2. 8. 같은 법원에게 결정한 유체동산가압류결정은 이를 취소한다.
2. 채권자의 위 가압류신청은 기각한다.
3. 소송비용은 채권자가 부담한다.
4. 제1항은 가집행할 수 있다.

4. 가압류신청취하

◉ **부동산가압류신청취하**

위 당사자간 귀원 20OO카단OOOO호 부동산가압류신청사건에 관하여 당사자간에 원만히 화해가 성립되었으므로, 별지 목록 기재 부동산에 대한 가압류신청을 취하합니다.

◉ **유체동산가압류신청취하(집행관사무실에 제출)**

위 당사자간 귀원 20OO카단 OOOO호 유체동산가압류신청사건에 관하여 당사자간에 원만한 화해가 성립되었으므로 이 가압류신청을 취하합니다.

5. 가압류신청취하 및 집행해제신청

◉ **부동산가압류신청취하 및 집행해제신청(전부해제)**

위 당사자간 귀원 20OO카단 OOOO호 부동산가압류신청사건에 관하여 귀원의 가압류결정에 의하여 그 집행이 완료되었는바, 당사자간에 원만한 합의가 성립되었으므로 채권자는 위 가압류신청을 전부취하하오니 별지 목록 기재 부동산에 대하여 가압류집행을 해제하여 주시기 바랍니다.

◉ **부동산가압류신청취하 및 집행해제신청(일부해제)**

위 당사자간 귀원 20OO카단 OOOO호 부동산가압류신청사건에 관하여 귀원의 가압류결정에 의하여 그 집행이 완료되었는 바, 당사자간에 원만한 합의가 성립되었으므로 채권자는 채무자 홍길동에 대한 가압류신청을 취하하오니 집행을 해제하여 주시기 바랍니다.

◉ **채권가압류신청취하 및 집행해제신청(전부해제)**

위 당사자간 귀원 20OO카단 OOOO호 채권가압류신청사건에 관하여 귀원의 가압류결정에 의하여 그 집행이 완료되었는 바, 당사자간에 원만한 합의가 성립되었으므로 채권자는 위 가압류신청을 전부취하하오니 집행을 해제하여 주시기 바랍니다.

◉ **채권가압류신청취하 및 집행해제신청(일부해제)**

위 당사자간 귀원 20OO카단 OOOO호 채권가압류신청사건에 관하여 귀원의 가압류결정에 의하여 그 집행이 완료되었는 바, 당사자간에 원만한 합의가 성립되었으므로 채권자는 채무자 홍길동에 대한 가압류신청을 취하하오니 집행을 해제하여 주시기 바랍니다.

6. 가압류를 본압류로 이전하는 채권압류명령신청

◉ 가압류를 본압류로 이전하는 채권압류명령신청

위 청구금액의 변제에 충당하기 위하여 채권자와 채무자간 귀원 20○○카단○○○○호 채권가압류결정에 의하여 별지 목록 기재의 채권에 대한 가압류는 이를 본압류로 이전한다.

7. 가압류를 본압류로 이전하는 채권압류 및 전부명령등신청

◉ 가압류를 본압류로 이전하는 채권압류 및 전부명령신청(가압류금액과 본압류금액이 같은 경우)

1. 채권자와 채무자간 ○○지방법원 20○○카단○○○○호 채권가압류결정에 의한 별지 목록 기재 채권에 대한 가압류는 이를 본압류로 이전한다.
2. 제3채무자는 채무자에게 위 채권에 관한 지급을 하여서는 아니된다.
3. 채무자는 위 채권의 처분과 영수를 하여서는 아니된다.
4. 위 압류된 채권은 지급에 갈음하여 채권자에게 전부한다.

◉ 가압류를 본압류로 이전하는 채권압류 및 전부명령신청(가압류금액이 본압류금액보다 적을 경우)

1. 채권자와 채무자간 ○○지방법원 20○○카단○○○○호 채권가압류결정에 의한 별지 목록 기재 채권 중 10,000,000원에 대한 가압류는 이를 본압류로 이전한다.
2. 별지 목록 기재 채권 중 위 집행력있는 판결정본에 기한 나머지 2,000,000원은 이를 압류한다.
3. 제3채무자는 채무자에게 위 채권에 관한 지급을 하여서는 아니된다.

4. 채무자는 위 채권의 처분과 영수를 하여서는 아니된다.
5. 위 압류된 채권은 지급에 갈음하여 채권자에게 전부한다.

◉ 가압류를 본압류로 이전하는 채권압류 및 전부명령신청(가압류금액이 본압류금액보다 클 경우)

1. 채권자와 채무자간 OO지방법원 20OO카단 OOOO호 채권가압류결정에 의한 별지 목록 기재 채권에 대한 가압류 10,000,000원 중 2,500,000원은 이를 본압류로 이전한다.
2. 제3채무자는 채무자에게 위 채권에 관한 지급을 하여서는 아니된다.
3. 채무자는 위 채권의 처분과 영수를 하여서는 아니된다.
4. 위 압류된 채권은 지급에 갈음하여 채권자에게 전부한다.

◉ 가압류를 본압류로 이전하는 채권압류 및 전부명령신청

1. 위 청구금액의 변제에 충당하기 위하여 채권자와 채무자간 OO지방법원 20OO카단 OOOO호 채권가압류결정에 의하여 가압류한 위 채권은 귀원 20OO가단 OOOO호 물품대금 청구사건의 집행력있는 판결정본에 의하여 이를 본압류로 이전하고 1,000,000원의 추가금액은 이를 압류한다.
2. 제3채무자는 채무자에게 위의 지급을 하여서는 아니된다.
3. 채무자는 위 채권의 처분과 영수를 하여서는 아니된다.
4. 위의 압류된 채권은 지급에 갈음하여 채권자에게 전부한다.

◉ 가압류를 본압류로 이전하는 소유권이전등기청구권압류명령신청

1. OO지방법원 20OO카단 OOOO호 부동산소유권이전등기청구권 가압류결정에 의하여 가압류된 별지 목록 기재 부동산소유권이전등기청구권에 관하여 채무자가 제3채무자에 대하여 가지고 있는 부동산소유권이전등기청구권은 이를 본압류로 이전한다.
2. 제3채무자는 채무자에 대하여 위 부동산에 관한 소유권이전등기절차를 이행하여서는 아니된다.
3. 채무자는 위 부동산에 관하여 제3채무자에 대하여 가지고 있는 소유권이전등기청구권을 타에 처분하거나 소유권이전등기절차를 마쳐서는 아니된다.

[별 지]

목 록

아래 부동산에 관하여 채무자가 제3채무자에게 아파트분양대금 전액을 완납함으로써 제3채무자로부터 가지는 부동산소유권이전등기청구권

부동산의 표시

1동의 건물의 표시
　OO시 OO구 OO동 24 현대아파트 제101동
　[도로명주소] OO시 OO구 OO로 67길 23

전유부분의 건물의 표시
　구　　조 : 철근콘크리트조
　건물번호 : 101 - 12 - 1201
　면　　적 : 12층 1201호　52.43㎡

대지권의 표시
　토지의 표시 : 1. OO시 OO구 OO동 1154　대 14898㎡
　　　　　　　2. OO시 OO구 OO동 1164　대 567㎡
　대지권의 종류 : 소유권
　　대지권의 비율 1, 2 : 16437분의 31.1500

◉ 가압류를 본압류로 이전하는 소유권이전등기청구권압류명령신청

1. 위 청구금액의 변제에 충당하기 위하여 채권자와 채무자간 OO지방법원 20OO카단OOOO호 부동산소유권이전등기청구권 가압류결정에 의한 별지 목록 기재 부동산에 관한 소유권이전등기청구권에 대한 가압류는 이를 본압류로 이전한다.
2. 제3채무자는 채무자에게 위 부동산에 관한 소유권이전등기절차를 이행하여서는 아니된다.
3. 채무자는 위 소유권이전등기청구권을 타에 양도하거나 기타 처분을 하여서는 아니된다.

[별 지]

목 록

채무자가 제3채무자에 대하여 가지고 있는 채무자와 제3채무자간 20OO. 10. 21.자 매매계약(분양계약)에 기한 아래 부동산에 관한 소유권이전등기청구권

부동산의 표시

OO 제3구역 주택재개발 조합분양아파트 10동 805호(33평형)

8. 가압류를 본압류로 이전하는 채권압류 및 추심명령신청

◉ **가압류를 본압류로 이전하는 채권압류 및 추심명령신청(가압류금액과 본압류금액이 같은 경우)**

1. 채권자와 채무자간 OO지방법원 20OO카단OOOO호 채권가압류결정에 의한 별지 목록 기재 채권에 대한 가압류는 이를 본압류로 이전한다.
2. 제3채무자는 채무자에게 위 채권에 관한 지급을 하여서는 아니된다.
3. 채무자는 위 채권의 처분과 영수를 하여서는 아니된다.
4. 채권자는 채무자의 제3채무자에 대한 위 압류된 채권을 추심할 수 있다.

◉ **가압류를 본압류로 이전하는 채권압류 및 추심명령신청(가압류금액이 본압류금액보다 적을 경우)**

1. 채권자와 채무자간 OO지방법원 20OO카단OOOO호 채권가압류결정에 의한 별지 목록 기재 채권 중 10,000,000원에 대한 가압류는 이를 본압류로 이전한다.
2. 별지 목록 기재 채권 중 위 집행력있는 판결정본에 기한 나머지 2,000,000원은 이를 압류한다.
3. 제3채무자는 채무자에게 위 채권에 관한 지급을 하여서는 아니된다.
4. 채무자는 위 채권의 처분과 영수를 하여서는 아니된다.

5. 채권자는 채무자의 제3채무자에 대한 위 압류된 채권을 추심할 수 있다.

◉ 가압류를 본압류로 이전하는 채권압류 및 추심명령신청(가압류금액이 본압류금액보다 클 경우)

1. 채권자와 채무자간 OO지방법원 20OO카단OOOO호 채권가압류결정에 의한 별지 목록 기재 채권에 대한 가압류 10,000,000원 중 2,500,000원은 이를 본압류로 이전한다.
2. 제3채무자는 채무자에게 위 채권에 관한 지급을 하여서는 아니된다.
3. 채무자는 위 채권의 처분과 영수를 하여서는 아니된다.
4. 채권자는 채무자의 제3채무자에 대한 위 압류된 채권을 추심할 수 있다.

◉ 가압류를 본압류로 이전하는 채권압류 및 추심명령신청

1. 위 청구금액의 변제에 충당하기 위하여 채권자와 채무자간 OO지방법원 20OO카단OOOO호 채권가압류결정에 기하여 별지 목록 기재 채권에 대한 가압류는 귀원 20OO가단OOOO호 물품대금 청구사건의 집행력있는 판결정본에 기하여 이를 본압류로 이전하고 1,000,000원의 추가금액은 이를 압류한다.
2. 제3채무자는 채무자에게 위 채권에 관한 지급을 하여서는 아니된다.
3. 채무자는 위 채권의 처분과 영수를 하여서는 아니된다.
4. 위의 압류된 채권은 지급에 갈음하여 채권자가 추심할 수 있다.

---

1. 위 청구금액의 변제에 충당하기 위하여 채권자와 채무자간 OO지방법원 20OO카단OOOO호 채권가압류결정에 의하여 가압류한 위 채권은 귀원 20OO가단OOOO호 대여금 청구사건의 집행력있는 판결정본 및 귀원 20OO카기OOOO호 소송비용액확정신청사건의 집행력있는 결정정본에 기하여 이를 본압류로 이전한다.
2. 제3채무자는 채무자에게 위 채권의 지급을 하여서는 아니된다.
3. 채무자는 위 채권의 처분과 영수를 하여서는 아니된다.
4. 위의 압류된 채권은 채권자가 추심할 수 있다.

9. 가압류집행취소신청

◉ 부동산가압류집행취소신청

위 당사자간 OO지방법원 20OO카단 OOOO호 부동산가압류신청사건에 관하여 귀원의 가압류결정에 의하여 그 집행이 완료되었는 바, 채권자가 위 가압류신청을 전부 취하하였으나 그 집행은 취소되지 않고 있으므로, 채무자는 별지 목록 기재 부동산에 대하여 가압류집행을 취소하여 주시기 바랍니다.

위 당사자간 OO지방법원 20OO카단 OOOO호 부동산가압류신청사건에 관하여 귀원의 가압류결정에 의하여 그 집행이 완료되었으나 20OO. 1. 23. 귀원 20OO카단 OOOO호 사정변경에 의한 가압류결정취소사건의 판결이 20OO. 2. 4.자로 확정(또는 동 판결에 가집행선고가 부하여져)되었으므로 위 가압류명령의 집행을 취소하고 별지 목록 기재 부동산에 대하여 한 등기의 말소를 촉탁하고자 이에 신청합니다.

◉ 해방공탁에 의한 가압류집행취소신청(부동산가압류)

위 당사자간 귀원 20OO카단 OOOO호 부동산가압류신청사건에 관하여 귀원에서 20OO. 8. 20.자 결정한 가압류결정에 의하여 채무자 소유의 별지 목록 기재 부동산에 대하여 가압류의 집행이 완료되었는 바, 채무자는 위 결정 주문에 표시된 해방공탁금을 공탁하였기에 집행을 취소하여 주시기 바랍니다.

◉ 해방공탁에 의한 가압류집행취소신청(채권가압류)

위 당사자간 귀원 20OO카단 OOOO호 채권가압류신청사건에 관하여 귀원에서 20OO. 1. 20.자 결정한 가압류결정에 의하여 그 집행이 완료되었는 바, 채무자는 위 결정 주문에 표시된 해방공탁금을 공탁하였기에 집행을 취소하여 주시기 바랍니다.

◉ 해방공탁에 의한 가압류집행취소신청(유체동산)

위 당사자간 귀원 20OO카단 OOOO호 유체동산가압류신청사건에 관하여 귀원에서 20OO. 1. 20.자 결정한 가압류결정에 의하여 채무자 소유의 별지 기재 유체동산에 대한 가압류집행이 있었는 바, 채무자는 위 결정 주문에 표시된 해방공탁금을 공탁하였기에 집행을 취소하여 주시기 바랍니다.

10. 가압류취소신청

◉ **제소기간 도과에 의한 가압류취소신청**

1. 위 당사자간의 OO지방법원 20OO카단OOOO호 부동산가압류신청사건에 관하여 위 법원이 20OO. 2. 10.에 별지 목록 기재 부동산에 대하여 한 가압류결정은 이를 취소한다.
2. 소송비용은 채권자가 부담한다.
3. 제1항은 가집행할 수 있다.

◉ **담보제공에 의한 가압류취소신청**

1. 위 당사자간 OO지방법원 20OO카단OOOO호 부동산가압류신청사건에 관하여 같은 법원이 20OO. 1. 20.에 한 가압류결정은 귀원 명령의 담보제공을 조건으로 하여 이를 취소한다.
2. 소송비용은 채권자가 부담한다.
3. 제1항은 가집행할 수 있다.

11. 가처분결정에 대한 이의

◉ **가처분결정에 대한 이의(부동산처분금지가처분)**

1. 신청인과 피신청인 사이의 OO지방법원 20OO카단OOOO호 부동산처분금지가처분 신청사건에 관하여 위 법원이 20OO. 1. 20.에 별지 목록 기재 각 부동산에 대하여 한 가처분결정은 취소한다.
2. 신청인의 위 가처분신청을 기각한다.
3. 소송비용은 신청인이 부담한다.

4. 제1항은 가집행할 수 있다.

◉ 가처분결정에 대한 이의(청산인 직무집행정지 및 대행선임가처분)

1. 신청인과 피신청인 사이의 OO지방법원 20OO카단OOOO호 청산인 직무집행정지 및 대행자선임 가처분신청사건에 관한 위 법원이 20OO. 1. 20.자 가처분결정은 이를 취소한다.
2. 신청인의 위 가처분신청을 기각한다.
3. 소송비용은 신청인이 부담한다.
4. 제1항은 가집행할 수 있다.

◉ 가처분결정에 대한 이의(특허권처분금지가처분)

1. 신청인과 피신청인 사이의 OO지방법원 20OO카단OOOO호 특허권처분금지가처분 신청사건에 관하여 위 법원이 20OO. 1. 20. 별지 기재 특허권에 대하여 한 가처분 결정은 이를 취소한다.
2. 신청인의 위 가처분신청을 기각한다.
3. 소송비용은 신청인이 부담한다.
4. 제1항은 가집행할 수 있다.

◉ 가처분결정에 대한 이의(서적인쇄판매금지가처분)

1. 신청인과 피신청인 사이의 OO지방법원 20OO카단OOOO호 서적인쇄판매금지가처분신청사건에 관하여 위 법원이 20OO. 2. 10.에 한 가처분결정은 이를 취소한다.
2. 신청인의 위 가처분신청을 기각한다.
3. 소송비용은 신청인이 부담한다.
4. 제1항은 가집행할 수 있다.

◉ 가처분결정에 대한 이의(통행금지가처분)

1. 신청인과 피신청인 사이의 OO지방법원 20OO카단OOOO호 통행금지가처분신청사건에 관하여 위 법원의 20OO. 1. 24.자 가처분결정은 이를 취소한다.
2. 신청인의 위 가처분신청을 기각한다.

3. 소송비용은 신청인이 부담한다.
4. 제1항은 가집행할 수 있다.

12. 가처분신청취하

◉ 가처분신청취하

위 당사자간의 OO지방법원 20OO카단 OOOO호 부동산처분금지가처분신청사건에 관하여 당사자간에 원만히 화해가 성립되었으므로, 별지 목록 기재 부동산에 대한 가처분신청을 취하합니다.

13. 가처분취소신청

◉ 제소기간 도과에 의한 가처분취소신청

1. 신청인의 피신청인에 대한 OO지방법원 20OO카단 OOOO호 부동산처분금지가처분신청사건에 관하여 위 법원이 20OO. 2. 12.에 별지 목록 기재 부동산에 대하여 한 가처분결정은 이를 취소한다.
2. 소송비용은 신청인이 부담한다.
3. 제1항은 가집행할 수 있다.

◉ 사정변경에 의한 가처분취소신청

1. 신청인과 피신청인 사이의 OO지방법원 20OO카단 OOOO호 부동산처분금지가처분신청사건에 관하여 위 법원이 20OO. 1. 20.에 별지 목록 기재 부동산에 대하여 한 가처분결정은 이를 취소한다.
2. 소송비용은 신청인이 부담한다.
3. 제1항은 가집행할 수 있다.

1. 신청인과 피신청인 사이의 OO지방법원 20OO카단 OOOO호 부동산처분금지가처분 신청사건에 관하여 같은 법원이 20OO. 10. 24.에 OO시 OO구 OO동 123-4 전 876㎡에 대하여 한 가처분결정은 이를 취소한다.
2. 소송비용은 신청인이 부담한다.
3. 제1항은 가집행할 수 있다.

◉ **사정변경에 의한 가처분취소신청(직무집행정지 및 직무대행자선임가처분)**

1. 신청인과 신청외 김OO, 이OO, 박OO, 최OO 사이의 OO지방법원 20OO카단 OOOO호 부동산처분금지가처분신청사건에 관하여 위 법원이 20OO. 2. 16. 별지 목록 부동산에 대하여 한 가처분결정은 이를 취소한다.
2. 소송비용은 신청인이 부담한다.
3. 제1항은 가집행할 수 있다.

◉ **사정변경에 의한 가처분취소신청(일부취소)**

1. 신청인 및 신청외 홍길동을 각 채무자, 피신청인을 채권자로 한 OO지방법원 20OO 카단 OOOO호 부동산처분금지가처분신청사건에 관하여 위 법원이 20OO. 2. 10.에 한 가처분결정 중 신청외 홍길동에 대한 부분을 취소한다.
2. 소송비용은 신청인이 부담한다.
3. 제1항은 가집행할 수 있다.

◉ **특별사정에 의한 가처분취소신청(출입금지등가처분 또는 부동산점유이전금지가처분등)**

1. 신청인과 피신청인 사이의 OO지방법원 20OO카단 OOOO호 출입금지등가처분(또는 부동산점유이전금지가처분)신청사건에 관하여 위 법원이 20OO. 1. 27.에 한 가처분결정은 신청인이 담보를 제공하는 것을 조건으로 이를 취소한다.
2. 소송비용은 신청인이 부담한다.
3. 제1항은 가집행할 수 있다.

14. 가처분취소 이의신청

◉ **가처분취소 이의신청**

1. OO지방법원이 20OO. 1. 20. 이 사건에 관하여 한 가처분결정은 이를 인가한다.
2. 소송비용은 피신청인이 부담한다.

---

1. 피신청인 김OO은 OO남도 OO군 OO면 OO리 839 전 1,835평 지상에, 같은 정OO은 같은 리 838 대 73평, 같은 곳 843 대 258평 지상에 각 진입을 금지하고, 위 각 토지에 대한 신청인의 사용을 방해하지 못한다.
2. 소송비용은 피신청인이 부담한다.

15. 건물인도단행가처분신청

◉ **건물인도단행가처분신청(집행관보관방식, 채무자사용형)**

1. 피신청인의 OO시 OO구 OO로 12 소재 철근콘크리트조 평옥개 3계건 1층 1,862㎡, 2층 1,862㎡ 3층 1,924㎡, 지층 2,282㎡의 1층 1,862㎡ 중 별지 도면 표시 1, 2, 3, 4, 1의 각 점을 차례로 연결한 선내의 (가), (나) 부분 38㎡에 대한 점유를 풀고, 이를 신청인이 위임하는 OO지방법원 소속 집행관에게 보관하게 한다.
2. 집행관은 현상을 변경하지 아니할 것을 조건으로 하여 피신청인에게 그 점유부분을 사용하게 할 수 있다.
3. 집행관은 위 취지를 적당한 방법으로 공시하여야 한다.
4. 피신청인은 점유명의를 변경하거나 점유를 타인에게 이전하여서는 아니된다.

◉ **건물인도단행가처분신청**

신청인에게, 피신청인 이O경은 별지 제1목록 기재 1 표시 건물을, 피신청인 조O현은 별지 제1목록 기재 4표시 건물을, 피신청인 강O경은 별지 제1목록 기재 5 표시 건물을, 피신청인 박O순은 별지 제2도면 표시 가, 나, 마, 바, 가의 각 점을 차례로 연결한 선내 3.6㎡를, 피신청인 김O정은 별지 제2도면 표시 나, 다, 라, 마, 나의 각 점을 차례로 연결한 선내 8.2㎡를 각 명도하라.

16. 건물처분금지가처분신청

◉ **건물처분금지가처분신청(기본형)**

채무자는 별지 목록 기재의 부동산에 대하여 양도, 저당권, 임차권설정, 그 밖에 일체의 처분을 하여서는 아니된다.

17. 건물철거가처분신청

◉ **건물철거가처분신청**

1. 채무자는 20OO. 2. 10.까지 별지 제2목록 기재 건물을 철거하고 채권자에게 별지 제1목록 기재 토지를 임시로 인도하라.
2. 채무자가 위 가건물을 위 기한 내에 철거하지 않을 때에는 채권자는 집행관에게 위임하여 채무자의 비용으로 이를 철거하게 할 수 있다.

18. 건물철거금지가처분신청

◉ **건물철거금지가처분신청**

1. 채무자는 별지 목록 기재 건물을 철거하여서는 아니된다.
2. 집행관은 위 취지를 적당한 방법으로 공시하여야 한다.

19. 건물철거 및 토지인도단행가처분신청

◉ **건물철거 및 토지인도단행가처분신청**

1. 채무자는 채권자에게 별지 목록 기재 토지상에 건립된 별지 목록 기재 가건물을 철

거하고 위 토지를 임시로 인도하라.
2. 채무자가 이 명령일로부터 7일 내에 위 가건물을 철거하지 아니한 때에는 채권자는 집행관에게 위임하여 채무자의 비용으로 이를 철거하게 할 수 있다.

◉ **건물철거 및 토지인도단행가처분신청(결합형)**

1. 채무자는 20OO. 1. 22.까지 별지 제2 목록 기재 건물을 철거하고, 채권자에게 별지 제1 목록 기재 토지를 임시로 인도하라.
2. 채무자가 위 가건물을 위 기한 내에 철거하지 아니한 때에는 채권자는 집행관에게 위임하여 채무자의 비용으로 이를 철거하게 할 수 있다.

20. 건물퇴거 및 토지인도단행가처분신청

◉ **건물퇴거 및 토지인도단행가처분신청**

1. 채무자는 채권자에게,
   가. 별지 목록 기재 토지순번 13. 14상에 건립된
      (1) 별지 도면 표시 ㄱ, ㅂ, ㅈ, ㄷ, ㄱ을 차례로 연결한 선내 목조 함석지붕 1층 주택 87㎡와
      (2) 같은 도면 표시 ㄷ, ㄹ, ㅁ, ㅂ, ㄷ을 차례로 연결한 선내 블록조 스레트지붕 1층 창고 32㎡에서
      각 퇴거하고,
   나. 별지 목록 기재 각 토지를 인도하라.
2. 신청비용은 채무자가 부담한다.

21. 건설기계가압류신청

◉ **건설기계가압류신청**

채권자가 채무자에게 가지는 위 청구채권의 표시기재 채권집행을 보전하기 위하여

채무자 소유의 별지 건설기계 등록원부의 기재 건설기계를 가압류한다.
[별 지] : 건설기계등록원부 갑부를 첨부

22. 건축금지가처분신청

◉ **건축금지가처분신청(토지소유권에 기한)**

채무자는 별지 목록 기재 토지 위에 건물을 축조하거나 그 밖에 유수를 방해하는 일체의 공사를 하여서는 아니된다.

채무자는 별지 목록 기재 토지에 관하여 별지 도면 표시 ①, ②, ③, ④, ①의 각 점을 차례로 연결한 선내 ㉮부분 위에 높이 O미터, 길이 O미터 이상의 철근콘크리트조 옹벽을 설치하지 않고서는 지표면으로부터 O미터 이상 굴착하는 공사를 하여서는 아니된다.

◉ **건축금지가처분신청(아직 공사에 착수하지 아니한 경우)**

1. 채무자는 별지 목록 기재 토지상에 건물의 축조공사를 하여서는 아니된다.
2. 집행관은 위 취지를 적당한 방법으로 공시하여야 한다.

---

1. 채무자는 별지 목록 기재 토지 위에 건물, 그 밖에 공작물의 설치를 하여서는 아니된다.
2. 집행관은 위 취지를 적당한 방법으로 공시하여야 한다.

◉ **건축금지가처분신청(이미 진행된 공사의 제거를 구하는 경우)**

1. 채무자의 별지 목록 기재 토지에 대한 점유를 풀고 채권자가 위임하는 OO지방법원 OO지원 소속 집행관에게 그 보관을 명한다.
2. 채무자는 위 토지 상에 건축 중인 건물의 축조공사를 중지하고, 이를 속행하여서는 아니된다.
3. 집행관은 위 취지를 적당한 방법으로 공시하여야 한다.

---

1. 채무자의 별지 목록 기재 토지의 별지 도면 표시 (가)부분에 대한 점유를 풀고 채권자가 위임하는 OO지방법원 OO지원 소속 집행관에게 그 보관을 명한다.
2. 채무자는 위 토지 상에 건축 중인 건물의 축조공사를 중지하고, 이를 속행하여서는 아니된다.
3. 집행관은 위 취지를 적당한 방법으로 공시하여야 한다.

◉ 건축금지가처분신청(단행가처분이 포함되는 경우)

1. 채무자의 별지 제1 목록 기재 토지에 대한 점유를 풀고 채권자가 위임하는 OO지방법원 OO지원 소속 집행관에게 그 보관을 명한다.
2. 채무자는 위 토지 위에 건축 중인 건물의 축조공사를 중지하고, 이를 속행하여서는 아니된다.
3. 채무자는 위 건축공사를 위하여 설치된 별지 제2목록 기재 물건들을 이 명령 송달일로부터 O일 내에 수거하라.
4. 채무자가 위 기일 내에 이를 수거하지 아니하면 집행관은 채권자의 신청에 의하여 채무자의 비용으로 이를 제거할 수 있다.
5. 집행관은 위 취지를 적당한 방법으로 공시하여야 한다.

◉ 건축공사등 금지가처분신청(철거금지)

1. 피신청인은 별지 목록 기재의 건물을 철거하여서는 아니된다.
2. 집행관은 위 취지를 공시하기 위하여 적당한 방법을 취하여야 한다.

◉ 건축공사등 금지가처분신청(증개축금지)

1. 피신청인은 별지 목록 기재의 건물에 관하여 증축, 개축, 구조변경 등 일체의 공사를 하여서는 아니된다.
2. 집행관은 위 취지를 공시하기 위하여 적당한 방법을 취하여야 한다.

◉ 건축공사등 금지가처분신청(건물, 공작물설치금지)

1. 피신청인은 별지 기재의 토지 위에 건물, 그 밖의 공작물을 건축하여서는 아니된다.
2. 집행관은 위 취지를 공시하기 위하여 적당한 방법을 취하여야 한다.

23. 경매개시결정에 대한 이의신청에 기한 집행정지가처분신청

◉ 경매개시결정에 대한 이의신청에 대한 집행정지가처분(잠정처분)신청

신청인과 피신청인 사이의 OO지방법원 20OO카단 OOOO호 손해배상(기) 청구사건의 집행력있는 판결정본에 기한 OO지방법원 20OO타경 OOOO호 강제경매개시결정은 같은 법원 20OO카기 OOOO호 강제경매개시결정에 기한 이의신청사건의 결정시까지 이를 정지한다.

24. 골프회원권에 대한 가압류신청

◉ 골프회원권가압류신청(예탁금회원제의 경우)

1. 채무자의 제3채무자에 대한 별지 기재의 골프회원권을 가압류한다.
2. 제3채무자는 위 골프회원권에 대하여 예탁금을 반환하거나 채무자의 청구에 의하여 명의변경, 그 밖에 일체의 변경절차를 하여서는 아니된다.
3. 채무자는 위 골프회원권에 대하여 예탁금의 반환을 청구하거나 매매, 양도, 질권의 설정, 그 밖에 일체의 처분행위를 하여서는 아니된다.

◉ 골프회원권가압류신청

1. 채무자의 제3채무자에게 가지고 있는 위 청구채권의 집행을 보전하기 위하여 채무자가 제3채무자에 대하여 가지는 별지 기재의 골프회원권을 가압류한다.
2. 제3채무자는 위 골프회원권에 대하여 양도를 승낙하거나 채무자의 신청으로 예탁금의 반환 또는 명의개서를 하여서는 아니된다.
3. 채무자는 위 골프회원권에 대하여 예탁금의 반환을 청구하거나 매매, 양도, 기타의 처분행위를 하여서는 아니된다.

[별 지]

가압류할 골프회원권의 표시

채무자가 제3채무자 경영의 OO컨트리클럽에 대하여 가지는 개인 정회원권

회원증번호 제1234-56호
회원증번호 제1234-57호

◉ **골프회원권가압류신청(사단법인회원제의 경우)**

1. 채무자의 제3채무자에 대한 별지 목록 기재의 지분을 가압류한다.
2. 채무자는 위 지분을 추심하거나 그 밖의 방법으로 처분하여서는 아니된다.
3. 제3채무자는 채무자에 대하여 이익금의 배당, 지분의 환급, 잔여재산의 분배를 하여서는 아니된다.

25. 공사금지가처분신청

◉ **공사금지가처분신청(소유권에 기한)**

1. 채무자는 별지 목록 기재 건물에 관하여 개축, 증축, 그 밖에 일체의 공사를 하여서는 아니된다.
2. 집행관은 위 취지를 적당한 방법으로 공시하여야 한다.

---

1. 채무자는 별지 목록 기재 건물에 관하여 그 내부의 구조를 변경하는 공사를 하여서는 아니된다.
2. 집행관은 위 취지를 적당한 방법으로 공시하여야 한다.

---

1. 피신청인은 서울 도시철도 2호선 11-16공구 공사 중 서울 OO구 OO동 127 도로지상 부분에 돌출되는 철제 환기탑 설치공사를 시행하여서는 아니된다.
2. 집행관은 위 취지를 적당한 방법으로 공시하여야 한다.

◉ **공사금지가처분신청(기존건물 붕괴방지를 위한 가처분)**

채무자들은 별지 목록 기재 부동산 중 별지 도면 사선부분에 대한 지하굴착공사를 하여서는 아니된다.

◉ **공사금지가처분신청(일조권, 환경권등에 기한)**

채무자는 별지 목록 기재 토지 중 별지 도면 표시 부분 위에 건축 중인 건물에 관하여 지표면으로부터 10미터 이상으로 축조하는 공사를 하여서는 아니된다.

채무자는 별지 목록 기재 토지에 관하여 별지 도면 표시 부분 위에 높이 10미터, 길이 20미터 이상의 철근콘크리트조 옹벽을 설치하지 않고서는 지표면으로부터 10미터 이상 굴착하는 공사를 하여서는 아니된다.

채무자는 별지 목록 기재 토지 중 별지 도면 표시 부분 위에 건물의 축조, 기타 유수를 방해하는 일체의 공사를 하여서는 아니된다.

---

1. 피신청인은 별지 목록 기재 각 토지상에 건물의 축조공사 및 그 밖에 공작물의 설치를 하여서는 아니된다.
2. 피신청인은 위 토지 그 지상에 건축 중인 건물의 점유를 풀고 이를 신청인이 위임하는 집행관에게 보관하게 한다.
3. 집행관은 위 취지를 적당한 방법으로 공시하여야 한다.

피신청인들은 OO시 OO구 OO동 1232-1 대 3,026㎡, 같은 동 1232-2 대 2,768㎡ 지상에 10층 이상의 건물을 축조하거나 이를 위하여 위 토지들을 사용하여서는 아니된다.

---

1. 피신청인들은 OO시 OO구 OO동 187 지상에 OO고등학교 교사를 신축하는 공사를 하여서는 아니되고, 제3자로 하여금 동 신축공사를 하게 하여서도 아니된다.
2. 피신청인들은 신청인의 위 공사를 방해하여서는 아니된다.

◉ **공사중지가처분신청(일조권, 환경권등에 기한)**

1. 피신청인은 별지 목록 기재 토지상에 건축 중인 건물에 대한 점유를 풀고 이를 신청인이 위임하는 OO지방법원 소속 집행관에게 보관하게 한다.
2. 집행관은 위 사실을 적당한 방법으로 공시하여야 한다.
3. 피신청인은 건축 중인 위 건물의 공사를 속행하거나 새로운 건축물을 구축하는 등 일체의 공사를 하여서는 아니된다.

1. 피신청인들은 OO시 OO구 OO동 127 지선의 별지 도면 표시 ㄱ, ㄴ, ㄷ, ㄹ, ㄱ의 각 점을 차례로 연결한 선내 해면 10,826.2㎡에 대한 공유수면매립면허 및 공유수면매립공사실시계획인가에 의하여 공사중인 위 해면의 매립공사를 중지하고 이에 대한 일체의 매립공사를 하여서는 아니된다.
2. 집행관은 위 취지를 적당한 방법으로 공시하여야 한다.

피신청인은 별지 목록 기재의 토지상에 건축 중인 별지 도면 표시 건물 중 10층을 초과하는 건물부분에 대한 일체의 공사를 하여서는 아니된다.

---

1. 채무자는 별지 목록 기재 토지상에 건축 중인 건물에 관하여 건축공사를 중지하고 이를 속행하여서는 아니된다.
2. 집행관은 위 취지를 적당한 방법으로 공시하여야 한다.

---

1. 피신청인은 OO시장으로부터 2000. 2. 7. OO온천관광지조성사업 시행허가처분을 받아 별지 1 기재 각 토지상에서 시행하는 공사를 중지하고, 이를 속행하여서는 아니된다.
2. 집행관은 위 취지를 적당한 방법으로 공시하여야 한다.

◉ **공작물설치금지가처분신청(일조권, 환경권등에 기한)**

1. 채무자는 별지 목록 기재 토지 위에 건물, 그 밖에 공작물의 설치를 하여서는 아니된다.
2. 집행관은 위 취지를 적당한 방법으로 공시하여야 한다.

26. 공사방해금지등가처분신청

◉ **건축공사방해금지가처분신청**

1. 채무자는 별지 제1목록 기재 대지 위에 건축 중인 별지 제2목록 기재의 건물을 건축하는 것을 방해하여서는 아니된다.
2. 집행관은 위 취지를 적당한 방법으로 공시하여야 한다.

◉ 건축공사방해금지가처분신청(점유의 해제 포함)

1. 피신청인은 별지 목록 기재의 건물에 대한 점유를 풀고 이를 신청인이 위임하는 집행관에게 인도하여야 한다.
2. 피신청인은 신청인이 위 건물 중 별지 도면 표시 ①, ②, ③, ④, ①의 각 점을 차례로 연결한 선내 ㉮ 층계부분을 수리하는 것을 방해하여서는 아니된다.
3. 집행관은 신청인이 위 수리공사를 함을 허용하고 피신청인에 대하여 위 공사를 방해하지 않는 범위 내에서 위 건물의 사용을 허용하여야 한다.
4. 집행관은 위 취지를 적당한 방법으로 공시하여야 한다.

◉ 아파트건축공사방해금지가처분신청

1. 채무자는 별지 목록 기재 대지에 관한 채권자 차량의 출입을 저지하거나 기타 방법으로 위 대지 상에 신축하는 아파트 건설공사를 방해하는 일체의 행위를 하여서는 아니된다.
2. 집행관은 위 취지를 적당한 방법으로 공시하여야 한다.

◉ 공사방해금지가처분신청

채무자는 OO시 OO구 OO동 147-6 대 7,268㎡ 및 같은 동 147-8 대 782㎡ 중 별지 도면 표시 ㄱ, ㄴ, ㄷ, ㄹ, ㄱ의 위 각 점을 차례로 연결한 선내의 (가) 부분에서 채권자가 시행하는 도로개설공사를 방해하는 일체의 행위를 하여서는 아니된다.

피신청인은 신청인과 신청인이 지정하는 제3자가 OO시 OO구 OO동 324-6 대 476㎡ 토지에 대문을 설치하고 정원을 조성하는 등의 공사를 하는 것을 방해하여서는 아니된다.

피신청인은 신청인이 OO시 OO구 OO동 136-4 대 1,624㎡ 중 별지 제1도면 표시 ㄷ, ㄹ, ㅁ, ㅂ, ㄱ의 위 각 점을 차례로 연결한 선상부분 지상에서 건립하는 담장축조공사를 방해하여서는 아니된다.

채무자는 채권자가 별지 목록 기재 토지의 지상에 신축 중인 철근콘크리트조 연립주택 및 근린생활시설 중 지하 주차장 및 근린생활시설 276㎡로 통하는 진입로를 시설하

기 위하여 OO시 OO구 OO동 124-1 도로에서 하는 공사를 방해하는 일체의 행위를 하여서는 아니된다.

---

1. 채무자는 채권자가 별지 목록 기재 토지의 지상에 신축 중인 철근콘크리트조 연립주택 및 근린생활시설 중 지하 주차장 및 근린생활시설 276㎡로 통하는 진입로를 시설하기 위하여 OO시 OO구 OO동 124-1 도로에서 하는 공사를 방해하는 일체의 행위를 하여서는 아니된다.
2. 피신청인들은 위 토지 및 건축공사 현장에 출입하여서는 아니된다.
3. 집행관은 위 취지를 적당한 방법으로 공시하여야 한다.

27. 공작물설치금지가처분신청

◉ **공작물설치금지가처분신청**

채무자는 별지 목록 기재 토지상에 건물, 기타 공작물을 건축하여서는 아니된다.

28. 공탁금회수(또는 출급)청구권가압류신청

◉ **공탁금회수(또는 출급)청구권가압류신청**

1. 채권자가 채무자에 대하여 가지는 위 청구채권의 집행을 보전하기 위하여 채무자의 제3채무자에 대한 별지 목록 기재의 공탁금회수(또는 공탁금출급)청구권을 가압류한다.
2. 제3채무자는 채무자에게 위 채권에 관한 지급을 하여서는 아니된다.

[별 지]

목 록

금 10,000,000원

채무자가 제3채무자에 대하여 가지는 아래 기재 공탁금회수청구채권

공탁번호 : OO지방법원 2013년 금 제1234호
공 탁 금 : 10,000,000원

29. 광업권가압류신청

◉ **광업권가압류신청**

채권자가 채무자에 대하여 가지고 있는 위 채권의 집행을 보전하기 위하여 채무자 소유의 별지 목록 기재 광업권을 가압류한다.

[별 지]

광업권의 표시

등록번호 : 제12345호
소 재 지 : 경기도 OO군 OO면
광업지역 : 풍고지역 제2345호
광 종 명 : 규사
면 적 : 42ha
광업권의 존속기간 : 19OO. 2. 9.부터 20OO. 2. 10.(만 25년)

30. 광업권가처분신청

◉ **광업권가처분신청**

채무자는 별지 목록 기재 광업권에 관하여 양도, 저당권 또는 조광권의 설정, 그 밖에 일체의 처분을 하여서는 아니된다.

31. 근저당권부채권가압류신청

◉ **근저당권부채권가압류신청**

1. 채권자가 채무자에 대하여 가지는 위 청구채권의 표시 기재 채권집행을 보전하기 위하여 채무자의 제3채무자에 대한 별지 기재의 근저당권부 채권을 가압류한다.
2. 제3채무자는 채무자에게 위 채권에 관한 지급을 하여서는 아니된다.

[별 지]

근저당권부 채권의 표시

금 35,000,000원

채무자가 제3채무자간의 아래 표시 부동산에 관하여 20OO. 1. 20. 채권최고액 금 100,000,000원으로 한 근저당권설정계약을 체결하고, 20OO. 1. 21. OO지방법원 OO등기소 접수 제1234호로 마친 근저당권부 채권(피담보채권)중 위 청구금액

부동산의 표시

1. OO시 OO구 OO동 128-2 대 136㎡

32. 기타 재산권에 대한 처분금지가처분신청

◉ **전화사용권처분금지가처분신청**

1. 채무자는 별지 목록 기재 전화사용권에 대하여 양도, 가입계약의 해지 및 설치장소의 변경, 그 밖에 일체의 처분을 하여서는 아니된다.
2. 제3채무자는 채무자의 신청에 의하여 위 전화사용권에 대한 가입자 명의 변경, 가입계약의 해지 및 설치장소의 변경, 그 밖에 일체의 변경절차를 하여서는 아니된다.

◉ **골프회원권처분금지가처분신청**

1. 채무자는 별지 목록 기재 골프회원권을 매매, 양도, 명의 변경, 예탁금의 반환청구 등 그 밖에 일체의 처분을 하여서는 아니된다.
2. 제3채무자는 채무자의 신청에 의하여 위 골프회원권에 대한 예탁금의 반환, 명의변경을 하여서는 아니된다.

◉ **광업권처분금지가처분신청**

채무자가 별지 목록 기재의 광업권(지분권)에 관하여 양도, 저당권 또는 조광권의 설정, 그 밖에 일체의 처분을 하여서는 아니된다.

◉ **상표권처분금지가처분신청**

채무자가 별지 목록 기재의 상표권에 관하여 양도, 질권 또는 전용사용권의 설정, 통상사용권의 허락, 그 밖에 일체의 처분을 하여서는 아니된다.

◉ **실용신안권처분금지가처분신청**

채무자가 별지 목록 기재의 실용신안권에 관하여 양도, 질권 또는 전용실시권의 설정, 통상실시권의 허락, 그 밖에 일체의 처분을 하여서는 아니된다.

◉ **의장권처분금지가처분신청**

채무자가 별지 목록 기재의 의장권에 관하여 양도, 질권 또는 전용실시권의 설정, 통상실시권의 허락, 그 밖에 일체의 처분을 하여서는 아니된다.

◉ **저작권처분금지가처분신청**

채무자는 별지 목록 기재의 저작권에 관하여 매매, 양도, 질권 또는 출판권의 설정, 저작물의 이용허락, 그 밖에 일체의 처분을 하여서는 아니된다.

◉ **특허권처분금지가처분신청**

채무자는 별지 목록 기재의 특허권에 관하여 양도, 질권 또는 전용실시권의 설정,

통상실시권의 허락, 그 밖에 일체의 처분을 하여서는 아니된다.

ㄴ부

33. 노동사건에 관한 가처분

◉ 직장점거 및 생산관리배제가처분신청

1. 별지 목록 기재의 건물과 물건에 대한 채무자의 점유를 풀고 이를 채권자가 위임하는 OO지방법원 소속 집행관에게 보관시킨다.
2. 채무자는 채권자의 관리를 배제하거나 업무를 방해하여 OO물건을 처분하거나, 점유하여서는 아니된다.
3. 채권자는 그 종업원을 지휘하여 귀 건물에서 채권자의 업무를 수행할 수가 있다
4. 채무자 조합원이 위 건물에서 위 업무에 종사함에는 채권자의 지휘에 따르지 아니하면 아니된다.

◉ 출하방해배제 가처분신청

채무자는 채권자의 반출 및 영업용 원자재의 반입을 방해하여서는 아니된다.

◉ 출입금지 등 가처분신청

1. 채무자는 북, 꽹과리, 앰프 등의 도구를 사용하는 등의 행위로 채권자의 임직원, 근로자 등이 채권자의 업무를 수행하는 것을 방해하여서는 아니된다.
2. 채무자는 채권자 소유 공장인 별지 제1목록 기재 각 부동산 중 별지 제2목록 기재 각 건물 부분을 제외한 나머지 사내지역에 출입하여서는 아니된다.
3. 집행관은 이 명령의 취지를 적당한 방법으로 공시하여야 한다.

◉ **공장출입금지 등 가처분신청**

1. 채무자는 별지 목록 기재 공장에 출입하여서는 아니된다.
2. 채무자는 위 공장에 있는 별지 목록 기재의 기계·기구류, 부속품 등의 반출을 하여서는 아니된다.

◉ **생산관리배제가처분신청**

채무자는 채권자의 관리를 배제하거나 업무를 방해하여 OO물건을 처분하거나, 점유하여서는 아니된다.

◉ **업무방해금지가처분신청**

채무자는 채권자가 별지 목록 기재 토지, 건물을 사용하여 행하는 업무를 방해하여서는 아니된다.

채무자는 다음 행위를 실력으로 방해하거나 그 소속 조합원 또는 제3자로 하여금 실력으로 방해하게 하여서는 아니된다.
1. 채권자가 지정하는 종업원이 OO건물 내에 출입하는 것.
2. 위 종업원이 위 건물 내에서 채권자의 업무를 행하는 것.

피신청인은 신청인들의 OO보건병원의 업무집행을 방해하여서는 아니된다.

채무자는 채권자에 대하여 OO시 OO구 OO로 36(OO동)에서 채권자가 경영하는 'OO상사'의 영업행위를 방해하여서는 아니된다.

◉ **임금지급가처분신청(정액지급형)**

채무자는 채권자에게 10,000,000원을 임시로 지급하라.

◉ **임금지급가처분신청(정기지급형)**

채무자는 채권자에게 20OO. 1. 1.부터 20OO. 12. 31.까지 매월 1,000,000원씩을 임시로 지급하라.

채무자는 채권자에게 20○○. 1. 1.부터 ○○지방법원 20○○가합 ○○○○호 해고무효확인 사건의 본안판결선고시까지 매월 말일 1,000,000원의 비율로 계산한 돈을 임시로 지급하라.

◉ 임금지급가처분신청(정액지급과 정기지급 결합형)

채무자는 채권자에게 1,000,000원과 이에 대하여 20○○. 1. 1.부터 20○○. 12. 31.까지 매월 말일 1,000,000원씩을 임시로 지급하라.

1. 채무자는 채권자에게 30,000,000원과 이에 대하여 20○○. 2. 1.부터 ○○지방법원 20○○가합 ○○○○호 해고무효확인사건의 본안판결선고시까지 매월 말일 1,000,000원씩을 임시로 지급하라.
2. 신청비용은 채무자가 부담한다.

◉ 근로자지위보전가처분신청

채권자가 채무자에 대하여 근로계약상의 권리를 가지고 있음을 임시로 정한다.

채권자가 채무자에 대하여 피용인으로서의 지위에 있음을 임시로 정한다.

1. 피신청인이 신청인 김○○, 이○○, 박○○에 대하여 20○○. 2. 12.자 신청인 최○○에 대하여 한 20○○. 2. 15.자, 신청인 최○○, 정○○, 권○○에 대하여 한 20○○. 2. 18.자 각 해고처분은 ○○지방법원 20○○가합 1234호 해고무효확인 소송의 제1심 판결선고시까지의 무효임을 임시로 정한다.
2. 위 ○○지방법원 20○○가합 ○○○○호 해고무효확인 소송의 판결확정시까지 신청인들이 피신청인에 대하여 근로자의 지위에 있음을 임시로 정한다.
3. 신청비용은 피신청인의 부담으로 한다.

◉ 부당해고효력정지 및 임금지급가처분신청(지위보전)

1. 신청인이 피신청인을 상대로 한 해고무효 본안판결의 확정시까지 신청인이 피신청인 회사의 운전직 근로자의 지위에 있음을 임시로 정한다.

2. 피신청인은 신청인에게 20○○. 2. 12.부터 위 제1항 본안판결확정에 이르기까지 매월 말일에 1일 60,000원의 비율로 계산한 돈을 임시로 지급하라.

ㄷ부

34. 담보취소신청

◉ **담보취소신청(동의에 의한)**

위 당사자간 귀원 20○○카단○○○○호 채권가압류신청사건에 과하여 신청인이 20○○. 2. 25. 귀원 공탁관에게 20○○년 금 제345호로 공탁한 3,000,000원의 담보는 피신청인의 동의로 인하여 이를 취소한다.

◉ **담보취소신청(소멸에 의한, 원고승소의 경우)**

위 당사자간 귀원 20○○카단○○○○호 채권가압류신청사건에 과하여 신청인이 20○○. 1. 25. 귀원 공탁관에게 20○○년 금 제345호로 공탁한 3,000,000원의 담보는 그 사유가 소멸되었으므로 이를 취소한다.

◉ **담보취소신청(권리행사최고에 의한)**

위 당사자간 귀원 20○○카단○○○○호 부동산가압류신청사건에 관하여 신청인이 20○○. 1. 27. 귀원 공탁관에게 20○○년 금 제345호로 공탁한 5,000,000원의 담보에 대하여 권리행사를 최고한 후 그 권리를 행사하지 않을 때에는 이를 취소한다.

◉ **담보취소신청(권리행사최고와 동시신청하는 경우)**

위 당사자간 귀원 20○○가단○○○○호 물품대금 청구사건에 관하여 원고는 20○○.

1. 17. 소송비용 담보제공의 결정에 의하여 5,000,000원을 공탁(귀원 20○○년 금 제345호)하였던 바, 위 소송사건은 20○○. 2. 20. 피고가 승소하여 소송비용은 원고의 부담으로 한다는 내용의 판결이 있었으며 위 판결은 20○○. 11. 29. 확정되었다. 그러나 담보권리자인 피신청인은 아직 그 권리행사를 하지 아니하므로 피신청인에 대하여 일정기간 내에 동 담보에 관하여 그 권리를 행사하도록 최고하고, 동인이 동 기간 내에 그 권리를 행사하지 아니할 때에는 담보취소의 결정을 하여 주시기 바랍니다.

◉ 담보취소신청(동의, 권리행사최고기간의 도과, 승소확정판결, 담보사유의 소멸)

위 당사자간 귀원 20○○카단○○○○호 부동산가압류 신청사건에 관하여 신청인은 피신청인의 손해를 담보하기 위하여 5,000,000원을 귀원 20○○년 금 제34호로써 공탁하였는 바, 신청인이 본안소송에서 승소확정판결을 받아 그 담보사유가 소멸하였으므로(또는 피신청인이 담보취소에 동의하였으므로, 피신청인이 권리행사최고기간이 지나도록 권리를 행사하지 아니하므로) 위 담보의 취소를 신청합니다.

◉ 가집행의 담보취소신청(대여금)

위 당사자간 귀원 20○○가단○○○○호 대여금 청구사건에 관하여 신청인은 20○○. 7. 23. 피신청인이 가집행손해담보로 ○○지방법원 공탁관에게 20○○년 제362호로써 2,000,000원을 공탁하고 가집행선고결정을 받았는 바, 동 사건은 2심에서 신청인(원고)의 승소판결로 확정되어 담보사유가 소멸하였으므로 담보취소결정을 하여 주시기 바랍니다.

◉ 대위담보취소신청

신청인과 피신청인 사이의 귀원 20○○카기○○○○호 강제집행정지신청사건에 관하여 신청인이 보증으로 20○○. 8. 11. 귀원 공탁관에게 20○○년 금 제345호로 공탁한 10,000,000원의 담보는 그 사유가 소멸하였으므로 이를 취소한다.

◉ 피신청인으로부터 동의를 얻었을 경우 대위담보취소신청

신청인과 피신청인 사이의 귀원 20○○카기○○○○호 강제집행정지신청사건에 관하여 신청인이 20○○. 2. 20. 귀원 공탁관에게 20○○년 금 제246호로 공탁한 3,000,000원의 담보는 담보권자의 동의가 있으므로 이를 취소한다.

◉ **권리행사최고에 의한 대위담보취소신청**

위 당사자간 귀원 20○○카단○○○○호 부동산처분금지가처분신청사건에 관하여 신청인은 그 보증으로 귀원 공탁관에게 20○○. 2. 20. 귀원 20○○년 금 제246호로써 5,000,000원을 공탁하였는 바, 신청인이 금번 위 담보를 취소하고자 하오니 피신청인에 대하여 소정의 기간 내에 이 사건 담보권리행사의 최고를 한 후 그 권리행사가 없을 때 이 사건 담보를 취소한다.

35. 동산인도청구권가압류신청

◉ **동산인도청구권가압류신청**

1. 채권자는 채무자에 대하여 가지고 있는 별지 채권 목록 기재의 채권의 집행을 보전하기 위하여 채무자의 제3채무자에 대한 별지 목록 기재의 동산인도청구권을 가압류한다.
2. 채무자는 위 동산을 채무자에게 인도하거나 채무자의 지시에 따라 처분하여서는 아니된다.

36. 디자인권가압류신청

◉ **디자인권가압류신청**

1. 채권자가 채무자에 대하여 가지고 있는 위 채권의 집행을 보전하기 위하여 채무자 명의의 별지 목록 기재의 의장권을 가압류한다.
2. 채무자는 위 의장권에 관하여 매매, 양도, 그 밖에 일체의 처분을 하여서는 아니된다.

ㅁ 부

37. 명의변경금지가처분

◉ **건축주명의변경금지가처분신청**

채무자는 별지 목록 기재의 건축허가에 관하여 건축주 명의의 변경절차를 하여서는 아니된다.

◉ **부동산분양계약명의변경금지가처분신청**

1. 채무자는 별지 목록 기재 부동산에 대하여 매매, 양도, 그 밖에 일체의 처분행위를 하여서는 아니된다.
2. 제3채무자는 채무자의 청구에 의하여 위 부동산에 대하여 분양명의를 변경하여서는 아니된다.

◉ **석유판매등록업 및 제조소등설치허가명의변경금지가처분신청**

채무자는 별지 목록 기재의 석유판매등록업 및 제조소 등 설치허가권에 관하여 매매, 양도, 명의변경, 그 밖에 일체의 처분을 하여서는 아니된다.

ㅂ 부

38. 부동산가압류신청

◉ **부동산가압류신청**

채권자가 채무자에 대하여 가지는 위 청구채권의 표시 기재 채권집행을 보전하기 위하여 채무자 소유명의의 별지 부동산 목록 기재 부동산을 가압류한다.

39. 부동산권리이전청구권가압류신청

◉ 부동산권리이전청구권가압류신청(가등기가 있는 경우)

1. 채무자의 채무자에 대한 별지 목록 기재 부동산의 소유권이전등기청구권을 가압류한다.
2. 제3채무자는 채무자에게 위 부동산에 관한 소유권이전등기철자를 이행하여서는 아니된다
3. 제3채무자는 위 소유권이전등기청구권을 양도하거나 그 밖의 처분을 하여서는 아니된다.

40. 부동산등의 인도 또는 권리이전청구권 처분금지가처분신청

◉ 부동산소유권이전등기청구권처분금지가처분신청

1. 채무자는 별지 목록 기재 부동산에 대한 소유권이전등기청구권을 매매, 양도, 질권설정, 그 밖에 일체의 처분행위를 하여서는 아니된다.
2. 제3채무자는 채무자에 대하여 위 부동산에 대한 소유권이전등기절차를 이행하여서는 아니된다.

◉ 수분양권처분금지가처분신청

1. 채무자는 별지 목록 기재 부동산에 대한 수분양권을 매매, 양도, 질권설정, 그 밖에 일체의 처분행위를 하여서는 아니된다.
2. 제3채무자는 채무자의 신청에 의하여 수분양자대장의 수분양자명의를 변경하여서는 아니된다.

◉ 분양권처분금지가처분신청

1. 채무자는 별지 목록 기재 분양권을 타에 양도하거나 그 밖에 일체의 처분행위를 하여서는 아니된다.
2. 제3채무자는 채무자의 신청에 의하여 위 분양권에 대하여 명의변경 등 그 밖에 일체의 변경절차를 취하여서는 아니된다.

◉ 이주택지분양권처분금지가처분신청(택지수분양권 내지는 환지 전 토지를 공급받을 수 있는 권리에 대한 이전청구권)

1. 채무자는 별지 목록 기재 이주자택지(환지전 토지)에 관한 분양권에 대하여 양도, 그 밖에 일체의 처분을 하여서는 아니된다.
2. 제3채무자는 위 분양권에 관하여 채무자에게 권리의 양도, 승인, 그 밖에 일체의 처분행위를 협조하여서는 아니된다.

---

1. 채무자는 제3채무자에 대하여 가지는 별지 목록 기재 환지전 토지에 관한 분양계약에 따른 권리를 양도, 질권의 설정, 그 밖에 일체의 처분을 하여서는 아니된다.
2. 제3채무자는 채무자에 대하여 위 권리의 양도, 승인, 그 밖에 일체의 처분행위를 협조하여서는 아니된다.

◉ 분양권처분금지 및 건축주명의변경금지가처분신청

1. 채무자는 별지 제1목록 기재 부동산에 대한 분양권을 매매, 양도, 질권설정, 그 밖에 일체의 처분행위를 하여서는 아니된다.
2. 채무자는 위 부동산을 타에 처분하거나 분양명의를 변경하여서는 아니된다.
3. 채무자는 별지 제2목록 기재 건축물의 건축주 명의변경을 하여서는 아니된다.

[별 지]

제 1 목 록

부동산의 표시(미등기)

OO시 OO구 OO로 26(OO동) 나동 2층 302호

전용면적 OO평 계 단 OO평

공유면적 OO평 지하주차장 OO평
써비스면적 OO평
총 면 적 OO평

제 2 목 록

건축주 및 건축물의 표시
건축주 : OO주식회사 OO건설
OO시 OO구 OO로 12(OO동)
건축허가년월일 : 20OO. 10. 2.
건축물(신축) : OO시 OO구 OO동 26 나동
[도로명주소] OO시 OO구 OO로 87길 23
철근콘크리트조 슬래브지붕
1층 136.72㎡
2층 121.3㎡
3층 96.4㎡
지하층 146.8㎡

41. 부동산소유권이전등기청구권가압류신청

◉ **부동산소유권이전등기청구권가압류신청**

1. 채무자의 제3채무자에 대한 별지 목록 기재 부동산의 소유권이전등기청구권을 가압류한다.
2. 제3채무자는 채무자에게 위 부동산에 관한 소유권이전등기절차를 이행하여서는 아니된다.
3. 채무자는 위 소유권이전등기청구권을 양도하거나 그 밖의 처분을 하여서는 아니된다.

---

1. 채권자가 채무자에 대하여 가지고 있는 위 청구채권의 집행을 보전하기 위하여 채무자의 제3채무자에 대한 별지 목록 기재 부동산의 소유권이전등기청구권을 가압류한다.
2. 제3채무자는 채무자에게 위 부동산에 관한 소유권이전등기절차를 이행하여서는 아니된다.
3. 채무자는 위 소유권이전등기청구권을 양도, 그 밖에 일체의 처분을 하여서는 아니된다.

[별 지]

가압류할 부동산소유권이전등기청구권의 표시

금 30,000,000원

채무자가 제3채무자에 대하여 가지는 채무자와 제3채무자간의 20○○. 2. 10.자 매매계약에 기한 아래 표시의 부동산에 관한 소유권이전등기청구권

부동산의 표시

1. ○○시 ○○구 ○○동 217-3 대 1,428㎡. 끝.

42. 부동산인도가처분

◉ 부동산인도가처분

1. 피신청인의 별지 목록 기재의 각 부동산에 대한 점유를 풀고 신청인이 위임하는 집행관에게 그 보관을 명한다.
2. 집행관은 신청인에게 건축현장을 인계하여 신청인으로 하여금 위 각 부동산에 대한 건축을 속행하여야 한다.
3. 피신청인은 신청인 또는 신청인이 위임한 건축회사가 시공하는 건축행위를 방해하여서는 아니된다.
4. 집행관은 위 취지를 공시하기 위하여 적당한 방법을 취하여야 한다.

43. 부동산인도단행가처분신청

◉ **부동산인도단행가처분신청(본안판결주문방식)**

채무자는 채권자에게 별지 목록 기재의 부동산(건물)을 (임시로) 인도하라.

채무자는 채권자에게 (20OO. 1. 30.까지) 별지 목록 기재의 부동산(건물)을 인도하라.

44. 부동산인도청구권가압류신청

◉ **부동산인도청구권가압류신청**

1. 채무자의 제3채무자에 대한(20OO. 2. 12.자 임대차계약기간 만료로 인한) 별지 목록 기재 부동산의 인도청구권을 가압류한다.
2. 제3채무자는 채무자에게 위 부동산을 인도하여서는 아니된다.
3. 채무자는 위 인도청구권의 처분과 영수를 하여서는 아니된다.

45. 부동산점유이전금지가처분신청

◉ **부동산점유이전금지가처분신청(집행관 보관형)**

1. 채무자의 별지 목록 기재 부동산에 대한 점유를 풀고 이를 채권자가 위임하는 집행관에게 그 보관을 명한다.
2. 채무자는 그 점유를 타인에게 이전하거나 또는 점유명의를 변경하여서는 아니된다.
3. 집행관은 위 명령의 취지를 적당한 방법으로 공시하여야 한다.

◉ **부동산점유이전금지가처분신청(채무자 사용형)**

1. 채무자의 별지 목록 기재 부동산에 대한 각 점유를 풀고 채권자가 위임하는 OO지방법원 집행관에게 그 보관을 명한다.

2. 집행관은 그 현상을 변경하지 않을 것을 조건으로 하여 채무자로 하여금 이를 사용하게 허용할 수 있다.
3. 채무자는 그 점유를 타인에게 이전하거나 또는 점유명의를 변경하여서는 아니된다.
4. 집행관은 위 명령의 취지를 적당한 방법으로 공시하여야 한다.

◉ **부동산(점포)점유이전금지가처분신청**

1. 채무자의 별지 목록 기재 부동산 중 별지 도면 표시 (가)부분 점포 136.26㎡에 대한 점유를 풀고 채권자가 위임하는 OO지방법원 집행관에게 그 보관을 명한다,
2. 집행관은 현상을 변경하지 않을 것을 조건으로 채무자로 하여금 이를 사용하게 허용할 수 있다.
3. 채무자는 그 점유를 타인에게 이전하거나 또는 점유명의를 변경하여서는 아니된다.
4. 집행관은 위 명령의 취지를 적당한 방법으로 공시하여야 한다.

◉ **부동산 점유이전금지 및 처분금지가처분신청(결합형)**

1. 채무자의 별지 목록 기재 부동산에 대한 점유를 풀고 채권자가 위임하는 OO지방법원 집행관에게 그 보관을 명한다,
2. 집행관은 현상을 변경하지 않을 것을 조건으로 채무자로 하여금 이를 사용하게 허용할 수 있다.
3. 채무자는 그 점유를 타인에게 이전하거나 또는 점유명의를 변경하여서는 아니된다.
4. 집행관은 위 명령의 취지를 적당한 방법으로 공시하여야 한다.
5. 채무자는 별지 목록 기재 부동산에 대하여 양도, 저당권, 임차권 및 전세권의 설정, 그 밖에 일체의 처분행위를 하여서는 아니된다.

46. 부동산처분금지가처분신청

◉ **부동산처분금지가처분신청**

채무자는 별지 목록 기재 부동산에 대하여 매매, 증여, 저당권의 설정, 그 밖에 일체의 처분행위를 하여서는 아니된다.

채무자는 별지 목록 기재 부동산에 대하여 매매, 양도, 저당권 및 임차권의 설정,

그 밖에 일체의 처분행위를 하여서는 아니된다.

채무자는 별지 목록 기재 부동산에 대하여 매매, 증여, 전세권, 저당권, 임차권의 설정, 그 밖에 일체의 처분행위를 하여서는 아니된다.

채무자는 별지 목록 기재 부동산에 대하여 매매, 증여, 교환, 저당권 및 임차권의 설정, 그 밖에 일체의 처분행위를 하여서는 아니된다.

◉ 부동산처분금지가처분신청(가처분)

채무자는 별지 목록 기재 부동산에 대한 각 지분에 대하여 양도, 저당권, 임차권 및 전세권의 설정, 그 밖에 일체의 처분행위를 하여서는 아니된다.

◉ 부동산처분금지가처분신청(지분)

채무자 김OO은 별지 목록 기재 부동산에 대한 11분의 3 지분에 관하여, 채무자 이OO, 같은 박OO, 같은 최OO은 정OO은 위 부동산에 대한 각 15분의 2 지분에 관하여 양도, 저당권, 임차권 및 전세권의 설정 등 그 밖에 일체의 처분행위를 하여서는 아니된다.

채무자는 별지 목록 기재 부동산에 대한 120의 34 지분에 관하여 양도, 저당권, 임차권의 설정 및 그 밖에 일체의 처분행위를 하여서는 아니된다.

◉ 부동산처분금지가처분신청(이혼으로 인한 재산분할청구권)

채무자는 별지 목록 기재 부동산의 2분의 1 지분에 대하여 매매, 증여, 저당권, 전세권, 임차권의 설정, 그 밖에 일체의 처분행위를 하여서는 아니된다.

◉ 부동산처분금지등가처분신청(가등기말소 및 소유권이전등기청구권)

1. 채무자 김OO은 별지 목록 기재 부동산에 대하여 매매, 증여, 저당권, 임차권의 설정, 그 밖에 일체의 처분행위를,
2. 채무자 이OO는 같은 부동산에 대하여 OO지방법원 OO등기소 20OO. 1. 26. 접수 제OOOO호로써 마친 매매예약을 원인으로 한 소유권이전등기청구권보전의 가등기

에 기한 권리를 행사하거나 이를 타에 양도하는 등 그 밖에 일체의 처분행위를, 각 하여서는 아니된다.

◉ **부동산점유이전금지가처분신청(채무자 사용형)**

1. 채무자의 별지 목록 기재 부동산에 대한 각 점유를 풀고 채권자가 위임하는 OO지방법원 집행관에게 그 보관을 명한다.
2. 집행관은 그 현상을 변경하지 않을 것을 조건으로 하여 채무자에게 이를 사용하게 할 수 있다.
3. 채무자는 그 점유를 타인에게 이전하거나 또는 점유명의를 변경하여서는 아니된다.
4. 집행관은 위 명령의 취지를 적당한 방법으로 공시하여야 한다.

◉ **부동산(점포)점유이전금지가처분신청**

1. 채무자의 별지 목록 기재 부동산 중 별지 도면 표시 (가)부분 점포 136.26㎡에 대한 점유를 풀고 채권자가 위임하는 OO지방법원 집행관에게 그 보관을 명한다,
2. 집행관은 현상을 변경하지 않을 것을 조건으로 채무자에게 이를 사용하게 허용할 수 있다.
3. 채무자는 그 점유를 타인에게 이전하거나 또는 점유명의를 변경하여서는 아니된다.
4. 집행관은 위 명령의 취지를 적당한 방법으로 공시하여야 한다.

47. 부동산현상변경금지 및 처분금지가처분신청

◉ **부동산현상변경금지 및 처분금지가처분신청(건물)**

1. 채무자의 별지 목록 기재 건물에 대한 점유를 풀고 이를 채권자가 위임하는 OO지방법원 집행관에게 그 보관을 명한다.
2. 집행관은 그 현상을 변경하지 않을 것을 조건으로 하여 채무자에게 위 건물의 사용을 허용하여야 한다. 단, 이 경우에 있어서 집행관은 위 건물이 집행관 보관하에 있음을 공시하기 위하여 적당한 방법을 취하여야 하며, 채무자는 이 점유를 타인에게 이전하거나 또는 점유명의를 변경하여서는 아니된다.

3. 채무자는 별지 목록 기재 건물에 대하여 양도, 저당권, 임차권의 설정, 그 밖에 일체의 처분을 하여서는 아니된다.

◉ **부동산현상변경금지 및 처분금지가처분신청(토지, 건물)**

1. 채무자의 별지 목록 기재 토지 및 건물에 대한 점유를 풀고 이를 채권자가 위임하는 OO지방법원 집행관에게 그 보관을 명한다.
2. 집행관은 그 현상을 변경하지 않을 것을 조건으로 하여 채무자에게 위 건물의 사용을 허용하여야 한다. 단, 이 경우에 있어서 집행관은 위 건물이 집행관 보관하에 있음을 공시하기 위하여 적당한 방법을 취하여야 하며, 채무자는 이 점유를 타인에게 이전하거나 또는 점유명의를 변경하여서는 아니된다.
3. 채무자는 별지 목록 기재 토지 및 건물에 대하여 양도, 저당권, 임차권의 설정, 그 밖에 일체의 처분을 하여서는 아니된다.

48. 분양권가압류신청

◉ **분양권 또는 재건축조합 조합원의 분양권(입주권)에 대한 가압류신청**

1. 채권자가 채무자에 대하여 가지고 있는 위 청구채권의 집행을 보전하기 위하여 채무자와 제3채무자간의 분양계약에 기하여 채무자가 제3채무자에 대하여 가지는 별지 목록 기재 부동산의 소유권이전등기청구권 등 분양계약상의 권리 일체를 가압류한다.
2. 제3채무자는 채무자에게 위 부동산에 관하여 소유권을 이전하거나 채무자의 청구에 따라 분양계약자의 명의를 변경하여서는 아니된다.

◉ **분양권가압류신청**

1. 채권자가 채무자에 대하여 가지고 있는 위 청구채권의 집행을 보전하기 위하여 채무자명의의 별지 목록 기재의 분양권을 가압류한다.
2. 제3채무자는 채무자에게 위 부동산에 관하여 소유권을 이전하거나 채무자의 청구에 따라 분양계약자의 명의를 변경하여서는 아니된다.

[별 지]

목 록

채무자와 제3채무자간의 분양계약에 기하여 채무자가 제3채무자에 대하여 가지는 아래 표시 부동산의 소유권이전등기청구권 등 분양계약상의 권리

1. 부동산의 표시 : OO시 OO구 OO로 12 103동 308호
   [도로명주소] OO시 OO구 OO로 60길 23
   면적 112.6㎡
1. 계약일자 : 20OO. 2. 20.
1. 분양대금 : 180,000,000원

49. 분양금지가처분신청

◉ 일반분양금지가처분신청

피신청인은 OO시 OO구 OO동 24-1 외 3 필지 상에 신축한 OO로 OO아파트 8동 610세대 중 20OO. 2. 10. 피신청인의 조합원에게 동·호수를 추첨 배정하고 남은 아파트 108 세대를 주택채권입찰에 의한 방법으로 일반분양을 하여서는 아니된다.

◉ 분양권처분금지가처분신청(기본형)

1. 피신청인은 별지 목록 기재 분양권을 타에 양도하거나 기타 일체의 처분을 하여서는 아니된다.
2. 제3피청인은 피신청인의 신청에 의하여 별지 목록 기재 분양권에 대하여 명의변경 등 그 밖에 일체의 변경절차를 취하여서는 아니된다.

◉ 아파트재분양금지가처분신청

채무자는 별지 목록 기재 아파트에 대하여 예비당첨자에 대한 재분양계약, 그 밖에 일체의 처분행위를 하여서는 아니된다.

◉ **아파트분양금지가처분신청**

채무자는 별지 목록 기재 아파트를 타에 분양하거나 그 밖에 이에 관한 일체의 처분행위를 하여서는 아니된다.

◉ **분양권처분금지 및 건축주명의변경금지가처분신청**

1. 채무자는 별지 제1목록 기재 부동산에 관한 분양권을 매매, 양도, 그 밖에 일체의 처분을 하여서는 아니된다.
2. 채무자는 위 부동산을 타에 처분하거나 분양명의를 변경하여서는 아니된다.
3. 채무자는 별지 제2목록 기재 건축물의 건축주명의변경을 하여서는 아니된다.
4. 제3채무자는 위 면허권에 대하여 채무자의 신고로 명의변경을 해주어서는 아니된다.

◉ **건축주명의변경금지가처분신청(건축허가)**

피신청인은 별지 목록 기재의 건축허가에 관하여 건축주 명의의 변경절차를 하여서는 아니된다.

ㅅ부

50. 사원의 지분에 대한 가압류신청

◉ **사원의 지분에 대한 가압류신청**

1. 채무자가 제3채무자에 대하여 가지는 위 청구채권 표시 기재 채권의 집행을 보전하기 위하여 별지 기재의 지분을 가압류한다.
2. 제3채무자는 채무자에게 위 지분에 대하여 이익금의 배당 및 지분의 환급을 하여서

는 아니된다.
3. 채무자는 위 지분을 추심하거나 그 밖의 방법으로 처분하여서는 아니된다.

51. 상표권가압류신청

◉ **상표권가압류신청**

채권자가 채무자에 대하여 가지고 있는 위 채권의 집행을 보전하기 위하여 채무자 소유의 별지 목록 기재의 상표권을 가압류한다.

[별 지]

목 록

1. 상표권등록번호 : 제23456호
1. 출원연월일 :
1. 출원공고번호 : 20OO-00003
1. 공고연월일 :
1. 사정연월일 :
1. 명 칭 : 제0020류 00002
1. 지정상품 : 수도밸브, OOO, OOO
1. 존속기간 :
1. 등록권리자 : 주식회사 OO

52. 상표권침해금지가처분신청

◉ **상표권침해금지가처분신청**

1. 채무자는 별지 도면 표시의 상표를 별지 목록 기재 물품 또는 그 포장 및 선전광고

물에 사용하거나 위 상표를 사용한 물품을 판매, 양도하거나 그 목적으로 전시, 수출 또는 수입하여서는 아니된다.
2. 채무자의 위 상표를 사용한 물품, 선전광고물, 포장, 용기 및 인장에 대한 점유를 풀고 채권자가 위임하는 OO지방법원 소속집행관에게 이를 보관하게 한다.
3. 집행관은 위 경우에 있어서 그 보관의 취지를 공시하기 위하여 적당한 방법을 취하여야 한다.
4. 집행관은 채무자의 신청이 있으면 용기, 선전광고물, 포장으로부터 위 상표를 말소하고, 위 물건을 채무자에게 반환하여야 한다.

---

1. 채무자는 별지 목록 기재 상표등록권의 상표가 부착된 상품을 제조, 사용, 판매, 수입, 광고 또는 전시하여서는 아니된다.
2. 채무자는 채무자 경영의 공장, 사무실, 창고 및 그 이외의 장소에 보관되어 있는 채무자 소유의 위 상표가 부착된 완제품, 반제품 및 포장용기, 선전광고물에 대한 채무자의 점유를 풀고 이를 채권자가 위임하는 OO지방법원 소속 집행관에게 그 보관을 명한다.
3. 집행관은 위 보관의 취지를 공시하기 위하여 적당한 방법을 취하여야 한다.

---

1. 채무자는 염료, 안료, 매염료 및 도료를 판매함에 있어서 "스탠다드"라는 명칭(STANDARD라는 문자를 포함)을 상표로 사용하여서는 아니된다.
2. 채무자는 위 상표를 표시한 염료, 안표, 매염료, 및 도료의 용기에 대하여 채무자의 점유를 풀고 채권자가 위임하는 OO지방법원 소속 집행관에게 그 보관을 명한다.

53. 상표권침해금지가처분결정에 대한 이의신청

◉ 상표권침해금지가처분결정에 대한 이의신청

1. 신청인으로부터 피신청인에 대한 귀원 20OO카합 OOOO호 상표권침해금지가처분 신청사건에 관하여 20OO. 1. 20.자로 결정한 가처분결정을 취소한다.
2. 신청인의 위 가처분신청을 각하한다.
3. 신청비용은 신청인이 부담한다.

54. 상표사용금지가처분신청

◉ 상표사용금지가처분신청

1. 채무자는 "OOO"의 상표를 사용하거나 위 상표를 사용한 물품을 판매, 반포하여서는 아니된다.
2. 채무자의 점포와 공장 내에 있는 "OOO"의 상표 및 동 상표를 사용한 "OOO"에 대한 채무자의 점유를 풀고 채권자가 위임하는 OO지방법원 소속 집행관에게 이를 보관하게 한다.
3. 집행관은 위 경우에 있어서 그 보관의 취지를 공시하기 위하여 적당한 방법을 취하여야 한다.
4. 집행관은 채무자가 위 상표의 말소, 삭제를 요청한 때에는 이에 응하여야 하며, 그 삭제가 된 때에는 그 보관을 해제하고 위 물품을 채무자에게 반환하여야 한다.

---

1. 피신청인은 별지 목록 기재 상표를 사용하여서는 아니된다.
2. 피신청인은 별지 목록 기재 상표를 부착한 슬라이드필름, 카탈로그, 팜플렛, 캘린더, 잡지를 제조, 판매 또는 반포하여서는 아니된다.
3. 피신청인은 위 상품의 기성품, 반제품에 대한 피신청인의 점유를 풀고 신청인이 위임하는 OO지방법원 집행관에게 그 보관을 명한다.
4. 집행관은 적당한 방법으로 보관에 관한 사항을 공시하여야 한다.

---

1. 피신청인은 그가 제조하는 샴푸제품에 ABCD 크린 또는 ABCD CLEAN이란 상표 및 별지 제2표의 1, 2 기재와 같은 용기를 사용하거나 이를 사용한 샴푸제품을 판매, 수출 또는 확포하여서는 아니된다.
2. 피신청인이 그의 공장, 사무실 또는 그 이외의 장소에 보관하고 있거나 앞으로 보관하게 될 위와 같은 상표나 용기를 사용한 샴푸 제품에 대한 피신청인의 점유를 풀고 신청인이 위임하는 집행관에게 그 보관을 명한다.
3. 집행관은 위 취지를 정당한 방법으로 공시하여야 한다.

---

1. 피신청인은 '아동복, 블라우스, 속샤츠 잠옷'등 의류제품에 'OOO 모시메리' 또는 '모시메리'라는 상표를 사용하여서는 아니된다.
2. 위 상표를 표시한 위 의류제품과 선전광고물, 라벨, 포장물, 폴리백, 제품가격표 및

위 상표를 표시하기 위한 동판, 금형, 연판, 기타 제작기구 일체와 선전 광고물, 제품가격표의 필름원판, 연판 등에 대하여 피신청인의 점유를 풀고 이를 신청인이 위임하는 집행관에게 보관하게 하여야 한다.

3. 집행관은 위 취지를 정당한 방법으로 공시하여야 한다.

55. 상호사용금지가처분신청

◉ **상호사용금지가처분신청**

피신청인은 '대한양옥'이란 상호를 사용하여서는 아니된다.

---

1. 피신청인들은 'OO가구'라는 상호를 사용하거나 이를 사용한 제품의 판매 및 반포를 하여서는 아니된다.
2. 피신청인들의 위 상호를 사용한 간판, 인쇄물, 제품 등에 대한 점유를 풀고 신청인이 위임하는 OO지방법원 소속 집행관에게 그 보관을 명한다.
3. 집행관은 그 보관의 취지를 공시하기 위하여 적당한 방법을 취하여야 한다.

56. 서적인쇄·출판 등 금지가처분신청

◉ **서적인쇄·판매금지 등 가처분신청**

1. 채무자는 별지 목록 기재 저작물의 인쇄, 제본 및 그 판매 또는 반포를 하여서는 아니된다.
2. 채무자의 위 저작물과 그에 관한 인쇄용지형, 사진 및 아연판에 대한 점유를 풀고 채권자가 위임한 OO지방법원 집행관에게 그 보관을 명한다.
3. 집행관은 위 보관의 취지를 공시하기 위하여 적당한 방법을 취하여야 한다.

◉ **도서의 제작판매금지가처분신청**

1. 피신청인들은 별지 제1목록 기재 책을 제작, 판매하여서는 아니된다.

2. 위 책의 완제품, 반제품 및 인쇄용 필름 등을 신청인이 위임하는 집행관에게 그 보관을 명한다.
3. 집행관은 위 보관의 취지를 공시하기 위하여 적당한 방법을 취하여야 한다.

◉ 서적인쇄 등 가처분신청

1. 피신청인들은 별지 목록 기재 저작물과 비디오테이프 및 오디오테이프에 대한 점유를 풀고, 신청인이 위임하는 집행관에게 그 보관을 명한다.
2. 집행관은 위 보관의 취지를 적당한 방법으로 공시하여야 한다.
3. 피신청인들은 위 저작물의 인쇄, 제본, 비디오테이프 또는 오디오테이프 등으로의 제작, 발매, 반포, 그 밖에 일체의 행위를 하여서는 아니된다.

◉ 인쇄물발행판매배포 등 금지가처분신청(간접강제)

1. 피신청인 주식회사 동민 및 피신청인 장OO은 피신청인 주식회사 동민이 발행하는 주간지 OOOO 통권 제123호(20OO. 2. 2.자) 및 통권 제124호(20OO. 2. 25.자)를 각 발행, 판매 또는 배포하여서는 아니된다.
2. 위 피신청인들이 소지하고 있는 위 각 주간지에 대한 점유를 풀고 신청인이 위임하는 집행관에게 그 보관을 명한다.
3. 피신청인 장OO, 피신청인 이OO은 '장OO X-파일 제2탄 장OO은 6·25 때 OO대상자로 체포됐다.'라는 표제의 저작물 및 '장OO X-파일 제3탄 나는 장OO을 10번 살려주었다.'라는 저작물을 각 인쇄, 제본, 발행, 판매 또는 배포하여서는 아니된다.
4. 위 피신청인들이 소지하고 있는 위 각 저작물과 그에 관한 인쇄용 지형 및 사진(필름)에 대한 점유를 풀고 신청인이 위임하는 집행관에게 그 보관을 명한다.
5. 집행관은 위 보관의 취지를 적당한 방법으로 공시하여야 한다.
6. 피신청인들이 위 각 취지를 위반할 경우에는 피신청인들은 신청인에게 각 그 위반한 행위 1건에 대하여 100,000,000원씩을 지급하라.

◉ 출판 등 금지가처분신청

1. 채무자 김OO, 이OO는 "OOO학자 박OO"의 발행, 출판, 인쇄, 복제, 판매, 배포, 광고를 하여서는 아니된다.
2. 채무자 최OO는 "소설 정OO"의 발행, 출판, 인쇄, 복제, 판매, 배포, 광고를 하여서는 아니된다.

3. 채무자 한OO는, 조OO은 "OOO 꽃이 피었습니다."의 발행, 출판, 인쇄, 복제, 판매, 배포, 광고를 하여서는 아니된다.

피신청인들은 ( ) 본안 판결확정시까지 별지 목록 기재 책의 발행, 출판, 인쇄, 복제, 판매, 배포, 광고를 하여서는 아니된다.

57. 선박가압류신청

◉ 선박가압류신청(기본형)

1. 채권자가 채무자에 대하여 가지는 위 청구채권의 표시 기재 채권집행을 보전하기 위하여 채무자 소유명의의 별지 목록 기재 선박을 가압류한다.
2. 채권자가 위임하는 집행관은 위 선박의 선박국적증서, 그 밖에 선박의 항행에 필요한 문서를 수취하여 이 법원에 제출하여야 한다.

[별 지]

선 박 목 록

1. 선박의 종류 및 명칭 : 기선 제3 세기호
1. 선적항 : OO군 OO면
1. 선 질 : 강
1. 총톤수 : 124.62톤
1. 기관의 종류와 수 : 디젤발동기 1기
1. 추진기의 종류 및 수 : 나선 추진기 1대
1. 진수년월일 : 20OO년 6월 20일

◉ 선박가압류신청(실무상)

채권자가 채무자에 대하여 가지는 위 청구채권의 표시 기재 채권집행을 보전하기 위하여 채무자 소유명의의 별지 목록 기재 선박을 가압류한다.

◉ **소형선박가압류신청(20톤 미만)**

채권자가 채무자에 대하여 가지는 위 청구채권의 표시 기재 채권집행을 보전하기 위하여 채무자 소유명의의 별지 목록 기재 선박을 가압류한다.

58. 선박감수·보존처분신청

◉ **선박감수·보존처분신청**

1. 채권자의 별지 목록 기재 선박에 대한 점유를 풀고 채권자가 위임하는 집행관에게 그 보관을 명한다.
2. OOOOO거주(OO법원 소속 집행관 또는 OO선박 주식회사) OOO를 감수보존인으로 선임하여 별지 목록 기재 선박의 감수보존을 명한다.

위 당사자 사이의 귀원 20OO타경 OOOO호 선박강제경매 신청사건에 관하여 경매목적물인 별지 목록 기재 선박에 대하여 귀원 소속 집행관으로 하여금 감수, 보존을 위하여 필요한 처분을 하도록 명령하여 주시기 바랍니다.

59. 선박에 대한 가처분신청

◉ **선박점유이전금지가처분신청(선박일정 장소에 유치시키는 형)**

1. 채무자의 별지 목록 기재 선박에 대한 점유를 풀고 채권자가 위임하는 OO지방법원 집행관에게 그 보관을 명한다.
2. 집행관은 채무자로 하여금 위 선박을 부산항의, 집행관이 명하는 장소에 정박시키고 현상을 변경하지 아니할 것을 조건으로 하여 채무자에게 보관을 명할 수 있다.
3. 채무자는 그 점유를 타인에게 이전하거나 또는 점유명의를 변경하거나 이를 항행시켜서는 아니된다.
4. 집행관은 위 명령의 취지를 적당한 방법으로 공시하여야 한다.

◉ **선박점유이전금지가처분신청(일정 장소에 유치시키는 형)**

1. 채무자의 별지 목록 기재 선박에 대한 점유를 풀고 채권자가 위임하는 OO지방법원 집행관에게 그 보관을 명한다.
2. 집행관은 채무자로 하여금 현상을 변경하지 아니한 것을 조건으로 하여 채무자에게 이를 보관을 명할 수 있다.
3. 채무자는 그 점유를 타인에게 이전하거나 또는 점유명의를 변경하거나 이를 항행시켜서는 아니된다.
4. 집행관은 위 명령의 취지를 적당한 방법으로 공시하여야 한다.

◉ **선박처분금지가처분신청**

채무자는 별지 목록 기재 선박에 대하여 양도, 저당권, 전세권 및 임차권의 설정, 그 밖에 일체의 처분을 하여서는 아니된다.

◉ **선박점유이전금지 및 처분금지가처분신청**

1. 채무자의 별지 목록 기재 선박에 대한 점유를 풀고 채권자가 위임하는 OO지방법원 집행관에게 그 보관을 명한다.
2. 집행관은 채무자로 하여금 위 선박을 부산항의, 집행관이 명하는 장소에 정박시키고 그 행해를 금한다. 단, 집행관은 현상을 변경하지 아니할 것을 조건으로 하여 위 선박을 채무자로 하여금 보관하게 할 수 있다.
3. 채무자는 위 선박의 점유를 타인에게 이전하거나 또는 점유명의를 변경하여서는 아니된다.
4. 집행관은 위 명령의 취지를 적당한 방법으로 공시하여야 한다.
5. 채무자는 위 선박에 대하여 양도, 저당권, 임차권의 설정, 그 밖에 일체의 처분을 하여서는 아니된다.

◉ **선박운항사용허가가처분신청**

1. 신청인이 보증으로 500,000원을 공탁할 것을 조건으로 피신청인은 신청인으로 하여금 별지 목록 기재 선박을 사용 및 운항하게 하여야 한다.
2. 신청비용은 피신청인이 부담한다.

60. 소유권 이외의 권리에 대한 가처분

◉ 근저당권처분금지가처분신청

채무자는 별지 제1목록 기재의 부동산에 설정된 별지 제2목록 기재의 근저당권에 대하여 양도, 그 밖에 일체의 처분행위를 하여서는 아니된다.

[별 지]

제 2 목 록

별지 제1목록 부동산에 대하여 설정된 근저당권의 표시

접 수 일 자 : 20OO. 1. 20.

접 수 번 호 고안의 명칭 : OO지방법원 OO지원 접수 제1234호

채권 최고액 : 금 50,000,000원

권 리 자 : 홍 길 동

주 소 : OO시 OO구 OO로 12(OO동)

◉ 저당권실행금지가처분신청(채무부존재확인)

채무자는 채권자와 사이에 귀원 20OO가합 OOOO호 채무부존재확인 청구사건의 본안판결이 확정될 때까지 별지 기재 저당권에 관하여 실행을 하여서는 아니된다.

◉ 저당권실행금지가처분신청

피신청인은 별지 제1목록 기재 부동산에 설정된 별지 제2목록 기재 저당권에 의한 담보권을 실행하거나 저당권의 설정, 그 밖에 일체의 처분행위를 하여서는 아니된다.

◉ 저당권실행정지가처분신청

피신청인은 신청인이 피신청인을 상대로 한 OO지방법원 20OO가합 OOOO호 채무 및 저당권부존재확인, 저당권말소등기절차이행 청구사건의 확정판결이 있을 때까지 별지 목록 기재의 부동산에 대한 저당권의 실행, 양도, 그 밖에 일체의 처분을 행위를 하여서는

아니된다.

◉ **저당권실행으로서 부동산경매절차정지가처분신청**

1. 채무자는 별지 목록 기재 부동산에 대하여 저당권의 실행을 하여서는 아니된다.
2. 위 부동산에 대한 임의경매절차(OO지방법원 20OO타경 OOOO호)는 채권자로부터 채무자에 대한 OO지방법원 20OO가합 OOOO 채무부존재확인 및 저당권말소 청구사건의 본안소송 판결확정시까지 이를 정지한다.

◉ **질권처분금지가처분신청**

1. 채무자는 별지 제1목록 기재의 물건에 대한 점유를 풀고 OO지방법원 소속 집행관에게 그 보관을 명한다.
2. 채권자는 위 물건에 설정된 별지 제2목록 기재의 질권에 대하여 양도, 그 밖에 일체의 처분을 하여서는 아니된다.

◉ **임차권처분금지가처분신청**

1. 피신청인은 별지 목록 기재의 점포에 대한 임차권에 관하여 양도, 전대, 그 밖에 일체의 처분행위를 하여서는 아니된다.
2. 제3채무자는 피신청인에 대하여 별지 목록 기재 점포에 관한 임차권의 명의이전을 해주어서는 아니된다.

채무자는 별지 목록 기재의 부동산에 설정된 같은 목록 기재의 임차권에 대하여 양도, 전대, 그 밖에 일체의 처분행위를 하여서는 아니된다.

[별 지]

목　　　　록

부동산의 표시

OO시 OO구 OO동 127-6　　대 362.4㎡

임차권의 표시

OO지방법원 OO등기소 20OO. 2. 13. 접수 제1234호

1. 채무자의 별지 목록 기재 부동산에 대한 점유를 풀고 채권자가 위임하는 OO지방법원 소속 집행관에게 그 보관을 명한다.
2. 집행관은 그 현상을 변경하지 아니할 것을 조건으로 하여 채무자에게 이를 사용하게 할 수 있다.
3. 채무자는 그 점유를 타인에게 이전하거나 또는 점유명의를 변경하여서는 아니된다.
4. 집행관은 위 취지를 적당한 방법으로 공시하여야 한다.
5. 채무자는 위 건물에 설정된 같은 목록 기재의 임차권에 대하여 양도, 전대, 그 밖에 일체의 처분행위를 하여서는 아니된다.

[별 지]

목　　　록

부동산의 표시
OO시 OO구 OO동 12
[도로명주소] OO시 OO구 OO로 23길 16
철근콘크리트조 스레트지붕 1층 점포
267.2㎡

임차권의 표시
OO지방법원 OO등기소 20OO. 10. 17. 접수 제1234호

61. 소유권이전등기청구권가등기에 기한 본등기청구권가압류신청

◉ **소유권이전등기청구권가등기에 기한 본등기청구권가압류신청**

1. 채무자의 제3채무자에 대한 별지 목록 기재 부동산에 관한 OO지방법원 OO등기소 20OO. 2. 12. 접수 제1234호로 마친 소유권이전청구권가등기에 기한 매매예약완결을 원인으로 하는 소유권이전등기청구권을 가압류한다.
2. 제3채무자는 채무자에게 위 부동산에 관한 소유권이전등기절차를 이행하여서는 아니된다.

1. 채권자가 채무자에 대하여 가지고 있는 위 청구채권의 집행을 보전하기 위하여 채무자의 제3채무자에 대한 별지 목록 기재의 부동산에 관한 소유권이전청구권가등기에 기한 소유권이전등기청구권을 가압류한다.
2. 제3채무자는 채무자에게 위 부동산에 관한 소유권이전등기절차를 이행하여서는 아니된다.
3. 채무자는 위 소유권이전등기청구권을 양도, 그 밖에 일체의 처분을 하여서는 아니된다.

[별 지]

목　　　록

채무자의 제3채무자에 대한 아래 표시의 부동산에 관하여 OO지방법원 OO등기소 20OO. 11. 12. 제1234호로 마친 소유권이전등기청구권가등기에 기한 매매예약 완결을 원인으로 하는 소유권이전등기청구권.

부동산의 표시

1. OO시 OO구 OO동 127-1　　잡종지 1,362㎡
2. 위　같 은 동 127-3　　잡종지 987㎡

---

1. 채권자가 채무자에 대하여 가지고 있는 위 청구채권의 집행을 보존하기 위하여 채무자의 제3채무자에 대한 별지 목록 기재 부동산에 대한 같은 목록 기재의 가등기에 기한 소유권이전등기청구권을 가압류한다.
2. 제3채무자는 채무자에게 위 부동산에 관한 소유권이전등기절차를 이행하여서는 아니된다.

[별 지]

목　　　록

채무자가 제3채무자에 대하여 가지고 있는 채무자와 제3채무자간의 아래 표시의 부동산에 관하여 2000. 1. 20. 매매예약에 의하여 OO지방법원 OO등기소 2000. 1. 22. 접수 제1234호로 마친 소유권이전등기청구권.

부동산의 표시

1. OO시 OO구 OO동 532-3 답 364㎡
2. 위 같 은 동 429-6 답 217㎡

62. 소유권이전등기청구권가압류신청

◉ **소유권이전등기청구권가압류신청(가등기가 되지 아니한 경우)**

1. 채무자의 제3채무자에 대한 별지 기재의 근저당권부채권을 가압류한다.
2. 제3채무자는 채무자에게 위 채권에 관한 지급을 하여서는 아니된다.

63. 신주발행금지가처분신청

◉ **신주발행금지가처분신청**

채무자가 2000. 2. 12. 이사회의 결의에 기하여 현재 발행을 준비중인 기명식 액면금 10,000원의 보통주식 200,000주의 신주발행을 금지한다.

64. 실용신안권처분금지가처분신청

◉ **실용신안권처분금지가처분신청**

채무자는 별지 목록 기재 실용신안권에 대하여 양도, 질권, 또는 전용실시권의 설정,

통상실시권의 허락, 그 밖에 일체의 처분행위를 하여서는 아니된다.

65. 실용신안권침해금지 등 가처분신청

◉ 실용신안권침해금지가처분신청

1. 피신청인은 OO주식회사는 '모터가 내장된 O받침(일명 OO윈도우)'을 생산, 사용, 판매 및 확포하여서는 아니된다.
2. 피신청인들은 OO국민차 '곰돌이"에 부착된 위 OO윈도우를 제거하고 OO윈도우가 부착된 자동차를 판매하여서는 아니된다.
3. 피신청인 OO주식회사가 점유중인 OO윈도우의 제품 및 반제품, 그 제조에 사용되는 장치, 기계, 기구 및 설비와 피신청인들이 점유중인 OO윈도우가 부착된 OO국민차 '곰돌이'에 대한 일체의 점유를 풀고 신청인이 위임하는 집행관에게 그 보관을 명한다.
4. 집행관은 그 보관의 취지를 공시하기 위한 적당한 방법을 취하여야 한다.

---

1. 피신청인은 별지 도면 및 설명서 기재의 OOO를 제조, 판매 또는 판매를 위한 전시를 하여서는 아니된다.
2. 피신청인의 별지 도면 및 설명서 기재의 기성품, 반제품 및 이를 제조함에 사용되는 일체의 기계, 기구 등에 대한 점유를 풀고 이를 신청인이 위임하는 OO지방법원 소속 집행관에게 그 보관을 명한다.
3. 집행관은 그 취지를 공시하기 위한 적당한 방법을 취하여야 한다.

◉ 실용신안권·의장권에 의한 제품제조금지 등 가처분신청

1. 피신청인들은 별지 (2)의 도면과 그에 관한 별지 (3)의 설명서에 표시된 꼬막채취기를 제조, 판매, 사용 또는 판매를 위한 전시를 하여서는 아니된다.
2. 피신청인들의 위 꼬막채취기의 기성품 및 반제품에 대한 점유를 풀고 신청인이 위임하는 OO지방법원 소속 집행관에게 그 보관을 명한다.
3. 집행관은 적당한 방법으로 위 취지를 공시하여야 하며 위 물건을 봉인, 기타 방법으로 그 사용 및 판매를 하지 못하도록 하여야 한다.

◉ **실용신안모조품제조판매 등 금지가처분신청**

1. 채무자회사는 채권자회사의 제123호 4절 인쇄기 회전용 받침대 모조품을 제조, 판매, 배포하여서는 아니된다.
2. 채무자회사의 OO시 OO구 OO로 18(OO동) 소재 공장에 보관하고 있는 위 모조품 및 그 반제품에 대한 채무자회사의 점유를 풀고 채권자가 위임하는 집행관에게 그 보관을 명한다.

ㅇ부

66. 아파트분양금지가처분신청

◉ **분양금지가처분신청**

피신청인은 OO시 OO구 OO로 24(OO동)에 신축한 OO아파트 8동 610세대 중 2000. 2. 10. 피신청인의 조합원에게 동·호수를 추첨 배정하고 남은 아파트 108 세대를 주택채권입찰에 의한 방법으로 일반분양을 하여서는 아니된다.

◉ **아파트재분양금지가처분신청**

채무자는 별지 목록 기재 아파트에 대하여 예비당첨자에 대한 재분양계약, 기타 일체의 처분행위를 하여서는 아니된다.

◉ **아파트분양금지가처분신청**

채무자는 별지 목록 기재 아파트를 타에 분양하거나 그 밖에 이에 관한 일체의 처분행위를 하여서는 아니된다.

67. 약속어음가압류신청

◉ **약속어음가압류신청**

1. 채권자가 채무자에 대하여 가지는 위 청구채권표시 기재 채권의 집행을 보전하기 위하여 채무자의 제3채무자에 대한 별지 목록 기재 표시의 약속어음 채권을 가압류한다.
2. 제3채무자는 채무자에게 위 채무의 지급을 하여서는 아니된다.
3. 채권자가 위임하는 귀원 소속 집행관은 채무자로부터 위 어음을 수취하여 보관하고 위 어음의 권리보전에 필요한 조치를 취하여야 한다.

68. 업무방해와 가처분신청

◉ **업무방해와 가처분신청**

채무자는 채권자가 별지 목록 기재 토지, 건물을 사용하여 행하는 업무를 방해하여서는 아니된다.

채무자는 소음을 방송하는 행위에 의하여 채권자의 OO사무실에 대한 점유사용을 방해하여서는 아니된다.

◉ **업무방해금지가처분신청(영업방해)**

피신청인은 신청인에 대하여 서울 성북구 정릉동에서 신청인이 경영하는 '바다다방'의 영업행위를 방해하여서는 아니된다.

◉ **피케팅과 가처분신청**

채무자는 채권자의 임직원, 종업원이 별지 목록 기재 건물에 출입하는 것을 실력으로 방해하여서는 아니된다.

69. 영업금지가처분신청

◉ **영업금지가처분신청**

1. 피신청인들은 OO시 OO구 OO동 OO택지개발사업지구 184블럭 소재 지하 1층 지상 5층의 OO타운상가건물 내 지상 3층 304호 점포에서 미용업을 하여서는 아니된다.
2. 집행관은 위 명령의 취지를 공시하기 위하여 적당한 방법을 취하여야 한다.

---

1. 채무자는 OO시 OO구 OO동 내에서의 OO영업을 하여서는 아니된다.
2. 집행관은 위 명령의 취지를 공시하기 위하여 적당한 방법을 취하여야 한다.

---

1. 피신청인의 별지 목록 건물, 기타 시설물에 대한 점유를 풀고, 이를 신청인이 위임하는 OO지방법원 소속집행관에게 그 보관을 명한다.
2. 피신청인은 별지 목록 기재 건물에서 일반음식점 영업을 계속하거나 제3자에게 위 음식점을 임대, 양도, 그 밖의 처분을 하여서는 아니된다.
3. 집행관은 위 명령의 취지를 적당한 방법으로 공시하여야 한다.

---

1. 피신청인 및 그가 지시하는 제3자는 별지 제1목록 기재 각 점포에서 공산품을 취급하는 슈퍼마켓 영업행위를 하여 신청인이 별지 제2목록 기재 점포에서 운영하는 슈퍼마켓 영업을 방해하는 일체의 행위를 하여서는 아니된다.
2. 집행관은 위 명령의 취지를 적당한 방법으로 공시하여야 한다.
3. 피신청인은 별지 제1목록 기재 각 점포의 점유를 타인에게 이전하거나 점유명의를 변경하지 못한다.

70. 영업방해금지가처분신청

◉ **영업방해금지가처분신청**

1. 피신청인은 별지 목록 기재 건물 중 별지 도면 표시 구내식당 168㎡에 출입하여 신청인의 영업행위를 방해하는 일체의 행위를 하여서는 아니한다.
2. 집행관은 위 취지를 적당한 방법으로 공시하여야 한다.

71. 영업비밀침해금지가처분신청

◉ **영업비밀침해금지가처분신청**

1. 피신청인 주식회사 OO은 별지 제2 목록 제 (2)항 기재 각 제품을 제조함에 있어서 2012. 2. 12.부터 같은 목록 제 (3항) 기재 각 기간 동안 별지 제1목록 기재 기술정보를 사용하여서는 아니된다.
2. 피신청인들은 제1항 기재 기술정보를 같은 기간 동안 제3자에게 공개하여서는 아니된다.

채무자는 2000. 2. 4.까지 신청외 OO주식회사에게 별지1 목록 기재 제조공정을 통한 별지2 목록 기재 제품의 제조, 판매 및 그 보조업무에 종사하여서는 아니되고, 별지1 목록 기재 제조공정에 관한 별지3 목록 기재 영업비밀을 사용하거나 이를 신청외 OO주식회사, 그 밖에 제3자에게 공개하여서는 아니된다.

채무자 정OO는 2000. 2. 17.까지 채무자 한00은 2000. 10. 11.까지, 채무자 이OO는 2000. 3. 9.까지 각 신청외 주식회사 OOOO에 취업하여서는 아니된다. 채무자 정OO는 별지 목록 제1항 기재 영업비밀을, 채무자 한OO은 별지 목록 제2항 기재 영업비밀을 채무자 이OO는 별지 목록 제3항 기재 영업비밀을 각 채권자 이외의 자에게 공개하거나 이를 사용하여서는 아니된다.

72. 영업에 관한 강제관리가처분신청

◉ **영업에 관한 강제관리가처분신청(소유지분에 따른 영업의 인도 등 청구권)**

1. 채무자의 별지 물건 목록 기재 건물내의 'OO단란주점'에 대한 점유를 풀고 채권자가 위임한 OO지방법원 소속 집행관에게 그 보관을 명한다.
2. 집행관은 적당한 자에게 집행관 감독하에 전기 건물내에 있어서 'OO단란주점' 영업에 관한 업무를 시킬 수가 있다.
3. 사무집행자는 일주간마다 집행관에게 회계보고를 하고 제비용을 공제한 잔금을 청산하여 집행관에게 인도하지 않으면 아니된다.

4. 집행관은 위 수령한 금원을 확실한 방법으로 적당한 은행에 예금해야 한다.
5. 집행관은 위 명령의 취지를 공시하기 위하여 적당한 방법을 취하여야 한다.

73. 영업해방금지가처분신청

◉ **영업해방금지가처분신청**

1. 채무자는 별지 목록 기재 건물 내에 출입하여서는 아니된다.
2. 채무자는 채권자의 위 건물 내에서의 영업 및 건물사용을 방해하는 일체의 처분행위를 하여서는 아니된다.

74. 예탁유가증권가압류신청

◉ **예탁유가증권가압류신청**

1. 채무자의 제3채무자에 대한 별지 기재의 예탁유가증권에 관한 공유지분을 가압류한다.
2. 채무자는 위 예탁유가증권에 관한 공유지분에 대하여 계좌대체의 청구나 증권반환의 청구, 그 밖에 일체의 처분행위를 하여서는 아니된다.
3. 제3채무자는 위 예탁유가증권에 관한 공유지분에 대하여 계좌대체를 하거나 채무자에게 이를 반환하여서는 아니된다.

---

1. 채권자가 채무자에 대하여 가지는 위 청구채권의 집행을 보전하기 위하여 채무자가 제3채무자(예탁자)의 고객으로서 가지는 별지 목록 표시의 예탁유가증권에 관한 공유지분을 가압류한다.
2. 제3채무자는 채무자에 대하여 위 예탁유가증권에 관한 계좌대체나 증권의 반환을 하여서는 아니된다.
3. 채무자는 위 가압류된 예탁유가증권지분에 대한 계좌대체 또는 반환의 청구, 그 밖의 처분을 하여서는 아니된다.

[별 지]

가압류할 목적물

채무자가 예탁자 대한증권(주)의 고객으로서 가지는 아래 주식을 대상으로 하는 예탁증권에 관한 공유지분

아 래

1. OO주식회사 보통주식 2,000주
2. 전항의 주식에 관하여, 압류 후에 주식의 병합 또는 분할, 회사의 합병, 무상증자(주식배당)등이 이루어져 새로이 주식이 발행된 때에는 그 새로이 발행된 주식
3. 전항의 주식에 관하여 다시 전항에 든 사유에 의하여 새로이 주식이 발행된 때에는 그 새로이 발행된 주식

75. 예탁주권지분가압류신청

◉ 예탁주권지분가압류신청

1. 채권자가 채무자가 채무자에 대하여 가지는 위 청구채권의 보전을 위하여 채무자가 제3채무자의 고액으로서 가지는 별지 목록 기재의 예탁주권에 관한 공유지분을 가압류한다.
2. 제3채무자는 채무자에게 위 예탁주권지분에 관한 계좌대체나 주권의 반환을 하여서는 아니된다.
3. 채무자는 위 가압류된 예탁주권지분에 대한 계좌대체 또는 반환의 청구, 기타 일체의 처분을 하여서는 아니된다.

76. 유가증권반환청구권가압류신청

◉ **유가증권반환청구권가압류신청**

1. 채권자가 채무자에 대하여 가지고 있는 위 청구채권 표시 기재 채권의 집행을 보전하기 위하여 채무자의 제3채무자에 대한 별지 목록 기재 유가증권의 급부를 목적으로 하는 채권을 가압류한다.
2. 제3채무자는 위 압류에 관계되는 채권의 목적인 별지 목록 기재의 유가증권을 채권자가 위임하는 집행관에게 인도하여야 한다.

77. 유가증권에 대한 가처분

◉ **약속어음점유이전금지가처분신청(집행관 보관형)**

1. 채무자의 별지 목록 기재 약속어음(또는 수표)에 대한 점유를 풀고 채권자가 위임하는 OO지방법원 소속 집행관에게 그 보관을 명한다.
2. 집행관은 위 명령의 취지를 적당한 방법으로 공시하여야 한다.
3. 집행관은 위 어음의 권리보전을 위한 행위를 할 수 있다.

[별 지]

목 록

1. 종 류 : 약속어음
1. 번 호 : 자가 12345678
1. 금 액 : 10,000,000원
1. 발 행 일 : 20OO. 10, 12.
1. 지 급 기 일 : 20OO. 2. 20.
1. 지급지, 발행지 : OO광역시
1. 지 급 장 소 : OO은행 OO지점
1. 발 행 인 : 홍 길 동

◉ **약속어음처분금지가처분신청**

채무자는 별지 목록 기재 약속어음(또는 수표)에 대하여 지급을 위한 제시를 하거나 권리행사 또는 배서, 양도, 그 밖에 일체의 처분행위를 하여서는 아니된다. 다만, 소구권의 보전을 위한 행위는 할 수 있다.

◉ **약속어음처분금지가처분신청(처분금지, 지급금지)**

1. 채무자는 별지 목록 기재 약속어음(또는 수표)에 대하여 지급을 위한 제시를 하거나 권리행사를 하거나 또는 배서, 양도, 그 밖에 일체의 처분행위를 하여서는 아니된다. 다만, 소구권의 보전을 위한 행위는 할 수 있다.
2. 제3채무자는 채무자에게 위 약속어음(또는 수표)에 대한 지급을 하여서는 아니된다.

◉ **유가증권처분금지가처분신청**

1. 채무자는 별지 목록 기재의 증권에 대하여 타에 배서, 양도, 그 밖에 일체의 처분행위를 하여서는 아니된다.
2. 채무자의 위 증권에 대한 점유를 풀고 채권자가 위임하는 OO지방법원 소속 집행관에게 그 보관을 명한다.
3. 집행관은 위 명령의 취지를 적당한 방법으로 공시하여야 한다.

78. 유체동산가압류신청

◉ **유체동산가압류신청**

채권자가 채무자에 대하여 가지는 위 청구채권의 표시 기재 채권집행을 보전하기 위하여 위 채권액에 이르기까지 채무자 소유의 유체동산을 가압류한다.

79. 유체동산에 대한 가처분

◉ **유체동산점유이전금지가처분신청(집행관 보관형)**

1. 채무자의 별지 목록 기재 물건에 대한 점유를 풀고 이를 채권자가 위임하는 집행관에게 그 보관을 명한다.
2. 집행관은 위 취지를 공시하기 위하여 적당한 방법을 취하여야 한다.

◉ **유체동산점유이전금지가처분신청(채권자 보관형)**

1. 채무자의 별지 목록 기재 물건에 대한 점유를 풀고 이를 채권자가 위임하는 OO지방법원 집행관에게 보관을 명한다.
2. 집행관은 위 물건을 사용하지 아니할 것을 조건으로 하여 채권자에게 이를 보관하게 할 수 있다.
3. 집행관은 위 취지를 공시하기 위하여 적당한 방법을 취하여야 한다.

◉ **유체동산점유이전금지가처분신청(채무자 사용형)**

1. 채무자의 별지 목록 기재 물건에 대한 점유를 풀고 이를 채권자가 위임하는 집행관에게 보관을 명한다.
2. 집행관은 현상을 변경하지 아니할 것을 조건으로 하여 채무자에게 사용을 허가할 수 있다.
3. 채무자는 그 점유를 타에 이전하거나 점유명의를 변경하여서는 아니된다.
4. 집행관은 위 취지를 공시하기 위하여 적당한 방법을 취하여야 한다.

◉ **유체동산처분금지가처분신청**

채무자는 별지 목록 기재 물건에 대하여 양도, 질권의 설정, 그 밖에 일체의 처분행위를 하여서는 아니된다.

◉ **유체동산점유이전금지 및 처분금지가처분신청(채무자사용형, 결합형)**

1. 채무자의 별지 목록 기재 물건에 대한 점유를 풀고 이를 채권자가 위임하는 집행관에게 그 보관을 명한다.

2. 집행관은 현상을 변경하지 아니할 것을 조건으로 하여 채무자에게 사용을 허가할 수 있다.
3. 채무자는 위 물건에 관하여 양도, 질권의 설정, 그 밖의 처분행위를 하거나 그 점유를 타에 이전하거나 점유명의를 변경하여서는 아니된다.
4. 집행관은 위 명령의 취지를 적당한 방법으로 공시하여야 한다.

◉ 유체동산점유이전금지 및 처분금지가처분신청(현상변경시 채무자사용 허가금지)

1. 채무자의 별지 목록 기재 동산에 대한 점유를 풀고 이를 채권자가 위임하는 OO지방법원 집행관에게 그 보관을 명한다.
2. 집행관은 그 현상을 변경하지 아니할 것을 조건으로 하여 채무자에게 사용을 허가하여야 하며, 채무자가 그 현상을 변경하였을 때에는 채무자에 대하여 그 사용을 금지할 수 있다.
3. 채무자는 위 물건에 관하여 양도, 질권의 설정, 그 밖의 처분행위를 하거나 그 점유를 타에 이전하거나 점유명의를 변경하여서는 아니된다.
4. 집행관은 위 취지를 공시하기 위하여 적당한 방법으로 취하여야 한다.

◉ 유체동산점유이전금지 및 처분금지가처분신청(가축)

1. 채무자의 별지 목록 기재 물건(가축)에 대한 점유를 풀고 채권자가 위임하는 OO지방법원 소속 집행관에게 그 보관을 명한다.
2. 집행관은 그 물건의 현상을 변경하지 아니할 것을 조건으로 하여 채무자에게 사용을 허용할 수 있다.
3. 채무자는 위 물건을 제3자에게 양도, 임대, 담보제공, 그 밖의 처분행위를 하여서는 아니된다.
4. 집행관은 위 취지를 공시하기 위하여 적당한 방법으로 취하여야 한다.

◉ 유체동산점유이전금지 및 처분금지가처분신청

1. 별지 목록 제1 내지 제3 기재 각 기계를 포함한 피신청인 소유의 OO시 OO구 OO로 28(OO동) 소재 기계 18종 64대에 대한 피신청인의 점유를 풀고 이를 신청인이 위임하는 집행관에게 보관을 명한다.
2. 집행관은 현상을 변경하지 아니할 것을 조건으로 하여 위 물건을 피신청인에게 보

관하게 하여야 한다.
3. 피신청인은 위 물건에 대하여 매매, 증여, 양도, 담보설정, 그 밖에 일체의 처분행위를 하여서는 아니된다.
4. 집행관은 위 취지를 공시하기 위하여 적당한 방법을 취하여야 한다.
5. 피신청인은 위 점유를 타에 이전하거나 점유명의를 변경하여서는 아니된다.

80. 유체동산인도단행가처분신청

◉ 유체동산인도단행가처분신청(본안판결주문방식)

피신청인은 신청인에게 별지 목록 기재 물건을 (임시로)인도하라.

◉ 유체동산인도단행가처분신청(집행관 보관물의 인도를 구하는 경우)

위 당사자간의 귀원 2000가단 0000호 00가처분사건에 관한 2000. 2. 17.자 가처분결정에 의하여 집행관이 보관 중인 별지 목록 기재 물건에 관하여 집행관은 그 점유를 풀고 채무자는 채권자에게 이를 인도하여야 한다.

81. 유체동산인도청구권가압류신청

◉ 유체동산인도청구권가압류신청

1. 채무자의 제3채무자에 대한 별지 목록 기재 유체동산인도청구권을 가압류한다.
2. 제3채무자는 채무자에 대하여 위 유체동산을 인도하여서는 아니된다.
3. 채무자는 위 인도청구권의 처분과 영수를 하여서는 아니된다.

---

1. 채무자가 채무자에 대하여 가지는 위 채권의 집행을 보전하기 위하여 채무자의 제3채무자에 대한 별지 목록 기재의 유체동산인도청구권을 가압류한다.
2. 제3채무자는 채무자에 대하여 위 물건을 인도하거나 채무자의 지시에 따라 이를 채

무자 이외의 자에게 인도하여서는 아니된다.
3. 채무자는 위 인도청구권의 처분과 영수를 하여서는 아니된다.

[별 지]

목 록
채무자가 제3채무자에 대하여 가지는 20○○. 2. 23.자 제작공급계약에 기한 아래 기재 물건의 인도청구권
아 래
1. 컨테이너 20대

---

1. 채무자가 채무자에 대하여 가지는 위 채권의 집행을 보전하기 위하여 채무자의 제3채무자에 대한 별지 목록 표시의 창고증권(또는 화물상환증, 선하증권)에 기한 별지 기재의 유체동산인도청구권을 가압류한다.
2. 제3채무자는 채무자에 대하여 위 물건을 인도하거나 채무자의 지시에 따라 이를 채무자 이외의 자에게 인도하여서는 아니된다.
3. 채무자는 위 인도청구권의 처분과 영수를 하여서는 아니된다.

[별 지]

목 록
채무자가 제3채무자에 대하여 가지는 아래 기재의 창고증권에 기한 쇠고기 합계 4톤의 임치물인도청구권
아 래
1. 창고증권번호 : 제1234호
1. 임치물의 종류 : 쇠고기
1. 수 량 : 200상자(상자당 20kg들이, 합계 4톤)

1. 보 관 장 소 : OO시 OO구 OO로 OO(OO동) 주식회사 OOO OO창고
1. 보 관 기 간 :
1. 임 치 인 :
1. 증권발행지 및 작성지 :
1. 작 성 연 월 일 :

82. 의결권행사금지 또는 허용의 가처분신청

◉ **의결권행사금지가처분신청**

1. 채무자 주식회사 OO은 20OO. 2. 12. 10:00에 개최되는 주주총회에서 채무자 김OO에게 별지 목록 기재 주식에 대하여 의결권을 행사하게 하여서는 아니된다.
2. 채무자 김OO은 위 주주총회에서 위 주식에 대한 의결권을 행사하여서는 아니된다.

---

1. 피신청인 OO금융주식회사는 이 사건 가처분결정 이후 신청인과 피신청인들 사이의 신주발생무효 등 청구사건의 본안판결확정시까지 사이에 개최되는 주주총회에서 피신청인 OO생명보험 주식회사에게 별지 주식 목록 제1 기재 주식에 대하여, 피신청인 OO주식회사에게 별지 주식 목록 제2 기재 주식에 대하여, 피신청인 OOOOO에게 별지 주식 목록 제3 기재 주식에 대하여 각 의결권을 행사하게 하여서는 아니된다.
2. 이 사건 가처분 결정일 이후 신청인과 피신청인들 사이의 신주발행무효 등 청구사건의 본안판결확정시까지 사이에 개최되는 주주총회에서 피신청인 OO생명보험 주식회사는 별지 주식 목록 제1 기재 주식에 대하여, 피신청인 OO주식회사는 별지 주식 목록 제2 기재 주식에 대하여, 피신청인 OOOOO는 별지 주식 목록 제3 기재 주식에 대하여 각 의결권을 행사하여서는 아니된다.

---

1. 피신청인 OO제화 주식회사, OO관광 주식회사, OO주식회사 김OO, 이OO(이하 '피신청인 주주들'이라 한다)은 피신청인 OO금융주식회사(이하 'OO종금'이라 한다)의 20OO. 1. 31.로 종료되는 영업연도에 대한 정기주주총회 및 그 이후에 개최되는

주주총회에서 피신청인 주주들이 보유하고 있는 별지 목록 기재 주식을 합산한 주의 주식 중, 피신청인 OO종금의 의결원 있는 총 주식의 10%를 초과하는 부분에 대하여는 의결권을 행사하여서는 아니된다.

2. 피신청인 박OO은 위 각 주주총회에서 피신청인 주주들이 보유하고 있는 별지 목록 기재 주식을 합산한 수의 주식 중, 피신청인 OO종금의 의결권 있는 총 주식의 10%를 초과하는 부분에 대하여 의결권을 행사하도록 지시하여서는 아니된다.
3. 피신청인 OO종금은 위 각 주주총회에서 나머지 피신청인들이 보유하고 있는 별지 목록 기재 주식을 합산한 주의 주식 중, 피신청인 OO종금의 의결권 있는 총 주식의 10%를 초과하는 부분에 대하여는 의결권을 행사하게 하여서는 아니된다.

◉ **의결권행사허용가처분신청**

1. 채무자 주식회사 OO은 2OOO. 1. 25. 10:00에 개최되는 주주총회에서 채권자에게 별지 목록 기재 주식에 대하여 의결권을 행사하게 하여야 한다.
2. 채권자는 위 주주총회에서 위 주식에 대한 의결권을 행사하게 할 수 있다.

◉ **의결권행사금지 및 허용가처분신청**

1. 채무자 주식회사 OO은 2OOO. 2. 12. 10:00에 개최되는 주주총회에서 채무자 김OO에게 별지 목록 기재 주식에 대한 의결권을 행사하게 하여야 한다.
2. 채무자 김OO은 위 주주총회에서 위 주식에 대하여 의결권을 행사하여서는 아니된다.
3. 채무자 주식회사 OO은 위 주주총회에서 채권자에게 별지 목록 기재 주식에 대한 의결권을 행사하게 하여야 한다.
4. 채권자는 위 주주총회에서 위 주식에 대한 의결권을 행사하게 할 수 있다.

83. 의장권가압류신청

◉ **의장권가압류신청**

1. 채권자가 채무자에게 가지는 위 청구채권의 표시 기재 채권집행을 보전하기 위하여

채무자 명의의 별지 목록 기재의 의장권을 가압류한다.
2. 채무자는 위 의장권에 관하여 매매, 양도, 그 밖에 일체의 처분을 하여서는 아니 된다.

84. 의장모조품제조·판매금지가처분신청

◉ **의장모조품제조·판매금지가처분신청**

1. 채무자는 별지 의장권목록 기재 OO제조기의 모조품은 제조, 판매, 반포하거나 그 목적으로 전시하여서는 아니된다.
2. 채무자는 위 제1항의 의장모조품의 기성품, 반제품, 제조원형에 대한 점유를 풀고 채권자가 위임하는 OO지방법원 소속 집행관에게 이를 보관하게 한다.
3. 집행관은 위 각항의 취지를 적당한 방법으로 공시하여야 한다.

85. 이사의 행위금지가처분신청

◉ **이사의 행위금지가처분신청**

채권자의 채무자에 대한 이사행위금지 청구사건의 본안판결확정시까지 채무자는 이사회의 승인 없이 별지 목록 기재 부동산에 관하여 채무자 또는 채무자가 이사인 회사에 양도, 저당권설정, 임대, 그 밖에 일체의 처분행위를 하여서는 아니된다.

86. 인터넷상의 게시물 삭제가처분신청

◉ **인터넷상의 게시물 삭제가처분신청(명예훼손 등)**

피신청인은 피신청인의 인터넷 홈페이지 http://www.OO.com의 자유게시판에 게시된 'OO'이라는 제목의 게시물을 삭제하고 별지 목록 기재와 같은 내용의 게시물을 위 게시판에 게시하여서는 아니된다.

87. 임금지급가처분신청

◉ 임금지급가처분신청

채무자는 채권자에게 10,000,000원을 임시로 지급하라.

◉ 근로자측 가처분신청(임금지급, 매월지급형)

1. 피신청인은 신청인에게 20OO. 1. 25.부터 제1심 본안판결선고(본안판결확정)에 이르기까지 매월 25일에 1,000,000원의 비율로 계산한 돈을 일시에 지급하라.
2. 신청비용은 피신청인이 부담한다.
3. 제1항은 가집행할 수 있다.

◉ 근로자측 가처분신청(정기지급형)

피신청인은 신청인에게 20OO. 1. 1.부터 20OO. 6. 31.까지 매월 말일 1,000,000원을 임시로 지급하라.

◉ 임금지급가처분신청(정액지급과 정기지급 결합형)

피신청인은 신청인에게 50,000,000원과 20OO. 1. 1.부터 20OO. 6. 30.까지 매월 말일 5,000,000원씩을 임시로 지급하라.

피신청인은 신청인에게 15,000,000원과 20OO. 2. 1.부터 OO지방법원 20OO가단 OOOO호 해고무효확인사건의 본안 판결선고시까지 매월 말일 2,000,000원씩을 임시로 지급하라.

◉ **지위보전가처분과 임금지급가처분 병행발령**

1. 채권자가 채무자에 대하여(상무직으로서 근무하는) 근로계약상의 권리를 가지고 있음을 임시로 정한다.
2. 채무자는 채권자에게 20○○. 2. 1.부터 본안판결 확정에 이르기까지 매월 1일에 월 2,000,000원씩을 임시로 지급하라.

신청인이 피신청인에 대하여 근로계약상의 권리를 가지고 있음을 임시로 정한다. 피신청인은 신청인에게 20○○. 2. 1.부터 본안판결 확정에 이르기까지 매월 1일에 월 700,000원의 비율로 계산한 돈을 임시로 지급하라.

88. 임시로 주주의 지위를 정하는 가처분신청

◉ **임시로 주주의 지위를 정하는 가처분신청**

본안판결 확정에 이르기까지 채권자가 별지 목록 기재의 주식에 관하여 주주로서의 지위에 있음을 임시로 정지한다.

별지 목록 기재의 주주에 관하여 채권자가 채무자회사의 주주명부에 기재된 주주로서 다음 행위를 할 수 있는 지위에 있음을 정지한다.

1. 채무자회사의 주주총회 소집을 청구하는 것
2. 채무자회사의 주주총회에서 의결권을 행사하는 것

ㅈ 부

89. 자동차가압류신청

◉ 자동차가압류신청

채권자가 채무자에게 가지는 위 청구채권의 표시 기재 채권집행을 보전하기 위하여 채무자 소유의 별지 자동차 등록원부의 기재 자동차를 가압류한다.

[별 지] : 자동차 등록원부 갑부란을 첨부

90. 자동차·건설기계에 대한 가처분

◉ 자동차(또는 건설기계) 점유이전금지가처분신청(집행관 보관형)

1. 채무자의 별지 자동차(또는 건설기계) 등록원부의 기재 자동차(또는 건설기계)에 대한 점유를 풀고 채권자가 위임하는 OO지방법원 집행관에게 그 보관을 명한다.
2. 집행관은 위 명령의 취지를 적당한 방법으로 공시하여야 한다.

[별 지] : 자동차(또는 건설기계) 등록원부 갑부란을 첨부

◉ 자동차(또는 건설기계) 점유이전금지가처분신청(채권자 보관형)

1. 채무자의 별지 자동차(또는 건설기계) 등록원부의 기재 자동차(또는 건설기계)에 대한 점유를 풀고 채권자가 위임하는 OO지방법원 집행관에게 그 보관을 명한다.
2. 집행관은 채권자의 신청이 있으면 위 자동차를 사용하지 않을 것을 조건으로 하여 채권자에게 이를 보관하게 할 수 있다.
3. 집행관은 위 명령의 취지를 적당한 방법으로 공시하여야 한다.

◉ 자동차(또는 건설기계) 점유이전금지가처분 및 처분금지가처분신청(결합형)

1. 채무자의 별지 자동차(또는 건설기계) 등록원부의 기재 자동차(또는 건설기계)에 대한 점유를 풀고 채권자가 위임하는 OO지방법원 집행관에게 그 보관을 명한다.
2. 채무자는 별지 목록 기재 자동차(또는 건설기계)에 대하여 양도, 저당권의 설정, 그 밖에 일체의 처분을 하여서는 아니된다.
3. 집행관은 위 명령의 취지를 적당한 방법으로 공시하여야 한다.

◉ 자동차(또는 건설기계) 처분금지가처분신청

1. 채무자의 별지 자동차(또는 건설기계) 등록원부의 기재 자동차(또는 건설기계)에 대한 점유를 풀고 채권자가 위임하는 OO지방법원 집행관에게 그 보관을 명한다.
2. 채무자는 별지 목록 기재 자동차(또는 건설기계)에 대하여 양도, 저당권 및 임차권의 설정, 그 밖에 일체의 처분행위를 하여서는 아니된다.
3. 집행관은 그 보관에 관한 공시나 기타 보관방법에 관하여 적당한 조치를 취하여야 한다.

채무자는 별지 자동차(또는 건설기계) 등록원부의 기재 자동차(또는 건설기계)에 대하여 양도, 저당권의 설정, 그 밖에 일체의 처분을 하여서는 아니된다.

◉ 자동차처분금지가처분신청

채무자는 별지 자동차 등록원부 기재의 자동차에 대한 양도, 질권의 설정, 그 밖에 일체의 처분행위를 하여서는 아니된다.

◉ 자동차인도가처분신청

1. 채무자는 별지 자동차 등록원부 기재의 자동차에 대한 점유를 풀고, 채권자가 위임하는 OO지방법원 집행관에게 그 보관을 명한다.
2. 집행관은 채권자의 신청에 의하여 채권자가 지정하는 장소에서 보관하게 할 수 있다.

91. 자동차인도가처분신청

◉ **자동차인도가처분신청**

1. 채무자의 별지 목록 기재 자동차에 대한 점유를 풀고 채권자가 위임하는 OO지방법원 집행관으로 하여금 이를 보관하게 한다.
2. 집행관은 채권자의 신청에 의하여 이를 채권자에게 보관하게 할 수 있다.

92. 저당권부채권가압류신청

◉ **저당권부채권가압류신청**

1. 채권자가 채무자에 대하여 가지는 위 청구채권의 표시 기재 채권집행을 보전하기 위하여 채무자의 제3채무자에 대한 별지 기재의 저당권부 채권을 가압류한다.
2. 제3채무자는 채무자에 대하여 위 채권에 관한 지급을 하여서는 아니된다.

93. 저작권가압류신청

◉ **저작권가압류신청**

채권자가 채무자에 대하여 가지고 있는 위 채권의 집행을 보전하기 위하여 채무자 명의의 별지 목록 기재의 저작권을 가압류한다.

[별 지]

목　　　록

1. 저작물의 번호 :
1. 저작물의 명칭 :

1. 등 록 일 자 :

94. 저작권침해금지가처분신청

◉ **저작권침해금지가처분신청**

1. 피신청인은 별지 목록 기재의 도서 중 별지 대피표 기재부분을 복제, 판매, 배포하여서는 아니된다.
2. 피신청인의 별지 목록 기재 도서의 기제품, 반제품 및 그 인쇄원판, 지형에 대한 점유를 풀고 신청인이 위임하는 집행관에게 그 보관을 명한다.
3. 집행관은 그 보관에 관한 것을 공시하기 위하여 적당한 방법을 취하여야 한다.
4. 집행관은 채무자가 위 각 기재 도서 및 물건 중 별지 대비표 기재 부분의 말소, 삭제를 신청하였을 때에는 이를 허가하고 삭제하였을 때에는 그 보관을 풀어야 한다.

---

1. 피신청인은 별지 목록 기재 저작물에 관하여 인쇄, 제본, 발매, 반포 등의 행위를 하여서는 아니된다.
2. 피신청인이 OO시 OO구 OO로 21(OO동) 소재 OO제책사(대표 이OO)에서 제본 또는 보관중인 위 저작물의 완제품, 반제품과 OO시 OO구 OO로 19(OO동) 소재 주식회사 OO에 보관중인 위 저작물의 인쇄제판용 필름에 대한 피신청인의 점유를 풀고 신청인이 위임하는 OO지방법원 OO지원 집행관에게 그 보관을 명한다.
3. 집행관은 위 취지를 적당한 방법으로 공시하여야 한다.

---

1. 채무자는 별지 (1)목록 기재 저작물에 관하여 인쇄, 제본, 발매, 반포 등의 행위를 하여서는 아니된다.
2. 집행관은 위 저작물의 인쇄, 제본, 발매, 반포 등의 금지를 위하여 적당한 조치를 취하여야 한다.
3. 별지 (1)목록 기재 저작물에 대한 채무자의 점유를 풀고 채권자가 위임하는 집행관에게 그 보관을 명한다.
4. 집행관은 위 보관의 취지를 적당한 방법으로 공시하여야 한다.

---

1. 피신청인은 별지 (2)목록 기재 저작물에 관하여 인쇄, 제본, 발매, 반포 등의 행위를 하여서는 아니된다.
2. 별지 (1)목록 중 순번 1, 2, 3기재 저작인쇄물 및 그 인쇄용 지형과 필름에 대한 피신청인들의 점유를 풀고 신청인들이 위임하는 OO지방법원 소속 집행관에게 그 보관을 명한다.
3. 집행관은 위 취지를 적당한 방법으로 공시하여야 한다.

---

1. 피신청인들은 별지 목록 한글교육교재를 인쇄, 제본, 판매, 반포하여서는 아니된다.
2. 위 한글교육교재 및 그 반제품(위 한글교육교재와 같은 내용으로서 아직 완성에 이르지 아니한 것), 그 출판을 위한 지형, 필름에 대한 피신청인들의 점유를 풀고 신청인이 위임하는 OO지방법원 소속 집행관에게 그 보관을 명한다.
3. 집행관은 위 취지를 적당한 방법으로 공시하여야 한다.

◉ 저작권침해금지가처분신청(서적)

1. 채무자는 별지 목록 기재 저작물에 관하여 인쇄, 제본, 판매, 배포하여서는 아니된다.
2. 채무자는 위 서적과 인쇄용 필름에 대한 점유를 풀고 이를 채권자가 위임하는 집행관에게 인도하여야 한다.
3. 집행관은 위 보관의 취지를 적당한 방법으로 공시하여야 한다.

◉ 저작권침해금지가처분신청(음악)

피신청인은 별지 목록 기재 음악을 수록한 씨디(CD), 카세트테이프, 비디오테이프, 엠피(MP)3 파일, 엠디(MD)제작, 판매, 배포하여서는 아니된다.

◉ 저작권침해금지가처분신청(컴퓨터프로그램)

1. 피신청인은 별지 목록 기재 서체구현을 위한 컴퓨터프로그램을 제조, 판매 및 반포하여서는 아니된다.
2. 피신청인의 공장, 점포, 사무실, 창고 등에 보관되어 있는 “오토페이지, 전문가용 서체” 및 “하나로 토탈 서체모음” 이란 시디롬 제품 및 기타 별지 목록 기재 서체구현을 위한 컴퓨터프로그램에 대한 피신청인의 점유를 풀고, 이를 신청인이 위임하는 집행관에게 그 보관을 명한다.

3. 집행관은 위 제2항의 취지를 공시하기 위하여 적당한 방법을 취하여야 한다.

95. 저작물사용금지가처분신청

◉ **저작물사용금지가처분신청**

1. 피신청인은 별지 제1표시 도안 및 별지 제3의 제1항 표시 도안 중 (2) 내지 (5) 표시 도안의 인쇄, 판매, 광고, 기타 이를 사용하는 일체의 행위를 하여서는 아니된다.
2. 피신청인은 별지 제1표시 도안 및 별지 제3의 제1항 표시 도안 중 (2) 내지 (5) 표시 도안의 원본과 이를 사용한 제품 등 물건의 점유를 풀고 신청인이 위임하는 OO지방법원 소속 집행관에게 그 보관을 명한다.
3. 집행관은 위 보관에 관한 취지를 적당한 방법으로 공시하여야 한다.

96. 전세권가압류신청

◉ **전세권가압류신청**

채권자가 채무자에 대하여 가지는 위 청구채권의 표시 기재 채권집행을 보전하기 위하여 채무자의 별지 기재 전세권을 가압류한다.

[별 지]

가압류할 채권의 표시

금 50,000,000원

아래 기재 부동산에 관하여 OO지방법원 OO등기소 20OO. 2. 9. 접수 제1234호로 설정된 전세금 60,000,000원, 존속기간 및 반환기 20OO. 2. 10. 전세권

부동산의 표시

OO시 OO구 OO동 123

[도로명주소] OO시 OO구 OO로 67길 16
시멘트 벽돌조 슬래브지붕 1층 주택
178㎡. 끝.

97. 전세권부채권가압류신청

◉ **전세권부채권가압류신청**

결정문을 받아도 기입등기는 현행법상 허용되지 않음

98. 전세권처분금지가처분신청

◉ **전세권처분금지가처분신청**

채무자는 별지 목록 기재 건물에 대한 20OO. 2. 12. OO지방법원 OO등기소 접수 제1234호로 등기한 전세권을 양도, 전전세, 임대, 그 밖에 일체의 처분행위를 하여서는 아니된다.

99. 전직명령효력정지 등 가처분신청

◉ **전직명령효력정지 등 가처분신청**

1. 채무자가 20OO. 2. 12. 채권자를 채무자회사 OO구로공장 PC사업부 기계기능직 사원에서 채무자회사 제주출장소 근무로 전직시킨 처분의 효력을 전직처분무효확인사건의 판결확정시까지 임시로 정지한다.
2. 채권자가 채무자 평택공장 PC사업부 기계기능직사원으로 근무하는 근로계약상의

권리를 향유하는 지위에 있음을 임시로 정한다.

◉ **해고처분효력정지가처분신청**

1. 신청인과 피신청인간 귀원 20OO가합 OOOO호 해고무효확인등 청구사건의 본안판결확정시까지 신청인이 피신청인 회사에 대하여 영업용화물차 운전승무원의 지위에 있음을 임시로 정한다.
   또는 해임의사표시정지가처분의 경우 :
   피신청인이 20OO. 2. 10. 신청인에 대하여 한 해고의 의사표시는 그 효력을 정지한다.
2. 위 기간 중 피신청인은 신청인에게 운전승무를 허용하고, 상당한 임금을 지급하여야 한다.

◉ **전직명령효력부인가처분신청**

채권자가 채무자회사 OO공장 종업원(또는 OO국 OO과 직원)의 지위에 있음을 임시로 정한다.

채권자는 채무자가 20OO. 2. 12. 채권자에 대하여 채무자회사 OO공장 근무를 명하는 전직명령에 따른 근로계약상의 의무가 없는 지위에 있음을(또는 없음을) 임시로 정한다.

◉ **취업방해의 금지를 명하는 가처분신청**

1. 채무자는 별지 목록 기재 채권자들에 대하여 채무자회사의 OO작업장의 하역작업에 종사하게 하여야 한다.
2. 채무자는 제1항의 하역작업의 배분에 관하여 다른 상용근로자와 차별하여 불이익하게 취급하여서는 아니된다.

채무자는 채권자에게 취업의 기회를 제공하여야 한다.

채무자는 채권자가 채무자회사 소속 시내버스 서울 20OO가 OOO호의 운전기사로 근무하는 것을 방해하여서는 아니된다.

◉ **취업방해금지가처분신청**

채무자는 채권자의 취업을 거부(또는 방해)하여서는 아니된다.

- -

채무자는 채권자에 대하여 출근정지, 기타 작업을 방해하는 행위를 하여서는 아니된다.

100. 전화가입사용권가압류신청

◉ **전화가입사용권가압류신청**

1. 채권자의 채무자에 대한 위 채권의 집행을 보전하기 위하여 채무자가 제3채무자에 대하여 가지는 별지 기재의 가입전화사용권을 가압류한다.
2. 제3채무자는 위 전화사용권에 대하여 채무자의 신청에 의하여 명의변경, 그 밖에 일체의 변경절차를 하여서는 아니된다.
3. 채무자는 위 전화사용권에 대하여 매매, 양도, 명의변경, 설치장소의 변경, 그 밖에 일체의 처분행위를 하여서는 아니된다.

[별 지]

가압류할 전화사용권의 표시

1. 전 화 번 호 : 02) 582-3369, 02) 367-2872
1. 소관업무취급국 : OO전화국
1. 전화가입자명 : 홍 길 동
1. 가입 연 월 일 : 20OO. 2. 20.
1. 설 치 장 소 : OO시 OO구 OO로 12(OO동)

101. 점유사용방해금지가처분신청

◉ 유체동산점유사용방해금지가처분신청

채무자는 채권자의 별지 목록 기재 물건에 대한 점유사용을 방해하여서는 아니된다.

◉ 점유사용방해금지가처분신청

1. 채무자는 별지 목록 기재 건물의 정문 출입구 및 2계층에 통하는 계단의 출입구를 폐쇄하는 등 채권자의 위 건물에 대한 점유사용을 방해하여서는 아니된다.
2. 채무자는 채권자 등에 대하여 위 건물의 가스, 수도, 전기시설의 제거절단을 하여 이의 공급을 정지하여서는 아니된다.
3. 집행관은 위 취지를 공시하기 위하여 적당한 방법을 취하여야 한다.

채무자는 별지 목록 기재의 토지에 출입하거나 기타 채권자의 위 토지에 대한 점유사용을 방해하여서는 아니된다.

채무자는 실력으로써 별지 목록 기재 건물에 들어가거나 그 밖에 채권자의 위 건물에 대한 점유사용을 방해하여서는 아니된다.

피신청인은 별지 기재의 토지(건물)에 들어가는 등으로 신청인의 위 토지(건물)에 대한 점유 및 사용을 방해하여서는 아니된다.

---

1. 채무자는 별지 목록 기재 토지 중 별지 도면 표시 1, 2, 3, 4, 1의 각 점을 차례로 연결한 선내 (가)부분에 출입하는 등 채권자의 위 토지에 대한 점유사용을 방해하여서는 아니된다.
2. 집행관은 위 취지를 적당한 방법으로 공시하여야 한다.

◉ 점유방해예방가처분신청

피신청인은 OO도 OO군 OO읍 OO리 128-1 토지 중 별지 도면 표시 3, 24, 25, 26, 27, 12, 3의 각 점을 차례로 연결한 선내 (가)부분 하천 187㎡와 같은 리 128-4, 같은 리 132-6 토지 중 같은 도면 표시 12, 13, 20, 21, 23, 24, 25, 19, 18, 12의 각 점을

차례로 연결한 선내의 (다), (마)부분 하천 1,236㎡ 지상에 건물신축공사용 건자재를 적치하거나 그 밖에 위 토지의 농작물 경작을 방해하여서는 아니된다.

◉ **점유현상변경금지가처분신청**

채무자는 채권자로부터 별지 목록 기재 건물을 임차사용중인 OO시 OO구 OO로 12(OO동)(1층 OO식당) 신청외 김OO의 같은 건물에 대한 점유사용을 방해하는 일체의 행위를 하여서는 아니된다.

102. 접근금지가처분신청

◉ **접근금지가처분신청**

피신청인은 신청인으로부터 50미터 이내의 접근을 하여서는 아니된다.

---

1. 피신청인은 신청인 의사에 반하여 신청인에게 접근하여서는 아니된다.
2. 피신청인은 신청인 및 그 딸(미성년자)에 대하여 면담을 강요하거나 폭력을 행사하는 등의 방법으로 그 평온한 생활 및 업무를 방해하여서는 아니된다.

◉ **접근금지 및 업무방해금지가처분신청**

1. 피신청인은 신청인의 의사에 반하여 OO시 OO구 OO로 12 소재 신청인의 주택 및 OO시 OO구 OO로 24 소재 신청인의 사무실을 방문하여서는 아니된다.
2. 피신청인은 신청인에 대하여 면담을 강요하거나 전화를 거는 행위 및 서신을 보내는 방법으로 신청인의 업무를 방해하여서는 아니된다.

◉ **접근금지가처분신청(간접강제도 함께 신청하는 경우)**

1. 피신청인은 신청인의 의사에 반하여 신청인에게 접근하여서는 아니된다.
2. 피신청인은 신청인에 대하여 면담을 강요하거나 폭력을 행사하는 등의 방법으로 그 평온한 생활 및 업무를 방해하여서는 아니된다.

3. 위 명령을 위반한 피신청인은 위반행위 1회당 1,000,000원씩을 신청인에게 지급하라.

103. 제소명령신청

◉ **제소명령신청(가압류)**

위 당사자간 OO지방법원 20OO카단 OOOO호 부동산가압류 신청사건에 관하여 귀원에서 20OO. 2. 20. 채무자에 대하여 가압류결정을 하고, 그 집행을 완료하였으나 채권자는 본안소송을 현재까지 제기하지 않고 있으므로, 채권자에게 상당한 기간 내에 본안의 소를 제기할 것을 명하여 주시기를 민사집행법 제287조에 의하여 신청합니다.

◉ **제소명령신청(부동산처분금지가처분)**

위 당사자간 OO지방법원 20OO카단 OOOO호 부동산처분금지가처분 신청사건에 관하여, 귀원에서 20OO. 2. 10. 가처분결정을 하였으나, 채권자는 아직도 본안소송을 제기하지 않고 있으므로 상당한 기간 내에 본안의 소를 제기할 것을 채권자에게 명하여 주시기를 바랍니다.

104. 주식에 관한 가처분

◉ **주식처분금지가처분신청**

채무자는 별지 목록 기재 주식에 대하여 양도, 질권의 설정, 그 밖에 일체의 처분을 하여서는 아니된다.

◉ **주식처분금지가처분신청(집행관보관형)**

채무자의 별지 목록 기재 주권에 대한 점유를 풀고 채권자가 위임하는 집행관에게 그 보관을 명한다.

◉ 주식명의개서금지가처분신청

1. 채무자는 별지 목록 기재의 주식에 대하여 양도, 질권의 설정, 그 밖에 일체의 처분을 하여서는 아니된다.
2. 제3채무자는 위 주식에 대하여 채무자의 청구에 의한 명의개서를 하여서는 아니된다.

◉ 주식명의개서금지가처분신청(결합형)

1. 채무자의 별지 목록 기재 주권에 대한 점유를 풀고 채권자가 위임하는 집행관에게 그 보관을 명한다.
2. 채무자는 위 주권에 대하여 양도, 질권의 설정, 그 밖에 일체의 처분을 하여서는 아니된다.
3. 제3채무자는 위 주식에 대하여 채무자의 청구에 의한 명의개서를 하여서는 아니된다.

◉ 주식상장금지가처분신청

1. 피신청인은 별지 전환사채 목록 기재 전환사채의 전환청구에 의해 발행한 주식 목록 기재 각 주식의 주권에 대하여 이를 제3채무자에 상장하는 행위를 하여서는 아니된다.
2. 채무자는 위 주식의 주권을 상장하여서는 아니된다.

◉ 신주발행금지가처분신청

채무자가 20○○. 2. 10, 이사회의 결의에 기하여 현재 발행을 준비중인 기명식 액면금 10,000원의 보통주식 200,000주의 신주발행을 금지한다.

105. 주주총회에 관한 가처분

◉ **임시주주총회소집정지가처분신청**

채무자가 2000. 2. 1.에 소집한 2000. 2. 10. 10:00부터 채무자회사 본점 회의실에서 별지 목록 기재의 결의사항을 위한 임시주주총회는 그 개최를 정지(또는 금지)한다.

◉ **주주총회결의금지가처분신청**

채무자가 2000. 2. 1.에 소집한 2000. 2. 10. 10:00부터 채무자회사 본점 회의실에서 별지 목록 기재의 결의사항을 위한 임시주주총회는 그 개최를 정지(또는 금지)한다.

◉ **주주총회결의효력정지가처분신청**

1. 채무자의 별지 목록 기재의 추주총회결의의 효력을 정지한다.
2. 채무자회사의 대표이사는 위 결의를 집행하여서는 아니된다.

---

1. 채권자들의 채무자에 대한 OO지방법원 2000가합 OOO 주주총회결의취소 청구사건의 본안판결확정시까지 별지 목록 기재의 주주총회결의의 효력을 정지한다.
2. 채무자회사의 대표이사는 위 결의를 집행하여서는 아니된다.

106. 주식에 대한 가압류신청

◉ **주권교부청구권가압류신청(6월 경과전의 주식)**

1. 채무자의 제3채무자에 대한 별지 목록 기재의 주권교부청구권을 가압류한다.
2. 제3채무자는 채무자에 대하여 위 주권을 교부하여서는 아니된다.
3. 채무자는 위 주권교부청구권의 추심, 그 밖의 일체의 처분을 하여서는 아니된다.
4. 제3채무자는 위 주권을 채권자가 위임하는 집행관에게 인도하여야 한다.

[별 지]

목　　　록

청구금액 50,000,000원
채무자가 제3채무자에 대하여 가지는 아래 주식의 주권교부청구권 중 위 청구금액에 이르기까지의 금액

아　　　래

1. 회 사 명 : 주식회사 OOOO
1. 납 입 자 : 홍 길 동
1. 주식의 종류 : 기명식 보통주
1. 1주의 금액 : 금 10,000주
1. 주 식 수 량 : 80,000주
1. 납 입 금 액 : 금 800,000,000원
(제3채무자의 발행주식 총수 200,000주 채무자의 지분 40%에 해당하는 주권교부청구권임)

◉ 주권교부청구권가압류신청

1. 채권자가 채무자에 대하여 가지고 있는 위 청구채권의 집행을 보전하기 위하여 채무자의 제3채무자에 대한 별지 목록 기재의 주권교부청구권을 가압류한다.
2. 제3채무자는 채무자에게 위 가압류된 주권을 교부하거나 채무자의 지시에 따라 이를 채무자 이외의 자에게 교부하여서는 아니된다.
3. 제3채무자는 위 가압류된 주권을 채권자가 위임하는 집행관에게 인도하여야 한다.

◉ 주식가압류신청(6월 경과후의 주식)

1. 채권자가 채무자에 대하여 가지는 별지 목록 기재의 주식을 가압류한다.
2. 제3채무자는 위 주식에 대하여 채무자의 청구에 의하여 명의개서를 하거나 채무자에게 주권을 교부하여서는 아니된다.
3. 채무자는 위 주식에 대하여 매매, 양도, 그 밖에 일체의 처분을 하여서는 아니된다.

◉ 주식가압류신청

1. 채권자가 채무자에 대하여 가지고 있는 위 청구채권의 집행을 보전하기 위하여 채무자의 제3채무자에 대한 별지 목록 기재의 주식을 가압류한다.
2. 제3채무자는 채무자에게 위 주식을 교부하거나 명의개서를 하여서는 아니된다.
3. 제3채무자는 채무자에게 위 주식에 대한 이익배당금의 지급, 잔여재산의 분배, 그 밖에 일체의 처분을 하여서는 아니된다.
4. 채무자는 위 주식에 관하여 양도, 질권의 설정, 그 밖에 일체의 처분을 하여서는 아니된다.

[별 지]

목　　　록

1. 회 사 명 : OO주식회사
1. 1주의 금액 : 5,000원
1. 종　　류 : 기명식 보통주
1. 수　　량 : 1,000주

◉ 주식인도청구권가압류신청

1. 채권자가 채무자에 대하여 가지고 있는 위 청구채권의 집행을 보전하기 위하여 채무자의 제3채무자에 대한 별지 목록 기재의 주식인도청구권을 가압류한다.
2. 제3채무자는 채무자에게 위 주식을 교부하거나 대금을 지급하여서는 아니된다.

[별 지]

목　　　록

금 10,000,000원

채무자가 제3채무자에 대하여 가지는 주식회사 OO증권 우리사주 50,000주에 대한 퇴직으로 인한 반환청구권

단, 제3채무자가 우선매수청구권을 행사할 경우에는 채무자가 제3채무자에게

가지는 우리사무 주식매매대금 청구채권 중 위 청구금액

107. 중기가압류신청

◉ 중기가압류신청

채권자가 채무자에게 가지는 위 청구채권의 표시 기재 채권집행을 보전하기 위하여 채무자 소유의 별지 중기 등록원부의 기재 자동차를 가압류한다.

[별 지] : 중기 등록원부 갑부란을 첨부

108. 지시채권에 대한 가압류

◉ 채권가압류신청(배서가 금지된 유가증권의 압류→채권집행방법)

1. 채권자가 채무자에 대하여 가지는 위 청구채권의 집행을 보전하기 위하여 채무자의 제3채무자에 대한 별지 목록 표시의 약속어음에 기한 채권을 가압류한다.
2. 제3채무자는 채무자에게 위 채권에 관한 지급을 하여서는 아니된다.
3. 채권자의 위임을 받은 집행관은 채무자로부터 위 약속어음을 수취하여 보관하고 위 어음의 권리보전에 필요한 조치를 취하여야 한다.

[별 지]

목 록

채무자가 제3채무자에 대하여 가지는 아래 약속어음에 기한 채권

1. 명 칭 : 약속어음
1. 번 호 : 자가 00123456

1. 액　　면 : 금 10,000,000원
1. 발 행 일 : 20○○. 10. 17.
1. 발 행 인 : 홍　길　동

* 배서가 금지된 유가증권의 압류는 법원의 압류명령으로 집행관이 그 증권을 점유함으로써 한다(민사집행법 제233조).

◉ 채권가압류신청(배서가 금지된 유가증권)

1. 채권자가 채무자에 대하여 가지는 위 청구채권의 집행을 보전하기 위하여 채무자의 제3채무자에 대한 별지 목록 표시의 약속어음에 기한 채권을 가압류한다.
2. 제3채무자는 채무자에게 위 채권에 관한 지급을 하여서는 아니된다.
3. 채권자의 위임을 받은 집행관은 채무자로부터 위 약속어음을 수취하여 보관하고 위 어음의 권리보전에 필요한 조치를 취하여야 한다.

◉ 채권가압류신청(배서가 금지되지 아니한 유가증권의 압류→유체동산집행방법)

1. 채권자가 채무자에 대하여 가지는 위 청구채권의 집행을 보전하기 위하여 채무자소유의 별지 목록 표시의 약속어음(또는 화물상환증)을 가압류한다.
2. 채권자의 위임을 받은 집행관은 채무자로부터 위 약속어음을 수취하여 보관하고 위 어음의 권리보전에 필요한 조치를 취하여야 한다.

[별 지]

목　　　　록

1. 명　　칭 : 약속어음
1. 번　　호 : 자가 00123456
1. 액　　면 : 금 10,000,000원
1. 발 행 일 : 20○○. 10. 12.
1. 발 행 인 : 홍　길　동

* 배서가 금지되지 아니한 유가증권을 압류할 경우 유체동산에 대한 압류 방법에 따라

집행관이 그 물건을 점유함으로써 한다.

109. 지식소유권 및 광업권가압류신청

◉ **지식소유권 및 광업권가압류신청(특허권)**

1. 채권자가 채무자에게 가지는 위 청구채권의 표시 기재 채권집행을 보전하기 위하여 채무자 명의의 별지 목록 기재의 특허권을 가압류한다.
2. 채무자는 위 특허권에 관하여 매매, 양도, 그 밖에 일체의 처분을 하여서는 아니 된다.

110. 지위보전의 가처분신청

◉ **지위보전의 가처분신청(해고효력정지형)**

피신청인이 2000. 2. 18. 신청인에 대하여 한 해고의 의사표시의 효력을 정지한다.

◉ **지위보전의 가처분신청(피용자취급명령형)**

피신청인은 신청인을 피신청인의 피용자로서 임시로 취급하라.

◉ **지위보전의 가처분신청(근로계약상지위설정형)**

신청인이 피신청인에 대하여 근로계약상의 권리를 가지고 있음을 임시로 정한다.

신청인이 피신청인에 대하여 피용자로서 지위에 있음을 임시로 정한다.

◉ **지위보전의 가처분과 임금지급가처분 병행발령**

신청인이 피신청인에 대하여 근로계약상의 권리를 가지고 있음을 임시로 정한다. 피신청인은 신청인에게 20○○. 3. 1.부터 본안판결 확정에 이르기까지 매월 1일에 월 700,000원의 비율로 계산한 돈을 지급하라.

---

1. 채권자가 채무자에 대하여 (상무적으로서 근무하는) 근로계약상의 권리를 가지고 있음을 임시로 정한다.
2. 채무자는 채권자에게 20○○. 3. 1.부터 제1심 판결선고시까지 매월 1일에 월 2,000,000원의 비율로 계산한 돈을 임시로 지급하라.

◉ 근로자측의 가처분신청(권리설정)

신청인이 피신청인에 대하여 근로계약상의 권리를 가지고 있음(피용자로서의 지위에 있음)을 임시로 정한다.

◉ 근로자측의 가처분신청(지위설정)

채권자가 채무자에 대하여 근로계약상의 권리를 가지고 있음을 임시로 정한다.

◉ 근로자측의 가처분신청(종업원취급명령)

채권자가 채무자에 대하여 피용자로서의 지위에 있음을 임시로 정한다.

◉ 근로자측의 가처분신청{기업간(등록기준지 변경, 전출명령)의 경우}

채무자는 채권자를 채무자회사의 종업원으로 임시로 취급하라.

채무자는 채권자를 채무자외사에서 ○○회사로 등록기준지 변경시켜서는 아니된다.

채권자는 ○○회사에 근무할 의무가 없음을 임시로 정한다.

111. 직무집행정지가처분신청

◉ **직무집행정지가처분신청**

1. 피신청인 OOO은 본안 판결확정시까지 피신청인 OO시 개인택시운송사업조합의 이사장으로서의 직무를 집행하여서는 아니된다.
2. 위 직무집행정지기간 중 OO시 OO구 OO로 OO(OO동) 변호사 OOO을 피신청인 OO시 개인택시운송사업조합의 이사장 직무대행자로 선임한다.

---

1. 피신청인 OOO의 전국자동차노동조합 ㅇㅇ택시지부에 지부장으로서 같은 OOO, OOO은 동 지부장으로서, 같은 OOO은 동 지부 상임지도위원으로서의 각 직무집행을 정지한다.
2. 위 직무집행정지기간 중 법원이 지정하는 사람으로 하여금 위 지부의 지부장, 부지부장, 상임지도위원의 직무를 각 대행케 한다.
3. 소송비용은 피신청인이 부담한다.

112. 직무집행정지 등 가처분신청(회사)

◉ **이사 및 대표이사 직무집행정지 및 직무대행자 선임가처분신청**

1. 신청인의 신청외 주식회사 OO에 대한 이사 및 대표이사 해임청구사건의 본안판결확정시까지 피신청인은 위 회사 이사 및 대표이사로서의 직무를 집행하여서는 아니된다.
2. 위 직무집행 정지기간 중 법원에서 정하는 적당한 자로 하여금 위 직무를 대행하게 한다.

---

1. 채권자의 신청외 주식회사 OO에 대한 주주총회결의부존재확인 청구사건(OO지방법원 20OO가합 OOOO호)의 본안판결확정시까지 피신청인 김OO은 위 회사의 대표이사 및 이사로서의, 피신청인 이OO, 같은 박OO, 같은 최OO은 위 회사의 각 이사로서의, 피신청인 정OO은 위 회사의 감사로서의 각 직무를 집행하여서는 아니된다.
2. 위 직무집행 정지기간 중 다음 사람을 각 직무대행자로 선임한다.

가. 대표이사 직무대행자

주소 OO시 OO구 OO로 12(OO동)

변호사 조 O O (123456-2345678)

나. 이사 직무대행자

주소 OO시 OO구 OO로 32(OO동)

변호사 권 O O (123456-2345678)

주소 OO시 OO구 OO로 62(OO동)

변호사 민 O O (123456-2345678)

주소 OO시 OO구 OO로 31(OO동)

변호사 한 O O (123456-2345678)

다. 감사 직무대행자

주소 OO시 OO구 OO로 24(OO동)

변호사 강 O O (123456-2345678)

◉ 대표이사 직무집행정지 및 직무대행자 선임가처분신청

1. 신청인의 신청외 주식회사 OO의 주주총회결의부존재 확인청구사건에 관한 본안판결확정시까지 채무자는 위 회사의 대표이사 및 이사의 직무를 집행하여서는 아니 된다.
2. 위 직무집행 정지기간 중 홍길동{123456-2345678, OO시 OO구 OO로 26(OO동)}으로 하여금 위 직무를 대행하게 한다.

◉ 대표이사 등 직무집행정지가처분신청

1. 채권자의 신청외 OO주식회사에 대한 주주총회결의무효확인 청구사건의 본안 판결확정시까지 채무자 김OO은 위 회사의 대표이사 및 이사의 직무를 채무자 이OO, 박OO은 위 회사의 이사의 직무를 각각 집행하여서는 아니된다.
2. 위 직무집행 정지기간 중 법원에서 정하는 적당한 자로 하여금 위 대표이사와 이사로서의 직무를 대행하게 한다.

---

1. 신청인과 신청외 주식회사 OO 사이의 임시주주총회결의취소 청구사건의 본안판결확정시까지 피신청인 김OO은 위 회사의 대표이사로서의, 피신청인 이OO, 같은 박OO은 위 회사의 이사로서의 각 직무를 집행하여서는 아니된다.

2. 위 직무집행 정지기간 중 별지 목록 기재의 사람들을 직무대행자로 선임한다.

[별 지]

직무대행자 목록

1. 이사겸 대표이사 직무대행자
   주소 OO시 OO구 OO로 12(OO동)
   변호사 정 O O (123456-2345678)
2. 이사 직무대행자
   주소 OO시 OO구 OO로 34(OO동)
   변호사 한 O O (123456-2345678)
3. 이사 직무대행자
   주소 OO시 OO구 OO로 62(OO동)
   변호사 조 O O (123456-2345678)

◉ 직무집행정지가처분신청

신청인의 피신청인에 대한 주식회사 OO의 이사 및 대표이사 해임청구사건의 본안판결확정시까지 피신청인의 위 회사 이사 및 대표이사로서의 직무집행을 정지하고, 위 직무집행정지기간 중 귀원이 정하는 적당한 자로 하여금 그 직무를 대행하게 한다.

◉ 청산인 직무집행정지 및 직무대행자 선임가처분신청

1. 신청인들의 신청외 OO주식회사에 대한 청산인해임 청구사건의 본안판결확정시까지 피신청인은 위 회사의 청산인의 직무를 집행하여서는 아니된다.
2. 위 직무집행 정지기간 중 법원에서 정하는 적당한 자로 하여금 위 직무를 대행하게 한다.

◉ 직무대행자선임신청

1. 사건본인 회사의 청산인, 대표청산인의 직무를 일시 대행할 자로 별지 목록 기재의 자들을 선임한다.

2. 사건본인 회사의 감사의 직무를 일시 대행할 자로 신청인을 선임한다.

[별 지]

목 록

청산인 및 대표청산인의 직무를 일시 행할 자의 표시

1. 김 ○ ○ {최후주소 : ○○시 ○○구 ○○로 12(○○동)}
2. 이 ○ ○ {최후주소 : ○○시 ○○구 ○○로 13(○○동)}
3. 박 ○ ○ {최후주소 : ○○시 ○○구 ○○로 15(○○동)}
4. 최 ○ ○ {최후주소 : ○○시 ○○구 ○○로 16(○○동)}
5. 정 ○ ○ {최후주소 : ○○시 ○○구 ○○로 17(○○동)}
6. 민 ○ ○ {최후주소 : ○○시 ○○구 ○○로 18(○○동)}

◉ 이사등지위보전가처분신청

1. 피신청인은 신청인 정○○으로 하여금 피신청인 회사의 상무이사로서의 직무집행을, 신청인 김○○으로 하여금 이사대우 부장으로서의 직무를 각 수행토록 하고, 각 그 직무집행을 방해하여서는 아니된다.
2. 신청인은 신청인들에게 20○○. 2. 1.부터 신청인들이 피신청인을 상대로 한 이사 및 이사 대우 부장의 지위 존재확인 등 청구사건의 본안 판결확정시까지 매월 20.에 별지 임금액을 각 지급하라.

◉ 임시로 지위를 정하는 가처분신청

피신청인 ○○합명회사 대표사원 김○○의 직무대행을 정지하고 신청인이 임시로 피신청인 ○○합명회사의 대표사원의 직무를 대행한다.

113. 직무집행정지 등 가처분(회사가 아닌 법인 또는 비법인 대표자)

◉ **이사직무집행정지 등 가처분신청**

1. 신청인의 신청외 재단법인 OOO에 대한 이사선임결의무효확인소송의 본안판결확정시까지 피신청인 이OO는 위 법인의 이사 겸 대표이사로서의 직무를, 피신청인 박OO, 최OO, 정OO, 양OO은 위 법인의 이사로서의 직무를, 피신청인 강OO, 조OO은 위 법인의 감사로서의 직무를 집행하여서는 아니된다.
2. 위 직무집행정지기간 중 별지 목록 기재의 사람들을 위 법인의 대표이사, 감사로서의 직무대행자로 선임한다.

◉ **이사직무집행정지가처분신청**

이 사건에 관하여 당원이 선인함 OO회사의 이사 겸 대표이사 직무대행자 OOO에 대한 보수를 월 1,000,000원으로 정한다.

◉ **재단이사장 직무집행정지 및 직무대행자 선임가처분신청**

1. 피신청인은 신청외 재단법인 OO남도 향교재단의 이사 겸 이사장으로서의 직무를 집행하여서는 아니된다.
2. 위 직무집행정지기간 중 김OO{123456-2345678 : OO시 OO구 OO로 12(OO동)}로 하여금 위 직무를 대행하게 한다.

◉ **직무집행정지가처분신청**

신청인의 신청외 대구O씨 OO군파 종친회에 대한 20OO. 2. 10.자 총회결의무효확인 청구사건의 본안판결확정시까지 피신청인은 위 종친회의 회장직무를 집행하여서는 아니된다.

◉ **직무집행정지 및 대행자 선임가처분신청**

1. 피신청인은 OO동 OO지구 주택재개발조합 조합장으로서의 직무를 집행하여서는 아니된다.
2. 위 직무집행정지기간 중 이OO{123456-2345678 : OO시 OO구 OO로 13(OO동)}로

하여금 위 직무를 대행하게 한다.

◉ **총장직무집행정지가처분신청**

1. 신청인의 신청외 학교법인 OO대학교의 이사회결의무효확인 청구사건에 관한 본안 판결확정시까지 피신청인은 위 OO대학교의 총장으로서의 직무집행을 하여서는 아니된다.
2. 위 직무집행정지기간 중 별지 목록 기재 직무집행대행자 중에서 1인을 총장직무대행자로 선임한다.

◉ **주지직무집행정지·대행자 선임가처분신청**

1. 피신청인은 별지 목록 기재 부동산에 있는 OO사의 주지직무를 집행하여서는 아니된다.
2. 집행관은 위 명령의 취지를 적당한 방법으로 공시하여야 한다.
3. 피신청인은 신청인들에게 별지 목록 기재 부동산 위에 건축된 별지 도면 표시 1, 2, 3, 4, 1을 차례로 연결한 선내의 (가)부분 목조기와지붕 단층 법당 37.6㎡ 및 같은 도면 표시 3, 4, 8, 9, 12, 3의 각 점을 차례로 연결한 선내의 (다), (라), 부분 시멘트 블록조 스레트지붕 단층 요사체 158.2㎡를 각 인도하라.

114. 직장점거와 가처분신청

◉ **직장점거와 가처분신청**

1. 채무자는 별지 목록 기재 건물과 물건에 대한 점유를 풀고 이를 채권자가 위임하는 집행관에게 인도하여야 한다.
2. 집행관은 신청인에게 위 건물과 물건을 사용하게 하여야 한다.
3. 채무자는 채권자와 채권자의 허락을 받은 자가 위 건물에 출입하는 것을 방해하여서는 아니된다.
4. 집행관은 위 보관의 취지를 적당한 방법으로 공시하여야 한다

채무자는 이 사건 본안판결 확정시까지 다음 각 호의 행위를 하거나 소속 조합원으로 하여금 이를 하게 하여서는 아니된다.

가. 별지 기재 시설의 유지와 운영을 정지, 폐지 또는 방해하는 행위

나. 별지 기재 시설에 근무하는 채무자 소속 조합원, 채권자 소속 종업원 등의 정상적인 업무수행을 폭행, 협박 등 실력으로 방해하는 행위

집행관은 조합원에 대하여 기숙사의 사용에 필요한 범위 내에서 동 건물의 화장실, 세면대, 출입구로의 통로의 사용을 허용하여야 한다.

피신청인은 소속 조합원 또는 제3자로 하여금 신청인의 별지 목록 기재 건물 내에 앰프, 스피커, 꽹과리, 북, 장고 등을 반입하거나 이를 사용하여 신청인의 업무수행을 방해하여서는 아니된다.

피신청인은 회사측의 사람이 공장에 출입하거나 취업하는 것을 구두에 의한 설득 이외의 방법으로 방해하여서는 아니된다.

◉ 직장점거 및 생산관리배제가처분신청

1. 피신청인은 별지 목록 기재 건물과 물건에 대한 점유를 풀고, 이를 신청인이 위임하는 OO지방법원 소속 집행관에게 보관시킨다.
2. 피신청인은 신청인의 관리를 배제하거나 업무를 방해하여 OO물건을 처분하거나 점유하여서는 아니된다.
3. 신청인은 그 종업원을 지휘하여 위 건물에서 신청인의 업무를 수행할 수 있다.
4. 피신청인 조합원이 위 건물에서 위 업무에 종사함에는 신청인의 지휘에 따르지 아니하면 아니된다.

출하방해배제가처분을 신청하는 경우 : 피신청인은 신청인의 반출 및 영업용 원자재의 반입을 방해하여서는 아니된다.

115. 진입금지가처분신청

◉ **진입금지가처분신청**

채무자는 별지 목록 기재 부동산(토지)에 진입하여서는 아니된다.

채무자 또는 그 사용인은 별지 목록 기재 부동산에 진입하여 경작행위를 하여서는 아니된다.

116. 질권처분금지가처분신청

◉ **질권처분금지가처분신청**

1. 피신청인은 별지 제1목록 기재의 물건에 대한 점유를 풀고 OO지방법원 소속 집행관에게 그 보관을 명한다.
2. 피신청인은 위 물건에 대하여 설정된 별지 제2목록 기재의 질권에 의한 채권을 실행하거나 질권의 양도, 그 밖에 일체의 처분행위를 하여서는 아니된다.

ㅊ부

117. 채권가압류신청

◉ **채권가압류신청**

1. 채권자가 채무자에 대하여 가지는 위 청구채권의 표시 기재 채권집행을 보전하기 위하여 채무자의 제3채무자에 대한 별지 기재 채권을 가압류한다.

2. 제3채무자는 채무자에 대하여 위 채권에 관한 지급을 하여서는 아니된다.

◉ **채권가압류신청(재산분할청구권)**

1. 채권자가 채무자에 대하여 가지는 위 청구채권의 표시 기재 채권집행을 보전하기 위하여 채무자의 제3채무자에 대한 별지 기재 채권을 가압류한다.
2. 제3채무자는 채무자에 대하여 위 채권에 관한 지급을 하여서는 아니된다.
3. 채무자는 위 채권의 처분과 영수를 하여서는 아니된다.

118. 채권에 대한 가처분

◉ **채권처분금지가처분신청**

채무자는 별지 목록 기재 채권에 대하여 양도, 질권의 설정, 그 밖에 일체의 처분행위를 하여서는 아니된다.

◉ **채권처분금지가처분신청(양수채권 등)**

1. 채무자는 신청외 홍길동으로부터 양수한 별지 목록 기재 채권에 대하여 이를 추심하거나 타에 양도, 질권의 설정, 그 밖에 일체의 처분행위를 하여서는 아니된다.
2. 제3채무자는 채무자에게 위 채권을 지급하여서는 아니된다.

◉ **채권추심 및 처분금지가처분신청(양수채권 등)**

1. 채무자는 제3채무자에 대한 별지 목록 기재 채권에 대하여 이를 추심하거나 타에 양도, 질권의 설정, 그 밖에 일체의 처분행위를 하여서는 아니된다.
2. 제3채무자는 채무자에게 위 채권을 지급하여서는 아니된다.

◉ **채권추심 및 처분금지가처분신청(예금채권)**

1. 채무자(예금명의자)는 제3채무자(금융기관)에 대한 별지 목록 기재 예금채권에 대하여 이를 추심하거나 타에 양도, 질권의 설정, 그 밖에 일체의 처분행위를 하여서는

아니된다.
2. 제3채무자는 채무자에게 위 채권을 지급하여서는 아니된다.

◉ 채권자에게 인도를 명하는 가처분신청

채무자는 별지 목록 기재 물건을 채권자에게 인도하라.

◉ 보험금지급금지가처분신청

1. 채무자는 별지 목록 기재 보험금에 대하여 이를 추심하거나 양도, 그 밖에 일체의 처분행위를 하여서는 아니된다.
2. 제3채무자는 채무자에게 위 보험금의 지급을 하여서는 아니된다.

◉ 보험금지급정지가처분신청

1. 채무자는 별지 목록 기재 보험금에 대하여 양도, 질입, 추심, 그 밖에 일체의 처분행위를 하여서는 아니된다.
2. 제3채무자는 채무자에게 위 보험금의 지급을 하여서는 아니된다.

[별 지]

계약보증보험증권

1. 증권번호 : 제123456호
1. 보험계약자 : ○○○○주식회사
1. 피보험자 : 주식회사 ○○
1. 보험가입금액 : 50,000,000원
1. 보험기간 : 20○○. 7. 12.부터 20○○. 1. 31.까지(204일간)
1. 보증내용 : 지급보증보험계약
1. 발 행 일 : 20○○. 7. 10.

◉ 이행보증보험금추심 및 지급금지가처분신청

1. 채무자는 제3채무자로부터 별지 이행보증보험증권 목록 표시의 이행보증보험금에

대하여 이를 추심하거나, 그 밖에 양도 등 일체의 처분을 하여서는 아니된다.
2. 제3채무자는 채무자에게 위 보험금을 지급하여서는 아니된다.

◉ **보험금추심금지가처분신청**

1. 피신청인은 제3채무자로부터 별지 목록 기재의 보험금 채권을 추심하거나 양도, 그 밖에 일체의 처분을 하여서는 아니된다.
2. 제3채무자는 피신청인에게 위 채권을 지급하여서는 아니된다.

119. 출고권처분금지가처분신청

◉ **출고권처분금지가처분신청**

1. 채무자는 별지 목록 기재 참깨에 대하여 매매, 양도, 출고 등 그 밖에 일체의 처분행위를 하여서는 아니된다.
2. 제3채무자는 위 참깨를 채권자의 동의 없이는 출고를 허가하여서는 아니된다.

[별 지]

목 록

채무자가 제3채무자에 대하여 가지는 아래 기재 수입농산물 원자재에 관한 출고권

1. 구 분 제OO류 참깨
1. 톤 수 100톤

120. 출입금지 및 반출입금지 등 가처분

◉ 출입금지가처분신청

1. 채무자는 별지 목록 기재 토지 및 건물에 출입하여서는 아니된다.
2. 집행관은 위 취지를 공시하기 위하여 적당한 방법을 취하여야 한다.

---

1. 피신청인들은 OO도 OO군 OO면 OO리 산 72 임야 120,174㎡ 내에 출입하거나 위 토지 내에서 암석을 채취하여서는 아니된다.
2. 집행관은 위 취지를 공시하기 위하여 적당한 방법을 취하여야 한다.

---

1. 피신청인(채무자)은 피신청인의 소속직원 또는 그 지시를 받은 제3자로 하여금 OO시 OO구 OO동 산 126 소재 OO공원묘원 내에 출입하는 등으로 신청인(채권자)의 점유를 방해하는 일체의 행위를 하게 하여서는 아니된다.
2. 집행관은 위 취지를 적당한 방법으로 공시하여야 한다.

◉ 공장출입금지 등 가처분신청

1. 피신청인은 별지 목록 기재 공장에 출입하여서는 아니된다.
2. 피신청인은 위 공장에 있는 별지 목록 기재의 기계 및 기구류, 부속물 등의 반출을 하여서는 아니된다,

◉ 출입금지가처분신청(건물)

채무자는 별지 목록 기재 건물에 출입하는 등 신청인의 사용 및 내부공사 진행의 방해를 하여서는 아니된다.

◉ 출입금지가처분신청(토지)

채무자는 별지 목록 기재 토지에 대하여 진입하여서는 아니된다.

◉ 출입금지가처분신청(농지경작방해금지)

채무자는 별지 목록 기재 토지 내에 출입하여서는 아니된다.

◉ 출입금지 및 공사방해중지가처분신청

1. 피신청인들은 별지 목록 기재 토지에 출입하거나, 신청인 또는 그 공사수급인 등의 위 토지의 출입, 사용 또는 점유를 방해하여서는 아니된다.
2. 피신청인들은 신청인이 위 토지의 지상에 부지조성공사 및 건물축조공사를 하는 것을 방해하여서는 아니된다.
3. 피신청인들은 제3자로 하여금 위 제1, 2항의 방해행위를 하게 하여서는 아니된다.

◉ 건물출입 및 사용방해금지가처분신청

채무자는 별지 목록 기재 건물에 대한 채권자의 출입을 방해하거나 위 건물에 가설된 전기선 및 수도 등을 단절하거나, 위 건물에 대한 채권자의 사용을 방해하는 일체의 행위를 하여서는 아니된다.

◉ 토지출입금지 및 공작물설치방해금지가처분신청

1. 채무자의 별지 목록 기재의 토지에 출입하여서는 아니된다.
2. 채무자는 위 토지 상에 채권자가 차고를 건축하는 것을 방해하여서는 아니된다.
3. 채권자가 위임한 집행관은 위 명령취지를 적당한 방법으로 공시하여야 한다.

◉ 반출방해금지가처분신청

피신청인은 신청인이 별지 기재의 건물 내에 있는 별지 목록 기재의 건축용 자재 및 공구를 반출하는 것을 방해하여서는 아니된다.

◉ 반출입방해금지가처분신청

피신청인은 신청인이 제품, 영업용원자재, 그 밖의 물건을 반출하거나 반입하는 것을 방해하여서는 아니된다.

◉ 진입금지가처분신청

채무자 또는 그 사용인은 별지 목록 기재 부동산에 진입하여 경작행위를 하여서는 아니된다.

121. 출입, 통행방해금지가처분신청

◉ 통행방해금지가처분신청

채무자는 채권자가 별지 목록 기재의 토지를 통로로 사용하는 것을 방해하여서는 아니된다.

채무자는 채권자가 별지 목록 기재 토지 중 별지 도면 표시 ㄱ, ㄴ, ㄷ, ㄹ, ㅁ, ㅂ, ㄱ의 각 점을 차례로 연결한 선내 (가)부분을 통로로써 사용함을 방해하여서는 아니 된다.

피신청인들은 별지 목록 기재 토지 중 별지 도면 기재의 (ㄱ), (ㄴ), (ㄷ), (ㄹ), (ㄱ)의 각 점을 차례로 연결한 선내 (가)부분의 도로에 통행함을 방해하는 담장, 기타 공작물을 설치하여 신청인의 통행을 방해하여서는 아니된다.

◉ 출입방해금지가처분신청

1. 채무자는 채권자와 채권자가 지정하는 제3자가 OO시 OO구 OO로 12(OO동) 시멘트 벽돌조 슬래브지붕 1층 주택 1동 연건평 247㎡를 사용하거나 출입하는 것을 방해하여서는 아니된다.
2. 집행관은 위 취지를 위하여 적당한 방법을 취하여야 한다.

피신청인 조합은 그 조합원 또는 제3자로 하여금 신청인의 임직원, 신청인대리인인 변호사, 피신청인 조합원 이외의 신청인측 종업원 및 신청인과 거래관계가 있는 제3자, 신청인이 지정하는 자가 별지 목록 기재의 건물에 출입하는 것을 실력(또는 구두에 의한 평화적 설득, 단결에 의한 시위 이외의 방법)으로 방해하여서는 아니된다.

◉ 자동차통행방해금지 등 가처분신청

1. 채무자는 별지 도면 표시 (가)표시 부분 도로에서 OO도 OO군 OO면 OO리 산 127 소재 채권자 소유의 OO농장까지 자동차통행을 방해하여서는 아니된다.
2. 채무자는 같은 도면 (가)표시 부분에 자동차 출입구를 막고 있는 철조망, 돌축을 본 결정정본송달일로부터 3일내에 제거하여야 한다.

3. 채무자가 동 제거작업을 위 기간 내에 이행하지 아니할 때에는 채권자가 위임하는 OO지방법원 소속 집행관으로 하여금 적당한 방법으로 그것을 제거하게 할 수 있다.

◉ 방해물제거가처분신청

1. 피신청인은 이 결정송달일로부터 O일 이내에 별지 목록 기재의 토지 위에 있는 OOO을 수거(철거, 제거)하라.
2. 피신청인이 위 기간 내에 수거(철거, 제거)을 하지 아니한 때에는 신청인은 집행관으로 하여금 피신청인의 비용으로 위 물건을 수거(철거, 제거)하게 할 수 있다.

◉ 통행방해물배제가처분신청

1. 피신청인은 별지 목록 기재 토지 위에 설치한 가건물을 이 명령 송달일로부터 7일 이내에 철거하여야 한다.
2. 피신청인이 위 명령을 실행하지 아니할 때에는 OO지방법원 소속 집행관으로 하여금 피신청인의 비용으로 위 가건물을 철거하게 할 수 있다.
3. 피신청인은 별지 목록 기재 토지 상에 신청인이 통행하는 것을 방해하여서는 아니 된다.

---

1. 채무자는 별지 목록 기재 토지 상에 설치한 가건물을 이 명령 송달일로부터 7일 이내에 철거(또는 수거, 제거)하고, 채권자가 그 지상을 통행하는 것을 방해하여서는 아니된다.
2. 채무자가 위 기간 내에 철거(또는 철거, 제거)를 이행하지 아니한 때에는 채권자는 집행관으로 하여금 채무자의 비용으로 위 가건물을 철거하게 할 수 있다.

◉ 통로통행방해물배제가처분신청

1. 채무자 등은 별지 도면 기재의 (다), (바)점 및 (바), (사)점을 직선으로 맺은 선위에 설치해 놓은 함석담을 이 결정 송달일로부터 3일 내에 철거하여야 한다.
2. 채무자 등이 위 기간 내에 함석담의 철거를 하지 않으면, 신청인이 위임하는 집행관은 채무자 등의 비용으로써 제3자로 하여금 위의 철거작업을 하게 할 수 있다.

◉ **방해물배제의 가처분신청(기본형)**

채무자는 이 명령 송달일로부터 O일 이내에 별지 목록 기재 토지 위에 있는 건물을 철거하고 채권자가 그 지상에 통행하는 것을 방해하여서는 아니된다.

채무자는 이 명령 송달일로부터 O일 이내에 별지 목록 기재 토지 위에 있는 OO을 수거하라.

◉ **방해물배제의 가처분신청(대체집행을 허용하는 문구가 있는 경우)**

1. 채무자는 이 명령 송달일로부터 O일 내에 별지 목록 기재 토지 위에 있는 OOO을 수거하라.
2. 채무자가 위 명령을 실행하지 아니하면 채권자는 집행관으로 하여금 채무자의 비용으로 위 물건을 수거하게 할 수 있다.

122. 출자증권가압류신청

◉ **출자증권가압류신청**

1. 채무자가 제3채무자에 대하여 가지는 별지 기재의 출자증권에 기한 조합원지분을 가압류한다.
2. 제3채무자는 채무자에게 위 지분에 관하여 이익금의 배당, 출자금의 반환, 잔여재산의 분배를 하여서는 아니된다.
3. 채권자의 위임을 받은 집행관은 채무자로부터 위 출자증권을 수취하여 보관하여야 한다.

---

1. 채권자가 채무자에 대하여 가지는 위 청구채권의 집행을 보전하기 위하여 채무자의 제3채무자에 대한 별지 기재 출자증권에 기한 조합원지분을 가압류한다.
2. 제3채무자는 채무자에게 위 지분에 관하여 이익금의 배당, 출자금의 반환, 잔여재산의 분배를 하여서는 아니된다.
3. 채권자의 위임을 받은 집행관은 채무자로부터 위 출자증권을 수취하여 이를 보관하

여야 한다.

[별 지]

목 록

금 100,000,000원

채무자가 제3채무자에 대하여 가지는 출자증권(출자좌수 200구좌, 출자 1구좌당 500,000원) 금 200,000,000원의 반환채권 중 위 청구금액에 이를 때까지의 금액

◉ **출자지분권(증권)가압류신청**

1. 채권자가 채무자에 대하여 가지는 위 청구채권의 집행을 보전하기 위하여 채무자의 제3채무자에 대한 별지 기재 출자지분권(출자증권)을 가압류한다.
2. 제3채무자는 채무자에게 위 지분권에 관하여 이익금의 배당 및 지분의 환급을 하여서는 아니된다.
3. 채권자의 위 출자증권의 지분에 대하여 이전 등 그 밖에 일체의 처분을 하여서는 아니된다.

[별 지]

목 록

채무자가 제3채무자에 대하여 가지는 아래 기재의 출자지분권(출자증권)

1. 출자1구좌 : 500,000원
2. 출자좌수 : 200구좌

123. 출하저지와 가처분

◉ 출입금지가처분신청

1. 채무자는 별지 목록 기재 토지와 건물에 출입하여서는 아니된다.
2. 집행관은 위 명령의 취지를 적당한 방법으로 공시하여야 한다.

피신청인 조합은 그 조합원 또는 제3자로 하여금 별지 목록 기재의 토지 및 건물에 출입하여서는 아니된다.

◉ 출하저지와 가처분신청

채무자는 채권자가 제품을 반출하거나 영업용 원자재를 반입하는 것을 방해하여서는 아니된다.

◉ 피케팅에 대한 가처분신청

채무자는 채권자의 임직원, 종업원, 채권자와 거래관계에 있는 자로서 채권자가 지정하는 제3자가 별지 목록 기재 건물에 출입하는 것으로 실력으로(또는 구두에 의한 설득 이외의 방법으로) 방해하여서는 아니된다.

---

1. 채무자는 대형트럭이 통행할 수 있도록 별지 목록 기재 장애물을 철거하여야 한다.
2. 채무자가 이 명령 송달일로부터 3일 이내에 위 장애물을 철거하지 아니할 경우 채권자가 위임하는 집행관은 위 장애물을 철거할 수 있다.

피신청인은 신청인의 제품의 반출 및 영업용 원자재의 반입을 방해하여서는 아니된다.

ㅌ부

124. 토지·건물현상변경금지가처분신청

◉ **토지·건물현상변경금지가처분신청**

1. 채무자의 별지 목록 기재의 토지 및 건물에 대한 점유를 풀고, 채권자가 위임하는 OO지방법원 집행관에게 그 보관을 명한다.
2. 집행관은 채무자로 하여금 그 사용을 허용하여야 한다. 단, 이 경우에 있어서 집행관은 그 가옥이 집행관 보관하에 있음을 공시하기 위하여 적당한 방법을 취하여야 한다.
3. 채무자는 이 점유를 타인에게 이전하거나 또는 점유명의를 변경하여서는 아니된다.

125. 토지인도·건물철거·수거단행가처분신청

◉ **토지인도·건물철거·수거단행가처분신청(철거와 대지인도의 결합형)**

1. 채무자는 채권자에게 별지 목록 기재 토지 위에 건립된 별지 목록 기재 가건물을 철거하고 위 토지를 (임시로) 인도하라.
2. 채무자가 이 명령 송달일로부터 O일 내에 위 가건물을 철거하지 않을 때에는 채권자는 집행관에게 위임하여 채무자의 비용으로 이를 철거하게 할 수 있다.

◉ **인도·건물철거·수거단행가처분신청(집행관보관방식에 의한 경우, 채권자사용형)**

1. 채무자는 별지 목록 기재 부동산에 대한 점유를 풀고 이를 채권자가 위임하는 집행관에게 인도하여야 한다.
2. 집행관은 그 현상을 변경하지 아니할 것을 조건으로 하여 채권자에게 이를 사용하게 하여야 한다.
3. 채권자는 그 점유를 타인에게 이전하거나 점유명의를 변경하여서는 아니된다.

4. 집행관은 위 취지를 공시하기 위하여 적당한 방법을 취하여야 한다.

◉ **인도·건물철거·수거단행가처분신청(본안판결에 의한 경우, 기본형)**

채무자는 채권자에게 별지 목록 기재 부동산을 인도하라.

채무자는 채권자에게 20○○. 2. 10.까지 별지 목록 기재 부동산을 (임시로) 인도하라.

126. 통행금지가처분신청

◉ **통행금지가처분신청**

피신청인은 별지 목록 기재 부동산 중 별지 도면 표시 1, 2, 3, 4, 5, 1의 각 점을 차례로 연결한 선내의 부분 15㎡를 통행하여서는 아니된다.

---

1. 피신청인은 ○○시 ○○구 ○○동 276-1 도로 576㎡ 중 별지 도면 ㄱ, ㄴ, ㄷ, ㄹ, ㅁ, ㄱ의 각 점을 차례로 연결한 선내 (가)부분 56㎡의 토지에 출입하거나 통행하여서는 아니된다.
2. 신청인의 위임을 받은 ○○지방법원 소속 집행관은 위 취지를 적당한 방법으로 공시하여야 한다.

127. 특허권가압류신청

◉ **특허권가압류신청**

1. 채무자가 채무자에 대하여 가지고 있는 위 청구채권 표시 기재 채권의 집행을 보전하기 위하여 별지 목록 기재의 특허권을 가압류한다.
2. 채무자는 위 특허권에 관하여 매매, 양도, 그 밖에 일체의 처분을 하여서는 아니된다.

---

1. 채권자가 채무자에 대하여 가지고 있는 위 청구채권의 표시 기재 채권의 집행을 보전하기 위하여 채무자 명의의 별지 목록 기재의 특허권을 가압류한다.
2. 채무자는 위 특허권에 관하여 매매, 양도, 그 밖에 일체의 처분을 하여서는 아니된다.

[별 지]

목 록

1. 특허등록번호 : 제12345호
1. 유 별 : B 002 D 312/02
1. 발명의 명칭 : 용수 및 폐수용 응집제 조성물
1. 출원연월일 :
1. 공고연월일 :
1. 출원공고번호 : 20OO-00002
1. 사정연월일 :
1. 등록연월일 :
1. 등록권리자 : 주식회사 OO

---

1. 채권자가 채무자에 대하여 가지고 있는 위 채권의 집행을 보전하기 위하여 채무자 명의의 별지 목록 기재의 특허권 및 실용신안권을 가압류한다.
2. 채무자는 위 특허권 및 실용신안권에 관하여 매매, 양도, 그 밖에 일체의 처분을 하여서는 아니된다.

[별 지]

목 록

1. 특허등록번호 : 제23456호
1. 고안의 명칭 : O O O
1. 출원연월일 :
1. 공고연월일 :
1. 출원공고번호 : 20OO-00003

1. 사정연월일 :
1. 등록연월일 :
1. 등록권리자 : 주식회사 OO

128. 특허권금지가처분신청

◉ 특허권금지가처분신청

채무자는 별지 목록 기재 특허권에 관하여 양도, 질권 또는 전용실시권의 설정, 통상실시권의 허락, 그 밖에 일체의 처분행위를 하여서는 아니된다.

129. 특허권 등 침해금지가처분신청

◉ 특허권침해금지가처분신청

1. 채무자는 붕산화합물과 수용성 크롬산화합물과 금속분말과 글리클화합물과 물 또는 유기용매로서 구성되는 금속부식방지피복조성물을 제조, 사용, 판매, 반포하여서는 아니된다.
2. 채무자가 보관하고 있거나 보관하게 될 위의 금속부식방지피복조성물과 그 선전광고물, 포장용기 및 그 제조기기 등에 대한 채무자의 점유를 풀고, 채권자가 위임하는 집행관에게 그 보관을 명한다.
3. 집행관은 위의 경우에 있어서 그 보관의 취지를 공시하기 위하여 적당한 방법을 취하여야 한다.

---

1. 피신청인들은 별지 1, 2 카트리지 및 이와 유사한 토너 카트리지를 제조, 사용, 판매, 확포하여서는 아니된다.
2. 피신청인들은 별지 3 사용설명서를 복제, 배포하여서는 아니된다.

3. 피신청인들이 보관하고 있거나 보관하게 될 위 토너 카트리지, 그 부품, 선전광고물, 사용설명서, 포장용기 및 그 제조기기 등에 대한 점유를 풀고, 신청인이 위임하는 집행관에게 그 보관을 명한다.
4. 집행관은 위 보관의 취지를 공시하기 위하여 적당한 방법을 취하여야 한다.

---

1. 채무자는 별지 (1)의 (가)호 도면 및 (나)호 설명서에 기재된 바와 같은 복원성 직물 슬리이브를 제조, 사용, 판매, 확포하여서는 아니된다.
2. 채무자가 그 공장, 사무소, 연구소 또는 그 이외의 장소에 보관하고 있거나 앞으로 보관하게 될 별지 (1)의 (가)호 도면 및 (나)호 설명서에 기재 된 바와 같은 복원성 직물 슬리이브의 완제품 또는 반제품에 대한 채무자의 점유를 풀고, 채권자가 위임하는 각 지방법원 또는 그 지원 소속의 각 집행관에게 그 보관을 명한다.
3. 위 각 집행관은 위 2.항의 취지를 적당한 방법으로 각 공시하여야 한다.

◉ **특허권·실용신안권 침해금지가처분신청**

1. 채무자는 별지 도면 및 설명서에 기재의 OOOO을 제조, 사용, 양도, 대여하거나 양도 또는 대여를 위한 전시 또는 수입하여서는 아니된다.
2. 채무자의 위 물건 및 그 반제품(위의 완성품의 구조를 구비하고 있는 것으로 아직 완성에 이르지 않는 물건)에 대한 점유를 풀고, 채권자가 위임하는 OO지방법원 소속 집행관에게 그 보관을 명한다.
3. 집행관은 위 보관의 취지를 공시하기 위하여 적당한 방법을 취하여야 한다.

130. 특허권사용금지가처분신청

◉ **특허권사용금지가처분신청**

1. 채무자는 별지 목록 기재 특허권에 방법을 사용하여 OOO을 생산하여서는 아니된다.
2. 채무자가 생산하는 OO시 OO구 OO로 26(OO동) 소재 채무자의 공장에서 생산하는 OOO에 대하여 채무자의 점유를 해제하고, 채권자가 위임하는 OO지방법원 소속 집행관에게 그 보관을 명한다.

표 부

131. 프로그램가압류신청

◉ **프로그램가압류신청**

1. 채권자의 채무자에 대한 위 청구채권의 집행을 보전하기 위하여 채무자가 가지는 별지 제1목록 기재 각 프로그램을 가압류한다.
2. 채무자는 위 각 프로그램에 관하여 매매, 양도, 그 밖에 일체의 처분을 하여서는 아니된다.

[별 지]

목 록

1. 프로그램등록번호 : OOOO-OO-OOOOO
1. 프로그램의 명칭(제호) : OOOOOO
1. 프로그램창작연월일 : 20OO. 2. 18
1. 프로그램등록연월일 : 20OO. 10. 12.
1. 프로그램 저작자 : OO주식회사(등록번호 : 124556-345668)

ㅎ 부

132. 항공기가압류신청

◉ **항공기가압류신청**

1. 채권자가 채무자에 대하여 가지는 위 청구채권의 표시 기재 채권집행을 보전하기 위하여 채무자 소유의 별지 목록 기재 비행기는 가압류한다.
2. 위 비행기는 김해시 중구 김제동 김해비행장에 정류 또는 정박케 함으로써 채무자의 점유를 풀고, 채권자가 위임하는 OO지방법원 소속 집행관에게 감수, 보존케 한다.

133. 항공기점유이전금지가처분신청

◉ **항공기점유이전금지가처분신청(일정장소에 유치시키는 형)**

1. 채무자의 별지 목록 기재 항공기에 대한 점유를 풀고 이를 채권자가 위임하는 집행관에게 그 보관을 명한다.
2. 집행관은 채무자로 하여금 위 항고기를 OO공항에 정류하게 하고 현상을 변경하지 않을 것을 조건으로 하여 채무자에게 그 보관을 명할 수 있다.
3. 채무자는 그 점유를 타인에게 이전하거나 또는 점유명의를 변경하거나 이를 운행하여서는 아니된다.
4. 집행관은 위 명령의 취지를 적당한 방법으로 공시하여야 한다.

134. 해임·면직처분효력정지가처분신청

◉ **해임결정효력정지가처분신청**

피신청인이 2000. 2. 12. 신청인에 대하여 한 해임처분은 같은 해임처분의 무효확인사건의 본안판결확정시까지 그 효력을 정지한다.

◉ **면직처분효력정지가처분신청**

피신청인이 2000. 2. 27. 신청인에 대하여 한 면직처분은 같은 면직처분의 무효확인을 구하는 본안판결확정시까지 그 효력을 정지한다.

135. 허가권처분금지가처분신청

◉ **공유수면매립면허권처분금지가처분신청**

1. 채무자는 별지 목록 기재 공유수면매립면허권에 관하여 매매, 양도, 질권의 설정, 그 밖에 일체의 처분행위를 하여서는 아니된다.
2. 제3채무자는 위 면허권에 관하여 채무자의 신청에 따라 명의개서, 기타 일체의 변경절차를 하여서는 아니된다.

◉ **면허권처분금지가처분신청**

1. 채무자는 별지 목록 기재 면허권에 관하여 양도, 그 밖에 일체의 처분을 하여서는 아니된다.
2. 제3채무자는 위 면허권에 대하여 채무자의 신고로 명의변경을 해주어서는 아니된다.

채무자는 별지 목록 기재 면허권에 관하여 양도, 명의변경, 그 밖에 일체의 처분행위를 하여서는 아니된다.

[별 지]

목 록

1. 철근콘크리트공사업 면허의 표시
   면허번호 : 서울 123-456
   업 종 : 철근콘크리트공사업
   상 호 : 주식회사 OO
   대 표 자 : 김 O O
   영업소재지 : OO시 OO구 OO로 12(OO동)

2. 토공사업 면허의 표시
   면허번호 : 서울 123-678
   업 종 : 토공공사업
   상 호 : OO주식회사
   대 표 자 : 이 O O
   영업소재지 : OO시 OO구 OO로 23(OO동)

136. 화의절차에서의 보전처분

◉ 회계장부열람등사가처분신청

1. 채무자는 별지 목록 기재 서류에 대한 점유를 풀고, 이를 채권자가 위임하는 집행관에게 인도하여야 한다.
2. 집행관은 위 서류를 채무자의 본점에서 보관하여 그 보관기간은 본 결정 집행일로부터 O일간으로 한다.
3. 집행관은 전항의 보관기간 중 채권자의 신청에 따라 오전 O시부터 오후 O시까지 채무자 본점에서 위 서류의 열람 및 등사를 허용하여야 한다. 다만, 채무자에 대하여 채권자의 열람등사를 방해하지 않는 한도 내에서 위 서류의 사용을 허용하여야 한다.

4. 집행관은 위 보관의 취지를 적당한 방법으로 공시하여야 한다.

◉ 회계장부열람등사가처분신청(채무자에 대한 의무부과형)

채무자는 채권자 또는 그 대리인에게 이 사건 결정정본 송달일의 O일 후부터 공휴일을 제외한 OO일(통상 10일에서 30일) 동안 별지 목록 기재 장부 및 서류를 채무자의 본점에서 영업시간 내에 한하여 열람 및 등사(사진촬영 및 컴퓨터디스켓의 복사를 포함)하도록 하여야 한다.

◉ 회계장부열람등사가처분신청(집행관보관형)

채무자는 별지 목록 기재 회계장부 등에 대한 점유를 해제하고, 채권자가 위임하는 집행관에게 보관하도록 명한다. 집행관은 채권자로 하여금 위 보관일로부터 OO일 이내에 현상을 변경하지 아니할 것을 조건으로 하여 위 회계장부 등을 열람 및 등사하게 할 수 있다.

◉ 장부 등 열람등사허용신용

피신청인회사는 별지 목록 기재의 장부 및 서류를 서울 OO구 OO동 OO로 12(OO동) 피신청인 회사 본점에서 영업시간 내에 한하여 신청인 또는 그 대리인에게 열람등사(사진촬영 및 디스켓의 복사를 포함한다)를 허가하여야 한다.

◉ 차재금지가처분신청

채무자는 사전에 법원의 허가를 받은 경우를 제외하고는 채무자는 명목과 방법여하를 불문하고 차재(어음할인을 포함한다)를 하여서는 아니된다.

◉ 체납처분중지명령신청

부산세관장이 별지 목록 기재 관세 등의 징수를 위하여 사건본인 회사 소유재산에 대하여 한 체납처분은 이를 중지한다.

◉ 회사정리절차폐지신청

사건본인 회사에 대한 회사정리절차를 폐지한다.

◉ **회사정리절차개시신청**

사건본인 회사에 대하여 회사정리절차를 개시한다.

◉ **문서열람·등사가처분신청**

1. 피신청인 회사 등의 별지 목록 기재의 회사 양도가계약체결문서에 대한 점유를 풀고, 신청인 등이 위임하는 OO지방법원 소속 집행관에서 그 보관을 명한다.
2. 집행관은 신청인 등의 신청에 의하여 위 문서를 그 보관장소에서 신청인 등에게 열람·등사를 허가하여야 한다.

137. 회생절차에서의 보전처분

◉ **재산보전처분신청**

1. 채무자는 회생절차개시결정의 원인으로 발생한 일체의 금전채무자에 관하여 그 변제 또는 담보제공을 하여서는 아니된다.
2. 채무자는 자동차, 중기 등 또는 등록의 대상이 되는 그 소유의 재산 및 10,000,000원 이상의 그 밖의 재산에 관한 소유권의 양도, 담보권, 임차권의 설정, 그 밖에 일체의 처분을 하여서는 아니된다. 다만, 계속적이고 정상적인 영업활동을 에 해당하는 제품이나 원재료 등의 처분행위는 예외로 한다.
3. 채무자는 명목 여하를 막론하고 차재(어음할인을 포함한다)를 하여서는 아니된다.
4. 채무자는 노무직, 생산직을 제외한 임직원의 채용을 하여서는 아니된다.
5. 위 각 항의 경우에 있어서 미리 법원의 허가를 받았을 때에는 그 제한을 받지 아니한다.

제 3 편

재판실무자료

[자료 1] 송달료조견표

송 달 료 조 견 표

2021. 9. 1. 기준(송달료 1회 : 5,200원)

송 달 료								
		2인	3인	4인	5인	6인	7인	납부기준
민사	민사제1심합의사건(가합)	156,000	234,000	312,000	390,000	468,000	546,000	당사자수 × 15회분
	민사제1심단독사건(가단)	156,000	234,000	312,000	390,000	468,000	546,000	당사자수 × 15회분
	민사소액사건(가소)	104,000	156,000	208,000	260,000	312,000	364,000	당사자수 × 10회분
	민사항소사건(나)	124,800	187,200	249,600	312,000	374,400	436,800	당사자수 × 12회분
	민사상고사건(다)	83,200	124,800	166,400	208,000	249,600	291,200	당사자수 × 8회분
	민사항고사건(라)	52,000	78,000	104,000	130,000	156,000	182,000	당사자수 × 5회분
	민사재항고사건(마)	52,000	78,000	104,000	130,000	156,000	182,000	당사자수 × 5회분
	화해사건(자)	41,600	62,400	83,200	104,000	124,800	145,600	당사자수 × 4회분
	독촉사건(차)	62,400	93,600	124,800	156,000	187,200	208,000	당사자수 × 6회분
	민사조정사건(머)	52,000	78,000	104,000	130,000	156,000	182,000	당사자수 × 5회분
가사	가사제1심소송사건(드합,드단)	156,000	234,000	312,000	390,000	468,000	546,000	당사자수 × 15회분
	가사항소사건(르)	124,800	187,200	249,600	312,000	374,400	436,800	당사자수 × 12회분
	가사상고사건(므)	83,200	124,800	166,400	208,000	249,600	291,200	당사자수 × 8회분

	가사조정사건(너)	52,000	78,000	104,000	130,000	156,000	182,000	당사자수 × 5회분
행정	행정제1심사건 (구합)	104,000	156,000	208,000	260,000	312,000	364,000	당사자수 × 10회분
	행정항소사건(누)	104,000	156,000	208,000	260,000	312,000	364,000	당사자수 × 10회분
	행정상고사건(두)	83,200	124,800	166,400	208,000	249,600	291,200	당사자수 × 8회분
신청비송	가압류, 가처분 사건(카단, 카합)	31,200	46,800	62,400	78,000	93,600	109,200	당사자수 × 3회분
	임시의지위를 정하는 가처분사건 (카합, 카단)	83,200	124,800	166,400	208,000	249,600	291,200	당사자수 × 8회분
	가압류, 가처분결정에대한이의, 취소(집행취소제외) 사건(카합,카단)	83,200	124,800	166,400	208,000	249,600	291,200	당사자수 × 8회분
	재산명시(카명)	52,000	78,000	104,000	130,000	156,000	182,000	당사자수 × 5회분
	채무불이행자등재, 말소사건(카불)	52,000	78,000	104,000	130,000	156,000	182,000	당사자수 × 5회분
	공시최고신청(카공)	15,300원(3회분)						
	담보취소사건 (카담)	20,800	31,200	41,600	52,000	62,400	72,800	당사자수 × 2회분
	담보권리행사최고사건(카담)	31,200	46,800	62,400	78,000	93,600	109,200	당사자수 × 3회분
	소송비용액확정신청 사건(카확)	31,200	46,800	62,400	78,000	93,600	109,200	당사자수 × 3회분
	기타민사신청사건 (카기)	20,800	31,200	41,600	52,000	62,400	72,800	당사자수 × 2회분
	개명사건(호명)	30,600(6회분)						
	성본변경, 입양허가, 친권자지정, 후견에 관한사건등 (느합, 느단)	104,000	156,000	208,000	260,000	312,000	364,000	당사자수 × 10회분

	가사비송(느합, 느단), 상속포기, 한정승인, 상속재산분할	62,400	93,600	124,000	156,000	187,200	208,000	당사자수 × 6회분
집행	부동산경매사건	(이해관계인+3)×10회분						
	채권등집행사건(타채), 기타집행사건(타기)	20,800	31,200	41,600	52,000	62,400	72,800	당사자수 × 2회분
파산회생	개인회생사건(개회)	10회 + (채권자수×8회)						
	회생사건(회합, 회단)	40회 + (채권자수×3회)						
	파산합의사건(하합)	40회 + (채권자수×3회)						
	파산단독사건(하단)	10회 + (채권자수×4회)						
	면책사건(하면)	10회 + (채권자수×3회)						

경매사건송달료 : 당사자수(이해관계인 포함) [(이해관계인+3)×10회분×5,200원]

260,000원(2인), 312,000원(3인), 364,000원(4인),
416,000원(5인), 468,000원(6인), 520,000원(7인),
572,000원(8인), 624,000원(9인), 676,000원(10인),
728,000원(11인), 780,000원(12인), 832,000원(13인),
884,000원(14인), 936,000원(15인), 988,000원(16인),
1,040,000원(17인), 1,092,000원(18인), 1,144,000원(19인),
1,196,000원(20인), 1,248,000원(21인), 1,300,000원(22인),
1,352,000원(23인), 1,404,000원(24인), 1,456,000원(25인),
1,508,000원(26인) (즉, 채권자 1인, 채무자 1인, 이해관계인 24인인 경우임)

[자료 2] 인지액산정방법

- 민사소송등인지법(법률 제10860호 2011. 7. 18)

- 인 지 액 산 정 방 법 -

구 분	소 가	인 지 액
소장·반소장	1천만원 미만	소가 × 0.005
	1천만원 이상 ~ 1억원 미만	소가 × 0.0045 + 5,000원
	1억원 이상 ~ 10억원 미만	소가 × 0.004 + 55,000원
	10억원 이상	소가 × 0.0035 + 555,000원
항 소 장		제1심소장의 1.5배
상 고 장		제1심소장의 2배
지급명령		제1심소장의 1/10
조정신청		제1심소장의 1/5
제소전 화해		제1심소장의 1/5

※ 위와 같은 기준에 의하여 산출된 인지액이 1천원 미만인 때에는 이를 1천원으로 하고, 1천원 이상의 경우에 100원 미만의 단수(端數)가 있는 때에는 그 단수는 이를 계산하지 아니함.

※ 현금납부의 범위

소장 등에 첨부하거나 보정하여야 할 인지액(이미 납부한 인지액이 있는 경우에는 그 합산액)이 1만원을 초과하는 때에는 그 인지의 첨부 또는 보정에 갈음하여 인지액 상당의 금액 전액을 현금으로 납부하여야 하고, 위와 같은 규정에 해당하지 아니하는 경우에도 신청인 등은 인지의 첩부에 갈음하여 인지액 상당의 금액을 현금으로 납부할 수 있음. 그러나 시·군법원에 제출하는 소장 등과 법 제9조 내지 제12조에 규정된 신청서 등의 경우에는 그러하지 아니함. 다만, 소를 제기하는 경우에 소장에 붙여야 할 인지액이 1만원을 초과하는 화해, 지급명령 또는 조정신청 사건에 대하여 민사소송법 제388조, 제472조 또는 민사조정법 제36조의 규정에 의하여 소의 제기가 있는 것으로 보아 인지를 보정하는 경우에는 현금으로 납부하여야 함(민사소송등인지규칙 제27조 참조).

※ 현금납부절차

원 고 상소인	➡	인 지 액 현금납부	➡	송 달 료 수납은행	➡	영수필확인서 및 동 통지서	➡	법원접수

※ 1. 지급명령신청에 첨부할 인지액은 위 방법에 의하여 산출한 금액의 1/10로 함 : 민사소송등인지법 제7조 제2항

2. 민사소송 등 인지법 신설

제16조 (전자소송에서의 특례)

①「민사소송 등에서의 전자문서 이용 등에 관한 법률」제8조에 의하여 등록사용자로서 전산정보처리시스템을 이용한 민사소송 등의 진행에 동의한 자가 전자문서로 제출하는 소장에는 제2조에 따른 인지액의 10분의 9에 해당하는 인지를 붙여야 한다.

② 제1항은 규정은 제3조부터 제10조까지의 경우에 준용한다.

[자료 3] 취득세율표

취 득 세 율 표

(기준일 : 2020. 8. 12)

부동산의 종류			구 분	취득세율	농어촌특별세율	지방교육세율	합 계	비 고
매매	일 반		토지/건물	4.0%	0.2%	0.4%	4.6%	주택·농지외
	일반과세	6억 이하	85㎡ 이하	1.0%	–	0.1%	1.1%	
			85㎡ 초과	1.0%	0.2%	0.1%	1.3%	
		6억 초과 9억 이하	85㎡ 이하	1~3%	–	0.1~0.3%	1.1~3.3%	(취득가×2/3억–3)÷100
			85㎡ 초과	1~3%	0.2%	0.1~0.3%	1.3~3.5%	
		9억 초과	85㎡ 이하	3.0%	–	0.3%	3.3%	
			85㎡ 초과	3.0%	0.2%	0.3%	3.5%	
	중과세	조정대상재역 내 1세대2주택 비 조정대상지역 1세대3주택		8.0%	(85㎡초과 0.6%)	0.4%	8.4% (85㎡초과 9%)	일시적2주택제외(일반과세)
		조정대상재역내 1세대3주택~ 비 조정대상지역 1세대4주택		12.0%	(85㎡초과 1%)	0.4%	12.4% (85㎡초과13.4%)	
		일시적 2주택으로 종전주택을 3년 또는 1년 이내 미처분시 〈3년 : 비 조정대상지역 1년 : 조정대상지역〉		8.0%	(85㎡초과 0.6%)	0.4%	8.4% (85㎡초과 9%)	당초세액과 차액 신고·추징
		법인,사단,재단,단체 등		12.0%	1.0%	0.4%	13.4%	
	농 지		신 규	3.0%	0.2%	0.2%	3.4%	
			2년 이상 자경	1.5%	–	0.1%	1.6%	
상속	1가구 1주택		전 세대권 무주택	0.8%	–	0.16%	0.96%	
	농 지		일 반	2.3%	0.2%	0.06%	2.56%	
			2년 이상 자경	0.15%	–	0.03%	0.18%	
	농지 외		85㎡ 이하	2.8%	–	0.16%	2.96%	
			85㎡ 초과	2.8%	0.2%	0.16%	3.16%	
원시취득	신축, 재건축·재개발(건물만)			2.8%	0.2%	0.16%	3.16%	
증여	일반	조정대상 지역주택	85㎡ 이하	3.5%	–	0.3%	3.8%	공시지가 3억 미만
			85㎡ 초과	3.5%	0.2%	0.3%	4.0%	
		그 외(토지, 건물)		3.5%	0.2%	0.3%	4.0%	
	주택 중과		조정대상지역 85㎡ 이하	12%	–	0.4%	12.4%	공시지가 3억 이상
			조정대상지역 85㎡ 초과	12%	1.0%	0.4%	13.4%	
	1세대 1주택자가 소유주택을 배우자·직계존비속에게 증여시		조정대상지역 85㎡ 이하	3.5%	–	0.3%	3.8%	
			조정대상지역 85㎡ 초과	3.5%	0.2%	0.3%	4.0%	
공통	사치성 재산		별장, 고급주택	@+8.0%	@+0.8%	@+0%	@+8.8%	@:중과세율

※1. 세대 : 주민등록법에 따른 세대별 주민등록표에 기재된 가족(배우자 및 30세 미만이면서 일정 소득 미만 자녀 포함

2. 주택수 : 공동소유주택, 상속주택(5년 경과 보유), 분양권 및 입주권, 주거용 오피스텔 포함

[자료 4] 부동산등기신청수수료액

<table>
<tr><th colspan="2" rowspan="2">등기의 목적</th><th colspan="3">수 수 료</th><th rowspan="2">비 고</th></tr>
<tr><th>서면방문</th><th>전자표준양식</th><th>전자신청</th></tr>
<tr><td colspan="2">소유권보존등기</td><td>15,000원</td><td>13,000원</td><td>10,000원</td><td></td></tr>
<tr><td colspan="2">소유권이전등기</td><td>15,000원</td><td>13,000원</td><td>10,000원</td><td></td></tr>
<tr><td colspan="2">소유권이외의 권리설정 및 이전등기</td><td>15,000원</td><td>13,000원</td><td>10,000원</td><td></td></tr>
<tr><td colspan="2">가등기 및 가등기의 이전등기</td><td>15,000원</td><td>13,000원</td><td>10,000원</td><td></td></tr>
<tr><td rowspan="3">변경 및 경정등기(다만, 착오 또는 유류발견을 원인으로 하는 경정등기 신청의 경우는 수수료 없음</td><td>등기명의인 표시</td><td>3,000원</td><td>2,000원</td><td>1,000원</td><td>행정구역·지번변경·주민등록번호(또는 부동산등기용등록번호)정정의 경우에는 신청수수료 없음</td></tr>
<tr><td>각종권리</td><td>3,000원</td><td>2,000원</td><td>1,000원</td><td></td></tr>
<tr><td>부동산 표시</td><td>없 음</td><td>없 음</td><td>없 음</td><td>신청착오 포함</td></tr>
<tr><td colspan="2">분할·구분·합병등기</td><td>없 음</td><td>없 음</td><td>없 음</td><td>대지권에 관한 등기는 제외 (각 구분건물별 3,000원)</td></tr>
<tr><td colspan="2">멸실등기</td><td>없 음</td><td>없 음</td><td>없 음</td><td></td></tr>
<tr><td colspan="2">말소등기</td><td>3,000원</td><td>2,000원</td><td>1,000원</td><td>예고등기의 말소등기 경우에는 신청수수료 없음</td></tr>
<tr><td colspan="2">말소회복등기</td><td>3,000원</td><td>–</td><td>–</td><td></td></tr>
<tr><td colspan="2">멸실회복등기</td><td>없 음</td><td>–</td><td>–</td><td></td></tr>
<tr><td colspan="2">가압류·가처분등기</td><td>3,000원</td><td>–</td><td>–</td><td></td></tr>
<tr><td colspan="6">단, 수입인지의 경우에는, 가압류·가처분 결정에 대한 이의 또는 취소의 신청 10,000원, 다만 임시의 지위를 정한 가처분의 신청 및 그에 따른 이의 또는 취소의 신청은 그 본안의 소에 따른 인지액의 2분의 1에 해당하는 인지를 붙인다. 이 경우 인지액의 상한액을 50만원으로 한다.</td></tr>
<tr><td rowspan="2">압류등기 및 압류말소등기(체납처분 등 등기)</td><td>국세, 지방세</td><td>3,000원</td><td>2,000원</td><td>1,000원</td><td></td></tr>
<tr><td>의료보험 등 공과금</td><td>3,000원</td><td>2,000원</td><td>1,000원</td><td></td></tr>
<tr><td colspan="2">경매개시결정등기, 강제관리등기</td><td>3,000원</td><td>–</td><td>–</td><td></td></tr>
<tr><td colspan="2">파산·화의·회사정리등기</td><td>없 음</td><td>–</td><td>–</td><td></td></tr>
</table>

<table>
<tr><th colspan="2" rowspan="2">등기의 목적</th><th colspan="3">수 수 료</th><th rowspan="2">비 고</th></tr>
<tr><th>서면방문</th><th>전자표준양식</th><th>전자신청</th></tr>
<tr><td rowspan="2">신탁등기</td><td>신탁등기</td><td>없 음</td><td>없 음</td><td>없 음</td><td></td></tr>
<tr><td>신탁등기의 변경, 말소등기 등 신탁 관련 기타 등기</td><td>없 음</td><td>없 음</td><td>없 음</td><td></td></tr>
<tr><td rowspan="2">환매권등기</td><td>환매권특약의 등기 및 환매권 이전 등기</td><td>15,000원</td><td>13,000원</td><td>10,000원</td><td></td></tr>
<tr><td>환매권변경, 말소 등 환매권 관련 기타 등기</td><td>3,000원</td><td>2,000원</td><td>1,000원</td><td></td></tr>
<tr><td colspan="2">위에서 열거한 등기 이외의 기타등기</td><td>3,000원</td><td>2,000원</td><td>1,000원</td><td></td></tr>
</table>

[자료 5] 소멸시효일람표

- 소 멸 시 효 일 람 표 -

채 권 의 종 류	소멸시효기간	근 거
보통채권	10년	민법 제162조 제1항
채권 및 소유권 이외의 재산권	20년	민법 제162조 제2항
소유권	없음	민법 제162조
① 이자, 부양료, 급료, 사용료 기타 1년 이내의 기간으로 정한 금전 또는 물건의 지급을 목적으로 한 채권 ② 의사, 조산사, 간호사, 약사의 치료, 근로 및 조제 에 관한 채권 ③ 도급받은 자, 기사 기타의 공사의 설계 또는 감독에 종사하는 자의 공사에 관한 채권 ④ 변호사, 변리사, 공증인, 공인회계사 및 법무사에 대한 직무상 보관한 서류의 반환을 청구하는 채권 ⑤ 변호사, 변리사, 공증인, 공인회계사 및 법무사의 직무에 관한 채권 ⑥ 생산자 및 상인이 판매한 생산물 및 상품의 대가 ⑦ 수공업자 및 제조자의 업무에 관한 채권	3년	민법 제163조 각호
① 여관, 음식점, 대석, 오락장의 숙박료, 음식료, 대석료, 입장료, 소비물의 대가 및 체당금의 채권 ② 의복, 침구, 장구 기타 동산의 사용료의 채권 ③ 노역인, 연예인의 임금 및 그에 공급한 물건의 대금채권 ④ 학생 및 수업자의 교육, 의식, 유숙에 관한 교주, 숙주, 교사의 채권	1년	민법 제164조
① 판결에 의하여 확정된 채권 ② 파산절차에 의하여 확정된 채권 및 재산상의 화해, 조정 기타 판결과 동일한 효력이 있는 것에 의하여 확정된 채권, 다만 판결확정당시에 변제기가 도래하지 아니한 채권 제외함	10년	민법 제165조 제1, 2, 3항
불법행위에 기한 손해배상청구채권	3년 10년	민법 제766조 제1항 민법 제766조 제2항
상행위채권	5년	상법 제64조
• 보험금액의 청구권과 보험료 또는 적립금의 반환청구권 • 보험료의 청구권	2년 1년	상법 제662조
근로기준법상 임금채권	3년	근로기준법 제49조

- 어음·수표채권의 소멸시효 -

종 류	채 권 내 용	시 효 기 간	근 거
약속어음, 환어음	○ 약속어음 발행인 및 환어음 인수인에 대한 청구권	○ 만기일로부터 3년	○ 어음법 제70조 제1항, 제77조 제8호
	○ 소지인의 배서인·환어음의 발행인에 대한 청구권(소구권)	○ 적법한 기간내에 작성시킨 거절증서의 일자, 무비용상환의 문언이 기재된 경우에는 만기의 날로부터 1년간	○ 어음법 제77조 제1항 제8호, 제70조 제2항
	○ 배서인의 다른 배서인과 환어음의 발행인에 대한 청구권(재소구권)	○ 그 배서인이 어음을 환수한 날 또는 그 자가 제소한 날로부터 6개월간	○ 어음법 제77조 1항 제8호, 제70조 제3항
수 표	○ 소지인의 배서인, 발행인 기타 채무자에 대한 소구권	○ 제시기간 경과 후 6개월간	○ 수표법 제51조 제1항
	○ 수표 채무자의 다른 채무자에 대한 소구권	○ 그 채무자가 수표를 환수한 날 또는 그 자가 제소된 날로부터 6개월간	○ 수표법 제51조 제2항
	○ 지급보증을 한 지급인에 대한 청구권	○ 제소기간 경과 후 1년간	○ 수표법 제58조
어 음, 수 표	○ 이득상환청구권	○ 어음·수표상의 권리가 소멸한 때, 어음의 시효기간 또는 권리보전절차의 만료일의 익일부터 10년간(통설)	○ 어음법 제79조 ○ 수표법 제63조

[자료 6] 법원사건부호표

법 원 사 건 부 호 표

- 재판예규 제1733호(시행 2020. 4. 1) -

사건	부호	사건	부호
민사1심합의사건	가합	파산합의사건	하합
민사1심단독사건	가단	파산단독사건	하단
민사소액사건	가소	파산채권 조사확정사건	하확
민사항소사건	나	면책사건	하면
민사상고사건	다	기타 파산·면책 관련 신청사건	하기
민사항고사건	라	개인회생사건	개회
민사재항고사건	마	개인회생채권 조사확정사건	개확
민사특별항고사건	그	기타 개인회생 관련 신청사건	개기
민사준항고사건	바	국제도산 승인사건	국승
민사조정사건	머	국제도산 지원사건	국지
화해사건	자	과태료사건	과
독촉사건	차	선박,유류등책임제한사건	책
전자독촉사건	차전		
민사공조사건	러	증인감치사건	정가
민사가압류,가처분등 합의사건	카합	채무자감치사건	정명
민사가압류,가처분등 단독사건	카단	증인·채무자감치항고사건	정라
		증인·채무자감치재항고사건	정마
공시최고사건	카공		
담보취소등사건	카담	형사1심합의사건	고합
재산명시등사건	카명	형사1심단독사건	고단
채무불이행자명부등재사건	카불		
재산조회사건	카조	약식정재청구1심단독사건	고정
소송구조등사건	카구	약식사건	고약
		전자약식사건	고약전
소송비용액확정결정신청사건	카확	형사항소사건	노
확정된 소송기록에 대한 열람신청사건	카열	형사상고사건	도
임차권등기명령등사건	카임		
강제집행정지사건	카정		
판결(결정)경정사건	카경		
제소명령사건	카소		
기타민사신청사건	카기	형사항고사건	로
부동산등경매사건	타경	형사재항고사건	모
채권등집행사건	타채	비상상고사건	오
채권배당사건	타배		
부동산인도명령사건	타인		
기타집행사건	타기	형사준항고사건	보
비송합의사건	비합	형사보상청구사건	코
비송단독사건	비단	즉결심판사건	조
회생합의사건	회합	형사공조사건	토
회생단독사건	회단	체포·구속적부심사건	초적
간이회생합의사건	간회합		
간이회생단독사건	간회단		
회생채권·회생담보권 조사확정사건	회확	보석사건	초보
기타 회생 관련 신청사건	회기	재정신청사건, 재정신청 비용지급신청사건	초재

사회봉사허가청구사건, 사회봉사허가취소청구사건	초사
기타형사신청사건	초기
치료감호1심사건	감고
치료감호항소사건	감노
치료감호상고사건	감도
치료감호항고사건	감로
치료감호재항고사건	감모
치료감호비상상고사건	감오
치료감호공조사건	감토
치료감호신청사건	감초
부착명령1심사건	전고
부착명령항소사건	전노
부착명령상고사건	전도
부착명령비상상고사건	전오
부착명령신청사건	전초
부착명령항고사건	전로
부착명령재항고사건	전모
보호관찰명령1심사건	보고
보호관찰명령항소사건	보노
보호관찰명령상고사건	보도
보호관찰명령비상상고사건	보오
보호관찰명령신청사건	보초
보호관찰명령항고사건	보로
보호관찰명령재항고사건	보모
치료명령1심사건	치고
치료명령항소사건	치노
치료명령상고사건	치도
치료명령비상상고사건	치오
치료명령신청(치료기간연장, 준수사항 추가·변경·삭제청구, 치료명령집행면제)사건	치초
성폭력수형자치료명령1심사건	초치
치료명령항고사건	치로
치료명령재항고사건	치모
아동·청소년보호1심사건	동고
아동·청소년보호항소사건	동노
아동·청소년보호상고사건	동도
아동·청소년보호비상상고사건	동오
아동·청소년보호신청사건	동초
소년보호사건	푸
소년보호항고사건	크
소년보호재항고사건	트
소년보호신청사건	푸초
소년보호집행감독사건	푸집
가정보호사건	버
가정보호항고사건	서
가정보호재항고사건	어
가정보호신청사건	저
가정보호집행감독사건	버집
피해자보호명령사건	처
피해자보호명령항고사건	커
피해자보호명령재항고사건	터
피해자보호명령집행감독사건	처집
아동보호사건	동버
아동보호항고사건	동서
아동보호재항고사건	동어
아동보호신청사건	동저
아동보호집행감독사건	동버집
피해아동보호명령사건	동처
피해아동보호명령항고사건	동커
피해아동보호명령재항고사건	동터
피해아동보호명령집행감독사건	동처집
성매매관련보호사건	성
성매매관련보호항고사건	성로
성매매관련보호재항고사건	성모
성매매관련보호신청사건	성초
인신보호사건	인
인신보호항고사건	인라
인신보호재항고사건	인마
인신보호신청사건	인카
법정질서위반감치등사건	정고
기타감치신청사건	정기
법정질서위반감치등항고사건	정로
법정질서위반감치등특별항고사건	정모
가사1심합의사건	드합
가사1심단독사건	드단
가사항소사건	르
가사상고사건	므
가사항고사건	브
가사재항고사건	스
가사특별항고사건	으

가사조정사건	너		
가사공조사건	츠	과태료체납자감치사건	정과
가사가압류, 가처분등 합의사건	즈합	과태료체납자감치항고사건	정러
가사가압류, 가처분등 단독사건	즈단	과태료체납자감치재항고사건	정머
기타가사신청사건	즈기		
가사비송합의사건	느합		
가사비송단독사건	느단		
후견개시사건	후개		
기본 후견감독사건	후감		
기타후견사건	후기		
개명사건	호명		
가족관계등록(제적)비송사건	호기		
협의이혼의사확인 신청사건	호협		
행정1심사건	구합		
행정1심재정단독사건	구단		
행정항소사건	누		
행정상고사건	두		
행정항고사건	루		
행정재항고사건	무		
행정특별항고사건	부		
행정준항고사건	사		
행정신청사건	아		
특허1심사건	허		
특허상고사건	후		
특허재항고사건	흐		
특허특별(준)항고사건	히		
특허신청사건	카허		
선거소송사건	수		
선거상고사건	우		
선거항고(재항고, 준항고, 특별항고)사건	수흐		
선거신청사건	주		
특수소송사건	추		
특수신청사건	쿠		
의무불이행자감치등사건	정드		
의무불이행자감치등항고사건	정브		
의무불이행자감치등재항고사건	정스		

[자료 7] 민사접수서류에 붙일 인지액 및 그 편철방법 등 일람표

서 류 의 종 류	조 문	인지액	전산입력방법	편철방법
관할법원지정신청서	민소 28	1,000원	신청사건입력	별도기록
관할합의서	민소 29	–	문건입력	가 철
소송이송신청서	민소 34 ①	–	문건입력	가 철
소송이송신청서	민소 34②, 35, 36	1,000원	신청사건입력	별도기록
합의부재판신청서	민소 34 ③	–	문건입력	가 철
법원직원의 제척 또는 기피신청서	민소 42, 43, 50	1,000원	신청사건입력	별도기록
당사자선정서, 변경서, 취소서	민소 53	–	문건입력	가 철
법정대리권 등의 증명서(호적 또는 등기부등·초본)	민소 58	–	문건입력	가 철
소송능력보정서	민소 59, 61	–	문건입력	가 철
소송행위추인서	민소 60	–	문건입력	가 철
특별대리인선임신청서	민소 62, 62의2, 64	1,000원	신청사건입력	별도기록
대리권의 소멸 또는 변경통지송달신청서	민소 63	–	문건입력	가 철
필수적 공동소송인 추가신청서	민소 68	–	문건입력	가 철
예비적·선택적 공동소송인 추가신청서	민소 70, 68	–	문건입력	가 철
보조참가신청서	민소 71	–	문건입력	가 철
보조참가에 대한 이의신청서	민소 73	–	문건입력	가 철
공동소송적 보조참가신청서	민소 78	–	문건입력	가 철
독립당사자 참가신청서	민소 79	민사소송등인지법(이하 민소인지법이라 한다) 제2조, 제6조 소정액	민사사건입력	합 철
소송탈퇴서, 동의서	민소 80	–	문건입력	가 철
권리승계인의 소송참가신청서	민소 81	–	문건입력	가 철
		피신청인이 신청인의 승계주장 사실을 다투는 경우에는 민소인지법 제2조, 제6조 소정액	민사사건입력	합 철
의무승계인의 소송참가신청서	민소 81	–	문건입력	가 철
승계인의 소송인수신청서	민소 82	–	문건입력	가 철
원고측 공동소송참가신청서	민소 83	민소인지법 제2조, 제6조 소정액	민사사건입력	합 철
피고측 공동소송참가신청서	민소 83	–	문건입력	가 철
소송고지신청서	민소 85	–	문건입력	가 철
소송대리인 허가신청서	민소 88	–	문건입력	가 철
소송대리권의 증명서(위임장, 지정서)	민소 89	–	문건입력	가 철
소송대리인 해임(사임)신고서	민소 89	–	문건입력	가 철
제3자에 대한 소송비용액 상환신청서	민소 107	1,000원	신청사건입력	별도기록

서 류 의 종 류	조 문	인지액	전산입력방법	편철방법
소송비용액 확정신청서	민소 110,113, 114	1,000원	신청사건입력	별도기록
소송비용담보제공신청서	민소 117 ①, 민소규 22	1,000원	신청사건입력	별도기록
지급보증위탁계약체결문서의 제출에 의한 담보제공허가신청서	민소 122, 민소규 22	–	문건입력	가 철
담보취소신청서	민소 125, 127	1,000원	신청사건입력	합 철
담보권리자동의서	민소 125 ②	–	문건입력	가 철
담보권리행사최고신청서	민소 125 ③	1,000원	신청사건입력	합 철
담보취소결정확정증명원	민소 162	500원	문건입력	(제증명발급신청서철에 편철)
담보물변경신청서	민소 126	1,000원	신청사건입력	합 철
소송구조신청서	민소 128	1,000원	신청사건입력	첨철(항고, 재항고 심리기간에는 별도기록)
소송구조취소신청서	민소 131	1,000원	신청사건입력	합 철
변호사(또는 집행관)의 보수지급신청서	민소규 26 ①	–	문건입력	가 철
변호사(또는 집행관)의 보수와 체당금의 비용액확정신청서	민소 132 ②, ③	1,000원	신청사건입력	별도기록
구석명신청서	민소 136	–	문건입력	가 철
재판장(또는 합의부원)의 처치에 대한 이의	민소 138	–	문건입력	가 철
법원의 석명처분(당사자본인 또는 법정대리인출석명령, 당사자가 소지하는 문서 또는 물건제출명령)신청서	민소 140 ①	–	문건입력	가 철
변론의 제한, 분리, 병합 또는 재개를 구하는 신청서	민소 141, 142	–	문건입력	가 철
진술보조허가신청서	민소143의2 ①	–	문건입력	가 철
실기한 공격방어방법의 각하신청서	민소 149	–	문건입력	가 철
소송절차에 관한 이의권에 기한 이의	민소 151	–	문건입력	가 철
조서기재 생략에 대한 이의	민소 155	–	문건입력	가 철
변론의 속기(또는 녹음)신청서	민소 159 ①	–	문건입력	가 철
녹음테이프(또는 속기록) 요지의 조서기재 신청서	민소 159 ③	–	문건입력	가 철
녹음테이프(또는 속기록) 폐기에 대한 이의	민소 159 ④	–	문건입력	가 철
소송기록의 열람·복사신청서	민소 162 ①	500원	문건입력	(열람 및 복사청구서철에 편철)
재판서, 조서의 정본·등본·초본 교부 신청서	민소 162 ①	1,000원	문건입력	(제증명발급신청서철에 편철)
확정된 소송기록에 대한 열람신청서	민소 162 ②	1,000원	신청사건입력	첨 철
비밀보호를 위한 재판기록 열람 등의 제한 신청서	민소 163 ①	1,000원	신청사건입력	첨 철
재판기록 열람 등 제한 결정 취소신청서	민소 163 ③	1,000원	신청사건입력	합철(제한신청사건에)
판결서 열람 등의 제한 신청서(비밀보호)	민소 163조의2	1,000원	신청사건입력	첨 철

서 류 의 종 류	조 문	인지액	전산입력방법	편철방법
판결서 열람 등 제한 결정 취소신청서(비밀보호)	민소 163조의2 ④, 163 ③, 민사판결서 열람 및 복사에 관한 규칙 6 ③	1,000원	신청사건입력	합철(제한신청사건에)
판결서 열람 등 제한 결정 취소신청서(변론공개금지사건)	민소 163조의2 ① 단서, 민사판결서 열람 및 복사에 관한 규칙 5 ①	1,000원	신청사건입력	첨 철
(현행과 같음)	민소 165 ①	–	문건입력	가 철
기간 신장 또는 단축신청, 부가기간의 신청서	민소 172	–	문건입력	가 철
재송달신청서	민소 174	–	문건입력	가 철
집행관송달신청서(특별송달신청)	민소 176 ①	–	문건입력	가 철
송달영수인신고서	민소 184	–	문건입력	가 철
송달장소변경신고서	민소 185	–	문건입력	가 철
휴일(또는 야간) 송달신청서	민소 190	–	문건입력	가 철
공시송달신청서	민소 194	–	문건입력	가 철
판결(또는 화해, 인낙, 포기 등의 조서, 지급명령 기타 결정명령) 경정신청서	민소 211	–	신청사건입력	첨 철
추가재판신청서	민소 212	–	문건입력	가 철
가집행선고신청서	민소 213 ①	–	문건입력	가 철
	민소 406, 435	–		
가집행선고면제신청서	민소 213 ②	–	문건입력	가 철
가집행선고 실효로 인한 원상회복(또는 손해배상) 신청서	민소 215 ②, ③	민소인지법 제4조 ② 소정액	문건입력	가 철
법원사무관 등의 처분에 대한 이의신청서	민소 223	1,000원	신청사건입력	별도기록
화해권고결정에 대한 이의신청서	민소 226	–	문건입력	가 철
화해권고결정에 대한 이의신청의 취하서	민소 228	–	문건입력	가 철
화해권고결정에 대한 이의신청의 취하에 대한 부동의서	민소 228	–	문건입력	가 철
화해권고결정 취소 신청서	민소규 59 ①	–	문건입력	가 철
소송절차수계신청서	민소 233부터 241(238제외)	–	문건입력	가 철
당사자의 장애로 인한 중지신청 및 그 취소신청서	민소 246	–	문건입력	가 철
소장	민소 248	민소인지법 제2조 소정액	민사사건입력	별도기록
정기금판결에 대한 변경의 소장	민소 252	민소인지법 제2조 소정액	민사사건입력	첨 철
인지·주소보정서	민소 254 ①	–	문건입력	가 철
피고경정신청서	민소 260	–	문건입력	가 철
청구취지(또는 청구원인)변경신청서	민소 262	민소인지법 제5조 소정액	문건입력	가 철
청구취지(또는 청구원인)변경불허신청서	민소 263	–	문건입력	가 철

서 류 의 종 류	조 문	인지액	전산입력방법	편철방법
중간확인의 소	민소264	민소인지법 제5조(원고가 제기한 경우) 또는 제4조②(피고가 제기한 경우) 소정액	민사사건입력	합 철
소(상소)취하서	민소 266 ①, 393①, 425	–	문건입력	가 철
소 취하에 대한 이의(또는 부동의서)	민소 266 ⑥	–	문건입력	가 철
기일지정신청서	민소 268 ②	–	문건입력	가 철
소취하 효력을 다투는 기일지정 신청서	민소규 67	–	문건입력	가 철
반소장	민소269	민소인지법 제4조 소정액	민사사건입력	합 철
준비서면, 답변서	민소 272, 256	–	문건입력	가 철
사실조사촉탁신청서	민소 294	–	문건입력	가 철
개인정보정정신청서	민소규 76조의2 ④	–	문건입력	가 철
증인신문신청서	민소 308	–	문건입력	가 철
촉탁신문신청서	민소 313	–	문건입력	가 철
증인불출석신청서	민소규 83	–	문건입력	가 철
증인구인신청서	민소 312	–	문건입력	가 철
증언거부신청서	민소 314, 315	–	문건입력	가 철
증인대질신청서	민소 329	–	문건입력	가 철
감정신청서	민소 333	–	문건입력	가 철
감정인기피신청서	민소336	–	문건입력	가 철
감정증인신문신청서	민소 340	–	문건입력	가 철
문서제출명령신청서	민소 343	–	문건입력	가 철
서증의 신청서	민소 343, 360	–	문건입력	가 철
문서송부촉탁신청서	민소 352	–	문건입력	가 철
법원외서증조사신청서	민소규 112	–	문건입력	가 철
검증신청서	민소 364	–	문건입력	가 철
당사자본인(또는 법정대리인) 신문신청서	민소 367, 372	–	문건입력	가 철
증거보전신청서	민소 375	1,000원	신청사건입력	소제기 전 별도기록 소제기 후 첨철
제소전화해신청서	민소 385	민소인지법 제7조①④ 소정액	화해사건입력	별도기록
화해불성립으로 인한 소제기신청서	민소 388	민소인지법 제7조③ 소정액 (피신청인이 소제기신청을 하는 경우에는 첩부하지 않음)	문건입력	가 철

서 류 의 종 류	조 문	인지액	전산입력방법	편철방법
항소장	민소 397	민소인지법 제3조 소정액	문건입력	가 철
항소취지확장신청서	민소 390, 397, 408	민소인지법 제2조, 제3조 소정액	문건입력	가 철
불항소합의서	민소 390 단서	–	문건입력	가 철
상소취하서	민소 393 ① 425, 443	–	문건입력	가 철
상소권포기서	민소 394, 425, 443	–	문건입력	가 철
부대상소장	민소 403, 425, 443	민소인지법 제3조 소정액	문건입력	가 철
상고장(비약상고장 포함)	민소 422	민소인지법 제3조 소정액	문건입력	가 철
상고이유서	민소 427	–	문건입력	가 철
상고이유에 대한 답변서	민소 428 ②	–	문건입력	가 철
추완항소(상고)장	민소173, 397, 422	민소인지법 제3조 소정액	문건입력	가 철
항고장(보통항고장, 즉시항고장, 재항고장, 준항고장), 추완항고장	민소 439, 441 ②, 442, 443, 444	민소인지법 제11조 소정액	문건입력	가 철
수명법관이나 수탁판사의 재판에 대한 이의신청	민소 441 ①	–	문건입력	가 철
특별항고장	민소 449	민소인지법 제11조 소정액	문건입력	가 철
재심소장(준재심소장)	민소 451	민소인지법 제8조 소정액	재심사건입력	첨 철
지급명령신청서	민소 462	민소인지법 제7조②④ 소정액	독촉사건입력	별도기록
소제기신청서	민소 466 ①	민소인지법 제2조 소정액에서 지급명령신청서에 붙힌 인지액을 뺀 금액	문건입력	가 철
지급명령에 대한 이의신청서	민소 469 ②	–	문건입력	가 철
공시최고신청서	민소 477	1,000원	공시최고사건입력	별도기록
관리 또는 청구의 신고서	민소 482, 485	–	문건입력	가 철
재권판결에 대한 불복의 소장	민소 490 ②	민소인지법 제2조 소정액	민사사건입력	별도기록
판결확정증명신청서	민소 499	500원	문건입력	(제증명발급신청서철에 편철)
강제집행정지 등의 신청서	민소 500, 501	1,000원	신청사건입력	별도기록
야간(휴일)집행허가신청서	민집 8	1,000원	집행사건입력	별도기록

서 류 의 종 류	조 문	인지액	전산입력방법	편철방법
즉시항고장	민집 15	민소인지법 제11조 소정액	문건입력	가철 (항고사건의 기록만을 보내거나 민사집행사건의 기록 일부의 등본을 항고사건의 기록에 붙여 보낼 때는 별도기록)
집행에 관한 이의신청서	민집 16 ①	1,000원	집행사건입력	별도기록
집행에 관한 이의신청에 기한 잠정처분신청서	민집 16 ②	–	문건입력	가 철
집행관의 집행위임거부 등에 대한 이의신청서	민집 16 ③	1,000원	집행사건입력	별도기록
집행판결을 구하는 소장	민집 26	민소인지법 제2조 소정액	민사사건입력	별도기록
집행(승계집행)문 부여신청	민집 28, 31, 58, 292	500원	문건입력	(제증명발급신청서철에 편철)
집행문부여의 소장	민집 33, 59 ④	민소인지법 제2조 소정액	민사사건입력	별도기록
집행문부여에 대한 이의신청서	민집 34	1,000원	신청사건입력	별도기록
집행문부여에 대한 이의신청에 기한 잠정처분신청서	민집 34 ②	–	문건입력	가 철
집행문 수통(또는 재도)부여신청서	민집 35	500원	문건입력	(제증명발급신청서철에 편철)
판결등 집행권원 정본의 송달증명원	민집 39	500원	문건입력	(제증명발급신청서철에 편철)
경정결정 정본의 송달증명원	민집 39	–	문건입력	(제증명발급신청서철에 편철)
청구에 관한 이의의 소장	민집 44	민소인지법 제2조 소정액	민사사건입력	별도기록
집행문부여에 대한 이의의 소장	민집 45	민소인지법 제2조 소정액	민사사건입력	별도기록
잠정처분신청서	민집 46 ②, 48 ③	1,000원	신청사건입력	별도기록
제3자이의 소장	민집 48	민소인지법 제2조 소정액	민사사건입력	별도기록
경매절차정지신청서	민집 49	–	문건입력	가 철
채무자 유산의 강제집행을 위한 특별대리인선임신청서	민집 52	1,000원	집행사건입력	별도기록
집행비용액확정결정신청서	민집 53, 민집규 24 ①	1,000원	집행사건입력	별도기록
군인, 군무원에 대한 집행의 촉탁신청서	민집 54	1,000원	집행사건입력	별도기록
외국에서 할 강제집행에 대한 촉탁신청서	민집 55	1,000원	집행사건입력	별도기록
공증인의 집행문부여에 대한 이의신청서	민집 59 ②	1,000원	신청사건입력	별도기록
재산명시신청서	민집 61	1,000원	신청사건입력	별도기록
명시명령에 대한 이의신청서	민집 63	1,000원	신청사건입력	합 철

서 류 의 종 류	조 문	인지액	전산입력방법	편철방법
재산목록 정정허가 신청서	민집 66	–	문건입력	가 철
재산목록의 열람·복사신청서	민집 67	500원	문건입력	(열람 및 복사청구서철에 편철)
감치재판개시결정	민집 68 민집규 30②	–	집행사건입력	합 철
명시명령 이행 신청서	민집 68 ⑤	–	문건입력	가 철
채무불이행자명부등재신청서	민집 70	1,000원	신청사건입력	별도기록
채무불이행자명부 열람·복사신청서	민집 72 ④	500원	문건입력	(열람 및 복사청구서철에 편철)
명부등재말소신청서	민집 73	1,000원	신청사건입력	합 철
재산조회신청서	민집 74	1,000원	신청사건입력	별도기록
재산조회결과의 열람·복사·출력신청서	민집 75	500원	문건입력	(재산조회결과 열람·복사·출력 청구서철에 편철)
부동산경매신청서	민집 80, 264	5,000원	집행사건입력	별도기록
매각기일연기(변경)신청서		–	문건입력	가 철
미등기 부동산에 대한 집행관조사신청서	민집 81③	–	문건입력	가 철
부동산에 대한 침해행위방지조치신청서	민집 83 ③	–	문건입력	가 철
채권계산서	민집 253, 84	–	문건입력	가 철
경매개시결정에 대한 이의신청서	민집 86, 265	1,000원	집행사건입력	합 철
경매개시결정에 대한 이의신청에 기한 잠정처분신청서	민집 86 ②	–	문건입력	가 철
후행 경매개시결정에 의한 절차속행신청서	민집 87 ③	–	문건입력	가 철
채권자의 배당요구신청서	민집 247, 88	–	문건입력	가 철
경매신청취하서	민집 93	–	문건입력	가 철
부동산의 멸실 등에 의한 경매취소신청서	민집 96	–	문건입력	가 철
부동산재평가신청서	민집 97	–	문건입력	가 철
부동산일괄매각신청서	민집 98	–	문건입력	가 철
채권자의 매수신청서	민집 102 ②	–	문건입력	가 철
합의에 의한 매각조건변경신청서	민집 110	–	문건입력	가 철
최고가(차순위)매수신고인의 송달영수인 신고서	민집 118	–	문건입력	가 철
매각허가결정에 관한 이의신청서	민집 120	–	문건입력	가 철
매각부동산지정서	민집 124 ②	–	문건입력	가 철
부동산훼손등에 의한 매각불허가신청서	민집 127 ①	1,000원	집행사건입력	합 철
부동산훼손등에 의한 매각허가결정의 취소신청서	민집 127 ①	1,000원	집행사건입력	합 철
매각허가여부에 대한 항고장, 재항고장	민집 129	2,000원	문건입력	가철 (항고사건의 기록만을 보내거나 민사집행사건의 기록 일부의 등본을 항고사건의 기록에 붙여 보낼 때는 별도기록)

서 류 의 종 류	조 문	인지액	전산입력방법	편철방법
매각부동산인도명령신청서	민집 136 ①	1,000원	집행사건입력	합 철
매각부동산관리명령신청서	민집 136 ②	1,000원	집행사건입력	합 철
공유자의 우선매수신고서	민집 140	–	문건입력	가 철
매수대금과 배당액의 상계신청서	민집 143 ②	–	문건입력	가 철
매수인의 채무인수신청서	민집 143 ①	–	문건입력	가 철
매수인의 채무인수 또는 차액지급신고에 대한 이의신청서	민집 143 ③	–	문건입력	가 철
배당표에 대한 이의신청서	민집 151 ②	–	문건입력	가 철
배당이의의 소장	민집 154	민소인지법 제2조소정액	민사사건입력	별도기록
집행력있는 정본의 환부신청서	민집 159 ③, 172	–	문건입력	가 철
배당액계좌입금신청서	민집 160 ② 민집규 82 ②	–	문건입력	가 철
부동산강제관리신청서	민집 163	5,000원	집행사건입력	별도기록
관리인해임신청서	민집 167 ③	–	문건입력	가 철
강제관리에 대한 제3자 이의의 소장	민집 168	민소인지법 제2조소정액	민사사건입력	별도기록
배당협의불성립사유신고서	민집 169 ③	–	문건입력	가 철
수익처리신고서	민집규 91 ⑥	–	문건입력	가 철
관리인의 계산에 대한 이의신청서	민집 170 ②	–	문건입력	가 철
선박에 대한 강제집행신청서	민집 172	5,000원	집행사건입력	별도기록
선박국적증서인도명령신청서	민집 175	1,000원	집행사건입력	별도기록
선박국적증서등 수취불능신고서	민집규 97	–	문건입력	가 철
선박국적증서등의 재수취명령신청서	민집규 101	–	문건입력	가 철
압류선박의 항행허가신청서	민집 176 ②	–	문건입력	가 철
선박등기부초본 또는 등본의 송부청구 신청서	민집 177 ②	–	문건입력	가 철
선박 감수、보존처분	민집 178	1,000원	집행사건입력	합 철
보증의 제공에 의한 선박강제경매절차의 취소신청서	민집 181	1,000원	집행사건입력	합 철
자동차인도명령신청서	민집규 113 ①	1,000원	집행사건입력	별도기록
자동차운행허가신청서	민집규 117, 210 ③	–	문건입력	가 철
선박지분에 대한 강제집행신청서	민집 185	2,000원	집행사건입력	별도기록
제3자 점유물인도명령신청서	민집 193 ①	1,000원	집행사건입력	별도기록
압류금지물의 범위변경신청서	민집 196	1,000원	집행사건입력 보전처분에서는 신청사건입력	별도기록
유체동산 특별현금화명령신청서	민집 214	1,000원	집행사건입력	별도기록
집행관에 대한 매각실시명령신청서	민집 216	1,000원	집행사건입력	별도기록
공유부인의 소장	민집 221 ③	민소인지법 제2조소정액	민사사건입력	별도기록
매각대금의 공탁사유신고서	민집 222 ③	–	집행사건입력	별도기록
가압류를 본압류로 전이하는 신청서	민집 225	2,000원	집행사건입력	별도기록

서 류 의 종 류	조 문	인지액	전산입력방법	편철방법
채권압류명령신청서	민집 225	2,000원	집행사건입력	별도기록
저당권있는 채권압류명령의 등기부기입 신청서	민집 228 ①	–	문건입력	가 철
전부명령신청서	민집 229	2,000원	집행사건입력	합 철
채권압류 및 전부(추심)명령신청서	민집 229	4,000원	집행사건입력	별도기록
추심명령신청서	민집 229	2,000원	집행사건입력	합 철
저당권있는 채권전부명령의 등기부기입신청서	민집 230	–	문건입력	가 철
압류액의 제한(또는 초과액처분) 허가신청서	민집 232	–	문건입력	가 철
압류채권자의 추심신고서	민집 236 ①	–	문건입력	가 철
추심금액공탁사유신고서	민집 236 ②	–	집행사건입력	첨 철
제3채무자에 대한 진술최고신청서	민집 237	–	문건입력	가 철
제3채무자 진술서	민집 237	–	문건입력	가 철
추심권포기신고서	민집 240	–	문건입력	가 철
채권 기타 재산권 특별현금화명령 신청서	민집 241	2,000원	집행사건입력	합 철
유체동산 인도나 권리이전청구권에 대한 압류명령신청서	민집 242, 243	2,000원	집행사건입력	별도기록
유체물인도청구권에 대한 추심명령신청서	민집 243 ②	2,000원	집행사건입력	합 철
부동산 인도나 권리이전청구권에 대한 압류명령신청서	민집 244 ①, ②	2,000원	집행사건입력	별도기록
부동산청구권에 대한 추심명령 신청서	민집 244 ④	2,000원	집행사건입력	합 철
압류금지채권의 범위변경신청서	민집246②, ③, 291	1,000원	집행사건입력 보전처분에서는 신청사건입력	합 철
제3채무자의 채무액공탁사유신고서	민집 248 ④	–	집행사건입력	첨 철
채권가압류를 원인으로 한 제3채무자의 권리공탁신고서	민집규 172조①, ②	–	문건입력	가 철
추심의 소장	민집 249 ①	민소인지법 제2조소정액	민사사건입력	별도기록
제3채무자의 배당요구채권자 참가명령신청서	민집 249 ③	–	문건입력	가 철
배당요구채권자의 압류채권추심허가신청서	민집 250	1,000원	집행사건입력	합 철
그 밖의 재산권의 압류명령신청서	민집 251	2,000원	집행사건입력	별도기록
제3자가 점유하는 물건에 대한 인도청구권의 이부명령신청서	민집 259	2,000원	집행사건입력	별도기록
대체집행신청서	민집 260 ①	2,000원	집행사건입력	별도기록
대체집행비용선지급결정신청서	민집 260 ②	1,000원	집행사건입력	합 철
간접강제신청서	민집 261	2,000원	집행사건입력	별도기록
가압류신청서	민집 276	10,000원	신청사건입력	별도기록
가압류결정에 대한 이의신청서	민집 283	10,000원	신청사건입력	합 철
가압류이의신청사건의 이송신청서	민집 284	1,000원	신청사건입력	별도기록
가압류신청취하서	민집 285	–	문건입력	가 철

서 류 의 종 류	조 문	인지액	전산입력방법	편철방법
가압류이의·취소에 관한 결정에 대한 항고장, 재항고장	민집 286 ⑦	신청서에 붙인 인지액의 2배	문건입력	가 철
제소명령신청서	민집 287 ①	1,000원	신청사건입력	합 철
제소기간도과에 의한 가압류취소신청서	민집 287 ③	10,000원	신청사건입력	첨 철
사정변경등에 의한 가압류취소신청서	민집 288 ①	10,000원	신청사건입력	첨 철
가압류취소재판의 효력정지 신청서	민집 289	1,000원	신청사건입력	별도기록
강제관리의 방법에 의한 가압류 집행 신청서	민집 294	5,000원	신청사건입력	합 철
채권자의 가압류(가처분) 집행취소(해제) 신청서		–	문건입력	가 철
채권자의 가압류(가처분)신청취하를 이유로 하는 채무자의 집행취소신청서		–	문건입력	가 철
가압류취소재판의 취소재판에 의한 가압류집행신청서	민집 298 ②	–	문건입력	가 철
해방공탁에 의한 가압류집행의 취소 신청서	민집 299	1,000원	신청사건입력	합 철
가처분신청서	민집 300	10,000원	신청사건입력	별도기록
임시의 지위를 정하기 위한 가처분신청서	민집 300	본안의 소에 따른 인지액의 2분의 1(인지액의 상한액은 50만원)		
가처분신청취하서		–	문건입력	가 철
가처분결정에 대한 이의신청서	민집 01, 283	10,000원	신청사건입력	합 철
임시의 지위를 정하기 위한 가처분결정에 대한 이의신청서	민집 301, 283	본안의 소에 따른 인지액의 2분의 1(인지액의 상한액은 50만원)		
가처분이의·취소에 관한 결정에 대한 항고장, 재항고장	민집 286 ⑦ 민집 307 ②	신청서에 붙인 인지액의 2배	문건입력	가 철
사정변경등에 의한 가처분취소 신청서	민집 301, 288	10,000원	신청사건입력	첨 철
사정변경등에 의한 임시의 지위를 정하기 위한 가처분취소신청서	민집 301, 288	본안의 소에 따른 인지액의 2분의 1(인지액의 상한액은 50만원)		
특별사정에 의한 가처분취소신청서	민집 307	10,000원	신청사건입력	첨 철
특별사정에 의한 임시의 지위를 정하기 위한 가처분취소신청서	민집 307	본안의 소에 따른 인지액의 2분의 1(인지액의 상한액은 50만원)		
가처분원상회복 신청서	민집 308	–	문건입력	가 철
가처분집행정지 신청서	민집 309	1,000원	신청사건입력	별도기록
변론기일지정신청서	소액사건심판규칙 3조의3	–	문건입력	가 철
이행권고결정에 대한 이의신청서	소액사건심판법 5조의4	–	문건입력	가 철

서 류 의 종 류	조 문	인지액	전산입력방법	편철방법
민사조정신청서	민사조정법 2	민사조정규칙 제3조① 소정액	민사조정사건입력	별도기록
조정사건이송신청서	민사조정법 4①	–	문건입력	가 철
조정사건이송신청서	민사조정법 4②	1,000원	신청사건입력	별도기록
조정회부신청서	민사조정법 7②	–	문건입력	가 철
조정위원선정합의서	민사조정법 10조의2	–	문건입력	가 철
피신청인경정신청서	민사조정법 17①	–	문건입력	가 철
대표당사자선정신고서	민사조정법 18①	–	문건입력	가 철
조정에 갈음하는 결정에 대한 이의신청서	민사조정법 34①	–	문건입력	가 철
과태료결정에 대한 이의신청서	비송사건절차법 250②, 질서위반행위규제법 45①	–	문건입력	가 철
재산조회	채무자 회생 및 파산에 관한 법률(이하, 채무자 회생)29①	1,000원	도산사건입력	합 철
회생절차개시의 신청서	채무자 회생34①	30,000원	도산사건입력	별도기록
보전처분(회생절차)	채무자 회생43①	2,000원	문건입력	가 철
중지 또는 금지명령신청서(회생절차)	채무자 회생44①	2,000원	문건입력	가 철
포괄적 금지명령신청서(회생절차)	채무자 회생45①	2,000원	문건입력	가 철
포괄적 금지명령의 적용 배제신청서(회생절차)	채무자 회생47①	2,000원	문건입력	가 철
중지된 절차 또는 처분의 속행 또는 취소신청서(회생절차)	채무자 회생44④, 45⑤, 58⑤	2,000원	문건입력	가 철
부인의 청구서(회생절차)	채무자 회생105①	1,000원	도산사건입력	별도기록
부인의 청구인용결정에 대한 이의의 소(회생절차)	채무자 회생107①	민소인지법 제2조 소정액	민사사건입력	별도기록
이사등의 재산에 대한 보전처분신청서(회생절차)	채무자 회생114 ①, ③	2,000원	문건입력	가 철
손해배상청구권등의 조사확정재판신청서(회생절차)	채무자 회생115①	1,000원	도산사건입력	별도기록
손해배상청구권 등의 조사확정재판에 대한 이의의 소(회생절차)	채무자 회생116①	민소인지법 제2조 소정액	민사사건입력	별도기록
회생채권, 회생담보권 조사확정재판 신청서	채무자 회생170①	1,000원	도산사건입력	별도기록
회생채권, 회생담보권 조사확정재판에 대한 이의의 소	채무자 회생171①	민소인지법 제2조 소정액	민사사건입력	별도기록
파산신청서	채무자 회생294①	30,000원[단, 채무자(법인 포함)가 신청하는 경우에는 1,000원]	도산사건입력	별도기록
보전처분 신청서(파산절차)	채무자 회생323①	2,000원	문건입력	가 철
이사등의 재산에 대한 보전처분신청서(파산절차)	채무자 회생351 ①, ③	2,000원	문건입력	가 철

서 류 의 종 류	조 문	인지액	전산입력방법	편철방법
손해배상청구권등의 조사확정재판신청서(파산절차)	채무자 회생352①	1,000원	도산사건입력	별도기록
손해배상청구권 등의 조사확정재판에 대한 이의의 소(파산절차)	채무자 회생353①	민소인지법 제2조 소정액	민사사건입력	별도기록
면제재산 결정 신청서(파산절차)	채무자 회생383②	–	문건입력	가 철
부인의 청구서	채무자 회생396①	1,000원	도산사건입력	별도기록
부인의 청구인용결정에 대한 이의의 소(파산절차)	채무자 회생396④, 107①	민소인지법 제2조 소정액	민사사건입력	별도기록
파산채권 조사확정재판 신청서	채무자 회생462①	1,000원	도산사건입력	별도기록
파산채권 조사확정재판에 대한 이의의 소	채무자 회생463①	민소인지법 제2조 소정액	민사사건입력	별도기록
배당표에 대한 이의신청서	채무자 회생514①	–	문건입력	가 철
면책신청서(파산절차)	채무자 회생556	1,000원	도산사건입력	합 철
면책의 취소신청서	채무자 회생569①	1,000원	도산사건입력	합 철
복권신청서	채무자 회생575①	1,000원	도산사건입력	합 철
면제재산 결정 신청서(개인회생절차)	채무자 회생580③, 383②	–	문건입력	가 철
부인의 청구서(개인회생절차)	채무자 회생584①, 396①	1,000원	도산사건입력	별도기록
부인의 청구인용결정에 대한 이의의 소(개인회생절차)	채무자 회생584①, 396④, 107①	민소인지법 제2조 소정액	민사사건입력	별도기록
개인회생절차 개시신청서	채무자 회생588	30,000원	도산사건입력	별도기록
보전처분신청서(개인회생절차)	채무자 회생592①	2,000원	문건입력	가 철
중지 또는 금지명령신청서(개인회생절차)	채무자 회생593①	2,000원	문건입력	가 철
중지 또는 금지명령의 취소 또는 변경신청서(개인회생절차)	채무자 회생593④	2,000원	문건입력	가 철
포괄적 금지명령신청서(개인회생절차)	채무자 회생 593⑤, 45①	2,000원	문건입력	가 철
포괄적 금지명령의 적용 배제신청서(개인회생절차)	채무자 회생593⑤, 47①	2,000원	문건입력	가 철
중지된 절차 또는 처분의 속행 또는 취소신청서(개인회생절차)	채무자 회생 593⑤, 45⑤, 600③	2,000원	문건입력	가 철
개인회생채권 조사확정재판 신청서	채무자 회생 604①	1,000원	도산사건입력	별도기록
개인회생채권 조사확정재판에 대한 이의의 소	채무자 회생 605①	민소인지법 제2조 소정액	민사사건입력	별도기록
면책신청서(개인회생절차)	채무자 회생 624①	–	문건입력	가 철
면책 취소 신청서(개인회생절차)	채무자 회생 626①	1,000원	도산사건입력	합 철
사건 이송 신청서(국제도산)	채무자 회생 630	1,000원	도산사건입력	별도기록
외국도산절차의 승인신청서	채무자 회생 631①	1,000원	도산사건입력	별도기록
승인전 명령신청서	채무자 회생 635①, 636①	2,000원	문건입력	가 철
외국도산절차에 대한 지원신청서	채무자 회생 636①	2,000원	도산사건입력	합 철
외국도산절차의 지원 결정의 변경 또는 취소신청서	채무자 회생 636⑥	2,000원	문건입력	가 철

서 류 의 종 류	조 문	인지액	전산입력방법	편철방법
중지된 절차의 취소신청서(국제도산)	채무자 회생 636⑦	2,000원	문건입력	가 철
소송허가신청서	증권관련집단소송법 7①	1,000원	신청사건입력	합 철
대표당사자 선임신청서	증권관련집단소송법 10③	–	문건입력	가 철
심리할 법원지정신청서	증권관련집단소송법 14②, 동규칙 9①	1,000원	신청사건입력	별도기록
제외신고서	증권관련집단소송법 18①, 27③	–	문건입력	제외신고서철에 가철
대표당사자 허가신청서	증권관련집단소송법 21①, 동규칙 16	–	문건입력	가 철
대표당사자 소송수행금지신청서	증권관련집단소송법 22①	1,000원	신청사건입력	합 철
소송대리인 선임허가신청서	증권관련집단소송법 26②, 동규칙 18	–	문건입력	가 철
총원범위 변경신청서	증권관련집단소송법 27①, 동규칙 19	1,000원	신청사건입력	합 철
소취하·청구포기·화해 허가신청서	증권관련집단소송법 35①, 동규칙 22①	–	문건입력	가 철
상소취하·상소권포기 허가신청서	증권관련집단소송법 38①, 35①	–	문건입력	가 철
분배관리인 선임·변경신청서	증권관련집단소송법 41①, ③	–	문건입력	가 철
분배계획안 인가전 비용지급허가신청서	증권관련집단소송법 44②, 동규칙 35②	–	문건입력	가 철
변호사보수 감액신청서	증권관련집단소송법 44③	1,000원	신청사건입력	합 철
분배계획 변경신청서	증권관련집단소송법 48①	1,000원	신청사건입력	합 철
권리확인신청서	증권관련집단소송법 50①	1,000원	신청사건입력	합 철
소송허가신청서	소비자기본법 73조①	1,000원	신청사건입력	합 철
공동소송참가허가신청서	소비자단체소송규칙 13조 ①	1,000원	신청사건입력	합 철

제 4 편
법률·규칙·예규

■ 민사집행법 ■

제정 2002.01.26. 법률 제 6627호
개정 2010.04.12. 법률 제10580호
타법개정 2016.02.03. 법률 제13952호
일부개정 2022.01.01. 법률 제18671호

제1편 총 칙

제1조(목적) 이 법은 강제집행, 담보권 실행을 위한 경매, 민법·상법, 그 밖의 법률의 규정에 의한 경매(이하 "민사집행"이라 한다) 및 보전처분의 절차를 규정함을 목적으로 한다.

제2조(집행실시자) 민사집행은 이 법에 특별한 규정이 없으면 집행관이 실시한다.

제3조(집행법원) ① 이 법에서 규정한 집행행위에 관한 법원의 처분이나 그 행위에 관한 법원의 협력사항을 관할하는 집행법원은 법률에 특별히 지정되어 있지 아니하면 집행절차를 실시할 곳이나 실시한 곳을 관할하는 지방법원이 된다.
② 집행법원의 재판은 변론 없이 할 수 있다.

제4조(집행신청의 방식) 민사집행의 신청은 서면으로 하여야 한다.

제5조(집행관의 강제력 사용) ① 집행관은 집행을 하기 위하여 필요한 경우에는 채무자의 주거·창고 그 밖의 장소를 수색하고, 잠근 문과 기구를 여는 등 적절한 조치를 할 수 있다.

② 제1항의 경우에 저항을 받으면 집행관은 경찰 또는 국군의 원조를 요청할 수 있다.

③ 제2항의 국군의 원조는 법원에 신청하여야 하며, 법원이 국군의 원조를 요청하는 절차는 대법원규칙으로 정한다.

제6조(참여자) 집행관은 집행하는 데 저항을 받거나 채무자의 주거에서 집행을 실시하려는데 채무자나 사리를 분별할 지능이 있는 그 친족·고용인을 만나지 못한 때에는 성년 두 사람이나 특별시·광역시의 구 또는 동 직원, 시·읍·면 직원(도농복합형태의 시의 경우 동지역에서는 시 직원, 읍·면지역에서는 읍·면 직원) 또는 경찰공무원중 한 사람을 증인으로 참여하게 하여야 한다.

제7조(집행관에 대한 원조요구) ① 집행관 외의 사람으로서 법원의 명령에 의하여 민사집행에 관한 직무를 행하는 사람은 그 신분 또는 자격을 증명하는 문서를 지니고 있다가 관계인이 신청할 때에는 이를 내보여야 한다.

② 제1항의 사람이 그 직무를 집행하는 데 저항을 받으면 집행관에게 원조를 요구할 수 있다.

③ 제2항의 원조요구를 받은 집행관은 제5조 및 제6조에 규정된 권한을 행사할 수 있다.

제8조(공휴일·야간의 집행) ① 공휴일과 야간에는 법원의 허가가 있어야 집행행위를 할 수 있다.

② 제1항의 허가명령은 민사집행을 실시할 때에 내보여야 한다.

제9조(기록열람·등본부여) 집행관은 이해관계 있는 사람이 신청하면 집행기록을 볼 수 있도록 허가하고, 기록에 있는 서류의 등본을 교부하여야 한다.

제10조(집행조서) ① 집행관은 집행조서(執行調書)를 작성하여야 한다.

② 제1항의 조서(調書)에는 다음 각호의 사항을 밝혀야 한다.

1. 집행한 날짜와 장소
2. 집행의 목적물과 그 중요한 사정의 개요
3. 집행참여자의 표시
4. 집행참여자의 서명날인
5. 집행참여자에게 조서를 읽어 주거나 보여 주고, 그가 이를 승인하고 서명날인한 사실
6. 집행관의 기명날인 또는 서명

③ 제2항제4호 및 제5호의 규정에 따라 서명날인할 수 없는 경우에는 그 이유를 적어야 한다.

제11조(집행행위에 속한 최고, 그 밖의 통지) ① 집행행위에 속한 최고(催告) 그 밖의 통지는 집행관이 말로 하고 이를 조서에 적어야 한다.

② 말로 최고나 통지를 할 수 없는 경우에는 민사소송법 제181조·제182조 및 제187조의 규정을 준용하여 그 조서의 등본을 송달한다. 이 경우 송달증서를 작성하지 아니한 때에는 조서에 송달한 사유를 적어야 한다.

③ 집행하는 곳과 법원의 관할구역안에서 제2항의 송달을 할 수 없는 경우에는 최고나 통지를 받을 사람에게 대법원규칙이 정하는 방법으로 조서의 등본을 발송하고 그 사유를 조서에 적어야 한다.

제12조(송달·통지의 생략) 채무자가 외국에 있거나 있는 곳이 분명하지 아니한 때에는 집행행위에 속한 송달이나 통지를 하지 아니하여도 된다.

제13조(외국송달의 특례) ① 집행절차에서 외국으로 송달이나 통지를 하는 경우에는 송달이나 통지와 함께 대한민국안에 송달이나 통지를 받을 장소와 영수인을 정하여 상당한 기간 이내에 신고하도록 명할 수

있다.

② 제1항의 기간 이내에 신고가 없는 경우에는 그 이후의 송달이나 통지를 하지 아니할 수 있다.

제14조(주소 등이 바뀐 경우의 신고의무) ① 집행에 관하여 법원에 신청이나 신고를 한 사람 또는 법원으로부터 서류를 송달받은 사람이 송달받을 장소를 바꾼 때에는 그 취지를 법원에 바로 신고하여야 한다.

② 제1항의 신고를 하지 아니한 사람에 대한 송달은 달리 송달할 장소를 알 수 없는 경우에는 법원에 신고된 장소 또는 종전에 송달을 받던 장소에 대법원규칙이 정하는 방법으로 발송할 수 있다.

③ 제2항의 규정에 따라 서류를 발송한 경우에는 발송한 때에 송달된 것으로 본다.

제15조(즉시항고) ① 집행절차에 관한 집행법원의 재판에 대하여는 특별한 규정이 있어야만 즉시항고(卽時抗告)를 할 수 있다.

② 항고인(抗告人)은 재판을 고지받은 날부터 1주의 불변기간 이내에 항고장(抗告狀)을 원심법원에 제출하여야 한다.

③ 항고장에 항고이유를 적지 아니한 때에는 항고인은 항고장을 제출한 날부터 10일 이내에 항고이유서를 원심법원에 제출하여야 한다.

④ 항고이유는 대법원규칙이 정하는 바에 따라 적어야 한다.

⑤ 항고인이 제3항의 규정에 따른 항고이유서를 제출하지 아니하거나 항고이유가 제4항의 규정에 위반한 때 또는 항고가 부적법하고 이를 보정(補正)할 수 없음이 분명한 때에는 원심법원은 결정으로 그 즉시항고를 각하하여야 한다.

⑥ 제1항의 즉시항고는 집행정지의 효력을 가지지 아니한다. 다만, 항고법원(재판기록이 원심법원에 남아 있는 때에는 원심법원)은 즉시항고에 대한 결정이 있을 때까지 담보를 제공하게 하거나 담보를 제공하게 하지 아니하고 원심재판의 집행을 정지하거나 집행절차의 전부 또는 일부를 정지하도록 명할 수 있고, 담보를 제공하게 하고 그 집행을 계속하도록 명할 수 있다.

⑦ 항고법원은 항고장 또는 항고이유서에 적힌 이유에 대하여서만 조사한다. 다만, 원심재판에 영향을 미칠 수 있는 법령위반 또는 사실오인이 있는지에 대하여 직권으로 조사할 수 있다.

⑧ 제5항의 결정에 대하여는 즉시항고를 할 수 있다.

⑨ 제6항 단서의 규정에 따른 결정에 대하여는 불복할 수 없다.

⑩ 제1항의 즉시항고에 대하여는 이 법에 특별한 규정이 있는 경우를 제외하고는 민사소송법 제3편 제3장중 즉시항고에 관한 규정을 준용한다.

제16조(집행에 관한 이의신청) ① 집행법원의 집행절차에 관한 재판으로서 즉시항고를 할 수 없는 것과, 집행관의 집행처분, 그 밖에 집행관이 지킬 집행절차에 대하여서는 법원에 이의를 신청할 수 있다.

② 법원은 제1항의 이의신청에 대한 재판에 앞서, 채무자에게 담보를 제공하게 하거나 제공하게 하지 아니하고 집행을 일시정지하도록 명하거나, 채권자에게 담보를 제공하게 하고 그 집행을 계속하도록 명하는 등 잠정처분(暫定處分)을 할 수 있다.

③ 집행관이 집행을 위임받기를 거부하거나 집행행위를 지체하는 경우 또는 집행관이 계산한 수수료에 대하여 다툼이 있는 경우에는 법원에 이의를 신청할 수 있다.

제17조(취소결정의 효력) ① 집행절차를 취소하는 결정, 집행절차를 취소한 집행관의 처분에 대한 이의신청을 기각·각하하는 결정 또는 집행관에게 집행절차의 취소를 명하는 결정에 대하여는 즉시항고를 할 수 있다.

② 제1항의 결정은 확정되어야 효력을 가진다.

제18조(집행비용의 예납 등) ① 민사집행의 신청을 하는 때에는 채권자는 민사집행에 필요한 비용으로서 법원이 정하는 금액을 미리 내야 한다. 법원이 부족한 비용을 미리 내라고 명하는 때에도 또한 같다.

② 채권자가 제1항의 비용을 미리 내지 아니한 때에는 법원은 결정으로 신청을 각하하거나 집행절차를 취소할 수 있다.

③ 제2항의 규정에 따른 결정에 대하여는 즉시항고를 할 수 있다.

제19조(담보제공·공탁 법원) ① 이 법의 규정에 의한 담보의 제공이나 공탁은 채권자나 채무자의 보통재판적(普通裁判籍)이 있는 곳의 지방법원 또는 집행법원에 할 수 있다.

② 당사자가 담보를 제공하거나 공탁을 한 때에는, 법원은 그의 신청에 따라 증명서를 주어야 한다.

③ 이 법에 규정된 담보에는 특별한 규정이 있는 경우를 제외하고는 민사소송법 제122조·제123조·제125조 및 제126조의 규정을 준용한다.

제20조(공공기관의 원조) 법원은 집행을 하기 위하여 필요하면 공공기관에 원조를 요청할 수 있다.

제21조(재판적) 이 법에 정한 재판적(裁判籍)은 전속관할(專屬管轄)로 한다.

제22조(시·군법원의 관할에 대한 특례) 다음 사건은 시·군법원이 있는 곳을 관할하는 지방법원 또는 지방법원지원이 관할한다.

1. 시·군법원에서 성립된 화해·조정(민사조정법 제34조제4항의 규정에 따라 재판상의 화해와 동일한 효력이 있는 결정을 포함한다. 이하 같다) 또는 확정된 지급명령에 관한 집행문부여의 소, 청구에 관한 이의의 소 또는 집행문부여에 대한 이의의 소로서 그 집행권원에서 인정된 권리가 소액사건심판법의 적용대상이 아닌 사건
2. 시·군법원에서 한 보전처분의 집행에 대한 제3자이의의 소
3. 시·군법원에서 성립된 화해·조정에 기초한 대체집행 또는 간접강제
4. 소액사건심판법의 적용대상이 아닌 사건을 본안으로 하는 보전처분

제23조(민사소송법의 준용 등) ① 이 법에 특별한 규정이 있는 경우를 제외하고는 민사집행 및 보전처분의 절차에 관하여는 민사소송법의 규정을 준용한다.

② 이 법에 정한 것 외에 민사집행 및 보전처분의 절차에 관하여 필요한 사항은 대법원규칙으로 정한다.

제 2 편 강제집행

제 1 장 총 칙

제24조(강제집행과 종국판결) 강제집행은 확정된 종국판결(終局判決)이나 가집행의 선고가 있는 종국판결에 기초하여 한다.

제25조(집행력의 주관적 범위) ① 판결이 그 판결에 표시된 당사자 외의 사람에게 효력이 미치는 때에는 그 사람에 대하여 집행하거나 그 사람을 위하여 집행할 수 있다. 다만, 민사소송법 제71조의 규정에 따른 참가인에 대하여는 그러하지 아니하다.

② 제1항의 집행을 위한 집행문(執行文)을 내어 주는데 대하여는 제31조 내지 제33조의 규정을 준용한다.

제26조(외국재판의 강제집행) ① 외국법원의 확정판결 또는 이와 동일한 효력이 인정되는 재판(이하 "확정재판등"이라 한다)에 기초한 강제집행은 대한민국 법원에서 집행판결로 그 강제집행을 허가하여야 할 수 있다. 〈개정 2014. 5. 20.〉

② 집행판결을 청구하는 소(訴)는 채무자의 보통재판적이 있는 곳의 지방법원이 관할하며, 보통재판적이 없는 때에는 민사소송법 제11조의 규정에 따라 채무자에 대한 소를 관할하는 법원이 관할한다.

[제목개정 2014. 5. 20.]

제27조(집행판결) ① 집행판결은 재판의 옳고 그름을 조사하지 아니하고 하여야한다.

② 집행판결을 청구하는 소는 다음 각호 가운데 어느 하나에 해당하면 각하하여야 한다. 〈개정 2014. 5. 20.〉

1. 외국법원의 확정재판등이 확정된 것을 증명하지 아니한 때
2. 외국법원의 확정재판등이 민사소송법 제217조의 조건을 갖추지 아니한 때

제28조(집행력 있는 정본) ① 강제집행은 집행문이 있는 판결정본(이하 "집행력 있는 정본"이라 한다)이 있어야 할 수 있다.

② 집행문은 신청에 따라 제1심 법원의 법원서기관·법원사무관·법원주사 또는 법원주사보(이하 "법원사무관등"이라 한다)가 내어 주며, 소송기록이 상급심에 있는 때에는 그 법원의 법원사무관등이 내어 준다.

③ 집행문을 내어 달라는 신청은 말로 할 수 있다.

제29조(집행문) ① 집행문은 판결정본의 끝에 덧붙여 적는다.

② 집행문에는 "이 정본은 피고 아무개 또는 원고 아무개에 대한 강제집행을 실시하기 위하여 원고 아무개 또는 피고 아무개에게 준다."라고 적고 법원사무관등이 기명날인하여야 한다.

제30조(집행문부여) ① 집행문은 판결이 확정되거나 가집행의 선고가 있는 때에만 내어 준다.

② 판결을 집행하는 데에 조건이 붙어 있어 그 조건이 성취되었음을 채권자가 증명하여야 하는 때에는 이를 증명하는 서류를 제출하여야만 집행문을 내어 준다. 다만, 판결의 집행이 담보의 제공을 조건으로 하는 때에는 그러하지 아니하다.

제31조(승계집행문) ① 집행문은 판결에 표시된 채권자의 승계인을 위하여 내어 주거나 판결에 표시된 채무자의 승계인에 대한 집행을 위하여 내어 줄 수 있다. 다만, 그 승계가 법원에 명백한 사실이거나, 증명서로 승계를 증명한 때에 한한다.

② 제1항의 승계가 법원에 명백한 사실인 때에는 이를 집행문에 적어야 한다.

제32조(재판장의 명령) ① 재판을 집행하는 데에 조건을 붙인 경우와 제31조의 경우에는 집행문은 재판장(합의부의 재판장 또는 단독판사를 말한다. 이하 같다)의 명령이 있어야 내어 준다.

② 재판장은 그 명령에 앞서 서면이나 말로 채무자를 심문(審問) 할 수 있다.

③ 제1항의 명령은 집행문에 적어야 한다.

제33조(집행문부여의 소) 제30조제2항 및 제31조의 규정에 따라 필요한 증명을 할 수 없는 때에는 채권자는 집행문을 내어 달라는 소를 제1심 법원에 제기할 수 있다.

제34조(집행문부여 등에 관한 이의신청) ① 집행문을 내어 달라는 신청에 관한 법원사무관등의 처분에 대하여 이의신청이 있는 경우에는 그 법원사무관등이 속한 법원이 결정으로 재판한다.

② 집행문부여에 대한 이의신청이 있는 경우에는 법원은 제16조제2항의 처분에 준하는 결정을 할 수 있다.

제35조(여러 통의 집행문의 부여) ① 채권자가 여러 통의 집행문을 신청하거나 전에 내어 준 집행문을 돌려주지 아니하고 다시 집행문을 신청한 때에는 재판장의 명령이 있어야만 이를 내어 준다.

② 재판장은 그 명령에 앞서 서면이나 말로 채무자를 심문할 수 있으며, 채무자를 심문하지 아니하고 여러 통의 집행문을 내어 주거나 다시 집행문을 내어 준 때에는 채무자에게 그 사유를 통지하여야 한다.

③ 여러 통의 집행문을 내어 주거나 다시 집행문을 내어 주는 때에는 그 사유를 원본과 집행문에 적어야

한다.

제36조(판결원본에의 기재) 집행문을 내어 주는 경우에는 판결원본 또는 상소심 판결정본에 원고 또는 피고에게 이를 내어 준다는 취지와 그 날짜를 적어야 한다.

제37조(집행력 있는 정본의 효력) 집행력 있는 정본의 효력은 전국 법원의 관할구역에 미친다.

제38조(여러 통의 집행력 있는 정본에 의한 동시집행) 채권자가 한 지역에서 또는 한 가지 방법으로 강제집행을 하여도 모두 변제를 받을 수 없는 때에는 여러 통의 집행력 있는 정본에 의하여 여러 지역에서 또는 여러 가지 방법으로 동시에 강제집행을 할 수 있다.

제39조(집행개시의 요건) ① 강제집행은 이를 신청한 사람과 집행을 받을 사람의 성명이 판결이나 이에 덧붙여 적은 집행문에 표시되어 있고 판결을 이미 송달하였거나 동시에 송달한 때에만 개시할 수 있다.
② 판결의 집행이 그 취지에 따라 채권자가 증명할 사실에 매인 때 또는 판결에 표시된 채권자의 승계인을 위하여 하는 것이거나 판결에 표시된 채무자의 승계인에 대하여 하는 것일 때에는 집행할 판결 외에, 이에 덧붙여 적은 집행문을 강제집행을 개시하기 전에 채무자의 승계인에게 송달하여야 한다.
③ 증명서에 의하여 집행문을 내어 준 때에는 그 증명서의 등본을 강제집행을 개시하기 전에 채무자에게 송달하거나 강제집행과 동시에 송달하여야 한다.

제40조(집행개시의 요건) ① 집행을 받을 사람이 일정한 시일에 이르러야 그 채무를 이행하게 되어 있는 때에는 그 시일이 지난 뒤에 강제집행을 개시할 수 있다.
② 집행이 채권자의 담보제공에 매인 때에는 채권자는 담보를 제공한 증명서류를 제출하여야 한다. 이 경우의 집행은 그 증명서류의 등본을 채무자에게 이미 송달하였거나 동시에 송달하는 때에만 개시할 수 있다.

제41조(집행개시의 요건) ① 반대의무의 이행과 동시에 집행할 수 있다는 것을 내용으로 하는 집행권원의 집행은 채권자가 반대의무의 이행 또는 이행의 제공을 하였다는 것을 증명하여야만 개시할 수 있다.
② 다른 의무의 집행이 불가능한 때에 그에 갈음하여 집행할 수 있다는 것을 내용으로 하는 집행권원의 집행은 채권자가 그 집행이 불가능하다는 것을 증명하여야만 개시할 수 있다.

제42조(집행관에 의한 영수증의 작성·교부) ① 채권자가 집행관에게 집행력 있는 정본을 교부하고 강제집행을 위임한 때에는 집행관은 특별한 권한을 받지 못하였더라도 지급이나 그 밖의 이행을 받고 그에 대한 영수증서를 작성하고 교부할 수 있다. 집행관은 채무자가 그 의무를 완전히 이행한 때에는 집행력 있는 정본을 채무자에게 교부하여야 한다.
② 채무자가 그 의무의 일부를 이행한 때에는 집행관은 집행력 있는 정본에 그 사유를 덧붙여 적고 영수증서를 채무자에게 교부하여야 한다.
③ 채무자의 채권자에 대한 영수증 청구는 제2항의 규정에 의하여 영향을 받지 아니한다.

제43조(집행관의 권한) ① 집행관은 집행력 있는 정본을 가지고 있으면 채무자와 제3자에 대하여 강제집행을 하고 제42조에 규정된 행위를 할 수 있는 권한을 가지며, 채권자는 그에 대하여 위임의 흠이나 제한을 주장하지 못한다.
② 집행관은 집행력 있는 정본을 가지고 있다가 관계인이 요청할 때에는 그 자격을 증명하기 위하여 이를 내보여야 한다.

제44조(청구에 관한 이의의 소) ① 채무자가 판결에 따라 확정된 청구에 관하여 이의하려면 제1심 판결법원에 청구에 관한 이의의 소를 제기하여야 한다.

② 제1항의 이의는 그 이유가 변론이 종결된 뒤(변론 없이 한 판결의 경우에는 판결이 선고된 뒤)에 생긴 것이어야 한다.
③ 이의이유가 여러 가지인 때에는 동시에 주장하여야 한다.

제45조(집행문부여에 대한 이의의 소) 제30조제2항과 제31조의 경우에 채무자가 집행문부여에 관하여 증명된 사실에 의한 판결의 집행력을 다투거나, 인정된 승계에 의한 판결의 집행력을 다투는 때에는 제44조의 규정을 준용한다. 다만, 이 경우에도 제34조의 규정에 따라 집행문부여에 대하여 이의를 신청할 수 있는 채무자의 권한은 영향을 받지 아니한다.

제46조(이의의 소와 잠정처분) ① 제44조 및 제45조의 이의의 소는 강제집행을 계속하여 진행하는 데에는 영향을 미치지 아니한다.
② 제1항의 이의를 주장한 사유가 법률상 정당한 이유가 있다고 인정되고, 사실에 대한 소명(疎明)이 있을 때에는 수소법원(受訴法院)은 당사자의 신청에 따라 판결이 있을 때까지 담보를 제공하게 하거나 담보를 제공하게 하지 아니하고 강제집행을 정지하도록 명할 수 있으며, 담보를 제공하게 하고 그 집행을 계속하도록 명하거나 실시한 집행처분을 취소하도록 명할 수 있다.
③ 제2항의 재판은 변론 없이 하며 급박한 경우에는 재판장이 할 수 있다.
④ 급박한 경우에는 집행법원이 제2항의 권한을 행사할 수 있다. 이 경우 집행법원은 상당한 기간 이내에 제2항에 따른 수소법원의 재판서를 제출하도록 명하여야 한다.
⑤ 제4항 후단의 기간을 넘긴 때에는 채권자의 신청에 따라 강제집행을 계속하여 진행한다.

제47조(이의의 재판과 잠정처분) ① 수소법원은 이의의 소의 판결에서 제46조의 명령을 내리고 이미 내린 명령을 취소·변경 또는 인가할 수 있다.
② 판결중 제1항에 규정된 사항에 대하여는 직권으로 가집행의 선고를 하여야 한다.
③ 제2항의 재판에 대하여는 불복할 수 없다.

제48조(제3자이의의 소) ① 제3자가 강제집행의 목적물에 대하여 소유권이 있다고 주장하거나 목적물의 양도나 인도를 막을 수 있는 권리가 있다고 주장하는 때에는 채권자를 상대로 그 강제집행에 대한 이의의 소를 제기할 수 있다. 다만, 채무자가 그 이의를 다투는 때에는 채무자를 공동피고로 할 수 있다.
② 제1항의 소는 집행법원이 관할한다. 다만, 소송물이 단독판사의 관할에 속하지 아니할 때에는 집행법원이 있는 곳을 관할하는 지방법원의 합의부가 이를 관할한다.
③ 강제집행의 정지와 이미 실시한 집행처분의 취소에 대하여는 제46조 및 제47조의 규정을 준용한다. 다만, 집행처분을 취소할 때에는 담보를 제공하게 하지 아니할 수 있다.

제49조(집행의 필수적 정지·제한) 강제집행은 다음 각호 가운데 어느 하나에 해당하는 서류를 제출한 경우에 정지하거나 제한하여야 한다.

1. 집행할 판결 또는 그 가집행을 취소하는 취지나, 강제집행을 허가하지 아니하거나 그 정지를 명하는 취지 또는 집행처분의 취소를 명한 취지를 적은 집행력 있는 재판의 정본
2. 강제집행의 일시정지를 명한 취지를 적은 재판의 정본
3. 집행을 면하기 위하여 담보를 제공한 증명서류
4. 집행할 판결이 있은 뒤에 채권자가 변제를 받았거나, 의무이행을 미루도록 승낙한 취지를 적은 증서
5. 집행할 판결, 그 밖의 재판이 소의 취하 등의 사유로 효력을 잃었다는 것을 증명하는 조서등본 또는 법원사무관등이 작성한 증서
6. 강제집행을 하지 아니한다거나 강제집행의 신청이나 위임을 취하한다는 취지를 적은 화해조서(和解調書)의 정본 또는 공정증서(公正證書)의 정본

제50조(집행처분의 취소·일시유지) ① 제49조제1호·제3호·제5호 및 제6호의 경우에는 이미 실시한 집행처분을 취소하여야 하며, 같은 조 제2호 및 제4호의 경우에는 이미 실시한 집행처분을 일시적으로 유지하게 하여야 한다.

② 제1항에 따라 집행처분을 취소하는 경우에는 제17조의 규정을 적용하지 아니한다.

제51조(변제증서 등의 제출에 의한 집행정지의 제한) ① 제49조제4호의 증서 가운데 변제를 받았다는 취지를 적은 증서를 제출하여 강제집행이 정지되는 경우 그 정지기간은 2월로 한다.

② 제49조제4호의 증서 가운데 의무이행을 미루도록 승낙하였다는 취지를 적은 증서를 제출하여 강제집행이 정지되는 경우 그 정지는 2회에 한하며 통산하여 6월을 넘길 수 없다.

제52조(집행을 개시한 뒤 채무자가 죽은 경우) ① 강제집행을 개시한 뒤에 채무자가 죽은 때에는 상속재산에 대하여 강제집행을 계속하여 진행한다.

② 채무자에게 알려야 할 집행행위를 실시할 경우에 상속인이 없거나 상속인이 있는 곳이 분명하지 아니하면 집행법원은 채권자의 신청에 따라 상속재산 또는 상속인을 위하여 특별대리인을 선임하여야 한다.

③ 제2항의 특별대리인에 관하여는「민사소송법」제62조제2항부터 제5항까지의 규정을 준용한다. 〈개정 2016. 2. 3.〉

제53조(집행비용의 부담) ① 강제집행에 필요한 비용은 채무자가 부담하고 그 집행에 의하여 우선적으로 변상을 받는다.

② 강제집행의 기초가 된 판결이 파기된 때에는 채권자는 제1항의 비용을 채무자에게 변상하여야 한다.

제54조(군인·군무원에 대한 강제집행) ① 군인·군무원에 대하여 병영·군사용 청사 또는 군용 선박에서 강제집행을 할 경우 법원은 채권자의 신청에 따라 군판사 또는 부대장(部隊長)이나 선장에게 촉탁하여 이를 행한다.

② 촉탁에 따라 압류한 물건은 채권자가 위임한 집행관에게 교부하여야 한다.

제55조(외국에서 할 집행) ① 외국에서 강제집행을 할 경우에 그 외국 공공기관의 법률상 공조를 받을 수 있는 때에는 제1심 법원이 채권자의 신청에 따라 외국 공공기관에 이를 촉탁하여야 한다.

② 외국에 머물고 있는 대한민국 영사(領事)에 의하여 강제집행을 할 수 있는 때에는 제1심 법원은 그 영사에게 이를 촉탁하여야 한다.

제56조(그 밖의 집행권원) 강제집행은 다음 가운데 어느 하나에 기초하여서도 실시할 수 있다.

1. 항고로만 불복할 수 있는 재판
2. 가집행의 선고가 내려진 재판
3. 확정된 지급명령
4. 공증인이 일정한 금액의 지급이나 대체물 또는 유가증권의 일정한 수량의 급여를 목적으로 하는 청구에 관하여 작성한 공정증서로서 채무자가 강제집행을 승낙한 취지가 적혀 있는 것
5. 소송상 화해, 청구의 인낙(認諾) 등 그 밖에 확정판결과 같은 효력을 가지는 것

제57조(준용규정) 제56조의 집행권원에 기초한 강제집행에 대하여는 제58조 및 제59조에서 규정하는 바를 제외하고는 제28조 내지 제55조의 규정을 준용한다.

제58조(지급명령과 집행) ① 확정된 지급명령에 기한 강제집행은 집행문을 부여받을 필요없이 지급명령 정본에 의하여 행한다. 다만, 다음 각호 가운데 어느 하나에 해당하는 경우에는 그러하지 아니하다.

1. 지급명령의 집행에 조건을 붙인 경우
2. 당사자의 승계인을 위하여 강제집행을 하는 경우

3. 당사자의 승계인에 대하여 강제집행을 하는 경우

② 채권자가 여러 통의 지급명령 정본을 신청하거나, 전에 내어준 지급명령 정본을 돌려주지 아니하고 다시 지급명령 정본을 신청한 때에는 법원사무관등이 이를 부여한다. 이 경우 그 사유를 원본과 정본에 적어야 한다.

③ 청구에 관한 이의의 주장에 대하여는 제44조제2항의 규정을 적용하지 아니한다.

④ 집행문부여의 소, 청구에 관한 이의의 소 또는 집행문부여에 대한 이의의 소는 지급명령을 내린 지방법원이 관할한다.

⑤ 제4항의 경우에 그 청구가 합의사건인 때에는 그 법원이 있는 곳을 관할하는 지방법원의 합의부에서 재판한다.

제59조(공정증서와 집행) ① 공증인이 작성한 증서의 집행문은 그 증서를 보존하는 공증인이 내어 준다.

② 집행문을 내어 달라는 신청에 관한 공증인의 처분에 대하여 이의신청이 있는 때에는 그 공증인의 사무소가 있는 곳을 관할하는 지방법원 단독판사가 결정으로 재판한다.

③ 청구에 관한 이의의 주장에 대하여는 제44조제2항의 규정을 적용하지 아니한다.

④ 집행문부여의 소, 청구에 관한 이의의 소 또는 집행문부여에 대한 이의의 소는 채무자의 보통재판적이 있는 곳의 법원이 관할한다. 다만, 그러한 법원이 없는 때에는 민사소송법 제11조의 규정에 따라 채무자에 대하여 소를 제기할 수 있는 법원이 관할한다.

제60조(과태료의 집행) ① 과태료의 재판은 검사의 명령으로 집행한다.

② 제1항의 명령은 집행력 있는 집행권원과 같은 효력을 가진다.

제 2 장 금전채권에 기초한 강제집행

제 1 절 재산명시절차 등

제61조(재산명시신청) ① 금전의 지급을 목적으로 하는 집행권원에 기초하여 강제집행을 개시할 수 있는 채권자는 채무자의 보통재판적이 있는 곳의 법원에 채무자의 재산명시를 요구하는 신청을 할 수 있다. 다만, 민사소송법 제213조에 따른 가집행의 선고가 붙은 판결 또는 같은 조의 준용에 따른 가집행의 선고가 붙어 집행력을 가지는 집행권원의 경우에는 그러하지 아니하다.

② 제1항의 신청에는 집행력 있는 정본과 강제집행을 개시하는데 필요한 문서를 붙여야 한다.

제62조(재산명시신청에 대한 재판) ① 재산명시신청에 정당한 이유가 있는 때에는 법원은 채무자에게 재산상태를 명시한 재산목록을 제출하도록 명할 수 있다.

② 재산명시신청에 정당한 이유가 없거나, 채무자의 재산을 쉽게 찾을 수 있다고 인정한 때에는 법원은 결정으로 이를 기각하여야 한다.

③ 제1항 및 제2항의 재판은 채무자를 심문하지 아니하고 한다.

④ 제1항의 결정은 신청한 채권자 및 채무자에게 송달하여야 하고, 채무자에 대한 송달에서는 결정에 따르지 아니할 경우 제68조에 규정된 제재를 받을 수 있음을 함께 고지하여야 한다.

⑤ 제4항의 규정에 따라 채무자에게 하는 송달은 민사소송법 제187조 및 제194조에 의한 방법으로는 할 수 없다.

⑥ 제1항의 결정이 채무자에게 송달되지 아니한 때에는 법원은 채권자에게 상당한 기간을 정하여 그 기간 이내에 채무자의 주소를 보정하도록 명하여야 한다.

⑦ 채권자가 제6항의 명령을 받고도 이를 이행하지 아니한 때에는 법원은 제1항의 결정을 취소하고 재산명시신청을 각하하여야 한다.

⑧ 제2항 및 제7항의 결정에 대하여는 즉시항고를 할 수 있다.

⑨ 채무자는 제1항의 결정을 송달받은 뒤 송달장소를 바꾼 때에는 그 취지를 법원에 바로 신고하여야 하며, 그러한 신고를 하지 아니한 경우에는 민사소송법 제185조제2항 및 제189조의 규정을 준용한다.

제63조(재산명시명령에 대한 이의신청) ① 채무자는 재산명시명령을 송달받은 날부터 1주 이내에 이의신청을 할 수 있다.

② 채무자가 제1항에 따라 이의신청을 한 때에는 법원은 이의신청사유를 조사할 기일을 정하고 채권자와 채무자에게 이를 통지하여야 한다.

③ 이의신청에 정당한 이유가 있는 때에는 법원은 결정으로 재산명시명령을 취소하여야 한다.

④ 이의신청에 정당한 이유가 없거나 채무자가 정당한 사유 없이 기일에 출석하지 아니한 때에는 법원은 결정으로 이의신청을 기각하여야 한다.

⑤ 제3항 및 제4항의 결정에 대하여는 즉시항고를 할 수 있다.

제64조(재산명시기일의 실시) ① 재산명시명령에 대하여 채무자의 이의신청이 없거나 이를 기각한 때에는 법원은 재산명시를 위한 기일을 정하여 채무자에게 출석하도록 요구하여야 한다. 이 기일은 채권자에게도 통지하여야 한다.

② 채무자는 제1항의 기일에 강제집행의 대상이 되는 재산과 다음 각호의 사항을 명시한 재산목록을 제출하여야 한다.

1. 재산명시명령이 송달되기 전 1년 이내에 채무자가 한 부동산의 유상양도(有償讓渡)
2. 재산명시명령이 송달되기 전 1년 이내에 채무자가 배우자, 직계혈족 및 4촌 이내의 방계혈족과 그 배우자, 배우자의 직계혈족과 형제자매에게 한 부동산 외의 재산의 유상양도
3. 재산명시명령이 송달되기 전 2년 이내에 채무자가 한 재산상 무상처분(無償處分). 다만, 의례적인 선물은 제외한다.

③ 재산목록에 적을 사항과 범위는 대법원규칙으로 정한다.

④ 제1항의 기일에 출석한 채무자가 3월 이내에 변제할 수 있음을 소명한 때에는 법원은 그 기일을 3월의 범위내에서 연기할 수 있으며, 채무자가 새 기일에 채무액의 3분의 2 이상을 변제하였음을 증명하는 서류를 제출한 때에는 다시 1월의 범위내에서 연기할 수 있다.

제65조(선서) ① 채무자는 재산명시기일에 재산목록이 진실하다는 것을 선서하여야한다.

② 제1항의 선서에 관하여는 민사소송법 제320조 및 제321조의 규정을 준용한다. 이경우 선서서(宣誓書)에는 다음과 같이 적어야 한다.

"양심에 따라 사실대로 재산목록을 작성하여 제출하였으며, 만일 숨긴 것이나 거짓 작성한 것이 있으면 처벌을 받기로 맹세합니다."

제66조(재산목록의 정정) ① 채무자는 명시기일에 제출한 재산목록에 형식적인 흠이 있거나 불명확한 점이 있는 때에는 제65조의 규정에 의한 선서를 한 뒤라도 법원의 허가를 얻어 이미 제출한 재산목록을 정정할 수 있다.

② 제1항의 허가에 관한 결정에 대하여는 즉시항고를 할 수 있다.

제67조(재산목록의 열람·복사) 채무자에 대하여 강제집행을 개시할 수 있는 채권자는 재산목록을 보거나 복사할 것을 신청할 수 있다.

제68조(채무자의 감치 및 벌칙) ① 채무자가 정당한 사유 없이 다음 각호 가운데 어느 하나에 해당하는 행위를 한 경우에는 법원은 결정으로 20일 이내의 감치(監置)에 처한다.

1. 명시기일 불출석

2. 재산목록 제출 거부
3. 선서 거부

② 채무자가 법인 또는 민사소송법 제52조의 사단이나 재단인 때에는 그 대표자 또는 관리인을 감치에 처한다.

③ 법원은 감치재판기일에 채무자를 소환하여 제1항 각호의 위반행위에 대하여 정당한 사유가 있는지 여부를 심리하여야 한다.

④ 제1항의 결정에 대하여는 즉시항고를 할 수 있다.

⑤ 채무자가 감치의 집행중에 재산명시명령을 이행하겠다고 신청한 때에는 법원은 바로 명시기일을 열어야 한다.

⑥ 채무자가 제5항의 명시기일에 출석하여 재산목록을 내고 선서하거나 신청채권자에 대한 채무를 변제하고 이를 증명하는 서면을 낸 때에는 법원은 바로 감치결정을 취소하고 그 채무자를 석방하도록 명하여야 한다.

⑦ 제5항의 명시기일은 신청채권자에게 통지하지 아니하고도 실시할 수 있다. 이 경우 제6항의 사실을 채권자에게 통지하여야 한다.

⑧ 제1항 내지 제7항의 규정에 따른 재판절차 및 그 집행 그 밖에 필요한 사항은 대법원규칙으로 정한다.

⑨ 채무자가 거짓의 재산목록을 낸 때에는 3년 이하의 징역 또는 500만원 이하의 벌금에 처한다.

⑩ 채무자가 법인 또는 민사소송법 제52조의 사단이나 재단인 때에는 그 대표자 또는 관리인을 제9항의 규정에 따라 처벌하고, 채무자는 제9항의 벌금에 처한다.

제69조(명시신청의 재신청) 재산명시신청이 기각·각하된 경우에는 그 명시신청을 한 채권자는 기각·각하사유를 보완하지 아니하고서는 같은 집행권원으로 다시 재산명시신청을 할 수 없다.

제70조(채무불이행자명부 등재신청) ① 채무자가 다음 각호 가운데 어느 하나에 해당하면 채권자는 그 채무자를 채무불이행자명부(債務不履行者名簿)에 올리도록 신청할 수 있다.

1. 금전의 지급을 명한 집행권원이 확정된 후 또는 집행권원을 작성한 후 6월 이내에 채무를 이행하지 아니하는 때. 다만, 제61조제1항 단서에 규정된 집행권원의 경우를 제외한다.
2. 제68조제1항 각호의 사유 또는 같은 조제9항의 사유 가운데 어느 하나에 해당하는 때

② 제1항의 신청을 할 때에는 그 사유를 소명하여야 한다.

③ 제1항의 신청에 대한 재판은 제1항제1호의 경우에는 채무자의 보통재판적이 있는 곳의 법원이 관할하고, 제1항제2호의 경우에는 재산명시절차를 실시한 법원이 관할한다.

제71조(등재신청에 대한 재판) ① 제70조의 신청에 정당한 이유가 있는 때에는 법원은 채무자를 채무불이행자명부에 올리는 결정을 하여야 한다.

② 등재신청에 정당한 이유가 없거나 쉽게 강제집행할 수 있다고 인정할 만한 명백한 사유가 있는 때에는 법원은 결정으로 이를 기각하여야 한다.

③ 제1항 및 제2항의 재판에 대하여는 즉시항고를 할 수 있다. 이 경우 민사소송법 제447조의 규정은 준용하지 아니한다.

제72조(명부의 비치) ① 채무불이행자명부는 등재결정을 한 법원에 비치한다.

② 법원은 채무불이행자명부의 부본을 채무자의 주소지(채무자가 법인인 경우에는 주된 사무소가 있는 곳) 시(구가 설치되지 아니한 시를 말한다. 이하 같다)·구·읍·면의 장(도농복합형태의 시의 경우 동지역은 시·구의 장, 읍·면지역은 읍·면의 장으로 한다. 이하 같다)에게 보내야 한다.

③ 법원은 채무불이행자명부의 부본을 대법원규칙이 정하는 바에 따라 일정한 금융기관의 장이나 금융

기관 관련단체의 장에게 보내어 채무자에 대한 신용정보로 활용하게 할 수 있다.

④ 채무불이행자명부나 그 부본은 누구든지 보거나 복사할 것을 신청할 수 있다.

⑤ 채무불이행자명부는 인쇄물 등으로 공표되어서는 아니된다.

제73조(명부등재의 말소) ① 변제, 그 밖의 사유로 채무가 소멸되었다는 것이 증명된 때에는 법원은 채무자의 신청에 따라 채무불이행자명부에서 그 이름을 말소하는 결정을 하여야 한다.

② 채권자는 제1항의 결정에 대하여 즉시항고를 할 수 있다. 이 경우 민사소송법 제447조의 규정은 준용하지 아니한다.

③ 채무불이행자명부에 오른 다음 해부터 10년이 지난 때에는 법원은 직권으로 그 명부에 오른 이름을 말소하는 결정을 하여야 한다.

④ 제1항과 제3항의 결정을 한 때에는 그 취지를 채무자의 주소지(채무자가 법인인 경우에는 주된 사무소가 있는 곳) 시·구·읍·면의 장 및 제72조제3항의 규정에 따라 채무불이행자명부의 부본을 보낸 금융기관 등의 장에게 통지하여야 한다.

⑤ 제4항의 통지를 받은 시·구·읍·면의 장 및 금융기관 등의 장은 그 명부의 부본에 오른 이름을 말소하여야 한다.

제74조(재산조회) ① 재산명시절차의 관할 법원은 다음 각호의 어느 하나에 해당하는 경우에는 그 재산명시를 신청한 채권자의 신청에 따라 개인의 재산 및 신용에 관한 전산망을 관리하는 공공기관·금융기관·단체 등에 채무자명의의 재산에 관하여 조회할 수 있다. 〈개정 2005. 1. 27.〉

1. 재산명시절차에서 채권자가 제62조제6항의 규정에 의한 주소보정명령을 받고도 민사소송법 제194조제1항의 규정에 의한 사유로 인하여 채권자가 이를 이행할 수 없었던 것으로 인정되는 경우
2. 재산명시절차에서 채무자가 제출한 재산목록의 재산만으로는 집행채권의 만족을 얻기에 부족한 경우
3. 재산명시절차에서 제68조제1항 각호의 사유 또는 동조제9항의 사유가 있는 경우

② 채권자가 제1항의 신청을 할 경우에는 조회할 기관·단체를 특정하여야 하며 조회에 드는 비용을 미리 내야 한다.

③ 법원이 제1항의 규정에 따라 조회할 경우에는 채무자의 인적 사항을 적은 문서에 의하여 해당 기관·단체의 장에게 채무자의 재산 및 신용에 관하여 그 기관·단체가 보유하고 있는 자료를 한꺼번에 모아 제출하도록 요구할 수 있다.

④ 공공기관·금융기관·단체 등은 정당한 사유 없이 제1항 및 제3항의 조회를 거부하지 못한다.

제75조(재산조회의 결과 등) ① 법원은 제74조제1항 및 제3항의 규정에 따라 조회한 결과를 채무자의 재산목록에 준하여 관리하여야 한다.

② 제74조제1항 및 제3항의 조회를 받은 기관·단체의 장이 정당한 사유 없이 거짓 자료를 제출하거나 자료를 제출할 것을 거부한 때에는 결정으로 500만원 이하의 과태료에 처한다.

③ 제2항의 결정에 대하여는 즉시항고를 할 수 있다.

제76조(벌칙) ① 누구든지 재산조회의 결과를 강제집행 외의 목적으로 사용하여서는 아니된다.

② 제1항의 규정에 위반한 사람은 2년 이하의 징역 또는 500만원 이하의 벌금에 처한다.

제77조(대법원규칙) 제74조제1항 및 제3항의 규정에 따라 조회를 할 공공기관·금융기관·단체 등의 범위 및 조회절차, 제74조제2항의 규정에 따라 채권자가 내야 할 비용, 제75조제1항의 규정에 따른 조회결과의 관리에 관한 사항, 제75조제2항의 규정에 의한 과태료의 부과절차 등은 대법원규칙으로 정한다.

제2절 부동산에 대한 강제집행

제1관 통 칙

제78조(집행방법) ① 부동산에 대한 강제집행은 채권자의 신청에 따라 법원이 한다.

② 강제집행은 다음 각호의 방법으로 한다.

1. 강제경매
2. 강제관리

③ 채권자는 자기의 선택에 의하여 제2항 각호 가운데 어느 한 가지 방법으로 집행하게 하거나 두 가지 방법을 함께 사용하여 집행하게 할 수 있다.

④ 강제관리는 가압류를 집행할 때에도 할 수 있다.

제79조(집행법원) ① 부동산에 대한 강제집행은 그 부동산이 있는 곳의 지방법원이 관할한다.

② 부동산이 여러 지방법원의 관할구역에 있는 때에는 각 지방법원에 관할권이 있다. 이 경우 법원이 필요하다고 인정한 때에는 사건을 다른 관할 지방법원으로 이송할 수 있다.

제2관 강제경매

제80조(강제경매신청서) 강제경매신청서에는 다음 각호의 사항을 적어야 한다.

1. 채권자·채무자와 법원의 표시
2. 부동산의 표시
3. 경매의 이유가 된 일정한 채권과 집행할 수 있는 일정한 집행권원

제81조(첨부서류) ① 강제경매신청서에는 집행력 있는 정본 외에 다음 각호 가운데 어느 하나에 해당하는 서류를 붙여야 한다. 〈개정 2011. 4. 12.〉

1. 채무자의 소유로 등기된 부동산에 대하여는 등기사항증명서
2. 채무자의 소유로 등기되지 아니한 부동산에 대하여는 즉시 채무자명의로 등기할 수 있다는 것을 증명할 서류. 다만, 그 부동산이 등기되지 아니한 건물인 경우에는 그 건물이 채무자의 소유임을 증명할 서류, 그 건물의 지번·구조·면적을 증명할 서류 및 그 건물에 관한 건축허가 또는 건축신고를 증명할 서류

② 채권자는 공적 장부를 주관하는 공공기관에 제1항제2호 단서의 사항들을 증명하여 줄 것을 청구할 수 있다.

③ 제1항제2호 단서의 경우에 건물의 지번·구조·면적을 증명하지 못한 때에는, 채권자는 경매신청과 동시에 그 조사를 집행법원에 신청할 수 있다.

④ 제3항의 경우에 법원은 집행관에게 그 조사를 하게 하여야 한다.

⑤ 강제관리를 하기 위하여 이미 부동산을 압류한 경우에 그 집행기록에 제1항 각호 가운데 어느 하나에 해당하는 서류가 붙어 있으면 다시 그 서류를 붙이지 아니할 수 있다.

제82조(집행관의 권한) ① 집행관은 제81조제4항의 조사를 위하여 건물에 출입할 수 있고, 채무자 또는 건물을 점유하는 제3자에게 질문하거나 문서를 제시하도록 요구할 수 있다.

② 집행관은 제1항의 규정에 따라 건물에 출입하기 위하여 필요한 때에는 잠긴 문을 여는 등 적절한 처분을 할 수 있다.

제83조(경매개시결정 등) ① 경매절차를 개시하는 결정에는 동시에 그 부동산의 압류를 명하여야 한다.

② 압류는 부동산에 대한 채무자의 관리·이용에 영향을 미치지 아니한다.

③ 경매절차를 개시하는 결정을 한 뒤에는 법원은 직권으로 또는 이해관계인의 신청에 따라 부동산에 대한 침해행위를 방지하기 위하여 필요한 조치를 할 수 있다.
④ 압류는 채무자에게 그 결정이 송달된 때 또는 제94조의 규정에 따른 등기가 된 때에 효력이 생긴다.
⑤ 강제경매신청을 기각하거나 각하하는 재판에 대하여는 즉시항고를 할 수 있다.

第84條(배당요구의 종기결정 및 공고) ① 경매개시결정에 따른 압류의 효력이 생긴 때(그 경매개시결정전에 다른 경매개시결정이 있은 경우를 제외한다)에는 집행법원은 절차에 필요한 기간을 고려하여 배당요구를 할 수 있는 종기(終期)를 첫 매각기일 이전으로 정한다. 〈개정 2022. 1. 4.〉
② 배당요구의 종기가 정하여진 때에는 법원은 경매개시결정을 한 취지 및 배당요구의 종기를 공고하고, 제91조제4항 단서의 전세권자 및 법원에 알려진 제88조제1항의 채권자에게 이를 고지하여야 한다.
③ 제1항의 배당요구의 종기결정 및 제2항의 공고는 경매개시결정에 따른 압류의 효력이 생긴 때부터 1주 이내에 하여야 한다.
④ 법원사무관등은 제148조제3호 및 제4호의 채권자 및 조세, 그 밖의 공과금을 주관하는 공공기관에 대하여 채권의 유무, 그 원인 및 액수(원금·이자·비용, 그 밖의 부대채권(附帶債權)을 포함한다)를 배당요구의 종기까지 법원에 신고하도록 최고하여야 한다.
⑤ 제148조제3호 및 제4호의 채권자가 제4항의 최고에 대한 신고를 하지 아니한 때에는 그 채권자의 채권액은 등기사항증명서 등 집행기록에 있는 서류와 증빙(證憑)에 따라 계산한다. 이 경우 다시 채권액을 추가하지 못한다. 〈개정 2011. 4. 12.〉
⑥ 법원은 특별히 필요하다고 인정하는 경우에는 배당요구의 종기를 연기할 수 있다.
⑦ 제6항의 경우에는 제2항 및 제4항의 규정을 준용한다. 다만, 이미 배당요구 또는 채권신고를 한 사람에 대하여는 같은 항의 고지 또는 최고를 하지 아니한다.

第85條(현황조사) ① 법원은 경매개시결정을 한 뒤에 바로 집행관에게 부동산의 현상, 점유관계, 차임(借賃) 또는 보증금의 액수, 그 밖의 현황에 관하여 조사하도록 명하여야 한다.
② 집행관이 제1항의 규정에 따라 부동산을 조사할 때에는 그 부동산에 대하여 제82조에 규정된 조치를 할 수 있다.

第86條(경매개시결정에 대한 이의신청) ① 이해관계인은 매각대금이 모두 지급될 때까지 법원에 경매개시결정에 대한 이의신청을 할 수 있다.
② 제1항의 신청을 받은 법원은 제16조제2항에 준하는 결정을 할 수 있다.
③ 제1항의 신청에 관한 재판에 대하여 이해관계인은 즉시항고를 할 수 있다.

第87條(압류의 경합) ① 강제경매절차 또는 담보권 실행을 위한 경매절차를 개시하는 결정을 한 부동산에 대하여 다른 강제경매의 신청이 있는 때에는 법원은 다시 경매개시결정을 하고, 먼저 경매개시결정을 한 집행절차에 따라 경매한다.
② 먼저 경매개시결정을 한 경매신청이 취하되거나 그 절차가 취소된 때에는 법원은 제91조제1항의 규정에 어긋나지 아니하는 한도 안에서 뒤의 경매개시결정에 따라 절차를 계속 진행하여야 한다.
③ 제2항의 경우에 뒤의 경매개시결정이 배당요구의 종기 이후의 신청에 의한 것인 때에는 집행법원은 새로이 배당요구를 할 수 있는 종기를 정하여야 한다. 이 경우 이미 제84조제2항 또는 제4항의 규정에 따라 배당요구 또는 채권신고를 한 사람에 대하여는 같은 항의 고지 또는 최고를 하지 아니한다.
④ 먼저 경매개시결정을 한 경매절차가 정지된 때에는 법원은 신청에 따라 결정으로 뒤의 경매개시결정(배당요구의 종기까지 행하여진 신청에 의한 것에 한한다)에 기초하여 절차를 계속하여 진행할 수 있다. 다만, 먼저 경매개시결정을 한 경매절차가 취소되는 경우 제105조제1항제3호의 기재사항이 바뀔 때에는

그러하지 아니하다.

⑤ 제4항의 신청에 대한 재판에 대하여는 즉시항고를 할 수 있다.

第88조(배당요구) ① 집행력 있는 정본을 가진 채권자, 경매개시결정이 등기된 뒤에 가압류를 한 채권자, 민법·상법, 그 밖의 법률에 의하여 우선변제청구권이 있는 채권자는 배당요구를 할 수 있다.

② 배당요구에 따라 매수인이 인수하여야 할 부담이 바뀌는 경우 배당요구를 한 채권자는 배당요구의 종기가 지난 뒤에 이를 철회하지 못한다.

第89조(이중경매신청 등의 통지) 법원은 제87조제1항 및 제88조제1항의 신청이 있는 때에는 그 사유를 이해관계인에게 통지하여야 한다.

第90조(경매절차의 이해관계인) 경매절차의 이해관계인은 다음 각호의 사람으로한다.

1. 압류채권자와 집행력 있는 정본에 의하여 배당을 요구한 채권자
2. 채무자 및 소유자
3. 등기부에 기입된 부동산 위의 권리자
4. 부동산 위의 권리자로서 그 권리를 증명한 사람

第91조(인수주의와 잉여주의의 선택 등) ① 압류채권자의 채권에 우선하는 채권에 관한 부동산의 부담을 매수인에게 인수하게 하거나, 매각대금으로 그 부담을 변제하는 데 부족하지 아니하다는 것이 인정된 경우가 아니면 그 부동산을 매각하지못한다.

② 매각부동산 위의 모든 저당권은 매각으로 소멸된다.

③ 지상권·지역권·전세권 및 등기된 임차권은 저당권·압류채권·가압류채권에 대항할 수 없는 경우에는 매각으로 소멸된다.

④ 제3항의 경우 외의 지상권·지역권·전세권 및 등기된 임차권은 매수인이 인수한다. 다만, 그중 전세권의 경우에는 전세권자가 제88조에 따라 배당요구를 하면 매각으로 소멸된다.

⑤ 매수인은 유치권자(留置權者)에게 그 유치권(留置權)으로 담보하는 채권을 변제할 책임이 있다.

第92조(제3자와 압류의 효력) ① 제3자는 권리를 취득할 때에 경매신청 또는 압류가 있다는 것을 알았을 경우에는 압류에 대항하지 못한다.

② 부동산이 압류채권을 위하여 의무를 진 경우에는 압류한 뒤 소유권을 취득한 제3자가 소유권을 취득할 때에 경매신청 또는 압류가 있다는 것을 알지 못하였더라도 경매절차를 계속하여 진행하여야 한다.

第93조(경매신청의 취하) ① 경매신청이 취하되면 압류의 효력은 소멸된다.

② 매수신고가 있은 뒤 경매신청을 취하하는 경우에는 최고가매수신고인 또는 매수인과 제114조의 차순위매수신고인의 동의를 받아야 그 효력이 생긴다.

③ 제49조제3호 또는 제6호의 서류를 제출하는 경우에는 제1항 및 제2항의 규정을, 제49조제4호의 서류를 제출하는 경우에는 제2항의 규정을 준용한다.

第94조(경매개시결정의 등기) ① 법원이 경매개시결정을 하면 법원사무관등은 즉시 그 사유를 등기부에 기입하도록 등기관(登記官)에게 촉탁하여야 한다.

② 등기관은 제1항의 촉탁에 따라 경매개시결정사유를 기입하여야 한다.

第95조(등기사항증명서의 송부) 등기관은 제94조에 따라 경매개시결정사유를 등기부에 기입한 뒤 그 등기사항증명서를 법원에 보내야 한다. 〈개정 2011. 4. 12.〉

[제목개정 2011. 4. 12.]

제96조(부동산의 멸실 등으로 말미암은 경매취소) ① 부동산이 없어지거나 매각 등으로 말미암아 권리를 이전할 수 없는 사정이 명백하게 된 때에는 법원은 강제경매의 절차를 취소하여야 한다.

② 제1항의 취소결정에 대하여는 즉시항고를 할 수 있다.

제97조(부동산의 평가와 최저매각가격의 결정) ① 법원은 감정인(鑑定人)에게 부동산을 평가하게 하고 그 평가액을 참작하여 최저매각가격을 정하여야 한다.

② 감정인은 제1항의 평가를 위하여 필요하면 제82조제1항에 규정된 조치를 할 수 있다.

③ 감정인은 제7조의 규정에 따라 집행관의 원조를 요구하는 때에는 법원의 허가를 얻어야 한다.

제98조(일괄매각결정) ① 법원은 여러 개의 부동산의 위치·형태·이용관계 등을 고려하여 이를 일괄매수하게 하는 것이 알맞다고 인정하는 경우에는 직권으로 또는 이해관계인의 신청에 따라 일괄매각하도록 결정할 수 있다.

② 법원은 부동산을 매각할 경우에 그 위치·형태·이용관계 등을 고려하여 다른 종류의 재산(금전채권을 제외한다)을 그 부동산과 함께 일괄매수하게 하는 것이 알맞다고 인정하는 때에는 직권으로 또는 이해관계인의 신청에 따라 일괄매각하도록 결정할 수 있다.

③ 제1항 및 제2항의 결정은 그 목적물에 대한 매각기일 이전까지 할 수 있다.

제99조(일괄매각사건의 병합) ① 법원은 각각 경매신청된 여러 개의 재산 또는 다른 법원이나 집행관에 계속된 경매사건의 목적물에 대하여 제98조제1항 또는 제2항의 결정을 할 수 있다.

② 다른 법원이나 집행관에 계속된 경매사건의 목적물의 경우에 그 다른 법원 또는 집행관은 그 목적물에 대한 경매사건을 제1항의 결정을 한 법원에 이송한다.

③ 제1항 및 제2항의 경우에 법원은 그 경매사건들을 병합한다.

제100조(일괄매각사건의 관할) 제98조 및 제99조의 경우에는 민사소송법 제31조에 불구하고 같은 법 제25조의 규정을 준용한다. 다만, 등기할 수 있는 선박에 관한 경매사건에 대하여서는 그러하지 아니하다.

제101조(일괄매각절차) ① 제98조 및 제99조의 일괄매각결정에 따른 매각절차는 이 관의 규정에 따라 행한다. 다만, 부동산 외의 재산의 압류는 그 재산의 종류에 따라 해당되는 규정에서 정하는 방법으로 행하고, 그 중에서 집행관의 압류에 따르는 재산의 압류는 집행법원이 집행관에게 이를 압류하도록 명하는 방법으로 행한다.

② 제1항의 매각절차에서 각 재산의 대금액을 특정할 필요가 있는 경우에는 각 재산에 대한 최저매각가격의 비율을 정하여야 하며, 각 재산의 대금액은 총대금액을 각 재산의 최저매각가격비율에 따라 나눈 금액으로 한다. 각 재산이 부담할 집행비용액을 특정할 필요가 있는 경우에도 또한 같다.

③ 여러 개의 재산을 일괄매각하는 경우에 그 가운데 일부의 매각대금으로 모든 채권자의 채권액과 강제집행비용을 변제하기에 충분하면 다른 재산의 매각을 허가하지 아니한다. 다만, 토지와 그 위의 건물을 일괄매각하는 경우나 재산을 분리하여 매각하면 그 경제적 효용이 현저하게 떨어지는 경우 또는 채무자의 동의가 있는 경우에는 그러하지 아니하다.

④ 제3항 본문의 경우에 채무자는 그 재산 가운데 매각할 것을 지정할 수 있다.

⑤ 일괄매각절차에 관하여 이 법에서 정한 사항을 제외하고는 대법원규칙으로 정한다.

제102조(남을 가망이 없을 경우의 경매취소) ① 법원은 최저매각가격으로 압류채권자의 채권에 우선하는 부동산의 모든 부담과 절차비용을 변제하면 남을 것이 없겠다고 인정한 때에는 압류채권자에게 이를 통지하여야 한다.

② 압류채권자가 제1항의 통지를 받은 날부터 1주 이내에 제1항의 부담과 비용을 변제하고 남을 만한 가격을 정하여 그 가격에 맞는 매수신고가 없을 때에는 자기가 그 가격으로 매수하겠다고 신청하면서

충분한 보증을 제공하지 아니하면, 법원은 경매절차를 취소하여야 한다.

③ 제2항의 취소 결정에 대하여는 즉시항고를 할 수 있다.

제103조(강제경매의 매각방법) ① 부동산의 매각은 집행법원이 정한 매각방법에 따른다.

② 부동산의 매각은 매각기일에 하는 호가경매(呼價競賣), 매각기일에 입찰 및 개찰하게 하는 기일입찰 또는 입찰기간 이내에 입찰하게 하여 매각기일에 개찰하는 기간입찰의 세가지 방법으로 한다.

③ 부동산의 매각절차에 관하여 필요한 사항은 대법원규칙으로 정한다.

제104조(매각기일과 매각결정기일 등의 지정) ① 법원은 최저매각가격으로 제102조제1항의 부담과 비용을 변제하고도 남을 것이 있다고 인정하거나 압류채권자가 제102조제2항의 신청을 하고 충분한 보증을 제공한 때에는 직권으로 매각기일과 매각결정기일을 정하여 대법원규칙이 정하는 방법으로 공고한다.

② 법원은 매각기일과 매각결정기일을 이해관계인에게 통지하여야 한다.

③ 제2항의 통지는 집행기록에 표시된 이해관계인의 주소에 대법원규칙이 정하는 방법으로 발송할 수 있다.

④ 기간입찰의 방법으로 매각할 경우에는 입찰기간에 관하여도 제1항 내지 제3항의 규정을 적용한다.

제105조(매각물건명세서 등) ① 법원은 다음 각호의 사항을 적은 매각물건명세서를 작성하여야 한다.

1. 부동산의 표시
2. 부동산의 점유자와 점유의 권원, 점유할 수 있는 기간, 차임 또는 보증금에 관한 관계인의 진술
3. 등기된 부동산에 대한 권리 또는 가처분으로서 매각으로 효력을 잃지 아니하는 것
4. 매각에 따라 설정된 것으로 보게 되는 지상권의 개요

② 법원은 매각물건명세서·현황조사보고서 및 평가서의 사본을 법원에 비치하여 누구든지 볼 수 있도록 하여야 한다.

제106조(매각기일의 공고내용) 매각기일의 공고내용에는 다음 각호의 사항을 적어야 한다.

1. 부동산의 표시
2. 강제집행으로 매각한다는 취지와 그 매각방법
3. 부동산의 점유자, 점유의 권원, 점유하여 사용할 수 있는 기간, 차임 또는 보증금약정 및 그 액수
4. 매각기일의 일시·장소, 매각기일을 진행할 집행관의 성명 및 기간입찰의 방법으로 매각할 경우에는 입찰기간·장소
5. 최저매각가격
6. 매각결정기일의 일시·장소
7. 매각물건명세서·현황조사보고서 및 평가서의 사본을 매각기일 전에 법원에 비치하여 누구든지 볼 수 있도록 제공한다는 취지
8. 등기부에 기입할 필요가 없는 부동산에 대한 권리를 가진 사람은 채권을 신고하여야 한다는 취지
9. 이해관계인은 매각기일에 출석할 수 있다는 취지

제107조(매각장소) 매각기일은 법원안에서 진행하여야 한다. 다만, 집행관은 법원의 허가를 얻어 다른 장소에서 매각기일을 진행할 수 있다.

제108조(매각장소의 질서유지) 집행관은 다음 각호 가운데 어느 하나에 해당한다고 인정되는 사람에 대하여 매각장소에 들어오지 못하도록 하거나 매각장소에서 내보내거나 매수의 신청을 하지 못하도록 할 수 있다.

1. 다른 사람의 매수신청을 방해한 사람
2. 부당하게 다른 사람과 담합하거나 그 밖에 매각의 적정한 실시를 방해한 사람
3. 제1호 또는 제2호의 행위를 교사(教唆)한 사람

4. 민사집행절차에서의 매각에 관하여 형법 제136조·제137조·제140조·제140조의2·제142조·제315조 및 제323조 내지 제327조에 규정된 죄로 유죄판결을 받고 그 판결확정일부터 2년이 지나지 아니한 사람

제109조(매각결정기일) ① 매각결정기일은 매각기일부터 1주 이내로 정하여야 한다.
② 매각결정절차는 법원안에서 진행하여야 한다.

제110조(합의에 의한 매각조건의 변경) ① 최저매각가격 외의 매각조건은 법원이 이해관계인의 합의에 따라 바꿀 수 있다.
② 이해관계인은 배당요구의 종기까지 제1항의 합의를 할 수 있다.

제111조(직권에 의한 매각조건의 변경) ① 거래의 실상을 반영하거나 경매절차를 효율적으로 진행하기 위하여 필요한 경우에 법원은 배당요구의 종기까지 매각조건을 바꾸거나 새로운 매각조건을 설정할 수 있다.
② 이해관계인은 제1항의 재판에 대하여 즉시항고를 할 수 있다.
③ 제1항의 경우에 법원은 집행관에게 부동산에 대하여 필요한 조사를 하게 할 수 있다.

제112조(매각기일의 진행) 집행관은 기일입찰 또는 호가경매의 방법에 의한 매각기일에는 매각물건명세서·현황조사보고서 및 평가서의 사본을 볼 수 있게 하고, 특별한 매각조건이 있는 때에는 이를 고지하며, 법원이 정한 매각방법에 따라 매수가격을 신고하도록 최고하여야 한다.

제113조(매수신청의 보증) 매수신청인은 대법원규칙이 정하는 바에 따라 집행법원이 정하는 금액과 방법에 맞는 보증을 집행관에게 제공하여야 한다.

제114조(차순위매수신고) ① 최고가매수신고인 외의 매수신고인은 매각기일을 마칠 때까지 집행관에게 최고가매수신고인이 대금지급기한까지 그 의무를 이행하지 아니하면 자기의 매수신고에 대하여 매각을 허가하여 달라는 취지의 신고(이하 "차순위매수신고"라 한다)를 할 수 있다.
② 차순위매수신고는 그 신고액이 최고가매수신고액에서 그 보증액을 뺀 금액을 넘는 때에만 할 수 있다.

제115조(매각기일의 종결) ① 집행관은 최고가매수신고인의 성명과 그 가격을 부르고 차순위매수신고를 최고한 뒤, 적법한 차순위매수신고가 있으면 차순위매수신고인을 정하여 그 성명과 가격을 부른 다음 매각기일을 종결한다고 고지하여야 한다.
② 차순위매수신고를 한 사람이 둘 이상인 때에는 신고한 매수가격이 높은 사람을 차순위매수신고인으로 정한다. 신고한 매수가격이 같은 때에는 추첨으로 차순위매수신고인을 정한다.
③ 최고가매수신고인과 차순위매수신고인을 제외한 다른 매수신고인은 제1항의 고지에 따라 매수의 책임을 벗게 되고, 즉시 매수신청의 보증을 돌려 줄 것을 신청할 수 있다.
④ 기일입찰 또는 호가경매의 방법에 의한 매각기일에서 매각기일을 마감할 때까지 허가할 매수가격의 신고가 없는 때에는 집행관은 즉시 매각기일의 마감을 취소하고 같은 방법으로 매수가격을 신고하도록 최고할 수 있다.
⑤ 제4항의 최고에 대하여 매수가격의 신고가 없어 매각기일을 마감하는 때에는 매각기일의 마감을 다시 취소하지 못한다.

제116조(매각기일조서) ① 매각기일조서에는 다음 각호의 사항을 적어야 한다.
1. 부동산의 표시
2. 압류채권자의 표시
3. 매각물건명세서·현황조사보고서 및 평가서의 사본을 볼 수 있게 한 일
4. 특별한 매각조건이 있는 때에는 이를 고지한 일

5. 매수가격의 신고를 최고한 일
6. 모든 매수신고가격과 그 신고인의 성명·주소 또는 허가할 매수가격의 신고가 없는 일
7. 매각기일을 마감할 때까지 허가할 매수가격의 신고가 없어 매각기일의 마감을 취소하고 다시 매수가격의 신고를 최고한 일
8. 최종적으로 매각기일의 종결을 고지한 일시
9. 매수하기 위하여 보증을 제공한 일 또는 보증을 제공하지 아니하므로 그 매수를 허가하지 아니한 일
10. 최고가매수신고인과 차순위매수신고인의 성명과 그 가격을 부른 일

② 최고가매수신고인 및 차순위매수신고인과 출석한 이해관계인은 조서에 서명날인하여야 한다. 그들이 서명날인할 수 없을 때에는 집행관이 그 사유를 적어야 한다.

③ 집행관이 매수신청의 보증을 돌려 준 때에는 영수증을 받아 조서에 붙여야 한다.

제117조(조서와 금전의 인도) 집행관은 매각기일조서와 매수신청의 보증으로 받아 돌려주지 아니한 것을 매각기일부터 3일 이내에 법원사무관등에게 인도하여야 한다.

제118조(최고가매수신고인 등의 송달영수인신고) ① 최고가매수신고인과 차순위매수신고인은 대한민국안에 주소·거소와 사무소가 없는 때에는 대한민국안에 송달이나 통지를 받을 장소와 영수인을 정하여 법원에 신고하여야 한다.

② 최고가매수신고인이나 차순위매수신고인이 제1항의 신고를 하지 아니한 때에는 법원은 그에 대한 송달이나 통지를 하지 아니할 수 있다.

③ 제1항의 신고는 집행관에게 말로 할 수 있다. 이 경우 집행관은 조서에 이를 적어야 한다.

제119조(새 매각기일) 허가할 매수가격의 신고가 없이 매각기일이 최종적으로 마감된 때에는 제91조제1항의 규정에 어긋나지 아니하는 한도에서 법원은 최저매각가격을 상당히 낮추고 새 매각기일을 정하여야 한다. 그 기일에 허가할 매수가격의 신고가 없는 때에도 또한 같다.

제120조(매각결정기일에서의 진술) ① 법원은 매각결정기일에 출석한 이해관계인에게 매각허가에 관한 의견을 진술하게 하여야 한다.

② 매각허가에 관한 이의는 매각허가가 있을 때까지 신청하여야 한다. 이미 신청한 이의에 대한 진술도 또한 같다.

제121조(매각허가에 대한 이의신청사유) 매각허가에 관한 이의는 다음 각호 가운데 어느 하나에 해당하는 이유가 있어야 신청할 수 있다.

1. 강제집행을 허가할 수 없거나 집행을 계속 진행할 수 없을 때
2. 최고가매수신고인이 부동산을 매수할 능력이나 자격이 없는 때
3. 부동산을 매수할 자격이 없는 사람이 최고가매수신고인을 내세워 매수신고를 한 때
4. 최고가매수신고인, 그 대리인 또는 최고가매수신고인을 내세워 매수신고를 한 사람이 제108조 각호 가운데 어느 하나에 해당되는 때
5. 최저매각가격의 결정, 일괄매각의 결정 또는 매각물건명세서의 작성에 중대한 흠이 있는 때
6. 천재지변, 그 밖에 자기가 책임을 질 수 없는 사유로 부동산이 현저하게 훼손된 사실 또는 부동산에 관한 중대한 권리관계가 변동된 사실이 경매절차의 진행중에 밝혀진 때
7. 경매절차에 그 밖의 중대한 잘못이 있는 때

제122조(이의신청의 제한) 이의는 다른 이해관계인의 권리에 관한 이유로 신청하지못한다.

제123조(매각의 불허) ① 법원은 이의신청이 정당하다고 인정한 때에는 매각을 허가하지 아니한다.

② 제121조에 규정한 사유가 있는 때에는 직권으로 매각을 허가하지 아니한다. 다만, 같은 조 제2호 또는 제3호의 경우에는 능력 또는 자격의 흠이 제거되지 아니한 때에 한한다.

제124조(과잉매각되는 경우의 매각불허가) ① 여러 개의 부동산을 매각하는 경우에 한 개의 부동산의 매각대금으로 모든 채권자의 채권액과 강제집행비용을 변제하기에 충분하면 다른 부동산의 매각을 허가하지 아니한다. 다만, 제101조제3항 단서에 따른 일괄매각의 경우에는 그러하지 아니하다.
② 제1항 본문의 경우에 채무자는 그 부동산 가운데 매각할 것을 지정할 수 있다.

제125조(매각을 허가하지 아니할 경우의 새 매각기일) ① 제121조와 제123조의 규정에 따라 매각을 허가하지 아니하고 다시 매각을 명하는 때에는 직권으로 새 매각기일을 정하여야 한다.
② 제121조제6호의 사유로 제1항의 새 매각기일을 열게 된 때에는 제97조 내지 제105조의 규정을 준용한다.

제126조(매각허가여부의 결정선고) ① 매각을 허가하거나 허가하지 아니하는 결정은 선고하여야 한다.
② 매각결정기일조서에는 민사소송법 제152조 내지 제154조와 제156조 내지 제158조 및 제164조의 규정을 준용한다.
③ 제1항의 결정은 확정되어야 효력을 가진다.

제127조(매각허가결정의 취소신청) ① 제121조제6호에서 규정한 사실이 매각허가결정의 확정 뒤에 밝혀진 경우에는 매수인은 대금을 낼 때까지 매각허가결정의 취소신청을 할 수 있다.
② 제1항의 신청에 관한 결정에 대하여는 즉시항고를 할 수 있다.

제128조(매각허가결정) ① 매각허가결정에는 매각한 부동산, 매수인과 매각가격을 적고 특별한 매각조건으로 매각한 때에는 그 조건을 적어야 한다.
② 제1항의 결정은 선고하는 외에 대법원규칙이 정하는 바에 따라 공고하여야 한다.

제129조(이해관계인 등의 즉시항고) ① 이해관계인은 매각허가여부의 결정에 따라 손해를 볼 경우에만 그 결정에 대하여 즉시항고를 할 수 있다.
② 매각허가에 정당한 이유가 없거나 결정에 적은 것 외의 조건으로 허가하여야 한다고 주장하는 매수인 또는 매각허가를 주장하는 매수신고인도 즉시항고를 할 수 있다.
③ 제1항 및 제2항의 경우에 매각허가를 주장하는 매수신고인은 그 신청한 가격에 대하여 구속을 받는다.

제130조(매각허가여부에 대한 항고) ① 매각허가결정에 대한 항고는 이 법에 규정한 매각허가에 대한 이의신청 사유가 있다거나, 그 결정절차에 중대한 잘못이 있다는 것을 이유로 드는 때에만 할 수 있다.
② 민사소송법 제451조제1항 각호의 사유는 제1항의 규정에 불구하고 매각허가 또는 불허가결정에 대한 항고의 이유로 삼을 수 있다.
③ 매각허가결정에 대하여 항고를 하고자 하는 사람은 보증으로 매각대금의 10분의 1에 해당하는 금전 또는 법원이 인정한 유가증권을 공탁하여야 한다.
④ 항고를 제기하면서 항고장에 제3항의 보증을 제공하였음을 증명하는 서류를 붙이지 아니한 때에는 원심법원은 항고장을 받은 날부터 1주 이내에 결정으로 이를 각하하여야 한다.
⑤ 제4항의 결정에 대하여는 즉시항고를 할 수 있다.
⑥ 채무자 및 소유자가 한 제3항의 항고가 기각된 때에는 항고인은 보증으로 제공한 금전이나 유가증권을 돌려 줄 것을 요구하지 못한다.
⑦ 채무자 및 소유자 외의 사람이 한 제3항의 항고가 기각된 때에는 항고인은 보증으로 제공한 금전이나, 유가증권을 현금화한 금액 가운데 항고를 한 날부터 항고기각결정이 확정된 날까지의 매각대금에 대한

대법원규칙이 정하는 이율에 의한 금액(보증으로 제공한 금전이나, 유가증권을 현금화한 금액을 한도로 한다)에 대하여는 돌려 줄 것을 요구할 수 없다. 다만, 보증으로 제공한 유가증권을 현금화하기 전에 위의 금액을 항고인이 지급한 때에는 그 유가증권을 돌려 줄 것을 요구할 수 있다.

⑧ 항고인이 항고를 취하한 경우에는 제6항 또는 제7항의 규정을 준용한다.

제131조(항고심의 절차) ① 항고법원은 필요한 경우에 반대진술을 하게 하기 위하여 항고인의 상대방을 정할 수 있다.

② 한 개의 결정에 대한 여러 개의 항고는 병합한다.

③ 항고심에는 제122조의 규정을 준용한다.

제132조(항고법원의 재판과 매각허가여부결정) 항고법원이 집행법원의 결정을 취소하는 경우에 그 매각허가여부의 결정은 집행법원이 한다.

제133조(매각을 허가하지 아니하는 결정의 효력) 매각을 허가하지 아니한 결정이 확정된 때에는 매수인과 매각허가를 주장한 매수신고인은 매수에 관한 책임이 면제된다.

제134조(최저매각가격의 결정부터 새로할 경우) 제127조의 규정에 따라 매각허가결정을 취소한 경우에는 제97조 내지 제105조의 규정을 준용한다.

제135조(소유권의 취득시기) 매수인은 매각대금을 다 낸 때에 매각의 목적인 권리를 취득한다.

제136조(부동산의 인도명령 등) ① 법원은 매수인이 대금을 낸 뒤 6월 이내에 신청하면 채무자·소유자 또는 부동산 점유자에 대하여 부동산을 매수인에게 인도하도록 명할 수 있다. 다만, 점유자가 매수인에게 대항할 수 있는 권원에 의하여 점유하고 있는 것으로 인정되는 경우에는 그러하지 아니하다.

② 법원은 매수인 또는 채권자가 신청하면 매각허가가 결정된 뒤 인도할 때까지 관리인에게 부동산을 관리하게 할 것을 명할 수 있다.

③ 제2항의 경우 부동산의 관리를 위하여 필요하면 법원은 매수인 또는 채권자의 신청에 따라 담보를 제공하게 하거나 제공하게 하지 아니하고 제1항의 규정에 준하는 명령을 할 수 있다.

④ 법원이 채무자 및 소유자 외의 점유자에 대하여 제1항 또는 제3항의 규정에 따른 인도명령을 하려면 그 점유자를 심문하여야 한다. 다만, 그 점유자가 매수인에게 대항할 수 있는 권원에 의하여 점유하고 있지 아니함이 명백한 때 또는 이미 그 점유자를 심문한 때에는 그러하지 아니하다.

⑤ 제1항 내지 제3항의 신청에 관한 결정에 대하여는 즉시항고를 할 수 있다.

⑥ 채무자·소유자 또는 점유자가 제1항과 제3항의 인도명령에 따르지 아니할 때에는 매수인 또는 채권자는 집행관에게 그 집행을 위임할 수 있다.

제137조(차순위매수신고인에 대한 매각허가여부결정) ① 차순위매수신고인이 있는 경우에 매수인이 대금지급기한까지 그 의무를 이행하지 아니한 때에는 차순위매수신고인에게 매각을 허가할 것인지를 결정하여야 한다. 다만, 제142조제4항의 경우에는 그러하지 아니하다.

② 차순위매수신고인에 대한 매각허가결정이 있는 때에는 매수인은 매수신청의 보증을 돌려 줄 것을 요구하지 못한다.

제138조(재매각) ① 매수인이 대금지급기한 또는 제142조제4항의 다시 정한 기한까지 그 의무를 완전히 이행하지 아니하였고, 차순위매수신고인이 없는 때에는 법원은 직권으로 부동산의 재매각을 명하여야 한다.

② 재매각절차에도 종전에 정한 최저매각가격, 그 밖의 매각조건을 적용한다.

③ 매수인이 재매각기일의 3일 이전까지 대금, 그 지급기한이 지난 뒤부터 지급일까지의 대금에 대한 대법원규칙이 정하는 이율에 따른 지연이자와 절차비용을 지급한 때에는 재매각절차를 취소하여야 한

다. 이 경우 차순위매수신고인이 매각허가결정을 받았던 때에는 위 금액을 먼저 지급한 매수인이 매매목적물의 권리를 취득한다.

④ 재매각절차에서는 전의 매수인은 매수신청을 할 수 없으며 매수신청의 보증을 돌려 줄 것을 요구하지 못한다.

제139조(공유물지분에 대한 경매) ① 공유물지분을 경매하는 경우에는 채권자의 채권을 위하여 채무자의 지분에 대한 경매개시결정이 있음을 등기부에 기입하고 다른 공유자에게 그 경매개시결정이 있다는 것을 통지하여야 한다. 다만, 상당한 이유가 있는 때에는 통지하지 아니할 수 있다.

② 최저매각가격은 공유물 전부의 평가액을 기본으로 채무자의 지분에 관하여 정하여야 한다. 다만, 그와 같은 방법으로 정확한 가치를 평가하기 어렵거나 그 평가에 부당하게 많은 비용이 드는 등 특별한 사정이 있는 경우에는 그러하지 아니하다.

제140조(공유자의 우선매수권) ① 공유자는 매각기일까지 제113조에 따른 보증을 제공하고 최고매수신고가격과 같은 가격으로 채무자의 지분을 우선매수하겠다는 신고를 할 수 있다.

② 제1항의 경우에 법원은 최고가매수신고가 있더라도 그 공유자에게 매각을 허가하여야 한다.

③ 여러 사람의 공유자가 우선매수하겠다는 신고를 하고 제2항의 절차를 마친 때에는 특별한 협의가 없으면 공유지분의 비율에 따라 채무자의 지분을 매수하게 한다.

④ 제1항의 규정에 따라 공유자가 우선매수신고를 한 경우에는 최고가매수신고인을 제114조의 차순위매수신고인으로 본다.

제141조(경매개시결정등기의 말소) 경매신청이 매각허가 없이 마쳐진 때에는 법원사무관등은 제94조와 제139조제1항의 규정에 따른 기입을 말소하도록 등기관에게 촉탁하여야 한다.

제142조(대금의 지급) ① 매각허가결정이 확정되면 법원은 대금의 지급기한을 정하고, 이를 매수인과 차순위매수신고인에게 통지하여야 한다.

② 매수인은 제1항의 대금지급기한까지 매각대금을 지급하여야 한다.

③ 매수신청의 보증으로 금전이 제공된 경우에 그 금전은 매각대금에 넣는다.

④ 매수신청의 보증으로 금전 외의 것이 제공된 경우로서 매수인이 매각대금중 보증액을 뺀 나머지 금액만을 낸 때에는, 법원은 보증을 현금화하여 그 비용을 뺀 금액을 보증액에 해당하는 매각대금 및 이에 대한 지연이자에 충당하고, 모자라는 금액이 있으면 다시 대금지급기한을 정하여 매수인으로 하여금 내게 한다.

⑤ 제4항의 지연이자에 대하여는 제138조제3항의 규정을 준용한다.

⑥ 차순위매수신고인은 매수인이 대금을 모두 지급한 때 매수의 책임을 벗게 되고 즉시 매수신청의 보증을 돌려 줄 것을 요구할 수 있다.

제143조(특별한 지급방법) ① 매수인은 매각조건에 따라 부동산의 부담을 인수하는 외에 배당표(配當表)의 실시에 관하여 매각대금의 한도에서 관계채권자의 승낙이 있으면 대금의 지급에 갈음하여 채무를 인수할 수 있다.

② 채권자가 매수인인 경우에는 매각결정기일이 끝날 때까지 법원에 신고하고 배당받아야 할 금액을 제외한 대금을 배당기일에 낼 수 있다.

③ 제1항 및 제2항의 경우에 매수인이 인수한 채무나 배당받아야 할 금액에 대하여 이의가 제기된 때에는 매수인은 배당기일이 끝날 때까지 이에 해당하는 대금을 내야 한다.

제144조(매각대금 지급 뒤의 조치) ① 매각대금이 지급되면 법원사무관등은 매각허가결정의 등본을 붙여 다음 각호의 등기를 촉탁하여야 한다.

1. 매수인 앞으로 소유권을 이전하는 등기
2. 매수인이 인수하지 아니한 부동산의 부담에 관한 기입을 말소하는 등기
3. 제94조 및 제139조제1항의 규정에 따른 경매개시결정등기를 말소하는 등기

② 매각대금을 지급할 때까지 매수인과 부동산을 담보로 제공받으려고 하는 사람이 대법원규칙으로 정하는 바에 따라 공동으로 신청한 경우, 제1항의 촉탁은 등기신청의 대리를 업으로 할 수 있는 사람으로서 신청인이 지정하는 사람에게 촉탁서를 교부하여 등기소에 제출하도록 하는 방법으로 하여야 한다. 이 경우 신청인이 지정하는 사람은 지체 없이 그 촉탁서를 등기소에 제출하여야 한다. 〈신설 2010. 7. 23.〉

③ 제1항의 등기에 드는 비용은 매수인이 부담한다. 〈개정 2010. 7. 23.〉

제145조(매각대금의 배당) ① 매각대금이 지급되면 법원은 배당절차를 밟아야 한다.

② 매각대금으로 배당에 참가한 모든 채권자를 만족하게 할 수 없는 때에는 법원은 민법·상법, 그 밖의 법률에 의한 우선순위에 따라 배당하여야 한다.

제146조(배당기일) 매수인이 매각대금을 지급하면 법원은 배당에 관한 진술 및 배당을 실시할 기일을 정하고 이해관계인과 배당을 요구한 채권자에게 이를 통지하여야 한다. 다만, 채무자가 외국에 있거나 있는 곳이 분명하지 아니한 때에는 통지하지 아니한다.

제147조(배당할 금액 등) ① 배당할 금액은 다음 각호에 규정한 금액으로 한다.

1. 대금
2. 제138조제3항 및 제142조제4항의 경우에는 대금지급기한이 지난 뒤부터 대금의 지급·충당까지의 지연이자
3. 제130조제6항의 보증(제130조제8항에 따라 준용되는 경우를 포함한다.)
4. 제130조제7항 본문의 보증 가운데 항고인이 돌려 줄 것을 요구하지 못하는 금액 또는 제130조제7항 단서의 규정에 따라 항고인이 낸 금액(각각 제130조제8항에 따라 준용되는 경우를 포함한다.)
5. 제138조제4항의 규정에 의하여 매수인이 돌려줄 것을 요구할 수 없는 보증(보증이 금전 외의 방법으로 제공되어 있는 때에는 보증을 현금화하여 그 대금에서 비용을 뺀 금액)

② 제1항의 금액 가운데 채권자에게 배당하고 남은 금액이 있으면, 제1항제4호의 금액의 범위안에서 제1항제4호의 보증 등을 제공한 사람에게 돌려준다.

③ 제1항의 금액 가운데 채권자에게 배당하고 남은 금액으로 제1항제4호의 보증 등을 돌려주기 부족한 경우로서 그 보증 등을 제공한 사람이 여럿인 때에는 제1항제4호의 보증 등의 비율에 따라 나누어 준다.

제148조(배당받을 채권자의 범위) 제147조제1항에 규정한 금액을 배당받을 채권자는 다음 각호에 규정된 사람으로 한다.

1. 배당요구의 종기까지 경매신청을 한 압류채권자
2. 배당요구의 종기까지 배당요구를 한 채권자
3. 첫 경매개시결정등기전에 등기된 가압류채권자
4. 저당권·전세권, 그 밖의 우선변제청구권으로서 첫 경매개시결정등기전에 등기되었고 매각으로 소멸하는 것을 가진 채권자

제149조(배당표의 확정) ① 법원은 채권자와 채무자에게 보여 주기 위하여 배당기일의 3일전에 배당표원안(配當表原案)을 작성하여 법원에 비치하여야 한다.

② 법원은 출석한 이해관계인과 배당을 요구한 채권자를 심문하여 배당표를 확정하여야 한다.

제150조(배당표의 기재 등) ① 배당표에는 매각대금, 채권자의 채권의 원금, 이자, 비용, 배당의 순위와 배당의

비율을 적어야 한다.

② 출석한 이해관계인과 배당을 요구한 채권자가 합의한 때에는 이에 따라 배당표를 작성하여야 한다.

제151조(배당표에 대한 이의) ① 기일에 출석한 채무자는 채권자의 채권 또는 그 채권의 순위에 대하여 이의할 수 있다.

② 제1항의 규정에 불구하고 채무자는 제149조제1항에 따라 법원에 배당표원안이 비치된 이후 배당기일이 끝날 때까지 채권자의 채권 또는 그 채권의 순위에 대하여 서면으로 이의할 수 있다.

③ 기일에 출석한 채권자는 자기의 이해에 관계되는 범위 안에서는 다른 채권자를 상대로 그의 채권 또는 그 채권의 순위에 대하여 이의할 수 있다.

제152조(이의의 완결) ① 제151조의 이의에 관계된 채권자는 이에 대하여 진술하여야 한다.

② 관계인이 제151조의 이의를 정당하다고 인정하거나 다른 방법으로 합의한 때에는 이에 따라 배당표를 경정(更正)하여 배당을 실시하여야 한다.

③ 제151조의 이의가 완결되지 아니한 때에는 이의가 없는 부분에 한하여 배당을 실시하여야 한다.

제153조(불출석한 채권자) ① 기일에 출석하지 아니한 채권자는 배당표와 같이 배당을 실시하는 데에 동의한 것으로 본다.

② 기일에 출석하지 아니한 채권자가 다른 채권자가 제기한 이의에 관계된 때에는 그 채권자는 이의를 정당하다고 인정하지 아니한 것으로 본다.

제154조(배당이의의 소 등) ① 집행력 있는 집행권원의 정본을 가지지 아니한 채권자(가압류채권자를 제외한다)에 대하여 이의한 채무자와 다른 채권자에 대하여 이의한 채권자는 배당이의의 소를 제기하여야 한다.

② 집행력 있는 집행권원의 정본을 가진 채권자에 대하여 이의한 채무자는 청구이의의 소를 제기하여야 한다.

③ 이의한 채권자나 채무자가 배당기일부터 1주 이내에 집행법원에 대하여 제1항의 소를 제기한 사실을 증명하는 서류를 제출하지 아니한 때 또는 제2항의 소를 제기한 사실을 증명하는 서류와 그 소에 관한 집행정지재판의 정본을 제출하지 아니한 때에는 이의가 취하된 것으로 본다.

제155조(이의한 사람 등의 우선권 주장) 이의한 채권자가 제154조제3항의 기간을 지키지 아니한 경우에도 배당표에 따른 배당을 받은 채권자에 대하여 소로 우선권 및 그 밖의 권리를 행사하는 데 영향을 미치지 아니한다.

제156조(배당이의의 소의 관할) ① 제154조제1항의 배당이의의 소는 배당을 실시한 집행법원이 속한 지방법원의 관할로 한다. 다만, 소송물이 단독판사의 관할에 속하지 아니할 경우에는 지방법원의 합의부가 이를 관할한다.

② 여러 개의 배당이의의 소가 제기된 경우에 한 개의 소를 합의부가 관할하는 때에는 그 밖의 소도 함께 관할한다.

③ 이의한 사람과 상대방이 이의에 관하여 단독판사의 재판을 받을 것을 합의한 경우에는 제1항 단서와 제2항의 규정을 적용하지 아니한다.

제157조(배당이의의 소의 판결) 배당이의의 소에 대한 판결에서는 배당액에 대한 다툼이 있는 부분에 관하여 배당을 받을 채권자와 그 액수를 정하여야 한다. 이를 정하는 것이 적당하지 아니하다고 인정한 때에는 판결에서 배당표를 다시 만들고 다른 배당절차를 밟도록 명하여야 한다.

제158조(배당이의의 소의 취하간주) 이의한 사람이 배당이의의 소의 첫 변론기일에 출석하지 아니한 때에는 소를 취하한 것으로 본다.

제159조(배당실시절차·배당조서) ① 법원은 배당표에 따라 제2항 및 제3항에 규정된 절차에 의하여 배당을 실시하여야 한다.
② 채권 전부의 배당을 받을 채권자에게는 배당액지급증을 교부하는 동시에 그가 가진 집행력 있는 정본 또는 채권증서를 받아 채무자에게 교부하여야 한다.
③ 채권 일부의 배당을 받을 채권자에게는 집행력 있는 정본 또는 채권증서를 제출하게 한 뒤 배당액을 적어서 돌려주고 배당액지급증을 교부하는 동시에 영수증을 받아 채무자에게 교부하여야 한다.
④ 제1항 내지 제3항의 배당실시절차는 조서에 명확히 적어야 한다.

제160조(배당금액의 공탁) ① 배당을 받아야 할 채권자의 채권에 대하여 다음 각호 가운데 어느 하나의 사유가 있으면 그에 대한 배당액을 공탁하여야 한다.
1. 채권에 정지조건 또는 불확정기한이 붙어 있는 때
2. 가압류채권자의 채권인 때
3. 제49조제2호 및 제266조제1항제5호에 규정된 문서가 제출되어 있는 때
4. 저당권설정의 가등기가 마쳐져 있는 때
5. 제154조제1항에 의한 배당이의의 소가 제기된 때
6. 민법 제340조제2항 및 같은 법 제370조에 따른 배당금액의 공탁청구가 있는 때

② 채권자가 배당기일에 출석하지 아니한 때에는 그에 대한 배당액을 공탁하여야 한다.

제161조(공탁금에 대한 배당의 실시) ① 법원이 제160조제1항의 규정에 따라 채권자에 대한 배당액을 공탁한 뒤 공탁의 사유가 소멸한 때에는 법원은 공탁금을 지급하거나 공탁금에 대한 배당을 실시하여야 한다.
② 제1항에 따라 배당을 실시함에 있어서 다음 각호 가운데 어느 하나에 해당하는 때에는 법원은 배당에 대하여 이의하지 아니한 채권자를 위하여서도 배당표를 바꾸어야 한다.
1. 제160조제1항제1호 내지 제4호의 사유에 따른 공탁에 관련된 채권자에 대하여 배당을 실시할 수 없게 된 때
2. 제160조제1항제5호의 공탁에 관련된 채권자가 채무자로부터 제기당한 배당이의의 소에서 진 때
3. 제160조제1항제6호의 공탁에 관련된 채권자가 저당물의 매각대가로부터 배당을 받은 때

③ 제160조제2항의 채권자가 법원에 대하여 공탁금의 수령을 포기하는 의사를 표시한 때에는 그 채권자의 채권이 존재하지 아니하는 것으로 보고 배당표를 바꾸어야 한다.
④ 제2항 및 제3항의 배당표변경에 따른 추가 배당기일에 제151조의 규정에 따라 이의할 때에는 종전의 배당기일에서 주장할 수 없었던 사유만을 주장할 수 있다.

제162조(공동경매) 여러 압류채권자를 위하여 동시에 실시하는 부동산의 경매절차에는 제80조 내지 제161조의 규정을 준용한다.

제3관 강제관리

제163조(강제경매규정의 준용) 강제관리에는 제80조 내지 제82조, 제83조제1항·제3항 내지 제5항, 제85조 내지 제89조 및 제94조 내지 제96조의 규정을 준용한다.

제164조(강제관리개시결정) ① 강제관리를 개시하는 결정에는 채무자에게는 관리사무에 간섭하여서는 아니되고 부동산의 수익을 처분하여서도 아니된다고 명하여야 하며, 수익을 채무자에게 지급할 제3자에게는 관리인에게 이를 지급하도록 명하여야 한다.
② 수확하였거나 수확할 과실(果實)과, 이행기에 이르렀거나 이르게 될 과실은 제1항의 수익에 속한다.
③ 강제관리개시결정은 제3자에게는 결정서를 송달하여야 효력이 생긴다.

④ 강제관리신청을 기각하거나 각하하는 재판에 대하여는 즉시항고를 할 수 있다.

제165조(강제관리개시결정 등의 통지) 법원은 강제관리를 개시하는 결정을 한 부동산에 대하여 다시 강제관리의 개시결정을 하거나 배당요구의 신청이 있는 때에는 관리인에게 이를 통지하여야 한다.

제166조(관리인의 임명 등) ① 관리인은 법원이 임명한다. 다만, 채권자는 적당한 사람을 관리인으로 추천할 수 있다.

② 관리인은 관리와 수익을 하기 위하여 부동산을 점유할 수 있다. 이 경우 저항을 받으면 집행관에게 원조를 요구할 수 있다.

③ 관리인은 제3자가 채무자에게 지급할 수익을 추심(推尋)할 권한이 있다.

제167조(법원의 지휘·감독) ① 법원은 관리에 필요한 사항과 관리인의 보수를 정하고, 관리인을 지휘·감독한다.

② 법원은 관리인에게 보증을 제공하도록 명할 수 있다.

③ 관리인에게 관리를 계속할 수 없는 사유가 생긴 경우에는 법원은 직권으로 또는 이해관계인의 신청에 따라 관리인을 해임할 수 있다. 이 경우 관리인을 심문하여야 한다.

제168조(준용규정) 제3자가 부동산에 대한 강제관리를 막을 권리가 있다고 주장하는 경우에는 제48조의 규정을 준용한다.

제169조(수익의 처리) ① 관리인은 부동산수익에서 그 부동산이 부담하는 조세, 그 밖의 공과금을 뺀 뒤에 관리비용을 변제하고, 그 나머지 금액을 채권자에게 지급한다.

② 제1항의 경우 모든 채권자를 만족하게 할 수 없는 때에는 관리인은 채권자 사이의 배당협의에 따라 배당을 실시하여야 한다.

③ 채권자 사이에 배당협의가 이루어지지 못한 경우에 관리인은 그 사유를 법원에 신고하여야 한다.

④ 제3항의 신고가 있는 경우에는 제145조·제146조 및 제148조 내지 제161조의 규정을 준용하여 배당표를 작성하고 이에 따라 관리인으로 하여금 채권자에게 지급하게 하여야 한다.

제170조(관리인의 계산보고) ① 관리인은 매년 채권자·채무자와 법원에 계산서를 제출하여야 한다. 그 업무를 마친 뒤에도 또한 같다.

② 채권자와 채무자는 계산서를 송달받은 날부터 1주 이내에 집행법원에 이에 대한 이의신청을 할 수 있다.

③ 제2항의 기간 이내에 이의신청이 없는 때에는 관리인의 책임이 면제된 것으로 본다.

④ 제2항의 기간 이내에 이의신청이 있는 때에는 관리인을 심문한 뒤 결정으로 재판하여야 한다. 신청한 이의를 매듭 지은 때에는 법원은 관리인의 책임을 면제한다.

제171조(강제관리의 취소) ① 강제관리의 취소는 법원이 결정으로 한다.

② 채권자들이 부동산수익으로 전부 변제를 받았을 때에는 법원은 직권으로 제1항의 취소결정을 한다.

③ 제1항 및 제2항의 결정에 대하여는 즉시항고를 할 수 있다.

④ 강제관리의 취소결정이 확정된 때에는 법원사무관등은 강제관리에 관한 기입등기를 말소하도록 촉탁하여야 한다.

제 3 절 선박 등에 대한 강제집행

제172조(선박에 대한 강제집행) 등기할 수 있는 선박에 대한 강제집행은 부동산의 강제경매에 관한 규정에 따른다. 다만, 사물의 성질에 따른 차이가 있거나 특별한 규정이 있는 경우에는 그러하지 아니하다.

제173조(관할법원) 선박에 대한 강제집행의 집행법원은 압류 당시에 그 선박이 있는 곳을 관할하는 지방법원으로 한다.

제174조(선박국적증서 등의 제출) ① 법원은 경매개시결정을 한 때에는 집행관에게 선박국적증서 그 밖에 선박운행에 필요한 문서(이하 "선박국적증서등"이라 한다)를 선장으로부터 받아 법원에 제출하도록 명하여야 한다.

② 경매개시결정이 송달 또는 등기되기 전에 집행관이 선박국적증서등을 받은 경우에는 그 때에 압류의 효력이 생긴다.

제175조(선박집행신청전의 선박국적증서등의 인도명령) ① 선박에 대한 집행의 신청전에 선박국적증서등을 받지 아니하면 집행이 매우 곤란할 염려가 있을 경우에는 선적(船籍)이 있는 곳을 관할하는 지방법원(선적이 없는 때에는 대법원규칙이 정하는 법원)은 신청에 따라 채무자에게 선박국적증서등을 집행관에게 인도하도록 명할 수 있다. 급박한 경우에는 선박이 있는 곳을 관할하는 지방법원도 이 명령을 할 수 있다.

② 집행관은 선박국적증서등을 인도받은 날부터 5일 이내에 채권자로부터 선박집행을 신청하였음을 증명하는 문서를 제출받지 못한 때에는 그 선박국적증서등을 돌려 주어야 한다.

③ 제1항의 규정에 따른 재판에 대하여는 즉시항고를 할 수 있다.

④ 제1항의 규정에 따른 재판에는 제292조제2항 및 제3항의 규정을 준용한다.

제176조(압류선박의 정박) ① 법원은 집행절차를 행하는 동안 선박이 압류 당시의 장소에 계속 머무르도록 명하여야 한다.

② 법원은 영업상의 필요, 그 밖에 상당한 이유가 있다고 인정할 경우에는 채무자의 신청에 따라 선박의 운행을 허가할 수 있다. 이 경우 채권자·최고가매수신고인·차순위매수신고인 및 매수인의 동의가 있어야 한다.

③ 제2항의 선박운행허가결정에 대하여는 즉시항고를 할 수 있다.

④ 제2항의 선박운행허가결정은 확정되어야 효력이 생긴다.

제177조(경매신청의 첨부서류) ① 강제경매신청을 할 때에는 다음 각호의 서류를 내야 한다.

1. 채무자가 소유자인 경우에는 소유자로서 선박을 점유하고 있다는 것을, 선장인 경우에는 선장으로서 선박을 지휘하고 있다는 것을 소명할 수 있는 증서
2. 선박에 관한 등기사항을 포함한 등기부의 초본 또는 등본

② 채권자는 공적 장부를 주관하는 공공기관이 멀리 떨어진 곳에 있는 때에는 제1항제2호의 초본 또는 등본을 보내주도록 법원에 신청할 수 있다.

제178조(감수·보존처분) ① 법원은 채권자의 신청에 따라 선박을 감수(監守)하고 보존하기 위하여 필요한 처분을 할 수 있다.

② 제1항의 처분을 한 때에는 경매개시결정이 송달되기 전에도 압류의 효력이 생긴다.

제179조(선장에 대한 판결의 집행) ① 선장에 대한 판결로 선박채권자를 위하여 선박을 압류하면 그 압류는 소유자에 대하여도 효력이 미친다. 이 경우 소유자도 이해관계인으로 본다.

② 압류한 뒤에 소유자나 선장이 바뀌더라도 집행절차에는 영향을 미치지 아니한다.

③ 압류한 뒤에 선장이 바뀐 때에는 바뀐 선장만이 이해관계인이 된다.

제180조(관할위반으로 말미암은 절차의 취소) 압류 당시 선박이 그 법원의 관할안에 없었음이 판명된 때에는 그 절차를 취소하여야 한다.

제181조(보증의 제공에 의한 강제경매절차의 취소) ① 채무자가 제49조제2호 또는 제4호의 서류를 제출하고

압류채권자 및 배당을 요구한 채권자의 채권과 집행비용에 해당하는 보증을 매수신고전에 제공한 때에는 법원은 신청에 따라 배당절차 외의 절차를 취소하여야 한다.
② 제1항에 규정한 서류를 제출함에 따른 집행정지가 효력을 잃은 때에는 법원은 제1항의 보증금을 배당하여야 한다.
③ 제1항의 신청을 기각한 재판에 대하여는 즉시항고를 할 수 있다.
④ 제1항의 규정에 따른 집행취소결정에는 제17조제2항의 규정을 적용하지 아니한다.
⑤ 제1항의 보증의 제공에 관하여 필요한 사항은 대법원규칙으로 정한다.

제182조(사건의 이송) ① 압류된 선박이 관할구역 밖으로 떠난 때에는 집행법원은 선박이 있는 곳을 관할하는 법원으로 사건을 이송할 수 있다.
② 제1항의 규정에 따른 결정에 대하여는 불복할 수 없다.

제183조(선박국적증서등을 넘겨받지 못한 경우의 경매절차취소) 경매개시결정이 있은 날부터 2월이 지나기까지 집행관이 선박국적증서등을 넘겨받지 못하고, 선박이 있는 곳이 분명하지 아니한 때에는 법원은 강제경매절차를 취소할 수 있다.

제184조(매각기일의 공고) 매각기일의 공고에는 선박의 표시와 그 정박한 장소를 적어야 한다.

제185조(선박지분의 압류명령) ① 선박의 지분에 대한 강제집행은 제251조에서 규정한 강제집행의 예에 따른다.
② 채권자가 선박의 지분에 대하여 강제집행신청을 하기 위하여서는 채무자가 선박의 지분을 소유하고 있다는 사실을 증명할 수 있는 선박등기부의 등본이나 그 밖의 증명서를 내야 한다.
③ 압류명령은 채무자 외에 「상법」 제764조에 의하여 선임된 선박관리인(이하 이 조에서 "선박관리인"이라 한다)에게도 송달하여야 한다. 〈개정 2007. 8. 3.〉
④ 압류명령은 선박관리인에게 송달되면 채무자에게 송달된 것과 같은 효력을 가진다.

제186조(외국선박의 압류) 외국선박에 대한 강제집행에는 등기부에 기입할 절차에 관한 규정을 적용하지 아니한다.

제187조(자동차 등에 대한 강제집행) 자동차·건설기계·소형선박(「자동차 등 특정동산 저당법」 제3조제2호에 따른 소형선박을 말한다) 및 항공기(「자동차 등 특정동산 저당법」 제3조제4호에 따른 항공기 및 경량항공기를 말한다)에 대한 강제집행절차는 제2편제2장제2절부터 제4절까지의 규정에 준하여 대법원규칙으로 정한다. 〈개정 2007. 8. 3., 2009. 3. 25., 2015. 5. 18.〉

제4절 동산에 대한 강제집행

제1관 통 칙

제188조(집행방법, 압류의 범위) ① 동산에 대한 강제집행은 압류에 의하여 개시한다.
② 압류는 집행력 있는 정본에 적은 청구금액의 변제와 집행비용의 변상에 필요한 한도안에서 하여야 한다.
③ 압류물을 현금화하여도 집행비용 외에 남을 것이 없는 경우에는 집행하지 못한다.

제2관 유체동산에 대한 강제집행

제189조(채무자가 점유하고 있는 물건의 압류) ① 채무자가 점유하고 있는 유체동산의 압류는 집행관이 그

물건을 점유함으로써 한다. 다만, 채권자의 승낙이 있거나 운반이 곤란한 때에는 봉인(封印), 그 밖의 방법으로 압류물임을 명확히 하여 채무자에게 보관시킬 수 있다.
② 다음 각호 가운데 어느 하나에 해당하는 물건은 이 법에서 유체동산으로 본다.
1. 등기할 수 없는 토지의 정착물로서 독립하여 거래의 객체가 될 수 있는 것
2. 토지에서 분리하기 전의 과실로서 1월 이내에 수확할 수 있는 것
3. 유가증권으로서 배서가 금지되지 아니한 것
③ 집행관은 채무자에게 압류의 사유를 통지하여야 한다.

제190조(부부공유 유체동산의 압류) 채무자와 그 배우자의 공유로서 채무자가 점유하거나 그 배우자와 공동으로 점유하고 있는 유체동산은 제189조의 규정에 따라 압류할 수 있다.

제191조(채무자 외의 사람이 점유하고 있는 물건의 압류) 채권자 또는 물건의 제출을 거부하지 아니하는 제3자가 점유하고 있는 물건은 제189조의 규정을 준용하여 압류할 수 있다.

제192조(국고금의 압류) 국가에 대한 강제집행은 국고금을 압류함으로써 한다.

제193조(압류물의 인도) ① 압류물을 제3자가 점유하게 된 경우에는 법원은 채권자의 신청에 따라 그 제3자에 대하여 그 물건을 집행관에게 인도하도록 명할 수 있다.
② 제1항의 신청은 압류물을 제3자가 점유하고 있는 것을 안 날부터 1주 이내에 하여야 한다.
③ 제1항의 재판은 상대방에게 송달되기 전에도 집행할 수 있다.
④ 제1항의 재판은 신청인에게 고지된 날부터 2주가 지난 때에는 집행할 수 없다.
⑤ 제1항의 재판에 대하여는 즉시항고를 할 수 있다.

제194조(압류의 효력) 압류의 효력은 압류물에서 생기는 천연물에도 미친다.

제195조(압류가 금지되는 물건) 다음 각호의 물건은 압류하지 못한다. 〈개정 2005. 1. 27.〉
1. 채무자 및 그와 같이 사는 친족(사실상 관계에 따른 친족을 포함한다. 이하 이 조에서 "채무자등"이라 한다)의 생활에 필요한 의복·침구·가구·부엌기구, 그 밖의 생활필수품
2. 채무자등의 생활에 필요한 2월간의 식료품·연료 및 조명재료
3. 채무자등의 생활에 필요한 1월간의 생계비로서 대통령령이 정하는 액수의 금전
4. 주로 자기 노동력으로 농업을 하는 사람에게 없어서는 아니될 농기구·비료·가축·사료·종자, 그 밖에 이에 준하는 물건
5. 주로 자기의 노동력으로 어업을 하는 사람에게 없어서는 아니될 고기잡이 도구·어망·미끼·새끼고기, 그 밖에 이에 준하는 물건
6. 전문직 종사자·기술자·노무자, 그 밖에 주로 자기의 정신적 또는 육체적 노동으로 직업 또는 영업에 종사하는 사람에게 없어서는 아니 될 제복·도구, 그 밖에 이에 준하는 물건
7. 채무자 또는 그 친족이 받은 훈장·포장·기장, 그 밖에 이에 준하는 명예증표
8. 위패·영정·묘비, 그 밖에 상례·제사 또는 예배에 필요한 물건
9. 족보·집안의 역사적인 기록·사진첩, 그 밖에 선조숭배에 필요한 물건
10. 채무자의 생활 또는 직무에 없어서는 아니 될 도장·문패·간판, 그 밖에 이에 준하는 물건
11. 채무자의 생활 또는 직업에 없어서는 아니 될 일기장·상업장부, 그 밖에 이에 준하는 물건
12. 공표되지 아니한 저작 또는 발명에 관한 물건
13. 채무자등이 학교·교회·사찰, 그 밖의 교육기관 또는 종교단체에서 사용하는 교과서·교리서·학습용구, 그 밖에 이에 준하는 물건
14. 채무자등의 일상생활에 필요한 안경·보청기·의치·의수족·지팡이·장애보조용 바퀴의자, 그 밖에 이

에 준하는 신체보조기구
15. 채무자등의 일상생활에 필요한 자동차로서 자동차관리법이 정하는 바에 따른 장애인용 경형자동차
16. 재해의 방지 또는 보안을 위하여 법령의 규정에 따라 설비하여야 하는 소방설비·경보기구·피난시설, 그 밖에 이에 준하는 물건

제196조(압류금지 물건을 정하는 재판) ① 법원은 당사자가 신청하면 채권자와 채무자의 생활형편, 그 밖의 사정을 고려하여 유체동산의 전부 또는 일부에 대한 압류를 취소하도록 명하거나 제195조의 유체동산을 압류하도록 명할 수 있다.
② 제1항의 결정이 있은 뒤에 그 이유가 소멸되거나 사정이 바뀐 때에는 법원은 직권으로 또는 당사자의 신청에 따라 그 결정을 취소하거나 바꿀 수 있다.
③ 제1항 및 제2항의 경우에 법원은 제16조제2항에 준하는 결정을 할 수 있다.
④ 제1항 및 제2항의 결정에 대하여는 즉시항고를 할 수 있다.
⑤ 제3항의 결정에 대하여는 불복할 수 없다.

제197조(일괄매각) ① 집행관은 여러 개의 유체동산의 형태, 이용관계 등을 고려하여 일괄매수하게 하는 것이 알맞다고 인정하는 때에는 직권으로 또는 이해관계인의 신청에 따라 일괄하여 매각할 수 있다.
② 제1항의 경우에는 제98조제3항, 제99조, 제100조, 제101조제2항 내지 제5항의 규정을 준용한다.

제198조(압류물의 보존) ① 압류물을 보존하기 위하여 필요한 때에는 집행관은 적당한 처분을 하여야 한다.
② 제1항의 경우에 비용이 필요한 때에는 채권자로 하여금 이를 미리 내게 하여야 한다. 채권자가 여럿인 때에는 요구하는 액수에 비례하여 미리 내게 한다.
③ 제49조제2호 또는 제4호의 문서가 제출된 경우에 압류물을 즉시 매각하지 아니하면 값이 크게 내릴 염려가 있거나, 보관에 지나치게 많은 비용이 드는 때에는 집행관은 그 물건을 매각할 수 있다.
④ 집행관은 제3항의 규정에 따라 압류물을 매각하였을 때에는 그 대금을 공탁하여야 한다.

제199조(압류물의 매각) 집행관은 압류를 실시한 뒤 입찰 또는 호가경매의 방법으로 압류물을 매각하여야 한다.

제200조(값비싼 물건의 평가) 매각할 물건 가운데 값이 비싼 물건이 있는 때에는 집행관은 적당한 감정인에게 이를 평가하게 하여야 한다.

제201조(압류금전) ① 압류한 금전은 채권자에게 인도하여야 한다.
② 집행관이 금전을 추심한 때에는 채무자가 지급한 것으로 본다. 다만, 담보를 제공하거나 공탁을 하여 집행에서 벗어날 수 있도록 채무자에게 허가한 때에는 그러하지 아니하다.

제202조(매각일) 압류일과 매각일 사이에는 1주 이상 기간을 두어야 한다. 다만, 압류물을 보관하는 데 지나치게 많은 비용이 들거나, 시일이 지나면 그 물건의 값이 크게 내릴 염려가 있는 때에는 그러하지 아니하다.

제203조(매각장소) ① 매각은 압류한 유체동산이 있는 시·구·읍·면(도농복합형태의 시의 경우 동지역은 시·구, 읍·면지역은 읍·면)에서 진행한다. 다만, 압류채권자와 채무자가 합의하면 합의된 장소에서 진행한다.
② 매각일자와 장소는 대법원규칙이 정하는 방법으로 공고한다. 공고에는 매각할 물건을 표시하여야 한다.

제204조(준용규정) 매각장소의 질서유지에 관하여는 제108조의 규정을 준용한다.

제205조(매각·재매각) ① 집행관은 최고가매수신고인의 성명과 가격을 말한 뒤 매각을 허가한다.
② 매각물은 대금과 서로 맞바꾸어 인도하여야 한다.

③ 매수인이 매각조건에 정한 지급기일에 대금의 지급과 물건의 인도청구를 게을리 한 때에는 재매각을 하여야 한다. 지급기일을 정하지 아니한 경우로서 매각기일의 마감에 앞서 대금의 지급과 물건의 인도청구를 게을리 한 때에도 또한 같다.

④ 제3항의 경우에는 전의 매수인은 재매각절차에 참가하지 못하며, 뒤의 매각대금이 처음의 매각대금보다 적은 때에는 그 부족한 액수를 부담하여야 한다.

제206조(배우자의 우선매수권) ① 제190조의 규정에 따라 압류한 유체동산을 매각하는 경우에 배우자는 매각기일에 출석하여 우선매수할 것을 신고할 수 있다.

② 제1항의 우선매수신고에는 제140조제1항 및 제2항의 규정을 준용한다.

제207조(매각의 한도) 매각은 매각대금으로 채권자에게 변제하고 강제집행비용을 지급하기에 충분하게 되면 즉시 중지하여야 한다. 다만, 제197조제2항 및 제101조제3항 단서에 따른 일괄매각의 경우에는 그러하지 아니하다.

제208조(집행관이 매각대금을 영수한 효과) 집행관이 매각대금을 영수한 때에는 채무자가 지급한 것으로 본다. 다만, 담보를 제공하거나 공탁을 하여 집행에서 벗어날 수 있도록 채무자에게 허가한 때에는 그러하지 아니하다.

제209조(금·은붙이의 현금화) 금·은붙이는 그 금·은의 시장가격 이상의 금액으로 일반 현금화의 규정에 따라 매각하여야 한다. 시장가격 이상의 금액으로 매수하는 사람이 없는 때에는 집행관은 그 시장가격에 따라 적당한 방법으로 매각할 수 있다.

제210조(유가증권의 현금화) 집행관이 유가증권을 압류한 때에는 시장가격이 있는 것은 매각하는 날의 시장가격에 따라 적당한 방법으로 매각하고 그 시장가격이 형성되지 아니한 것은 일반 현금화의 규정에 따라 매각하여야 한다.

제211조(기명유가증권의 명의개서) 유가증권이 기명식인 때에는 집행관은 매수인을 위하여 채무자에 갈음하여 배서 또는 명의개서에 필요한 행위를 할 수 있다.

제212조(어음 등의 제시의무) ① 집행관은 어음·수표 그 밖의 금전의 지급을 목적으로 하는 유가증권(이하 "어음등"이라 한다)으로서 일정한 기간 안에 인수 또는 지급을 위한 제시 또는 지급의 청구를 필요로 하는 것을 압류하였을 경우에 그 기간이 개시되면 채무자에 갈음하여 필요한 행위를 하여야 한다.

② 집행관은 미완성 어음등을 압류한 경우에 채무자에게 기한을 정하여 어음등에 적을 사항을 보충하도록 최고하여야 한다.

제213조(미분리과실의 매각) ① 토지에서 분리되기 전에 압류한 과실은 충분히 익은 다음에 매각하여야 한다.

② 집행관은 매각하기 위하여 수확을 하게 할 수 있다.

제214조(특별한 현금화 방법) ① 법원은 필요하다고 인정하면 직권으로 또는 압류채권자, 배당을 요구한 채권자 또는 채무자의 신청에 따라 일반 현금화의 규정에 의하지 아니하고 다른 방법이나 다른 장소에서 압류물을 매각하게 할 수 있다. 또한 집행관에게 위임하지 아니하고 다른 사람으로 하여금 매각하게 하도록 명할 수 있다.

② 제1항의 재판에 대하여는 불복할 수 없다.

제215조(압류의 경합) ① 유체동산을 압류하거나 가압류한 뒤 매각기일에 이르기 전에 다른 강제집행이 신청된 때에는 집행관은 집행신청서를 먼저 압류한 집행관에게 교부하여야 한다. 이 경우 더 압류할 물건이 있으면 이를 압류한 뒤에 추가압류조서를 교부하여야 한다.

② 제1항의 경우에 집행에 관한 채권자의 위임은 먼저 압류한 집행관에게 이전된다.
③ 제1항의 경우에 각 압류한 물건은 강제집행을 신청한 모든 채권자를 위하여 압류한 것으로 본다.
④ 제1항의 경우에 먼저 압류한 집행관은 뒤에 강제집행을 신청한 채권자를 위하여 다시 압류한다는 취지를 덧붙여 그 압류조서에 적어야 한다.

제216조(채권자의 매각최고) ① 상당한 기간이 지나도 집행관이 매각하지 아니하는 때에는 압류채권자는 집행관에게 일정한 기간 이내에 매각하도록 최고할 수 있다.
② 집행관이 제1항의 최고에 따르지 아니하는 때에는 압류채권자는 법원에 필요한 명령을 신청할 수 있다.

제217조(우선권자의 배당요구) 민법·상법, 그 밖의 법률에 따라 우선변제청구권이 있는 채권자는 매각대금의 배당을 요구할 수 있다.

제218조(배당요구의 절차) 제217조의 배당요구는 이유를 밝혀 집행관에게 하여야 한다.

제219조(배당요구 등의 통지) 제215조제1항 및 제218조의 경우에는 집행관은 그 사유를 배당에 참가한 채권자와 채무자에게 통지하여야 한다.

제220조(배당요구의 시기) ① 배당요구는 다음 각호의 시기까지 할 수 있다.
1. 집행관이 금전을 압류한 때 또는 매각대금을 영수한 때
2. 집행관이 어음·수표 그 밖의 금전의 지급을 목적으로 한 유가증권에 대하여 그 금전을 지급받은 때
② 제198조제4항에 따라 공탁된 매각대금에 대하여는 동산집행을 계속하여 진행할 수 있게 된 때까지, 제296조제5항 단서에 따라 공탁된 매각대금에 대하여는 압류의 신청을 한 때까지 배당요구를 할 수 있다.

제221조(배우자의 지급요구) ① 제190조의 규정에 따라 압류한 유체동산에 대하여 공유지분을 주장하는 배우자는 매각대금을 지급하여 줄 것을 요구할 수 있다.
② 제1항의 지급요구에는 제218조 내지 제220조의 규정을 준용한다.
③ 제219조의 통지를 받은 채권자가 배우자의 공유주장에 대하여 이의가 있는 때에는 배우자를 상대로 소를 제기하여 공유가 아니라는 것을 확정하여야 한다.
④ 제3항의 소에는 제154조제3항, 제155조 내지 제158조, 제160조제1항제5호 및 제161조제1항·제2항·제4항의 규정을 준용한다.

제222조(매각대금의 공탁) ① 매각대금으로 배당에 참가한 모든 채권자를 만족하게 할 수 없고 매각허가된 날부터 2주 이내에 채권자 사이에 배당협의가 이루어지지 아니한 때에는 매각대금을 공탁하여야 한다.
② 여러 채권자를 위하여 동시에 금전을 압류한 경우에도 제1항과 같다.
③ 제1항 및 제2항의 경우에 집행관은 집행절차에 관한 서류를 붙여 그 사유를 법원에 신고하여야 한다.

제3관 채권과 그 밖의 재산권에 대한 강제집행

제223조(채권의 압류명령) 제3자에 대한 채무자의 금전채권 또는 유가증권, 그 밖의 유체물의 권리이전이나 인도를 목적으로 한 채권에 대한 강제집행은 집행법원의 압류명령에 의하여 개시한다.

제224조(집행법원) ① 제223조의 집행법원은 채무자의 보통재판적이 있는 곳의 지방법원으로 한다.
② 제1항의 지방법원이 없는 경우 집행법원은 압류한 채권의 채무자(이하 "제3채무자"라 한다)의 보통재판적이 있는 곳의 지방법원으로 한다. 다만, 이 경우에 물건의 인도를 목적으로 하는 채권과 물적 담보권

있는 채권에 대한 집행법원은 그 물건이 있는 곳의 지방법원으로 한다.

③ 가압류에서 이전되는 채권압류의 경우에 제223조의 집행법원은 가압류를 명한 법원이 있는 곳을 관할하는 지방법원으로 한다.

제225조(압류명령의 신청) 채권자는 압류명령신청에 압류할 채권의 종류와 액수를 밝혀야 한다.

제226조(심문의 생략) 압류명령은 제3채무자와 채무자를 심문하지 아니하고 한다.

제227조(금전채권의 압류) ① 금전채권을 압류할 때에는 법원은 제3채무자에게 채무자에 대한 지급을 금지하고 채무자에게 채권의 처분과 영수를 금지하여야 한다.

② 압류명령은 제3채무자와 채무자에게 송달하여야 한다.

③ 압류명령이 제3채무자에게 송달되면 압류의 효력이 생긴다.

④ 압류명령의 신청에 관한 재판에 대하여는 즉시항고를 할 수 있다.

제228조(저당권이 있는 채권의 압류) ① 저당권이 있는 채권을 압류할 경우 채권자는 채권압류사실을 등기부에 기입하여 줄 것을 법원사무관등에게 신청할 수 있다. 이 신청은 채무자의 승낙 없이 법원에 대한 압류명령의 신청과 함께 할 수 있다.

② 법원사무관등은 의무를 지는 부동산 소유자에게 압류명령이 송달된 뒤에 제1항의 신청에 따른 등기를 촉탁하여야 한다.

제229조(금전채권의 현금화방법) ① 압류한 금전채권에 대하여 압류채권자는 추심명령(推尋命令)이나 전부명령(轉付命令)을 신청할 수 있다.

② 추심명령이 있는 때에는 압류채권자는 대위절차(代位節次) 없이 압류채권을 추심할 수 있다.

③ 전부명령이 있는 때에는 압류된 채권은 지급에 갈음하여 압류채권자에게 이전된다.

④ 추심명령에 대하여는 제227조제2항 및 제3항의 규정을, 전부명령에 대하여는 제227조제2항의 규정을 각각 준용한다.

⑤ 전부명령이 제3채무자에게 송달될 때까지 그 금전채권에 관하여 다른 채권자가 압류·가압류 또는 배당요구를 한 경우에는 전부명령은 효력을 가지지 아니한다.

⑥ 제1항의 신청에 관한 재판에 대하여는 즉시항고를 할 수 있다.

⑦ 전부명령은 확정되어야 효력을 가진다.

⑧ 전부명령이 있은 뒤에 제49조제2호 또는 제4호의 서류를 제출한 것을 이유로 전부명령에 대한 즉시항고가 제기된 경우에는 항고법원은 다른 이유로 전부명령을 취소하는 경우를 제외하고는 항고에 관한 재판을 정지하여야 한다.

제230조(저당권이 있는 채권의 이전) 저당권이 있는 채권에 관하여 전부명령이 있는 경우에는 제228조의 규정을 준용한다.

제231조(전부명령의 효과) 전부명령이 확정된 경우에는 전부명령이 제3채무자에게 송달된 때에 채무자가 채무를 변제한 것으로 본다. 다만, 이전된 채권이 존재하지 아니한 때에는 그러하지 아니하다.

제232조(추심명령의 효과) ① 추심명령은 그 채권전액에 미친다. 다만, 법원은 채무자의 신청에 따라 압류채권자를 심문하여 압류액수를 그 채권자의 요구액수로 제한하고 채무자에게 그 초과된 액수의 처분과 영수를 허가할 수 있다.

② 제1항 단서의 제한부분에 대하여 다른 채권자는 배당요구를 할 수 없다.

③ 제1항의 허가는 제3채무자와 채권자에게 통지하여야 한다.

제233조(지시채권의 압류) 어음·수표 그 밖에 배서로 이전할 수 있는 증권으로서 배서가 금지된 증권채권의 압류는 법원의 압류명령으로 집행관이 그 증권을 점유하여 한다.

제234조(채권증서) ① 채무자는 채권에 관한 증서가 있으면 압류채권자에게 인도하여야 한다.
② 채권자는 압류명령에 의하여 강제집행의 방법으로 그 증서를 인도받을 수 있다.

제235조(압류의 경합) ① 채권 일부가 압류된 뒤에 그 나머지 부분을 초과하여 다시 압류명령이 내려진 때에는 각 압류의 효력은 그 채권 전부에 미친다.
② 채권 전부가 압류된 뒤에 그 채권 일부에 대하여 다시 압류명령이 내려진 때 그 압류의 효력도 제1항과 같다.

제236조(추심의 신고) ① 채권자는 추심한 채권액을 법원에 신고하여야 한다.
② 제1항의 신고전에 다른 압류·가압류 또는 배당요구가 있었을 때에는 채권자는 추심한 금액을 바로 공탁하고 그 사유를 신고하여야 한다.

제237조(제3채무자의 진술의무) ① 압류채권자는 제3채무자로 하여금 압류명령을 송달받은 날부터 1주 이내에 서면으로 다음 각호의 사항을 진술하게 하도록 법원에 신청할 수 있다.
1. 채권을 인정하는지의 여부 및 인정한다면 그 한도
2. 채권에 대하여 지급할 의사가 있는지의 여부 및 의사가 있다면 그 한도
3. 채권에 대하여 다른 사람으로부터 청구가 있는지의 여부 및 청구가 있다면 그 종류
4. 다른 채권자에게 채권을 압류당한 사실이 있는지의 여부 및 그 사실이 있다면 그 청구의 종류

② 법원은 제1항의 진술을 명하는 서면을 제3채무자에게 송달하여야 한다.
③ 제3채무자가 진술을 게을리 한 때에는 법원은 제3채무자에게 제1항의 사항을 심문할 수 있다.

제238조(추심의 소제기) 채권자가 명령의 취지에 따라 제3채무자를 상대로 소를 제기할 때에는 일반규정에 의한 관할법원에 제기하고 채무자에게 그 소를 고지하여야 한다. 다만, 채무자가 외국에 있거나 있는 곳이 분명하지 아니한 때에는 고지할 필요가 없다.

제239조(추심의 소홀) 채권자가 추심할 채권의 행사를 게을리 한 때에는 이로써 생긴 채무자의 손해를 부담한다.

제240조(추심권의 포기) ① 채권자는 추심명령에 따라 얻은 권리를 포기할 수 있다. 다만, 기본채권에는 영향이 없다.
② 제1항의 포기는 법원에 서면으로 신고하여야 한다. 법원사무관등은 그 등본을 제3채무자와 채무자에게 송달하여야 한다.

제241조(특별한 현금화방법) ① 압류된 채권이 조건 또는 기한이 있거나, 반대의무의 이행과 관련되어 있거나 그 밖의 이유로 추심하기 곤란할 때에는 법원은 채권자의 신청에 따라 다음 각호의 명령을 할 수 있다.
1. 채권을 법원이 정한 값으로 지급함에 갈음하여 압류채권자에게 양도하는 양도명령
2. 추심에 갈음하여 법원이 정한 방법으로 그 채권을 매각하도록 집행관에게 명하는 매각명령
3. 관리인을 선임하여 그 채권의 관리를 명하는 관리명령
4. 그 밖에 적당한 방법으로 현금화하도록 하는 명령

② 법원은 제1항의 경우 그 신청을 허가하는 결정을 하기 전에 채무자를 심문하여야 한다. 다만, 채무자가 외국에 있거나 있는 곳이 분명하지 아니한 때에는 심문할 필요가 없다.
③ 제1항의 결정에 대하여는 즉시항고를 할 수 있다.
④ 제1항의 결정은 확정되어야 효력을 가진다.
⑤ 압류된 채권을 매각한 경우에는 집행관은 채무자를 대신하여 제3채무자에게 서면으로 양도의 통지를

하여야 한다.

⑥ 양도명령에는 제227조제2항·제229조제5항·제230조 및 제231조의 규정을, 매각명령에 의한 집행관의 매각에는 제108조의 규정을, 관리명령에는 제227조제2항의 규정을, 관리명령에 의한 관리에는 제167조, 제169조 내지 제171조, 제222조제2항·제3항의 규정을 각각 준용한다.

제242조(유체물인도청구권 등에 대한 집행) 부동산·유체동산·선박·자동차·건설기계·항공기·경량항공기 등 유체물의 인도나 권리이전의 청구권에 대한 강제집행에 대하여는 제243조부터 제245조까지의 규정을 우선적용하는 것을 제외하고는 제227조부터 제240조까지의 규정을 준용한다. 〈개정 2015. 5. 18.〉

제243조(유체동산에 관한 청구권의 압류) ① 유체동산에 관한 청구권을 압류하는 경우에는 법원이 제3채무자에 대하여 그 동산을 채권자의 위임을 받은 집행관에게 인도하도록 명한다.

② 채권자는 제3채무자에 대하여 제1항의 명령의 이행을 구하기 위하여 법원에 추심명령을 신청할 수 있다.

③ 제1항의 동산의 현금화에 대하여는 압류한 유체동산의 현금화에 관한 규정을 적용한다.

제244조(부동산청구권에 대한 압류) ① 부동산에 관한 인도청구권의 압류에 대하여는 그 부동산소재지의 지방법원은 채권자 또는 제3채무자의 신청에 의하여 보관인을 정하고 제3채무자에 대하여 그 부동산을 보관인에게 인도할 것을 명하여야 한다.

② 부동산에 관한 권리이전청구권의 압류에 대하여는 그 부동산소재지의 지방법원은 채권자 또는 제3채무자의 신청에 의하여 보관인을 정하고 제3채무자에 대하여 그 부동산에 관한 채무자명의의 권리이전등기절차를 보관인에게 이행할 것을 명하여야 한다.

③ 제2항의 경우에 보관인은 채무자명의의 권리이전등기신청에 관하여 채무자의 대리인이 된다.

④ 채권자는 제3채무자에 대하여 제1항 또는 제2항의 명령의 이행을 구하기 위하여 법원에 추심명령을 신청할 수 있다.

제245조(전부명령 제외) 유체물의 인도나 권리이전의 청구권에 대하여는 전부명령을 하지 못한다.

제246조(압류금지채권) ① 다음 각호의 채권은 압류하지 못한다. 〈개정 2005. 1. 27., 2010. 7. 23., 2011. 4. 5., 2022. 1. 4.〉

1. 법령에 규정된 부양료 및 유족부조료(遺族扶助料)
2. 채무자가 구호사업이나 제3자의 도움으로 계속 받는 수입
3. 병사의 급료
4. 급료·연금·봉급·상여금·퇴직연금, 그 밖에 이와 비슷한 성질을 가진 급여채권의 2분의 1에 해당하는 금액. 다만, 그 금액이 국민기초생활보장법에 의한 최저생계비를 고려하여 대통령령이 정하는 금액에 미치지 못하는 경우 또는 표준적인 가구의 생계비를 고려하여 대통령령이 정하는 금액을 초과하는 경우에는 각각 당해 대통령령이 정하는 금액으로 한다.
5. 퇴직금 그 밖에 이와 비슷한 성질을 가진 급여채권의 2분의 1에 해당하는 금액
6. 「주택임대차보호법」 제8조, 같은 법 시행령의 규정에 따라 우선변제를 받을 수 있는 금액
7. 생명, 상해, 질병, 사고 등을 원인으로 채무자가 지급받는 보장성보험의 보험금(해약환급 및 만기환급금을 포함한다). 다만, 압류금지의 범위는 생계유지, 치료 및 장애 회복에 소요될 것으로 예상되는 비용 등을 고려하여 대통령령으로 정한다.
8. 채무자의 1월간 생계유지에 필요한 예금(적금·부금·예탁금과 우편대체를 포함한다). 다만, 그 금액은 「국민기초생활 보장법」에 따른 최저생계비, 제195조제3호에서 정한 금액 등을 고려하여 대통령령으로 정한다.

② 법원은 제1항제1호부터 제7호까지에 규정된 종류의 금원이 금융기관에 개설된 채무자의 계좌에 이체되는 경우 채무자의 신청에 따라 그에 해당하는 부분의 압류명령을 취소하여야 한다. 〈신설 2011. 4. 5.〉

③ 법원은 당사자가 신청하면 채권자와 채무자의 생활형편, 그 밖의 사정을 고려하여 압류명령의 전부 또는 일부를 취소하거나 제1항의 압류금지채권에 대하여 압류명령을 할 수 있다. 〈개정 2011. 4. 5.〉

④ 제3항의 경우에는 제196조제2항 내지 제5항의 규정을 준용한다. 〈개정 2011. 4. 5.〉

제247조(배당요구) ① 민법·상법, 그 밖의 법률에 의하여 우선변제청구권이 있는 채권자와 집행력 있는 정본을 가진 채권자는 다음 각호의 시기까지 법원에 배당요구를 할 수 있다.

1. 제3채무자가 제248조제4항에 따른 공탁의 신고를 한 때
2. 채권자가 제236조에 따른 추심의 신고를 한 때
3. 집행관이 현금화한 금전을 법원에 제출한 때

② 전부명령이 제3채무자에게 송달된 뒤에는 배당요구를 하지 못한다.

③ 제1항의 배당요구에는 제218조 및 제219조의 규정을 준용한다.

④ 제1항의 배당요구는 제3채무자에게 통지하여야 한다.

제248조(제3채무자의 채무액의 공탁) ① 제3채무자는 압류에 관련된 금전채권의 전액을 공탁할 수 있다.

② 금전채권에 관하여 배당요구서를 송달받은 제3채무자는 배당에 참가한 채권자의 청구가 있으면 압류된 부분에 해당하는 금액을 공탁하여야 한다.

③ 금전채권중 압류되지 아니한 부분을 초과하여 거듭 압류명령 또는 가압류명령이 내려진 경우에 그 명령을 송달받은 제3채무자는 압류 또는 가압류채권자의 청구가 있으면 그 채권의 전액에 해당하는 금액을 공탁하여야 한다.

④ 제3채무자가 채무액을 공탁한 때에는 그 사유를 법원에 신고하여야 한다. 다만, 상당한 기간 이내에 신고가 없는 때에는 압류채권자, 가압류채권자, 배당에 참가한 채권자, 채무자, 그 밖의 이해관계인이 그 사유를 법원에 신고할 수 있다.

제249조(추심의 소) ① 제3채무자가 추심절차에 대하여 의무를 이행하지 아니하는 때에는 압류채권자는 소로써 그 이행을 청구할 수 있다.

② 집행력 있는 정본을 가진 모든 채권자는 공동소송인으로 원고 쪽에 참가할 권리가 있다.

③ 소를 제기당한 제3채무자는 제2항의 채권자를 공동소송인으로 원고 쪽에 참가하도록 명할 것을 첫 변론기일까지 신청할 수 있다.

④ 소에 대한 재판은 제3항의 명령을 받은 채권자에 대하여 효력이 미친다.

제250조(채권자의 추심최고) 압류채권자가 추심절차를 게을리 한 때에는 집행력 있는 정본으로 배당을 요구한 채권자는 일정한 기간내에 추심하도록 최고하고, 최고에 따르지 아니한 때에는 법원의 허가를 얻어 직접 추심할 수 있다.

제251조(그 밖의 재산권에 대한 집행) ① 앞의 여러 조문에 규정된 재산권 외에 부동산을 목적으로 하지 아니한 재산권에 대한 강제집행은 이 관의 규정 및 제98조 내지 제101조의 규정을 준용한다.

② 제3채무자가 없는 경우에 압류는 채무자에게 권리처분을 금지하는 명령을 송달한 때에 효력이 생긴다.

제 4 관 배당절차

제252조(배당절차의 개시) 법원은 다음 각호 가운데 어느 하나에 해당하는 경우에는 배당절차를 개시한다.

1. 제222조의 규정에 따라 집행관이 공탁한 때
2. 제236조의 규정에 따라 추심채권자가 공탁하거나 제248조의 규정에 따라 제3채무자가 공탁한 때
3. 제241조의 규정에 따라 현금화된 금전을 법원에 제출한 때

제253조(계산서 제출의 최고) 법원은 채권자들에게 1주 이내에 원금·이자·비용, 그 밖의 부대채권의 계산서를 제출하도록 최고하여야 한다.

제254조(배당표의 작성) ① 제253조의 기간이 끝난 뒤에 법원은 배당표를 작성하여야 한다.
② 제1항의 기간을 지키지 아니한 채권자의 채권은 배당요구서와 사유신고서의 취지 및 그 증빙서류에 따라 계산한다. 이 경우 다시 채권액을 추가하지 못한다.

제255조(배당기일의 준비) 법원은 배당을 실시할 기일을 지정하고 채권자와 채무자에게 이를 통지하여야 한다. 다만, 채무자가 외국에 있거나 있는 곳이 분명하지 아니한 때에는 통지하지 아니한다.

제256조(배당표의 작성과 실시) 배당표의 작성, 배당표에 대한 이의 및 그 완결과 배당표의 실시에 대하여는 제149조 내지 제161조의 규정을 준용한다.

제 3 장 금전채권 외의 채권에 기초한 강제집행

제257조(동산인도청구의 집행) 채무자가 특정한 동산이나 대체물의 일정한 수량을 인도하여야 할 때에는 집행관은 이를 채무자로부터 빼앗아 채권자에게 인도하여야 한다.

제258조(부동산 등의 인도청구의 집행) ① 채무자가 부동산이나 선박을 인도하여야 할 때에는 집행관은 채무자로부터 점유를 빼앗아 채권자에게 인도하여야 한다.
② 제1항의 강제집행은 채권자나 그 대리인이 인도받기 위하여 출석한 때에만 한다.
③ 강제집행의 목적물이 아닌 동산은 집행관이 제거하여 채무자에게 인도하여야 한다.
④ 제3항의 경우 채무자가 없는 때에는 집행관은 채무자와 같이 사는 사리를 분별할 지능이 있는 친족 또는 채무자의 대리인이나 고용인에게 그 동산을 인도하여야 한다.
⑤ 채무자와 제4항에 적은 사람이 없는 때에는 집행관은 그 동산을 채무자의 비용으로 보관하여야 한다.
⑥ 채무자가 그 동산의 수취를 게을리 한 때에는 집행관은 집행법원의 허가를 받아 동산에 대한 강제집행의 매각절차에 관한 규정에 따라 그 동산을 매각하고 비용을 뺀 뒤에 나머지 대금을 공탁하여야 한다.

제259조(목적물을 제3자가 점유하는 경우) 인도할 물건을 제3자가 점유하고 있는 때에는 채권자의 신청에 따라 금전채권의 압류에 관한 규정에 따라 채무자의 제3자에 대한 인도청구권을 채권자에게 넘겨야 한다.

제260조(대체집행) ① 민법 제389조제2항 후단과 제3항의 경우에는 제1심 법원은 채권자의 신청에 따라 민법의 규정에 의한 결정을 하여야 한다.
② 채권자는 제1항의 행위에 필요한 비용을 미리 지급할 것을 채무자에게 명하는 결정을 신청할 수 있다. 다만, 뒷날 그 초과비용을 청구할 권리는 영향을 받지 아니한다.
③ 제1항과 제2항의 신청에 관한 재판에 대하여는 즉시항고를 할 수 있다.

제261조(간접강제) ① 채무의 성질이 간접강제를 할 수 있는 경우에 제1심 법원은 채권자의 신청에 따라 간접강제를 명하는 결정을 한다. 그 결정에는 채무의 이행의무 및 상당한 이행기간을 밝히고, 채무자가 그 기간 이내에 이행을 하지 아니하는 때에는 늦어진 기간에 따라 일정한 배상을 하도록 명하거나 즉시 손해배상을 하도록 명할 수 있다.
② 제1항의 신청에 관한 재판에 대하여는 즉시항고를 할 수 있다.

제262조(채무자의 심문) 제260조 및 제261조의 결정은 변론 없이 할 수 있다. 다만, 결정하기 전에 채무자를 심문하여야 한다.

제263조(의사표시의무의 집행) ① 채무자가 권리관계의 성립을 인낙한 때에는 그 조서로, 의사의 진술을 명한 판결이 확정된 때에는 그 판결로 권리관계의 성립을 인낙하거나 의사를 진술한 것으로 본다.
② 반대의무가 이행된 뒤에 권리관계의 성립을 인낙하거나 의사를 진술할 것인 경우에는 제30조와 제32조의 규정에 따라 집행문을 내어 준 때에 그 효력이 생긴다.

제 3 편 담보권 실행 등을 위한 경매

제264조(부동산에 대한 경매신청) ① 부동산을 목적으로 하는 담보권을 실행하기 위한 경매신청을 함에는 담보권이 있다는 것을 증명하는 서류를 내야 한다.
② 담보권을 승계한 경우에는 승계를 증명하는 서류를 내야 한다.
③ 부동산 소유자에게 경매개시결정을 송달할 때에는 제2항의 규정에 따라 제출된 서류의 등본을 붙여야 한다.

제265조(경매개시결정에 대한 이의신청사유) 경매절차의 개시결정에 대한 이의신청사유로 담보권이 없다는 것 또는 소멸되었다는 것을 주장할 수 있다.

제266조(경매절차의 정지) ① 다음 각호 가운데 어느 하나에 해당하는 문서가 경매법원에 제출되면 경매절차를 정지하여야 한다. 〈개정 2011. 4. 12.〉
1. 담보권의 등기가 말소된 등기사항증명서
2. 담보권 등기를 말소하도록 명한 확정판결의 정본
3. 담보권이 없거나 소멸되었다는 취지의 확정판결의 정본
4. 채권자가 담보권을 실행하지 아니하기로 하거나 경매신청을 취하하겠다는 취지 또는 피담보채권을 변제받았거나 그 변제를 미루도록 승낙한다는 취지를 적은 서류
5. 담보권 실행을 일시정지하도록 명한 재판의 정본

② 제1항제1호 내지 제3호의 경우와 제4호의 서류가 화해조서의 정본 또는 공정증서의 정본인 경우에는 경매법원은 이미 실시한 경매절차를 취소하여야 하며, 제5호의 경우에는 그 재판에 따라 경매절차를 취소하지 아니한 때에만 이미 실시한 경매절차를 일시적으로 유지하게 하여야 한다.
③ 제2항의 규정에 따라 경매절차를 취소하는 경우에는 제17조의 규정을 적용하지 아니한다.

제267조(대금완납에 따른 부동산취득의 효과) 매수인의 부동산 취득은 담보권 소멸로 영향을 받지 아니한다.

제268조(준용규정) 부동산을 목적으로 하는 담보권 실행을 위한 경매절차에는 제79조 내지 제162조의 규정을 준용한다.

제269조(선박에 대한 경매) 선박을 목적으로 하는 담보권 실행을 위한 경매절차에는 제172조 내지 제186조, 제264조 내지 제268조의 규정을 준용한다.

제270조(자동차 등에 대한 경매) 자동차·건설기계·소형선박(「자동차 등 특정동산 저당법」 제3조제2호에 따른 소형선박을 말한다) 및 항공기(「자동차 등 특정동산 저당법」 제3조제4호에 따른 항공기 및 경량항공기를 말한다)를 목적으로 하는 담보권 실행을 위한 경매절차는 제264조부터 제269조까지, 제271조 및 제272조의 규정에 준하여 대법원규칙으로 정한다. 〈개정 2007. 8. 3., 2009. 3. 25., 2015. 5. 18.〉

제271조(유체동산에 대한 경매) 유체동산을 목적으로 하는 담보권 실행을 위한 경매는 채권자가 그 목적물을

제출하거나, 그 목적물의 점유자가 압류를 승낙한 때에 개시한다.

제272조(준용규정) 제271조의 경매절차에는 제2편 제2장 제4절 제2관의 규정과 제265조 및 제266조의 규정을 준용한다.

제273조(채권과 그 밖의 재산권에 대한 담보권의 실행) ① 채권, 그 밖의 재산권을 목적으로 하는 담보권의 실행은 담보권의 존재를 증명하는 서류(권리의 이전에 관하여 등기나 등록을 필요로 하는 경우에는 그 등기사항증명서 또는 등록원부의 등본)가 제출된 때에 개시한다. 〈개정 2011. 4. 12.〉

② 민법 제342조에 따라 담보권설정자가 받을 금전, 그 밖의 물건에 대하여 권리를 행사하는 경우에도 제1항과 같다.

③ 제1항과 제2항의 권리실행절차에는 제2편 제2장 제4절 제3관의 규정을 준용한다.

제274조(유치권 등에 의한 경매) ① 유치권에 의한 경매와 민법·상법, 그 밖의 법률이 규정하는 바에 따른 경매(이하 "유치권등에 의한 경매"라 한다)는 담보권 실행을 위한 경매의 예에 따라 실시한다.

② 유치권 등에 의한 경매절차는 목적물에 대하여 강제경매 또는 담보권 실행을 위한 경매절차가 개시된 경우에는 이를 정지하고, 채권자 또는 담보권자를 위하여 그 절차를 계속하여 진행한다.

③ 제2항의 경우에 강제경매 또는 담보권 실행을 위한 경매가 취소되면 유치권 등에 의한 경매절차를 계속하여 진행하여야 한다.

제275조(준용규정) 이 편에 규정한 경매 등 절차에는 제42조 내지 제44조 및 제46조 내지 제53조의 규정을 준용한다.

제 4 편 보전처분

제276조(가압류의 목적) ① 가압류는 금전채권이나 금전으로 환산할 수 있는 채권에 대하여 동산 또는 부동산에 대한 강제집행을 보전하기 위하여 할 수 있다.

② 제1항의 채권이 조건이 붙어 있는 것이거나 기한이 차지 아니한 것인 경우에도 가압류를 할 수 있다.

제277조(보전의 필요) 가압류는 이를 하지 아니하면 판결을 집행할 수 없거나 판결을 집행하는 것이 매우 곤란할 염려가 있을 경우에 할 수 있다.

제278조(가압류법원) 가압류는 가압류할 물건이 있는 곳을 관할하는 지방법원이나 본안의 관할법원이 관할한다.

제279조(가압류신청) ① 가압류신청에는 다음 각호의 사항을 적어야 한다.

1. 청구채권의 표시, 그 청구채권이 일정한 금액이 아닌 때에는 금전으로 환산한 금액
2. 제277조의 규정에 따라 가압류의 이유가 될 사실의 표시

② 청구채권과 가압류의 이유는 소명하여야 한다.

제280조(가압류명령) ① 가압류신청에 대한 재판은 변론 없이 할 수 있다.

② 청구채권이나 가압류의 이유를 소명하지 아니한 때에도 가압류로 생길 수 있는 채무자의 손해에 대하여 법원이 정한 담보를 제공한 때에는 법원은 가압류를 명할 수 있다.

③ 청구채권과 가압류의 이유를 소명한 때에도 법원은 담보를 제공하게 하고 가압류를 명할 수 있다.

④ 담보를 제공한 때에는 그 담보의 제공과 담보제공의 방법을 가압류명령에 적어야 한다.

제281조(재판의 형식) ① 가압류신청에 대한 재판은 결정으로 한다. 〈개정 2005. 1. 27.〉

② 채권자는 가압류신청을 기각하거나 각하하는 결정에 대하여 즉시항고를 할 수 있다.

③ 담보를 제공하게 하는 재판, 가압류신청을 기각하거나 각하하는 재판과 제2항의 즉시항고를 기각하거나 각하하는 재판은 채무자에게 고지할 필요가 없다.

제282조(가압류해방금액) 가압류명령에는 가압류의 집행을 정지시키거나 집행한 가압류를 취소시키기 위하여 채무자가 공탁할 금액을 적어야 한다.

제283조(가압류결정에 대한 채무자의 이의신청) ① 채무자는 가압류결정에 대하여 이의를 신청할 수 있다.
② 제1항의 이의신청에는 가압류의 취소나 변경을 신청하는 이유를 밝혀야 한다.
③ 이의신청은 가압류의 집행을 정지하지 아니한다.

제284조(가압류이의신청사건의 이송) 법원은 가압류이의신청사건에 관하여 현저한 손해 또는 지연을 피하기 위한 필요가 있는 때에는 직권으로 또는 당사자의 신청에 따라 결정으로 그 가압류사건의 관할권이 있는 다른 법원에 사건을 이송할 수 있다. 다만, 그 법원이 심급을 달리하는 경우에는 그러하지 아니하다.

제285조(가압류이의신청의 취하) ① 채무자는 가압류이의신청에 대한 재판이 있기 전까지 가압류이의신청을 취하할 수 있다. 〈개정 2005. 1. 27.〉
② 제1항의 취하에는 채권자의 동의를 필요로 하지 아니한다.
③ 가압류이의신청의 취하는 서면으로 하여야 한다. 다만, 변론기일 또는 심문기일에서는 말로 할 수 있다. 〈개정 2005. 1. 27.〉
④ 가압류이의신청서를 송달한 뒤에는 취하의 서면을 채권자에게 송달하여야 한다.
⑤ 제3항 단서의 경우에 채권자가 변론기일 또는 심문기일에 출석하지 아니한 때에는 그 기일의 조서등본을 송달하여야 한다. 〈개정 2005. 1. 27.〉

제286조(이의신청에 대한 심리와 재판) ① 이의신청이 있는 때에는 법원은 변론기일 또는 당사자 쌍방이 참여할 수 있는 심문기일을 정하고 당사자에게 이를 통지하여야 한다.
② 법원은 심리를 종결하고자 하는 경우에는 상당한 유예기간을 두고 심리를 종결할 기일을 정하여 이를 당사자에게 고지하여야 한다. 다만, 변론기일 또는 당사자 쌍방이 참여할 수 있는 심문기일에는 즉시 심리를 종결할 수 있다.
③ 이의신청에 대한 재판은 결정으로 한다.
④ 제3항의 규정에 의한 결정에는 이유를 적어야 한다. 다만, 변론을 거치지 아니한 경우에는 이유의 요지만을 적을 수 있다.
⑤ 법원은 제3항의 규정에 의한 결정으로 가압류의 전부나 일부를 인가·변경 또는 취소할 수 있다. 이 경우 법원은 적당한 담보를 제공하도록 명할 수 있다.
⑥ 법원은 제3항의 규정에 의하여 가압류를 취소하는 결정을 하는 경우에는 채권자가 그 고지를 받은 날부터 2주를 넘지 아니하는 범위 안에서 상당하다고 인정하는 기간이 경과하여야 그 결정의 효력이 생긴다는 뜻을 선언할 수 있다.
⑦ 제3항의 규정에 의한 결정에 대하여는 즉시항고를 할 수 있다. 이 경우 민사소송법 제447조의 규정을 준용하지 아니한다.
[전문개정 2005. 1. 27.]

제287조(본안의 제소명령) ① 가압류법원은 채무자의 신청에 따라 변론 없이 채권자에게 상당한 기간 이내에 본안의 소를 제기하여 이를 증명하는 서류를 제출하거나 이미 소를 제기하였으면 소송계속사실을 증명하는 서류를 제출하도록 명하여야 한다.
② 제1항의 기간은 2주 이상으로 정하여야 한다.
③ 채권자가 제1항의 기간 이내에 제1항의 서류를 제출하지 아니한 때에는 법원은 채무자의 신청에 따라

결정으로 가압류를 취소하여야 한다.

④ 제1항의 서류를 제출한 뒤에 본안의 소가 취하되거나 각하된 경우에는 그 서류를 제출하지 아니한 것으로 본다.

⑤ 제3항의 신청에 관한 결정에 대하여는 즉시항고를 할 수 있다. 이 경우 민사소송법 제447조의 규정은 준용하지 아니한다.

제288조(사정변경 등에 따른 가압류취소) ① 채무자는 다음 각호의 어느 하나에 해당하는 사유가 있는 경우에는 가압류가 인가된 뒤에도 그 취소를 신청할 수 있다. 제3호에 해당하는 경우에는 이해관계인도 신청할 수 있다.

1. 가압류이유가 소멸되거나 그 밖에 사정이 바뀐 때
2. 법원이 정한 담보를 제공한 때
3. 가압류가 집행된 뒤에 3년간 본안의 소를 제기하지 아니한 때

② 제1항의 규정에 의한 신청에 대한 재판은 가압류를 명한 법원이 한다. 다만, 본안이 이미 계속된 때에는 본안법원이 한다.

③ 제1항의 규정에 의한 신청에 대한 재판에는 제286조제1항 내지 제4항·제6항 및 제7항을 준용한다.

[전문개정 2005. 1. 27.]

제289조(가압류취소결정의 효력정지) ① 가압류를 취소하는 결정에 대하여 즉시항고가 있는 경우에, 불복의 이유로 주장한 사유가 법률상 정당한 사유가 있다고 인정되고 사실에 대한 소명이 있으며, 그 가압류를 취소함으로 인하여 회복할 수 없는 손해가 생길 위험이 있다는 사정에 대한 소명이 있는 때에는, 법원은 당사자의 신청에 따라 담보를 제공하게 하거나 담보를 제공하지 아니하게 하고 가압류취소결정의 효력을 정지시킬 수 있다.

② 제1항의 규정에 의한 소명은 보증금을 공탁하거나 주장이 진실함을 선서하는 방법으로 대신할 수 없다.

③ 재판기록이 원심법원에 있는 때에는 원심법원이 제1항의 규정에 의한 재판을 한다.

④ 항고법원은 항고에 대한 재판에서 제1항의 규정에 의한 재판을 인가·변경 또는 취소하여야 한다.

⑤ 제1항 및 제4항의 규정에 의한 재판에 대하여는 불복할 수 없다.

[전문개정 2005. 1. 27.]

제290조(가압류 이의신청규정의 준용) ① 제287조제3항, 제288조제1항에 따른 재판의 경우에는 제284조의 규정을 준용한다. 〈개정 2005. 1. 27.〉

② 제287조제1항·제3항 및 제288조제1항에 따른 신청의 취하에는 제285조의 규정을 준용한다. 〈개정 2005. 1. 27.〉

제291조(가압류집행에 대한 본집행의 준용) 가압류의 집행에 대하여는 강제집행에 관한 규정을 준용한다. 다만, 아래의 여러 조문과 같이 차이가 나는 경우에는 그러하지 아니하다.

제292조(집행개시의 요건) ① 가압류에 대한 재판이 있은 뒤에 채권자나 채무자의 승계가 이루어진 경우에 가압류의 재판을 집행하려면 집행문을 덧붙여야 한다.

② 가압류에 대한 재판의 집행은 채권자에게 재판을 고지한 날부터 2주를 넘긴 때에는 하지 못한다. 〈개정 2005. 1. 27.〉

③ 제2항의 집행은 채무자에게 재판을 송달하기 전에도 할 수 있다.

제293조(부동산가압류집행) ① 부동산에 대한 가압류의 집행은 가압류재판에 관한 사항을 등기부에 기입하여야 한다.

② 제1항의 집행법원은 가압류재판을 한 법원으로 한다.

③ 가압류등기는 법원사무관등이 촉탁한다.

제294조(가압류를 위한 강제관리) 가압류의 집행으로 강제관리를 하는 경우에는 관리인이 청구채권액에 해당하는 금액을 지급받아 공탁하여야 한다.

제295조(선박가압류집행) ① 등기할 수 있는 선박에 대한 가압류를 집행하는 경우에는 가압류등기를 하는 방법이나 집행관에게 선박국적증서등을 선장으로부터 받아 집행법원에 제출하도록 명하는 방법으로 한다. 이들 방법은 함께 사용할 수 있다.

② 가압류등기를 하는 방법에 의한 가압류집행은 가압류명령을 한 법원이, 선박국적증서등을 받아 제출하도록 명하는 방법에 의한 가압류집행은 선박이 정박하여 있는 곳을 관할하는 지방법원이 집행법원으로서 관할한다.

③ 가압류등기를 하는 방법에 의한 가압류의 집행에는 제293조제3항의 규정을 준용한다.

제296조(동산가압류집행) ① 동산에 대한 가압류의 집행은 압류와 같은 원칙에 따라야 한다.

② 채권가압류의 집행법원은 가압류명령을 한 법원으로 한다.

③ 채권의 가압류에는 제3채무자에 대하여 채무자에게 지급하여서는 아니 된다는 명령만을 하여야 한다.

④ 가압류한 금전은 공탁하여야 한다.

⑤ 가압류물은 현금화를 하지 못한다. 다만, 가압류물을 즉시 매각하지 아니하면 값이 크게 떨어질 염려가 있거나 그 보관에 지나치게 많은 비용이 드는 경우에는 집행관은 그 물건을 매각하여 매각대금을 공탁하여야 한다.

제297조(제3채무자의 공탁) 제3채무자가 가압류 집행된 금전채권액을 공탁한 경우에는 그 가압류의 효력은 그 청구채권액에 해당하는 공탁금액에 대한 채무자의 출급청구권에 대하여 존속한다.

제298조(가압류취소결정의 취소와 집행) ① 가압류의 취소결정을 상소법원이 취소한 경우로서 법원이 그 가압류의 집행기관이 되는 때에는 그 취소의 재판을 한 상소법원이 직권으로 가압류를 집행한다. 〈개정 2005. 1. 27.〉

② 제1항의 경우에 그 취소의 재판을 한 상소법원이 대법원인 때에는 채권자의 신청에 따라 제1심 법원이 가압류를 집행한다.

[제목개정 2005. 1. 27.]

제299조(가압류집행의 취소) ① 가압류명령에 정한 금액을 공탁한 때에는 법원은 결정으로 집행한 가압류를 취소하여야 한다. 〈개정 2005. 1. 27.〉

② 삭제 〈2005. 1. 27.〉

③ 제1항의 취소결정에 대하여는 즉시항고를 할 수 있다.

④ 제1항의 취소결정에 대하여는 제17조제2항의 규정을 준용하지 아니한다.

제300조(가처분의 목적) ① 다툼의 대상에 관한 가처분은 현상이 바뀌면 당사자가 권리를 실행하지 못하거나 이를 실행하는 것이 매우 곤란할 염려가 있을 경우에 한다.

② 가처분은 다툼이 있는 권리관계에 대하여 임시의 지위를 정하기 위하여도 할 수 있다. 이 경우 가처분은 특히 계속하는 권리관계에 끼칠 현저한 손해를 피하거나 급박한 위험을 막기 위하여, 또는 그 밖의 필요한 이유가 있을 경우에 하여야 한다.

제301조(가압류절차의 준용) 가처분절차에는 가압류절차에 관한 규정을 준용한다. 다만, 아래의 여러 조문과 같이 차이가 나는 경우에는 그러하지 아니하다.

제302조 삭제 〈2005. 1. 27.〉

제303조(관할법원) 가처분의 재판은 본안의 관할법원 또는 다툼의 대상이 있는 곳을 관할하는 지방법원이 관할한다.

제304조(임시의 지위를 정하기 위한 가처분) 제300조제2항의 규정에 의한 가처분의 재판에는 변론기일 또는 채무자가 참석할 수 있는 심문기일을 열어야 한다. 다만, 그 기일을 열어 심리하면 가처분의 목적을 달성할 수 없는 사정이 있는 때에는 그러하지 아니하다.

제305조(가처분의 방법) ① 법원은 신청목적을 이루는 데 필요한 처분을 직권으로 정한다.
② 가처분으로 보관인을 정하거나, 상대방에게 어떠한 행위를 하거나 하지 말도록, 또는 급여를 지급하도록 명할 수 있다.
③ 가처분으로 부동산의 양도나 저당을 금지한 때에는 법원은 제293조의 규정을 준용하여 등기부에 그 금지한 사실을 기입하게 하여야 한다.

제306조(법인임원의 직무집행정지 등 가처분의 등기촉탁) 법원사무관등은 법원이 법인의 대표자 그 밖의 임원으로 등기된 사람에 대하여 직무의 집행을 정지하거나 그 직무를 대행할 사람을 선임하는 가처분을 하거나 그 가처분을 변경·취소한 때에는, 법인의 주사무소 및 분사무소 또는 본점 및 지점이 있는 곳의 등기소에 그 등기를 촉탁하여야 한다. 다만, 이 사항이 등기하여야 할 사항이 아닌 경우에는 그러하지 아니하다.

제307조(가처분의 취소) ① 특별한 사정이 있는 때에는 담보를 제공하게 하고 가처분을 취소할 수 있다.
② 제1항의 경우에는 제284조, 제285조 및 제286조제1항 내지 제4항·제6항·제7항의 규정을 준용한다. 〈개정 2005. 1. 27.〉

제308조(원상회복재판) 가처분을 명한 재판에 기초하여 채권자가 물건을 인도받거나, 금전을 지급받거나 또는 물건을 사용·보관하고 있는 경우에는, 법원은 가처분을 취소하는 재판에서 채무자의 신청에 따라 채권자에 대하여 그 물건이나 금전을 반환하도록 명할 수 있다.

제309조(가처분의 집행정지) ① 소송물인 권리 또는 법률관계가 이행되는 것과 같은 내용의 가처분을 명한 재판에 대하여 이의신청이 있는 경우에, 이의신청으로 주장한 사유가 법률상 정당한 사유가 있다고 인정되고 주장사실에 대한 소명이 있으며, 그 집행에 의하여 회복할 수 없는 손해가 생길 위험이 있다는 사정에 대한 소명이 있는 때에는, 법원은 당사자의 신청에 따라 담보를 제공하게 하거나 담보를 제공하게 하지 아니하고 가처분의 집행을 정지하도록 명할 수 있고, 담보를 제공하게 하고 집행한 처분을 취소하도록 명할 수 있다.
② 제1항에서 규정한 소명은 보증금을 공탁하거나 주장이 진실함을 선서하는 방법으로 대신할 수 없다.
③ 재판기록이 원심법원에 있는 때에는 원심법원이 제1항의 규정에 의한 재판을 한다.
④ 법원은 이의신청에 대한 결정에서 제1항의 규정에 의한 명령을 인가·변경 또는 취소하여야 한다.
⑤ 제1항·제3항 또는 제4항의 규정에 의한 재판에 대하여는 불복할 수 없다.
[전문개정 2005. 1. 27.]

제310조(준용규정) 제301조에 따라 준용되는 제287조제3항, 제288조제1항 또는 제307조의 규정에 따른 가처분취소신청이 있는 경우에는 제309조의 규정을 준용한다.
[전문개정 2005. 1. 27.]

제311조(본안의 관할법원) 이 편에 규정한 본안법원은 제1심 법원으로 한다. 다만, 본안이 제2심에 계속된 때에는 그 계속된 법원으로 한다.

제312조(재판장의 권한) 급박한 경우에 재판장은 이 편의 신청에 대한 재판을 할 수 있다. 〈개정 2005. 1. 27.〉

부 칙 〈제10376호, 2010.7.23〉

이 법은 공포 후 3개월이 경과한 날부터 시행한다. 다만, 제246조 제1항 제6호의 개정규정은 공포한 날부터 시행한다.

부 칙 〈제10539호, 2011.4.5〉

① (시행일) 이 법은 공포 후 3개월이 경과한 날부터 시행한다.
② (적용례) 제246조 제1항 제7호·제8호 및 같은 조 제2항의 개정규정은 이 법 시행 후 최초로 접수된 압류명령 신청 및 취소사건부터 적용한다.

부 칙 (부동산등기법) 〈제10580호, 2011.4.12〉

제1조(시행일) 이 법은 공포 후 6개월이 경과한 날부터 시행한다. 〈단서 생략〉

제2조 및 제3조 생략

제4조(다른 법률의 개정) ①부터 〈18〉까지 생략

〈19〉 민사집행법 일부를 다음과 같이 개정한다.

제81조 제1항 제1호 중 "등기부등본"을 "등기사항증명서"로 한다.

제84조 제5항 전단 중 "등기부등본"을 "등기사항증명서"로 한다.

제95조의 제목 "(등기부등본의 송부)"를 "(등기사항증명서의 송부)"로 하고, 같은 조 중 "등기부의 등본"을 "등기사항증명서"로 한다.

제266조 제1항 제1호 중 "등기부의 등본"을 "등기사항증명서"로 한다.

제273조 제1항 중 "등기부"를 "등기사항증명서"로 한다.

〈20〉부터 〈42〉까지 생략

제5조 생략

부 칙 〈제12588호, 2011.5.20〉

이 법은 공포한 날부터 시행한다.

부 칙 〈제13286호, 2015.5.18〉

이 법은 공포후 6개월이 경과한 날부터 시행한다.

부 칙 〈제13952호, 2016.2.3〉

제1조(시행일) 이 법은 공포 후 1년이 경과한부터 시행한다.

제2조 및 제3조 생략

제4조(다른 법률의 개정) ① 생략

② 민사집행법 일부를 다음과 같이 개정한다.
제52조 제3항 중 "민사소송법 제62조 제3항 내지 제6항의 규정"을 "「민사소송법」 제62조 제2항부터 제5항까지의 규정"으로 한다.

부　칙 〈제18671호, 2022.1.4〉

이 법은 공포한 날부터 시행한다.

■ 민사집행규칙 ■

제정 2002. 6.28. 대법원규칙 제1762호
개정 2011.12.30. 대법원규칙 제2375호
개정 2020.12.28. 대법원규칙 제2938호

제1편 총 칙

제1조(목적) 이 규칙은 「민사집행법」(다음부터 "법"이라 한다)이 대법원규칙에 위임한 사항, 그 밖에 법 제1조의 민사집행과 보전처분의 절차를 규정함을 목적으로 한다. 〈개정 2005. 7. 28.〉

제2조(집행법원의 심문) 집행법원은 집행처분을 하는 데 필요한 때에는 이해관계인, 그 밖의 참고인을 심문할 수 있다.

제3조(집행관의 집행일시 지정) ① 집행관은 민사집행의 신청을 받은 때에는 바로 민사집행을 개시할 일시를 정하여 신청인에게 통지하여야 한다. 다만, 신청인이 통지가 필요 없다는 취지의 신고를 한 때에는 그러하

지 아니하다.

② 제1항의 규정에 따른 집행일시는 부득이한 사정이 없으면 신청을 받은 날부터 1주 안의 날로 정하여야 한다.

제4조(국군원조요청의 절차) ① 법 제5조제3항의 규정에 따라 법원이 하는 국군원조의 요청은 다음 각호의 사항을 적은 서면으로 하여야 한다.

1. 사건의 표시
2. 채권자·채무자와 그 대리인의 표시
3. 원조를 요청한 집행관의 표시
4. 집행할 일시와 장소
5. 원조가 필요한 사유와 원조의 내용

② 제1항의 규정에 따라 작성한 서면은 법원장 또는 지원장과 법원행정처장을 거쳐 국방부장관에게 보내야 한다.

제5조(집행참여자의 의무) 법 제6조의 규정에 따라 집행관으로부터 집행실시의 증인으로 참여하도록 요구받은 특별시·광역시의 구 또는 동 직원, 특별자치시의 동 직원, 시·읍·면 직원 또는 경찰공무원은 정당한 이유 없이 그 요구를 거절하여서는 아니된다. 〈개정 2019. 12. 26.〉

제6조(집행조서의 기재사항) ① 집행조서에는 법 제10조제2항제2호의 규정에 따른 "중요한 사정의 개요"로서 다음 각호의 사항을 적어야 한다.

1. 집행에 착수한 일시와 종료한 일시
2. 실시한 집행의 내용
3. 집행에 착수한 후 정지한 때에는 그 사유
4. 집행에 저항을 받은 때에는 그 취지와 이에 대하여 한 조치
5. 집행의 목적을 달성할 수 없었던 때에는 그 사유
6. 집행을 속행한 때에는 그 사유

② 제150조제2항, 법 제10조제2항제4호 또는 법 제116조제2항(이 조항들이 준용되거나 그 예에 따르는 경우를 포함한다)에 규정된 서명날인은 서명무인으로 갈음할 수 있다.

제7조(재판을 고지받을 사람의 범위) ① 다음 각호의 재판은 그것이 신청에 기초한 경우에는 신청인과 상대방에게, 그 밖의 경우에는 민사집행의 신청인과 상대방에게 고지하여야 한다. 〈개정 2011. 7. 28.〉

1. 이송의 재판(다만, 민사집행을 개시하는 결정이 상대방에게 송달되기 전에 이루어진 재판을 제외한다)
2. 즉시항고를 할 수 있는 재판(다만, 신청을 기각하거나 각하하는 재판을 제외한다)
3. 법 제50조제1항 전단 또는 법 제266조제2항 전단(이 조항들이 준용되거나 그 예에 따르는 경우를 포함한다)의 규정에 따른 집행절차취소의 재판
4. 법 제16조제2항의 규정에 따른 재판과 이 재판이 이루어진 경우에는 법 제16조제1항의 규정에 따른 신청에 관한 재판
5. 법 제86조제2항(이 조항이 준용되거나 그 예에 따르는 경우를 포함한다)의 규정에 따른 재판
6. 법 제196조제3항(이 조항이 준용되거나 그 예에 따르는 경우를 포함한다)의 규정에 따른 재판과 이 재판이 이루어진 경우에는 법 제196조제1항·제2항 또는 법 제246조제3항(이 조항들이 준용되거나 그 예에 따르는 경우를 포함한다)의 규정에 따른 신청을 기각하거나 각하하는 재판

② 제1항 각호에 규정되지 아니한 재판으로서 신청에 기초한 재판에 대하여는 신청인에게 고지하여야 한다.

제8조(최고·통지) ① 민사집행절차에서 최고와 통지는 특별한 규정이 없으면 상당하다고 인정되는 방법으로 할 수 있다.

② 제1항의 최고나 통지를 한 때에는 법원서기관·법원사무관·법원주사 또는 법원주사보(다음부터 이 모두를 "법원사무관등"이라 한다)나 집행관은 그 취지와 최고 또는 통지의 방법을 기록에 표시하여야 한다.

③ 최고를 받을 사람이 외국에 있거나 있는 곳이 분명하지 아니한 때에는 최고할 사항을 공고하면 된다. 이 경우 최고는 공고를 한 날부터 1주가 지나면 효력이 생긴다.

④ 이 규칙에 규정된 통지(다만, 법에 규정된 통지를 제외한다)를 받을 사람이 외국에 있거나 있는 곳이 분명하지 아니한 때에는 통지를 하지 아니하여도 된다. 이 경우 법원사무관등이나 집행관은 그 사유를 기록에 표시하여야 한다.

⑤ 당사자, 그 밖의 관계인에 대한 통지(다만, 법 제102조제1항에 규정된 통지를 제외한다)는 법원사무관등 또는 집행관으로 하여금 그 이름으로 하게 할 수 있다.

제9조(발송의 방법) 법 제11조제3항, 법 제14조제2항 또는 법 제104조제3항의 규정에 따른 발송은 등기우편으로 한다.

제10조(외국으로 보내는 첫 송달서류의 기재사항) 민사집행절차에서 외국으로 보내는 첫 송달서류에는 대한민국 안에 송달이나 통지를 받을 장소와 영수인을 정하여 일정한 기간 안에 신고하도록 명함과 아울러 그 기간 안에 신고가 없는 경우에는 그 이후의 송달이나 통지를 하지 아니할 수 있다는 취지를 적어야 한다.

제11조(공고) ① 민사집행절차에서 공고는 특별한 규정이 없으면 다음 각호 가운데 어느 하나의 방법으로 한다. 이 경우 필요하다고 인정하는 때에는 적당한 방법으로 공고사항의 요지를 공시할 수 있다.

1. 법원게시판 게시
2. 관보·공보 또는 신문 게재
3. 전자통신매체를 이용한 공고

② 법원사무관등 또는 집행관은 공고한 날짜와 방법을 기록에 표시하여야 한다.

제12조(즉시항고제기기간 기산점의 특례) 즉시항고를 할 수 있는 사람이 재판을 고지받아야 할 사람이 아닌 경우 즉시항고의 제기기간은 그 재판을 고지받아야 할 사람 모두에게 고지된 날부터 진행한다.

제13조(즉시항고이유의 기재방법) ① 즉시항고의 이유는 원심재판의 취소 또는 변경을 구하는 사유를 구체적으로 적어야 한다.

② 제1항의 사유가 법령위반인 때에는 그 법령의 조항 또는 내용과 법령에 위반되는 사유를, 사실의 오인인 때에는 오인에 관계되는 사실을 구체적으로 밝혀야 한다.

제14조(즉시항고기록의 송부) ① 즉시항고가 제기된 경우에 집행법원이 상당하다고 인정하는 때에는 항고사건의 기록만을 보내거나 민사집행사건의 기록 일부의 등본을 항고사건의 기록에 붙여 보낼 수 있다.

② 제1항의 규정에 따라 항고사건의 기록 또는 민사집행사건의 기록 일부의 등본이 송부된 경우에 항고법원은 필요하다고 인정하는 때에는 민사집행사건의 기록 또는 필요한 등본의 송부를 요구할 수 있다.

제14조의2(재항고) ① 집행절차에 관한 항고법원·고등법원 또는 항소법원의 결정 및 명령으로서 즉시항고를 할 수 있는 재판에 대하여는 재판에 영향을 미친 헌법·법률·명령 또는 규칙의 위반을 이유로 드는 때에만 재항고(再抗告)할 수 있다.

② 제1항의 재항고에 관하여는 법 제15조의 규정을 준용한다.

[본조신설 2005. 7. 28.]

제15조(집행에 관한 이의신청의 방식) ① 법 제16조제1항·제3항의 규정에 따른 이의신청은 집행법원이 실시하

는 기일에 출석하여 하는 경우가 아니면 서면으로 하여야 한다.

② 제1항의 이의신청을 하는 때에는 이의의 이유를 구체적으로 밝혀야 한다.

제16조(민사집행신청의 취하통지) 민사집행을 개시하는 결정이 상대방에게 송달된 후 민사집행의 신청이 취하된 때에는 법원사무관등은 상대방에게 그 취지를 통지하여야 한다.

제17조(집행관이 실시한 민사집행절차의 취소통지) 집행관은 민사집행절차를 취소한 때에는 채권자에게 그 취지와 취소의 이유를 통지하여야 한다.

제18조(「민사소송규칙」의 준용) 민사집행과 보전처분의 절차에 관하여는 특별한 규정이 없으면 「민사소송규칙」의 규정을 준용한다. 〈개정 2005. 7. 28.〉

제18조의2(재정보증) 법원행정처장은 법 제1조의 민사집행 및 보전처분 사무를 처리하는 법원사무관등의 재정보증에 관한 사항을 정하여 운용할 수 있다.

[본조신설 2011. 12. 30.]

제 2 편 강제집행

제 1 장 총 칙

제19조(집행문부여신청의 방식) ① 집행문을 내어 달라는 신청을 하는 때에는 다음 각호의 사항을 밝혀야 한다. 〈개정 2014. 11. 27.〉

1. 채권자·채무자와 그 대리인의 표시
2. 집행권원의 표시
3. 법 제30조제2항, 법 제31조, 법 제35조(법 제57조의 규정에 따라 이 조항들이 준용되는 경우를 포함한다) 또는 법 제263조제2항의 규정에 따라 집행문을 내어 달라는 신청을 하는 때에는 그 취지와 사유
4. 집행권원에 채권자·채무자의 주민등록번호(주민등록번호가 없는 사람의 경우에는 여권번호 또는 등록번호, 법인 또는 법인 아닌 사단이나 재단의 경우에는 사업자등록번호·납세번호 또는 고유번호를 말한다. 다음부터 이 모두와 주민등록번호를 "주민등록번호등"이라 한다)가 적혀 있지 않은 경우에는 채권자·채무자의 주민등록번호등

② 확정되어야 효력이 있는 재판에 관하여 제1항의 신청을 하는 때에는 그 재판이 확정되었음이 기록상 명백한 경우가 아니면 그 재판이 확정되었음을 증명하는 서면을 붙여야 한다.

③ 집행문을 내어 달라는 신청을 하는 때에는 법원사무관등은 채권자·채무자 또는 승계인의 주소 또는 주민등록번호등을 소명하는 자료를 제출하게 할 수 있다. 〈개정 2014. 11. 27.〉

제20조(집행문의 기재사항) ① 집행권원에 표시된 청구권의 일부에 대하여 집행문을 내어 주는 때에는 강제집행을 할 수 있는 범위를 집행문에 적어야 한다.

② 집행권원에 채권자·채무자의 주민등록번호등이 적혀 있지 아니한 때에는 집행문에 채권자·채무자의 주민등록번호등을 적어야 한다. 〈개정 2014. 11. 27.〉

③ 법 제31조(법 제57조의 규정에 따라 준용되는 경우를 포함한다)의 규정에 따라 집행문을 내어주는 때에는 집행문에 승계인의 주민등록번호등 또는 주소를 적어야 한다. 〈신설 2014. 11. 27.〉

제21조(집행권원 원본에 적을 사항) ① 집행문을 내어 주는 때에는 집행권원의 원본 또는 정본에 법 제35조제3항과 법 제36조에 규정된 사항 외에 다음 각호의 사항을 적고 법원사무관등이 기명날인하여야 한다. 〈개정 2006. 11. 13.〉

1. 법 제31조(법 제57조의 규정에 따라 준용되는 경우를 포함한다)의 규정에 따라 내어 주는 때에는 그 취지와 승계인의 이름
2. 제20조제1항의 규정에 따라 내어 주는 때에는 강제집행을 할 수 있는 범위

② 법원사무관등이 재판사무시스템에 법 제35조제3항, 제36조에 규정된 사항 및 제1항 각 호의 사항을 등록한 때에는 집행권원의 원본 또는 정본에 해당사항을 적고 기명날인한 것으로 본다. 〈신설 2006. 11. 13.〉

제22조(공증인의 집행문 부여에 관한 허가 절차) ① 공증인은 「공증인법」 제56조의3제3항에 따라 집행권원으로 보는 증서(다음부터 "인도 등에 관한 집행증서"라 한다)에 대한 집행문을 내어주기 위해 인도 등에 관한 집행증서의 표시와 내어줄 집행문의 문구를 적은 집행문부여허가청구서 및 그 부본 1통을 그 공증인의 사무소가 있는 곳을 관할하는 지방법원 또는 지원의 민사집행업무를 담당하는 과에 제출한다.

② 공증인은 집행문부여허가청구서에 당사자가 제출한 다음 각 호의 서류 또는 자료를 첨부하여야 한다.

1. 집행문부여신청서(대리인에 의해 신청된 경우 대리권 증명서류 포함)
2. 인도 등에 관한 집행증서 정본
3. 제19조제1항제3호의 사유를 증명하기 위한 자료 또는 제19조제3항에서 정한 소명자료

③ 제1항의 관할 지방법원 또는 지원의 법원사무관등이 집행문부여허가청구서와 제2항의 첨부서류 및 자료(다음부터 "허가청구서 등"이라 한다)를 접수한 때에는 집행문부여허가사건처리부(다음부터 "사건처리부"라 한다)에 접수사실을 적고, 집행문부여허가서 용지와 허가청구서 등을 담당 판사에게 회부한다.

④ 담당 판사는 집행문부여를 전부 또는 일부 허가하지 아니할 때에는 집행문부여허가청구서에 그 취지 및 이유를 적고 서명날인한다. 집행문부여를 일부 허가하지 아니할 때에는 허가서에 그 취지와 허가되지 않은 부분을 적는다.

⑤ 법원사무관등은 집행문부여허가서가 발부된 경우에 해당사항을 사건처리부에 적고 집행문부여허가서와 허가청구서 등을 공증인 사무소 담당직원이나 집행문부여신청인(대리인에 의해 신청된 경우 그 대리인 또는 그로부터 허가청구서 등의 수령권한을 위임받은 사람을 포함한다. 다음부터 이 조문 안에서 같다)에게 인계한다. 집행문부여가 일부 허가되지 아니한 경우에도 같다.

⑥ 법원사무관등은 집행문부여가 전부 허가되지 않은 경우에 해당사실을 사건처리부에 적고 허가청구서 등을 공증인 사무소 담당 직원이나 집행문부여신청인에게 인계한다.

⑦ 각급 법원은 사건처리부와 집행문부여허가청구서 부본철을 청구일이 속한 다음해의 1월 1일부터 다음 각호의 기간 동안 비치·보존한다. 다만, 재판사무시스템에 입력함으로써 사건처리부의 기재 및 비치·보존에 갈음할 수 있다.

1. 사건처리부 : 10년
2. 허가청구서 부본철 : 1년

[본조신설 2013. 11. 27.]

[종전 제22조는 제22조의2로 이동 〈2013. 11. 27.〉]

제22조의2(공정증서정본등의 송달방법) ① 「공증인법」 제56조의5제1항의 규정에 따른 송달은 아래 제2항 내지 제6항에서 정하는 방법으로 한다. 〈개정 2005. 7. 28., 2013. 11. 27.〉

② 채권자는 「공증인법」 제56조의5제1항에 규정된 서류(다음부터 "공정증서정본등"이라 한다)의 송달과 동시에 강제집행할 것을 위임하는 경우 또는 같은 법 제56조의5제1항의 규정에 따른 우편송달로는 그 목적을 달성할 수 없는 때에는 집행관에게 공정증서정본등의 송달을 위임할 수 있다. 〈개정 2005. 7. 28., 2013. 11. 27.〉

③ 제2항의 위임에 따라 공정증서정본등을 송달한 집행관은 그 송달에 관한 증서를 위임인에게 교부하여야 한다.

④ 채권자는 공증인의 직무상 주소를 관할하는 지방법원에 외국에서 할 공정증서정본등의 송달을 신청할 수 있다.

⑤ 채권자는 「민사소송법」 제194조제1항의 사유가 있는 때에는 공증인의 직무상 주소를 관할하는 지방법원에 공시송달을 신청할 수 있다. 〈개정 2005. 7. 28.〉

⑥ 제2항의 규정에 따른 송달에는 「민사소송법」 제178조제1항, 같은 법 제179조 내지 제183조 및 같은 법 제186조의 규정을, 제4항의 규정에 따른 송달에는 「민사소송법」 제191조의 규정을, 제5항의 규정에 따른 공시송달에는 「민사소송법」 제194조 내지 제196조 및 「민사소송규칙」 제54조의 규정을 각 준용한다. 〈개정 2005. 7. 28.〉

[제22조에서 이동 〈2013. 11. 27.〉]

제23조(집행개시 후 채권자의 승계) ① 강제집행을 개시한 후 신청채권자가 승계된 경우에 승계인이 자기를 위하여 강제집행의 속행을 신청하는 때에는 법 제31조(법 제57조의 규정에 따라 준용되는 경우를 포함한다)에 규정된 집행문이 붙은 집행권원의 정본을 제출하여야 한다.

② 제1항에 규정된 집행권원의 정본이 제출된 때에는 법원사무관등 또는 집행관은 그 취지를 채무자에게 통지하여야 한다.

제24조(집행비용 등의 변상) ① 법 제53조제1항의 규정에 따라 채무자가 부담하여야 할 집행비용으로서 그 집행절차에서 변상받지 못한 비용과 법 제53조제2항의 규정에 따라 채권자가 변상하여야 할 금액은 당사자의 신청을 받아 집행법원이 결정으로 정한다.

② 제1항의 신청과 결정에는 「민사소송법」 제110조제2항·제3항, 같은 법 제111조제1항 및 같은 법 제115조의 규정을 준용한다. 〈개정 2005. 7. 28.〉

제 2 장 금전채권에 기초한 강제집행

제 1 절 재산명시절차 등

제25조(재산명시신청) ① 법 제61조제1항의 규정에 따른 채무자의 재산명시를 요구하는 신청은 다음 각호의 사항을 적은 서면으로 하여야 한다.

1. 채권자·채무자와 그 대리인의 표시
2. 집행권원의 표시
3. 채무자가 이행하지 아니하는 금전채무액
4. 신청취지와 신청사유

② 법원사무관등은 제1항의 신청인으로부터 집행문이 있는 판결정본(다음부터 "집행력 있는 정본"이라 한다)의 사본을 제출받아 기록에 붙인 후 집행력 있는 정본을 채권자에게 바로 돌려주어야 한다.

제26조(채무자에 대한 고지사항) 법 제62조제1항의 규정에 따른 결정을 채무자에게 송달하는 때에는, 법 제62조제4항 후단에 규정된 사항 외에 결정을 송달받은 뒤 송달장소를 바꾼 때에는 그 취지를 법원에 바로 신고하여야 하며 그 신고를 하지 아니하여 달리 송달할 장소를 알 수 없는 경우 종전에 송달받던 장소에 등기우편으로 발송할 수 있음을 함께 고지하여야 한다.

제27조(명시기일의 출석요구) ① 법 제64조제1항의 규정에 따른 채무자에 대한 출석요구는 다음 각호의 사항을 적은 서면으로 하여야 한다.

1. 채권자와 채무자의 표시

2. 제28조와 법 제64조제2항의 규정에 따라 재산목록에 적거나 명시할 사항과 범위
3. 재산목록을 작성하여 명시기일에 제출하여야 한다는 취지
4. 법 제68조에 규정된 감치와 벌칙의 개요

② 채무자가 소송대리인을 선임한 경우에도 제1항에 규정된 출석요구서는 채무자 본인에게 송달하여야 한다.

③ 채권자는 명시기일에 출석하지 아니하여도 된다.

제28조(재산목록의 기재사항 등) ① 채무자가 제출하여야 하는 재산목록에는 채무자의 이름·주소와 주민등록번호등을 적고, 법 제64조제2항 각호의 사항을 명시하는 때에는 유상양도 또는 무상처분을 받은 사람의 이름·주소·주민등록번호등과 그 거래내역을 적어야 한다.

② 법 제64조제2항·제3항의 규정에 따라 재산목록에 적어야 할 재산은 다음 각호와 같다. 다만, 법 제195조에 규정된 물건과 법 제246조제1항제1호 내지 제3호에 규정된 채권을 제외한다. 〈개정 2005. 7. 28.〉

1. 부동산에 관한 소유권·지상권·전세권·임차권·인도청구권과 그에 관한 권리이전청구권
2. 등기 또는 등록의 대상이 되는 자동차·건설기계·선박·항공기의 소유권, 인도청구권과 그에 관한 권리이전청구권
3. 광업권·어업권, 그 밖에 부동산에 관한 규정이 준용되는 권리와 그에 관한 권리이전청구권
4. 특허권·상표권·저작권·디자인권·실용신안권, 그 밖에 이에 준하는 권리와 그에 관한 권리이전청구권
5. 50만원 이상의 금전과 합계액 50만원 이상의 어음·수표
6. 합계액 50만원 이상의 예금과 보험금 50만원 이상의 보험계약
7. 합계액 50만원 이상의 주권·국채·공채·회사채, 그 밖의 유가증권
8. 50만원 이상의 금전채권과 가액 50만원 이상의 대체물인도채권(같은 채무자에 대한 채권액의 합계가 50만원 이상인 채권을 포함한다), 저당권 등의 담보물권으로 담보되는 채권은 그 취지와 담보물권의 내용
9. 정기적으로 받을 보수·부양료, 그 밖의 수입
10. 「소득세법」상의 소득으로서 제9호에서 정한 소득을 제외한 각종소득 가운데 소득별 연간 합계액 50만원 이상인 것
11. 합계액 50만원 이상의 금·은·백금·금은제품과 백금제품
12. 품목당 30만원 이상의 시계·보석류·골동품·예술품과 악기
13. 품목당 30만원 이상의 의류·가구·가전제품 등을 포함한 가사비품
14. 합계액 50만원 이상의 사무기구
15. 품목당 30만원 이상의 가축과 농기계를 포함한 각종 기계
16. 합계액 50만원 이상의 농·축·어업생산품(1월 안에 수확할 수 있는 과실을 포함한다), 공업생산품과 재고상품
17. 제11호 내지 제16호에 규정된 유체동산에 관한 인도청구권·권리이전청구권, 그 밖의 청구권
18. 제11호 내지 제16호에 규정되지 아니한 유체동산으로 품목당 30만원 이상인 것과 그에 관한 인도청구권·권리이전청구권, 그 밖의 청구권
19. 가액 30만원 이상의 회원권, 그 밖에 이에 준하는 권리와 그에 관한 이전청구권
20. 그 밖에 강제집행의 대상이 되는 것으로서 법원이 범위를 정하여 적을 것을 명한 재산

③ 제2항 및 법 제64조제2항·제3항의 규정에 따라 재산목록을 적는 때에는 다음 각호의 기준을 따라야 한다.

1. 제2항에 규정된 재산 가운데 권리의 이전이나 그 행사에 등기·등록 또는 명의개서(다음부터 이 조문 안에서 "등기등"이라고 한다)가 필요한 재산으로서 제3자에게 명의신탁 되어 있거나 신탁재산으로 등기등이 되어 있는 것도 적어야 한다. 이 경우에는 재산목록에 명의자와 그 주소를 표시하여야 한다.
2. 제2항제8호 및 제11호 내지 제19호에 규정된 재산의 가액은 재산목록을 작성할 당시의 시장가격에 따른다. 다만, 시장가격을 알기 어려운 경우에는 그 취득가액에 따른다.
3. 어음·수표·주권·국채·공채·회사채 등 유가증권의 가액은 액면금액으로 한다. 다만, 시장가격이 있는 증권의 가액은 재산목록을 작성할 당시의 거래가격에 따른다.
4. 제2항제1호 내지 제4호에 규정된 것 가운데 미등기 또는 미등록인 재산에 대하여는 도면·사진 등을 붙이거나 그 밖에 적당한 방법으로 특정하여야 한다.

④ 법원은 필요한 때에는 채무자에게 재산목록에 적은 사항에 관한 참고자료의 제출을 명할 수 있다.

제29조(재산목록 등의 열람·복사) 법 제67조 또는 법 제72조제4항의 규정에 따라 재산목록 또는 법원이 비치한 채무불이행자명부나 그 부본을 보거나 복사할 것을 신청하는 사람이 납부하여야 할 수수료의 액에 관하여는 「재판 기록 열람·복사 규칙」 제4조부터 제6조까지를 준용한다. 〈개정 2005. 7. 28., 2012. 12. 27.〉

제30조(채무자의 감치) ① 법 제68조제1항 내지 제7항의 규정에 따른 감치재판은 법 제62조제1항의 규정에 따른 결정을 한 법원이 관할한다.

② 감치재판절차는 법원의 감치재판개시결정에 따라 개시된다. 이 경우 감치사유가 발생한 날부터 20일이 지난 때에는 감치재판개시결정을 할 수 없다.

③ 감치재판절차를 개시한 후 감치결정 전에 채무자가 재산목록을 제출하거나 그 밖에 감치에 처하는 것이 상당하지 아니하다고 인정되는 때에는 법원은 불처벌결정을 하여야 한다.

④ 제2항의 감치재판개시결정과 제3항의 불처벌결정에 대하여는 불복할 수 없다.

⑤ 감치의 재판을 받은 채무자가 감치시설에 유치된 때에는 감치시설의 장은 바로 그 사실을 법원에 통보하여야 한다.

⑥ 법 제68조제6항의 규정에 따라 출석하여 재산목록을 내고 선서한 채무자를 석방한 때에는 법원은 바로 감치시설의 장에게 그 취지를 서면으로 통보하여야 한다.

⑦ 법 제68조제6항의 규정에 따라 채무변제를 증명하는 서면을 낸 채무자에 대하여 감치결정을 취소한 때에는 법원은 바로 감치시설의 장에게 채무자를 석방하도록 서면으로 명하여야 한다.

⑧ 제1항 내지 제7항 및 법 제68조제1항 내지 제7항의 규정에 따른 감치절차에 관하여는 「법정 등의 질서유지를 위한 재판에 관한 규칙」 제6조 내지 제8조, 제10조, 제11조, 제13조, 제15조 내지 제19조, 제21조 내지 제23조 및 제25조제2항(다만, 제13조 중 의견서에 관한 부분은 삭제하고, 제19조제2항 중 "3일"은 "1주"로, 제23조제8항 중 "감치집행을 한 날"은 "「민사집행규칙」 제30조제5항의 규정에 따른 통보를 받은 날"로 고쳐 적용한다)의 규정을 준용한다. 〈개정 2004. 6. 1., 2005. 7. 28.〉

제31조(채무불이행자명부 등재신청) ① 법 제70조제1항의 규정에 따른 채무불이행자명부 등재신청에는 제25조제1항의 규정을 준용한다.

② 채무불이행자명부 등재신청을 하는 때에는 채무자의 주소를 소명하는 자료를 내야 한다.

제32조(채무불이행자명부의 작성) ① 법 제71조제1항의 결정이 있는 때에는 법원사무관등은 바로 채무자별로 채무불이행자명부를 작성하여야 한다.

② 채무불이행자명부에는 채무자의 이름·주소·주민등록번호등 및 집행권원과 불이행한 채무액을 표시하고, 그 등재사유와 날짜를 적어야 한다.

③ 채무불이행자명부 말소결정이 취소되거나 채무불이행자명부 등재결정을 취소하는 결정이 취소된 경

우에는 제1항과 제2항의 규정을 준용한다.

第33조(채무불이행자명부 부본의 송부 등) ① 법 제71조제1항의 결정에 따라 채무불이행자명부에 올린 때에는 법원은 한국신용정보원의 장에게 채무불이행자명부의 부본을 보내거나 전자통신매체를 이용하여 그 내용을 통지하여야 한다. 〈개정 2015. 12. 29.〉

② 제1항 또는 법 제72조제2항의 규정에 따른 송부나 통지는 법원사무관등으로 하여금 그 이름으로 하게 할 수 있다.

③ 시·구·읍·면의 장은 법 제72조제2항의 규정에 따라 채무불이행자명부의 부본을 송부받은 경우에 그 시·구·읍·면이 채무자의 주소지가 아닌 때에는 바로 그 취지를 법원에 서면으로 신고하여야 한다. 이 서면에는 송부받은 채무불이행자명부의 부본을 붙여야 하고, 그 채무자의 주소가 변경된 때에는 변경된 주소를 적어야 한다.

第34조(직권말소) ① 채무불이행자명부에 등재한 후 등재결정이 취소되거나 등재신청이 취하된 때 또는 등재결정이 확정된 후 채권자가 등재의 말소를 신청한 때에는 명부를 비치한 법원의 법원사무관등은 바로 그 명부를 말소하여야 한다.

② 제1항의 경우 제33조제1항·제2항 또는 법 제72조제2항의 규정에 따라 채무불이행자명부의 부본을 이미 보내거나 그 내용을 통지한 때에는 법원사무관등은 바로 법 제73조제4항에 규정된 조치를 취하여야 한다.

第35조(재산조회의 신청방식) ① 법 제74조의 규정에 따른 재산조회신청은 다음 각호의 사항을 적은 서면으로 하여야 한다.

1. 제25조제1항 각호에 적은 사항
2. 조회할 공공기관·금융기관 또는 단체
3. 조회할 재산의 종류
4. 제36조제2항의 규정에 따라 과거의 재산보유내역에 대한 조회를 요구하는 때에는 그 취지와 조회기간

② 제1항의 신청을 하는 때에는 신청의 사유를 소명하여야 하고, 채무자의 주소·주민등록번호등, 그 밖에 채무자의 인적사항에 관한 자료를 내야 한다.

第36조(조회할 기관과 조회대상 재산 등) ① 재산조회는 별표 "기관·단체"란의 기관 또는 단체의 장에게 그 기관 또는 단체가 전산망으로 관리하는 채무자 명의의 재산(다만, 별표 "조회할 재산"란의 각 해당란에 적은 재산에 한정한다)에 관하여 실시한다.

② 제1항의 경우 채권자의 신청이 있는 때에는 별표 순번 1에 적은 기관의 장에게 재산명시명령이 송달되기 전(법 제74조제1항제1호의 규정에 따른 재산조회의 경우에는 재산조회신청을 하기 전) 2년 안에 채무자가 보유한 재산내역을 조회할 수 있다. 〈개정 2005. 7. 28.〉

③ 법원은 별표 순번 5부터 12까지, 15 기재 "기관·단체"란의 금융기관이 회원사, 가맹사 등으로 되어 있는 중앙회·연합회·협회 등(다음부터 "협회등"이라 한다)이 개인의 재산 및 신용에 관한 전산망을 관리하고 있는 경우에는 그 협회등의 장에게 채무자 명의의 재산에 관하여 조회할 수 있다. 〈개정 2016. 9. 6.〉

第37조(조회의 절차 등) ① 법 제74조제1항·제3항의 규정에 따른 재산조회는 다음 각호의 사항을 적은 서면으로 하여야 한다.

1. 채무자의 이름·주소·주민등록번호등, 그 밖에 채무자의 인적사항
2. 조회할 재산의 종류

3. 조회에 대한 회답기한
4. 제36조제2항의 규정에 따라 채무자의 재산보유내역에 대한 조회를 요구하는 때에는 그 취지와 조회기간
5. 법 제74조제3항의 규정에 따라 채무자의 재산 및 신용에 관한 자료의 제출을 요구하는 때에는 그 취지
6. 법 제75조제2항에 규정된 벌칙의 개요
7. 금융기관에 대하여 재산조회를 하는 경우에 관련법령에 따른 재산 및 신용에 관한 정보등의 제공사실 통보의 유예를 요청하는 때에는 그 취지와 통보를 유예할 기간

② 같은 협회등에 소속된 다수의 금융기관에 대한 재산조회는 협회등을 통하여 할 수 있다.

③ 재산조회를 받은 기관·단체의 장은 다음 각호의 사항을 적은 조회회보서를 정하여진 날까지 법원에 제출하여야 한다. 이 경우 법 제74조제3항의 규정에 따라 자료의 제출을 요구받은 때에는 그 자료도 함께 제출하여야 한다.

1. 사건의 표시
2. 채무자의 표시
3. 조회를 받은 다음날 오전 영시 현재 채무자의 재산보유내역. 다만, 제1항제4호와 제36조제2항의 규정에 따른 조회를 받은 때에는 정하여진 조회기간 동안의 재산보유내역

④ 제2항에 규정된 방법으로 재산조회를 받은 금융기관의 장은 소속 협회등의 장에게 제3항 각호의 사항에 관한 정보와 자료를 제공하여야 하고, 그 협회등의 장은 제공받은 정보와 자료를 정리하여 한꺼번에 제출하여야 한다.

⑤ 재산조회를 받은 기관·단체의 장은 제3항에 규정된 조회회보서나 자료의 제출을 위하여 필요한 때에는 소속 기관·단체, 회원사, 가맹사, 그 밖에 이에 준하는 기관·단체에게 자료 또는 정보의 제공·제출을 요청할 수 있다.

⑥ 법원은 제출된 조회회보서나 자료에 흠이 있거나 불명확한 점이 있는 때에는 다시 조회하거나 자료의 재제출을 요구할 수 있다.

⑦ 제1항 내지 제6항에 규정된 절차는 별도의 대법원규칙이 정하는 바에 따라 전자통신매체를 이용하는 방법으로 할 수 있다.

제38조(재산조회결과의 열람·복사) 재산조회결과의 열람·복사절차에 관하여는 제29조와 법 제67조의 규정을 준용한다. 다만, 제37조제7항의 규정에 따라 전자통신매체를 이용하는 방법으로 재산조회를 한 경우의 열람·복사절차에 관하여는 별도의 대법원규칙으로 정한다.

제39조(과태료부과절차) ① 법 제75조제2항의 규정에 따른 과태료 재판은 재산조회를 한 법원이 관할한다.

② 법 제75조제2항의 규정에 따른 과태료 재판의 절차에 관하여는 「비송사건절차법」 제248조와 제250조(다만, 검사에 관한 부분을 제외한다)의 규정을 준용한다. 〈개정 2005. 7. 28.〉

제 2 절 부동산에 대한 강제집행

제 1 관 통 칙

제40조(지상권에 대한 강제집행) 금전채권에 기초한 강제집행에서 지상권과 그 공유지분은 부동산으로 본다.

제41조(집행법원) 법률 또는 이 규칙에 따라 부동산으로 보거나 부동산에 관한 규정이 준용되는 것에 대한 강제집행은 그 등기 또는 등록을 하는 곳의 지방법원이 관할한다.

제2관 강제경매

제42조(미등기 건물의 집행) ① 법 제81조제3항·제4항의 규정에 따라 집행관이 건물을 조사한 때에는 다음 각호의 사항을 적은 서면에 건물의 도면과 사진을 붙여 정하여진 날까지 법원에 제출하여야 한다.

1. 사건의 표시
2. 조사의 일시·장소와 방법
3. 건물의 지번·구조·면적
4. 조사한 건물의 지번·구조·면적이 건축허가 또는 건축신고를 증명하는 서류의 내용과 다른 때에는 그 취지와 구체적인 내역

② 법 제81조제1항제2호 단서의 규정에 따라 채권자가 제출한 서류 또는 제1항의 규정에 따라 집행관이 제출한 서면에 의하여 강제경매신청을 한 건물의 지번·구조·면적이 건축허가 또는 건축신고된 것과 동일하다고 인정되지 아니하는 때에는 법원은 강제경매신청을 각하하여야 한다.

제43조(경매개시결정의 통지) 강제관리개시결정이 된 부동산에 대하여 강제경매개시결정이 있는 때에는 법원사무관등은 강제관리의 압류채권자, 배당요구를 한 채권자와 관리인에게 그 취지를 통지하여야 한다.

제44조(침해행위 방지를 위한 조치) ① 채무자·소유자 또는 부동산의 점유자가 부동산의 가격을 현저히 감소시키거나 감소시킬 우려가 있는 행위(다음부터 이 조문 안에서 "가격감소행위등"이라 한다)를 하는 때에는, 법원은 압류채권자(배당요구의 종기가 지난 뒤에 강제경매 또는 담보권 실행을 위한 경매신청을 한 압류채권자를 제외한다. 다음부터 이 조문 안에서 같다) 또는 최고가매수신고인의 신청에 따라 매각허가결정이 있을 때까지 담보를 제공하게 하거나 담보를 제공하게 하지 아니하고 그 행위를 하는 사람에 대하여 가격감소행위등을 금지하거나 일정한 행위를 할 것을 명할 수 있다.

② 부동산을 점유하는 채무자·소유자 또는 부동산의 점유자로서 그 점유권원을 압류채권자·가압류채권자 혹은 법 제91조제2항 내지 제4항의 규정에 따라 소멸되는 권리를 갖는 사람에 대하여 대항할 수 없는 사람이 제1항의 규정에 따른 명령에 위반한 때 또는 가격감소행위등을 하는 경우에 제1항의 규정에 따른 명령으로는 부동산 가격의 현저한 감소를 방지할 수 없다고 인정되는 특별한 사정이 있는 때에는, 법원은 압류채권자 또는 최고가매수신고인의 신청에 따라 매각허가결정이 있을 때까지 담보를 제공하게 하고 그 명령에 위반한 사람 또는 그 행위를 한 사람에 대하여 부동산의 점유를 풀고 집행관에게 보관하게 할 것을 명할 수 있다.

③ 법원이 채무자·소유자 외의 점유자에 대하여 제1항 또는 제2항의 규정에 따른 결정을 하려면 그 점유자를 심문하여야 한다. 다만, 그 점유자가 압류채권자·가압류채권자 또는 법 제91조제2항 내지 제4항의 규정에 따라 소멸되는 권리를 갖는 사람에 대하여 대항할 수 있는 권원에 기초하여 점유하고 있지 아니한 것이 명백한 때 또는 이미 그 점유자를 심문한 때에는 그러하지 아니하다.

④ 법원은 사정의 변경이 있는 때에는 신청에 따라 제1항 또는 제2항의 규정에 따른 결정을 취소하거나 변경할 수 있다.

⑤ 제1항·제2항 또는 제4항의 규정에 따른 결정에 대하여는 즉시항고를 할 수 있다.

⑥ 제4항의 규정에 따른 결정은 확정되어야 효력이 있다.

⑦ 제2항의 규정에 따른 결정은 신청인에게 고지된 날부터 2주가 지난 때에는 집행할 수 없다.

⑧ 제2항의 규정에 따른 결정은 상대방에게 송달되기 전에도 집행할 수 있다.

제45조(미지급 지료 등의 지급) ① 건물에 대한 경매개시결정이 있는 때에 그 건물의 소유를 목적으로 하는 지상권 또는 임차권에 관하여 채무자가 지료나 차임을 지급하지 아니하는 때에는, 압류채권자(배당요구의 종기가 지난 뒤에 강제경매 또는 담보권 실행을 위한 경매신청을 한 압류채권자를 제외한다)는 법원의

허가를 받아 채무자를 대신하여 미지급된 지료 또는 차임을 변제할 수 있다.

② 제1항의 허가를 받아 지급한 지료 또는 차임은 집행비용으로 한다.

제46조(현황조사) ① 집행관이 법 제85조의 규정에 따라 부동산의 현황을 조사한 때에는 다음 각호의 사항을 적은 현황조사보고서를 정하여진 날까지 법원에 제출하여야 한다.

1. 사건의 표시
2. 부동산의 표시
3. 조사의 일시·장소 및 방법
4. 법 제85조제1항에 규정된 사항과 그 밖에 법원이 명한 사항 등에 대하여 조사한 내용

② 현황조사보고서에는 조사의 목적이 된 부동산의 현황을 알 수 있도록 도면·사진 등을 붙여야 한다.

③ 집행관은 법 제85조의 규정에 따른 현황조사를 하기 위하여 필요한 때에는 소속 지방법원의 관할구역 밖에서도 그 직무를 행할 수 있다.

제47조(이중경매절차에서의 통지) 먼저 경매개시결정을 한 경매절차가 정지된 때에는 법원사무관등은 뒤의 경매개시결정에 관한 압류채권자에게 그 취지를 통지하여야 한다.

제48조(배당요구의 방식) ① 법 제88조제1항의 규정에 따른 배당요구는 채권(이자, 비용, 그 밖의 부대채권을 포함한다)의 원인과 액수를 적은 서면으로 하여야 한다.

② 제1항의 배당요구서에는 집행력 있는 정본 또는 그 사본, 그 밖에 배당요구의 자격을 소명하는 서면을 붙여야 한다.

제49조(경매신청의 취하 등) ① 법 제87조제1항의 신청(배당요구의 종기가 지난 뒤에 한 신청을 제외한다. 다음부터 이 조문 안에서 같다)이 있는 경우 매수신고가 있은 뒤 압류채권자가 경매신청을 취하하더라도 법 제105조제1항제3호의 기재사항이 바뀌지 아니하는 때에는 법 제93조제2항의 규정을 적용하지 아니한다.

② 법 제87조제1항의 신청이 있는 경우 매수신고가 있은 뒤 법 제49조제3호 또는 제6호의 서류를 제출하더라도 법 제105조제1항제3호의 기재사항이 바뀌지 아니하는 때에는 법 제93조제3항 전단의 규정을 적용하지 아니한다.

제50조(집행정지서류 등의 제출시기) ① 법 제49조제1호·제2호 또는 제5호의 서류는 매수인이 매각대금을 내기 전까지 제출하면 된다.

② 매각허가결정이 있은 뒤에 법 제49조제2호의 서류가 제출된 경우에는 매수인은 매각대금을 낼 때까지 매각허가결정의 취소신청을 할 수 있다. 이 신청에 관한 결정에 대하여는 즉시항고를 할 수 있다.

③ 매수인이 매각대금을 낸 뒤에 법 제49조 각호 가운데 어느 서류가 제출된 때에는 절차를 계속하여 진행하여야 한다. 이 경우 배당절차가 실시되는 때에는 그 채권자에 대하여 다음 각호의 구분에 따라 처리하여야 한다.

1. 제1호·제3호·제5호 또는 제6호의 서류가 제출된 때에는 그 채권자를 배당에서 제외한다.
2. 제2호의 서류가 제출된 때에는 그 채권자에 대한 배당액을 공탁한다.
3. 제4호의 서류가 제출된 때에는 그 채권자에 대한 배당액을 지급한다.

제51조(평가서) ① 법 제97조의 규정에 따라 부동산을 평가한 감정인은 다음 각호의 사항을 적은 평가서를 정하여진 날까지 법원에 제출하여야 한다.

1. 사건의 표시
2. 부동산의 표시
3. 부동산의 평가액과 평가일
4. 부동산이 있는 곳의 환경

5. 평가의 목적이 토지인 경우에는 지적, 법령에서 정한 규제 또는 제한의 유무와 그 내용 및 공시지가, 그 밖에 평가에 참고가 된 사항
6. 평가의 목적이 건물인 경우에는 그 종류·구조·평면적, 그 밖에 추정되는 잔존 내구연수 등 평가에 참고가 된 사항
7. 평가액 산출의 과정
8. 그 밖에 법원이 명한 사항

② 평가서에는 부동산의 모습과 그 주변의 환경을 알 수 있는 도면·사진 등을 붙여야 한다.

제52조(일괄매각 등에서 채무자의 매각재산 지정) 법 제101조제4항 또는 법 제124조제2항의 규정에 따른 지정은 매각허가결정이 선고되기 전에 서면으로 하여야 한다.

제53조(압류채권자가 남을 가망이 있음을 증명한 때의 조치) 법 제102조제1항의 규정에 따른 통지를 받은 압류채권자가 통지를 받은 날부터 1주 안에 최저매각가격으로 압류채권자의 채권에 우선하는 부동산의 모든 부담과 절차비용을 변제하고 남을 것이 있다는 사실을 증명한 때에는 법원은 경매절차를 계속하여 진행하여야 한다.

제54조(남을 가망이 없는 경우의 보증제공방법 등) ① 법 제102조제2항의 규정에 따른 보증은 다음 각호 가운데 어느 하나를 법원에 제출하는 방법으로 제공하여야 한다. 다만, 법원은 상당하다고 인정하는 때에는 보증의 제공방법을 제한할 수 있다. 〈개정 2005. 7. 28.〉

1. 금전
2. 법원이 상당하다고 인정하는 유가증권
3. 「은행법」의 규정에 따른 금융기관 또는 보험회사(다음부터 "은행등"이라 한다)가 압류채권자를 위하여 일정액의 금전을 법원의 최고에 따라 지급한다는 취지의 기한의 정함이 없는 지급보증위탁계약이 압류채권자와 은행등 사이에 체결된 사실을 증명하는 문서

② 제1항의 보증에 관하여는 「민사소송법」 제126조 본문의 규정을 준용한다. 〈개정 2005. 7. 28.〉

제55조(매각물건명세서 사본 등의 비치) 매각물건명세서·현황조사보고서 및 평가서의 사본은 매각기일(기간입찰의 방법으로 진행하는 경우에는 입찰기간의 개시일)마다 그 1주 전까지 법원에 비치하여야 한다. 다만, 법원은 상당하다고 인정하는 때에는 매각물건명세서·현황조사보고서 및 평가서의 기재내용을 전자통신매체로 공시함으로써 그 사본의 비치에 갈음할 수 있다.

제56조(매각기일의 공고내용 등) 법원은 매각기일(기간입찰의 방법으로 진행하는 경우에는 입찰기간의 개시일)의 2주 전까지 법 제106조에 규정된 사항과 다음 각호의 사항을 공고하여야 한다.

1. 법 제98조의 규정에 따라 일괄매각결정을 한 때에는 그 취지
2. 제60조의 규정에 따라 매수신청인의 자격을 제한한 때에는 그 제한의 내용
3. 법 제113조의 규정에 따른 매수신청의 보증금액과 보증제공방법

제57조(매각장소의 질서유지) ① 집행관은 매각기일이 열리는 장소의 질서유지를 위하여 필요하다고 인정하는 때에는 그 장소에 출입하는 사람의 신분을 확인할 수 있다.

② 집행관은 법 제108조의 규정에 따른 조치를 하기 위하여 필요한 때에는 법원의 원조를 요청할 수 있다.

제58조(매각조건 변경을 위한 부동산의 조사) 법 제111조제3항의 규정에 따른 집행관의 조사에는 제46조제3항과 법 제82조의 규정을 준용한다.

제59조(채무자 등의 매수신청금지) 다음 각호의 사람은 매수신청을 할 수 없다.

1. 채무자
2. 매각절차에 관여한 집행관
3. 매각 부동산을 평가한 감정인(감정평가법인이 감정인인 때에는 그 감정평가법인 또는 소속 감정평가사)

제60조(매수신청의 제한) 법원은 법령의 규정에 따라 취득이 제한되는 부동산에 관하여는 매수신청을 할 수 있는 사람을 정하여진 자격을 갖춘 사람으로 제한하는 결정을 할 수 있다.

제61조(기일입찰의 장소 등) ① 기일입찰의 입찰장소에는 입찰자가 다른 사람이 알지 못하게 입찰표를 적을 수 있도록 설비를 갖추어야 한다.

② 같은 입찰기일에 입찰에 부칠 사건이 두 건 이상이거나 매각할 부동산이 두 개 이상인 경우에는 각 부동산에 대한 입찰을 동시에 실시하여야 한다. 다만, 법원이 따로 정하는 경우에는 그러하지 아니하다.

제62조(기일입찰의 방법) ① 기일입찰에서 입찰은 매각기일에 입찰표를 집행관에게 제출하는 방법으로 한다.

② 입찰표에는 다음 각호의 사항을 적어야 한다. 이 경우 입찰가격은 일정한 금액으로 표시하여야 하며, 다른 입찰가격에 대한 비례로 표시하지 못한다.

1. 사건번호와 부동산의 표시
2. 입찰자의 이름과 주소
3. 대리인을 통하여 입찰을 하는 때에는 대리인의 이름과 주소
4. 입찰가격

③ 법인인 입찰자는 대표자의 자격을 증명하는 문서를 집행관에게 제출하여야 한다.

④ 입찰자의 대리인은 대리권을 증명하는 문서를 집행관에게 제출하여야 한다.

⑤ 공동으로 입찰하는 때에는 입찰표에 각자의 지분을 분명하게 표시하여야 한다.

⑥ 입찰은 취소·변경 또는 교환할 수 없다.

제63조(기일입찰에서 매수신청의 보증금액) ① 기일입찰에서 매수신청의 보증금액은 최저매각가격의 10분의 1로 한다.

② 법원은 상당하다고 인정하는 때에는 보증금액을 제1항과 달리 정할 수 있다.

제64조(기일입찰에서 매수신청보증의 제공방법) 제63조의 매수신청보증은 다음 각호 가운데 어느 하나를 입찰표와 함께 집행관에게 제출하는 방법으로 제공하여야 한다. 다만, 법원은 상당하다고 인정하는 때에는 보증의 제공방법을 제한할 수 있다. 〈개정 2005. 7. 28.〉

1. 금전
2. 「은행법」의 규정에 따른 금융기관이 발행한 자기앞수표로서 지급제시기간이 끝나는 날까지 5일 이상의 기간이 남아 있는 것
3. 은행등이 매수신청을 하려는 사람을 위하여 일정액의 금전을 법원의 최고에 따라 지급한다는 취지의 기한의 정함이 없는 지급보증위탁계약이 매수신청을 하려는 사람과 은행등 사이에 맺어진 사실을 증명하는 문서

제65조(입찰기일의 절차) ① 집행관이 입찰을 최고하는 때에는 입찰마감시각과 개찰시각을 고지하여야 한다. 다만, 입찰표의 제출을 최고한 후 1시간이 지나지 아니하면 입찰을 마감하지 못한다.

② 집행관은 입찰표를 개봉할 때에 입찰을 한 사람을 참여시켜야 한다. 입찰을 한 사람이 아무도 참여하지 아니하는 때에는 적당하다고 인정하는 사람을 참여시켜야 한다.

③ 집행관은 입찰표를 개봉할 때에 입찰목적물, 입찰자의 이름 및 입찰가격을 불러야 한다.

제66조(최고가매수신고인 등의 결정) ① 최고가매수신고를 한 사람이 둘 이상인 때에는 집행관은 그 사람들에게 다시 입찰하게 하여 최고가매수신고인을 정한다. 이 경우 입찰자는 전의 입찰가격에 못미치는 가격으로는 입찰할 수 없다.

② 제1항의 규정에 따라 다시 입찰하는 경우에 입찰자 모두가 입찰에 응하지 아니하거나(전의 입찰가격에 못미치는 가격으로 입찰한 경우에는 입찰에 응하지 아니한 것으로 본다) 두 사람 이상이 다시 최고의 가격으로 입찰한 때에는 추첨으로 최고가매수신고인을 정한다.

③ 제2항 또는 법 제115조제2항 후문의 규정에 따라 추첨을 하는 경우 입찰자가 출석하지 아니하거나 추첨을 하지 아니하는 때에는 집행관은 법원사무관등 적당하다고 인정하는 사람으로 하여금 대신 추첨하게 할 수 있다.

제67조(기일입찰조서의 기재사항) ① 기일입찰조서에는 법 제116조에 규정된 사항 외에 다음 각호의 사항을 적어야 한다.

1. 입찰을 최고한 일시, 입찰을 마감한 일시 및 입찰표를 개봉한 일시
2. 제65조제2항 후문의 규정에 따라 입찰을 한 사람 외의 사람을 개찰에 참여시킨 때에는 그 사람의 이름
3. 제66조 또는 법 제115조제2항의 규정에 따라 최고가매수신고인 또는 차순위매수신고인을 정한 때에는 그 취지
4. 법 제108조에 규정된 조치를 취한 때에는 그 취지
5. 법 제140조제1항의 규정에 따라 공유자의 우선매수신고가 있는 경우에는 그 취지 및 그 공유자의 이름과 주소
6. 제76조제3항의 규정에 따라 차순위매수신고인의 지위를 포기한 매수신고인이 있는 때에는 그 취지

② 기일입찰조서에는 입찰표를 붙여야 한다.

제68조(입찰기간 등의 지정) 기간입찰에서 입찰기간은 1주 이상 1월 이하의 범위 안에서 정하고, 매각기일은 입찰기간이 끝난 후 1주 안의 날로 정하여야 한다.

제69조(기간입찰에서 입찰의 방법) 기간입찰에서 입찰은 입찰표를 넣고 봉함을 한 봉투의 겉면에 매각기일을 적어 집행관에게 제출하거나 그 봉투를 등기우편으로 부치는 방법으로 한다.

제70조(기간입찰에서 매수신청보증의 제공방법) 기간입찰에서 매수신청보증은 다음 각호 가운데 어느 하나를 입찰표와 같은 봉투에 넣어 집행관에게 제출하거나 등기우편으로 부치는 방법으로 제공하여야 한다.

1. 법원의 예금계좌에 일정액의 금전을 입금하였다는 내용으로 금융기관이 발행한 증명서
2. 제64조제3호의 문서

제71조(기일입찰규정의 준용) 기간입찰에는 제62조제2항 내지 제6항, 제63조, 제65조제2항·제3항, 제66조 및 제67조의 규정을 준용한다.

제72조(호가경매) ① 부동산의 매각을 위한 호가경매는 호가경매기일에 매수신청의 액을 서로 올려가는 방법으로 한다.

② 매수신청을 한 사람은 더 높은 액의 매수신청이 있을 때까지 신청액에 구속된다.

③ 집행관은 매수신청의 액 가운데 최고의 것을 3회 부른 후 그 신청을 한 사람을 최고가매수신고인으로 정하며, 그 이름과 매수신청의 액을 고지하여야 한다.

④ 호가경매에는 제62조제3항 내지 제5항, 제63조, 제64조 및 제67조제1항의 규정을 준용한다.

제73조(변경된 매각결정기일의 통지) ① 매각기일을 종결한 뒤에 매각결정기일이 변경된 때에는 법원사무관등

은 최고가매수신고인·차순위매수신고인 및 이해관계인에게 변경된 기일을 통지하여야 한다.

② 제1항의 통지는 집행기록에 표시된 주소지에 등기우편으로 발송하는 방법으로 할 수 있다.

제74조(매각허부결정 고지의 효력발생시기) 매각을 허가하거나 허가하지 아니하는 결정은 선고한 때에 고지의 효력이 생긴다.

제75조(대법원규칙으로 정하는 이율) 법 제130조제7항과 법 제138조제3항(법 제142조제5항의 규정에 따라 준용되는 경우를 포함한다)의 규정에 따른 이율은 연 100분의 12로 한다. 〈개정 2015. 10. 29., 2019. 8. 2.〉

[전문개정 2003. 7. 19.]

제76조(공유자의 우선매수권 행사절차 등) ① 법 제140조제1항의 규정에 따른 우선매수의 신고는 집행관이 매각기일을 종결한다는 고지를 하기 전까지 할 수 있다.

② 공유자가 법 제140조제1항의 규정에 따른 신고를 하였으나 다른 매수신고인이 없는 때에는 최저매각가격을 법 제140조제1항의 최고가매수신고가격으로 본다.

③ 최고가매수신고인을 법 제140조제4항의 규정에 따라 차순위매수신고인으로 보게 되는 경우 그 매수신고인은 집행관이 매각기일을 종결한다는 고지를 하기 전까지 차순위매수신고인의 지위를 포기할 수 있다.

제77조(경매개시결정등기의 말소촉탁비용) 법 제141조의 규정에 따른 말소등기의 촉탁에 관한 비용은 경매를 신청한 채권자가 부담한다.

제78조(대금지급기한) 법 제142조제1항에 따른 대금지급기한은 매각허가결정이 확정된 날부터 1월 안의 날로 정하여야 한다. 다만, 경매사건기록이 상소법원에 있는 때에는 그 기록을 송부받은 날부터 1월 안의 날로 정하여야 한다.

제78조의2(등기촉탁 공동신청의 방식 등) ① 법 제144조제2항의 신청은 다음 각 호의 사항을 기재한 서면으로 하여야 한다.

1. 사건의 표시
2. 부동산의 표시
3. 신청인의 성명 또는 명칭 및 주소
4. 대리인에 의하여 신청을 하는 때에는 대리인의 성명 및 주소
5. 법 제144조제2항의 신청인이 지정하는 자(다음부터 이 조문 안에서 "피지정자"라 한다)의 성명, 사무소의 주소 및 직업

② 제1항의 서면에는 다음 각 호의 서류를 첨부하여야 한다. 〈개정 2014. 10. 2.〉

1. 매수인으로부터 부동산을 담보로 제공받으려는 자가 법인인 때에는 그 법인의 등기사항증명서
2. 부동산에 관한 담보 설정의 계약서 사본
3. 피지정자의 지정을 증명하는 문서
4. 대리인이 신청을 하는 때에는 그 권한을 증명하는 서면
5. 등기신청의 대리를 업으로 할 수 있는 피지정자의 자격을 증명하는 문서의 사본

[본조신설 2010. 10. 4.]

제79조(배당할 금액) 차순위매수신고인에 대하여 매각허가결정이 있는 때에는 법 제137조제2항의 보증(보증이 금전 외의 방법으로 제공되어 있는 때에는 보증을 현금화하여 그 대금에서 비용을 뺀 금액)은 법 제147조제1항의 배당할 금액으로 한다.

第80条(보증으로 제공된 유가증권 등의 현금화) ① 법 제142조제4항의 규정에 따라 매수신청의 보증(법 제102조제2항의 규정에 따라 제공된 보증을 포함한다)을 현금화하는 경우와 법 제147조제1항제3호·제5호 또는 제79조의 규정에 따라 매수신청 또는 항고의 보증이 배당할 금액에 산입되는 경우 그 보증이 유가증권인 때에는, 법원은 집행관에게 현금화하게 하여 그 비용을 뺀 금액을 배당할 금액에 산입하여야 한다. 이 경우 현금화비용은 보증을 제공한 사람이 부담한다.

② 법 제147조제1항제4호의 규정에 따라 항고의 보증 가운데 항고인이 돌려줄 것을 요구하지 못하는 금액이 배당할 금액에 산입되는 경우 그 보증이 유가증권인 때에는, 법원은 집행관에게 현금화하게 하여 그 비용을 뺀 금액 가운데 항고인이 돌려 줄 것을 요구하지 못하는 금액을 배당할 금액에 산입하고, 나머지가 있을 경우 이를 항고인에게 돌려준다. 이 경우 현금화비용은 보증을 제공한 사람이 부담한다. 다만, 집행관이 그 유가증권을 현금화하기 전에 항고인이 법원에 돌려줄 것을 요구하지 못하는 금액에 상당하는 금전을 지급한 때에는 그 유가증권을 항고인에게 돌려주고, 항고인이 지급한 금전을 배당할 금액에 산입하여야 한다.

③ 제1항과 제2항 본문의 현금화에는 법 제210조 내지 법 제212조의 규정을 준용한다.

④ 집행관은 제1항과 제2항 본문의 현금화를 마친 후에는 바로 그 대금을 법원에 제출하여야 한다.

⑤ 제1항의 경우에 그 보증이 제54조제1항제3호 또는 제64조제3호(제72조제4항의 규정에 따라 준용되는 경우를 포함한다)의 문서인 때에는 법원이 은행등에 대하여 정하여진 금액의 납부를 최고하는 방법으로 현금화한다.

第81条(계산서 제출의 최고) 배당기일이 정하여진 때에는 법원사무관등은 각 채권자에 대하여 채권의 원금·배당기일까지의 이자, 그 밖의 부대채권 및 집행비용을 적은 계산서를 1주 안에 법원에 제출할 것을 최고하여야 한다.

第82条(배당금 교부의 절차 등) ① 채권자와 채무자에 대한 배당금의 교부절차, 법 제160조의 규정에 따른 배당금의 공탁과 그 공탁금의 지급위탁절차는 법원사무관등이 그 이름으로 실시한다.

② 배당기일에 출석하지 아니한 채권자가 배당액을 입금할 예금계좌를 신고한 때에는 법원사무관등은 법 제160조제2항의 규정에 따른 공탁에 갈음하여 배당액을 그 예금계좌에 입금할 수 있다.

제3관 강제관리

第83条(강제관리신청서) 강제관리신청서에는 법 제163조에서 준용하는 법 제80조에 규정된 사항 외에 수익의 지급의무를 부담하는 제3자가 있는 경우에는 그 제3자의 표시와 그 지급의무의 내용을 적어야 한다.

第84条(개시결정의 통지) 강제관리개시결정을 한 때에는 법원사무관등은 조세, 그 밖의 공과금을 주관하는 공공기관에게 그 사실을 통지하여야 한다.

第85条(관리인의 임명) ① 법원은 강제관리개시결정과 동시에 관리인을 임명하여야 한다.

② 신탁회사, 은행, 그 밖의 법인도 관리인이 될 수 있다.

③ 관리인이 임명된 때에는 법원사무관등은 압류채권자·채무자 및 수익의 지급의무를 부담하는 제3자에게 그 취지를 통지하여야 한다.

④ 법원은 관리인에게 그 임명을 증명하는 문서를 교부하여야 한다.

第86条(관리인이 여러 사람인 때의 직무수행 등) ① 관리인이 여러 사람인 때에는 공동으로 직무를 수행한다. 다만, 법원의 허가를 받아 직무를 분담할 수 있다.

② 관리인이 여러 사람인 때에는 제3자의 관리인에 대한 의사표시는 그 중 한 사람에게 할 수 있다.

제87조(관리인의 사임·해임) ① 관리인은 정당한 이유가 있는 때에는 법원의 허가를 받아 사임할 수 있다.
② 관리인이 제1항의 규정에 따라 사임하거나 법 제167조제3항의 규정에 따라 해임된 때에는 법원사무관등은 압류채권자·채무자 및 수익의 지급명령을 송달받은 제3자에게 그 취지를 통지하여야 한다.

제88조(강제관리의 정지) ① 법 제49조제2호 또는 제4호의 서류가 제출된 경우에는 배당절차를 제외한 나머지 절차는 그 당시의 상태로 계속하여 진행할 수 있다.
② 제1항의 규정에 따라 절차를 계속하여 진행하는 경우에 관리인은 배당에 충당될 금전을 공탁하고, 그 사유를 법원에 신고하여야 한다.
③ 제2항의 규정에 따라 공탁된 금전으로 채권자의 채권과 집행비용의 전부를 변제할 수 있는 경우에는 법원은 배당절차를 제외한 나머지 절차를 취소하여야 한다.

제89조(남을 가망이 없는 경우의 절차취소) 수익에서 그 부동산이 부담하는 조세, 그 밖의 공과금 및 관리비용을 빼면 남을 것이 없겠다고 인정하는 때에는 법원은 강제관리절차를 취소하여야 한다.

제90조(관리인과 제3자에 대한 통지) ① 강제관리신청이 취하된 때 또는 강제관리취소결정이 확정된 때에는 법원사무관등은 관리인과 수익의 지급명령을 송달받은 제3자에게 그 사실을 통지하여야 한다.
② 법 제49조제2호 또는 제4호의 서류가 제출된 때 또는 법 제163조에서 준용하는 법 제87조제4항의 재판이 이루어진 때에는 법원사무관등은 관리인에게 그 사실을 통지하여야 한다.

제91조(수익의 처리) ① 법 제169조제1항에 규정된 관리인의 부동산 수익처리는 법원이 정하는 기간마다 하여야 한다. 이 경우 위 기간의 종기까지 배당요구를 하지 아니한 채권자는 그 수익의 처리와 배당절차에 참가할 수 없다.
② 채권자가 한 사람인 경우 또는 채권자가 두 사람 이상으로서 법 제169조제1항에 규정된 나머지 금액으로 각 채권자의 채권과 집행비용 전부를 변제할 수 있는 경우에는 관리인은 채권자에게 변제금을 교부하고 나머지가 있으면 채무자에게 교부하여야 한다.
③ 제2항 외의 경우에는 관리인은 제1항의 기간이 지난 후 2주 안의 날을 배당협의기일로 지정하고 채권자에게 그 일시와 장소를 서면으로 통지하여야 한다. 이 통지에는 수익금·집행비용 및 각 채권자의 채권액 비율에 따라 배당될 것으로 예상되는 금액을 적은 배당계산서를 붙여야 한다.
④ 관리인은 배당협의기일까지 채권자 사이에 배당에 관한 협의가 이루어진 경우에는 그 협의에 따라 배당을 실시하여야 한다. 관리인은 제3항의 배당계산서와 다른 협의가 이루어진 때에는 그 협의에 따라 배당계산서를 다시 작성하여야 한다.
⑤ 관리인은 배당협의가 이루어지지 못한 경우에는 바로 법 제169조제3항에 따른 신고를 하여야 한다.
⑥ 관리인이 제2항의 규정에 따라 변제금을 교부한 때, 제4항 또는 법 제169조제4항의 규정에 따라 배당을 실시한 때에는 각 채권자로부터 제출받은 영수증을 붙여 법원에 신고하여야 한다.

제92조(관리인의 배당액 공탁) ① 관리인은 제91조제2항 또는 제4항 전문의 규정에 따라 교부 또는 배당(다음부터 "배당등"이라 한다)을 실시하는 경우에 배당등을 받을 채권자의 채권에 관하여 법 제160조제1항에 적은 어느 사유가 있는 때에는 그 배당등의 액에 상당하는 금액을 공탁하고 그 사유를 법원에 신고하여야 한다.
② 관리인은 배당등을 수령하기 위하여 출석하지 아니한 채권자 또는 채무자의 배당등의 액에 상당하는 금액을 공탁하고, 그 사유를 법원에 신고하여야 한다.

제93조(사유신고의 방식) ① 제88조제2항 또는 제92조의 규정에 따른 사유신고는 다음 각호의 사항을 적은 서면으로 하고, 공탁서와 함께 배당계산서가 작성된 경우에는 배당계산서를 붙여야 한다.
1. 사건의 표시

2. 압류채권자와 채무자의 이름
3. 공탁의 사유와 공탁금액

② 법 제169조제3항의 규정에 따른 사유신고는 다음 각호의 사항을 적은 서면으로 하고, 배당계산서를 붙여야 한다.

1. 제1항제1호·제2호에 적은 사항
2. 법 제169조제1항에 규정된 나머지 금액과 그 산출근거
3. 배당협의가 이루어지지 아니한 취지와 그 사정의 요지

제94조(강제경매규정의 준용) 강제관리에는 제46조 내지 제48조 및 제82조제2항의 규정을 준용한다. 이 경우 제82조제2항에 "법원사무관등"이라고 규정된 것은 "관리인"으로 본다.

제 3 절 선박에 대한 강제집행

제95조(신청서의 기재사항과 첨부서류) ① 선박에 대한 강제경매신청서에는 법 제80조에 규정된 사항 외에 선박의 정박항 및 선장의 이름과 현재지를 적어야 한다.

② 아래의 선박에 대한 강제경매신청서에는 그 선박이 채무자의 소유임을 증명하는 문서와 함께 다음 서류를 붙여야 한다. 〈개정 2005. 7. 28., 2013. 11. 27.〉

1. 등기가 되지 아니한 대한민국 선박 : 「선박등기규칙」 제11조제2항에 규정된 증명서 및 같은 규칙 제12조제1항 또는 제2항에 규정된 증명서면
2. 대한민국 선박 외의 선박 : 그 선박이 「선박등기법」 제2조에 규정된 선박임을 증명하는 문서

제96조(선박국적증서등 수취의 통지) 집행관은 법 제174조제1항과 법 제175조제1항의 규정에 따라 선박국적증서, 그 밖에 선박운행에 필요한 문서(다음부터 "선박국적증서등"이라 한다)를 받은 때에는 바로 그 취지를 채무자·선장 및 선적항을 관할하는 해운관서의 장에게 통지하여야 한다.

제97조(선박국적증서등을 수취하지 못한 경우의 신고) 집행관이 법 제174조제1항에 규정된 명령에 따라 선박국적증서등을 수취하려 하였으나 그 목적을 달성하지 못한 때에는 그 사유를 법원에 서면으로 신고하여야 한다.

제98조(대법원규칙이 정하는 법원) 선적이 없는 때 하는 선박집행신청 전 선박국적증서등의 인도명령신청사건의 관할법원은 서울중앙지방법원·인천지방법원·수원지방법원평택지원·춘천지방법원강릉지원·춘천지방법원속초지원·대전지방법원홍성지원·대전지방법원서산지원·대구지방법원포항지원·부산지방법원·울산지방법원·창원지방법원·창원지방법원진주지원·창원지방법원통영지원·광주지방법원목포지원·광주지방법원순천지원·광주지방법원해남지원·전주지방법원군산지원 또는 제주지방법원으로 한다. 〈개정 2005. 7. 28.〉

제99조(현황조사보고서) ① 집행관이 선박의 현황조사를 한 때에는 다음 각호의 사항을 적은 현황조사보고서를 정하여진 날까지 법원에 제출하여야 한다.

1. 사건의 표시
2. 선박의 표시
3. 선박이 정박한 장소
4. 조사의 일시·장소 및 방법
5. 점유자의 표시와 점유의 상황
6. 그 선박에 대하여 채무자의 점유를 풀고 집행관에게 보관시키는 가처분이 집행되어 있는 때에는 그

취지와 집행관이 보관을 개시한 일시

7. 그 밖에 법원이 명한 사항

② 현황조사보고서에는 선박의 사진을 붙여야 한다.

제100조(운행허가결정) ① 법원은 법 제176조제2항의 규정에 따른 결정을 하는 때에는 운행의 목적·기간 및 수역 등에 관하여 적당한 제한을 붙일 수 있다.

② 제1항과 법 제176조제2항의 규정에 따른 결정은 채권자·채무자·최고가매수신고인·차순위매수신고인 및 매수인에게 고지하여야 한다.

제101조(선박국적증서등의 재수취명령) ① 법 제176조제2항의 규정에 따라 허가된 선박의 운행이 끝난 후 법원에 선박국적증서등이 반환되지 아니한 때에는, 법원은 직권 또는 이해관계인의 신청에 따라 집행관에 대하여 선박국적증서등을 다시 수취할 것을 명할 수 있다.

② 제1항에 규정된 명령에 따라 집행관이 선박국적증서등을 수취하는 경우에는 제96조와 제97조의 규정을 준용한다.

제102조(감수·보존처분의 시기) 법 제178조제1항에 규정된 감수 또는 보존처분은 경매개시결정 전에도 할 수 있다.

제103조(감수·보존처분의 방식) ① 법원이 법 제178조제1항의 규정에 따른 감수 또는 보존처분을 하는 때에는 집행관, 그 밖에 적당하다고 인정되는 사람을 감수인 또는 보존인으로 정하고, 감수 또는 보존을 명하여야 한다.

② 제1항의 감수인은 선박을 점유하고, 선박이나 그 속구의 이동을 방지하기 위하여 필요한 조치를 취할 수 있다.

③ 제1항의 보존인은 선박이나 그 속구의 효용 또는 가치의 변동을 방지하기 위하여 필요한 조치를 취할 수 있다.

④ 감수처분과 보존처분은 중복하여 할 수 있다.

제104조(보증의 제공에 따른 강제경매절차의 취소) ① 법 제181조제1항의 규정에 따른 보증은 다음 각호 가운데 어느 하나를 집행법원에 제출하는 방법으로 제공하여야 한다. 다만, 제2호의 문서를 제출하는 때에는 채무자는 미리 집행법원의 허가를 얻어야 한다.

1. 채무자가 금전 또는 법원이 상당하다고 인정하는 유가증권을 공탁한 사실을 증명하는 문서
2. 은행등이 채무자를 위하여 일정액의 금전을 법원의 최고에 따라 지급한다는 취지의 기한의 정함이 없는 지급보증위탁계약이 채무자와 은행 등 사이에 체결된 사실을 증명하는 문서

② 법 제181조제2항의 규정에 따라 보증을 배당하는 경우 집행법원은 보증으로 공탁된 유가증권을 제출받을 수 있다.

③ 제1항과 법 제181조제1항의 규정에 따른 보증제공에 관하여는 법 제19조제1항·제2항의 규정을, 위 보증이 금전공탁 외의 방법으로 제공된 경우의 현금화에 관하여는 제80조의 규정을 각 준용한다.

제105조(부동산강제경매규정의 준용) 선박에 대한 강제집행에는 제2절 제2관의 규정을 준용한다.

제4절 항공기에 대한 강제집행

제106조(강제집행의 방법) 「항공안전법」에 따라 등록된 항공기(다음부터 "항공기"라 한다)에 대한 강제집행은 선박에 대한 강제집행의 예에 따라 실시한다(다만, 현황조사와 물건명세서에 관한 규정 및 제95조제2항의 규정은 제외한다). 이 경우 법과 이 규칙에 "등기"라고 규정된 것은 "등록"으로, "등기부"라고 규정된 것은

"항공기등록원부"로, "등기관"이라고 규정된 것은 "국토교통부장관"으로, "정박"이라고 규정된 것은 "정류 또는 정박"으로, "정박항" 또는 "정박한 장소"라고 규정된 것은 "정류 또는 정박하는 장소"로, "운행"이라고 규정된 것은 "운항"으로, "수역"이라고 규정된 것은 "운항지역"으로, "선박국적증서"라고 규정된 것은 "항공기등록증명서"로, "선적항" 또는 "선적이 있는 곳"이라고 규정된 것은 "정치장"으로, "선적항을 관할하는 해운관서의 장"이라고 규정된 것은 "국토교통부장관"으로 보며, 법 제174조제1항 중 "선장으로부터 받아"는 "받아"로, 제95조제1항 중 "및 선장의 이름과 현재지를 적어야 한다."는 "를 적어야 한다."로 고쳐 적용한다. 〈개정 2005. 7. 28., 2019. 12. 26.〉

제107조(평가서 사본의 비치 등) ① 법원은 매각기일(기간입찰의 방법으로 진행할 경우에는 입찰기간의 개시일)의 1월 전까지 평가서의 사본을 법원에 비치하고, 누구든지 볼 수 있도록 하여야 한다.
② 법원사무관등은 평가서의 사본을 비치한 날짜와 그 취지를 기록에 적어야 한다.

제5절 자동차에 대한 강제집행

제108조(강제집행의 방법) 「자동차관리법」에 따라 등록된 자동차(다음부터 "자동차"라 한다)에 대한 강제집행(다음부터 "자동차집행"이라 한다)은 이 규칙에 특별한 규정이 없으면 부동산에 대한 강제경매의 규정을 따른다. 이 경우 법과 이 규칙에 "등기"라고 규정된 것은 "등록"으로, "등기부"라고 규정된 것은 "자동차등록원부"로, "등기관"이라고 규정된 것은 "특별시장·광역시장·특별자치시장 또는 도지사"로 본다. 〈개정 2005. 7. 28., 2019. 12. 26.〉

제109조(집행법원) ① 자동차집행의 집행법원은 자동차등록원부에 기재된 사용본거지를 관할하는 지방법원으로 한다. 다만, 제119조제1항의 규정에 따라 사건을 이송한 때에는 그러하지 아니하다.
② 제113조제1항에 규정된 결정에 따라 집행관이 자동차를 인도받은 경우에는 제1항 본문의 법원 외에 자동차가 있는 곳을 관할하는 지방법원도 집행법원으로 한다.

제110조(경매신청서의 기재사항과 첨부서류) 자동차에 대한 강제경매신청서에는 법 제80조에 규정된 사항 외에 자동차등록원부에 기재된 사용본거지를 적고, 집행력 있는 정본 외에 자동차등록원부등본을 붙여야 한다.

제111조(강제경매개시결정) ① 법원은 강제경매개시결정을 하는 때에는 법 제83조제1항에 규정된 사항을 명하는 외에 채무자에 대하여 자동차를 집행관에게 인도할 것을 명하여야 한다. 다만, 그 자동차에 대하여 제114조제1항의 규정에 따른 신고가 되어 있는 때에는 채무자에 대하여 자동차 인도명령을 할 필요가 없다.
② 제1항의 개시결정에 기초한 인도집행은 그 개시결정이 채무자에게 송달되기 전에도 할 수 있다.
③ 강제경매개시결정이 송달되거나 등록되기 전에 집행관이 자동차를 인도받은 경우에는 그때에 압류의 효력이 생긴다.
④ 제1항의 개시결정에 대하여는 즉시항고를 할 수 있다.

제112조(압류자동차의 인도) 제3자가 점유하게 된 자동차의 인도에 관하여는 법 제193조의 규정을 준용한다. 이 경우 법 제193조제1항과 제2항의 "압류물"은 "압류의 효력 발생 당시 채무자가 점유하던 자동차"로 본다.

제113조(강제경매신청 전의 자동차인도명령) ① 강제경매신청 전에 자동차를 집행관에게 인도하지 아니하면 강제집행이 매우 곤란할 염려가 있는 때에는 그 자동차가 있는 곳을 관할하는 지방법원은 신청에 따라 채무자에게 자동차를 집행관에게 인도할 것을 명할 수 있다. 〈개정 2015. 8. 27.〉
② 제1항의 신청에는 집행력 있는 정본을 제시하고, 신청의 사유를 소명하여야 한다.

③ 집행관은 자동차를 인도받은 날부터 10일 안에 채권자가 강제경매신청을 하였음을 증명하는 문서를 제출하지 아니하는 때에는 자동차를 채무자에게 돌려주어야 한다.

④ 제1항의 규정에 따른 결정에 대하여는 즉시항고를 할 수 있다.

⑤ 제1항의 규정에 따른 결정에는 법 제292조제2항·제3항의 규정을 준용한다.

제114조(자동차를 인도받은 때의 신고) ① 집행관이 강제경매개시결정에 따라 자동차를 인도받은 때, 제112조에서 준용하는 법 제193조의 규정에 따른 재판을 집행한 때 또는 제113조의 규정에 따라 인도받은 자동차에 대하여 강제경매개시결정이 있는 때에는 바로 그 취지·보관장소·보관방법 및 예상되는 보관비용을 법원에 신고하여야 한다.

② 집행관은 제1항의 신고를 한 후에 자동차의 보관장소·보관방법 또는 보관비용이 변경된 때에는 법원에 신고하여야 한다.

제115조(자동차의 보관방법) 집행관은 상당하다고 인정하는 때에는 인도받은 자동차를 압류채권자, 채무자, 그 밖의 적당한 사람에게 보관시킬 수 있다. 이 경우에는 공시서를 붙여 두거나 그 밖의 방법으로 그 자동차를 집행관이 점유하고 있음을 분명하게 표시하고, 제117조의 규정에 따라 운행이 허가된 경우를 제외하고는 운행을 하지 못하도록 적당한 조치를 하여야 한다.

제116조(자동차인도집행불능시의 집행절차취소) 강제경매개시결정이 있은 날부터 2월이 지나기까지 집행관이 자동차를 인도받지 못한 때에는 법원은 집행절차를 취소하여야 한다.

제117조(운행의 허가) ① 법원은 영업상의 필요, 그 밖의 상당한 이유가 있다고 인정하는 때에는 이해관계를 가진 사람의 신청에 따라 자동차의 운행을 허가할 수 있다.

② 법원이 제1항의 허가를 하는 때에는 운행에 관하여 적당한 조건을 붙일 수 있다.

③ 제1항의 운행허가결정에 대하여는 즉시항고를 할 수 있다.

제118조(자동차의 이동) ① 법원은 필요하다고 인정하는 때에는 집행관에게 자동차를 일정한 장소로 이동할 것을 명할 수 있다.

② 집행법원 외의 법원 소속의 집행관이 자동차를 점유하고 있는 경우, 집행법원은 제119조제1항의 규정에 따라 사건을 이송하는 때가 아니면 그 집행관 소속법원에 대하여 그 자동차를 집행법원 관할구역 안의 일정한 장소로 이동하여 집행법원 소속 집행관에게 인계하도록 명할 것을 촉탁하여야 한다.

③ 제2항의 규정에 따라 집행법원 소속 집행관이 자동차를 인계받은 경우에는 제114조의 규정을 준용한다.

제119조(사건의 이송) ① 집행법원은 다른 법원 소속 집행관이 자동차를 점유하고 있는 경우에 자동차를 집행법원 관할구역 안으로 이동하는 것이 매우 곤란하거나 지나치게 많은 비용이 든다고 인정하는 때에는 사건을 그 법원으로 이송할 수 있다.

② 제1항의 규정에 따른 결정에 대하여는 불복할 수 없다.

제120조(매각의 실시시기) 법원은 그 관할구역 안에서 집행관이 자동차를 점유하게 되기 전에는 집행관에게 매각을 실시하게 할 수 없다.

제121조(최저매각가격결정의 특례) ① 법원은 상당하다고 인정하는 때에는 집행관으로 하여금 거래소에 자동차의 시세를 조회하거나 그 밖의 상당한 방법으로 매각할 자동차를 평가하게 하고, 그 평가액을 참작하여 최저매각가격을 정할 수 있다.

② 제1항의 규정에 따라 자동차를 평가한 집행관은 다음 각호의 사항을 적은 평가서를 정하여진 날까지 법원에 제출하여야 한다.

1. 사건의 표시
2. 자동차의 표시
3. 자동차의 평가액과 평가일
4. 거래소에 대한 조회결과 또는 그 밖의 평가근거

제122조(매각기일의 공고) 매각기일의 공고에는 법 제106조제2호, 제4호 내지 제7호, 제9호에 규정된 사항, 제56조제1호·제3호에 규정된 사항, 자동차의 표시 및 자동차가 있는 장소를 적어야 한다.

제123조(입찰 또는 경매 외의 매각방법) ① 법원은 상당하다고 인정하는 때에는 집행관에게 입찰 또는 경매 외의 방법으로 자동차의 매각을 실시할 것을 명할 수 있다. 이 경우에는 매각의 실시방법과 기한, 그 밖의 다른 조건을 붙일 수 있다.
② 법원은 제1항의 규정에 따른 매각의 실시를 명하는 때에는 미리 압류채권자의 의견을 들어야 한다.
③ 법원은 제1항의 규정에 따른 매각의 실시를 명하는 때에는 매수신고의 보증금액을 정하고 아울러 그 보증의 제공은 금전 또는 법원이 상당하다고 인정하는 유가증권을 집행관에게 제출하는 방법으로 하도록 정하여야 한다.
④ 제1항의 규정에 따른 결정이 있는 때에는 법원사무관등은 각 채권자와 채무자에게 그 취지를 통지하여야 한다.
⑤ 집행관은 제1항의 규정에 따른 결정에 기초하여 자동차를 매각하는 경우에 매수신고가 있는 때에는 바로 자동차의 표시·매수신고를 한 사람의 표시 및 매수신고의 액과 일시를 적은 조서를 작성하여, 보증으로 제공된 금전 또는 유가증권과 함께 법원에 제출하여야 한다.
⑥ 제5항의 조서가 제출된 때에는 법원은 바로 매각결정기일을 지정하여야 한다.
⑦ 제6항의 규정에 따른 매각결정기일이 정하여진 때에는 법원사무관등은 이해관계인과 매수신고를 한 사람에게 매각결정기일을 통지하여야 한다.
⑧ 제5항의 조서에 관하여는 법 제116조제2항의 규정을 준용한다.

제124조(양도명령에 따른 매각) ① 법원은 상당하다고 인정하는 때에는 압류채권자의 매수신청에 따라 그에게 자동차의 매각을 허가할 수 있다.
② 제1항의 규정에 따라 매각을 허가하는 결정은 이해관계인에게 고지하여야 한다.
③ 양도명령에 따른 매각절차에 관하여는 제74조, 법 제109조, 법 제113조, 법 제126조제1항·제2항 및 법 제128조제2항의 규정을 준용하지 아니한다.

제125조(매수인에 대한 자동차의 인도) ① 매수인이 대금을 납부하였음을 증명하는 서면을 제출한 때에는 집행관은 자동차를 매수인에게 인도하여야 한다. 이 경우 그 자동차를 집행관 외의 사람이 보관하고 있는 때에는, 집행관은 매수인의 동의를 얻어 보관자에 대하여 매수인에게 그 자동차를 인도할 것을 통지하는 방법으로 인도할 수 있다.
② 집행관은 매수인에게 자동차를 인도한 때에는 그 취지와 인도한 날짜를 집행법원에 신고하여야 한다.

제126조(집행정지중의 매각) ① 법 제49조제2호 또는 제4호에 적은 서류가 제출된 때에는 법원사무관등은 집행관에게 그 사실을 통지하여야 한다.
② 집행관은 제1항의 규정에 따른 통지를 받은 경우 인도를 받은 자동차의 가격이 크게 떨어질 염려가 있거나 그 보관에 지나치게 많은 비용이 드는 때에는 압류채권자·채무자 및 저당권자에게 그 사실을 통지하여야 한다.
③ 제2항에서 규정하는 경우에 압류채권자 또는 채무자의 신청이 있는 때에는 법원은 자동차를 매각하도록 결정할 수 있다.

④ 제3항의 규정에 따른 결정이 있은 때에는 법원사무관등은 제3항의 신청을 하지 아니한 압류채권자 또는 채무자에게 그 사실을 통지하여야 한다.
⑤ 제3항의 규정에 따른 결정에 기초하여 자동차가 매각되어 그 대금이 집행법원에 납부된 때에는 법원사무관등은 매각대금을 공탁하여야 한다.

제127조(자동차집행의 신청이 취하된 경우 등의 조치) ① 자동차집행의 신청이 취하된 때 또는 강제경매절차를 취소하는 결정의 효력이 생긴 때에는 법원사무관등은 집행관에게 그 취지를 통지하여야 한다.
② 집행관이 제1항의 규정에 따른 통지를 받은 경우 자동차를 수취할 권리를 갖는 사람이 채무자 외의 사람인 때에는 집행관은 그 사람에게 자동차집행의 신청이 취하되었다거나 또는 강제경매절차가 취소되었다는 취지를 통지하여야 한다.
③ 집행관은 제1항의 규정에 따른 통지를 받은 때에는 자동차를 수취할 권리를 갖는 사람에게 자동차가 있는 곳에서 이를 인도하여야 한다. 다만, 자동차를 수취할 권리를 갖는 사람이 자동차를 보관하고 있는 경우에는 그러하지 아니하다.
④ 집행관이 제3항의 규정에 따라 인도를 할 수 없는 때에는 법원은 집행관의 신청을 받아 자동차집행의 절차에 따라 자동차를 매각한다는 결정을 할 수 있다.
⑤ 제4항의 규정에 따른 결정이 있은 때에는 법원사무관등은 채무자와 저당권자에게 그 취지를 통지하여야 한다.
⑥ 제4항의 규정에 따른 결정에 기초하여 자동차가 매각되어 그 대금이 법원에 납부된 때에는 법원은 그 대금에서 매각과 보관에 든 비용을 빼고, 나머지가 있는 때에는 매각대금의 교부계산서를 작성하여 저당권자에게 변제금을 교부하고, 그 나머지를 채무자에게 교부하여야 한다.
⑦ 제6항의 규정에 따른 변제금 등을 교부하는 경우에는 제81조, 제82조, 법 제146조, 법 제160조 및 법 제161조제1항의 규정을 준용한다.

제128조(준용규정 등) ① 자동차집행절차에는 제107조·제138조의 규정을 준용한다. 이 경우 제107조제1항에 "1월"이라고 규정된 것은 "1주"로, 제138조제1항에 "압류물이 압류한"이라고 규정된 것은 "집행관이 점유를 취득한 자동차가"로 본다.
② 자동차집행절차에 관하여는 제43조 내지 제46조, 제51조제1항제4호 내지 제6호, 제2항, 제55조, 제56조제2호, 제60조, 제68조 내지 제71조, 법 제79조, 법 제81조, 법 제83조제2항·제3항, 법 제85조, 법 제91조제5항, 법 제105조 및 법 제136조의 규정과 법 제103조제2항 중 기간입찰에 관한 부분을 준용하지 아니한다.

제129조(자동차지분에 대한 강제집행) 자동차의 공유지분에 대한 강제집행은 법 제251조에 규정된 강제집행의 예에 따라 실시한다.

제6절 건설기계·소형선박에 대한 강제집행 〈개정 2008. 2. 18.〉

제130조(강제집행의 방법) ① 「건설기계관리법」에 따라 등록된 건설 기계(다음부터 "건설기계"라 한다) 및 「자동차 등 특정동산 저당법」의 적용을 받는 소형선박(다음부터 "소형선박"이라 한다)에 대한 강제집행에 관하여는 제5절의 규정을 준용한다. 이 경우 제108조 내지 제110조에 "자동차등록원부"라고 규정된 것은 각 "건설기계등록원부", "선박원부·어선원부·수상레저기구등록원부"로 본다. 〈개정 2010. 10. 4.〉
② 소형선박에 대한 강제집행의 경우 제108조에 "특별시장·광역시장·특별자치시장 또는 도지사"라고 규정된 것은 "지방해양수산청장(지방해양수산청해양수산사무소장을 포함한다. 다음부터 같다)"이나 "시장·군수 또는 구청장(자치구의 구청장을 말한다. 다음부터 같다)"으로 본다. 〈개정 2013. 11. 27., 2019.

12. 26.〉

③ 소형선박에 대한 강제집행의 경우 제109조 및 제110조에 "사용본거지"라고 규정된 것은 "선적항" 또는 "보관장소"로 본다.

[전문개정 2008. 2. 18.]

제7절 동산에 대한 강제집행

제1관 유체동산에 대한 강제집행

제131조(유체동산 집행신청의 방식) 유체동산에 대한 강제집행신청서에는 다음 각호의 사항을 적고 집행력 있는 정본을 붙여야 한다.

1. 채권자·채무자와 그 대리인의 표시
2. 집행권원의 표시
3. 강제집행 목적물인 유체동산이 있는 장소
4. 집행권원에 표시된 청구권의 일부에 관하여 강제집행을 구하는 때에는 그 범위

제132조(압류할 유체동산의 선택) 집행관이 압류할 유체동산을 선택하는 때에는 채권자의 이익을 해치지 아니하는 범위 안에서 채무자의 이익을 고려하여야 한다.

제132조의2(압류할 유체동산의 담보권 확인 등) ① 집행관은 유체동산 압류시에 채무자에 대하여「동산·채권 등의 담보에 관한 법률」 제2조제7호에 따른 담보등기가 있는지 여부를 담보등기부를 통하여 확인하여야 하고, 담보등기가 있는 경우에는 등기사항전부증명서(말소사항 포함)를, 담보등기가 없는 경우에는 등기기록미개설증명서(다만, 등기기록미개설증명서를 발급받을 수 없는 경우에는 이를 확인할 수 있는 자료)를 집행기록에 편철하여야 한다. 〈개정 2018. 4. 27., 2022. 2. 25.〉

② 집행관은 제1항에 따라 담보권의 존재를 확인한 경우에 그 담보권자에게 매각기일에 이르기까지 집행을 신청하거나, 법 제220조에서 정한 시기까지 배당요구를 하여 매각대금의 배당절차에 참여할 수 있음을 고지하여야 한다.

[본조신설 2014. 7. 1.]

[시행일: 2022. 4. 21.] 제132조의2

제133조(직무집행구역 밖에서의 압류) 집행관은 동시에 압류하고자 하는 여러 개의 유체동산 가운데 일부가 소속 법원의 관할구역 밖에 있는 경우에는 관할구역 밖의 유체동산에 대하여도 압류할 수 있다.

제134조(압류조서의 기재사항) ① 유체동산 압류조서에는 제6조와 법 제10조제2항·제3항에 규정된 사항 외에 채무자가 자기 소유가 아니라는 진술이나 담보가 설정되어 있다는 진술을 한 압류물에 관하여는 그 취지를 적어야 한다. 〈개정 2014. 7. 1.〉

② 유체동산 압류조서에 집행의 목적물을 적는 때에는 압류물의 종류·재질, 그 밖에 압류물을 특정하는데 필요한 사항과 수량 및 평가액(토지에서 분리하기 전의 과실에 대하여는 그 과실의 수확시기·예상수확량과 예상평가액)을 적어야 한다.

제135조(직무집행구역 밖에서의 압류물보관) 집행관은 특히 필요하다고 인정하는 때에는 압류물 보관자로 하여금 소속 법원의 관할구역 밖에서 압류물을 보관하게 할 수 있다.

제136조(압류물의 보관에 관한 조서 등) ① 집행관이 채무자·채권자 또는 제3자에게 압류물을 보관시킨 때에는 보관자의 표시, 보관시킨 일시·장소와 압류물, 압류표시의 방법과 보관조건을 적은 조서를 작성하여 보관자의 기명날인 또는 서명을 받아야 한다.

② 집행관이 보관자로부터 압류물을 반환받은 때에는 그 취지를 기록에 적어야 한다.

③ 제2항의 경우에 압류물에 부족 또는 손상이 있는 때에는 집행관은 보관자가 아닌 압류채권자와 채무자에게 그 취지를 통지하여야 하고, 아울러 부족한 압류물 또는 압류물의 손상정도와 이러한 압류물에 대하여 집행관이 취한 조치를 적은 조서를 작성하여야 한다.

제137조(보관압류물의 점검) ① 집행관은 채무자 또는 채권자나 제3자에게 압류물을 보관시킨 경우에 압류채권자 또는 채무자의 신청이 있거나 그 밖에 필요하다고 인정하는 때에는 압류물의 보관상황을 점검하여야 한다.

② 집행관이 제1항의 규정에 따른 점검을 한 때에는 압류물의 부족 또는 손상의 유무와 정도 및 이에 관하여 집행관이 취한 조치를 적은 점검조서를 작성하고, 부족 또는 손상이 있는 경우에는 보관자가 아닌 채권자 또는 채무자에게 그 취지를 통지하여야 한다.

제138조(직무집행구역 밖에서의 압류물 회수 등) ① 압류물이 압류한 집행관이 소속하는 법원의 관할구역 밖에 있게 된 경우에 이를 회수하기 위하여 필요한 때에는 집행관은 소속 법원의 관할구역 밖에서도 그 직무를 행할 수 있다.

② 제1항의 경우에 압류물을 회수하기 위하여 지나치게 많은 비용이 든다고 인정하는 때에는 집행관은, 압류채권자의 의견을 들어, 압류물이 있는 곳을 관할하는 법원 소속 집행관에게 사건을 이송할 수 있다.

제139조(압류물의 인도명령을 집행한 경우의 조치 등) ① 법 제193조제1항의 규정에 따른 인도명령을 집행한 집행관은 그 압류물의 압류를 한 집행관이 다른 법원에 소속하는 때에는 그 집행관에 대하여 인도명령을 집행하였다는 사실을 통지하여야 한다.

② 제1항의 규정에 따른 통지를 받은 집행관은 압류물을 인수하여야 한다. 다만, 압류물을 인수하기 위하여 지나치게 많은 비용이 든다고 인정하는 때에는, 압류채권자의 의견을 들어, 인도명령을 집행한 집행관에게 사건을 이송할 수 있다.

제140조(초과압류 등의 취소) ① 집행관은 압류 후에 그 압류가 법 제188조제2항의 한도를 넘는 사실이 분명하게 된 때에는 넘는 한도에서 압류를 취소하여야 한다.

② 집행관은 압류 후에 압류물의 매각대금으로 압류채권자의 채권에 우선하는 채권과 집행비용을 변제하면 남을 것이 없겠다고 인정하는 때에는 압류를 취소하여야 한다.

제141조(매각의 가망이 없는 경우의 압류의 취소) 집행관은 압류물에 관하여 상당한 방법으로 매각을 실시하였음에도 매각의 가망이 없는 때에는 그 압류물의 압류를 취소할 수 있다.

제142조(압류취소의 방법 등) ① 유체동산 압류를 취소하는 때에는 집행관은 압류물을 수취할 권리를 갖는 사람에게 압류취소의 취지를 통지하고 압류물이 있는 장소에서 이를 인도하여야 한다. 다만, 압류물을 수취할 권리를 갖는 사람이 그 압류물을 보관중인 때에는 그에게 압류취소의 취지를 통지하면 된다.

② 집행관은 제1항의 경우에 압류물을 수취할 권리를 갖는 사람이 채무자 외의 사람인 때에는 채무자에게 압류가 취소되었다는 취지를 통지하여야 한다.

③ 압류가 취소된 유체동산을 인도할 수 없는 경우에는 법 제258조제6항의 규정을 준용한다.

제143조 삭제 〈2005. 7. 28.〉

제144조(압류물의 평가) ① 집행관은 법 제200조에 규정된 경우 외에도 필요하다고 인정하는 때에는 적당한 감정인을 선임하여 압류물을 평가하게 할 수 있다.

② 제1항 또는 법 제200조의 규정에 따라 물건을 평가한 감정인은 다음 각호의 사항을 적은 평가서를 정하여진 날까지 집행관에게 제출하여야 한다.

1. 사건의 표시
2. 유체동산의 표시
3. 유체동산의 평가액과 평가일
4. 평가액 산출의 과정
5. 그 밖에 집행관이 명한 사항

③ 제2항의 평가서가 제출된 경우 집행관은 평가서의 사본을 매각기일마다 그 3일 전까지 집행관 사무실 또는 그 밖에 적당한 장소에 비치하고 누구든지 볼 수 있도록 하여야 한다.

제145조(호가경매기일의 지정 등) ① 집행관은 호가경매의 방법으로 유체동산을 매각하는 때에는 경매기일의 일시와 장소를 정하여야 한다. 이 경우 경매기일은 부득이한 사정이 없는 한 압류일부터 1월 안의 날로 정하여야 한다.

② 집행관은 집행법원의 허가를 받은 때에는 소속 법원의 관할구역 밖에서 경매기일을 열 수 있다.

제146조(호가경매공고의 방법 등) ① 집행관은 호가경매기일의 3일 전까지 다음 각호의 사항을 공고하여야 한다.

1. 사건의 표시
2. 매각할 물건의 종류·재질, 그 밖에 그 물건을 특정하는 데 필요한 사항과 수량 및 평가액(토지에서 분리하기 전의 과실에 대하여는 그 과실의 수확시기·예상수확량과 예상평가액)
3. 평가서의 사본을 비치하는 때에는 그 비치장소와 누구든지 볼 수 있다는 취지
4. 제158조에서 준용하는 제60조의 규정에 따라 매수신고를 할 수 있는 사람의 자격을 제한한 때에는 그 제한의 내용
5. 매각할 유체동산을 호가경매기일 전에 일반인에게 보여주는 때에는 그 일시와 장소
6. 대금지급기일을 정한 때에는 매수신고의 보증금액과 그 제공방법 및 대금지급일

② 집행관은 경매의 일시와 장소를 각 채권자·채무자 및 압류물 보관자에게 통지하여야 한다. 법 제190조의 규정에 따라 압류한 재산을 경매하는 경우에는 집행기록상 주소를 알 수 있는 배우자에게도 같은 사항을 통지하여야 한다.

③ 제2항의 통지는 집행기록에 표시된 주소지에 등기우편으로 발송하는 방법으로 할 수 있다.

제147조(호가경매의 절차) ① 집행관이 경매기일을 개시하는 때에는 매각조건을 고지하여야 한다.

② 집행관은 매수신청의 액 가운데 최고의 것을 3회 부른 후 그 신청을 한 사람의 이름·매수신청의 액 및 그에게 매수를 허가한다는 취지를 고지하여야 한다. 다만, 매수신청의 액이 상당하지 아니하다고 인정하는 경우에는 매수를 허가하지 아니할 수 있다.

③ 집행관은 소속 법원 안에서 호가경매를 실시하는 경우 법 제108조의 조치를 위하여 필요한 때에는 법원의 원조를 요청할 수 있다.

④ 유체동산의 호가경매절차에는 제57조제1항, 제62조제3항·제4항 및 제72조제1항·제2항의 규정을 준용한다.

제148조(호가경매로 매각할 유체동산의 열람) ① 집행관은 호가경매기일 또는 그 기일 전에 매각할 유체동산을 일반인에게 보여주어야 한다.

② 매각할 유체동산을 호가경매기일 전에 일반인에게 보여주는 경우에 그 유체동산이 채무자가 점유하고 있는 건물 안에 있는 때에는 집행관은 보여주는 자리에 참여하여야 한다. 그 밖의 경우에도 매각할 유체동산을 보관하는 사람의 신청이 있는 때에는 마찬가지이다.

③ 집행관은 매각할 유체동산을 호가경매기일 전에 일반인에게 보여준 때와 제2항의 규정에 따라 유체동

산을 보여주는 자리에 참여한 때에는 그 취지를 기록에 적어야 한다.

제149조(호가경매에 따른 대금의 지급 등) ① 호가경매기일에서 매수가 허가된 때에는 그 기일이 마감되기 전에 매각대금을 지급하여야 한다. 다만, 제2항의 규정에 따라 대금지급일이 정하여진 때에는 그러하지 아니하다.

② 집행관은 압류물의 매각가격이 고액으로 예상되는 때에는 호가경매기일부터 1주 안의 날을 대금지급일로 정할 수 있다.

③ 제2항의 규정에 따라 대금지급일이 정하여진 때에는 매수신고를 하려는 사람은 집행관에 대하여 매수신고가격의 10분의 1에 상당하는 액의 보증을 제공하여야 한다. 이 경우 매수신고보증의 제공방법에 관하여는 제64조의 규정을 준용한다.

④ 제3항의 규정에 따른 매수신고의 보증으로 금전이 제공된 경우에 그 금전은 매각대금에 넣는다.

⑤ 매수인이 대금지급일에 대금을 지급하지 아니하여 다시 유체동산을 매각하는 경우 뒤의 매각가격이 처음의 매각가격에 미치지 아니하는 때는 전의 매수인이 제공한 매수신고의 보증은 그 차액을 한도로 매각대금에 산입한다. 이 경우 매수인은 매수신고의 보증금액 가운데 매각대금에 산입되는 금액에 상당하는 부분의 반환을 청구할 수 없다.

⑥ 매수신고의 보증이 제3항 후문에서 준용하는 제64조제3호의 문서를 제출하는 방법으로 제공된 경우에는 집행관은 은행등에 대하여 제5항 전문의 규정에 따라 매각대금에 산입되는 액의 금전을 지급하라는 취지를 최고하여야 한다.

⑦ 집행관은 대금지급일을 정하여 호가경매를 실시한 때에는 대금지급일에 대금이 지급되었는지 여부를 기록에 적어야 한다.

제150조(호가경매조서의 기재사항) ① 제6조제1항제2호의 규정에 따라 호가경매조서에 적을 "실시한 집행의 내용"은 다음 각호의 사항으로 한다.

1. 매수인의 표시·매수신고가격 및 대금의 지급여부
2. 법 제206조제1항의 규정에 따른 배우자의 우선매수신고가 있는 경우에는 그 취지와 배우자의 표시
3. 적법한 매수신고가 없는 때에는 그 취지
4. 대금지급일을 정하여 호가경매를 실시한 때에는 대금지급일과 매수인의 매수신고보증의 제공방법

② 매수인 또는 그 대표자나 대리인은 호가경매조서에 서명날인하여야 한다. 그들이 서명날인할 수 없는 때에는 집행관이 그 사유를 적어야 한다.

제151조(입찰) ① 유체동산 매각을 위한 입찰은 입찰기일에 입찰을 시킨 후 개찰을 하는 방법으로 한다.

② 개찰이 끝난 때에는 집행관은 최고의 가액으로 매수신고를 한 입찰자의 이름·입찰가격 및 그에 대하여 매수를 허가한다는 취지를 고지하여야 한다.

③ 유체동산의 입찰절차에는 제57조제1항, 제62조, 제65조, 제66조, 제145조, 제146조, 제147조제1항·제2항 단서·제3항 및 제148조 내지 제150조의 규정을 준용한다.

제152조(압류조서의 열람청구) 법 제215조제1항에 규정된 조치를 취하기 위하여 필요한 때에는 집행관은 먼저 압류한 집행관에게 압류조서를 보여줄 것을 청구할 수 있다.

제153조(지급요구의 방식) 법 제221조제1항의 규정에 따른 지급요구는 매각기일에 출석하여 하는 경우가 아니면 서면으로 하여야 한다.

제154조(배우자의 공유주장에 대한 이의) 법 제221조제3항의 규정에 따라 채권자가 배우자의 공유주장에 대하여 이의하고 그 이의가 완결되지 아니한 때에는 집행관은 배우자가 주장하는 공유지분에 해당하는 매각대금에 관하여 법 제222조에 규정된 조치를 취하여야 한다.

제155조(집행관의 매각대금 처리) ① 채권자가 한 사람인 경우 또는 채권자가 두 사람 이상으로서 매각대금 또는 압류금전으로 각 채권자의 채권과 집행비용의 전부를 변제할 수 있는 경우에는 집행관은 채권자에게 채권액을 교부하고, 나머지가 있으면 채무자에게 교부하여야 한다.

② 압류금전이나 매각대금으로 각 채권자의 채권과 집행비용의 전부를 변제할 수 없는 경우에는 집행관은 법 제222조제1항에 규정된 기간 안의 날을 배당협의기일로 지정하고 각 채권자에게 그 일시와 장소를 서면으로 통지하여야 한다. 이 통지에는 매각대금 또는 압류금전, 집행비용, 각 채권자의 채권액 비율에 따라 배당될 것으로 예상되는 금액을 적은 배당계산서를 붙여야 한다.

③ 집행관은 배당협의기일까지 채권자 사이에 배당협의가 이루어진 때에는 그 협의에 따라 배당을 실시하여야 한다. 집행관은 제2항의 배당계산서와 다른 협의가 이루어진 때에는 그 협의에 따라 배당계산서를 다시 작성하여야 한다.

④ 집행관은 배당협의가 이루어지지 아니한 때에는 바로 법 제222조에 규정된 조치를 취하여야 한다.

제156조(집행관의 배당액 공탁) ① 제155조제1항 또는 제3항의 규정에 따라 집행관이 채권액의 배당등을 실시하는 경우 배당등을 받을 채권자의 채권에 관하여 다음 각호 가운데 어느 하나의 사유가 있는 때에는 집행관은 그 배당등의 액에 상당하는 금액을 공탁하고 그 사유를 법원에 신고하여야 한다.

1. 채권에 정지조건 또는 불확정기한이 붙어 있는 때
2. 가압류채권자의 채권인 때
3. 법 제49조제2호 또는 법 제272조에서 준용하는 법 제266조제1항제5호에 적은 문서가 제출되어 있는 때

② 집행관은 배당등을 수령하기 위하여 출석하지 아니한 채권자 또는 채무자에 대한 배당등의 액에 상당하는 금액을 공탁하여야 한다.

제157조(사유신고서의 방식) ① 법 제222조제3항의 규정에 따른 사유신고는 다음 각호의 사항을 적은 서면으로 하여야 한다.

1. 사건의 표시
2. 압류채권자와 채무자의 이름
3. 매각대금 또는 압류금전의 액수
4. 집행비용
5. 배당협의가 이루어지지 아니한 취지와 그 사정의 요지

② 제156조제1항의 규정에 따른 사유신고는 다음 각호의 사항을 적은 서면으로 하여야 한다.

1. 제1항제1호·제2호에 적은 사항
2. 공탁의 사유와 공탁금액

③ 제1항 또는 제2항의 서면에는 공탁서와 사건기록을 붙여야 한다.

제158조(부동산강제집행규정의 준용) 유체동산 집행에는 제48조, 제59조제1호, 제60조 및 제82조제2항의 규정을 준용한다.

[전문개정 2010. 10. 4.]

제2관 채권과 그 밖의 재산권에 대한 강제집행

제159조(압류명령신청의 방식) ① 채권에 대한 압류명령신청서에는 법 제225조에 규정된 사항 외에 다음 각호의 사항을 적고 집행력 있는 정본을 붙여야 한다.

1. 채권자·채무자·제3채무자와 그 대리인의 표시
2. 집행권원의 표시

3. 집행권원에 표시된 청구권의 일부에 관하여만 압류명령을 신청하거나 목적채권의 일부에 대하여만 압류명령을 신청하는 때에는 그 범위

② 법 제224조제3항의 규정에 따라 가압류를 명한 법원이 있는 곳을 관할하는 지방법원에 채권압류를 신청하는 때에는 가압류결정서 사본과 가압류 송달증명을 붙여야 한다.

제160조(신청취하 등의 통지) ① 압류명령의 신청이 취하되거나 압류명령을 취소하는 결정이 확정된 때에는 법원사무관등은 압류명령을 송달받은 제3채무자에게 그 사실을 통지하여야 한다.

② 추심명령·전부명령 또는 법 제241조제1항의 규정에 따른 명령의 신청이 취하되거나 이를 취소하는 결정이 확정된 때에도 제1항과 같다.

제161조(집행정지의 통지) ① 추심명령이 있은 후 법 제49조제2호 또는 제4호의 서류가 제출된 때에는 법원사무관등은 압류채권자와 제3채무자에 대하여 그 서류가 제출되었다는 사실과 서류의 요지 및 위 서류의 제출에 따른 집행정지가 효력을 잃기 전에는 압류채권자는 채권의 추심을 하여서는 아니되고 제3채무자는 채권의 지급을 하여서는 아니된다는 취지를 통지하여야 한다.

② 법 제242조에 규정된 유체물의 인도청구권이나 권리이전청구권에 대하여 법 제243조제1항 또는 법 제244조제1항·제2항(제171조제1항·제2항의 규정에 따라 이 조항들이 준용되는 경우를 포함한다)의 명령이 있은 후 법 제49조제2호 또는 제4호의 서류가 제출된 경우에는 제1항의 규정을 준용한다.

제161조의2(채권자 승계에 따른 통지) 추심명령이 있은 후 제23조제1항에 따른 승계집행문이 붙은 집행권원의 정본이 제출된 때에는 법원사무관등은 제3채무자에게 그 서류가 제출되었다는 사실과 추심권이 승계인에게 이전된다는 취지를 통지하여야 한다.

[본조신설 2020. 12. 28.]

제162조(추심신고의 방식) ① 법 제236조제1항의 규정에 따른 신고는 다음 각호의 사항을 적은 서면으로 하여야 한다.

1. 사건의 표시
2. 채권자·채무자 및 제3채무자의 표시
3. 제3채무자로부터 지급받은 금액과 날짜

② 법 제236조제2항의 규정에 따른 신고는 제1항에 규정된 사항과 공탁사유 및 공탁한 금액을 적은 서면에 공탁서를 붙여서 하여야 한다.

제163조(채권의 평가) ① 법원은 법 제241조제1항의 규정에 따른 명령을 하는 경우에 필요가 있다고 인정하는 때에는 감정인에게 채권의 가액을 평가하게 할 수 있다.

② 제1항의 감정인이 채권의 가액을 평가한 때에는 정하여진 날까지 그 평가결과를 서면으로 법원에 보고하여야 한다.

제164조(양도명령에 관한 금전의 납부와 교부) ① 법 제241조제1항제1호의 규정에 따른 양도명령(다음부터 "양도명령"이라 한다)을 하는 경우에 법원이 정한 양도가액이 채권자의 채권과 집행비용의 액을 넘는 때에는 법원은 양도명령을 하기 전에 채권자에게 그 차액을 납부시켜야 한다.

② 법원은 양도명령이 확정된 때에는 제1항의 규정에 따라 납부된 금액을 채무자에게 교부하여야 한다. 채무자에 대한 교부절차에 관하여는 제82조의 규정을 준용한다.

제165조(매각명령에 따른 매각) ① 법원은 압류된 채권의 매각대금으로 압류채권자의 채권에 우선하는 채권과 절차비용을 변제하면 남을 것이 없겠다고 인정하는 때에는 법 제241조제1항제2호의 규정에 따른 매각명령(다음부터 "매각명령"이라 한다)을 하여서는 아니된다.

② 집행관은 압류채권자의 채권에 우선하는 채권과 절차비용을 변제하고 남을 것이 있는 가격이 아니면 압류된 채권을 매각하여서는 아니된다.
③ 집행관은 대금을 지급받은 후가 아니면 매수인에게 채권증서를 인도하거나 법 제241조제5항의 통지를 하여서는 아니된다.
④ 집행관은 매각절차를 마친 때에는 바로 매각대금과 매각에 관한 조서를 법원에 제출하여야 한다.

제166조(그 밖의 방법에 따른 현금화명령) 법 제241조제1항제4호의 규정에 따라 법원이 그 밖에 적당한 방법으로 현금화를 명하는 경우와 그 명령에 따른 현금화절차에는 제164조·제165조의 규정을 준용한다.

제167조(저당권이전등기 등의 촉탁) ① 저당권이 있는 채권에 관하여 전부명령이나 양도명령이 확정된 때 또는 매각명령에 따른 매각을 마친 때에는 법원사무관등은 신청에 따라 등기관에게 다음 각호의 사항을 촉탁하여야 한다.
1. 채권을 취득한 채권자 또는 매수인 앞으로 저당권을 이전하는 등기
2. 법 제228조의 규정에 따른 등기의 말소
② 제1항의 규정에 따른 촉탁은 전부명령이나 양도명령의 정본 또는 매각조서의 등본을 붙인 서면으로 하여야 한다.
③ 제1항의 촉탁에 관한 비용은 채권을 취득한 채권자 또는 매수인이 부담한다.
④ 법 제228조의 규정에 따른 등기가 된 경우 압류된 채권이 변제 또는 공탁에 따라 소멸되었음을 증명하는 문서가 제출된 때에는 법원사무관등은 신청에 따라 그 등기의 말소를 촉탁하여야 한다. 압류명령신청이 취하되거나 압류명령의 취소결정이 확정된 때에도 같다.
⑤ 제4항의 규정에 따른 촉탁비용은 그 전문의 경우에는 채무자가, 그 후문의 경우에는 압류채권자가 각기 부담한다.

제168조(저당권이전등기 등의 촉탁을 신청할 때 제출할 문서 등) ① 전부명령 또는 양도명령이 확정된 경우에 제167조제1항의 신청을 하는 때에는, 기록상 분명한 경우가 아니면, 압류된 채권에 관하여 위 명령이 제3채무자에게 송달될 때까지 다른 압류 또는 가압류의 집행이 없다는 사실을 증명하는 문서를 제출하여야 한다.
② 채권을 취득한 채권자는 제1항의 문서를 제출하기 어려운 사정이 있는 때에는 제3채무자로 하여금 전부명령 또는 양도명령이 제3채무자에게 송달될 때까지 다른 압류 또는 가압류의 집행이 있었는지 여부에 관하여 진술하게 하도록 법원에 신청할 수 있다.
③ 제3채무자가 제2항에 규정된 진술을 게을리하는 때에는 법원은 제3채무자를 심문할 수 있다.

제169조(유체동산 매각대금의 처리 등) 집행관이 법 제243조제3항의 규정에 따라 유체동산을 현금화한 경우에는 제165조제4항의 규정을 준용한다.

제170조(인도 또는 권리이전된 부동산의 집행) 법 제244조의 규정에 따라 인도 또는 권리이전된 부동산의 강제집행에 대하여는 부동산 강제집행에 관한 규정을 적용한다.

제171조(선박 등 청구권에 대한 집행) ① 선박 또는 항공기의 인도청구권에 대한 압류에 관하여는 법 제244조제1항·제4항의 규정을, 선박·항공기·자동차 또는 건설기계의 권리이전청구권에 대한 압류에 관하여는 법 제244조제2항 내지 제4항의 규정을 준용한다.
② 자동차 또는 건설기계의 인도청구권에 대한 압류에 관하여는 법 제243조제1항·제2항의 규정을 준용한다.
③ 제1항 또는 제2항의 규정에 따라 인도 또는 권리이전된 선박·항공기·자동차 또는 건설기계의 강제집행에 대하여는 선박·항공기·자동차 또는 건설기계 강제집행에 관한 규정을 각기 적용한다.

제172조(제3채무자 등의 공탁신고의 방식) ① 법 제248조제4항의 규정에 따른 신고는 다음 각호의 사항을 적은 서면으로 하여야 한다.

1. 사건의 표시
2. 채권자·채무자 및 제3채무자의 이름
3. 공탁사유와 공탁한 금액

② 제1항의 서면에는 공탁서를 붙여야 한다. 다만, 법 제248조제4항 단서에 규정된 사람이 신고하는 때에는 그러하지 아니하다.

③ 압류된 채권에 관하여 다시 압류명령 또는 가압류명령이 송달된 경우에 제1항의 신고는 먼저 송달된 압류명령을 발령한 법원에 하여야 한다.

제173조(부동산강제집행규정의 준용) 채권에 대한 강제집행의 배당요구에 관하여는 제48조의 규정을, 매각명령에 따른 집행관의 매각에는 제59조의 규정을, 관리명령에는 그 성질에 어긋나지 아니하는 범위 안에서 제2절 제3관의 규정을 준용한다.

제174조(그 밖의 재산권에 대한 집행) 법 제251조제1항에 규정된 재산권(다음부터 "그 밖의 재산권"이라 한다)에 대한 강제집행에는 그 성질에 어긋나지 아니하는 범위 안에서 제159조 내지 제173조의 규정을 준용한다.

제175조(등기 또는 등록이 필요한 그 밖의 재산권에 대한 집행) ① 권리이전에 등기 또는 등록(다음부터 이 조문 안에서 "등기등"이라 한다)이 필요한 그 밖의 재산권에 대한 압류명령신청서에는 집행력 있는 정본 외에 권리에 관한 등기사항증명서 또는 등록원부의 등본이나 초본을 붙여야 한다. 〈개정 2011. 9. 28.〉

② 제1항의 그 밖의 재산권에 대한 강제집행에 관하여는 그 등기등을 하는 곳을 관할하는 지방법원을 법 제251조제1항에서 준용하는 법 제224조제2항의 집행법원으로 한다.

③ 제1항의 그 밖의 재산권에 관하여 압류의 등기등이 압류명령의 송달 전에 이루어진 경우에는 압류의 효력은 압류의 등기등이 된 때에 발생한다. 다만, 그 밖의 재산권으로 권리 처분의 제한에 관하여 등기등을 하지 아니하면 효력이 생기지 아니하는 것에 대한 압류의 효력은 압류의 등기등이 압류명령의 송달 뒤에 된 때에도 압류의 등기등이 된 때에 발생한다.

④ 제1항의 그 밖의 재산권에 관하여 압류의 효력 발생 전에 등기등이 된 담보권으로서 매각으로 소멸하는 것이 설정되어 있는 때에는, 법원사무관등은 담보권자에게 압류사실을 통지하고 그 담보권의 피담보채권의 현존액을 신고할 것을 최고하여야 한다.

⑤ 제1항의 그 밖의 재산권에 대한 강제집행에는 법 제94조 내지 법 제96조, 법 제141조 및 법 제144조의 규정을 준용한다.

제 3 관 예탁유가증권에 대한 강제집행

제176조(예탁유가증권집행의 개시) 「자본시장과 금융투자업에 관한 법률」 제309조제2항의 규정에 따라 한국예탁결제원(다음부터 "예탁결제원"이라 한다)에 예탁된 유가증권(같은 법 제310조제4항의 규정에 따라 예탁결제원에 예탁된 것으로 보는 경우를 포함한다. 다음부터 "예탁유가증권"이라 한다)에 대한 강제집행(다음부터 "예탁유가증권집행"이라 한다)은 예탁유가증권에 관한 공유지분(다음부터 "예탁유가증권지분"이라 한다)에 대한 법원의 압류명령에 따라 개시한다. 〈개정 2005. 7. 28., 2013. 11. 27.〉

제177조(압류명령) 법원이 예탁유가증권지분을 압류하는 때에는 채무자에 대하여는 계좌대체청구·「자본시장과 금융투자업에 관한 법률」 제312조제2항에 따른 증권반환청구, 그 밖의 처분을 금지하고, 채무자가 같은 법 제309조제2항에 따른 예탁자(다음부터 "예탁자"라 한다)인 경우에는 예탁결제원에 대하여, 채무자가 고객인 경우에는 예탁자에 대하여 계좌대체와 증권의 반환을 금지하여야 한다. 〈개정 2005. 7. 28.,

2013. 11. 27.〉

제178조(예탁원 또는 예탁자의 진술의무) 압류채권자는 예탁결제원 또는 예탁자로 하여금 압류명령의 송달을 받은 날부터 1주 안에 서면으로 다음 각호의 사항을 진술하게 할 것을 법원에 신청할 수 있다. 〈개정 2013. 11. 27.〉

1. 압류명령에 표시된 계좌가 있는지 여부
2. 제1호의 계좌에 압류명령에 목적물로 표시된 예탁유가증권지분이 있는지 여부 및 있다면 그 수량
3. 위 예탁유가증권지분에 관하여 압류채권자에 우선하는 권리를 가지는 사람이 있는 때에는 그 사람의 표시 및 그 권리의 종류와 우선하는 범위
4. 위 예탁유가증권지분에 관하여 다른 채권자로부터 압류·가압류 또는 가처분의 집행이 되어 있는지 여부 및 있다면 그 명령에 관한 사건의 표시·채권자의 표시·송달일과 그 집행의 범위
5. 위 예탁유가증권지분에 관하여 신탁재산인 뜻의 기재가 있는 때에는 그 사실

제179조(예탁유가증권지분의 현금화) ① 법원은 압류채권자의 신청에 따라 압류된 예탁유가증권지분에 관하여 법원이 정한 값으로 지급함에 갈음하여 압류채권자에게 양도하는 명령(다음부터 "예탁유가증권지분양도명령"이라 한다) 또는 추심에 갈음하여 법원이 정한 방법으로 매각하도록 집행관에게 명하는 명령(다음부터 "예탁유가증권지분매각명령"이라 한다)을 하거나 그 밖에 적당한 방법으로 현금화하도록 명할 수 있다.

② 제1항의 신청에 관한 재판에 대하여는 즉시항고를 할 수 있다.

③ 제1항의 규정에 따른 재판은 확정되어야 효력이 있다.

제180조(예탁유가증권지분양도명령) ① 예탁유가증권지분양도명령의 신청서에는 채무자의 계좌를 관리하는 예탁결제원 또는 예탁자에 개설된 압류채권자의 계좌번호를 적어야 한다. 〈개정 2013. 11. 27.〉

② 예탁유가증권지분양도명령이 확정된 때에는 법원사무관등은 제1항의 예탁결제원 또는 예탁자에 대하여 양도명령의 대상인 예탁유가증권지분에 관하여 압류채권자의 계좌로 계좌대체의 청구를 하여야 한다. 〈개정 2013. 11. 27.〉

③ 제2항의 규정에 따른 계좌대체청구를 받은 예탁결제원 또는 예탁자는 그 취지에 따라 계좌대체를 하여야 한다. 다만, 제182조제2항에서 준용하는 법 제229조제5항의 규정에 따라 예탁유가증권지분양도명령의 효력이 발생하지 아니한 사실을 안 때에는 그러하지 아니하다. 〈개정 2013. 11. 27.〉

제181조(예탁유가증권지분매각명령) ① 법원이 집행관에 대하여 예탁유가증권지분매각명령을 하는 경우에 채무자가 고객인 때에는 채무자의 계좌를 관리하는 투자매매업자나 투자중개업자(다음부터 "투자매매업자등"이라 한다)에게, 채무자가 예탁자인 때에는 그 채무자를 제외한 다른 투자매매업자 등에게 매각일의 시장가격이나 그 밖의 적정한 가액으로 매각을 위탁할 것을 명하여야 한다. 〈개정 2013. 11. 27.〉

② 채무자가 예탁자인 경우에 집행관은 제1항의 예탁유가증권지분매각명령을 받은 때에는 투자매매업자등(채무자가 투자매매업자 등인 경우에는 그 채무자를 제외한 다른 투자매매업자 등)에 그 명의의 계좌를 개설하고, 예탁결제원에 대하여 압류된 예탁유가증권지분에 관하여 그 계좌로 계좌대체의 청구를 하여야 한다. 〈개정 2013. 11. 27.〉

③ 제2항의 규정에 따라 집행관으로부터 계좌대체청구를 받은 예탁결제원은 그 청구에 따라 집행관에게 계좌대체를 하여야 한다. 〈개정 2013. 11. 27.〉

④ 제1항의 규정에 따른 매각위탁을 받은 투자매매업자 등는 위탁의 취지에 따라 그 예탁유가증권지분을 매각한 뒤, 매각한 예탁유가증권지분에 관하여는 매수인의 계좌로 계좌대체 또는 계좌대체의 청구를 하고 매각대금에서 조세, 그 밖의 공과금과 위탁수수료를 뺀 나머지를 집행관에게 교부하여야 한다. 〈개정 2013. 11. 27.〉

⑤ 집행관이 제1항의 규정에 따른 매각위탁과 제2항의 규정에 따른 계좌대체청구를 하는 경우에는 예탁유가증권지분매각명령등본과 그 확정증명을, 제2항의 규정에 따른 계좌대체청구를 하는 경우에는 그 명의의 계좌가 개설되어 있음을 증명하는 서면을 각기 붙여야 한다.

제182조(채권집행규정 등의 준용) ① 예탁유가증권집행에 관하여는 제48조, 제159조, 제160조제1항, 제161조제1항, 법 제188조제2항, 법 제224조, 법 제225조, 법 제226조, 법 제227조제2항 내지 제4항, 법 제234조, 법 제235조, 법 제237조제2항·제3항, 법 제239조 및 법 제247조의 규정을, 예탁유가증권집행에 관하여 법원이 실시하는 배당등의 절차에 관하여는 법 제2편 제2장 제4절 제4관, 법 제149조, 법 제150조 및 법 제219조의 규정을 각 준용한다. 이 경우 제159조제1항제1호, 제160조제1항, 제161조제1항, 법 제224조제2항, 법 제226조, 법 제227조제2항·제3항, 법 제237조제2항·제3항 및 법 제247조에 "제3채무자"라고 규정된 것은 "예탁원 또는 예탁자"로 본다.

② 예탁유가증권지분양도명령과 예탁유가증권지분매각명령에 관하여는 제163조의 규정을, 예탁유가증권지분양도명령에 관하여는 제164조, 법 제229조제5항 및 법 제231조의 규정을, 예탁유가증권지분양도명령에 대한 즉시항고에 관하여는 법 제229조제8항의 규정을, 예탁유가증권지분매각명령에 관하여는 제59조와 제165조제1항·제4항의 규정을 각 준용한다. 이 경우 제163조제1항에 "법 제241조제1항"이라고 규정된 것은 "제179조제1항"으로, 법 제229조제5항과 법 제231조에 "제3채무자"라고 규정된 것은 "예탁원 또는 예탁자"로 본다.

제3관의2 전자등록주식등에 대한 강제집행 〈신설 2019. 9. 17.〉

제182조의2(전자등록주식등집행의 개시) 「주식·사채 등의 전자등록에 관한 법률」 제2조4호에 따른 전자등록주식등(다음부터 "전자등록주식등"이라 한다)에 대한 강제집행은 전자등록주식등에 대한 법원의 압류명령에 따라 개시한다.

[본조신설 2019. 9. 17.]

제182조의3(압류명령) 법원이 전자등록주식등을 압류하는 때에는 채무자에 대하여는「주식·사채 등의 전자등록에 관한 법률」제30조에 의한 계좌대체의 전자등록신청, 같은 법 제33조에 따른 말소등록의 신청이나 추심·그 밖의 처분을 금지하고, 채무자가 같은 법 제23조제1항에 따른 계좌관리기관등(다음부터 "계좌관리기관등"이라 한다)인 경우에는 같은 법 제2조제6호에 따른 전자등록기관(다음부터 "전자등록기관"이라 한다)에 대하여, 채무자가 고객인 경우에는 같은 법 제2조제7호의 규정에 따른 계좌관리기관(다음부터 "계좌관리기관"이라 한다)에 대하여 「주식·사채 등의 전자등록에 관한 법률」에 따른 계좌대체와 말소를 금지하여야 한다.

[본조신설 2019. 9. 17.]

제182조의4(전자등록기관 또는 계좌관리기관의 진술의무) 압류채권자는 전자등록기관 또는 계좌관리기관으로 하여금 압류명령의 송달을 받은 날부터 1주일 안에 서면으로 다음 각 호의 사항을 진술하게 할 것을 법원에 신청할 수 있다.

1. 압류명령에 표시된 계좌가 있는지 여부
2. 제1호의 계좌에 압류명령에 목적물로 표시된 전자등록주식등이 있는지 여부 및 있다면 그 수량
3. 위 전자등록주식등에 관하여 압류채권자에 우선하는 권리를 가지는 사람이 있는 때에는 그 사람의 표시 및 그 권리의 종류와 우선하는 범위
4. 위 전자등록주식등에 관하여 다른 채권자로부터 압류·가압류 또는 가처분의 집행이 되어 있는지 여부 및 있다면 그 명령에 관한 사건의 표시·채권자의 표시·송달일과 그 집행의 범위

5. 위 전자등록주식등에 관하여 신탁재산인 뜻의 기재가 있는 때에는 그 사실
[본조신설 2019. 9. 17.]

제182조의5(전자등록주식등의 현금화) ① 법원은 압류채권자의 신청에 따라 압류된 전자등록주식등에 관하여 법원이 정한 값으로 지급함에 갈음하여 압류채권자에게 양도하는 명령(다음부터 "전자등록주식등양도명령"이라 한다) 또는 추심에 갈음하여 법원이 정한 방법으로 매각하도록 집행관에게 명하는 명령(다음부터 "전자등록주식등매각명령"이라 한다)을 하거나 그 밖에 적당한 방법으로 현금화하도록 명할 수 있다.
② 제1항의 신청에 관한 재판에 대하여는 즉시항고를 할 수 있다.
③ 제1항의 규정에 따른 재판은 확정되어야 효력이 있다.
[본조신설 2019. 9. 17.]

제182조의6(전자등록주식등양도명령) ① 전자등록주식등양도명령의 신청서에는 채무자의 계좌를 관리하는 전자등록기관 또는 계좌관리기관에 개설된 압류채권자의 계좌번호를 적어야 한다.
② 전자등록주식등양도명령이 확정된 때에는 법원사무관등은 제1항의 전자등록기관 또는 계좌관리기관에 대하여 양도명령의 대상인 전자등록주식등에 관하여 압류채권자의 계좌로 계좌대체의 청구를 하여야 한다.
③ 제2항의 규정에 따른 계좌대체청구를 받은 전자등록기관 또는 계좌관리기관은 그 취지에 따라 계좌대체를 하여야 한다. 다만, 제182조의9제2항에서 준용하는 법 제229조제5항의 규정에 따라 전자등록주식등양도명령의 효력이 발생하지 아니한 사실을 안 때에는 그러하지 아니하다.
[본조신설 2019. 9. 17.]

제182조의7(전자등록주식등매각명령) ① 법원이 집행관에 대하여 전자등록주식등매각명령을 하는 경우에 채무자가 고객인 때에는 채무자의 계좌를 관리하는 계좌관리기관에게, 채무자가 계좌관리기관등인 때에는 그 채무자를 제외한 다른 계좌관리기관에게 매각일의 시장가격이나 그 밖의 적정한 가액으로 매각을 위탁할 것을 명하여야 한다.
② 채무자가 계좌관리기관등인 경우에 집행관은 제1항의 전자등록주식등매각명령을 받은 때에는 계좌관리기관(채무자가 계좌관리기관인 경우에는 그 채무자를 제외한 다른 계좌관리기관)에 그 명의의 계좌를 개설하고, 전자등록기관에 대하여 압류된 전자등록주식등에 관하여 그 계좌로 계좌대체의 청구를 하여야 한다.
③ 제2항의 규정에 따라 집행관으로부터 계좌대체청구를 받은 전자등록기관은 그 청구에 따라 집행관에게 계좌대체를 하여야 한다.
④ 제1항의 규정에 따른 매각위탁을 받은 계좌관리기관은 위탁의 취지에 따라 그 전자등록주식등을 매각한 뒤, 매각한 전자등록주식등에 관하여는 매수인의 계좌로 계좌대체 또는 계좌대체의 청구를 하고 매각대금에서 조세, 그 밖의 공과금과 위탁수수료를 뺀 나머지를 집행관에게 교부하여야 한다.
⑤ 집행관이 제1항의 규정에 따른 매각위탁과 제2항의 규정에 따른 계좌대체청구를 하는 경우에는 전자등록주식등매각명령등본과 그 확정증명을, 제2항의 규정에 따른 계좌대체청구를 하는 경우에는 그 명의의 계좌가 개설되어 있음을 증명하는 서면을 각기 붙여야 한다.
[본조신설 2019. 9. 17.]

제182조의8(전자등록기관 또는 계좌관리기관의 공탁) ① 전자등록주식등 중 사채, 국채, 지방채, 그 밖에 이와 유사한 것으로서 원리금지급청구권이 있는 것(다음부터 "전자등록사채등"이라 한다)이 압류된 경우 만기도래, 그 밖의 사유로 발행인으로부터 원리금을 수령한 전자등록기관 또는 계좌관리기관은 채무자에게 수령한 원리금 중 압류된 부분에 해당하는 금액을 지급할 수 없고, 위 금액을 지체 없이 공탁하여야 한다.

다만 압류에 관련된 전자등록사채등에 관하여 수령한 금액 전액을 공탁할 수 있다.
② 전자등록사채등 중 압류되지 아니한 부분을 초과하여 거듭 압류명령 또는 가압류명령이 내려진 경우에 그 명령을 송달받은 전자등록기관 또는 계좌관리기관이 제1항에 따른 금액을 수령한 때에는 수령한 금액 전액을 지체 없이 공탁하여야 한다.
③ 제1항·제2항에 따른 공탁은 법 제248조에 따른 공탁에 준하는 것으로 본다.
④ 전자등록기관 또는 계좌관리기관이 제1항·제2항에 따라 공탁한 때에는 그 사유를 법원에 신고하여야 한다. 다만, 상당한 기간 이내에 신고가 없는 때에는 압류채권자, 가압류채권자, 배당에 참가한 채권자, 채무자, 그 밖의 이해관계인이 그 사유를 법원에 신고할 수 있다.
⑤ 제4항의 신고에는 제172조를 준용한다. 이 경우 제172조의 "제3채무자"라고 규정된 것은 "전자등록기관 또는 계좌관리기관"으로, "법 제248조제4항"이라고 규정된 것은 "제182조의8제4항"으로 본다.
[본조신설 2019. 9. 17.]

제182조의9(채권집행규정 등의 준용) ① 전자등록주식등집행에 관하여는 제48조, 제159조, 제160조제1항, 제161조제1항, 법 제188조제2항, 법 제224조, 법 제225조, 법 제226조, 법 제227조제2항·제3항·제4항, 법 제234조, 법 제235조, 법 제237조제2항·제3항 및 법 제247조(다만, 제1항제2호는 제외한다)의 규정을, 전자등록주식등집행에 관하여 법원이 실시하는 배당등의 절차에 관하여는 법 제2편제2장제4절제4관(법 제252조제2호전단은 제외한다), 법 제149조, 법 제150조 및 법 제219조의 규정을 각각 준용한다. 이 경우 제159조제1항제1호, 제160조제1항, 제161조제1항, 법 제224조제2항, 법 제226조, 법 제227조제2항·제3항, 법 제237조제2항·제3항 및 법 제247조에 "제3채무자"라고 규정된 것은 각 "전자등록기관 또는 계좌관리기관"으로 본다.
② 전자등록주식등양도명령과 전자등록주식등매각명령에 관하여는 제163조의 규정을, 전자등록주식등양도명령에 관하여는 제164조, 법 제229조제5항 및 법 제231조의 규정을, 전자등록주식등양도명령에 대한 즉시항고에 관하여는 법 제229조제8항의 규정을, 전자등록주식등매각명령에 관하여는 제59조와 제165조제1항·제4항의 규정을 각각 준용한다. 이 경우 제163조제1항에 "법 제241조제1항"이라고 규정된 것은 "제182조의5제1항"으로, 법 제229조제5항 및 법 제231조에 "제3채무자"라고 규정된 것은 각 "전자등록기관 또는 계좌관리기관"으로 본다.
[본조신설 2019. 9. 17.]

제 4 관 배당절차

제183조(배당절차의 개시) 법원은 법 제252조의 경우 외에도 제169조의 규정에 따라 집행관이 현금화된 금전을 제출한 때에는 배당절차를 개시한다.

제184조(배당에 참가할 채권자의 조사) ① 제183조와 법 제252조의 규정에 따라 배당절차를 개시하는 경우에 집행법원은 제3채무자, 등기·등록관서, 그 밖에 적당하다고 인정되는 사람에게 조회하는 등의 방법으로 그 채권이나 그 밖의 재산권에 대하여 다른 압류명령이나 가압류명령이 있는지 여부를 조사할 수 있다.
② 제1항의 조사결과 다른 법원에서 압류명령이나 가압류명령을 한 사실이 밝혀진 때에는 집행법원은 그 법원에 대하여 사건기록을 보내도록 촉탁하여야 한다.

제185조(부동산강제집행규정의 준용 등) ① 제183조와 법 제252조의 규정에 따른 배당절차에는 제82조와 법 제145조제2항의 규정을 준용한다.
② 법 제253조의 규정에 따른 최고는 법원사무관등으로 하여금 그 이름으로 하게 할 수 있다.

제 3 장 금전채권 외의 채권에 기초한 강제집행

제186조(동산인도청구의 집행) ① 집행관은 법 제257조에 규정된 강제집행의 장소에 채권자 또는 그 대리인이 출석하지 아니한 경우에 목적물의 종류·수량 등을 고려하여 부득이하다고 인정하는 때에는 강제집행의 실시를 유보할 수 있다.

② 집행관은 제1항의 강제집행의 장소에 채권자 또는 그 대리인이 출석하지 아니한 경우에 채무자로부터 목적물을 빼앗은 때에는 이를 보관하여야 한다.

③ 법 제257조에 규정된 강제집행에 관하여는 제133조와 법 제258조제3항 내지 제6항의 규정을 준용한다.

제187조(인도집행 종료의 통지) 법 제257조 또는 법 제258조의 규정에 따른 인도집행을 마친 때에는 집행관은 채무자에게 그 취지를 통지하여야 한다.

제188조(부동산 등 인도청구의 집행시 취한 조치의 통지) 집행관은 법 제258조의 규정에 따라 강제집행을 한 경우에 그 목적물 안에 압류·가압류 또는 가처분의 집행이 된 동산이 있었던 때에는 그 집행을 한 집행관에게 그 취지와 그 동산에 대하여 취한 조치를 통지하여야 한다.

제189조(부동산 등 인도청구의 집행조서) 법 제258조의 규정에 따라 강제집행을 한 때에 작성하는 조서에는 제6조와 법 제10조제2항·제3항에 규정된 사항 외에 다음 각호의 사항을 적어야 한다.

1. 강제집행의 목적물이 아닌 동산을 법 제258조제3항·제4항에 규정된 사람에게 인도한 때에는 그 취지
2. 집행관이 위의 동산을 보관한 때에는 그 취지와 보관한 동산의 표시

제190조(목적물을 제3자가 점유하는 경우) 법 제259조에 규정된 강제집행절차에 관하여는 제159조, 제160조제1항, 제161조, 법 제224조, 법 제226조, 법 제227조, 법 제234조 및 법 제237조 내지 제239조의 규정을 준용한다.

제191조(간접강제) ① 법 제261조제1항의 규정에 따른 결정을 한 제1심 법원은 사정의 변경이 있는 때에는 채권자 또는 채무자의 신청에 따라 그 결정의 내용을 변경할 수 있다.

② 제1항의 규정에 따라 결정을 하는 경우에는 신청의 상대방을 심문하여야 한다.

③ 제1항의 규정에 따른 결정에 대하여는 즉시항고를 할 수 있다.

제 3 편 담보권 실행 등을 위한 경매

제192조(신청서의 기재사항) 담보권 실행을 위한 경매, 법 제273조의 규정에 따른 담보권 실행이나 권리행사 제201조에 규정된 예탁유가증권에 대한 담보권 실행 또는 제201조의2에 규정된 전자등록주식등에 대한 담보권 실행(다음부터 "경매등"이라 한다)을 위한 신청서에는 다음 각호의 사항을 적어야 한다. 〈개정 2019. 9. 17.〉

1. 채권자·채무자·소유자(광업권·어업권, 그 밖에 부동산에 관한 규정이 준용되는 권리를 목적으로 하는 경매의 신청, 법 제273조의 규정에 따른 담보권 실행 또는 권리행사의 신청 제201조에 규정된 예탁유가증권에 대한 담보권 실행 신청 및 제201조의2에 규정된 전자등록주식등에 대한 담보권 실행 신청의 경우에는 그 목적인 권리의 권리자를 말한다. 다음부터 이 편 안에서 같다)와 그 대리인의 표시
2. 담보권과 피담보채권의 표시
3. 담보권 실행 또는 권리행사의 대상인 재산의 표시
4. 피담보채권의 일부에 대하여 담보권 실행 또는 권리행사를 하는 때에는 그 취지와 범위

제193조(압류채권자 승계의 통지) 경매등이 개시된 후 압류채권자가 승계되었음을 증명하는 문서가 제출된 때에는 법원사무관등 또는 집행관은 채무자와 소유자에게 그 사실을 통지하여야 한다.

제194조(부동산에 대한 경매) 부동산을 목적으로 하는 담보권 실행을 위한 경매에는 제40조 내지 제82조의 규정을 준용한다. 다만, 매수인이 매각대금을 낸 뒤에 화해조서의 정본 또는 공정증서의 정본인 법 제266조제1항제4호의 서류가 제출된 때에는 그 채권자를 배당에서 제외한다.

제195조(선박에 대한 경매) ① 선박을 목적으로 하는 담보권 실행을 위한 경매 신청서에는 제192조에 규정된 사항 외에 선박의 정박항 및 선장의 이름과 현재지를 적어야 한다.

② 법원은 경매신청인의 신청에 따라 신청인에게 대항할 수 있는 권원을 가지지 아니한 선박의 점유자에 대하여 선박국적증서등을 집행관에게 인도할 것을 명할 수 있다.

③ 제2항의 신청에 관한 재판에 대하여는 즉시항고를 할 수 있다.

④ 제2항의 규정에 따른 결정은 상대방에게 송달되기 전에도 집행할 수 있다.

⑤ 선박을 목적으로 하는 담보권 실행을 위한 경매에는 제95조제2항 내지 제104조 및 제194조의 규정을 준용한다.

제196조(항공기에 대한 경매) 항공기를 목적으로 하는 담보권 실행을 위한 경매에는 제106조, 제107조, 제195조(다만, 제5항을 제외한다) 및 법 제264조 내지 법 제267조의 규정을 준용한다. 이 경우 제195조제1항 중 "정박항 및 선장의 이름과 현재지를 적어야 한다"는 "정류 또는 정박하는 장소를 적어야 한다"로 고쳐 적용하며, 제195조제2항에 "선박국적증서"라고 규정된 것은 "항공기등록증명서"로 본다.

제197조(자동차에 대한 경매) ① 자동차를 목적으로 하는 담보권 실행을 위한 경매(「자동차 등 특정 동산 저당법」 제8조 규정에 따른 양도명령을 포함한다)를 신청하는 때에는 제192조에 규정된 사항 외에 자동차등록원부에 기재된 사용본거지를 적고, 자동차등록원부등본을 붙여야 한다. 〈개정 2005. 7. 28., 2019. 12. 26.〉

② 제1항의 규정에 따른 경매에는 제108조, 제109조, 제111조 내지 제129조, 제195조제2항 내지 제4항 및 법 제264조 내지 법 제267조의 규정을 준용한다. 이 경우 제111조 내지 제113조, 제115조, 제123조, 제126조 및 제127조에 "채무자"라고 규정된 것은 "소유자"로 보며, 제195조제2항에 "선박의"라고 규정된 것은 "자동차의"로, 같은 항에 "선박국적증서등"이라고 규정된 것은 "자동차"로 본다.

제198조(건설기계·소형선박에 대한 경매) 건설기계·소형선박을 목적으로 하는 담보권 실행을 위한 경매(「자동차 등 특정동산 저당법」 제8조의 규정에 따른 양도명령을 포함한다)에는 제197조의 규정을 준용한다. 이 경우 "자동차등록원부"는 각 "건설기계등록원부", "선박원부·어선원부·수상레저기구등록원부"로 보며, "사용본거지"는 소형선박에 대하여는 "선적항" 또는 "보관장소"로 본다. 〈개정 2010. 10. 4.〉

[전문개정 2008. 2. 18.]

제199조(유체동산에 대한 경매) ① 유체동산을 목적으로 하는 담보권 실행을 위한 경매신청서에는 제192조에 규정된 사항 외에 경매의 목적물인 유체동산이 있는 장소를 적어야 한다.

② 유체동산에 대한 경매에는 이 규칙 제2편제2장제7절제1관(다만, 제131조, 제132조 및 제140조제1항을 제외한다)의 규정과 법 제188조제3항 및 제2편제2장제4절제4관의 규정을 준용한다. 〈개정 2005. 7. 28., 2013. 11. 27.〉

제200조(채권, 그 밖의 재산권에 대한 담보권의 실행) ① 법 제273조제1항·제2항의 규정에 따른 담보권 실행 또는 권리행사를 위한 신청서에는 제192조에 규정된 사항 외에 제3채무자가 있는 경우에는 이를 표시하여야 한다.

② 제1항의 규정에 따른 절차에는 제160조 내지 제175조, 법 제264조 내지 법 제267조 및 법 제2편 제2장 제4절 제4관의 규정을 준용한다.

제201조(예탁유가증권에 대한 담보권의 실행) ① 예탁원 또는 예탁자는 예탁유가증권지분에 관한 질권자의 청구가 있는 때에는 그 이해관계 있는 부분에 관한 예탁자계좌부 또는 고객계좌부의 사본을 교부하여야 한다.

② 예탁유가증권에 대한 질권의 실행을 위한 신청서에는 그 질권에 관한 기재가 있는 예탁자계좌부 또는 고객계좌부의 사본을 붙여야 한다.

③ 예탁유가증권에 대한 담보권의 실행절차에 관하여는 제2편 제2장 제7절 제3관(다만, 제182조에서 준용하는 제159조와 법 제188조제2항을 제외한다), 제200조제1항, 법 제265조 내지 법 제267조, 법 제273조제1항 및 법 제275조의 규정을 준용한다. 이 경우 제200조제1항에 "제3채무자"라고 규정된 것은 "예탁원 또는 예탁자"로 본다.

제201조의2(전자등록주식등에 대한 담보권의 실행) ① 전자등록기관 또는 계좌관리기관은 전자등록주식등에 관한 질권자의 청구가 있는 때에는 그 이해관계 있는 부분에 관한 계좌관리기관등 자기계좌부 또는 고객계좌부의 사본을 교부하여야 한다.

② 전자등록주식등에 대한 질권의 실행을 위한 신청서에는 그 질권에 관한 기재가 있는 계좌관리기관등 자기계좌부 또는 고객계좌부의 사본을 붙여야 한다.

③ 전자등록주식등에 대한 담보권의 실행절차에 관하여는 제2편제2장제7절제3관의2(다만, 제182조의9에서 준용하는 제159조와 법 제188조제2항을 제외한다), 제200조제1항, 법 제265조, 법 제266조, 법 제267조, 법 제273조제1항 및 법 제275조의 규정을 각각 준용한다. 이 경우 제200조제1항에 "제3채무자"라고 규정된 것은 "전자등록기관 또는 계좌관리기관"으로 본다.

[본조신설 2019. 9. 17.]

제202조(강제집행규정의 준용) 이 편에 규정된 경매등 절차에는 그 성질에 어긋나지 아니하는 범위 안에서 제2편 제1장의 규정을 준용한다.

제 4 편 보전처분

제203조(신청의 방식) ① 다음 각호의 신청은 서면으로 하여야 한다. 〈개정 2005. 7. 28., 2014. 7. 1.〉

1. 보전처분의 신청
2. 보전처분의 신청을 기각 또는 각하한 결정에 대한 즉시항고
3. 보전처분에 대한 이의신청
4. 본안의 제소명령신청
5. 보전처분의 취소신청
6. 보전처분의 집행신청. (다만, 등기나 등록의 방법 또는 제3채무자나 이에 준하는 사람에게 송달하는 방법으로 집행하는 경우는 제외한다).
7. 제3호·제5호의 신청에 관한 결정에 대한 즉시항고

② 제1항의 신청서에는 신청의 취지와 이유 및 사실상의 주장을 소명하기 위한 증거 방법을 적어야 한다. 〈개정 2005. 7. 28.〉

제203조의2(신청취하) ① 제203조제1항제1호·제2호·제6호·제7호 신청의 취하는 서면으로 하여야 한다. 다만, 변론기일 또는 심문기일에서는 말로 할 수 있다.

② 제1항의 취하가 있는 때에는 법원사무관등은 변론기일 또는 심문기일의 통지를 받은 채권자 또는 채

무자에게 그 취지를 통지하여야 한다.
[본조신설 2005. 7. 28.]

제203조의3(결정서를 적는 방법) ① 제203조제1항제2호·제7호의 신청에 대한 결정의 이유를 적을 때에는 제1심 결정을 인용할 수 있다.
② 제203조제1항제3호·제5호의 신청에 대한 결정의 이유를 적을 때에는 보전처분의 신청에 대한 결정을 인용할 수 있다.
[본조신설 2005. 7. 28.]

제203조의4(결정의 송달) 제203조제1항제1호·제2호·제3호·제5호·제7호의 신청에 대한 결정은 당사자에게 송달하여야 한다.
[본조신설 2005. 7. 28.]

제204조(담보제공방식에 관한 특례) 채권자가 부동산·자동차 또는 채권에 대한 가압류신청을 하는 때에는 미리 은행등과 지급보증위탁계약을 맺은 문서를 제출하고 이에 대하여 법원의 허가를 받는 방법으로 민사소송규칙 제22조의 규정에 따른 담보제공을 할 수 있다.

제205조 삭제 〈2005. 7. 28.〉

제206조(이의신청서 등의 송달) ① 법 제287조제1항(법 제301조의 규정에 따라 준용되는 경우를 포함한다)의 규정에 따른 명령은 채권자에게 송달하여야 한다.
② 법 제283조제1항, 제288조제1항(법 제301조의 규정에 따라 준용되는 경우를 포함한다)의 규정에 따른 신청이 있는 때에는 그 신청서 부본을 채권자에게 송달하여야 한다. 〈개정 2005. 7. 28.〉
[제목개정 2005. 7. 28.]

제207조(가압류를 위한 강제관리) 강제관리의 방법으로 하는 부동산에 대한 가압류에는 제46조, 제83조 내지 제87조 및 제90조의 규정을 준용한다.

제208조(선박에 대한 가압류) 선박에 대한 가압류에는 제95조, 제96조 및 제100조 내지 제103조의 규정을 준용한다.

제209조(항공기에 대한 가압류) 항공기에 대한 가압류는 선박에 대한 가압류의 예에 따라 실시한다. 이 경우에는 제106조 후문의 규정을 준용한다.

제210조(자동차에 대한 가압류) ① 자동차에 대한 가압류는 아래 제2항 내지 제4항에서 정하는 사항 외에는 부동산에 대한 가압류(강제관리의 방법은 제외한다)의 예에 따라 실시한다. 이 경우에는 제108조 후문의 규정을 준용한다.
② 가압류법원은 채권자의 신청에 따라 채무자에 대하여 자동차를 집행관에게 인도할 것을 명할 수 있다.
③ 제2항의 규정에 따라 집행관이 자동차를 인도받은 경우에는 제111조제3항, 제112조, 제114조, 제115조, 제117조, 제118조제1항 및 법 제296조제5항의 규정을 준용한다.
④ 자동차의 공유지분에 대한 가압류에는 제129조의 규정을 준용한다.

제211조(건설기계·소형선박에 대한 가압류) 건설기계·소형선박에 대한 가압류에는 제210조의 규정을 준용한다. 이 경우 제210조 제1항에서 준용하는 제108조 후문의 규정 중 "자동차등록원부"는 각 "건설기계등록원부", "선박원부·어선원부·수상레저기구등록원부"로 보며, "특별시장·광역시장·특별자치시장 또는 도지사"는 소형선박에 대하여는 "지방해양수산청장"이나 "시장·군수 또는 구청장"으로 본다. 〈개정 2013. 11.

27., 2019. 12. 26.〉
[전문개정 2008. 2. 18.]

제212조(유체동산에 대한 가압류) ① 유체동산에 대한 가압류의 집행위임은 다음 각호의 사항을 적은 서면에 가압류명령정본을 붙여서 하여야 한다.
1. 채권자·채무자와 그 대리인의 표시
2. 가압류명령의 표시
3. 가압류 목적물인 유체동산이 있는 장소
4. 가압류채권의 일부에 관하여 집행을 구하는 때에는 그 범위
② 유체동산에 대한 가압류의 집행에는 제132조 내지 제142조의 규정을 준용한다. 〈개정 2005. 7. 28.〉

제213조(채권과 그 밖의 재산권에 대한 가압류) ① 권리이전에 등기 또는 등록이 필요한 그 밖의 재산권에 대한 가압류는 등기 또는 등록을 하는 곳을 관할하는 지방법원이나 본안의 관할법원이 관할한다.
② 채권과 그 밖의 재산권에 대한 가압류에는 제159조, 제160조제1항, 제167조제4항, 제172조, 제174조, 제175조제1항·제3항, 법 제94조 내지 법 제96조 및 법 제141조의 규정을 준용한다.

제214조(예탁유가증권에 대한 가압류) ① 예탁유가증권을 가압류하는 때에는 예탁원 또는 예탁자에 대하여 예탁유가증권지분에 관한 계좌대체와 증권의 반환을 금지하는 명령을 하여야 한다.
② 예탁유가증권에 대한 가압류에는 제159조, 제160조제1항, 제178조, 법 제188조제2항, 법 제226조, 법 제227조제2항·제3항, 법 제234조, 법 제235조, 법 제237조제2항·제3항 및 법 제296조제2항의 규정을 준용한다. 이 경우 제159조제1항제1호, 제160조제1항, 법 제226조, 법 제227조제2항·제3항 및 법 제237조제2항·제3항에 "제3채무자"라고 규정된 것은 "예탁원 또는 예탁자"로, 법 제296조제2항에 "채권가압류"라고 규정된 것은 "「민사집행규칙」 제214조제1항의 가압류"로 본다. 〈개정 2005. 7. 28.〉

제214조의2(전자등록주식등에 대한 가압류) ① 전자등록주식등을 가압류하는 때에는 전자등록기관 또는 계좌관리기관에 대하여 전자등록주식등에 관한 계좌대체와 말소를 금지하는 명령을 하여야 한다.
② 전자등록주식등에 대한 가압류에는 제159조, 제160조제1항, 제182조의4, 제182조의8, 법 제188조제2항, 법 제 226조, 법 제227조제2항·제3항, 법 제234조, 법 제235조, 법 제237조제2항·제3항, 법 제282조, 법 제296조제2항, 법 제297조의 규정을 각각 준용한다. 이 경우 제159조제1항제1호, 제160조제1항, 법 제226조, 법 제227조제2항·제3항, 법 제237조제2항·제3항 및 법 제297조에 "제3채무자"라고 규정된 것은 각 "전자등록기관 또는 계좌관리기관"으로 법 제296조제2항에 "채권가압류"라고 규정된 것은 "「민사집행규칙」제214조의2제1항의 가압류"로 본다.
[본조신설 2019. 9. 17.]

제215조(처분금지가처분의 집행) 물건 또는 권리의 양도, 담보권 설정, 그 밖의 처분을 금지하는 가처분의 집행은 그 성질에 어긋나지 아니하는 범위 안에서 가압류의 집행의 예에 따라 실시한다.

제216조(그 밖의 재산권에 대한 가처분) 권리이전에 등기 또는 등록이 필요한 그 밖의 재산권에 대한 가처분에는 제213조제1항의 규정을 준용한다.

제217조(예탁유가증권에 대한 가처분) 예탁유가증권의 처분을 금지하는 가처분에는 제214조의 규정을 준용한다.

제217조의2(전자등록주식등에 대한 가처분) 전자등록주식등의 처분을 금지하는 가처분에는 제214조의2의 규정을 준용한다.
[본조신설 2019. 9. 17.]

제218조(보전처분집행에 대한 본집행의 준용) 보전처분의 집행에 관하여는 특별한 규정이 없으면 강제집행에 관한 규정을 준용한다.

부 칙 〈제2617호, 2015. 8. 27.〉

제1조(시행일) 이 규칙은 2015년 9월 1일부터 시행한다.

제2조(계속 중인 사건에 관한 경과조치) 이 규칙은 이 규칙 시행 당시 법원에 계속 중인 사건에도 적용한다. 다만, 종전의 규정에 따라 생긴 효력에는 영향을 미치지 아니한다.

부 칙 〈제2623호, 2015. 10. 29.〉

제1조(시행일) 이 규칙은 2015년 11월 1일부터 시행한다.

제2조(계속사건에 관한 경과조치) 이 규칙은 이 규칙 시행 당시 계속 중인 집행사건에 대하여도 적용한다. 다만, 그 사건에 대한 이율은 2015년 10월 31일까지는 종전의 이율에 의하고, 2015년 11월 1일부터 이 규칙에 따른 이율에 의한다.

부 칙 〈제2633호, 2015. 12. 29.〉

제1조(시행일) 이 규칙은 2016년 1월 1일부터 시행한다.

제2조(계속사건에 관한 경과조치) 이 규칙은 이 규칙 시행 당시 법원에 계속 중인 사건에 대하여도 적용한다.

부 칙 〈제2676호, 2016. 9. 6.〉

이 규칙은 공포한 날부터 시행하되, 2016년 8월 30일부터 적용한다.

부 칙 〈제2787호, 2018. 4. 27.〉 (동산·채권의 담보등기 등에 관한 규칙)

제1조(시행일) 이 규칙은 2018년 8월 1일부터 시행한다.

제2조(다른 규칙의 개정) 민사집행규칙 일부를 다음과 같이 개정한다.

제132조의2제1항 중 "등기사항개요증명서"를 각각 "등기기록미개설증명서"로 한다.

부 칙 〈제2819호, 2018. 12. 31.〉

제1조(시행일) 이 규칙은 2019년 1월 1일부터 시행한다.

제2조(적용례) 이 규칙은 이 규칙 시행 후 최초로 접수되는 사건부터 적용한다.

부 칙 〈제2855호, 2019. 8. 2.〉

제1조(시행일) 이 규칙은 2019년 9월 1일부터 시행한다.

제2조(계속사건에 관한 적용례) 이 규칙은 이 규칙 시행 당시 계속 중인 집행사건에 대하여도 적용한다. 다만, 해당 사건에 대한 이율은 2019년 8월 31일까지는 종전의 규정에 따르고, 2019년 9월 1일부터는 이 규칙에

따른다.

부 칙 〈제2858호, 2019. 9. 17.〉

제1조(시행일) 이 규칙은 공포한 날부터 시행하되, 2019년 9월 16일부터 적용한다.

제2조(계속 중인 사건에 관한 경과조치) ① 이 규칙 시행 전에 신청된 제176조 및 제201조의 예탁유가증권에 대한 강제집행, 담보권 실행사건의 계속 중 해당 예탁유가증권이 「주식·사채 등의 전자등록에 관한 법률」 부칙 제3조제1항 및 부칙 제4조제2항에 따라 전자등록주식등으로 전환되는 경우에, 해당 사건은 이 규칙 시행일에 전자등록주식등에 대한 이 규칙의 규정에 따른 민사집행절차로 이행한다. 이 경우 이 규칙 시행 전 제177조에 의한 예탁유가증권지분압류명령, 제180조제1항에 의한 예탁유가증권지분양도명령 또는 제181조제1항에 의한 예탁유가증권지분매각명령(다음부터 "압류명령등"이라 한다)이 있는 경우에는 해당 압류명령등은 제182조의3에 따른 압류명령, 제182조의6에 따른 전자등록주식등에 대한 양도명령 또는 제182조의7에 따른 전자등록주식등에 대한 매각명령으로서 효력을 갖는 것으로 본다.

② 이 규칙 시행 전에 신청된 제214조, 제217조의 예탁유가증권에 대한 보전명령사건의 경우에는 제1항을 준용한다.

부 칙 〈제2875호, 2019. 12. 26.〉

제1조(시행일) 이 규칙은 공포한 날부터 시행한다.

제2조(계속사건에 관한 적용례) 이 규칙은 시행 당시 법원에 계속 중인 사건에 대하여도 적용한다.

부 칙 〈제2938호, 2020. 12. 28.〉

제1조(시행일) 이 규칙은 공포한 날부터 시행한다.

제2조(계속사건에 관한 적용례) 이 규칙은 이 규칙 시행 당시 법원에 계속 중인 사건에 대하여도 적용한다.

▪ 보전처분신청사건에 관한 예규 ▪

1. 보전처분신청사건의 사무처리요령(재민 2003-4)

제정 2003.10.14. 재판예규 제935호(재민 2003-4)
개정 2008.06.12. 재판예규 제1229호

제1조(목적) 이 예규는 보전처분 신청사건의 접수에서부터 집행에 이르기까지 사무처리에 필요한 사항을 정함을 목적으로 한다.

제2조(신청서 양식) 각급 법원은 다음의 보전처분 신청에 관하여 다음 각 호의 서식을 작성·비치하고, 민원인으로 하여금 다음 각 호의 서식을 사용하도록 창구 지도하여야 한다.

1. 부동산가압류 신청서 : [전산양식 A4701]
2. 유체동산가압류 신청서 : [전산양식 A4702]
3. 채권가압류 신청서 : [전산양식 A4703]
4. 부동산처분금지가처분 신청서 : [전산양식 A4704]
5. 가압류신청 진술서 : [전산양식 A4705]

제3조(가압류신청 진술서) 가압류를 신청하는 경우에 제2조 제5호의 가압류신청 진술서를 첨부하지 아니하거나, 고의로 진술 사항을 누락하거나 허위로 진술한 내용이 발견된 경우에는 특별한 사정이 없는 한 보정명령 없이 신청을 기각할 수 있다.

제4조(시·군법원에서의 보전처분 사건의 처리절차에 관한 지침)

① 시·군법원 판사가 다른 법원에서 근무 중인 사정 등으로 인하여 부재 중에 보전처분 사건이 접수된 경우에는 전화 등을 이용하여 판사에게 사건이 접수된 사실을 알린 다음, 판사의 지시에 따라, 판사가 시·군법원에 복귀하기를 기다려 사건을 처리하거나 판사가 근무중인 법원으로 기록을 송부하여 사건을 처리한다.

② 제1항의 경우에, 긴급을 요하는 경우에는 다음 각호와 같은 방식으로 처리한다.

1. 담당 직원은 팩시밀리를 이용하여 보전처분 사건의 신청서 및 소명자료를 판사가 근무중인 법원으로 전송한다. 이때 판사가 기명날인할 결정서의 초고도 함께 전송한다.
2. 판사가 보전처분신청이 이유있다고 인정한 때에는 송부된 결정서 초고에 기명날인한 다음 결정서 원본을 모사전송기를 이용하여 시·군법원으로 전송한다.
3. 시·군법원의 법원사무관 등은 전송받은 결정서로 결정서정본을 작성하고, 지체없이 결정에 따른 등기·등록을 촉탁하여야 한다.

제5조(자동차등록원부등본 등의 사본을 이용한 보전처분 사건의 목적물 표시)

① 다음 각호의 목적물에 대한 가압류·가처분 결정을 할 때에는 자동차등록원부등본의 갑부란, 건설기계등록원부등본의 갑부란, 선박원부등본의 앞쪽, 어선원부등본의 앞쪽 또는 동력수상레저기구등록원부등본의 앞쪽을 사본하여 첨부함으로써 가압류·가처분 목적물을 표시할 수 있다.

1. 자동차관리법 제5조에 따라 등록한 자동차
2. 건설기계관리법 제3조 제1항에 따라 등록한 건설기계
3. 선박법 제8조 제1항, 어선법 제13조 제1항 또는 수상레저안전법 제30조 제1항에 따라 등록한 소형선

박저당법 제2조에 따른 소형선박

② 제1항에 따라 가압류·가처분 목적물을 표시한 경우에는 등록촉탁서상의 목적물 표시도 자동차등록원부등본의 갑부란, 건설기계등록원부등본의 갑부란, 선박원부등본의 앞쪽, 어선원부등본의 앞쪽 또는 동력수상레저기구등록원부등본의 앞쪽 사본을 첨부하여야 한다.

제6조(부동산가압류등기의 촉탁) 부동산가압류결정의 집행법원은 [전산양식A4780]과 같이 부동산가압류등기 촉탁서에 청구금액을 기재하여야 한다.

제7조(부동산처분금지가처분등기의 촉탁)

① 부동산처분금지가처분결정의 집행법원은 [전산양식 A4781]과 같이 부동산처분금지가처분등기 촉탁서에 피보전권리를 기재하여야 한다. 다만, 피보전권리란에 등기청구권의 원인은 기재하지 아니한다.

② 피보전권리의 예시는 다음 각호와 같다.

1. 피보전권리가 소유권 또는 소유권 외의 권리의 이전등기청구권인 경우 : "소유권이전등기청구권" 또는 "근저당권이전등기청구권" 등
2. 피보전권리가 소유권 또는 소유권 외의 권리설정등기의 말소등기청구권인 경우 : "소유권말소등기청구권" 또는 "근저당권말소등기청구권" 등
3. 피보전권리가 소유권 외의 권리의 설정등기청구권인 경우 : "근저당권설정등기청구권" 등

제8조(보전처분 취소판결(결정)을 원인으로 한 말소등기촉탁시 등기촉탁서에 기재할 등기원인) 보전처분의 취소확정판결(결정)을 받은 채무자가 보전처분의 집행취소 신청을 하여 보전처분등기의 말소등기촉탁을 하는 경우에, 보전처분사건기록에 편철하는 촉탁서부본에 위 취소판결(결정)의 사본을 편철하지 아니하는 때에는 촉탁서상의 "등기원인과 그 연월일"을 기재함에 있어 위 취소판결(결정)의 사건번호도 함께 기재하여 등기촉탁의 원인을 정확히 파악할 수 있도록 하여야 한다.

제9조(보전처분 등기가 말소된 경우 및 집행불능인 경우의 사무처리요령) 보전처분을 한 법원의 말소등기촉탁 이외의 사유(본등기, 민사집행절차에서의 매각, 공매, 부동산등기법 제172조 제2항, 제174조의 경우)로 보전처분등기가 말소되어 등기관으로부터 집행법원에 대한 통지가 있는 경우 및 집행불능으로 등기촉탁 관련서류가 반환되어 온 경우의 사무처리요령은 다음 각호와 같다.

1. 등기관으로부터 등기예규 제1060호에 따른 통지서가 접수되면 보전처분 사건기록에 통지서를 편철함과 동시에 담보취소신청이 필요없는 것으로 판단되는 경우에는 대법원 재판예규(재일 2005-2) 제4조 본문에 따라 기록보존절차를 취한다.
2. 채권자가 보전처분등기의 말소사실을 알지 못한 채 보전처분에 대한 신청취하 또는 집행해제신청서를 제출하면서 송달료(우표)와 말소촉탁용등록세영수필 관련서류를 첨부한 경우에는 [전산양식 A4784]에 따른 통지서와 함께 말소촉탁용등록세영수필 관련서류를 송달의 방법에 의하여 채권자에게 환부한다.
3. 보전처분이 집행불능되어 등기관으로부터 등록세영수필 관련서류가 반환되어 온 경우에는 [전산양식 A4784]에 의한 통지서와 함께 등록세영수필 관련서류를 송달의 방법에 의하여 채권자에게 환부한다.

제10조(직무집행정지 및 직무대행자선임 가처분과 직무대행자에 대한 고지) 법인을 대표하는 자 그 밖에 법인의 이사 등을 상대로 하여 그 직무집행을 정지하고 직무대행자를 선임하는 가처분을 하거나 또는 이미 발령된 가처분을 취소·변경하는 결정을 하는 경우에 법원사무관 등은 가처분결정에서 직무대행자로 선임된 자에 대하여 결정등본의 송달 그 밖의 상당한 방법으로 위 결정사실을 고지하여야 한다.

제11조(가처분 목적물을 보관하는 집행관의 권한) 채무자의 점유를 풀고 집행관에게 보관하게 하고 현상을 변경하지 않는 조건으로 채무자에게 사용을 허가한 취지의 가처분의 집행으로 목적물을 보관중인 집행관은

채무자의 현상변경(사용자의 변경, 목적물의 훼손 등)을 이유로 채무자의 사용을 중지하게 하기 위하여는 발령법원이나 그 상소심법원의 집행명령을 받아야 한다.

제12조(이의신청과 신청서 부본의 송달)

① 보전처분에 대한 이의신청이 있는 때에는 변론기일 통지서 또는 심문기일 통지서를 채권자에게 송달함과 동시에 채권자로 하여금 채무자 수만큼의 신청서 부본을 제출하도록 통지하여야 한다. 다만, 보전처분에 대한 심리 과정에서 이미 신청서 부본을 채무자에게 송달한 경우에는 그러하지 아니하다.

② 법원은 제1항 본문의 규정에 따라 제출된 신청서 부본을 채무자에게 송달하여야 한다.

제13조(채권가압류 취소판결의 송달시 유의사항) 채권가압류에 대한 이의사건·취소사건에서 채권가압류를 취소하는 판결(결정)이 있는 경우에는 판결문에 제3채무자의 표시가 있는 경우라도 판결문 정본을 제3채무자에게 송달하여서는 아니된다.

부 칙 (2008.6.12 제1229호)

이 예규는 2008.07.01.부터 시행한다.

2. 제3채무자의 권리공탁에 관한 업무처리절차

제정 2002.06.29. 행정예규 제481호
개정 2003.12.17. 행정예규 제528호
개정 2012.12.12. 행정예규 제953호
개정 2014.05.16. 행정예규 제1018호

1. 목 적

이 예규는 금전채권에 대하여 압류 또는 가압류가 이루어진 경우에 제3채무자가 민사집행법 제248조 및 제291조에 의하여 압류 또는 가압류에 관련된 금전채권을 공탁하고 그 공탁금을 출급하는 업무처리에 관한 절차를 규정함을 목적으로 한다.

2. 금전채권의 일부에 대하여 압류가 있는 경우

가. 총 칙

(1) 제3채무자는 압류된 채권액 또는 압류와 관련된 금전채권액 전액을 공탁할 수 있고, 공탁을 한 후 즉시 공탁서를 첨부하여 그 내용을 서면으로 집행법원에 사유신고하여야 한다. 이 경우 공탁근거 법령조항은 민사집행법 제248조 제1항으로 한다.

(2) 제3채무자는 공탁신청시 압류결정문 사본을 첨부하여야 한다.

(3) 압류채권자는 집행법원의 지급위탁에 의하여 공탁금의 출급을 청구할 수 있다.

나. 제3채무자가 압류된 채권액에 대하여만 공탁한 경우 공탁서의 피공탁자란은 기재하지 아니한다.

(1) 삭제(2003.12.17 제528호)

(2) 삭제(2003.12.17 제528호)

다. 제3채무자가 압류와 관련된 금전채권액 전액을 공탁한 경우

(1) 제3채무자는 공탁서의 피공탁자란에 압류명령의 채무자를 기재하고, 「공탁규칙」 제23조 제1항에서 정한 공탁통지서를 첨부하며, 같은 조 제2항에 따라 우표를 납부하여야 한다.

(2) 공탁관은 피공탁자(압류채무자)에게 위 (1)항의 공탁통지서를 발송하여야 한다.

(3) 공탁금 중에서 압류의 효력이 미치는 부분에 대하여는, 집행법원의 지급위탁에 의하여 공탁금의 출급을 청구할 수 있다.

(4) 공탁금 중에서 압류의 효력이 미치지 않는 부분에 대하여는, 변제공탁의 예에 따라 피공탁자(압류채무자)가 출급을 청구할 수 있으며, 공탁자도 회수청구할 수 있다.

(5) 제3채무자가 압류의 효력이 미치지 않는 부분에 대하여 회수청구를 할 경우에는, 집행법원으로부터 공탁서를 보관하고 있다는 사실을 증명하는 서면을 교부받아 이를 공탁금회수청구서에 첨부하여야 한다.

라. 둘 이상의 채권압류(가압류를 포함한다)가 있고 압류된 채권액의 합계액이 압류와 관련된 금전채권액보다 적은 경우

제3채무자는 압류·가압류된 채권액의 합계액 또는 압류·가압류와 관련된 금전채권 전액을 위 나. 및 다.항의 예에 따라 공탁할 수 있으며, 이때에 사유신고는 먼저 송달된 압류명령의 발령법원에 하여야 한다.

3. 금전채권의 전부에 대하여 압류가 있거나 압류의 경합이 있는 경우

가. 제3채무자는 압류된 채권 전액에 대하여 공탁할 수 있다.

나. 공탁 및 공탁금의 출급에 관한 절차는 위 2. 의 가. 및 나. 항의 예에 따르되, 압류의 경합을 원인으로 한 공탁의 경우에는 먼저 송달된 압류명령의 발령법원에 사유신고 하여야 한다.

4. 금전채권의 일부 또는 전부에 대하여 가압류가 있는 경우

가. 총 칙

(1) 제3채무자는 가압류된 채권액 또는 가압류와 관련된 금전채권액 전액을 공탁할 수 있고, 공탁을 한 후 즉시 공탁서를 첨부하여 그 내용을 서면으로 가압류발령법원에 신고하여야 한다.

(2) 위의 경우 공탁서의 피공탁자란에는 가압류채무자를 기재하고, 공탁근거 법령조항은 민사집행법 제291조 및 제248조 제1항으로 한다.

(3) 제3채무자는 공탁신청시 가압류결정문 사본과「공탁규칙」제23조 제1항에서 정한 공탁통지서를 첨부하여야 하며, 위 공탁통지서의 발송과 아래 (4)항에서 정하는 공탁사실 통지를 같은 조 제2항에 따른 우편료를 납부하여야 한다.

(4) 공탁을 수리한 공탁관은 원표에 가압류 사실을 기재하고 공탁금출급청구권에 대한 가압류가 있는 경우에 준하여 처리하여야 하며(민사집행법 제297조), 피공탁자(가압류채무자)에게 공탁통지서를 발송하고, 가압류채권자에게는 별지 양식에 의하여 공탁사실을 통지하여야 한다.

(5) 가압류채권자가 가압류를 본압류로 이전하는 압류명령을 받은 경우에는, 집행법원의 지급위탁에 의하여 공탁금의 출급을 청구할 수 있다.

나. 제3채무자가 가압류된 채권액에 대하여만 공탁한 경우

피공탁자는 가압류가 실효되지 않는 한 공탁금의 출급을 청구할 수 없고, 가압류채권자는 가압류를 본압류로 이전하는 압류명령을 얻은 후 집행법원의 지급위탁에 의하여 공탁금의 출급을 청구할 수 있다.

다. 제3채무자가 가압류에 관련된 금전채권 전액을 공탁한 경우

(1) 공탁금 중에서 가압류의 효력이 미치는 부분에 대하여는, 가압류채권자가 가압류를 본압류로 이전하는 압류명령을 얻은 후 집행법원의 지급위탁에 의하여 공탁금의 출급을 청구할 수 있다.

(2) 공탁금 중에서 가압류의 효력이 미치지 않는 부분에 대하여는, 변제공탁의 예에 따라 피공탁자(가압류채무자)가 출급을 청구할 수 있으며, 공탁자도 회수청구할 수 있다.

(3) 제3채무자가 가압류의 효력이 미치지 않는 부분에 대하여 회수청구를 할 경우에는 위 2.의 다. (5)항의 예에 따른다.

라. 둘 이상의 가압류가 있는 경우

제3채무자는 가압류된 채권액의 합계액 또는 가압류와 관련된 금전채권액 전액을 위 나. 및 다.항의 예에 따라 공탁할 수 있으며, 이때에 공탁자는 즉시 공탁서를 첨부하여 먼저 송달된 가압류명령의 발령법원에 그 내용을 서면으로 신고하여야 한다.

5. 제3채무자의 공탁 후 압류 또는 가압류가 실효된 경우

가. 압류가 실효된 경우

금전채권에 대한 압류를 이유로 제3채무자가 민사집행법 제248조 제1항에 의하여 공탁한 후에, 압류명령이 취소되거나 신청의 취하 등으로 인하여 압류가 실효된 경우, 채무자는 압류된 채권액에

대하여 집행법원의 지급위탁에 의하여 공탁금의 출급을 청구할 수 있다.

나. 가압류가 실효된 경우

금전채권에 대한 가압류를 이유로 제3채무자가 민사집행법 제291조 및 제248조 제1항에 의하여 공탁한 후에, 가압류명령이 취소되거나 신청의 취하 등으로 인하여 가압류가 실효된 경우, 가압류채무자(피공탁자)는 공탁통지서와 가압류가 실효되었음을 증명하는 서면을 첨부하여 공탁관에게 공탁금의 출급을 청구할 수 있다.

6. 공탁관이 제3채무자인 경우

가. 공탁물 출급·회수청구권에 대하여 압류 또는 가압류가 되었으나 압류의 경합이 성립하지 않는 경우, 공탁관은 민사집행법 제248조 제1항에 의한 공탁 및 사유신고를 하지 아니한다.

나. 금전채권에 대한 가압류를 원인으로 제3채무자가 민사집행법 제291조 및 제248조 제1항에 의하여 공탁한 후에, 피공탁자(가압류채무자)의 공탁금출급청구권에 대한 압류가 이루어져 압류의 경합이 성립하거나, 공탁사유인 가압류를 본압류로 이전하는 압류명령이 있는 경우에는, 공탁관은 즉시 먼저 송달된 압류명령의 발령법원에 그 사유를 신고하여야 한다.

7. 종전예규의 폐지

이 예규의 시행과 동시에 대법원 행정예규 제232호는 폐지한다.

부 칙 (2003.12.17 제528호)

이 예규는 2004. 1. 1.부터 시행한다.

부 칙 (2012.12.12 제935호)

이 예규는 2012년 12월 17일부터 시행한다.

부 칙 (2014.05.16 제1018호)

이 예규는 2014년 5월 19일부터 시행한다.

[별지] 공탁사실통지서

○ ○ 법 원
공탁사실통지서

가압류채권자 ○ ○ ○ 귀하

사　　건
채 권 자
채 무 자
제3 채무자

위 가압류사건의 피가압류채권이 아래와 같이 공탁되었음을 통지합니다.

아　　래

공탁사건번호
금　　액
공 탁 자
피 공 탁 자
공 탁 일 자

20　년　월　일

○ ○ 법 원

공 탁 관　　　　㊞

3. 재판상 담보공탁금의 지급청구절차 등에 관한 예규

제정 2003.07.25 행정예규 제517호
개정 2013.03.13 행정예규 제952호

1. 목 적

이 예규는 재판상 담보공탁(금전)의 피공탁자(담보권리자)가 담보권을 실행하는 방법 및 공탁관의 관련 업무처리지침을 규정함을 목적으로 한다.

2. 재판상 담보공탁의 담보범위

가. 재판상 담보공탁의 의의

이 예규에서 말하는 재판상 담보공탁이란 당사자의 소송행위(소송비용의 담보)나 법원의 처분(강제집행의 정지, 실시, 취소 등)으로 인하여 담보권리자가 받게 될 손해를 담보하기 위한 금전공탁을 말한다.

나. 담보권의 내용

(1) 재판상 담보공탁의 피공탁자(담보권리자)는 소송비용 또는 담보되는 손해에 관하여 담보물(공탁금 회수청구권)에 대하여 질권자와 동일한 권리를 가진다(민사소송법 제123조, 제502조 제3항, 민사집행법 제19조 제3항).

(2) 예를 들어, 가집행선고부 판결에 대한 강제집행정지를 위하여 공탁한 담보(민사소송법 제501조)는 강제집행정지로 인하여 채권자에게 생길 손해를 담보 하기 위한 것으로서 정지의 대상인 기본채권 자체를 담보하는 것은 아니므로, 채권자는 강제집행 정지로 인한 손해배상청구권에 한하여서만 질권자와 동일한 권리가 있다.

3. 공탁의 관할

재판상 담보공탁의 관할에 대하여는 법률에 규정이 없으나, 담보제공명령을 한 법원의 소재지를 관할하는 지방법원(지원) 공탁소에서 공탁을 수리함이 바람직하다.

4. 담보권리자의 담보권 실행방법

가. 직접 출급 청구

(1) 공탁관은 재판상 담보공탁의 피공탁자(담보권리자)가 공탁원인 사실에 기재된 피담보채권이 발생하였음을 증명하는 서면을 제출하여 공탁금을 출급청구(청구서에 회수청구라고 기재한 때에도 출급청구한 것으로 본다)한 경우에는 공탁금을 피공탁자에게 교부한다. 그러나 담보취소결정정본 및 확정증명이 이미 제출된 경우에는 그러하지 아니한다.

(2) 피담보채권에 관한 확정판결(이행판결과 확인판결을 모두 포함), 이에 준하는 서면(화해조서, 조정조서, 공정증서 등) 또는 공탁자의 동의서(인감증명서 첨부)는 특별한 사정이 없는 한 피담보채권이 발생하였음을 증명하는 서면으로 본다.

(3) 금전 및 이에 대한 완제일까지의 지연손해금의 지급을 명한 판결이나 건물명도 및 그 명도시까지의 차임 상당액의 지급을 명한 가집행선고부 판결에 대한 강제집행정지를 위하여 담보공탁한 경우, 그 가집행이 지연됨으로 인한 손해에는 반대의 사정이 없는 한 집행의 정지 효력이 있는 기간

내에 발생된 지연손해금이나 차임 상당의 손해가 포함되므로, 이에 관한 지급을 명한 확정판결 부분은 강제집행정지를 위한 담보공탁의 피담보채권이 발생하였음을 입증하는 서면이 된다(대판 2000.1.14. 98다24914 참조).

(4) 공탁관은 피공탁자가 제출한 서면이 담보공탁의 피담보채권이 발생하였음을 증명하는 서면에 해당하는지 여부를 신중히 판단하여야 하며, 피공탁자가 출급청구한 금액 중 일부에 관하여 피담보채권이 발생된 것으로 인정되는 경우에는 그 범위 내에서 출급청구를 수리하되, 피담보채권이 발생하였는지 여부가 명확하지 아니한 경우에는 출급청구를 수리하지 아니한다.

나. 질권실행을 위한 압류 등

공탁관은 담보공탁의 피공탁자가 피담보채권에 터잡아 민사집행법 제273조에서 정한 채권에 대한 강제집행절차에 따라 공탁자의 공탁금회수청구권을 압류하고 추심명령이나 확정된 전부명령을 얻어 공탁금 출급청구(청구서의 표시를 회수청구라고 기재한 때에도 같다)한 경우에도 공탁물을 피공탁자에게 교부한다.

이 경우에, 피공탁자는 공탁금출급청구서와 함께 질권(담보권) 실행을 위한 압류명령 정본, 추심명령 또는 전부명령 정본, 위 명령의 송달증명, 전부명령에 관한 확정증명을 제출하여야 한다(담보권 실행의 신청을 할 때 담보권의 존재를 증명하는 서류를 제출하므로 따로 담보취소결정을 받을 필요는 없음).

5. 담보취소에 기초한 공탁금 회수청구

담보권리자가 공탁자에 대한 집행권원(피담보채권 자체를 집행권원으로 한 경우도 포함)에 기초하여 일반 강제집행절차에 따라 공탁자의 공탁금회수청구권을 압류하고 추심명령 또는 전부명령을 얻어 공탁금 회수청구를 하는 경우에는, 공탁금회수청구서와 함께 담보취소 결정정본 및 확정증명, 질권(담보권) 실행이 아닌 일반 강제집행절차에 의한 압류명령 정본, 추심명령 또는 전부명령 정본, 위 명령의 송달증명, 전부명령에 관한 확정증명을 제출하여야 한다.

6. 압류의 경합 및 사유신고 등

가. 공탁관은 공탁자의 채권자 등이 공탁자의 공탁금회수청구권에 대하여 일반 강제집행절차에 따라 한 압류가 경합된 경우(「공탁관의 사유신고에 관한 업무처리지침」 1. 가.항 참조, 이하 같음), 공탁원인의 소멸을 증명하는 서면(담보취소결정정본 및 확정증명)이 제출된 때에 먼저 송달된 압류명령의 집행법원에 사유신고를 한다.

나. 공탁자의 채권자가 공탁자의 공탁금회수청구권에 대하여 일반 강제집행 절차에 따라 (가)압류하였거나, 공탁자의 공탁금회수청구권이 제3자에게 양도된 경우에도, 피공탁자가 제4항의 절차에 따라 담보권을 실행하면 피공탁자에게 공탁금을 지급한다. 그러나 담보취소결정정본 및 확정증명이 이미 제출된 경우에는 그러하지 아니하다.

다. 피공탁자가 담보권을 실행함으로써 가지게 되는 공탁금출급청구권에 대하여 피공탁자의 채권자가 (가)압류한 때에는{(가)압류 채권목록의 기재를 피공탁자가 담보권을 실행함으로써 갖는 공탁금회수청구권으로 한 경우도 같다}, 피공탁자가 제4항의 절차에 따라 공탁금 출급청구(청구서의 표시를 회수청구라고 한 때에도 같다)를 하더라도 피공탁자에게 공탁금을 지급하지 아니한다.

라. 공탁관은 위 다.항의 공탁금출급청구권에 대하여 압류가 경합된 경우에는 제4항에 의한 담보권 실행요건을 갖춘 때(즉, 출급청구권 입증서면이 제출되거나 질권실행을 위한 압류 및 현금화명령이 효력

을 발생한 경우)에 먼저 송달된 압류명령의 집행법원에 사유신고를 한다.

부 칙

이 예규는 2003. 8. 1.부터 시행한다.

부 칙 (2013. 3. 13 제952호)

이 예규는 2013. 3. 20.부터 시행한다.

사 항 색 인

[ㅈ]

[ㅊ]

[ㅌ]

[ㅍ]

[ㅎ]

저·자·약·력

■ **김 덕 원** (이메일 kdb9004@naver.com)

광주지방법원 완도등기소 근무
광주지방법원 해남지원 근무
법률사무소 율산 사무장
변호사 이철원 법률사무소 사무장
법무법인 빛고을 종합법률사무소(해남) 사무장

[주요논저]

금융기관 민사사건 실무(법률미디어)
유형별 답변서·준비서면 총서(진원사)
소가·인지산정 사례집(진원사)
계약서·내용증명·고소(발)장(진원사)
청구·신청취지 작성방법(진원사)
가사소송 서식대전(진원사)
신 민사집행 서식대전(진원사) 1, 2
신 행정소송 서식대전(진원사)
주택·상가건물 임대차보호법(진원사)
유형별 소장의 정리(진원사)
신 형사소송 서식대전(진원사)
종합법률실무 핸드북(진원사)
행정소송과 행정심판(진원사)
법인등기실무총람(진원사)
신 종합법률 실무대전 Ⅰ·Ⅱ·Ⅲ(진원사)
알기 쉽게 풀이한 주택·상가건물 임대차보호법(진원사)
법률실무가를 위한 공탁법 실무(진원사)
부동산등기실무총람(진원사)
민사소송 & 전자소송(진원사)
소장작성 매뉴얼 및 소송전략(진원사)
내용증명·고소(발)장·진정서·탄원서 서식(진원사)
나홀로 소송 도우미 형사소송절차실무(진원사)
법률사무원을 위한 법인등기(진원사)
법률실무 핸드북(진원사)

[제2판] 법률실무가를 위한 가압류 · 가처분 실무 – 이론·실무절차·사례 –

저　　자 김 덕 원
발 행 인 양 진 수
발 행 처 진 원 사

2012년 5월 4일 초 판 발행
2022년 4월 20일 제2판 인쇄
2022년 5월 9일 제2판 발행

서울시 송파구 법원로 9길 26, C동 1107호 (문정동, H비즈니스파크)
전화 : 02) 916-1850 / 팩스 : 02) 916-3442
신고번호 제 2018 - 000026호
http://www.jinwonsa.co.kr
http://www.lawbookstore.co.kr
e-mail : hhansin@hanmail.net

ISBN : 978-89-6346-612-5　93360　　**정가 44,000원**